러시아 10월혁명사

러시아 10월혁명사

신판 1쇄 발행 2012년 12월 14일

저 자 | 이완종
발행인 | 윤관백
발행처 | 선인

편 집 | 소성순
표 지 | 윤지원
영 업 | 이주하

인 쇄 | 대덕인쇄
제 본 | 광신제책

등록 | 제5-77호(1998.11.4)
주소 | 서울시 마포구 마포동 324-1 곳마루 B/D 1층
전화 | 02)718-6252 / 6257   팩스 | 02)718-6253
E-mail | sunin72@chol.com
Homepage | www.suninpub.co.kr

정가 40,000원
ISBN 978-89-5933-583-1 93920

·잘못된 책은 바꿔 드립니다.

러시아 10월혁명사

이 완 종 지음

선인

10월혁명의 최고지도자 레닌 (1870년 4월~1924년 1월)

10월혁명의 대부 트로츠키 (1879년 11월~1940년 8월)

인민의 영도자 스탈린 (1879년 12월~1953년 3월)

페레스트로이카 시대의 총아 부하린 (1888년 9월~1938년 3월)

'혁명가의 아내' 크룹스카야

보그다노프

1905년 혁명의 동지들: 트로츠키와 파르부스. 1906년.

2월혁명을 촉발시킨 페트로그라드 여성노동자들의 시위. 1917년 2월 23일(3월 8일).

2월혁명기 타브리다궁 전경

타브리다궁에서의 병사 대의원 소비에트 회의 모습. 1917년 3월.

2월혁명을 지지하는 병사들

페트로그라드 소비에트 노동자 대의원들의 노동절 집회. 1917년 3월.

레닌 반대 시위. '레닌을 (독일 황제) 빌헬름에게 돌려보내라'는 문구가 보인다. 1917년 4월.

Отъ Военно-Революціоннаго Комитета при Петроградскомъ Совѣтѣ Рабочихъ и Солдатскихъ Депутатовъ.

Къ Гражданамъ Россіи.

Временное Правительство низложено. Государственная власть перешла въ руки органа Петроградскаго Совѣта Рабочихъ и Солдатскихъ Депутатовъ Военно-Революціоннаго Комитета, стоящаго во главѣ Петроградскаго пролетаріата и гарнизона.

Дѣло, за которое боролся народъ: немедленное предложеніе демократическаго мира, отмѣна помѣщичьей собственности на землю, рабочій контроль надъ производствомъ, созданіе Совѣтскаго Правительства — это дѣло обезпечено.

ДА ЗДРАВСТВУЕТЪ РЕВОЛЮЦІЯ РАБОЧИХЪ, СОЛДАТЪ И КРЕСТЬЯНЪ!

Военно-Революціонный Комитетъ
при Петроградскомъ Совѣтѣ
Рабочихъ и Солдатскихъ Депутатовъ.

25 октября 1917 г. 10 ч. утра.

'러시아 공민들에게'. 1917년 10월 25일.

'토지에 관한 법령'을 게재한 1917년 10월 28일자 이즈베스치야

페테르부르크 비밀경찰이 보관했던 '직업혁명가' 스탈린 신상자료. 1912년.

10월혁명 1주년 기념식 후 붉은 광장에서 함께한 레닌과 트로츠키.

제8차 당 대회 때 함께한 레닌, 스탈린, 칼리닌. 1919년 3월.

공화국혁명군사회의 의장 트로츠키

붉은 광장에서 적군(赤軍) 부대를 사열하는 공화국혁명군사회의 의장 트로츠키

전선으로 떠나는 부대 앞에서 연설하는 레닌. 연단 옆에 트로츠키가 서 있다. 1920년 5월.

코민테른 제2차 대회 개막 연설을 하는 레닌. 1920년 7월.

제2차 코민테른 대회 참가자들과 함께한 레닌. 1920년 여름.

레닌 부부. 1922년.

말년의 레닌

지노비예프

카메네프

리코프

톰스키

쉴랴프니코프

콜론타이

좌익 반대파: 라콥스키, 라데크, 트로츠키, 프레오브라젠스키 등. 1920년대 중반.

미코얀, 스탈린, 오르조니키제. 1925년.

라콥스키

프레오브라젠스키

퍄타코프

제르진스키

키로프

몰로토프

스탈린 부부와 보로쉴로프 부부. 1932년 여름.

스탈린의 아들 바실리와 딸 스베틀라나. 1930년대 초.

스탈린 50세 생일 기념. 왼쪽부터 오르조니키제, 보로쉴로프, 쿠이븨쉐프, 스탈린, 칼리닌, 카가노비치, 키로프. 1929년 12월.

스탈린과 막심 고리키. 1931년 3월.

우크라이나에서의 곡물징발 현장. 1920년대 후반.

시위하는 농민들. '우리는 계급으로서의 부농을 박멸할 것이다'라는 문구가 적힌 플랭카드를 들고 있다.

스타하노프 운동원들과 함께한 오르조니키제. 1935년 가을.

내무인민위원부(엔카베데) 간부들과 함께한 스탈린. 1930년대 후반.

몰로토프-리벤트로프. 1939년 8월 23일.

국가사회주의의 화신, 루즈벨트, 처칠. 1945년 2월. 얄타.

스탈린의 후예들: 흐루쇼프, 베리야, 말렌코프.

세계혁명의 전도사

| 일러두기 |

[1] 이 책에서 러시아 인명과 지명은 원어의 경음이 격음으로 고쳐 표기되었으며, 러시아어 모음의 음가 변화는 무시되었다. 다만 러시아 황제를 뜻하는 '짜리' 및 그 체제로서의 '짜리즘'은 원어 발음대로 적었다.
[2] 책이나 논문의 제목은 우리말로 번역 표기하고 필요한 경우 괄호 안에 원어로 적어 넣었으며, 특정 개념과 관련해서도 필요한 경우에 원어 표현을 병기했다.
[3] ≪프라우다≫, 네프, 크렘린 등 우리에게 익숙한 단어는 관례화된 방식으로 표기했다. 다만, '흐루시쵸프'의 경우에는 '흐루쇼프'로 고쳐서 표기했다.
[4] 소련과 소연방, 적군(赤軍)과 붉은 군대, 소브나르콤(СНК)과 인민위원회의, 브칙(ВЦИК)과 '전(全)러시아 소비에트 중앙집행위원회' 등과 같이 의미가 동일한 낱말들은 문맥에 따라 적당하게 혼용되었다.
[5] 인용문을 변형하거나 굳이 매끄럽게 번역하려고 하지 않았으며, 의미 전달을 위해 필요한 경우 [ ] 안에 필자의 설명을 삽입했다.
[6] 본문에서 큰따옴표(" ")로 묶인 구절은 필자가 인용한 표현이며, 그 구절에 담긴 어감이나 가치판단에 필자의 생각은 배제되어 있다.

신판서문

20세기 인간 문명사회에서는 세 개의 체제가 경쟁, 대립했다. 이를 자본과 노동 개념으로 단순하게 표현하면, '친(親)자본-반(反)노동' 체제로서의 자유주의, '반자본-친노동' 체제로서의 사회주의, '반자본-반노동' 체제로서의 파시즘이 그것이다. 파시즘은 군사적 방법으로 퇴출되었으며, 소연방 해체와 함께 체제로서의 사회주의는 몰락했다.

현대사회가 자본과 노동을 기본 축으로 하는 계급적 관계를 내포하고 있는 한, 사회 내적으로 사회주의 및 파시즘에로의 지향성은 존속할 수밖에 없다. 소연방 해체와 함께 자본의 헤게모니가 강화되고, 그렇게 발전한 반동적 신자유주의 체제는 지금 한계적 상황에 직면해 있다. 국제적, 국내적인 사회경제적 양극화의 심화, 주로 "양적 완화"라는 방법으로 겨우 유예되고 있는 신자유주의적 국가의 파산, 그리고 현대의 기술적 발전 추세와 관련하여 그 해결이 난망한 (청년)실업문제 등은 많은 나라에서 신자유주의에 대한 격한 항의를 촉발하고 있다. 당연하게도, 사회주의는 "분노한 자들"이 모색하는 체제적 대안의 중심에 있다.

브레즈네프 치하 '발전된 사회주의' 시대는 침체의 시기로 평가되기도 하지만, '최대다수의 최대행복'이라는 공리주의적 관점에서 보면 인간사회의 발전성을 최대로 구현했던 시대이기도 했다. 하지만 현실에서 소비에트 체제에 대한 평가는 전반적으로 부정적이다. 소비에트 사회가 지향했던 가치, 소련공산당이 추구했던 정책들, 소비에트 인민들의 삶의 모습에 대한 진솔하고 이성적인 접근과 평가는 배제된 채 그저 소비에트 사회주의는 "몰락한 악(惡)"이라는 관념이 사람들의 의식을 지배했다. 이는 냉전의 유산이 극복되지 않았기 때문만은 아니다. 이른바 소비에트 권력의 등장 및 소비에트 사회주의 건설과정에 수반되었던 "프롤레타리아 독재"의 폭력성과 야만성 및 비(非)인도주의적 참상에 특히 주목하고 그 속죄양을 찾는 연구들이 범람하기 때문이기도 하다.

이 책은 소비에트 사회주의 체제의 형성과정에 관한 연구서이며, "레닌-스탈린주의"와 스탈린의 정치가 연구의 중심에 있다. 이 책에서 필자는 소비에트학에서 유력한 트로츠키주의적 접근과 부하린주의적 접근을 배제하면서, 제국주의적 "극단의 시대"에 한편 강요되었던 국가사회주의 체제의 발전과정을 가치중립적 입장에서 분석, 기술하려 했다. 그럼으로써 그것이 소비에트 사회가 갖는 현대사적 의미를 담담하게 논의하는 계기가 되었으면 하는 바람을 갖는다.

혁명사를 연구하는 이유는 혁명을 도모하기 위함이 아니라 수많은 인생의 비극이 수반되는 혁명을 우회하기 위함이다. 신자유주의의 문제 해결을 위해 과거 레닌과 트로츠키, 스탈린 등에 의해 준비된 이론들을 동원하는 것은 무모한 일이다. 특히 국제관계의 유기적 구성도가 1세기 전과는 비교할 수 없이 고도화된 지금, 현대사회의 문제는 과거와는 다른 방식의 해결을 요구한다. 이 책이 러시아에서 처음 출판된 지 약 15년이 지났지만, 여기에 담긴 연구 내용은 그 문제의식으로도 소비에트학 내에서 일정한 의미를 갖는다고 생각한다. 2004년에 출간된 한국어판 『10월혁명사』가 현실적 이유로 발행이 중단되어 필자에게는 진한 아쉬움이 있었는데, 이번에 '선인' 윤관백 대표님의 후의로 위 책이 수정 보완되어 다시 세간에 나오게 되었다. 깊은 사의를 표한다.

2012년 11월
이완종

저자서문

　10월혁명 이후 소비에트 사회는 전시공산주의, 네프(NEP), '위로부터의 혁명' 및 스탈린이즘의 시대, 그리고 니키타 흐루쇼프의 탈스탈린화 정책이 특징적이었던 해빙 시대, 안정이 정치적 화두가 되었던 '발전된 사회주의(developed socialism)'의 시대, 페레스트로이카 시대를 거치며 변화되었다. 제2차 대전 이후, 세계사적 조류를 제국주의와 반제국주의의 대결 구조 속에서 파악했던 진보적 지식인 및 제3세계의 민중은 소련공산당이 행한 정책적 전환의 논리와 그 사회적 현실에 대한 객관적 분석을 도외시했다. 그리고 그것은 그들과 대척점에 서서 국제정치적 질서를 자유주의와 전체주의 사이의 대립 구조로 파악하려 했던 서방의 보수주의자들 역시 마찬가지였다. 전자는 소비에트 체제의 진보성을 강조했으며, 후자는 소련을 "악의 제국"으로 규정하기도 했다. 냉전 논리에 의해 조장되었던 일방주의적 접근을 통해서는 소비에트 사회의 발전에 대한 객관적 이해는 물론, 소연방의 붕괴와 현대 러시아에서 진행되었던 자본주의 혁명의 역사적 의미를 이해하기 위한 진지한 노력은 처음부터 포기될 수밖에 없었다.

　소비에트 사회의 발전 방향과 소련공산당의 대외 정치적 지향은 이미 10월혁명 직후 레닌에 의해 분명하게 규정되었다. 그럼에도 불구하고, 러시아의 연구자들뿐만 아니라 소비에트학(sovietology)을 전공하는 서방 학자들 사이에는 연구 대상에 대한 다양한 평가와 설명이 있었고, 심지어 하나의 역사적 사실에 대해 대립적인 해석이 나오기도 했다. 러시아의 비극은 10월혁명에서부터 이미 내재해 있었으며 소비에트 체제는 본질적으로 반민주적이라는 전체주의적 시각만이 스탈린주의적인 계급적 접근과 대립했던 것은 아니었다. 이른바 사회주의 진영 내에서도 스탈린이즘에 대한 비판은 있었다. 트로츠키주의자들은 스탈린이즘이 소비에트 사회주의의 구조적 기형화를 낳았다고 지적했으며, 부하린주의자들은 스탈린이 사회주의를 훼손했다고 비난했다.

계급혁명에 따른 정치사회적 격변이 진행되었던 제2차 대전 이전 시기에 집중되어 있는 소비에트학 내의 논쟁들은 대체로 연구자의 계급적 입장이나 이념적 기반의 상이함에서 비롯되고 있으며, 유감스럽게도 많은 연구들이 소비에트 국가사회주의의 발전 형식과 내용 및 그 방향을 결정했던 볼쉐비키 정권의 이론과 실천에 대한 객관적 이해를 제공하는 데 성공적이지 못했다. 특히 이데올로기적으로 지향된 연구는 소비에트 러시아의 발전을 전체적으로 조망하는 데 있어서 오히려 장애가 되기도 했다. 이러한 문제는 이른바 '인민의 적'에 대한 가차 없는 탄압도 있었지만 사회주의 건설을 위한 소비에트 인민들의 열정 또한 존재했던 스탈린 시대에 대한 편향적 분석에 기인한다. 스탈린의 정치 및 스탈린이즘에 대한 몰이해는 20세기 러시아의 역사에 대한 객관적 이해와 평가를 방해했던 주된 요인이었다.

소비에트학의 주류인 전체주의론적 시각이나 트로츠키즘의 입장 및 부하린주의적 견해들은 스탈린주의적 접근만큼이나 소비에트 역사에 대한 객관적 연구를 가로막고 있다. 특히 20세기 전반 소비에트 사회의 정치적 상황과 시대의 독특함은 물론, 현재까지의 러시아 사회의 발전을 논리적 모순 없이 체계적으로 분석하고 그 역사적 의미를 가치중립적으로 이해할 수 있기 위해서는 레닌이즘의 역사적 발전형태로서의 스탈린이즘과 스탈린의 정치에 대해 객관적으로 접근해야 한다는 데에 필자의 문제의식이 있다. 물론 이를 위해 우리가 스탈린주의자가 될 필요는 없으며, 일반적으로 그것은 가능하지도 않다. 스탈린이즘은 사회주의 혁명이 성공한 나라에서의 사회주의 건설을 위한 이데올로기였다.

소비에트 사회주의의 발전 과정을 10월혁명의 주체였던 볼쉐비키의 이론과 언어를 통해서 설명하고자 하는 이 책은 모스크바에 있는 러시아연방과학원 산하 러시아역사연구소에서 1998년에 러시아어로 출간된 본인의 저서 『От Ленина к сталинизму: 1917~1939』(레닌에서 스탈린이즘으로: 1917~1939)를 기본 텍스트로 삼고 있다. 러시아 현대사를 잘 아는 독자들을 염두에 두고 집필된 『От Ленина к сталинизму』는 사실관계에 대한 상세한 언급이 불필요했다. 그러나 한국어판에서는 역사적 맥락을 이해하는 데 도움을 주는 설명들이 보충되어야 한다고 생각했다. 또한 독자에게 판단이 맡겨졌던 대목들에 대해 보다 분명한 설명이 추가되었으며, 책의 완결성을 높이기 위한 시도가 포함되었다. 이 책의 후기는 처음부터 한글로 쓰인 것이다. 결국 이 책은 『От Ленина к сталинизму』의 한국어판이자 그 수정증보판인 셈이다.

정신사적으로 또한 현실 정치적으로 20세기 세계질서의 한 축을 이루었던 소비에트 사회주의의 발전 과정을 연구한 이 책은 현재 러시아 사회가 겪고 있는 변화와 대립을 설명하고 나아가 소연방의 해체 이후 전개되고 있는 새로운 세계사적 흐름에 대한 이해를 모색하려는 지적 노력들과 무관하지 않다. 모스크바 유학 시절, 페레스트로이카와 더불어 시작된 소비에트 사회주의의 몰락과 자본주의 혁명을 직접 목격하면서 필자는 10월혁명에 대한 이해 없이 20세기의 인간사를 논의한다는 것이 공허한 추상일 수밖에 없겠다는 생각을 갖게 되었으며, 이 책은 그런 생각의 소산이다. 한 시대에 대한 역사연구가 인간의 삶에 대한 이해를 도모하고 물리적으로 또 사회적으로 사람과 사람 사이의 간격과 차별을 줄이는 계기가 될 수 있다면, 그것은 연구자의 보람일 것이다.

연구를 진행하는 동안 많은 도움을 준 러시아연방과학원 러시아역사

연구소 소장 A.N. 사하로프 박사께 고마움을 전한다. 이 책의 기본 시각은 그분에게서 얻었다. 또한 토론 상대로 만났지만 원고를 꼼꼼히 분석한 후 오랫동안 귀중한 조언을 아끼지 않은 예핌 김펠손 교수는 필자에게 논쟁이 아니라 존경의 대상이었다. 전공 분야에 대한 해박한 지식과 진지한 자세는 필자를 압도했다. 필자가 쓴 원문을 일일이 의미를 살펴가며 꼼꼼히 교정해준 올가 알렉산드로브나 여사께도 많은 은혜를 입었다. 러시아 독자들이 나름 수려한 문체의 책을 접할 수 있게 된 데에는 여사의 도움이 결정적이었다. 그리고 은사이신 윤근식 선생께도 사의를 표한다. 대학 시절부터 필자가 받았던 지적 자극은 많은 것이 선생에게서 비롯되었다. 지금껏 살면서 필자에게 감동을 전한 분들이 수적으로 어찌 제한될 수 있겠는가마는 그래도 가족의 사랑이 항상 큰 힘이 되었다. 모두에게 고맙다는 인사를 전한다.

2004년 4월
이완종

추신: 『От Ленина к сталинизму: 1917~1939』는 2001년 여름 『スターリニズムとは何だったのか』(東京: 現代思潮新社)라는 제목으로 일본에서 번역, 출간되었다. 1년여에 걸친 번역작업을 통해 일본 독자들과 만날 수 있는 계기를 마련해준 시즈오카 대학의 구보 히데오 교수께도 감사의 마음을 전한다.

> 추천사

О КНИГЕ ЛИ ВАН-ЧОНА

> Ученый Республики Корея, не найдя в историографии четкого,
> удовлетворяющего его ответа на вопросы о причинах сталинизма,
> сыгравшего столь трагическую роль в истории народов СССР
> (России), самостоятельно исследует в книге этот феномен,
> анализирует сложные общественно-политические процессы,

소연방(러시아) 인민들의 역사에 있어서 그토록 커다란 비극을 연출했던 스탈린이즘의 원인들에 관해 기존의 연구서들에서 분명하고 만족할 만한 대답을 발견하지 못한 이완종 박사는 이 책에서 독자적으로 스탈린주의적 현상을 연구하고 있으며, 공산당 '영도자(вождь)'의 유일독재 확립으로 치달은, 1920년대 소련에서 목격된 복잡한 사회정치적 과정을 분석하고 있다.

연구 주제는 경제 문제, 정치-이데올로기의 문제, 민족정책 및 사회주의국가 건설의 문제 등 핵심적 문제들에 국한되어 있다. 저자는 광범위한 자료들을 동원해 스탈린이 권력을 장악해가는 과정, 스탈린이즘이 형성되는 과정 및 그의 당-국가 지도자로서의 실천을 추적한다. 저자는 역사연구에 있어서 다양한, 때로는 상반되는 시각이 존재하는 대단히 복잡한 문제들, 즉 레닌이즘이 스탈린이즘으로 어떻게 계승되는가에 대한 문제, 트로츠키즘이나 부하린이즘이 과연 스탈린이즘의 대안이었는가에 대한 문제, 1930년대 대숙청의 원인 문제 등에 대해 기존의 연구들과 구별되는 자신의 고유한 의견을 드러내고 있다.

저자는 이 연구를 통해 문제가 완전히 해명되었다고 주장하지 않으며, 그럼으로써 자신의 견해가 최종적인 진리라고 말하고 있지도 않다. 일련의 문제들에 대해 이 책은 충분히 연구자들의 논쟁과 반론을 야기할 것이다. 그러나 이 책이 소연방의 역사 발전에 있어서 결정적 단계였던 시기, 즉 소련이 시장민주주의 사회로 나아갈 것인가 아니면 전제주의적인 계급사회로 나아갈 것인가의 갈림길에 서 있었던 시기의 역사를 객관적으로 조명하게 만드는 새로운 자극제가 될 것이라는 데에는 의심의 여지가 없다. 주지하다시피 소련은 후자의 길을 선택했다. 저자는 1920년대에 우리 조국에서 발생한 일들에 대해 객관적인 의미를 부여하기 위해 분투하고 있다. 학자나 연구자, 학생, 그리고 러시아의 역사와 운명에 무관심하지 않은 분들에게 이 책의 정독을 권한다.

역사학 박사 / 교수 예핌. Г. 김펠손

차례

- 신판서문 29
- 저자서문 31
- 추천사 35

머리말 ·· 39

제1장 레닌이즘의 실현과 그 이론적 발전 ················· 57

　　　제1절 소비에트 권력의 초기 법령들 59
　　　제2절 국가자본주의 이론 75
　　　제3절 전시공산주의 105
　　　제4절 프롤레타리아 독재의 위기 133
　　　제5절 레닌이즘의 반대파들 145

제2장 레닌이즘의 스탈린적 실천 ····························· 175

　　　제1절 카프카즈의 레닌 177
　　　제2절 볼쉐비즘의 이론적 발전 195
　　　제3절 영구혁명론과 10월혁명 212
　　　제4절 민족인민위원의 군사정책 254
　　　제5절 스탈린의 민족정책 281

제3장　스탈린이즘의 기본 방침으로서의 일국사회주의론 …… 309

　　　제1절 신경제정책(네프) – 전술적 후퇴　311
　　　제2절 레닌 없는 레닌주의　331
　　　제3절 일국사회주의론　363
　　　제4절 트로츠키즘과의 투쟁　399
　　　제5절 네프의 청산　432

제4장　국가사회주의의 발전 ……………………………………… 447

　　　제1절 사회주의로의 진행에 따른 계급투쟁의 격화 이론　449
　　　제2절 위대한 전환의 해　483
　　　제3절 볼쉐비키 – 승리자　522
　　　제4절 간부이론: 간부가 모든 것을 결정한다!　570
　　　제5절 스탈린의 국가사회주의론　611

맺음말 ………………………………………………………………… 621

* 후기　629
* 인용자료, 참고문헌　657
* 찾아보기　665

머리말

  1938년 10월, 지도적 간부들만이 아니라 모든 소비에트 인민이 "볼쉐비즘을 완전히 체득"하고 "인민의 적들에 대한 정치적 경계심"을 높이며 "레닌과 스탈린의 당이 추진하는 위대한 과업의 완전한 승리 및 전세계에서의 공산주의 승리에 대한 확신을 강화하는 데 기여함"을 목적으로 하는,[1] 볼쉐비키당의 역사에 관한 새로운 교재 『전(全)연방볼쉐비키공산당사 단기과정』의 원문이 ≪프라우다≫에 연재되었다. 이로써, 1939년 8월 19일자 ≪프라우다≫에 의하면, "노동자·농민의 나라"는 역사에 관한 "학문적 작업의 본보기"이며 "소비에트 인민들의 과학적, 역사적 사고를 진일보시킨 저작"을 얻게 되었다. 이 "볼쉐비즘의 위력적인 이념적 무기"는 오직 소연방에서만 오랫동안 볼쉐비키당사 연구의 필수 교재가 되었던 것은 아니다. 흔히 '소련공산당 약사(略史)'로 불리는 『전연방볼쉐비키공산당사 단기과정』은 스탈린 사후 그 출판이 중단될 때까지 전세계 모든 공산주의자들에게 절대적 가치를 지닌 학습 교재였다.

  볼쉐비키당의 역사를 "맑시즘-레닌이즘 및 근로대중의 모든 적들에 대한 볼쉐비키 투쟁사"로 규정하는 시각은 1931년 10월 스탈린이 "트로츠키스트 반당(反黨)분자 진영의 일부 역사가들이 자행한 당사 왜곡"을 비판하며 잡지 ≪프롤레타리아 혁명≫의 편집국에 보낸 항의 서한에 처음 나타난 것이 아니다.[2] 레닌은 이미 1920년에 쓴 「공산주의에 있어서의 '좌

---

[1] История ВКП(б). Краткий курс. М., 1938, с.3~4.

익' 소아병"에서 "볼쉐비즘은 오랜 기간에 걸친 프티부르주아적 혁명성 및 기회주의에 대한 투쟁 속에서 성장, 성숙되었으며 단련되었다"고 단언했다.3) 물론 『단기과정』의 강조점은 소위 프티부르주아적 정당들, 즉 사회혁명당, 멘쉐비키당 그리고 무정부주의자들과의 투쟁 및 이들의 청산보다는, "본질적으로 멘쉐비즘의 앞잡이가 되었던 당내 기회주의적 그룹들, 즉 트로츠키주의자들, 지노비예프 지지자들, 부하린주의자들 및 민족주의적 편향자들과의 가차 없는 투쟁 및 이들의 박멸"에 있었다. 지적되어야 할 것은, 『단기과정』의 이데올로기적 지배 기간 동안에도 볼쉐비키당의 역사는 비(非)맑스주의자들뿐만 아니라 공산주의자들에 의해서도 다양하게 해석되었다는 사실이다. 소련 국경 밖으로 추방된 상태에서 볼쉐비즘의 역사에 대한 스탈린적 해석을 접한 트로츠키는 1931년 10월에 이렇게 썼다: "과거에 대한 날조는 흔히 저속한 부르주아 역사학에서 묘사되는 바처럼 개인적 음모나 그룹간의 분쟁에 기인하는 것이 결코 아니다. 문제는 깊은 사회적 뿌리를 가진 광범위한 정치과정에 있다."4) 사실 트로츠키는 이미 1925년부터 스탈린의 테르미도르적 변절, 즉 부르주아 반(反)혁명적 경향을 비판하기 시작했었다.

이로부터 약 30년 후, 소련공산당 제1서기 흐루쇼프는 제20차 당 대회에서 행한 비밀연설을 통해 "진정으로 가치 있고 과학적 객관성에 기초한" 당사의 서술을 담은 새 교재의 편찬을 제안했다. 이 제안의 동기는 『단기과정』이 야기한 당사 연구 및 선전에 있어서의 "조잡한 독단주의"에 반대하는 데 있었던 것이 아니라, "맑시즘-레닌이즘의 이념에 위배되며 당 생활의 규범 및 지도원칙과 병립될 수 없는 개인숭배의 제거"가 목

---

2) См.: Сталин И.В. Соч., т.13, с.84~102.
3) Ленин В.И. Полн. собр. соч., т.41, с.14.
4) Троцкий Л.Д. Сталинская школа фальсификаций. М., 1990, с.7.

적이었다.5) 제20차 당 대회에서 흐루쇼프는『단기과정』그 자체의 가치를 부정하지는 않았다. 단지 그는『단기과정』의 저자임을 사칭했다는 이유로 스탈린을 비난하는 데 열중했다. 이로써 1956년 봄 소련공산당 앞에는 아주 어려운 과제가 대두되었다: 어떻게 하면 스탈린 개인숭배의 문제를 제거하면서 동시에 공산당의 권위를 유지시킬 수 있을 것인가? 당의 이론가들은 그 복잡한 문제에 대한 나름대로의 해법을 발견했다. 그들은 당시까지 불가분의 이름이었던 레닌과 스탈린을 분리시켰다. 그러고는 스탈린에 의해 자행된 "사회주의의 법칙성에 대한 침해" 및 인민들에 대한 대규모 탄압이 공산당 자체에 심각한 손실을 입혔으며 또한 소비에트 사회의 발전에 심각한 지장을 초래했다고 공식 선언했다. 스탈린이라는 이름은 당 또는 중앙위원회라는 단어로 교체되었으며, 스탈린의 이름은 당사에 관한 문헌이나 글에서 사라지게 되었다. 주목할 만한 현상이 또 있었다. 과거에 부하린과 우파에게 붙여졌던 반당(反黨)분자라는 낙인은 새로 발간된『소련공산당사』에서 모두 사라졌으나, 트로츠키만큼은 예전처럼 '인민의 적'으로 규정되고 있었다는 사실이다.6)

스탈린 개인숭배에 대한 폭로 및 그의 정치활동에 대한 비판이 점차 소비에트 사회주의 체제 자체에 대한 비판으로 이어지고 나아가 소련공산당의 이데올로기 및 그 조직적 기반을 훼손한 것은 당연한 귀결이었다. 이른바 60년대 작가들의 등장과, 인권운동을 포함하는 소위 "이교도 운동"의 발전은 스탈린 개인숭배에 대한 비판 캠페인과 상당 부분 연계되어 있다. 이 운동들은 1960년대 해빙기의 "바람직했던 경계"를 넘어섰다. 소비에트 사회에서 일기 시작한 자유화 바람은 소련공산당 지도부의 시국에 대한 우려와 그로 인한 정치적 반작용을 초래하지 않을 수 없었

---

5) Реабилитация. Политические процессы 30~50-х годов. М., 1991, с.66~67.
6) Например см.: История КПСС. М., 1959.

다.

흐루쇼프가 정치적 주관주의(subjectivism)와 주의주의(voluntarism)를 이유로 권력에서 제거된 직후, 이른바 탈(脫)스탈린화 정책과 관련된 소련 공산당 제20차 및 제22차 대회의 결정들이 수정되기 시작했다. 물론 이것이 브레즈네프를 정점으로 하는 새로운 당 지도부가 스탈린 개인숭배를 다시 복원하기 시작했음을 의미하는 것은 아니었다. 다만, 안정을 정치적 화두로 삼은 "전(全)인민의 국가"에서 과거 스탈린 치하에 형성된 군사적 명령관리체계가 다시금 공고화되기 시작했으며, 사회 내에서 이데올로기적으로 부패한 풍조를 조장하는 세력들, 특히 창조적 인텔리겐치야에 대한 당의 통제가 강화되기 시작했다. 1966년 봄에 개최된 제23차 당 대회에서는 "당 조직들의 본질적 과제가 당원들에 대한 맑스-레닌주의적 교육의 심중한 개선과 이념적 단련에 있다"고 규정되었다.[7] 마슬로프가 지적하고 있는 것처럼, 『단기과정』의 발간이 중단된 이후에도 그 "위대한 책"에 담겨 있는 이념과 기본 명제들은 비록 스탈린 시대보다는 형태적으로 덜 전투적이라 하더라도 당의 공식 문서나 역사 교과서 및 많은 학자들의 연구와 무게 있는 저작들 속에서 계속 유지되고 있었다.[8]

그러함에도 스탈린의 정치에 대한 평가에 있어 일단 나타난 역사가들의 분열은 다시 봉합되지 않았다. 오히려 그 상반된 평가는 스탈린의 철권에 의해 형성되고 유지되었던 소비에트 인민들의 "도덕적-정치적 단결" 속으로 파고들었다. 공산주의 승리의 역사적 필연성에 대한 장엄한 선전 뒤에서 균열은 심화되었으며, 소비에트 사회의 탈이데올로기화 경향은

---

7) КПСС в резолюциях и решениях съездов, конференций и пленумов ЦК. М., 1972, т.9, с.33.

8) См.: Маслов Н.Н. ≪Краткий курс истории ВКП(б)≫ - энциклопедия и идеология сталинизма и пост-сталинизма. 1938~1988 гг. // Советская историография(Сб. статей). М., 1996, с.240.

점점 더 뚜렷해졌다. 물론 그것은 인민 모두가 당의 선전을 공허한 미사여구로 받아들이게 되었음을 의미하지는 않았다.

이러한 가운데 『전연방볼쉐비키공산당사 단기과정』이 포괄하는 시대에 대한 역사연구의 주제는 확대되어 갔다. 그럼에도 불구하고 볼쉐비키 당사(黨史)는 여전히 역사학자들에게 자유로운 학문적 연구의 대상이 될 수 없었다. 이러한 상황 속에서 일부 연구자들은 나름대로 『단기과정』의 "과학성"을 확인하기도 했다. 소비에트 역사학의 사회주의적 정통성에 대한 전면적 부정은 역사연구가 아니라 정치적 결정으로 이루어졌다. 1980년대 중반 시작된 페레스트로이카는 역사학에 대해 역사적 경험 전반, 특히 스탈린 시대의 현실 경험에 대한 정밀한 연구 및 새로운 의미 부여를 요구했다. 글라스노스치가 진행됨에 따라 역사연구에 대한 당의 통제가 해제되고 정치적, 군사적 검열이 완화된 것은 실제로 아직 연구되지 않았거나 불완전하게 연구된 문제들에 대해 보다 객관적인 분석을 할 수 있는 자유로운 분위기를 조성했다. 글라스노스치의 공표와 더불어 역사학자들이 우선적으로 관심을 쏟은 복잡하고 사회적으로 예민한 문제들 중에는 1920년대 말 본격 추진된 농업 집단화, 1930년대 후반을 휩쓴 대숙청, 그리고 대조국전쟁 등 스탈린의 정치와 직접 관련된 문제들이 포함되어 있었다. 페레스트로이카는 역사학자들을 위해 스탈린주의의 대안들, 사회주의의 민주적 잠재력, 그리고 소련 공산주의 체제의 개혁 방법 등을 주제로 하는 공개토론의 장을 마련했다. 1988년에는 페레스트로이카 시대 민주적 인텔리겐치야의 선언서라고 일컬어지는 아파나시예프의 편집 논문집 『유일한 대안(Иного не дано)』이 출간되었다.

1980년대 말~1990년대 초에 실현된 사회정치적 분위기의 급속한 변화, 『전연방볼쉐비키공산당사 단기과정』으로부터의 역사학의 해방, 역사연구에서 얻어진 새로운 학문적 성취들은 1920~1930년대의 드라마틱한 정치사뿐 아니라 스탈린, 트로츠키, 부하린 등 소비에트 지도자들을 대상으로 하는 무수한 논문과 저작의 출판을 통해 확인되었다. 소연방의 붕괴는 그때까지 전혀 의심될 수 없던 10월혁명의 역사적 정당성을 자유롭게 반박케 했으며, 레닌의 역사적 권위를 논의함에 있어서 소비에트 사회 내에 남아 있던 제도적, 심리적 장애들을 완전히 제거해 주었다. 10월혁명에 관한 모든 문제가 역사학자들의 토론에 포함되었으며, 러시아 시민들에게 소비에트 정치사는 급속히 새로운 내용으로 변화되어 제시되었다.9)

그러나 많은 연구들이 지닌 학문적 가치에도 불구하고 지적되어야 할 것은, 정도 차이가 있지만 대부분의 연구들에 사회적, 정치적 시국의 영향이 반영되어 있다는 사실이다. 1990년대 초에 이르면 정치적 과거에 대한 객관적 재평가를 위한 노력은 이미 많은 학자들 사이에서 뚜렷한 현상이 되었다. 1991년 A.N. 사하로프는 소비에트 체제를 형태는 인민적이지만 본질은 반인민적인 혁명적 전체주의로 규정했으며, 그리고 그런 체제의 건설에 있어서 인민들의 적극적 역할이 있었음은 결코 도외시될 수 없다고 강조했다.10) 그와 더불어 10월혁명 이후 소비에트 러시아에서 발생한 일들에 관해 고유한 견해를 피력하거나 새로운 개념을 제시

---

9) 이 과정에서 무수한 논문과 자료집이 출판되었을 뿐 아니라 당시 시민들의 주목을 받은 저작도 다수 있었는데, 그것은 다음과 같다: 부하린, Избранные произведения, М. 1988; 시모노프, Глазами человека моего поколения, М., 1989; 볼코고노프, Триумф и трагедия. Политический портрет И.В. Сталина, М., 1989; 다닐로프·이브니츠키(편), Документы свидетельствуют. Из истории деревни накануне и в ходе коллективизации 1927~1932 гг., М., 1989; 렐축(편), Историки спорят. Тринадцать бесед, М., 1989; 트로츠키, Моя Жизнь, М., 1990; 추예프, Сто сорок бесед с Молотовым, М., 1991; 볼코프, Взлёт и падение Сталина, М., 1992; 볼코고노프, Троцкий. Политический портрет, М., 1992; 아프토르하노프, Загадка смерти Сталина, М., 1992; 볼코고노프, Ленин. Политический портрет, М., 1994; А. 지노비예프, Коммунизм как реальность, М., 1994; и др.

10) Сахаров А.Н. Революционный тоталитаризм в нашей стране. // Коммунист. 1991, No.5, с.60~71.

하는 일련의 저작이 등장했다. 1993년 4월 "20세기의 러시아: 역사학의 운명"이라는 주제로 모스크바에서 개최되었던 국제학술회의에서 A.N. 사하로프, 폴랴코프, 로구노프, 볼로부예프, 다닐로프 등의 주제발표 이후 이어진 토론에서 나타났던 날카로운 의견 대립은 이른바 양심의 자유를 누리고 있는 역사학자들의 분열을 확인한 것이라기보다는, 오히려 역사학 내에서 역사적 사실에 대한 새로운 인식을 위한 모색들이 이루어지고 있음을 증명하는 것이었다.

최근 김펠손은 『소비에트 정치체계의 형성(Формирование советской политической системы)』(М., 1995)에서 "10월혁명 직후 소비에트 러시아에서 명령관리체계가 형성되는 조건과 주관적, 객관적 원인에 대한 재검토"를 중심 연구과제로 설정하고 있으며, 소콜로프는 『소비에트사 강의 1917~1940(Лекции по советской истории 1917~1940)』(М., 1995)에서 소비에트 권력의 생성과 그 확립 과정 및 볼쉐비키의 정책들을 제2차 대전 이전 시기까지 객관적으로 기술하고 있다. 흘리에브뉴은 1930년대 스탈린주의적 정치체계에 대한 연구를 진일보시킨 저서 『정치국. 30년대 정치권력의 메커니즘(Политбюро. Механизм политической власти в 30－е годы)』(М., 1996)을 출간했다. 또한 논문집 『소비에트 역사연구(Советская историография)』(М., 1996)에서 여러 학자들은 기존 역사학이 소비에트 사회정치체계의 유기적 구성부분이었음을 인정하면서 자아비판과 함께 "수십 년간의 소비에트 시대에 왜곡된 기존 역사연구의 수많은 매듭을 풀자"고 호소하고 있다. 이 논문집에서 마슬로프, 쿨리쉬, 스타리코프 등은, 스탈린이즘에 의한 소비에트 역사과학의 왜곡을 지적하면서도, 역사의 객관적 이해를 위해서는 스탈린의 정치활동에 대한 새롭고도 과학적인 연구가 불가피함을 강조했다.

이러한 인식의 전환과 더불어 소비에트학을 전공하는 서방학자들의 연구들이 대거 소개되었다. 부하린이즘이 스탈린이즘의 대안이었음을 입증하려고 했던 코헨의 저서 『Bukharin and the Bolshevik Revolution』이 1988년 러시아어로 번역 출간되었으며, 그 뒤를 이어 미국 소비에트학자들의 책들이 여럿 소개되었다: 2월혁명 후 볼쉐비키는 권력을 장악한 것이 아니라 권력에 자연스레 도달했음을 논증한 라비노비치의 『The Bolsheviks Come to Power』(M., 1989), 10월혁명에서 스탈린의 역할을 축소, 왜곡한 슬러서의 『Stalin in October. The Man who Missed the Revolution』(M., 1989), 그리고 R. 터커의 『Stalin as Revolutionary 1879~1929』(M., 1990) 등. 아마 터커의 책은 스탈린에 관한 가장 유명한 연구서 가운데 하나일 것이다. 그러나 그 책은 트로츠키의 관점을 현저하게 반영하고 있는 정도가 아니라, 유감스럽게도 1990년 같은 해에 모스크바에서 출판된 트로츠키의 저작 『스탈린(Сталин)』에 그 내용상 실질적으로 의존하고 있다(트로츠키의 이 책은 미국에서 1960년대에 영어로 번역 출간되었다). 또한 E. H. 카의 『A History of Soviet Russia. The Bolshevik Revolution 1917~1923』(M., 1990), 이탈리아 학자 G. 보파의 『Storia dell'Unione Sovietica』(M., 1990), I. 도이처의 『The Prophet Outcast. Trotsky. 1929~1940』(M., 1991), 유고 출신 밀로반 질라스의 에세이집 『전체주의의 얼굴(Лицо Тоталитаризма)』(M., 1992), R. 파이프스의 『The Russian Revolution』(M., 1994) 등이 모스크바에서 출판되었으며, 소련 역사에 관한 서방의 대학교재 몇 권도 러시아어로 번역된 바 있다. 예를 들면, 베르트의 『Histoire de l'Union Soviétique. 1990~1991』(M., 1992), 호스킹의 『A History of the Soviet Union 1917~1991』(M., 1994) 등이 번역 출간되었다. 나아가 연구자들은 서방의 소비에트학자들이 쓴 스탈린의 정치에 관한 다음의 유명 저작들을 원어로 접할 수 있게 되었다: Leonard Schapiro, 『The Communist Party of the Soviet Union』(London, 1970); J. Arch Getty, 『Origins of the Great Purges. The Soviet Communist Party Reconsidered, 1933~1938』(Cambridge University Press, 1985); Robert Conquest, 『Stalin and the Kirov Murder』(New York, 1989); Greame Gill,

『The Origins of the Stalinist Political System』(Cambridge, 1990); Robert C. Tucker, 『Stalin in Power. The Revolution from Above, 1928~1941』(New York, London, 1992) 등.

　이 저작들은 광범위하고 급속한 정치적, 사회적 변혁들로 인해 발생한 역사연구의 공백을 메우는 데 상당한 역할을 했다. 그러나 이들의 학문적 가치가 과소평가될 수 없다는 사실에도 불구하고 지적되어야 할 것은 대부분이 객관적 연구라는 측면에서 유사한 결함이 있다는 점이다. 저자들은 연구 과정에서 때로 혹은 자주 자신들의 정치적 선입견을 억제하지 못하고 있으며, 스탈린의 정치와 소비에트 체제에 대한 개인적 입장이 연구 결과에 직간접적으로 반영되어 있다. 필자가 보기에, 혹자는 자신의 논쟁적인 결론들을 고수하려 애쓰고 있으며(-슬러서, 콘퀘스트 등), 러시아뿐 아니라 세계사를 움직이는 원동기 역할을 했던 특별한 역사적 인물에 대한 객관적 접근을 거부하거나(-코헨, 터커 등), 또 역사를 기술함에 있어 스탈린이 등장하는 경우 자주 논리적 일관성을 잃어버리고 있다(-베르트, 호스킹 등).

　소련의 역사, 특히 10월혁명 이후부터 『단기과정』이 포괄하고 있는 시기의 역사를 객관적으로 이해한다는 것은 쉽지 않은 과제임이 분명하다. 그 기간 동안 러시아는 볼쉐비키에 의해 군주국에서 사회주의 국가로, 계급사회에서 "비(非)계급사회"로, 농업국가에서 공업국가로 변모했다. 그 변화 과정 속에는 '인민의 적'에 대한 대규모 탄압만 있었던 것이 아니라, 소비에트 인민들의 열정과 감격도 존재했다. 이 양면성에 대한 이해와 설명이 결여된 소비에트 체제에 대한 역사연구는 학문적 객관성을 인정받기 어렵다. 소연방의 급격한 변화의 한복판에 볼쉐비키가 있었다는 것은 우리 모두가 아는 분명한 사실이다. 그렇기 때문에 볼쉐비키의 정치가 어떤 이데올로기적 기반 위에 입각해 있었는가를 밝히지 않고서는 소비에트 러시아에서 발생한 복잡하고 모순적인 역사적 사건들을 논리적이고 체계적으로 분석한다는 것은 거의 불가능하다. 스탈린은 자신의 정치활동으로 소비에트 러시아의 역사를 구현했다. 그는 새로운 운동세력을 등장시키고 조직화했으며, 새로운 국가의 정치·경제·사회적 조직들을 체계화했다. 동시에 그 역시 자기 시대의 산물이었다. 스탈린을 그의 시대로부터, 볼쉐비키당 역사로부터, 소비에트 체제로부터 분리시키는 것은 불가능하다. 그런 이유에서 스탈린에 대한 객관적 접근을 거부하거나, 레닌이즘에 대한 바른 개념 및 레닌이즘의 발전 형태로서의 스탈린이즘에 대한 이해가 없는 경우, 20세기 전반부 소비에트 사회의 상황과 그 시대의 특질을 바르게 이해하고 평가하는 것은 불가능하다.

스탈린이즘이란 무엇인가? 소연방의 역사에 대해 비교적 객관적인 시각을 보여주는 G. 보파는 자신의 책 중 「스탈린이즘」이라는 장(章)을 짜리 이반 뇌제에 대한 언급부터 시작한다.[11] 프랑스 학자 코켄은 「스탈린이즘의 전제주의적 기원(Самодержавные источники сталинизма)」이라는 글에서 "스탈린이즘의 기원은 러시아 민족의 과거에 상당히 깊게 뿌리박혀 있다"고 단정한다.[12] 정치, 경제, 사회, 문화 등 여러 측면에서 볼 때 제정 러시아와 소비에트 러시아 사이에는 지리정치적인 조건에 의해 규정되는 공통점들이 존재한다. 그러나 이러한 논거에 기초해 스탈린이즘과 짜리즘을 스탈린이즘이라는 역사적 실체에 대한 설명을 배제한 채 관련지으려는 시도는 학문적으로 전망이 없다. 이에 비해서 메르찰로프는 스탈린이즘에 대해 나름대로 구체적인 정의를 제시하고 있다: "스탈린이즘, — 이는 단순한 개인숭배가 아니다…이는 정치체제이자 경제체제이며, 이데올로기이며, [통치]방법론이자 [인민]의식이다."[13] 하지만 이

---

11) См.: Боффа Дж. История Советского Союза. М., 1990, т.1, с.521.

12) Россия в XX веке. Судьбы исторической науки(Сб. статей). М., 1996, с.344.

13) Мерцелов А.Н. Сталинизм и война. М., 1994, с.3.

러한 병렬적 정의로 메르찰로프가 무엇을 설명코자 하는지 유감스럽게도 필자는 이해하기 어렵다.

주지하는 바와 같이 이데올로기 개념은 역사의 진행과정에 따라 변화되었고 구체화되었다. 이념의 원리와 그 발생 법칙을 궁리하는 학문을 의미하는 용어로서의 이데올로기는 1801년 프랑스에서 『이데올로기의 요소들(Элементы идеологии)』을 출간한 드 트라시에 의해 처음 사용되었다. 나폴레옹 시대 프랑스에서 이 용어는 곧 비하적 의미를 획득했다. '이데올로그'라는 말은 추상적 원칙들만을 설교할 뿐 현실정치에서 일어나는 실제적 문제에 관해서는 아무것도 이해하지 못하는 사람들을 지칭하는 데 사용되었다. 맑스와 엥겔스는 『독일 이데올로기(Die Deutsche Ideologie)』 등의 저작에서 실제를 왜곡된 모습으로 이해하고 사회적 현실과 객관적 모순 그리고 사회적 삶의 요구들을 비(非)실제적 형태로 받아들이는 그런 허위의식을 이데올로기라는 말로 표현했다. 맑스에 의하면, 사유과정의 주체들이 자신의 사회적 삶과 물질적인 계급적 이해관계와의 관련성을 인식하지 않는 가운데 이념과 사유 및 원리들이 구현된 것이 곧 세계라고 여기는 관념론적 개념에 기초해서 실제에 접근할 때 이데올로기가 전개된다. 맑스와 엥겔스는 이데올로기 비판, 즉 독일 관념론 비판을 통해 인간의 의식이란 인식된 물질적 생활의 총체이며, 따라서 인간 의식은 물질적 생활의 제 조건과 실제적 삶의 상태로부터 설명되어야 한다는 역사의 물질론적 이해, 즉 사적 유물론을 제시했다. 흔히 이데올로기는 사회적 의식의 법칙들에 종속되며, 그리하여 그것은 역사 발전의 물질적 제 조건들에 대해 단지 상대적 자율성을 갖는다.

맑스와 엥겔스는 자신들의 철학과 관점에 대해 이데올로기 개념을 적용시키지 않았으며, 오히려 자신들의 이론체계를 "과학적 사회주의"라고 규정했다. 그럼으로써 그들은 이데올로기에 과학을 대립시켰다. 인간이라는 사회적 존재의 계급적 성격에서 이데올로기의 기반을 간파한 맑스와 엥겔스는 그릇된 철학적 가정에서도 이데올로기의 근거가 있음을 인정했다. 아무튼, 맑스 이후 이데올로기는 과학의 대립개념이 되었으며 허구나 환상 등의 뉘앙스를 획득했다.

맑스 철학의 확산 및 노동운동에의 영향력 증대는 비하적 의미를 가진 용어로서의 맑시즘과 맑시스트의 등장으로 이어졌다. 사회주의적 문헌에서 맑시즘이라는 용어에 대한 새로운 의미 부여는 레닌에 의해 처음 이루어졌다. 1894년에 쓴 글에서 레닌은 맑시즘을 "엄격한 최고의 과학성과 혁명성의 결합"이라 규정했다.14) 그러나 유럽의 사회민주주의자들은 이데올로기를 표현하는 접미어 '-이즘'에 대해 여전히 부정적이었다. 그 점과 관련해 10월혁명 이전 시기의 상황을 기억할 필요가 있다. 레닌이 트로츠키즘이라는 단어를 기회주의적 타협과 결부시킨 것은 우연이 아니었으며, 레닌이즘이라는 용어는, 트로츠키가 증언하는 바와 같이, 레닌의 반대자들, 즉 주로 멘쉐비키에 의해 분열주의, 교란책동 등의 의미로 사용되었다.15) 레닌이즘의 의미를 변화시키는 데 결정적인 공헌을 한 사람은 그것을 제국주의 시대의 맑시즘이라고 정의한 스탈린이었다. 스탈린이즘이라는 말은 트로츠키의 작품이다. 트로츠키는 1927년 10월 전 연방볼쉐비키공산당 중앙위원회 전원회의 때 '부르주아 반(反)혁명적인 테르미도르적 변절'이라는 뜻으로 스탈린이즘이라는 말을 공개석상에서 처음 사용했다.16)

사회민주주의자들 사이에 '-이즘'이라는 접미어로 구성된 낱말들이 무엇을 연상시켰는가와 관계없이 맑시즘-레닌이즘이라는 신조어는 볼쉐비키에게 어떤 경우에도 허위의식과 연관될 수 없었다. 그것은 그들에게

---

14) См.: Ленин В.И. Полн. собр. соч., т.1, с.340~341.
15) См.: Архив Троцкого. Коммунистическая оппозиция в СССР 1923~1927. М., 1990, т.1, с.113~114.
16) См.: Правда, 2 ноября 1927 г.

진정한 과학을 의미했다. 스탈린이 레닌이즘을 "일반적으로는 프롤레타리아 혁명을 위한 이론과 전술이고, 특수하게는 프롤레타리아 독재의 이론과 전술이다"라고 규정했던 것은[17] 시공간에 의해 제약될 수 없는 레닌이즘의 과학성을 압축된 형태로 나타낼 수 있는 더 좋은 표현을 발견하지 못했기 때문이었다.

소연방에서 볼쉐비키가 맑시즘-레닌이즘을 과학으로 선언했을 때, 서방의 "부르주아 앞잡이들"은 그것에 동의할 수 없었다. 이데올로기가 사회적으로 규정된다는 맑스의 개념을 수용한 만하임은 자신의 지식사회학으로써 "과학적 이데올로기"라는 개념에 반대했다. 모든 이데올로기의 인식론적 가치를 부정하면서 그는 일정한 사회적 세력에 의해 지지되고 있는, 현존 질서의 유지 또는 변화를 목적으로 하는 관념들의 총체를 이데올로기로 규정했다. "정치는 과학이 될 수 없다"고 강조하면서 만하임은 맑시즘을 보수주의, 자유주의, 아나키즘 등과 경쟁하는 20세기 유토피아적 의식의 한 형태로 간주했다.[18] 그 후 이데올로기의 비(非)이성성과 신화적 성격 및 과학과의 양립 불가능성은 서방에서 이데올로기 개념의 본질적 부분으로 받아들여지게 되었고, 이른바 탈(脫)이데올로기라는 개념도 어떤 의미에서는 만하임의 연장이었다. 탈이데올로기론에 의하면, 서방의 발전된 산업국가들은 이데올로기가 아니라 기술적 해결이 요구되는 문제들에 부딪히고 있으며, 실제에 있어서 정치적 환상, 즉 이데올로기의 영향은 점차 근절되고 있다. 다니엘 벨의 탈이데올로기 개념은, 현대 대중사회에서는 경쟁하고 대립하는 이데올로기들 대신 정치적 합의들이 도출되었다는 뜻에서, 서방에서 이데올로기의 혼돈 시대가 끝났다는 선언을 의미했다. 그는 자신의 학설에 대한 증명으로서 서방의 다원

---

17) Сталин В.И. Соч., т.6, с.71.
18) Mannheim K. Ideologie und Utopie. 1929.

주의적 체제를 지적했으며, 소련에서도 산업이 발전함에 따라 맑시즘-레닌이즘이라는 이데올로기의 독점적 지배가 종식될 것을 희망했으며 또 그것을 예언했다.[19]

맑스와 엥겔스에게 이데올로기, 즉 허위의식은 곧 부르주아적 관념론이었지만, 만하임은 맑스주의를 과학이 아니라 이데올로기의 한 형태로 취급했으며, 벨에 이르면 맑스-레닌주의 또는 공산주의야말로 이데올로기, 즉 환상이 되었다.

이데올로기의 평가에 있어서 나타나는 레닌과 만하임 사이의 차이는 후자가 '물(物)자체'라는 칸트의 개념을 승인하고 있음에 반해, 레닌은 이 개념에 무관심했다는 사실로도 설명될 수 있다. 이데올로기에 대해 일반적으로 합의되고 있는 현대적 이해는 그것이 현실에 관한 이론과 설정된 목표의 실현을 위한 이론이라는 두 개의 요소로 구성된다는 것이다. 맑시즘은 이 점에서 전형적이다. 이데올로기로서의 맑스-레닌주의란 인간 상호 간의 관계 및 인간과 사회적 실제와의 관계 그리고 사회적 문제와 갈등들을 설명하고 평가하는 맑스와 레닌의 이론들의 체계이며, 그것은 역시 인간의 정치적, 사회적 활동의 목표(프로그램)를 내포하고 있다. 이데올로기의 이론적 발전수준은 그를 구성하고 있는 이론들의 양적 포괄성뿐 아니라 그 이론들의 일관성 및 체계성에 의해 규정되며, 이데올로기의 "과학성"은 당연하게도 그 이론들의 "과학성"에 의해 결정된다. 이데올로기의 역사적 힘은 그것이 인간 사회의 발전과정에 미친 영향의 규모와 강도에 의해 규정된다. 대부분의 이데올로기는 사회경제적 조건의 영향 아래 놓여 있으며, 그 조건들의 변화와 더불어 발전하며, 사회적 지지를 획득하지 못할 경우 이데올로기는 소멸된다.

주목해야 할 것은 볼쉐비키에게 이론이란 현실의 법칙성과 본질적 관

---

19) Bell D. The End of Ideology. N.Y., 1960.

계에 대한 완전한 이해를 제공하는 과학적 지식의 최고 발전형태로서도 아니고, 좀 더 넓은 의미에서 임의의 현상에 대한 해석과 설명을 시도하는 시각과 표상 및 관념의 총체로서도 아니라, 무엇보다도 역사운동에 있어서의 혁명성 및 실천성과 관계되어 그 의미를 인정받았다는 사실이다. 그렇기 때문에 이론의 의미는 여러 나라의 노동운동 경험을 일반화한다거나, 그렇게 해서 도출된 이론을 문제의 해결이 요구되는 상황에 기계적으로 적용하는 것에 한정될 수 없었다. 오히려 이론은 운동경험의 창조적 재해석을 통해서 혁명의 실천을 위한 새로운 전망을 제공해야 했다. 스탈린은 이렇게 강조했다: "이론은, 만약 그것이 진정한 이론이라면 [혁명]운동가들에게 목표를 인식하는 힘과 미래에 대한 확신, 일에 대한 신념, 그리고 우리 과업의 승리에 대한 믿음을 준다."20) 그리하여 볼쉐비키, 특히 스탈린에게는 혁명과 당의 정책 실현을 위한 유용성이 과학적 이론의 근본적 규준이 되었다. 이런 토대 위에서 그들은 단순한 일반화, 강령, 명제, 테제를 자주 이론이라 지칭했다(이 책에서도 이 같은 의미에서 '이론'이라는 낱말이 사용될 것이다).

실제에 있어, 이데올로기의 이론적 발전수준과 그 역사적 힘은 항상 비례하지 않는다. 그 양자가 비례하는 전형적인 예는 자유주의나 맑시즘에서 확인할 수 있지만, 이론적 발전이 미약한데도 커다란 역사적 영향을 발휘한 이데올로기도 있으며 그 반대의 경우도 있다. 예를 들면, 근현대사의 과정에 깊은 흔적을 남기고 있는 민족주의는 이탈리아의 파시즘이나 독일의 민족사회주의(national socialism)를 제외하고는 이론적 발전이 빈약함을 확인할 수 있다. 강하게 전개되는 민족운동의 경우에도 그 이데올로기는 대체로 민족의 독립이나 발전에 관한 당위적 명제에 기초한 단순한 이론들로 구성되어 있었다. 부르주아적 보수주의도 자유주의

---

20) Сталин В.И. Соч., т.12, с.142.

적 이론을 배제할 경우 그 내용이 빈약하다. 이론적 발전수준이 저급함에도 불구하고 큰 역사적 힘을 발휘할 수 있는 것은 이데올로기 또는 이데올로기적 형태가 강하게 작용할 수 있는 사회적, 경제적, 정치적 배경이 존재하거나, 아니면 특정 계급이나 사회적 운동세력에 의해 적극적으로 지지되기 때문이다. 결국, 많은 연구자들이 스탈린이즘의 평가에 있어서 겪는 어려움은 그 이론적 난해함 때문이 아니라 스탈린이즘과 관련된 그 시대의 독특함 때문이다.

학문적 차원에서 특정 문제에 대한 이견이나 논쟁은 불가피할 뿐 아니라 유용하다. 그러나 토론 참여자들이 문제를 서로 다른 이론과 이데올로기적 입장에서 접근한다면 그 결과는 항상 공허할 것이다. 볼쉐비키당의 역사에 관한 연구에 존재하는 이견과 논쟁의 많은 부분은 분명 비학문적 동기에서 비롯되었다. 필자가 보기에 그러한 문제의 해소를 위해서도 레닌이즘과 스탈린이즘에 대한 보다 정확한 정의가 요구된다. 이 책의 목적은 스탈린이즘의 역사적 형성과정을 보여주는 것과 함께, 이데올로기 비판적 입장에서 스탈린이즘의 사회정치적 본질 및 소비에트 사회의 발전에 있어 그것이 가졌던 의미를 분석하는 것이다. 이를 위한 연구대상은 1939년까지 전개되었던 볼쉐비키당의 정치이다. 레닌은 정치를 "응축된 경제"라고 정의한 바 있었지만, 소비에트 사회에서 정치란, 특히 볼쉐비키에게 정치는 응축된 이데올로기였다. 스탈린이즘의 기본 이론들은 소비에트 사회주의 사회의 건설이 완료되는 제2차 대전 이전에 거의 완성되었다. 종전 후 스탈린의 정치는 세계무대로 본격 확대되었지만, 그의 대내·대외 정치에 있어서의 전략과 전술은 기존 자신의 이론들에 의거하여 작성되었다. 이런 이유로, 제2차 대전 이후의 스탈린이즘 연구는 그것에 대한 역사적 접근보다는 소비에트 사회주의에 대한 실제적이고 사회학적 접근이 보다 유용하겠다는 생각에 따라 연구 시기가 제한되었다.

사회적 삶의 역사에 대한 연구에 있어서의 과학적 방법은 대상에 대한 구체적, 역사적 검토를 요구한다. 그러한 연구 방법은 이 책에서도 볼쉐비키당의 정치에 대한 분석의 기초를 이룬다. 볼쉐비키당의 역사는 그 구성 인물들의 개인사와도 분리될 수 없다는 관점에 따라 필자는 소비에트 역사연구에 있어서 가장 논쟁적인 문제들을 건드릴 것이다. 그것은 첫째, 레닌이즘과 스탈린이즘의 계승성 문제, 둘째, 스탈린이즘의 대안으로서의 트로츠키즘과 부하린이즘의 문제, 셋째, 1930년대 후반 전개된 대숙청의 원인과 그 성격규정 문제이다. 그와 관련하여 본 연구의 구조가 결정되었다. 레닌의 정치이론들과 실제를 다루는 제1장에서는 10월 혁명 직후 볼쉐비키가 감행한 정치적 행보들, 즉 국가자본주의에서 전시공산주의로 또 네프로 정책이 전환되는 데에 어떤 이론적 근거들이 부여되었는가를 해명하는 데 주안점을 두었다. 제2장에서는 스탈린이 볼쉐비즘의 발전에 어떠한 기여를 했으며, 볼쉐비크로서 스탈린이 행한 혁명적 실천이 역사 속에서 어떻게 나타나는가에 관한 문제를 1924년까지 공식적 문서들을 토대로 검토할 것이다. 제3장에서는 일국사회주의론의 형성, 스탈린이즘과 트로츠키즘의 투쟁과정, 스탈린의 이론과 네프와의 관계에 대한 분석이 이루어진다. 제4장에서는 왜 부하린이즘은 스탈린이즘에 대해 승리할 수 없었는가, 1930년대 스탈린이 행한 정치의 근본 목표는 무엇이었는가, 그리고 스탈린이즘의 실제적 구현형태로서의 소비에트 체제의 특성은 무엇인가에 대해 설명한다. 서술은 연대기적 질서에 따라 진행되며, 역사적 사건과 사회경제적 상황에 대한 분석은 볼쉐비키당 정치의 전개과정, 특히 당내 이데올로기적 갈등과 그 결말을 이해할 수 있는 수준에서 행해질 것이다.

필자는 이 연구가 볼쉐비즘 이데올로기의 생성 및 발전과 직간접적으로 결부되어 있는 모든 역사적인 사실들을 분석하고 있다거나, 소비에트 역사연구에 있어서의 스탈린이즘과 관련된 모든 논쟁들이 이를 통해 해소되고 있다고는 생각하지 않는다. 그럼에도 불구하고 강조하고 싶은 것은, 20세기의 역사 속에는 "스탈린이라는 기이한 현상"[21]만이 있었던 것이 아니라 스탈린이즘이라는 역사적 실체 및 이를 위한 무대가 존재했다는 사실이다.

이 연구에는 볼쉐비키당이 행한 정치의 이데올로기적 기반에 관한 구체적, 역사적 이해를 제공하는 많은 양의 공식적 출간자료들이 활용되었다. 문서보관소(아르히브)의 자료는 적게 이용되었는데, 이는 연구 목적이 새로운 사실들의 발굴에 있지 않다는 점에서 설명될 수 있다. 본 연구의 지향점은 이미 밝혀진 사실에 의거하여 일반적으로 수용되는 역사인식에 대한 비판 및 역사적 사실에 대한 재해석에 있다. 연구에 이용된 기초적 자료들은 우선 『Полное собрание сочинений В.И. Ленина(레닌저작전집)』, 『Сочинения И.В. Сталина(스탈린저작집)』, 자료집 『КПСС в резолюциях и решениях съездов, конференций и пленумов ЦК(당 대회, 당 협의회, 당 중앙위원회 전원회의의 결의 및 결정들 속의 소련공산당)』, 제7차에서 제18차까지의 볼쉐비키당 대회『프로토콜』, 그리고 트로츠키, 부하린을 비롯한 소비에트 지도자들의 글과 저작들이다. 그 외 특이할 만한 자료로는 볼쉐비키당 중앙위원회 기관지 ≪프라우다≫가 있다. 1917년도부터 1939년도까지의 ≪프라우다≫는 필자에게 소비에트 사회의 정치적 정서를 느끼고 볼쉐비키당의 일관된 정치적 지향을 이해하는 데 큰 도움이 되었음을 밝혀둔다.

---

[21] См. статью Д.А. Волкогонова под таким заголовком. // Вождь. Хозяин. Диктатор(Сб. статей). М., 1990, с.206~227.

제1장
레닌이즘의 실현과 그 이론적 발전

1917년 10월 25일(신력 11월 7일) 아침 「러시아 공민들에게」라는 제호의 전단을 살포한 볼쉐비키는 임시정부가 타도되었으며 페트로그라드 노동자·병사대의원 소비에트 산하 군사혁명위원회가 국가권력을 장악했다고 선언했다. 그날 오후, 넉 달간의 도피 생활 끝에 인민에게 돌아온 레닌은 트로츠키의 주재하에 열린 페트로그라드 소비에트 비상총회에 나타나 다음과 같이 열변을 토했다: "볼쉐비키가 늘 주장했던 노동자·농민의 혁명이 완수되었습니다. [중략] 오늘부터 러시아 역사의 새로운 시대가 시작되는 것이며, 이 세 번째 러시아 혁명은 궁극적으로 사회주의의 승리로 귀결될 것입니다." 레닌은 새로 등장한 소비에트 권력의 당면 과제를 열거한 후 자신의 연설을 마감했다: "러시아에서 우리는 지금 프롤레타리아 사회주의 국가의 건설에 매진해야만 합니다. 세계 사회주의 혁명 만세!"*

---

* Ленин В.И. Полн. собр. соч., т.35, с.2~3.

| 제1절 | 소비에트 권력의 초기 법령들

　10월 25일 밤, '스몰늬'에서 제2차 전(全)러시아 소비에트 대회가 개최되었다.[1] 이른바 소비에트의 볼쉐비키화가 진행된 결과, 대회에 참석한 전체 대의원의 약 60%가 이미 볼쉐비키로 구성되어 있었다. 볼쉐비키와 좌파 에세르들이 주축이 되어 소비에트 대회의 지도부가 새로 구성되었다.[2] 권력을 장악한 세력의 당연한 권리였다. 카메네프가 대회를 주관했으며, 정부 권력, 전쟁과 평화, 그리고 제헌의회에 관한 문제를 토의하자고 제안했다. 격렬한 논쟁과 상호 비난이 시작되었다. 무질서하게 모여 있는 대의원들이 쏟아내는 야유와 고함을 덮어쓴 채 멘쉐비키와 우파 에세르들은 볼쉐비키의 무장봉기를 규탄하면서 새 정부의 구성을 위해 임시정부와 협상하라고 요구했다. 폭력사태에 대한 여하한 책임도 거부하면서 반대파들이 이미 하나둘 대회장을 떠나기 시작한 가운데,[3] 멘쉐비

---

[1] '스몰늬'란 제정시대에 운영되었던 스몰늬귀족여학교의 건물을 지칭한다. 1917년 8월 '전(全)러시아 소비에트 중앙집행위원회'(브칙)와 페트로그라드 소비에트가 타브리다 궁에서 '스몰늬'로 이주했으며, 결국 그곳은 10월혁명의 지휘본부가 되었다.
[2] 러시아 인민주의를 계승한 농민정당으로서의 '사회주의자-혁명가들의 당', 즉 사회혁명당이 당 대회를 개최하며 공식 출범한 것은 1905년 말이었다. 그러나 '사회주의자-혁명가들'이라는 명칭을 사용하는 혁명운동세력들은 이미 1890년대 중반에 등장하여 1901년 말경에 하나의 세력으로 결집하게 되었는데, 이들을 사회주의자와 혁명가의 이니셜을 따서 에스에르(CP, 영어로는 SR), 즉 에세르라고 불렀다. 사회혁명당, 즉 에세르당은 1917년 봄 혁명 노선을 둘러싸고 좌우로 분열했으며, 급진파로서의 좌파 에세르들, 즉 좌파 사회혁명당은 볼쉐비키와 협력해 10월혁명을 실현했다.

키의 주요 지도자이자 멘쉐비키-국제주의자 그룹의 리더였던 마르토프가 연단에 섰다. 그는 비합법적 폭거를 자행한 음모자들을 훈계하면서 사태가 소비에트 내 모든 사회주의 정당이 참여하는 새 민주정부의 수립이라는 방법을 통해 평화적으로 해결되어야 한다고 역설한 다음, 각 정당이 민주정부 구성을 협의하기 위한 대표단을 선출하도록 소비에트 대회가 의결하자고 요구했다. 그에 대한 지지 발언이 있었다. 그러나 혁명의 지도자 트로츠키는 마르토프와 또 다른 "어제의 혁명가"들에게 단호하게 명령했다: "지금 일어난 것은 봉기이지 음모가 아닙니다. 인민대중의 봉기는 변명을 필요로 하지 않습니다! 우리는 노동자와 병사의 혁명적 에너지를 달구어 왔습니다. 우리는 공개적으로 인민들의 봉기에 대한 의지를 단련시켜 왔으며, 우리의 봉기는 승리했습니다. 그리고 지금 당신들은 우리에게 승리를 포기하고 타협할 것을 요구합니다. 과연 누구와? 당신들은 불쌍한 소수요, 당신들은 파산했소. 당신들의 역할은 이미 끝난 것입니다. 자, 가시오. 당신들이 지금부터 있어야 할 곳, 역사의 쓰레기통 속으로 가시오!"[4)]

4월 3일부터, 즉 레닌이 스위스에서 페트로그라드로 돌아온 날부터 계속된 러시아 혁명가들의 지리한 논쟁은 그렇게 마감되었다. 트로츠키의 "선고"가 내려진 뒤 대회장에 남아있던 멘쉐비키는 볼쉐비키와 좌파 에세르들에게 역사의 무대를 넘겨주고 자리를 떠났다. 이에 대해 수하노프는 나중에 곤혹스러운 마음으로 일지에 이렇게 적었다: "우리는 소비에트와 인연을 끊고서, 반혁명분자와 자신을 혼동하면서, 대중들의 눈앞에서 스스로의 위신을 실추시키면서, 창피를 당하면서, 우리 당[즉, 멘쉐비키당]의 조직과 원칙의 모든 미래를 망쳐놓고는, 어디로 가는지도 무엇

---

3) См.: Второй всероссийский съезд Советов. М., 1928, с.37~42.
4) Троцкий Л.Д. Моя жизнь. М., 1990, т.2, с.49.

때문인지도 모른 채 떠났다. 아니 그것만이 아니었다. 볼쉐비키를 완전히 자유롭게 해주고서, 그들을 모든 상황에 대한 완벽한 지배자로 만들면서, 그들에게 혁명의 무대를 깡그리 양보하고는 우리는 떠났다."[5]

이제 레닌은 "인민의 권력"의 화신이었다. 10월 26일 저녁, 제2차 전러시아 소비에트 대회는 레닌이 제출한 이른바 소비에트 권력의 법령들을 승인했다.

〈평화에 관한 법령〉은 새 권력에 의해 법령이라고 지칭되었으나,[6] 거기에는 입법 조항이 담겨있지 않았다. 본질적으로 그것은 교전중인 열강들에게 각 민족의 자결권을 보장함과 동시에 전쟁에 뒤따르는 합병과 배상을 배제하는 민주적 평화조약의 체결 협상을 즉각 시작하라고 요구하는 호소문이었다.

볼쉐비키의 강령은 원래 모든 토지의 국유화를 주장했다. 그러나 〈토지에 관한 법령〉은 1917년 8월 19일자 ≪전국 농민대표자 소비에트 이즈베스치야≫에 게재된 242개 항목의 「농민선언」을 기초로 작성된 사회혁명당의 농업 강령을 통째로 차용한 것이었다.[7] 모든 토지의 사회화를 요구하는 「농민선언」은 우선 토지에 대한 사적 소유권을 완전 폐지한 후 지방의 특수한 조건이나 노동 및 소비 기준에 따라 토지를 농민에게 분배 위임할 것을 내용으로 하는 것이었다. 이런 문제에 대해 레닌은 소비에트 대회에의 보고를 통해 이렇게 말했다: "그냥 놔둡시다. 농민선언을 누가 작성했는가에 관한 문제가 있지만, 비록 우리가 그들에게 동의하지 않는다고 하더라도 민주정부로서 우리는 하층 인민들의 요구를 무시할 수는 없습니다. 비록 우리가 그들에게 동의하지 않는다고 하더라도 말입

---

5) Суханов Н.Н. Записки о револющии. М., 1992, т.3, с.343.
6) См.: Декреты Советской власти. М., 1957, т.1, с.11~16.
7) См.: Там же, с.17~20.

니다. 농민선언을 실제에 적용하면서, 각 지방에서 농민선언을 실현시키면서, 어디에 진실이 있는지 농민들 자신이 이해할 것입니다. [중략] 삶이란 최선의 교사이며, 삶은 누가 옳은지 가르칠 것입니다. 농민은 한쪽 끝에서, 우리는 다른 끝에서 이 문제를 해결해 나가도록 합시다. 혁명적 창조의 급류 속에서, 새로운 국가 형태의 모색 속에서 현실은 우리와 농민들을 접근시킬 것입니다. 우리는 지금 현실을 거역해선 안 되며, 당연히 우리는 인민대중에게 완전한 창조의 자유를 허용해야 합니다."[8]

소비에트 대회의 대의원들에게 제출된 다음 법령은 소브나르콤, 즉 인민위원회의의 구성에 관한 것이었다.[9] "노동자·농민의 임시정부"라는 명칭을 얻은 새 정부의 내각, 즉 소브나르콤의 권력행사 기간은 제헌의회가 소집될 때까지로 국한되었다. 10월혁명에서 볼쉐비키의 전우였던 좌파 에세르들은 모든 사회주의 정당의 대표자들로 임시 권력기구를 구성해야 한다고 주장하다가 결국 함께 공동정부를 구성하자는 볼쉐비키의 제의를 거부했다. 불감청이나 고소원이었다. 결국 볼쉐비키는 레닌을 수반으로 하는 자신들만의 소브나르콤을 구성했다.[10]

소비에트 대회의 마지막 안건은 상설 최고권력기관으로서의 브칙, 즉 '전(全)러시아 소비에트 중앙집행위원회'를 새로 구성하는 것이었다. 여기에는 62명의 볼쉐비키와 좌파 에세르 29명을 포함해 모두 101명이 선출되었다.[11] 브칙은 소비에트 대회가 개최되지 않은 시기에 대회의 기능을 대신하는 상설기관이었다. 소브나르콤이 최고 행정권력이라면, 브칙

---

8) Ленин В.И. Полн. собр. соч., т.35, с.27.
9) См.: Декреты Советской власти, т.1, с.20~21.
10) 소브나르콤의 주요 인물 구성은 다음과 같다: 의장 울리야노프(레닌), 외무인민위원 브론쉬테인(트로츠키), 민족인민위원 주가쉬빌리(스탈린), 내무인민위원 릐코프, 농업인민위원 밀류틴, 노동인민위원 쉴랴프니코프, 무역공업인민위원 노긴, 인민계몽인민위원 루나차르스키 등.
11) См.: Второй Всероссийский съезд Советов(Сброник документов). М., 1957, с.28.

은 최고 입법권력이었다.

이처럼 볼쉐비키당은 스스로도 믿기 어려울 정도로 쉽게 권력을 장악했다. 바리케이드도 없이, 심각한 유혈사태도 없이, 국가권력은 다른 정당들, 특히 부르주아보다 훨씬 더 인민들을 행복하게 해줄 수 있다고 믿는 세력의 수중으로 넘어갔다.

성공적으로 볼쉐비키 권력의 정당성이 승인된 제2차 전러시아 소비에트 대회가 끝난 직후 레닌은 자본에 대한 '노동자 통제'를 완전하게 실현하고자 했다. 경제적 차원에서 기업에 대해 이루어지는 노동자들의 자주적인 통제 내지 관리를 의미하는 '노동자 통제'는 사회주의의 진정한 진일보를 의미하는 제도로서 전혀 의심되지 않았다. 1917년 4월 이후 레닌이즘의 강령에는 기업의 국유화가 고유한 것이었으며, 상디칼리즘적인 '노동자 통제'는 거부되어야 할 대상이었다. 그러나 자본가를 배제한 채 이루어지는 기업에 대한 노동자들의 통제는 1917년 2월혁명 후에 볼쉐비키당이 행한 주요 선동사항이었으며, 대기업들에서 그리고 중소 규모의 공장들에서도 임금 감축, 대량 해고 또는 공장 폐쇄 등의 노동 탄압을 자행하는 자본가들의 폭력 앞에서 노동자들은 '노동자 통제'의 실현을 위해 투쟁했다. 특히 10월혁명의 승리와 더불어, 기업에 대한 노동자들의 통제와 관리는 프롤레타리아 독재의 실제적 발현으로서 간주되고 있었으며, 레닌은 내키진 않았지만 그것을 노동계급의 혁명적 요구로서 수용했다.

레닌이 작성한 〈노동자 통제에 관한 규정〉에 의하면, 기업 활동에 대한 노동자들의 통제는 극히 영세한 작업장을 제외한 모든 기업에 도입되며, 모든 노동자는 직접 혹은 자신들이 선출한 대표자를 통해 '노동자 통제'를 실현시킬 수 있으며, 노동자들의 결정은 기업주에게 강제력을 가졌다.[12] 레닌이 작성한 초안의 기본 내용을 고스란히 간직한 최종안은 1917년 11월 14일에 브칙에 의해 입법화되었으며, 그 〈노동자 통제에 관한 규정〉의 제1항에는 이렇게 적혀 있었다: "인민경제의 계획적 관리를 위해, 노동자를 고용하고 있거나 가내 노동에 의거하고 있는 모든 공업, 상업, 금융, 농업, 운수회사와 생산(협동)조합, 그리고 그 밖의 사업체에서 생산, 원료의 구입 및 생산물의 판매, 보관 그리고 기업 재정에 대해 노동자 통제를 도입한다."13)

자신들의 강령을 실현하기 위한 국가기관 설립에 착수한 볼쉐비키는 우선 베세엔하, 즉 최고인민경제회의를 구성했다. 1917년 12월 2일자 〈베세엔하의 설립에 관한 브칙과 소브나르콤의 법령〉에 따르면, 베세엔하의 기본 과제는 인민경제와 국가재정의 조직화에 있었다. 이 목적과 관련해 베세엔하는 나라 경제생활의 조절을 위한 일반적 관리 기준과 계획을 세우고 경제 관련 각 인민위원부 산하에 중앙과 지방에서 설립된 여러 경제관리 기관의 활동 및 전러시아 노동자 통제 회의의 활동, 그리고 다양한 노동조합 조직들의 활동을 조정하고 통일시키는 권한을 부여받았다. 베세엔하는 몰수, 징발, 압류, 그리고 공업과 상업의 다양한 부문을 강제적으로 병합할 수 있는 권리와 함께 생산, 분배 및 국가재정 분야에서 많은 조치를 취할 수 있는 권한을 부여받았다.14) 그렇게 해서, 밑으로부터의 개혁이 도입됨과 더불어 위로부터의 개혁이 시작되었다. 그 결과, 레닌이 그렇게도 원했던 "금융투기의 철저한 박멸을 위한, 그리고 금융자본의 수탈로부터 노동자, 농민 및 모든 근로인구의 완전한 해방을 위한"15) 조치로써 은행 업무에 대한 국가독점이 가능하게 되었다. 1918년 1월에 개최된 제3차 전러시아 소비에트 대회에서 레닌은 볼쉐비키 정부의 경제적 조치들을 이렇게 평가했다: "우리는 노동자 통제로부터 베세

---

12) См.: Там же, с.30~31.
13) Декреты Советской власти, т.1, с.83.
14) См.: Там же, с.172~174.
15) См.: Там же, с.230.

엔하의 창설로 이행했습니다. 이 조치야말로 은행, 철도 [중략] 등의 국유화와 더불어 우리에게 새로운 사회주의 경제건설에 착수할 수 있는 가능성을 주는 것입니다."16)

바로 승리의 순간부터, 소비에트 권력을 대내외적인 적들로부터 수호해야 한다는 실제적인 문제가 대두되었다. 볼쉐비키는 즉시 적들과의 투쟁을 위한 특수기관 창설을 계획했다. 페트로그라드 소비에트 산하 군사혁명위원회가 최초로 그 임무를 수행했다. 오래 존속하지 못한 이 기관의 후신이 바로 1917년 12월 7일에 소브나르콤의 산하 기관으로 설치된 베체카, 즉 '전러시아 반혁명태업단속비상위원회'였으며, 그렇게 국가보안기구의 창설이 시작되었다. 주목할 만한 것은 베체카의 기능이 처음부터 상당히 모순적으로 규정되었다는 점이다. 베체카는 단지 예비 심리(審理)만 하고 사건을 혁명재판소의 법정으로 이송함으로써 일반적 의미의 판결권을 인정받지 못했음에도 불구하고, 몰수권, 추방권, 신분증으로도 사용된 식량배급권 박탈권 등 사실상 형사처벌에 관한 광범한 권한을 부여받았다.17) 베체카의 열성 요원들은 법령의 모순을 처음부터 십분 활용했다. 소비에트 권력의 그 어떤 법령에도 테러의 필요성과 그 가능성에 관한 언급은 없었다. 베체카가 창설되기 얼마 전 레닌은 그 문제에 대해 이렇게 언급했다: "테러를 한다고 우리를 비난합니다. 그러나, 우리는 프랑스 혁명가들이 비무장의 수많은 사람들을 길로틴으로 처형했던 그런 테러를 행하지 않고 있으며 또 바라건대 행하지 않을 것입니다."18) 그러나, 레닌의 소박한 희망은 애초부터 실현될 가능성이 없었다.

병사들에게는 평화를, 농민들에게는 토지를, 노동자들에게는 공장을

---

16) Ленин В.И. Полн. собр. соч., т.35, c.274~275.
17) См.: Из истории ВЧК. 1917~1923 гг. Сборник документов. М., 1958, c.79.
18) Ленин В.И. Полн. собр. соч., т.35, c.63.

약속한 볼쉐비키 정권의 초기 법령들은 통치적 의미보다는 선전적 의미를 더 많이 가졌다. 레닌은 포고된 법령들이 당장 광범위하게 집행될 수 없다는 사실을 정확히 알고 있었다. 법령의 집행력이 확보되기 위해서는 제대로 기능하는 기관 및 간부들이 존재해야 하며, 일정 시간의 경과 등이 요구된다. 낡은 국가기구는 해체되었으며, 새로운 "프롤레타리아 국가기계"는 아직 충분히 작동될 수 없었다. 그럼에도 불구하고 레닌은 새로운 권력의 본질이 무엇이며, 그것이 무엇을 요구하며, 그 목적을 어떻게 실현시키려 하는가에 관해서 인민들에게 알리기를 서둘렀다. 레닌은 관료주의적 법령 제정에 대한 열정이 아니라, 이미 획득된 권력의 언어로써 당의 강령을 실현코자 하는 갈망에 사로잡혀 있었다. 그는 역사적으로 매우 중요한 시대의 운명이 달린, 전체 인민의 운명이 달린 중요한 결정을 끊임없이 내렸고 처분을 지시했다. 그런 결정을 하는 데 있어서 신중하고 깊은 토론을 할 시간은 존재하지 않았다. 평화와 토지, 공장에 대한 약속을 제외하곤 많은 혁명적 법령이나 조치가 그 불가피성에 대한 증명 없이, 소비에트 권력에 대한 인민의 지지를 모으기 위한 호소가 거의 배제된 채, 볼쉐비키 자신의 강령과 현실적 필요에 따라 설정된 과제들이 새 정부의 법령으로 표현되었다. 새로운 권력구조와 인민위원부(나르코마트) 및 각종 위원회 창설을 뒷받침한 바로 그 법령들이 거대한, 관료주의적 전체주의 체제의 역사적 탄생을 예고했다. 그런 체제로의 발전은 미래의 일이었지만, 1918년 벽두에 그 길은 이미 예견되었다. 권력은 사회주의라는 명분을 위해 무엇이라도 감당할 용기와 확신이 있었으며, 사회주의의 실현 방법도 이미 오래전에 결정되어 있었다. 그것은 바로 프롤레타리아 독재였다.

 레닌은 자신에게 동의하지 않는 그 누구와도 권력을 공유하기를 원하지 않았다. 혁명 직후, 볼쉐비키로부터 인민주의적 사회주의자들까지 모든 정당과 세력들이 참여하는 "사회주의적 단일정부"를 구성하자는 카메네프, 지노비예프, 리코프 등의 요구에 레닌은 단호하게 대처했다. 그가 보기에, "당이 권력을 거부하도록 강요하는" 볼쉐비키당 일부 중앙위원들의 시도는 "프롤레타리아트의 과업에 대한 배반"을 의미했다.[19] 레닌의 권력에의 의지, 멘쉐비키 및 사회혁명당의 입장을 절대 인정하지 않으려는 그의 독선, 그리고 미래에 대한 확고한 신념은 1918년 1월 5일에 소집된 "반혁명적인" 제헌의회의 운명을 이미 결정하고 있었다.[20]

사회혁명당이 지배적 의석을 차지했던 제헌의회의 해산은 본질적으로 의회주의에 대한 멸시라는 볼쉐비키적 협주곡의 결말이었으며, 볼쉐비키의 계급적 지향과 그를 위한 정치적 계획들이 야기한 논리적 귀결이었다. 레닌의 이론에 따르면 사회주의로의 이행기에 범민족적인 권력기구는 쓸모없는 것이었다. "제헌의회는 부르주아 의회공화국의 화관이 될 수밖에 없다"는 자신의 생각을 재확인하면서 레닌은 "[소비에트와 같은] 오직 계급적 기구만이 유산계급의 저항을 분쇄하고 사회주의 사회의 토대를 만들 수 있다"고 역설했다.[21]

10월혁명의 성공이 다소 보장된 후 볼쉐비키는 구체적인 현실 문제에 부딪히기 시작했다. 그들에게는 문제 해결에 관한 일치된 의견이 없었다.

---

19) См.: Там же, с.47.
20) 1917년 여름, 임시정부는 제헌의회를 구성하여 새로운 민주국가를 수립한다는 계획 아래 그를 위한 총선거를 그해 11월에 실시하기로 했다. 이른바 부르주아 민주공화국에 비해 소비에트 공화국이 "보다 발전된 상위의 국가"임을 강조했던 볼쉐비키는 10월혁명 이후 제헌의회에 관한 임시정부의 결정을 이행할 것을 약속했으며, 소브나르콤을 제헌의회의 소집 때까지 기능하는 한시적 권력기구로 규정했다. 1917년 11~12월 보통선거제에 입각한 총선거가 실시되었고, 그 결과 레닌의 예상과는 달리 총 715개 의석 가운데 사회혁명당이 412석, 볼쉐비키 183석, 멘쉐비키 17석, 입헌민주당은 16석을 차지했다 (См.: Орлов А. С. Пособие по истории СССР. М., 1987, с.430~431). 제헌의회는 소집된 그 다음날 강제 해산되었는데, 이에 대해 농민들의 항의는 거의 없었다. 제헌의회 해산과 동시에 제3차 전러시아 소비에트 대회가 개막되었으며, 여기서 볼쉐비키는 러시아소비에트연방사회주의공화국의 수립을 선포했다.
21) См.: Ленин В.И. Полн. собр. соч., т.35, с.235~236.

일사불란한 의사 결집이 이루어지는 정당으로서의 볼쉐비키당 신화는 애초에 없었다. 당내의 격렬한 토론과 의견대립은 오직 하나의 열렬한 합의점, 즉 부르주아 권력에 대한 적의(敵意)만이 그들을 하나로 묶어놓았다는 것을 확인시켜주었다. 날카로운 대립은 볼쉐비키가 10월혁명에서 승리할 수 있었던 중요한 요인, 즉 인민들에게 평화를 보장하겠다는 약속의 이행 문제를 계기로 증폭되었다.

1917년 11월 20일 브레스트-리톱스크에서 독일-오스트리아 연합군과 소비에트 정부 대표단의 공식회담이 시작되었고, 쌍방은 임시휴전에 서명했다. 독일 측은 평화조약 체결을 위한 조건으로 러시아 일부 영토의 할양을 요구했으며, 이에 대해 레닌은 입장을 분명히 했다: "맑스주의 및 사회주의 일반의 이념적 토대와 결별하지 않은 사람이라면 누구라도 사회주의의 대의가 민족자결권을 위한 이해관계보다 우위에 있음을 부인할 수 없을 것입니다."[22]

레닌의 입장에 대해 트로츠키와 '좌익 공산주의자들'이 반대하고 나섰다. 부하린, 오신스키, 로모프, 우리츠키 등 '좌익 공산주의자들'은 평화협상의 중단을 요구하는 가운데 독일과의 혁명전쟁을 준비하자고 호소했다. 그들은 평화조약 체결이 서방의 혁명운동을 좌절시키고, 러시아에서 부르주아 권력의 복원을 촉진할 것이며, 따라서 공산주의자들은 제국주의자들과 절대로 타협할 수 없다는 것이었다. 부하린은 사회주의 혁명의 무대를 확대하기 위한 전쟁을 요구했다.[23] 트로츠키는 독일군이 더 이상 러시아 영토로 진격할 수 없음을 확신하고 있었다. "비(非)전쟁, 비(非)평화"라는 절묘한 구호를 내건 그는 평화조약 체결을 거부함과 동시에 독일에 전쟁 종료를 선언하고 소비에트 군대의 동원을 해제하자고 제

---

22) Там же, с.251.

23) См.: Протоколы ЦК РСДРП(б). Август 1917~Февраль 1918. М., 1958, с.169~170.

안했다. 트로츠키는 비록 후에 불가피하게 굴욕적으로 평화조약을 체결한다 하더라도 "러시아 노동자 계급은 무슨 일이 있어도 신생 노동자 정부와 독일 제국주의자들 간에 화해할 수 없는 적대감이 존재한다는 사실에 대한 명백한, 의심할 수 없는 증거를 유럽 노동자들에게 보여줄 수 있을 것"이라고 주장했다.[24] 국제주의적 의무에 충실한 것과 제국주의자들과 적극적으로 평화조약을 체결하는 것은 트로츠키에게 전혀 다른 차원의 문제로 간주되었다. 트로츠키의 예상대로 일이 잘될 경우, 프롤레타리아 권력은 나름대로 체면을 유지할 수도 있는 그럴듯한 전술이었다.

1918년 1월 8일, 당 중앙위원회 위원 및 당의 주요 간부가 참여한 협의회에서 이 문제가 논의되었다. 짜리 체제에 의해 억압받았던 노동자와 농민뿐 아니라, 당 지도부도 혁명의 열기에 사로잡혀 있음이 드러났다. 표결 결과는 당내의 지배적인 분위기를 명백하게 나타내는 것이었다. 독일 측의 조건을 수용하는 평화조약의 체결은 15표, 혁명전쟁은 32표, 그리고 "비전쟁, 비평화"는 16표였다.[25] 그러나 레닌은 표결 결과를 최종적인 것으로 수용하길 거부했다. 1월 11일, 볼쉐비키당 중앙위원회 회의 석상에서 트로츠키의 절충안이 다수의 지지를 획득했고, 레닌은 자신의 입장에서 후퇴할 수밖에 없었다. 그는 말했다: "트로츠키 동무가 제안한 것은 국제주의에 입각한 정치적 시위입니다."[26] 레닌은 평화조약 체결이 서방의 사회민주주의 운동을 약화시키지는 않을 것이라고 생각했지만, 역시 서방의 동무들을 외면할 수는 없었다. 그는 독일과의 협상을 최대한 지연시킬 것을 제안했다. 부하린의 지지자들, 즉 '좌익 공산주의자들'은 트로츠키의 슬로건에서 자신들의 입장이 어느 정도 반영되고 있음

---

24) Троцкий Л.Д. Моя жизнь, т.2, с.108.
25) Ленин В.И. Полн. собр. соч., т.35, с.255.
26) Там же, с.257.

을 보았다. 그들은 신생 프롤레타리아 권력이 치욕스러운 평화조약을 체결함으로써 제국주의 세력에 굴복하는 것을 원하지 않았다.

바로 그 중앙위원회 회의에서 스탈린은 자신이 레닌의 "충실한 제자"임을 과시했다. 레닌의 입장을 지지하면서 그는 다음과 같이 말했다: "혁명전쟁이라는 구호를 수용한다면 우리는 제국주의를 위해 복무하는 셈이 됩니다. 트로츠키 동무의 입장은 입장이라고 할 수 없습니다. 서유럽에는 혁명운동이 없으며 혁명운동을 입증하는 사실이 존재하지 않습니다. 다만 있다면 그것은 잠재력일 뿐이며 우리는 혁명적 실천에 있어서 단지 하나의 잠재력에 의지할 수는 없습니다. 만약 독일군이 진격을 개시한다면, 그것은 우리에게 반혁명을 강화시킬 것입니다. 독일은 충실한 군대를 보유하고 있으며 공격을 개시할 능력이 있습니다."[27] 그러나 유감스럽게도 레닌은 스탈린의 주장에 동의하지 않았다: "서유럽에는 대중적 운동이 존재하며, 단지 그곳에서 혁명이 아직 시작되지 않았을 뿐이오. 그러나 만약 우리가 그런 이유 때문에 스스로의 전술을 바꾼다면, 우리는 국제 사회주의에 대한 배신자가 될 것이오."[28] 1918년 1월 13일, 볼쉐비키당 중앙위원들과, 사회혁명당에서 이탈해 10월혁명에 가담한 좌파 사회혁명당 중앙위원들의 합동회의가 열렸고, 트로츠키의 슬로건이 다수의 지지를 받았다.

1918년 1월 28일, 브레스트-리톱스크에서 트로츠키가 "소비에트 러시아는 영토합병조약 체결을 거부하고, 전쟁을 중단하며, 군대 동원을 완전히 해제한다"고 발표한 직후, 독일군은 즉각 공세를 개시했다. 예상이 빗나간 것이다. 레닌은 평화조약 체결을 종용했다. 그는 오직 하나의 생각만 하고 있었다: "한 나라에서 사회주의가 승리하고 그 주변 국가들에서

---

27) Сталин И.В. Соч., т.4, с.27.
28) Ленин В.И. Полн. собр. соч., т.35, с.257.

자본주의가 유지되고 있는 경우 혁명전쟁을 준비해야 할 필요성, – 물론 그것은 당연합니다. [중략] 그러나 지금 우리는 보다 강해질 때까지 살아남을 줄 알아야 합니다."29) 1918년 2월 23일(신력)에 볼쉐비키는 전보다 가혹해진 새로운 조약 조건을 독일군으로부터 통고받았다. 이날 열린 당 중앙위원회 회의에서 레닌은 만약 "혁명적 미사여구의 정치"가 계속된다면 자신은 정부와 중앙위원회에서 사임할 것이라고 경고하면서, 독일 측이 제시한 조건을 즉시 수용할 것을 단호하게 요구했다. 그러자 격렬한 토론이 전개되었다. 스베르들로프, 지노비예프, 소콜니코프가 즉각적인 조약의 체결을 지지했다. 레닌의 입장을 지지하면서 스탈린은 명료하게 상황을 정식화했다: "잠깐의 휴식인가 아니면 혁명의 파멸인가. 다른 방도는 없습니다."30) 예상이 빗나가는 바람에 어색해진 트로츠키는 레닌에게 전적으로 동의하지 않지만 당내에 합치된 의견이 부재한 상황에서 전쟁을 수행하는 것은 불가능하다고 생각한다면서 평화조약 체결을 소극적으로 승인했다. '좌익 공산주의자들'은 조약 체결을 반대하고 나섰다. 조약 체결을 위한 표결 결과 15명 중 레닌파 7명이 찬성했고, 트로츠키, 제르진스키, 요폐, 크레스틴스키는 기권했으며, 부하린 등 다른 네 명은 반대했다. '좌익 공산주의자들'은 즉각 자신들이 맡고 있는 당과 소비에트 정부의 모든 직책을 사임한다고 선언했다.31) 그들의 혁명적 열정은 걷잡을 수 없는 것이었다. 독일과의 평화조약은 1918년 3월 3일에 체결되었다.32) 그 결과 소비에트 러시아는 폴란드, 우크라이나, 벨로루시, 발트해 연안 지역을 포함하는 서부 영토 대부분을 상실했고, 카프카

---

29) См.: Там же, с.343~351.
30) Протоколы ЦК РСДРП(б). Август 1917~февраль 1918, с.212.
31) См.: Там же, с.212~216.
32) 1918년 11월 독일혁명의 발발로 제정이 붕괴되고 독일의 패전이 결정되자, 볼쉐비키는 이 조약의 원인 무효를 선언했다.

즈 산맥 이남의 일부 지역은 터키에 할양되었다. 이로써 러시아는 전체 경작지의 약 25%, 탄전 및 철강산업 기반의 약 75%, 그리고 주요 유전 지역 대부분을 상실하는 등 엄청난 인민경제적 손실을 감당하게 되었다. 그러나 레닌에게 중요한 것은 러시아가 아니라 "임박한 세계 사회주의 혁명"이었으며, 이를 위해 소비에트 권력은 살아남아야만 했다. 노동자들에게 국경이 없다는 것은 맑스주의자라면 누구나 알고 있는 사실이 아니었던가.

브레스트 평화조약이 체결된 직후, '좌익 공산주의자들'과 좌파 에세르들은 레닌의 휴식이론을 강도 높게 비판했다. 레닌은 그들의 공격을 이렇게 받아 넘겼다: "[혁명전쟁론의] 주창자들은 정녕 국제혁명의 대의가 혁명을 옆에서 '사주'할 것을 요구하며 그 방법이 전쟁뿐이라 생각하는가? 왜, 평화는 제국주의를 '합법화'하는 인상을 대중들에게 주기 때문에? 이런 부류의 이론은 항상 혁명의 '사주'를 부정하며 계급적 모순들 간의 대립이 심화됨에 따라 비로소 혁명이 가능하다고 강조하는 맑스주의와 전혀 관련이 없습니다. 이 같은 이론은 항상 그리고 어떤 조건에서도 무장봉기야말로 불변의 투쟁형태라고 간주하는 시각과 동일한 겁니다. 실제로 국제혁명의 대의는 [러시아의] 부르주아 계급을 타도한 소비에트 권력이 그 혁명을 돕는 것을 요구하지만, 도움의 형태는 소비에트 권력이 가진 역량에 맞게 선택되어야 합니다."[33] 이 문제와 관련해 인용할 만한 레닌의 진술이 또 있다. 1918년 6월 말 레닌은 이렇게 썼다: "외국에서의 주문이나 외국과의 합의에 의해 혁명이 일어날 수 있다고 생각하는 사람들이 있다. 이들은 머리가 빈 사람이거나 사기꾼이다. [중략] 우리는 주문이나 합의로는 결코 혁명을 완수할 수 없다는 것과, 그리고 수백만의 사람들이 더 이상 이렇게는 살 수 없다는 결론에 도달할 때에

---

33) Ленин В.И. Полн. собр. соч., т.35, с.403.

혁명이 무르익는다는 것을 알고 있다."34)

1956년 소련공산당 제20차 대회 이후, 당의 이데올로그들은 흐루쇼프가 선언한 '두 체제의 평화적 공존'이라는 대외정치적 원칙의 이론적 근거를 레닌의 저작에서 찾기 시작했다. 그들은 위 인용문들과 유사한 진술들을 전체가 아니라 단지 필요한 부분만 발췌하면서 그 근거로 삼았다. 그러나 평화공존의 원칙을 문자 그대로 이해한다면 그 이론적 근거를 레닌에게서 발견하는 것은 불가능하다. 1961년에 열린 제22차 당 대회는 그 원칙을 "계급투쟁의 특수한 형태"라고 해석했지만35) 그 역시 레닌에게서 정확한 근거를 확인하기란 불가능하다. 1918년 3월, 국제정치에 대한 당의 과제를 규정하면서 레닌은 이렇게 썼다: "선진국의 사회주의 프롤레타리아 혁명운동에 대한 지원이 최우선 과제. 선전. 선동. 연대. 기회주의와 사회쇼비니즘에 대한 가차 없는 투쟁. 모든 국가에서, 특히 식민지와 종속적인 나라들에서의 민주주의 운동과 혁명운동에 대한 지원."36) 그 무렵 개최된 볼쉐비키당 제7차 대회는 레닌의 주창에 따라 전쟁과 평화에 관한 결의를 채택했으며, 그를 통해 세계혁명에 관한 당의 기본 입장을 분명히 밝혔다: "러시아에서 승리한 사회주의 혁명을 가장 확고하게 보장하는 것은 그 혁명이 국제 노동자혁명으로 전환되는 데 있다."37) 사실 레닌은 "평화적 동거"를 원했다. 그러나 그것은 "착취 없는, 지주 없는, 자본가 없는, 상인 없는, 새롭게 각성한 모든 인민들과 모든 민족의 농민들과의 평화적 동거"였던 것이다.38) "임박한 세계 사회주의

---

34) Ленин В.И. Полн. собр. соч., т.36, с.457.
35) См.: Программы и уставы КПСС. М., 1969, с.128.
36) См.: Ленин В.И. Полн. собр. соч., т.36, с.76.
37) КПСС в резолюциях и решениях съездов, конференций и пленумов ЦК. М., 1970, т.2, с.27.
38) Ленин В.И. Полн. собр. соч., т.40, с.145.

혁명"과 그 조력자로서의 소비에트 권력의 변증법, — 여기에 이른바 휴식이론의 본질이 있었다.

|제2절| 국가자본주의 이론

　브레스트 평화조약이 체결된 직후인 1918년 봄, 볼쉐비키당 제7차 대회는 공산주의 사회의 창조를 목표로 설정하면서 당명을 러시아볼쉐비키사회민주노동당에서 러시아볼쉐비키공산당으로 변경했다. 레닌은 볼쉐비키 권력의 당면 과제들에 대해 숙고하기 시작했다. 그는 기본적으로 10월혁명에 따른 "내전", 정확히 말하면 사회적 혼란이 거의 종료되었음을 확신하고 있었다. 평화로운 사회의 발전을 염두에 둔 레닌의 계획은 이른바 국가자본주의 이론의 토대 위에서 전개되었다. 그러한 계획은 레닌의 이론적 무원칙성으로 초래된 결과가 아니었으며, 1917년 이전의 레닌이즘에 내재해있던 사회민주주의적 프로그램의 맥락에서 만들어진 것은 더욱 아니었다. 레닌의 혁명이론은 연속혁명론에서 영구혁명론으로 발전했으며, 그의 국가자본주의론은 그런 맥락에서 등장했던 것이다. 우리는 국가자본주의론에 관한 레닌의 기본 구상을 10월혁명 직전의 글들에서, 특히 『국가와 혁명』에서 발견할 수 있다.

　『소비에트 권력의 당면 과제』 및 다른 글과 연설에서 레닌은 평화가 달성된 덕분에 소비에트 권력이 자신의 모든 역량을 "사회주의 혁명의 가장 중요하고도 가장 어려운 측면", 즉 바로 경제의 재편이라는 과제에 집중시킬 수 있게 되었다고 주장했다. 그는 경제 재편을 위한 과제가 "첫째, 매우 광범하고 세밀하며 보편적 형태로 이루어지는, 생산 및 생산물 분배에 대한 회계와 관리, 둘째, 노동생산성 향상"이라는 두 항목으로 나누어진다고 강조했다.39) 레닌은 대략 1918년 봄까지 소비에트 권력이 내전과 낡은 정치적, 경제적 질서의 타파, 그리고 그 질서를 수호하는 세력들과의 투쟁이 어우러진 고난의 시기를 겪었다고 판단했다. 이제, 그런 시기는 끝났다. 프롤레타리아 독재를 위한 정부는 보다 강해졌다. "부르주아 계급에 대한 프롤레타리아트의 승리"라는 볼쉐비키의 기본 과제는 정치적으로 완수되었다. 이제 프롤레타리아 국가에서는 정치가 아니라 경제가 국가운영의 문제에 있어서 최우선적 의미를 가져야 했다. 실무적이고 건설적인 사업과 새로운 사회의 조직적 건설을 위한 시간이 도래했다. 볼쉐비키는 "모두가 간절히 원하고 있는 사회주의적 질서"를 확립하고, 혼란, 황폐 그리고 태만에 종지부를 찍어야 했다. 자본가들로부터 사회주의적 경제를 조직화하는 방법을 배워야만 했다.

그러한 생각에서 레닌은 기업의 노동규율 확립 및 경영의 단독책임제 도입, 독립채산제 실시, 부르주아 전문가 활용, 경쟁의 조직화, 테일러 시스템 적용, 협동조합의 활용 등 경제 분야에서의 여러 조치들을 제안하였으며, 개수임금제 도입 등 "물질적 장려 원칙"을 내세우기도 하였다. 레닌은 스스로도 이런 조치를 "파리코뮌의 원칙으로부터의 일보 후퇴"40)와 "계급 청산이라는 과제에 부응하는 사회주의적 원칙으로부터의 일보 후퇴"41)를 의미하는 것으로 평가했다. 그러나 중요한 것은 레닌이 그것을 "자본에 대한 홍위병(紅衛兵)적인 공격"을 중단하거나 자본주의 분자들과의 화해를 준비하는 것으로 여기지는 않았다는 점이다. 레닌은 단지 경제 재편이라는 과제를 해결함에 있어서 노동자 조직에 의한 공장이나 제작소 운영의 효율성을 의심했을 뿐이다. 그는 이렇게 확신했다: "현재

---

39) Ленин В.И. Полн. собр. соч., т.36, с.130.
40) Там же, с.279.
41) Там же, с.186.

의 소비에트 기관과 노동자 통제라는 개념에 의해 특징지어지는 경제조직들, – 이 조직들은 아직 미숙하고 불안한 상태에 있다."42) 레닌은 중앙권력의 조직력이 강해져야 한다고 믿었다: "강제와 독재 없이 자본주의에서 사회주의에로의 이행이 가능하다고 믿는 것은 엄청난 어리석음이며 황당한 이상주의일 것이다. [중략] 우리에게는 시간과 철권(鐵拳)이 필요하다."43) 프롤레타리아트의 철권이 확고해지고 경제에 대한 국가의 독점이 정상화될 때, 도입된 자본주의적 요소는 비로소 경제적 기반을 상실하고 순순히 노동자 정부에 봉사할 것이라고 레닌은 주장했다. 자본주의적 요소를 겁낼 필요는 없었다. 사회주의의 대의를 위해 혁명은 노동자들에게 한 사람, 즉 혁명지도자의 단일한 의지에 대한 자발적인 복종을 요구하고 있었다. 소비에트 사회에서 지도자와 노동자가 대립하는 일은 있어서도 안 되고 있을 수도 없으며, 그 속에서 노동자 계급은 지배적 계급으로, 사회의 주인으로 존재하는 것이었다. "자본주의에서 사회주의로 이행하기 위해서는 국가, 즉 강제의 불가피성을 인정해야 한다"44)는 것이 레닌의 분명한 결론이었다. 그는 단호하게 말했다: "철의 권력이란 착취자들뿐만 아니라 건달들을 진압하는 데 있어서 신속 과감하고, 가차 없는 혁명적 권력이다."45)

이와 함께 레닌은 민주집중제 원칙을 주장했다: "우리는 민주집중제를 지지한다. 그리고 이 민주집중제가 한편으로는 관료주의적 중앙집권주의와, 다른 한편으로는 무정부주의와 얼마나 크게 구별되는 것인지 분명하게 이해해야 한다."46) 그러나 아무리 레닌의 중앙집권주의를 민주적

---

42) Там же, с.154.
43) Там же, с.194~195.
44) Там же, с.199.
45) Там же, с.196.
46) Там же, с.151.

인 것으로 이해하려 해도 실제로 그것은 관료주의적 중앙집권주의와, 혹은 적어도 조직적인 중앙집권주의와 구별할 수 없었다. 민주주의와 중앙집권주의를 변증법적 결합하려는 이 개념은 처음부터 프롤레타리아 독재 혹은 공산당 독재라는 이론과 모순되는 것이었으며, 특히 지도자를 필요로 했던 초창기 소비에트 사회의 요구와도 부합될 수 없었다. 결국 민주집중제라는 조직 원리는 처음부터 공허한 구호이자 내용 없는 사상에 불과했다.

레닌의 국가자본주의적 구상은 먼저 부하린, 오신스키를 비롯한 '좌익 공산주의자들'의 완강한 저항에 부딪혔다. 당내 다수파가 발휘하는 "우익 볼쉐비키적 편향"에 대한 반대파를 자임한 그들은 자본주의적 요소의 도입뿐만 아니라, 국가권력의 조직화라는 측면에서 행해진 파리코뮌 원칙으로부터의 후퇴에 반대했다.[47] 국가건설 문제에 대한 '좌익 공산주의자들'의 구상은 레닌과는 전혀 다른 것이었다. 진정으로 '좌익 공산주의자들'은, 레닌처럼, 부르주아지의 저항을 무력으로 분쇄해야 하는 힘든 시기가 끝났다고 생각했다. 또한 부르주아 국가 및 부르주아 경제질서를 분쇄해야 하는 시기도 종료되었다고 판단했다. 그러나 부르주아지와 프롤레타리아트 사이의 첨예한 계급적 모순의 시대는 끝나지 않았고 끝날 수도 없었다. 이런 관념에 의거해 그들은 레닌과 대립되는 결론에 도달했다: "부르주아지를 타도한 후에도 노동자들은 그들과 평화조약을 체결할 수 없으며, 노동자들은 계급으로서의 부르주아들을 끝까지 섬멸해야

---

[47] 특히, 부하린은 1915년에 출간한 『세계경제와 제국주의』를 통해서 현대 서구 자본주의에서 국가란 더 이상 단순한 지배계급의 정치적 도구나 부르주아 집단들 간에 이루어지는 자유로운 시장경쟁의 중재자가 아니라 이미 "금융자본을 매개로 해서 직접적인 경제의 조직자 및 소유자"가 되어 있다고 주장했다. 그는 이 책에서 처음 사용한 국가자본주의라는 개념을 무단 표절해 후진적 러시아에 적용하는 것은 이론적 무지의 소치라고 레닌을 비난했다. 부하린의 국가자본주의론은 см.: Бухарин Н.И. Мирное хозяйство и империализм(Экономический очерк). М., 1923.

한다; 부르주아들의 무력과 계급적 기반들을 분쇄시킨 후에 우리는 조직화된 부르주아 세력들의 잔당들과 거래하거나 부르주아적 사회관계의 잔재들을 남겨둘 수 없으며, 계급으로서의 부르주아들과 타협을 시도할 수 없다; 우리는 부르주아들의 옛 주구, 그들의 조직자, 기술자, 학자의 지식과 경험을 이용할 수 있다. 그러나 우리 식으로, 그들의 조직적, 계급적 결속을 파괴시키고 그들과 부르주아들 및 부르주아적 질서 사이의 관계를 단절시킨 다음에 우리 식으로 이용해야 한다."[48] '좌익 공산주의자들'은 자본주의적 요소들을 이용함에 있어서 부르주아 세력의 부활 가능성을 보았고, 그 결과로써 사회주의에 대한 위험성을 보았다. 그들은 단지 프롤레타리아트 자신의 계급적 창조성에 의해서만 사회주의가 건설될 수 있다고 확신했다.

뿐만 아니라, '좌익 공산주의자들'은 레닌의 국가자본주의 이론에서 "노동자 정신에 대한 억압"과 "진정한 사회주의 건설로부터의 이탈"을 보았다. '좌익 공산주의자들'의 강령을 작성한 주요 집필자 중 한 사람이었던 오신스키는 노동의 조직화와 관련해 레닌이 행한 호소의 본질을 이렇게 풍자했다: "충분히 시위했고 갈등의 해결도 충분히 이루어졌다. 이제 작업장으로! 중앙에서는 생산의 정상화를 위해 노심초사하고 있다. 일반 노동자들은 자신이 최대한 집약적으로 이용되어야 하는 노동력임을 유념해야 한다. 노동자들은 사회적 성숙도에 관한 시험을 통과하지 못했고, 생산을 조직하지도 못했으며, 자본가의 채찍으로부터의 해방과 노동생산성 향상을 연결시키지 못했다. 그러므로 생산 지도부로부터 노동자들을 격리시켜야 하며, 물질적 장려의 방법, 즉 개수임금제와 테일러 시스템의 도입을 통해서 노동하도록 강제해야 한다. 그렇게 해도 자본가가 없으니 위험도 없다. 여기에 또한 노동자들 사이에 노동규율이 자발적으

---

[48] Коммунист. Орган Московского Бюро РКП(б). 1918, No.1, c.13.

로 확립되게 하기 위한, 그리고 동료재판소 및 표준작업량 제도 등의 도입을 위한 선동을 전개해야 한다. 위에서 고삐를 조이고 아래에서는 노동자들이 이 고삐에 복종하도록 만들어야 하며, 결과적으로는 스스로 고삐를 당기도록 각성시켜야 한다. 이것은 모두 안전하다. 권력은 노동자계급의 것이다."[49]

'좌익 공산주의자들'은 사회주의로의 이행이 기업의 국유화를 포함한다면, 국유화, 즉 기업이 국가 소유로 넘어가는 것 그 자체는 사실상 어떠한 사회주의도 의미하지 않는다고 주장했다. 국유화가 사회주의적 의미를 갖기 위해서는 국유화된 기업의 운영이 사회주의적 원리에 의거해야 하며, 생산수단에 대한 소유권을 넘겨받은 사회적 권력이 프롤레타리아트의 권력이어야 하는 것은 절대적으로 필요했다. 그러나 레닌의 국가자본주의 이론은 사회주의 건설에 있어서 지극히 당연한 프롤레타리아트의 주도권을 미리 박탈하는 것이었다. 더욱이 '좌익 공산주의자들'은 레닌의 국가자본주의적 요구가 실현되는 경우 "국가 운영의 형태가 관료주의적 중앙집권화, 다양한 코미사르들의 지배, 지방 소비에트의 자율성 박탈, 그리고 하층 민중에 의해 관리 운영되는 이른바 코뮌형 국가에 대한 실제적 거부로 발전할 수밖에 없으며, 이미 이 방향으로 일정한 경향이 확립되었다"고 주장했다.[50] '좌익 공산주의자들'은 전체적으로 레닌이 요구하는 "관료주의적 중앙집권화"와 "부르주아 및 프티부르주아적 사업가들과의 밀실 거래"는 오직 프롤레타리아트의 적극성 및 의식성을 훼손하고 당에 대한 노동자의 냉소적 태도를 조장할 뿐이라고 확신했다. 이러한 판단에 따라 국가자본주의를 거부한 그들은 소비에트의 정치적

---

49) Там же, с.15.
50) Коммунист. Орган Московского Бюро РКП(б). Там же, с.8. 참고로, 10월혁명 이후 볼쉐비키는 정치적 통제력의 확립을 위해 각 지방으로 코미사르, 즉 전권을 부여받은 정치위원을 파견해 일종의 지방장관의 역할을 하게 했다.

역할을 강화하고 활성화할 것을 요구하는 가운데 "진정한 사회주의" 건설을 위한 길을 제시했다. 그에 따르면, 국가의 모든 경제생활은 코미사르가 아닌 지방 소비에트의 의지에 종속되어야만 하며, 각 기업에서 노동자들과 기술 요원들로 구성된 기업운영협의회의 활동은 지방 소비에트들에 의해 통제될 뿐 코미사르들에 의해 축소될 수 없었다.51)

레닌은 1918년 5월에 출판한 『좌익' 소아병과 소부르주아성』이라는 책에서 '좌익 공산주의자들'이 "볼쉐비키가 소비에트사회주의공화국이라고 부르는 권리와 근거를 제공하는 [이행, 즉] 자본주의에서 사회주의로의 이행의 경제적 본질"과 "이행기에 있는 러시아 경제의 독특성"을 이해하지 못했다고 반대파를 비판하면서, 더욱 분명하게 국가자본주의에 대한 성격을 규정했다. 레닌은 당시 소비에트 러시아에는 다섯 개의 다양한 사회경제적 생활방식, 즉 우클라드가 존재한다고 설명했다: "첫째, 원시적인, 즉 저열한 수준의 자급자족 경제적인 농민경제; 둘째, 소상품적 생산(여기에는 곡물을 생산하는 농민 대다수가 연관된다); 셋째, 사경제적 자본주의; 넷째, 국가자본주의; 다섯째, 사회주의. 이처럼 다양한 사회경제적 우클라드가 혼재되어 있을 정도로 러시아는 광대하고 복잡하다. 바로 여기에 상황의 독특성이 있다."52) 이 중에 어떤 요소들이 지배적인가? 레닌에 따르면, 러시아와 같은 소농 중심의 국가에서는 "소부르주아적 광풍"이 지배적일 수밖에 없었다. 바로 그 때문에 사회주의 실현의 문제는 자본주의에 대한 투쟁뿐만 아니라 불가피하게 "소부르주아적 광풍"에 대한 투쟁까지 포함할 수밖에 없었다. "소부르주아적 광풍"이 갖는 위력은 "국가자본주의의 덮개(곡물 독점, 국가 통제하의 기업가와 상인, 부르주아 협동조합 운영자)를 도처에서 파열시키는 투기꾼들"이 충분히 증명

---

51) См.: Там же, с.8-9.
52) Ленин В.И. Полн. собр. соч., т.36, с.296.

했고 또 증명하고 있으며, 그 주된 투기 대상은 사회주의 건설에 치명적인 곡물이었다. 레닌은 이렇게 썼다: "국가자본주의가 여기서 사회주의와 투쟁하는 것이 아니라, 소부르주아와 사경제적 자본주의가 공동으로 또는 개별적으로 국가자본주의에 대해 그리고 사회주의에 대해 투쟁하고 있다. 소부르주아들은 모든 종류의 국가적 개입 및 국가자본주의적인 또한 국가사회주의적인 회계와 관리에 반대해 저항하고 있다." 그러나 레닌의 의견에 따르면 이미 "국가자본주의는 현재 우리 경제보다 경제적으로 비교할 수 없이 우위에 있으며" 또한 "소비에트 국가는 그 내부에서 노동자와 빈민의 권력이 확보된 국가"이기 때문에, 사회주의의 강화는 보장된 것이나 다름없었다.53) 레닌은 국가자본주의 없이 사회주의는 승리할 수 없다고 확언했다. 그렇다면 레닌은 무엇을 염두에 두면서 사회경제적 우클라드에 대한 규정으로 사회주의라는 용어를 사용했을까?

나중에 소련공산당의 이데올로그들은 국가 소유로 넘어간 크고 작은 공장, 토지, 은행, 철도와 국영농장(솝호즈) 및 집단농장(콜호즈)들, 즉 국유화되고 집단화된 경제 부문을 사회주의의 범주에 집어넣었다. 그러나 레닌의 책 『'좌익' 소아병과 소부르주아성』에는 그에 대한 언급이 없었다. 한편 레닌은 사회주의의 범주에 당시 농촌에 드물게 존재했던 코뮌과 같은 유형의 경제조직체들을 포함시켰다. 그런데 당시 러시아의 사회주의적 우클라드(즉, 코뮌)의 발전 수준과 경제적 비중을 이해하는 가운데 서유럽에서 그와 유사한 조직체의 경험을 고려한다면 러시아의 사회주의는 거의 발전 전망을 가질 수 없다는 사실이 분명해진다. 레닌은 나름대로 충분한 근거를 갖고, 잘 조직되고 중앙집권화된 프롤레타리아 국가 없이는 이른바 사경제적 자본주의와 소상품적 생산의 "광풍" 앞에서 사회주의가 발전은 고사하고 자신을 유지조차 할 수 없을 것이라고 생각

---

53) См.: Там же, с.296~299.

했다. 레닌은 과학의 최신 성과에 입각한 자본주의적 기계설비나 기술이 결여된 상태에서 진정한 사회주의를 상상할 수 없었다. 맑스주의의 이론에 따르면, 자본주의에서 달성된 최고 수준의 노동생산성에 기초할 때 사회주의는 비로소 가능한 것이었다. 맑스주의자인 레닌은 농촌에서도 존재가 미미한 사회주의적 우클라드에 의거해 사회주의의 발전을 모색할 수는 없었다. 사회주의는 발전된 대공업과 도시에 기초하는 것이다. 레닌의 생각에, 발전된 국가 없이 사회주의의 기반을 획득한다는 것은 도저히 상상할 수 없는 일이었다.

이런저런 이유에서 레닌에게 프롤레타리아트에 의한 국가기구의 지배, 즉 프롤레타리아 독재권력을 배제한 상태에서 사회주의에 관해 논의한다는 것은 상상할 수도 없는 비(非)현실이었다. 1918년 4월, 부하린은 국가의 역할에 관해 다음과 같이 썼다: "자본주의와 사회주의 사이의 과도기에는 부르주아지를 압살하기 위한 프롤레타리아의 계급독재와 프롤레타리아 국가가 필요하다. [중략] 프롤레타리아 국가, ─ 이것은 갖가지 국가적 장식들로써 꾸며진 의회공화국이 아니라, 국가경찰이나 정규군, 관리가 존재하지 않는 코뮌국가이다."[54] 그러나 부하린과 달리 레닌은 두 개념, 즉 국가와 코뮌을 동일시하지 않았다. 국가에 관한 문제를 레닌은 1917년 가을에, 특히 그의 저작 『국가와 혁명』에서 자세히 고찰한 바 있었다. 그는 개별 코뮌이나 코뮌들의 체계 자체로는 국가가 될 수 없다고 판단했다. 국가는 "계급적 모순의 비(非)타협성의 산물"이며, 그 본질적 기능은 "한 계급의 다른 계급에 대한 강제와 강압"에 있다는 것이다. 레닌은 사회주의로의 이행기에 볼쉐비키에게 요구되는 것이 바로 문자 그대로의 국가라는 점을 강조했다: "우리는 이상주의자가 아니다. 우리는 어떠한 통치도, 어떠한 복종도 없이 모든 일이 잘될 것이라고 꿈꾸

---

54) Коммунист. Орган Московского Областного Бюро ЦК РКП(б), No.1, с.19.

지 않는다. 프롤레타리아 독재의 과제에 대한 몰이해에 기초한 이 무정부주의적 환상은 근본적으로 맑스주의에 생소한 것이며, 현실에서는 인간이 전혀 다른 존재가 될 때까지 사회주의 혁명을 단지 지연시키는 데 기여할 뿐이다."55) 프롤레타리아 국가의 과제는 단지 적대계급을 압살하는 데 국한될 수 없었다. 노동자 정부는 "자본주의가 창조한 것에서 출발하여, 자신의 노동 경험에 의거하면서, 국가권력에 의해 뒷받침되는 극히 엄격한, 강철 같은 규율을 조성하는 가운데 대규모 생산을 조직해야 한다"고 레닌은 주장했다.56)

부하린과 '좌익 공산주의자들'은 소비에트를 코뮌 원칙이 실현되는 곳으로, 국가의 중앙권력기구인 소브나르콤을 코뮌적 원칙들의 실현에 따라 곧 소멸되어야 할 권력으로 평가했다. 레닌은 원칙적으로는 부하린의 생각에 반대하지 않았다. 그럼에도 불구하고 레닌은 프롤레타리아 국가에 관해서는 부하린과 견해를 달리했다: "국가가 완전히 소멸될 수 있는 경제적 기초는 정신노동과 육체노동의 대립성이 사라지는, 따라서 현대의 사회적 불평등의 가장 중요한 원천들 가운데 하나가 사라지는 것이다. 또한 불평등의 원천은 생산수단의 사회화라는 단 한 번의 이전으로, 자본계급에 대한 단 한 번의 몰수로 소멸되지 않는다. [중략] 사회주의 사회와 국가는 공산주의의 최고 단계가 도래할 때까지 노동수단과 소비수단에 대한 엄격한 통제를 요구한다."57)

1918년 3월, 러시아볼쉐비키공산당 제7차 대회에서 부하린은 이미 채택된 당 강령의 수정을 제안했다. 부하린에 따르면, 강령의 이론적 부분에, 특히 사회주의와 공산주의에 관한 상세한 성격 규정 및 가까운 장래

---

55) Ленин В.И. Полн. собр. соч., т.33, с.49.
56) Там же.
57) См.: Там же, с.96~97.

에 이루어질 국가의 소멸에 관한 언급이 마땅히 포함되어야만 한다는 것이다. 그러나 레닌은 부하린의 제안을 단호히 거부했다: "우리는 지금 무조건 국가를 지지하며, 국가가 존재하지 않는 미래의 사회주의에 관해 상세하게 성격 규정을 하자고 말하는데, — 그때는 '각자는 능력에 따라 [일하고], 각자에게는 필요에 따라 [분배한다]'라는 원칙이 실현된다는 것 이외에는 여기서 궁리할 게 아무것도 없습니다. 하지만 그것까지는 아직 요원합니다. [중략] 우리는 지금 사회주의의 성격 규정을 할 수 없습니다. [중략] 언제 비로소 국가가 소멸하기 시작할 것인가? '자, 보시오. 어떻게 우리의 국가가 소멸하는지'라고 말할 수 있기 위해서는 시간적으로 우리는 두 번 이상 당 대회를 소집할 수 있을 겁니다. 그때까지는 지금 너무 이릅니다. 미리 국가 소멸을 선언하는 것은 역사적 전망에 대한 교란이 될 겁니다."[58] 부하린이 당장 국가 소멸을 논의하자고 하는 반면 레닌은 한 2년 후에나 국가 소멸이 시작될 수 있을 것이라고 논박하고 있었다. 당시에는 당 대회의 매년 개최가 원칙이었다. 무엇이 이들의 비현실적인 이상주의를 가능케 했을까? 그것은 바로 세계 사회주의 혁명이 임박했다는 것에 대한 확신이었다. 자본주의가 곧 붕괴되고 세계 혁명이 실현될 것이라는 확신이야말로 볼셰비키가 10월혁명을 준비한 결정적인 동기였다. 볼셰비키당 내의 논쟁은 "다가오는 세계혁명에 대비해 러시아 공산주의자들은 무엇을, 어떻게 준비해야 하는가"에 관한 문제에 기초하고 있었다. 사회주의 원칙의 실현에 있어서 '좌익 공산주의자들'이 조급하게 굴었다면, 레닌은 그들에 비해 조금 신중했을 뿐이다.

1918년 5월 초, 레닌은 '좌익 공산주의자들'의 기관지 《콤무니스트》에 발표된 「현 국면에 관한 테제들」에서 그들의 "문제 핵심에 대한 완전한 몰이해"를 비난했다. "최대로 과감한 사회화가 전제되어야만 남아있

---

[58] Ленин В.И. Полн. собр. соч., т.36, с.65~66.

는 생산수단의 계획적 이용을 생각할 수 있다"59)는 '좌익 공산주의자들'의 주장에 대해 레닌은 짜증스럽게 반박했다: "어제 국면의 핵심은 최대한 단호하게 국유화하고 몰수하고 부르주아들을 쳐부수고 완전히 타도하고 태업을 분쇄하는 것이었다. 오직 장님들만이 우리가 집계가 불가능할 정도로 많이 국유화하고 몰수하고 충분히 타도하고 분쇄했다는 사실을 보지 못하고 있다. 사회화는 확실히 단순한 몰수와 구별되는 것으로, 몰수는 바르게 회계하고 분배할 능력이 없어도 확고한 결의만으로 가능하다. 반면 사회화는 그런 능력이 없으면 불가능한 것이다."60)

국가자본주의에 관한 논쟁의 본질은 '좌익 공산주의자들'이 신속하고 즉각적인 코뮌 원칙의 실현을 고집했던 것에 반해, 레닌은 코뮌 원칙을 실현하는 믿음직한 정치적 주체로서 프롤레타리아 국가의 존재를 강조했다는 점에 있었다. 레닌에게는 세계 자본주의가 아직 유지되고 있고 서유럽 부르주아 계급이 건재한 상태에서 대책 없이 코뮌 원칙을 실현하는 것이야말로 사회주의 혁명세력의 자발적 무장해제나 다름없었다. 사회주의적 원칙의 실현은 세계혁명 이후에나 비로소 가능한 것이었으며, 세계혁명을 위한 전위(前衛)로서 프롤레타리아 권력과 국가는 아주 유효하고 필수적인 것이었다. 레닌에게 프롤레타리아 독재는 바로 프롤레타리아 국가의 독재를 의미했으며, 곧 실현될 세계 사회주의 혁명을 위해 러시아의 프롤레타리아 국가는 효율적으로 강화되어야 했다.

레닌은 사회주의로 나아가기 위한 전제로서 국가자본주의에 대해 큰 의미를 부여했다: "지금 국가자본주의를 실현한다는 것은 자본가 계급이 해왔던 회계와 관리를 실시하는 것을 의미한다. [중략] 국가자본주의는 우리에게 구원이 될 것이라고 나는 말했다. 우리가 러시아에서 국가자본

---

59) Коммунист. Орган Московского Областного Бюро РКП(б), No.1, с.8.
60) Ленин В.И. Полн. собр. соч., т.36, с.294.

주의를 갖는다면, 완전한 사회주의로의 이행은 용이해지고 [그 과정은] 우리 수중에 장악될 것이다. 왜냐하면 국가자본주의는 중앙집권화된, 집계된, 관리된, 사회화된 그 어떤 것이기 때문이다."[61]

노동생산성 향상을 위해 자본주의적 요소와 방법들을 활용하자는 레닌의 국가자본주의적 호소에서 많은 연구자들이 도출한 결론, 즉 그가 사회주의와 자본주의의 장기적 공존이나 사회주의로의 온건한 이행을 예상하고 있었다는 주장은 소비에트학 내의 광범위한 지지에도 불구하고 옳은 판단이라고 보기 어렵다. 레닌은 당시 상황에서 생산수단의 효율적 관리와 관련해 "부르주아적 권리"를 인정하는 것이 불가피하다는 사실을 강조했을 뿐이다.[62] 또한, 그의 연속혁명론에서 강조되었던 바가 사회주의 혁명의 조속한 실현을 위해서 부르주아 정권은 압박되고 강제되어야 한다는 것이었듯이, 이제 소비에트 러시아에서 자본주의는 사회주의의 발전을 위해 복무해야 했다. 레닌은 "반드시 거쳐야 할" 국가자본주의, 특히 자본주의에서 사회주의로의 이행기인 공산주의 초기 단계의 시작 국면에서 그 존재가 불가피한 자본주의의 활용은 일정한 범위로 제한되어야 한다고 강조했다. 레닌이 보기에, "선진 민족들에 비해 아주 졸렬한 노동자인 러시아인들"이 일하는 방법을 체득해나감에 따라 자본주의의 영역은 좁아져야만 했다. 불가피하게 이용해야 할 자본주의적 요소는 당연히 적극적으로 활용하는 편이 옳았다. 레닌에 따르면, "소비에트 국가는 노동자와 빈농의 권력이 보장된 국가"이기 때문에 자본주의의 이용을 겁낼 필요가 없었다. 또한 세계 사회주의 혁명은 자본주의의 위험을 결정적으로 제거할 것이었다.

레닌의 국가자본주의는 정치적 측면에서는 중앙집권적이고 조직화된

---

[61] Там же, с.255.
[62] См.: Ленин В.И. Полн. собр. соч., т.33, с.94.

국가권력을 강화하기 위한 볼쉐비키 정권의 부단한 노력은, 경제적 측면에서는 중앙집권화되고 계획화된 경제를 실현하기 위한 의지를 표현하고 있었다. 결국 정치적으로나 경제적으로나 사회주의 권력을 효율적으로 강화하면서 임박한 세계혁명에 대비하는 것, – 바로 여기에 국가자본주의 이론, 즉 1918년 봄 당시의 레닌이즘의 본질이 있었다.

1918년 4월 22일, 볼쉐비키는 국가자본주의 이론에 의거하면서 〈대외무역의 국유화에 관한 법령〉을 공포했다. 그에 따라 외국과의 사적인 무역거래가 금지되었으며, 모든 무역이 국가의 수중에 집중되었다. 이미 주요 공업기업들에 대한 국유화를 단행했던 볼쉐비키 권력은 1918년 5월에 개별 공업부문을 대상으로 하는 국유화 조치를 취하기 시작했다. 5월 2일에는 설탕공업이, 6월 20일에는 석유공업이 국유화되었다. 6월 28일에는 "경제 붕괴와 식량 고갈을 막기 위한 결연한 투쟁을 목적으로 그리고 노동계급과 빈농의 독재를 강화하기 위하며" 소브나르콤은 〈일련의 공업부문의 기업, 철도운송부문의 기업, 지방의 공공시설 및 증기제분소의 국유화에 대한 법령〉을 채택했다.[63] 흔히 '일반적 국유화 법령'이라고 불리는 이 조치로 광업, 금속, 섬유, 유리, 가죽, 시멘트, 목재, 전기 등 공업 부문의 대기업들 거의 모두와 일부 중기업들이 무차별적으로 국유화되었다. 국유화된 기업들에서는 레닌에 의해 제안된 조치들이 실시되었다. 개수임금제가 도입되었으며, 소위 "부르주아 전문가"들이 기업의 관리직에 등용되기 시작했다. 혼란스럽고 비효율적인 '노동자 통제'를 대신해 생산에 대한 직접적 국가 관리가 신속하게 전개되었다. 공업 노동에 대한 통제 강화 및 전국적 차원의 생산의 조직화를 실현하기 위해 기업 운영에 있어서 철저한 중앙집권화가 이루어졌다. 1918년 8월 8일 소브나르콤은 〈베세엔하에 관한 규정〉을 채택했고,[64] 그 결과 공업의 운

---

[63] См.: Декреты Советской власти. М., 1959, т.2, с.498~503.

영, 생산물에 대한 회계 및 분배, 기업의 원료, 연료, 자금의 공급 등에 대한 권한이 모두 베세엔하로 집중되었다. 레닌은 이렇게 설명했다: "공산주의는 전국적 차원에서 대규모 생산에 대한 최고도의 중앙집중화를 요구하며 또 그것을 전제로 삼는다."[65]

레닌의 예견처럼, 볼쉐비키 정권에게는 "소부르주아적 광풍"에 대한 투쟁이 자본가에 대한 투쟁보다 훨씬 어려운 것으로 판명되었다. 1918년 3월 26일, 곡물과 다른 농산물의 조달을 증대시킬 목적으로 소브나르콤은 전국적 차원에서 특별한 물품교환 체계를 도입했다.[66] 소비재와 농업 생산수단 등 국가의 관리하에 있던 일부 공업제품들이 곡물 및 다른 식료품과의 교환을 위해 방출되었다. 상품교환은 자유의사에 맡겨졌으며, 매매와 물물교환의 두 가지 형태가 병행되었다. 그러나 볼쉐비키 권력의 식량조달 기관들은 자유의사에 기초한 상품교환을 통해서는 필요한 양 만큼 곡물을 확보할 수 없다는 사실이 밝혀졌다. 자발적인 상품교환 원칙은 포기될 수밖에 없었으며, 고정가격에 의한 강제적 상품교환이라는 새로운 원칙이 적용되었다.

1918년 5월에 브칙과 소브나르콤은 곡물에 대한 국가독점을 확인하는 일련의 법령을 공포했으며, 잉여곡물의 몰수 및 사적인 곡물거래 금지라는 식량정책의 원칙이 확립되었다. 볼쉐비키는 이 법령에 따라 농민들에게 고정가격으로 잉여곡물을 국가에 인도할 것을 요구했다. 잉여곡물을 보유하고도 그것을 국가에 인도하지 않은 농민들은 '인민의 적'으로 규정되었다.[67] 5월 말, ≪프라우다≫에는 레닌의 호소문 「기근에 관하여」가 게재되었다. 여기에서 그는 노동자들이 곡물 투기꾼과 부농 그리고 국가

---

64) См.: Декреты Советской власти. М., 1964, т.3. c.188.
65) Ленин В.И. Пон. собр. соч., т.36, с.392.
66) См.: Декреты Советской власти, т.2, с.23~24.
67) См.: Там же, с.264~266, 307~312.

자본주의적 질서를 파괴하는 자들에 대해 대대적인 "십자군 원정"을 조직하자고 선동했다. 레닌은 러시아에 곡물이 없어서가 아니라, 부르주아, 농촌의 "졸부" 및 부농이 곡물에 대한 국가독점과 고정가격을 훼손하고 곡물의 국가 분배체계를 파괴하며 투기행위를 하기 때문에 기근이 발생했다고 주장했다. 레닌에 따르면, 곡물조달을 위한 투쟁은 식량 문제만 관련되어 있는 것이 아니라 농촌의 사회주의 혁명과 직접 관련된 것이었다. 레닌은 그 점을 간결하게 정리했다: "의식화된 전위-노동자들이 자신의 주위에 빈농대중을 결집시키고 강철 같은 규율과 가차 없이 엄격한 권력 및 진정한 프롤레타리아 독재를 확립하고 승리하든가, [중략] 아니면 부농의 지원하에 부르주아들이 소비에트 권력을 타도하든가, [중략] 둘 중 하나만 있을 뿐 다른 방도는 없다."[68]

곡물은 법령으로 확보되고 분배될 수 없었다. 레닌은 국가자본주의를 농촌에 "도입"시키기를 원했다. 정확히 말하면, 식량에 대해서 조직적이고 중앙집권화된 회계와 관리를 확립시킬 것을 요구했다. 그의 제안에 따라, 6월 11일, 브칙과 소브나르콤은 〈빈농위원회의 창설에 관한 법령〉을 채택했다. 곡물을 분배하고, 지방의 식량조달 기관들과 협력해 부농 및 "졸부"의 수중으로부터 잉여곡물을 몰수하는 과제들이 빈농위원회의 활동 영역에 포함되었다.[69] 빈농계급을 조직화하고 부농계급과 "성공적으로 투쟁"하기 위해 열성적 도시 노동자들로 식량징발대가 구성되었으며, 그들의 농촌을 향한 "십자군 원정"이 시작되었다.

농촌에서 우후죽순처럼 등장한 빈농위원회, 즉 콤베드의 활동은 식량조달과 관련된 고유 권한을 행사하는 데 그치지 않았다. 콤베드는 면(面)이나 촌(村) 등 시골의 각급 소비에트를 밀어내고 농촌에서 무제한

---

68) См.: Там же, с.360~362.
69) См.: Декреты Советской власти, т.2, с.416~419.

의 권력을 가진 기관으로 변모했으며 농촌의 "모든 활동"을 장악했다. 결국 누구에 의해서도 선출되지도 않고 그 무엇도 책임지지 않는 사람들, 즉 콤베드 위원들이 권력을 악용하면서 "광적으로" 농촌을 지배하고 지휘하기 시작했다. 그들은 농촌에서 프롤레타리아 독재의 실질적인 거점이었다. 이러한 농촌 상황은, 곧, "부농에 대해 의식적인 사회주의 투쟁을 전개하자!"는 구호를 내건 콤베드에 대해 오히려 농민들로 하여금 저항하도록 만들었고, 심지어 빈농조차 부농이나 정교회 사제가 내건 "정의를 위한 호소"에 화답할 준비를 갖추게 했다. 도처에서 소위 "노동자·빈농의 독재"에 대한 농민들의 저항이 치열하게 전개되었다. 그럼에도 불구하고 농촌은 더 이상 배타적인 "균질적" 사회일 수 없었다. 레닌의 예상대로 "사회주의의 실현을 위해 노동자와 함께 진군하는 극빈 근로농민의 진영"이 이미 생겨났던 것이었다.[70]

농촌에서 콤베드가 한참 급격하게 양적으로 질적으로 발전하고 있던 1918년 11월 초, 전러시아 소비에트 대회는 "콤베드가 자신들의 소명을 다했다"는 이유로 돌연 조직의 해체를 결정했다.[71] 1918년 11월 8일, 콤베드 대표자협의회에서 레닌은 이렇게 말했다: "우리 당의 중앙위원회는 콤베드 개혁을 위한 방안을 마련했습니다. [중략] 우리는 콤베드와 소비에트가 농촌에 반드시 별도로 존재할 필요가 없다고 결정했습니다. 이렇게 하지 않으면 쓸데없는 다툼과 논쟁이 생깁니다. 우리는 콤베드를 소비에트에 통합할 것이며, 우리는 콤베드가 소비에트가 되게 할 것입니다."[72] 여기에서 분명한 것은 콤베드 해체의 주된 이유가, 일부 연구자의 주장처럼, 그 기관의 농민에 대한 폭정 때문이 아니었다. 그것은 1918년

---

70) Ленин В.И. Полн. собр. соч., т.37, с.354.
71) История ВКП(б). Краткий курс. М., 1938, с.213.
72) Ленин В.И. Полн. собр. соч., т.37, с.180~181.

7월 제정된 러시아소비에트연방사회주의공화국의 헌법에 위배되는 농촌에서의 이중권력을 배제해야 할 필요성 때문이었다. 실제로 "체계화된 소비에트 조직의 창설을 통해 소비에트 사회의 건설을 완수할 필요성에 의거하여", 전러시아 소비에트 대회는 콤베드의 직접적인 선거관리하에 농촌의 각급 소비에트의 대의원들을 다시 뽑을 것을 결정했다.[73] 예상대로 재선거를 통해 콤베드는 실질적으로 지역의 소비에트로 융합되었고, 이에 따라 당시까지 농촌에서 각급 소비에트의 실질적인 주도세력이었던 부농 혹은 지역 유지들이 소비에트로부터 축출되어 본격적인 농촌 소비에트의 볼쉐비키화가 실현되게 되었다.

도시 노동자들로 구성되어 각 지방으로 출정한 식량징발대의 적극적 후원하에 조직된 콤베드가 출현하면서 농촌에서 볼쉐비키 권력에 의해 통제되는 정치조직이 처음으로 등장했다. 콤베드는 공산당원 및 그 지지자들로 구성되었고, 조직원의 수가 증가함에 따라 농촌 당 조직의 급격한 팽창이 이루어졌다.[74] 1918년 가을 이미 볼쉐비키는 농촌에서 전에는 갖지 못했던 광범위한 당 조직망을 보유하게 되었다. 그 결과, 1917년 이후 지주제도가 붕괴되고 토지가 농민들에게 분배되면서 농촌에서 형성된 "상대적 동일체"로써의 농민사회는 긴 번영을 누릴 수 없었다. 콤베드는 농촌에서 "반혁명적인" 사회적 관계들을 분쇄하는 무기였다.

소비에트 시대에 많은 학자들은 콤베드의 창설을 내전에 의한 불가피한 조치, 즉 전시공산주의의 첫 번째 조치로 간주했다. 그러나 볼쉐비키 정권이 그를 이용해 잉여곡물만 조달할 수 있었던 것은 아니었다. 노동자·빈농의 권력은 확대된 농촌 당 조직과 볼쉐비키화된 각급의 농촌 소비에트를 획득했다. 레닌은 콤베드의 설립을 통해서 노동자 계급에 의해

---

73) См.: Съезды Советов в документах. М., 1959, т.1, с.95~96.
74) См.: Гимпельсон Е.Г. Советы в годы иностранной интервенции и гражданской войны. М., 1968, с.66.

의식적인 사회주의 투쟁이 농촌에 주입되고, "소비에트 건설의 기본 원칙, 즉 노동자의 권력"이 뿌리내리는 출발점이 되었다고 강조했다. 또한 콤베드의 활동 덕분에 비로소 농촌에서 사회주의 건설이 시작될 수 있었다. 왜냐하면 노동자들에 의한 "곡물과 연료의 올바른 분배, 생산 및 조달의 강화, 그리고 엄밀한 집계와 관리, – 이것이 사회주의의 진정한, 그리고 가장 주요한 시작"이기 때문이었다.[75] 레닌은 소비에트 권력이라는 토대 위에 조직되는 국가자본주의가 사회주의의 시작임을 누차 강조했다. 결국, 자본주의가 부재하던 농촌에서 레닌의 국가자본주의는 콤베드의 도움으로 자신의 근본적인 존재 이유, 즉 중앙집권화된 국가권력의 실현이라는 목적을 적나라하게 드러냈다.

볼쉐비키는 도시에서와 달리 농촌에서 만족스러운 조직사업을 전개할 수 없었다. 1918년 8월, 레닌은 다음과 같은 수치들을 열거했다: "1,500만 호에 달하는 러시아의 농가 중 약 1,000만 호가 빈농(베드냐)에 속하며, 약 300만 호가 중농(세레드냐), 그리고 약 200만이 넘지 않는 수가 부농(쿨락)에 해당된다."[76] 그러나 혁명은 이런 구성에 본질적인 수정을 가했는데, 가장 가난한 농민들이 토지를 분배받아 경제적으로 변모했다. 혹은 경제 규모가 중농에 미치지 못하더라도 심리적으로나마 중농으로 변모했다. 이것이 농촌에서 콤베드가 다수 농민들의 저항에 부딪혔던 주요 원인 중의 하나였다. 레닌은 실패 원인이 어디에 있는지를 즉시 간파했으며, 타협을 통해 중농을 볼쉐비키 권력의 편으로 끌어들어야 할 불가피성에 관해 말하기 시작했다. 그는 "소비에트 사회주의 건설이라는 권력 노선을 변경시키려는 모든 시도를 차단한 상태에서 타협의 정치를 전개할 것"을 요구했다.[77]

---

75) Ленин В.И. Полн. собр. соч., т.36, с.362.
76) Ленин В.И. Полн. собр. соч., т.37, с.40.

1918년 봄, 레닌은 농업정책에 대해 숙고하면서 자영농 중심의 소규모 농업에서 사회주의로의 이행, 즉 "토지의 공동경작과 대규모적인 사회주의 농업"에로의 이행에 관한 문제를 제기했다. 콤베드에 대한 농촌의 반발 속에서 레닌은 1918년 11월 "농촌에서 프롤레타리아 운동이 승리하게 되면 우리는 즉시 집단적, 사회적인 토지소유 및 토지의 공동경작으로 옮겨갈 것"이라고 단호하게 말했다. 그러나 이 과제는 농촌의 순수한 프롤레타리아 운동에 의거하지 않고는 실현될 수 없었다. 농촌에서 프롤레타리아 운동이 미약한 한 볼쉐비키는 "오직 농촌의 반(半)프롤레타리아트 및 빈농계급에 굳게 의지"하면서, "중농과 소부르주아적 분자들 및 협동조합 운영자들과 타협할 줄 알아야" 했다.[78] 현실적 이유로 레닌이 오래 전부터 계획했던 본격적인 농업 집단화는 가까운 장래의 과제가 될 수 없었다.

소비에트 러시아의 권력체계 형성과정에서, '좌익 공산주의자들'과 일부 맑스주의자들이 피력했던 희망과 기대, 즉 노동자 국가가 부르주아 국가의 "악덕"으로부터 자동적으로 해방될 것이라는 주장은 실현될 수 없는 것으로 판명되었다. 소위 "노동자-관리", 즉 권력을 가진 관리가 된 노동자들은 공산주의 이념을 지침으로 삼기보다는 자신과 자신이 속한 집단에 대한 이해관계를 더 많이 배려하기도 했다. 경제문제 해결에 있어서도 그들의 무능력은 많은 혼란을 야기했다. 이러한 상황에서, 노동자들에게 깊은 감동을 주었던 '노동자 통제'는 레닌의 표현처럼 분해될 수밖에 없었다. 물론 '노동자 통제'가 개별 기업들 내에서 전혀 긍정적인 결과를 가져오지 못했다는 일부 학자들의 의견에 전적으로 동의하기는 어렵다. 그러나 전체 인민경제 차원에서의 성과는 참담한 것이었으며,

---

77) Там же, с.197.
78) См.: Там же, с.220~221.

자주 경제적 혼란을 가중시키는 원인으로 작용했다. 그러나 이러한 상황에서도 볼쉐비키 정권은 비교적 빠르게 안착되었고, 지방에 대한 통치력을 구축함에 있어서 당시 만연했던 무정부 상태와 부조화를 극복하기 위한 소비에트 권력의 조치는 충분히 성공적인 것이었다. 정치적으로 볼쉐비키는 전국의 소비에트의 지지 기반 위에서 자기 권력의 정당성을 구하고 있었지만, 실제 권력행사는 확고하게 당 중앙위원회의 지시들을 이행하는 지방의 당 조직망을 통해 이루어졌다. 그리고 이것을 뒷받침한 요인은 그들의 군사력, 즉 처음에는 적위대(홍위병), 나중에는 군대(적군)의 무력이었다.[79] 그럼에도 불구하고 1918년 여름까지, 지방에서 "민족자결운동"의 시대는 아직 종료되지 않았다. 그러나 프롤레타리아 국가의 발전을 위해 가장 주요한 것, 즉 새로운 정치체제와 새로운 국가기구의 기본 골격을 전체적으로 구성하는 일은 이미 완수되었다. 1918년 7월 제5차 전러시아 소비에트 대회에서 채택된 러시아소비에트연방사회주의공화국의 헌법은 그러한 사실을 확인하고 있었다.

국가건설과 관련된 조직사업에서 볼쉐비키는 현저한 성공을 거두었다. 그러나 그들이 소비에트 러시아의 헌법 초안을 만들던 때만 하더라도 볼쉐비키 권력의 존립 자체를 위협하는 정치적, 경제적 차원의 위기가 지속되고 있었다. 그러한 상황 속에서 볼쉐비키는 헌법을 제정하는 일에 많은 관심과 시간을 할애하기가 어려울 수도 있었다. 그렇지만 그들은 헌법 제정에 상당히 일찍 착수하였다. 물론 당시에 헌법이 기본법으로서의 충분한 효력을 발휘할 수 있을 것이라고 예상할 수는 없었다. 현실의 삶은 항상 문서들보다 우위에 있었다. 더욱이 혁명적 상황에서야 말할 나위가 없었다. 그럼에도 불구하고 가장 기본적인 국가적 문서는

---

[79] 적군의 창설은 1918년 1월 15일자 〈노농(勞農)적군의 조직화에 관한 결정〉을 계기로 시작되었다. См.: Декреты Советской власти, т.1, с.352~356.

프롤레타리아 국가의 건설을 서두르는 볼쉐비키에 의해 매우 중요한 정치적 의미를 부여받았으며, 위기상황은 그들로 하여금 새로운 프롤레타리아 권력의 정당성을 법적으로 강화시켜줄 "노동자 선언"의 조속한 제정을 재촉했다.

1918년 1월 초, 제헌의회를 소집하는 동시에 해산한 볼쉐비키는 정치적으로 궁색한 상황에 봉착할 수밖에 없었다. 이미 언급한 바와 같이, 그들은 소브나르콤을 제헌의회가 소집될 때까지 활동하는 한시적인 권력기구로 규정했었다. 그러나 볼쉐비키 정권은 소비에트에 더욱 의지하면서 자신의 임시적 지위를 종식시키고 정치적 지향을 법적으로 구체화하려 했는데, 이것은 헌법 제정을 위한 작업에 착수하는 것으로 귀결되었다. 1918년 1월 15일, 제3차 전러시아 소비에트 대회에서 스탈린은 헌법의 기본 골격을 규정하는 〈러시아공화국의 연방제적 설립에 관한 결정〉이라는 계획안을 발표했고, 소비에트 대회는 다음 대회에 확정된 안이 제출될 수 있도록 브칙으로 하여금 헌법 초안에 대한 연구에 착수할 것을 결정했다.[80] 급변하는 정치적 상황은 볼쉐비키가 4월에야 이 작업을 시작하게 만들었으며, 그때서야 브칙 산하 헌법제정위원회에는 스탈린 주도로 작성된 볼쉐비키당의 안(案)과, 그에 대립해 좌파 에세르들이 작성한 초안이 제출되었다. 그 무렵 좌파 에세르들은 브레스트-리톱스크 조약의 체결에 항의하며 볼쉐비키와의 정치적 협력을 거부하고 있었다. 제5차 전러시아 소비에트 대회에서 좌파 에세르들은 프롤레타리아 독재라는 원칙을 부정하면서, 곡물에 대한 국가독점을 포기할 것과 콤베드의 해산 그리고 독일과 체결한 평화조약의 파기를 요구했다. 그러나 자신들의 정치적 패배를 확인한 좌파 에세르들은 소비에트 대회가 열리고 있던 7월 6일 볼쉐비키 권력에 대한 무장봉기를 감행했다.[81] 볼쉐비키당의 분

---

80) См.: Съезды Советов в документах, т.1, с.31.

열을 목격한 그들은 레닌에 반대하는 '좌익 공산주의자들'이 자신들과 연대할 것이라고 기대하면서 독일과의 혁명전쟁을 재개하고 "노동자 국가"의 정책을 중지시킬 목적으로 국가 전복을 위한 전투를 개시했다. 그렇게 해서 혁명운동으로써의 러시아 인민주의(나로드니체스트보)의 마지막 "백조의 노래"가 울려 퍼졌다. 좌파 에세르들의 쿠데타 실패는 좌파 사회혁명당의 불법화와 러시아 인민주의의 몰락을 가져왔다. 모든 소비에트 내에서 레닌이즘에 대한 심각한 반대파는 더 이상 존재하지 않았다. 이제까지 좌파 에세르들과의 제휴 덕분에 볼쉐비키 정권은 스스로를 "노동자·빈농의 정부"라고 부를 수 있었다. 그러나 좌파 사회혁명당마저 청산된 지금 농민을 대표할 수 있는 정치세력은 소비에트 사회에서 완전히 소멸했다. 이제 소비에트 권력은 실질적인 노동자 정권을 의미하게 되었으며, 러시아 농민들은 프롤레타리아 독재권력에 의해 엄청난 고통과 희생을 강요받게 되었다. 어차피 소비에트 권력이라고 불린 볼쉐비키 정권의 기반은 노동계급이었지 농민계급이 아니었다.

7월 10일, 소비에트 정부의 대내외적 정책에 대한 완전한 승인을 선언한 소비에트 대회는 적군의 창설을 추인했으며, 동시에 볼쉐비키의 헌법안을 채택했다. 그렇게 해서 볼쉐비키 정권은 자신의 존재에 대한 정당성을 법률적으로 확고히 했다.

제5차 전러시아 소비에트 대회에서 승인된 러시아소비에트연방사회주의공화국의 헌법은 기존에 공포된 볼쉐비키 권력의 기본적 법령들을 일반화했다. 기본법의 근본 이념은 프롤레타리아 독재, 생산수단의 사회적 소유, 그리고 "자유로운 민족들의 자유로운 동맹"에 기초한 연방제적 국가구성 등이었다. 이 이념은 제3차 전러시아 소비에트 대회에서 채택된 「근로 피착취 인민의 권리 선언(Декларация прав трудящегося и экс-

---

81) См.: Гусев К.В. Крах партии левых эсеров. М., 1963, с.195~214.

плуатируемого народа)」에서 체계적으로 표현된 바 있으며, 바로 그 선언문이 고스란히 헌법 제1장이 되었다. 이를 통해 토지에 대한 사적 소유권 폐지가 확인되었으며, 국가적으로 중요한 의미를 갖는 광물이나 삼림자원뿐 아니라 농업기업도 인민의 자산으로 선언되었다. 모든 은행의 국유화도 명시되었으며, 인간의 인간에 대한 착취의 근절 그리고 "인간의 계급적 분화도 없고 국가권력도 부재한 사회주의의 확립"이 소비에트 권력의 "전략 과제"로 설정되었다.

또한 "착취자들에 대한 가차 없는 진압", 모든 권력의 노동자들에게로의 귀속, "기생적 사회계층의 소멸 및 경제의 조직화를 목적으로 하는" 강제노역제도의 도입 등이 소비에트 권력의 "기본 과제"로 열거되었다. 주목할 만한 것은 이 과제들 속에 "모든 국가에서의 사회주의의 승리"가 포함되었다는 사실이다. 세계 사회주의 혁명에 대한 기대로 들떠있던 볼쉐비키에게 러시아소비에트연방사회주의공화국의 현실적 혁명역량은 중요한 고려대상이 아니었다.

제2장 '러시아소비에트연방사회주의공화국 헌법의 일반 규정'에서는 "헌법의 기본 과제가 부르주아 계급의 완전한 소멸, 인간의 인간에 대한 수탈의 근절, 그리고 사회주의의 확립을 목적으로 하는 프롤레타리아와 극빈농의 독재를 강력한 전러시아 소비에트 권력의 형태로 확립하는 데 있다"고 선언되었다.[82] 러시아공화국은 러시아 내 "소비에트민족공화국들의 연방으로서, 각 민족의 자발적 연대에 기초해" 설립되었다고 강조되었으며, 나름대로의 "독특한 생활관습과 민족구성원들에 의해 서로 구별되는" 각 지역의 소비에트들은 연방제 원리에 따라 자율적인 지역연합을 통해 러시아소비에트연방사회주의공화국에 속하는 자치공화국이나 자치주를 구성할 수 있다고 규정되었다.

---

82) Декреты Советской власти, т.2, с.552.

최초의 소비에트 헌법은 노동자들에게 "진정한 자유를 보장하는" 조치들을 상세하게 열거했다: "의사표현의 자유를 위한 각종 출판물 발행과 자유로운 유포에 필요한 모든 기술적, 물질적 수단들이 보장된다; 집회, 시위, 행진의 자유와 이를 위해 필요한 장소가 제공된다; 결사의 자유와 이에 필요한 모든 물질적인 그리고 그 밖의 협력이 제공된다; 지식에 대한 권리와 이를 위해 완전한 무상교육을 제공할 과제가 제기된다; 양심의 실질적 자유와 그 자유를 위해 교회는 국가로부터, 학교는 교회로부터 분리되며 모든 공민에게 종교의 자유가 인정된다; 인종적, 민족적 속성에 관계없이 모든 공민의 평등권이 보장되며 소수민족에 대한 탄압 또는 평등권 제한은 금지된다." 이와 함께 헌법에는 누구를 막론하고 소비에트 체제에 동의하지 않는 사람에게는 모든 정치적 권리들을 박탈할 수 있는 근거가 마련되었다. 즉, 헌법은 "전체 노동계급의 이익을 기준으로 러시아소비에트연방사회주의공화국은 사회주의 혁명 대의에 위배되는 경우, 개인과 집단이 행사할 수 있는 모든 권리를 박탈한다"[83]고 규정함으로써 소비에트 러시아의 계급적 본질을 과시했다. 사회주의 사상의 철학적 기반이 되었던 인권이라는 개념은 레닌이즘 내에서 자신을 위한 여지를 발견할 수 없었다. 그것은 부르주아적인 개념이었다. "과학적 사회주의"에 따르면, 보편적 인간은 공허한 추상에 불과하며 사회적 인간은 구체적으로 존재하는 계급의 대표자들이었다. 더욱이 프롤레타리아 독재를 선언한 지금, 수탈자들이 인권을 빙자해 반혁명적 행위를 도모하는 일은 결코 허용될 수 없었다. 이 모든 것은 역사의 진보적 발전을 위한 것이었다. 노동을 모든 러시아 인민의 의무로 규정한 소비에트 헌법은 이렇게 선언했다: "일하지 않는 자, 먹지도 말라!"

   헌법의 다음 두 장은 국가의 권력구조와 그 운영방식을 규정하고 있었

---

[83] Там же, с.554.

다. 여기에서 가장 특징적인 것은 입법권력이자 집행권력을 의미하는 소위 "소비에트의 전제(專制)"였다. 권력분할이 아니라 권력통합은 차후에 제정된 모든 소비에트 헌법의 기본 원리가 되었다. 헌법은 국가 중앙권력기관의 조직과 관련된 기존의 법령 그리고 지방에 자연스레 안착된 권력의 실질적 행사방식들을 일반화하는 가운데, 최고위에서 최하위에 이르는 국가권력의 각 연결고리의 구조, 기능, 권한 및 상호관계에 관한 규범을 확립했다.[84]

전러시아 소비에트 대회가 러시아소비에트연방사회주의공화국의 최고 권력기관으로 규정되었다. 헌법 제정과 그 기본 원리의 보충 및 개정 그리고 조약 승인과 관련된 문제들이 대회의 고유하고 배타적인 권리영역에 포함되었다. 소비에트 대회가 열리지 않는 시기에는 이 대회에 의해 선출, 구성되는 브칙, 즉 '전러시아 소비에트 중앙집행위원회'가 공화국 최고의 입법, 지도, 통제기관으로 규정되었다. 그 기능은 정부 및 각 권력기관 활동의 일반적 방향을 정하고 법의 제정과 집행을 조정하고 헌법의 이념과 전러시아 소비에트 대회 및 기타 소비에트 중앙 권력기관들의 결정사항이 실현되는 과정을 감독하는 것이었다.

국가 운영의 최고기관인 소브나르콤은 외무, 국방, 해군, 내무, 법무, 노동, 복지, 교육, 체신, 민족, 재무, 교통, 농무, 상공, 식량, 국가통제(감사), 보건, 베세엔하 등 18개 인민위원부(나르코마트)의 수장들로 구성되었다. 브칙에 의해 구성되는 소브나르콤은 전러시아 소비에트 대회 및 브칙에 대해 책임지며, 소브나르콤의 중요한 정책적 결정은 브칙의 승인을 받아야만 했다. 그러나 유보조항에 "긴급한 집행을 요하는 조치들은 소브나르콤에 의해 즉각적으로 실현될 수 있다"고 규정함으로써 사실상 소브나르콤은 브칙의 심의나 승인 없이 필요한 법령들을 제정할 수 있었

---

84) Там же, с.554~561.

으며 실제로 그렇게 했다.

국가의 최고 권력기관과 중앙 행정기관들을 확인하면서 헌법은 각 기관들 사이의 관계들을 규정했으며, 이로써 각 기관들의 권한 행사에서 나타났던 기왕의 혼란들은 마땅히 제거되어야 했다. 지방에서 소비에트 권력의 조직화는 민주집중제 및 "소비에트의 전제"라는 원칙들에 기초했다. 성(губерния), 주(область), 군(уезд), 면(волость)에서는 소비에트 대회가 해당 지역의 최고 권력기관이었으며, 성 소비에트 대회는 매년 두 번 이상, 주 및 군 소비에트 대회는 3개월에 한 번 이상, 면 소비에트 대회는 매월 한 번 이상 소집되도록 규정되었다. 그러나 각급 소비에트의 권한은 명확하게 규정되지 않았는데, 그 결과 소비에트 대회가 관할 지역의 최고권력이라는 규정은 적잖은 혼돈을 초래했다. 어쨌든 도시와 농촌에서 소비에트는 해당 지역의 최고권력이었으며, 소비에트 대의원들은 3개월마다 새로 선출되었다. 소비에트와 소비에트 대회는 집행위원회를 구성했고, 집행위원회는 소비에트의 회의 또는 소비에트 대회가 개최되지 않은 기간 중에 소비에트 권력을 집행했다.

헌법은 선거의 다양한 실제를 확고히 규정했다. 도시 및 농촌의 소비에트는 주민의 직접선거로 구성되었으나, 그 상부기관인 각 소비에트 대회는 간접적인 대의원 선출방식으로 조직되었다. 구체적으로 보면, 도시 소비에트에는 투표인 1천 명당 1명씩 선출된 대의원 외에 노동조합 및 기타 노동자 조직 대표자들이 참여 활동할 수 있었으며, 성 소비에트 대회는 면 소비에트 대회에서 2천 명당 1명씩 선출된 대의원들로 구성되었으며 물론 대부분 농민들이었다. 이런 비율은 주 소비에트 대회(군 소비에트 대회에서 2만 5천 명당 1명씩 선출된 대의원들과 시 소비에트에서 5천 명당 1명씩 선출된 대의원들로써 구성됨) 및 전러시아 소비에트 대회(성 소비에트 대회에서 12만 5천 명당 1명씩 선출된 대표자들과 각 시의 소비에트에서 2만 5천 명당 1명씩 선출된 대의원들로써 구성됨)에서도 마찬가지였다.[85] 그 결과 노동자들은 농민보다 훨씬 많은 대의원들을 소비에트로 보낼 수 있었으며, 그것은 "노동자·빈농의 국가"라고 선언된 소비에트 국가체계 내에서 노동자들의 분명한 계급적 우위성을 제도적으로 보장하는 것이었다. 이로써 노동자들과 농민들 사이의 정치적 불평등은 확고해졌다.

헌법은 일부 주민의 정치적 권리를 박탈했다. "인민의 권력"을 지지하지 않는 사람들은 소비에트에서 선거권과 피선거권 행사가 금지되었다. "지금, 수탈자들에 대한 프롤레타리아트의 단호한 투쟁이 진행되는 이때에 국가권력기관의 어느 한 자리도 착취자들에게 내줄 수 없다"는 소비에트 권력의 의지는 당연한 것이었다. 이윤 획득을 목적으로 노동력을 고용한 자, 불로소득에 의존해 사는 수도원의 수도사나 정교회 성직자, 제정시대의 경찰, 헌병대, 보안부 근무자 및 요원은 선거권이 박탈되었다. 이러한 방식으로 헌법은 각 계급이나 사회계층에 대한 정치적 차별을 법적으로 정당화했으며, 겉보기에 그것은 과거 볼쉐비키가 민주정부의 수립을 위해 유일한 민주주의적 방식이라고 선전했던 보통, 평등, 직접, 비밀선거에 대한 요구를 스스로 거부하는 것이었다. 1912년 입헌민주당원(카데트)들과의 논쟁에서 레닌은 이렇게 확언했다: "오직 보통, 평등, 직접선거만을 민주적이라고 부를 수 있다. 그것은 물론 민주주의의 일반적이고 기초적이라 할 수 있는, 명백한 진리로부터 유래된다."[86] 그러나 이제 레닌에게 중요한 것은 헌법이 민주주의의 기초적 진리들을 입법적으로 사장시켰다는 형식적 사실이 아니라, "진정한 민주주의"의 실현을 위해 철저한 프롤레타리아의 계급독재가 요구되고 있는 러시아의 역사적 현실이었다.

---

85) См.: Декреты Советской власти, т.2, с.554, 559, 560.
86) Ленин В.И. Полн. собр. соч., т.22, с.51.

헌법은 소비에트 국가와 관련해 제기되는 많은 문제에 대해 분명한 대답을 주지 않았다. "노동자·농민의 국가"는 연방제 국가로 선언되었다. 그러나 헌법에는 연방제의 중요한 특징인 국가 간의 조약이나 협약이 포함되지 않았으며, 각 민족공화국의 권한과 그 국가 조직도 규정되어 있지 않았다. 헌법은 본질적으로 소비에트 러시아의 중앙집권적, 유일적 성격에 의거하고 있었다. 또한 헌법에는 공정한 재판에 관한 문제가 언급되어 있지 않았다. 법원은 독립적인, 오직 법에만 종속되는 특별한 국가기관으로 정의되지 않았으며, 볼쉐비키의 이론적 개념에서 유래되는 일부 헌법 조항들은, 예를 들어, "사회주의에서는 계급적 분열이 사라지고 국가권력이 소멸할 것"이라는 등의 규정은 다분히 유토피아적인 것이었다. 소비에트가 인민의 모든 권력을 위임받았고, 소비에트 대회가 개최되지 않는 시기에는 각급 소비에트의 집행위원회가 "일정한 지역 내에서의 최고 권력"이라고 규정한 항목 등은 법의 제정과 집행의 융합이라는 볼쉐비키적 법 원칙에 부합되는 것일 뿐 아니라 1917년 2월혁명 이후 자연스럽게 형성된 소비에트 대회 체계의 논리적 귀결이었다. 각급 소비에트에서 집행위원회로 권력이 위임된 것은 집행위원회를 장악한 볼쉐비키당에 의해 실질적으로 소비에트가 지배되는 결과로 이어졌으며, 그것은 현실적으로 지극히 당연한 정치적 귀결이었다. 브릭과 소브나르콤 사이의 역할 구분은 분명하게 규정되어 있지 않았다. 무엇보다 주목할 만한 사실은 헌법에 볼쉐비키공산당에 대한 일체의 언급이 없다는 것이었다. 헌법이 '소비에트 사회에서의 공산당의 지도적 지위'를 강조할 수 있는 시대는 아직 아니었다. 지금은 공산당의 이름이 아니라 소비에트의 이름으로 "인민의 의지"가 실현되어야만 했다.

이른바 소비에트 민주주의는 볼쉐비키 정권이 정치적 정당성을 확인하는 개념이었다. 10월혁명을 전후해 볼쉐비키는 분명히 소비에트의 지지를 얻고 있었으며 소비에트로 결집한 노동자, 농민, 병사들의 요구를 수용했다. 그러나 소비에트는 계몽되고 지도되어야 했으며 사회주의 혁명을 위한 지렛대가 되어야 했다. 소비에트가 볼쉐비키당에 의해 지배되면서 이른바 민주집중제는 사실상 폐기되었으며, 소비에트 권력이라고 자칭한 볼쉐비키 정권의 이른바 프롤레타리아 독재가 실현되었다. 프롤레타리아 독재는 볼쉐비키공산당 독재로 구체화되었으며, 결국 최고 권력기관으로서의 소비에트는 볼쉐비키당의 정치적 치장으로 전락했다.

첫 번째 소비에트 헌법은 세계혁명의 실현과 러시아 사회주의의 건설이라는 볼쉐비키공산당의 정치적 지향을 분명하게 표현했으며, 중앙집권화된 유일 국가체계의 형성을 통해 프롤레타리아·빈농의 독재 확립을 시도하는 볼쉐비키 정권을 소비에트 권력의 형태로 규정했다. 그러나 볼쉐비키당의 정치적 위기가 본격화되면서 헌법 내용과 헌법 현실과의 모순은 보다 극명한 형태로 표출되었다.

| 제3절 | 전시공산주의

1918년 여름, 소비에트 러시아는 치열한 내전의 소용돌이에 빠져들었으며, 모스크바의 볼쉐비키 정권은 전선(戰線)의 포위망에 갇혀버렸다. 소비에트 권력이 더 이상 유지될 수 없을 것처럼 보일 정도로 군사적, 경제적, 정치적 상황은 극도로 악화되었으며, 백군(白軍)의 포위망 속에서, 1918년 9월 2일, 브칙은 러시아소비에트연방사회주의공화국을 군영(軍營)으로 선포했다.[87] 이어 9월 5일, 소브나르콤은 〈적색(赤色) 테러에 관한 결정〉을 채택했다: "소브나르콤은 이 상황에서 테러를 통한 후방의 안전 확보가 절대적으로 필요하다는 것과 [중략] 계급의 적들을 강제수용소에 격리시킴으로써 그들의 위협으로부터 소비에트 공화국의 안전을 도모함이 불가피하다는 것을 인정하며, [중략] 백군 조직과 모반, 반란에 관련된 모든 자들을 총살에 처할 것을 결정한다."[88] 볼쉐비키는 소비에트 권력의 수호를 위해 어떠한 비상수단이라도 감수할 준비를 갖추고 있었다. 그들은 최대한 가혹하게 프롤레타리아 독재를 강화하였으며, 초법적인 비상조치들을 차례로 시행해 나갔다. 물론 이런 노선은 보안기관과 적군에 의존해 실행되었다.

바야흐로 본격적인 내전이 시작되고 있었다. 이제까지 많은 연구자들

---

87) См.: Декреты Советской власти, т.3, с.268.
88) См.: Там же, с.291~291.

은 제헌의회 해산, 적색 테러, 전시공산주의 등 다양한 사건들을 내전의 원인으로 제시해 왔다. 그러나 볼쉐비키 정권의 그 모든 조치들은 근본적으로 10월혁명의 결과였다. 10월혁명에 의해서 지배계급이 권력을 잃었으며, 그들에 대항해 투쟁했던 "인민들"이 정권을 장악했다. 10월혁명은 계급혁명이며 사회혁명이었다. 타도된 자들은 권력과 신분 및 물적 재산의 상실을 용인할 수 없었으며, 타도한 자들은 자신들의 승리를 끝까지 지켜내야만 했다. 이런 의미에서 "10월의 쿠데타"가 바로 내전의 시작이었다. 양측의 대응과 그에 따른 사태들은 내전을 심화, 확대시켰다. 타도된 자들의 군사적 결집은 1918년 3월, 브레스트 평화조약 체결 이후 전장에서 돌아온 제정시대 장군들에 의해 그리고 서방 국가들의 직접적인 개입과 군사적 지원에 의해, 아직 모스크바 중앙정부의 권력이 미치지 않는 변방에서 실현될 수 있었다. 1918년 봄 국가자본주의를 설계하면서 레닌이 피력했던 생각, 즉 "내전이 종식되고 있으며 앞으로 소비에트 권력은 상대적이나마 평화적이고 안정적으로 될 것"이라는 예언과 희망은 실현되지 않았다. 내전 과정에서 모든 주민들은 정치적인 딜레마에 봉착하게 되었다. 전쟁은 그들에게 백군과 적군, 둘 중의 하나를 반드시 선택할 것을 강요했다.

11월 30일 소브나르콤과 브칙은 공동으로 〈노농(勞農)방위회의의 설립에 관한 결정〉을 채택했다. "세계 제국주의 대연합군의 침략" 위험이 고조되고 있는 것과 소비에트 공화국이 "군영"의 상태에 있다는 것을 확인하면서 법령은 경제생활과 국가통치에 있어서 "전시체제가 반드시 확립되어야" 하며, "방위 목적으로 나라의 모든 병력과 자금을 동원할 수 있는 권한"이 방위회의에 부여되며, 모든 관청과 기관들 및 모든 공민은 방위회의의 결정에 무조건 복종해야 한다고 규정했다.[89] 이러한 군영체

---

89) См.: Дектеры Советской власти. М., 1968, т.4, с.92~94.

제하에서 볼쉐비키 정권은, 후에 레닌이 전시공산주의라고 명명한 정책을 추진하기 시작했다. 내전기의 치열함과 긴박성, 생존을 향한 의지가 정책의 특성을 규정했으며, 그 특성은 농민과의 경제관계(-모든 식량자원에 대한 할당식 징발제도), 사회주의적 개혁의 방법과 속도(-공업 분야 중소기업들에 대한 국유화의 가속화, 개인 상업 금지), 그리고 주민들의 물질적 보장의 형태와 방법(-임금의 현물화, 분배의 평등주의), 경제조직(-계획경제를 지향하는 총관리위원회 제도, 경제의 군사화), 노동자원의 동원방식(-전 인민의 노역 의무) 등에서 표현되었다.

공업의 국유화는 볼쉐비키당의 강령이었다. 1917년 12월 14일 은행에 대한 국유화 조치가 취해진 이후, 1918년 봄에 이르러 개별 기업의 국유화가 가속화되었으며, 특히 1918년 6월 28일자 '일반적 국유화 법령'에 의해 거의 모든 대기업 및 일부 중기업(30인에서 200인 정도의 노동자를 고용하고 있는 기업)들이 국유화되었다.[90] 소브나르콤은 위의 법령을 공업에 대한 국유화 조치를 마감하는 입법행위로 간주했다. 널리 알려진 바처럼, '일반적 국유화 법령'을 채택한 일은 대외적 상황에 의해 촉진된 것이었으며,[91] 국유화된 기업이 실질적으로 국가에 완전히 귀속될 수 있었던 것은 겨우 1919년 봄 무렵이었다.[92] 볼쉐비키는 공업 분야의 중기업들을 직접 통제, 운영할 만큼 충분한 인력을 보유하지 못했으며, 기업을 국유화해 운영한다는 것이 단지 하나의 법령만으로 가능할

---

90) См.: Декреты Советской власти. М., 1959, т.2, с.498~503. 그 법령에 의해 거의 2천 개 기업이 국유화되었다. См.: Венедиктов А.В. Организация государственной промышленности в СССР. Л., 1957, т.1, с.231~232.
91) 독일은 소비에트 정부에게 러시아에 거주하는 독일인의 재산권을 침해하지 말 것을 공식 요구하려 했으며, 볼쉐비키당 지도부는 독일 정부의 이런 외교적 요구가 있기 바로 직전 '일반적 국유화' 조치를 단행했다.
92) См.: Гимпельсон Е.Г. "Военный коммунизм": политика, практика и идеология. М., 1973, с.42.

수는 없었다. 좌우간, 내전이 시작되면서 기업을 동원할 필요성이 증대되었으며, 다음 단계의 국유화 조치는 중기업들에 대한 것일 수밖에 없었다. 볼쉐비키 정권은 자신의 목적하는 바를 감추려 하지 않았다. 1919년 3월, 러시아볼쉐비키공산당 제8차 대회에서 채택된 당 강령은 "기본적으로는 이미 완료된 부르주아에 대한 몰수"를 계속해 철저하게 "모든 생산수단 및 유통수단을 소비에트 공화국 소유로 전환시킬 것"을 분명히 했다.[93] 그러나 소기업(30인 이하의 임금노동자를 고용하고 있는 기업)들까지도 신속하게 국유화하겠다는 볼쉐비키의 의도는 전혀 드러나지 않았다. 제8차 당 대회는 다음과 같이 규정했다: "소공업과 가내공업은 국가가 주문하는 방식으로 이들을 폭넓게 이용하는 것이 필요하며, 소공업과 가내공업을 전체 원료 및 연료의 공급 계획에 포함시켜 고려해야 할 뿐만 아니라, 개별 가내공업자, 가내공업조합, 생산협동조합, 소기업을 대규모적인 생산-공업 단위로 통합시킨다는 전제하에 이들에 대한 재정적 지원이 요구된다. 소기업가로 성장하려는 가내공업자들의 지향을 차단하고 낙후된 생산형태들이 고도로 기계화된 대규모 공업으로 순조롭게 이행하도록 하기 위한 조치들을 취하는 가운데 대규모적인 생산-공업 단위들에게 많은 경제적 혜택을 제공함으로써 개별 생산자들의 대규모 통합을 고무, 장려하는 것이 필요하다."[94]

그러나 현실은 볼쉐비키 정권이 본래 계획을 수정하도록 만들었다. 중기업뿐만 아니라 영세한 소기업도 신속히 국유화되었다. 처음에는 군대와 주민들에게 공급되어야 할 생활필수품의 생산을 보장하기 위해 이들 기업에 대한 통제가 확립되었다. 그러나 내전이 확대됨에 따라서 군수품 생산을 급속히 증대시켜야만 했으며, 모든 공업 생산물의 효과적인 분배

---

93) См.: КПСС в резолюциях.., т.2, с.50.
94) См.: Там же, с.50~51.

를 극대화하기 위해 전(全)산업을 국가가 완전히 장악해야 할 필요성이 대두했다. 백군과 외국군이 치명적 위협을 가하는 상황에서, 생산에 대한 통제만으로는 소비에트 권력의 수호라는 역사적 과제의 해결이 불가능할 수밖에 없었으며, 그 결과 가속화된 적극적 국유화 과정은 영세한 소기업들까지 포괄하게 되었다. 최고인민경제회의(베세엔하)의 지방 하부조직인 인민경제회의와 지방 소비에트들은 생산량 증대, 태업과의 투쟁, 생산물에 대한 투기 및 투매 방지, 특히 자신들에게 할당된 과제들을 우선적으로 완수하기 위해 영세한 소기업까지 수용, 징발하는 조치를 모스크바의 승인 없이도 취해 나갔다.

전시공산주의 체제의 특징적인 모습은 대기업과 중기업 및 영세 소기업에 대한 통제가 확립된 데에 있다고 강조되었다. 그러나 그것이 전시공산주의의 전형적인 특징일 수는 없었다. 프롤레타리아 독재권력에 의한 모든 공업에 대한 통제는 볼쉐비키당의 입장에서, 특히 10월혁명의 첫날부터 "생산과 분배에 대한 전면적이고도 국가적인 엄격한 회계와 관리" 확립을 호소한 레닌의 입장에서는 매우 합목적적이고 진보적인 것이었다. 더욱이 대기업과 일부 중기업들에 대한 국유화 조치는 전시공산주의의 시작 전에 취해진 것이었다. 대내외적 전쟁이라는 조건 속에서 소비에트 권력은 통제만 할 수 없었으며, 원래 계획에 의하면 일정기간 자본가의 수중에 남아 있어야 할 중기업 및 소기업에 대한 국유화 조치를 가속화했을 뿐이었다. 즉, 내전이라는 상황으로 말미암아 볼쉐비키당의 계획은 조금 앞당겨 실현되었던 것이며, 레닌은 그것을 전혀 마다하지 않았다.

아무튼, 베세엔하 자료에 의하면, 1918년 말 소비에트 권력이 장악하고 있던 모스크바, 상트 페테르부르크를 중심으로 하는 중앙러시아 지역에 있던 9,542개의 기업들(이 가운데 절반가량이 대기업과 중기업이었다) 가운데 3,338개의 기업, 즉 전체의 약 35%에 해당하는 생산 단위체가 국유화되었다.[95] 1919년 초쯤에 모든 대기업이 국가에 의해 장악되었으며, 중기업은 1920년 초까지 거의 국유화되었고, 극히 일부가 내전이 종식될 때까지도 개인들의 수중에 남아 있었을 뿐이었다. 크비링의 연구에 의하면, 1918년부터 1920년까지 국유화된 국영기업, 조합기업, 개인기업이 자본을 기준으로 공업부문에서 차지하는 비중은 다음과 같이 변화했다:

연도	국영기업	조합기업	개인기업
1918	50%	3%	47%
1919	64%	3%	33%
1920	89~90%	3%	8~10%

결국, 1920년에 국유화를 면한 개인기업이 공업 부문에서 차지했던 비중은 8~10% 정도였으며, 생산량을 기준으로 했을 때 개인기업의 생산은 전체 생산량에서 8.3%의 비중을 차지하고 있었다.[96]

가속화된 국유화 과정과 더불어, 공업 관리에 있어서 중앙집권화 경향은 계속 강화되었다. 1919년 12월, 적군이 백군 및 외국간섭군의 주력(主力)을 분쇄한 결과 평화적인 사회주의 건설로의 이행 가능성이 겨우 생겨났을 때, 러시아볼쉐비키공산당 제8차 협의회는, 중앙집권적인 경제운영 방식을 비판하며 사프로노프 등이 내놓은 "경제의 민주화"를 위한 제안을 배격했다. 레닌은 이렇게 반박했다: "헌법은 중앙집권주의에 관한 기본 명제들을 규정하고 있습니다. 이 명제들은 논쟁의 여지가 없는 명

---

95) См.: Дробижев В.З. Главный штаб социалистической промышленности. М., 1966, с.93.
96) См.: Квиринг Э.И. Социальная структура промышленности СССР. // Плановое хозяйство. 1928, No.3, с.17~20. 김펠손의 연구에 의하면, 1920년 봄에 러시아공화국에서 조사된 353,080개(실제 총 412,707개)의 기업들 가운데 37,226개가 국유화 상태에 있었으며(나머지 315,854개는 조합기업이나 개인기업), 그중에서 대기업과 중기업의 수는 8,000개를 넘지 않았다. См.: Гимпельсон Е.Г. Указ. соч., с.49.

백한 것으로써, 이에 관해 여기서 재삼 언급될 필요가 없습니다."[97] 수중에 거의 모든 공업을 장악한 소비에트 권력은 전국적 차원에서 효율적이고 중앙집권화된 경제 운영을 조직화해야만 했다. 전반적인 경제지도(指導)는 노농방위회의에서 관할했으며, 직접적 경제운영은 베세엔하가 담당했다. 국유화된 기업들은 베세엔하 내 설치된 부문별 총관리위원회와 중앙관리국의 관할하에 놓여졌는데, 총관리위원회는 국가적 차원의 중요성을 갖는 대기업들을 각 공업 부문별로 나누어 담당, 관리하는 조직체였으며, 중앙관리국은 지방 인민경제회의의 관할하에 있는 지역 기업들에 대해 전반적 감독권을 가진 다소 포괄적인 기관이었다. 이러한 기관들은 내전이 발발하기 이전에 설립되기 시작했는데, 1918년 가을에 18개에 달하던 총관리위원회와 중앙관리국의 수는 1920년 말에 이르면 52개나 되었다.[98] 이들 총관리위원회와 중앙관리국은 기업의 생산계획과 과제를 규정했으며, 기업에 대한 원료 공급, 재정 지원, 생산물의 처분 등을 결정했다. 기업은 생산과 관련된 작업에서 경제적 독립을 박탈당했으며 모든 활동을 국가 계획과 명령에 의존해야만 했다.

경제 운영의 중앙집권화 경향의 핵심적 내용은 전시공산주의 기간 중에 모든 주문과 공급이 베세엔하로 집중되었다는 사실이다. 총관리위원회들과 중앙관리국들은 국가의 계획과 필요에 따라 생산을 할당했으며, 이들의 처분에 따라 기업은 생산에 필요한 원료와 반(半)제품들을 공급받아 제품을 생산할 수 있었다. 지방의 영세한 소기업들도 중앙 경제기관의 직접적인 통제 아래 놓여졌다.

공업을 관리, 운영하는 데 있어서 중앙집권화는 1918년 가을부터 가속화되기 시작했다. 1918년 12월 8일, 노농방위회의는 "국유화된 기업들과

---

97) Ленин В.И. Полн. собр. соч., т.39, с.430.
98) См.: Гимпельсон Е.Г. Указ. соч., с.52~53.

후방으로 소개된 화물, 그리고 군 및 민간의 재산 처리와 관련한 중앙 국가기관의 행위에 대해" 지방기관이 개입하지 말 것을 결정했다.[99] 공업 운영에 있어서 중앙집중화는 노정된 여러 문제점에도 불구하고, 보다 대규모적이고 기계화된 기업들로 생산이 집중되고 그 기업들의 생산활동이 계획대로 진행되는 것을 가능하게 했다. 그에 따라 볼쉐비키는 소비에트 권력의 수호라는 최고의 목표가 요구하는 대로 제한된 원료, 연료, 노동력을 신속하게 동원할 수 있었다.

공업 운영의 극단적 중앙집중화는 전시공산주의의 특징이었고, 그것은 분명 내전이라는 상황에서 비롯된 것이었다. 1918년 봄에 국가자본주의로 표현된 "레닌의 사회주의 건설 계획은 중앙집권주의와 지방적 차원에서 사회주의 건설을 위해 발휘되는 적극적 창조성이 결합된 민주집중제 원칙에 입각해 있었다"는 기존의 정설화된 역사해석 역시 나름의 근거가 있다는 점을 부인할 수는 없다.[100] 그러나 전시공산주의는 조건적 강제에 의해 불가피했던 한시적 조치만은 아니었다. 레닌은 전시공산주의적 정책을 이론적으로 합리화하는 가운데, 이 정책에서 비롯된 소비에트 러시아의 사회경제적 상황에서 공산주의의 맹아가 성장하고 있음을 확신했다. 그래서 내전이 거의 종료되었던 1920년에도 전시공산주의는 그대로 유지되었을 뿐만 아니라 오히려 심화, 확대되었던 것이다.

1920년 봄(3월 29일~4월 5일)에 개최된 러시아볼쉐비키공산당 제9차 대회에서 레닌은 사프로노프, 오신스키 등 민주집중제를 표방하는 민주집중파가 당 노선에 대해 가한 비판을 반박했다. 민주집중파는 특히 경제 분야에서의 부르주아 전문가 활용, 공업 운영에 있어서의 중앙집권화, 위원회나 평의회 중심의 집단적 기업 운영을 단독(경영)책임제로 전환한

---

99) См.: Собрание узаконений и распоряжений рабоче-крестьянского правительства РСФСР. 1918, No.93, с.929. (이후 'СУ'라고 표시함)
100) 예를 들면, см.: Владимир Ильич Ленин. Биография. М., 1987, т.2, с.40~44.

것 등을 비난하면서 사회주의적인 "무제한적 합의성"을 인민경제의 각 분야에서 확대시킬 것을 호소했다. 하지만 레닌은 원론적인 민주집중제의 실현만을 요구하는 그들의 "지적 편협성"을 조롱했다. 오히려 레닌은 공업이 "베세엔하에 의해 정점에서만 연결되어 있을 뿐 실제로는 서로 고립된 수직관계의 기업군"101)으로 편성된 부문별 총관리위원회 제도의 결함들을 지적하면서 경제 분야에서 보다 조직적인 중앙집권주의를 요구했다: "조직사업의 과제는 총관리위원회의 노선에 따라 수직적인 중앙집권주의를 유지 발전시키면서 이 중앙집권주의를 각 경제 지역의 노선에 따라 이루어지는 기업들의 수평적 상호예속과 결합시키는 데 그 핵심이 있습니다."102) 그것이 당시 레닌이 요구했던 중앙집권주의의 전형적 내용이었다. 과거에는 그것을 민주집중제라고 불렀지만 민주집중파 때문에 표현을 달리하여 이제는 사회주의적 중앙집권주의라고 불렀다.

1920년 9월 7일, 소브나르콤은 미처 국유화되지 않은 소기업에 대한 법령을 공포했다.103) 이 법령은 소공업을 세 개의 범주로 나누고 있었다. 임노동을 사용하지 않는 영세한 가내공업 및 가내공업자들의 각종 조합이 첫 번째 범주로 분류되었으며, 이에 속한 기업들은 원칙적으로 국유화 또는 몰수의 대상에서 제외되었다. 그들은 국가를 위한 생산 활동을 하지만 생산물의 일부를 시장에 팔 수 있도록 허용되었다. 두 번째 범주는 원동기가 있는 상태에서는 5인 미만, 원동기가 없는 상태에서는 10인 미만의 임금노동자를 고용하고 있는 기업이 해당되었다. 이들은 지방 인민경제회의의 결정에 따라 개인기업으로 남아 있거나 국유화되어야 했으며, 전자의 경우 생산물은 당연히 국가에 전적으로 판매되며, 기업주

---

101) КПСС в резолюциях.., т.2, с.154.
102) Там же, с.155.
103) См.: СУ. 1920, No.78, с.366.

가 생산물에 대한 국가의 징발을 거부하는 경우에는 기업 자체가 몰수 대상이 되었다. 5인 이상(원동기가 없는 경우에는 10인 이상) 30인 이하의 임금노동자들을 고용하고 있는 세 번째 범주의 기업들 중 국유화되지 않은 기업의 모든 생산 활동은 베세엔하 내 해당 중앙관리국에 의해 통제되어야만 했다.[104] 1920년 11월 29일, 5인 이상(원동기가 없는 경우에는 10인 이상)의 임금노동자들을 고용하고 있는 모든 개인기업들에 대한 국유화를 내용으로 하는 베세엔하의 결정이 뒤따랐다. 그 결정은 1918년부터 1920년까지 이어진, 공업에 대한 국유화 조치를 마감하는 것이었으며, 지역경제적 의미만을 갖는 영세한 소기업들마저 국유화되면서 공업은 거의 완벽하게 국가의 직접적 통제하에 놓이게 되었다.[105]

1920년 11월 29일자 베세엔하 결정을 설명하기 위해서는 그 조치가 취해질 당시의 정치적, 경제적, 그리고 볼쉐비키의 심리적 배경을 이해하는 것이 필요하다. 내전이 진행되는 와중에 "비조직적인 부르주아 및 프티부르주아 잔존세력들과의 투쟁"이 치열하게 전개되었다. 경제적인 태업과 투기를 극복하기 위한 가장 효과적인 방법은 개인기업의 국유화였다. 국유화는 숙련된 노동력, 생산설비, 원료를 대기업이나 또는 소기업들의 연합체에 집중시키면서 규모의 경제를 실현함으로써 보다 효율적인 생산을 가능하게 했을 뿐만 아니라, 국가가 필요로 하는 물자들을 계획에 따라 적시에 공급받을 수 있게 했다. 비록 내전은 종식되었다고 하

---

[104] 1920년 봄에 이루어진 산업조사를 대상으로 한 김펠손의 연구에 의하면, 당시 조사된 278,043개의 기업들 가운데 185,727개가 첫 번째 범주(즉, 임금노동자가 없는)의 소기업에 해당되었으며, 두 번째 범주에 속하는 45,554개의 기업들 중에서 29,809개가, 그리고 세 번째 범주의 6,340개 기업들 중에는 1,526개가 개인기업으로 남아있었다. 결국 30인 이하의 노동자를 고용하고 있는 51,894개의 소기업들 가운데 약 60%가 국유화되지 않은 상태에 있었다. 이에 관해서, см.: Гимпельсон Е.Г. Указ. соч., с.48~49.

[105] 여기서 주목할 만한 것은, 1920년 11월 29일자 법령에 의해 국유화 대상이 된 소기업들 가운데 절반 이상이 실제로는 국가에 의해 접수되지 않았다는 사실이다. 1921년 봄에 신경제정책, 즉 네프가 시작되었다.

더라도, 경제적으로 "소비에트 권력의 수호"가 극히 어려운 상황에서 볼쉐비키의 "투쟁"은 계속되고 있었다. 1920년 가을, 단지 1인의 노동자를 고용한 약 3,500개의 기업들, 2인을 고용한 비슷한 숫자의 기업들, 3~5인의 노동자들을 고용한 4,900개의 기업들, 6~10인을 고용한 약 3,700개의 영세한 소기업들이 다양한 이유로 국유화되었다.106) 이런 상황에서 1920년 11월 29일자 베세엔하의 결정은 직접적이고 가속화된 공산주의로의 이행을 시도하는 볼쉐비키의 조치로 이해되었다. 전시공산주의적 정책의 본질은 내전을 치르기 위한 경제적 필요성이나, 혹은 "부르주아성"을 인내하지 못하는 볼쉐비키의 "혁명적 열정"에서만 비롯된 것이 아니었다. 레닌은 소비에트 러시아에서 "더 많은 사회주의"를 요구했으며, 러시아의 "사회주의적 생산관계"는 곧 "실현될" 서유럽의 사회주의 혁명과 서유럽의 "생산력"에 의해 구원될 것임을 굳게 확신하고 있었다.

내전 기간 중에 중공업의 국유화 과정은 단시일 내에 거의 모든 기업들을 장악했으며, 인민경제 운영에 있어서 중앙집권화는 극단적으로 심화되었다. 이것은 볼쉐비키 혁명 이후 레닌에 의해 추진된 국가자본주의가 근본적으로 정책상의 전환을 겪지 않았다는 사실을 의미한다. 소비에트 러시아의 국가자본주의는 내전이라는 상황 속에서 단지 급속하게 발전, 강화되었을 뿐이었다.

소비에트 권력은 승리의 첫날부터 "일하지 않는 자, 먹지도 말라!"고 말하면서 모두가 노동해야 한다고 선언했다. 이 원칙은 착취계급을 박멸하고, 타인의 노동을 착취해 생활할 수 있는 사회적 조건을 제거하는 것을 목적으로 삼았던 새 권력의 계급적 본질에서 비롯된 것이었다. 1918년 1월에 열린 제3차 전러시아 소비에트 대회에서 채택된 「근로 피착취 인민의

---

106) См.: Сборник статистических сведений по Союзу ССР. 1918~1923. М., 1924, т.XVIII, с.165.

권리 선언」에는 다음과 같이 규정되었다: "사회의 기생적 계층 박멸 및 경제의 조직화를 위해 일반적 노역 의무가 도입된다."[107]

일반적 노역 의무의 도입은 "비(非)프롤레타리아 분자들"이 개인적 희망과는 상관없이 전체 사회에 유용하고 필요한 노동을 해야 하는 것을 의미했다. 노동자와 관련하여 노역 의무제는 레닌의 국가자본주의가 요구했던 노동규율 확립을 위한 법적 근거로 활용되었다. 1918년 봄에 쓴 『소비에트 권력의 당면 과제들(Очередные задачи советской власти)』의 초고에서 레닌은 다음과 같이 자신의 구상을 밝혔다: "부유한 자들에 적용되는 노역 의무로부터, 아니 그와 함께 소비에트 권력은 당연히 도시의 근로 인민, 노동자, 농민 대다수에게도 그에 상응하는 원칙을 적용할 것을 당면 과제로 설정해야 한다. [중략] 노역 의무의 확립이라는 과제란 노동자·농민의 작업 영역에서는 노동규율 및 노동자율의 확립이라는 과제를 의미한다."[108]

"비(非)프롤레타리아 분자들"에 대한 노역 의무 부과라는 헌법적 원칙은 1918년 가을에 더욱 강화되었다. 10월 5일, 소브나르콤은 〈비(非)근로자들을 위한 노동수첩에 관한 법령〉을 의결했고, 이에 따라 비근로 인민들에게 사회적 노동과 노역의 이행 사항이 기재된 노동수첩이 신분증을 대신해 발급되었다.[109] 지정된 노동을 수행한 내역이 기록된 노동수첩을 손에 쥔 후에야 "기생적 분자들"은 적은 양이나마 식량을 배급받고 소비에트 공화국 내에서 생존권을 인정받을 수 있었다. 1918년 12월 초에 제정된 노동법전은 16세부터 50세까지 노동 능력이 있는 모든 공민에게 노역 의무를 선언했으며, 이에 따라 "사회적으로 유용한 노동"에 종

---

107) Декреты Советской власти, т.1, с.322.
108) Ленин В.И. Полн. собр. соч., т.36, с.144~145.
109) См.: Декреты Советской власти, т.3, с.396~398.

사하지 않는 자들은 지역 소비에트의 명령에 의해 강제로 "사회적 노동"에 종사해야 했다.110)

내전이 진행되면서 인민경제에서의 노동력 자원은 계속 감소되어 갔다. 계속된 기근과 기업들의 조업 중단이라는 혁명 이후의 상황은 수십만의 노동자들에게 농촌으로 귀향할 것을 강요했으며, 이어서 수백만에 달하는 근로대중이 군대에 동원되어 전장으로 내몰렸다. 그리하여 1919년 초부터 숙련, 비숙련을 막론하고 노동력 부족이 심각한 문제로 제기되기 시작했다.111) 노동력 부족은 그렇지 않아도 생산성이 떨어지는 인민경제에 생산시설 휴면(休眠)에 따른 생산량 감소라는 새로운 어려움을 초래했으며, 궁지에 몰린 볼쉐비키는 노동력의 확보를 위해 단호한 조치를 모색할 수밖에 없었다. 문제는 노동력을 찾아서 생산 현장으로 보내는 것에 국한되지 않았다. 그 생산 현장에 노동력을 정착, 유지시키는 것이 더 어려운 문제로 제기되었다. 결국 볼쉐비키는 '노동의 군사화'를 통해 노동자의 신분을 군사적 동원상태로 규정하는 비상조치를 취함으로써 문제의 해결을 시도했다. 브칙의 기관지 ≪이즈베스치야≫는 1918년 12월 6일 상황을 다음과 같이 묘사하고 있었다: "노동의 군사화는 공업에 대한 군사적 동원의 불가피한 결과이며, 그 논리적 귀결이다. [중략] 간단히 말해서, 군사화라는 과제는 믿을 수 없을 정도로 절박하게 요구되고 있는 군대에 대한 장비 및 물자의 보급이 이루어지도록 노동을 조직화하는 것을 의미한다. 이러한 노동의 조직화는 노동력의 강제 배분, 임금과 노동 생산성에 대한 강제 조절, 그리고 잦은 직장 이동과 결근에 대한 모든 민

---

110) См.: Декреты Советской власти, с.4, с.166~190.
111) 아닉스트(А. Аникст)의 연구에 따르면, 노동력 공급량을 100으로 했을 때 1918년 1월의 수요량은 68이었으며(즉, 광범한 실업이 존재했음), 1919년 1월에는 90.8, 1920년 1월에는 149.5, 그리고 1921년 1월에는 276.4에 달했다. 이에 관해 см.: Вестник труда. 1922, No.2(17), с.10.

주적인 보장들을 폐지하는 것과 관련되어 있다."

날로 심각해지는 노동력 부족에 대한 인식은 1919년 3월에 채택된 러시아볼쉐비키공산당 강령에도 반영되어 있었다: "노동 능력이 있는 모든 주민에 대한 총동원은 소비에트 권력이 지금껏 해온 것보다 더 광범위하고 체계적으로 이루어져야 한다."[112] 그럼에도 불구하고 노동력은 계속 감소되었으며, 내전이 끝날 무렵 노동자 수는 전쟁 이전의 절반으로 줄어 있었다. 더욱 주목할 만한 점은, 대기업에서 조직화된 숙련노동자의 수가 현저하게 감소했다는 사실이다. 500명 이상의 노동자를 보유한 대기업에서 일하는 사람들의 수는 1918년에는 전체 근로인원의 약 71.9%를 차지했으나, 1920년에는 약 47.3%에 불과한 노동자들이 작업에 종사하고 있었다.[113] 특히, 군수공장을 제외하고는 1만 명 이상의 노동력 고용이 필요한 대기업들에서 노동력 부족 사태는 아주 심각한 것이었다. 이와 관련해, 노동자 계급의 질이 떨어진 것도 지적되어야 하는데, 이미 1919년 7월에 레닌은 막심 고리키에게 보낸 편지에서 "전위적 정예 노동자들이 페트로그라드에서 전선으로 또 농촌으로 떠나갔다"고 언급하고 있다.[114] 이러한 사실은 "혁명의 요람" 페트로그라드(1924년 초에 레닌그라드로 개칭되었다)에서뿐 아니라 다른 많은 공업 중심지에도 해당되는 것으로, 내전으로 인해 6만 명 이상의 간부급 숙련 노동자들이 산화했다.

1920년 봄에 개최된 러시아볼쉐비키공산당 제9차 대회 결의문에서 언급된 바와 같이, 상당수 노동자들은 "식량을 얻기 위한 최선의 조건을 위해 때로는 투기를 위한 목적으로" 임의로 공장을 이탈했으며, 그 결과 가중된 생산과정의 혼란은 공업 전반에 만연해 있었다.[115] 이러한 상황은

---

112) КПСС в резолюциях.., т.2, с.51.
113) См.: Труды ЦСУ. М., 1926, т.III, вып.8. с.218~219 ; т.XXVI, вып.1, с.32~33.
114) Ленин В.И. Полн. собр. соч., т.51, с.26.
115) См.: КПСС в резолюциях.., т.2, с.162.

'노동의 군사화'의 필요성을 더욱 제고시켰으며, 군사화 대상은 우선적으로 군수산업 분야의 기업에서 일하는 전체 노동자와 사무원들이었다. 일련의 입법 조치와 더불어 해군 함대 및 선단의 노동자, 연료공업의 노동자, 그리고 방위산업 노동자들에 대한 군사화가 뒤따랐다. 기업과 기관에 전시태세가 도입되는 순간부터 모든 노동자와 사무원들은 직장을 임의로 이탈할 수 없었으며, 이탈할 경우 노동탈영이라는 형사상의 죄목으로 비상 군법에 의해 엄하게 처벌되었다.

'노동 능력 있는 모든 주민의 의무노동'이라는 원칙은 1920년 1월 29일에 소브나르콤이 채택한 〈일반적 노역 의무에 관한 결정〉에서 가장 명확하게 표현되었다. 이에 따라 주민들은 직업에 관계없이 한시적 혹은 정기적으로 부과되는 강제노역에 참여해야 했으며, 적군(赤軍) 및 해군 부대의 노동력으로 활용되어야 했다. 또한 비(非)근로 분자들은 "사회적으로 유용한 노동"에 수시로 동원되었을 뿐 아니라, 국가적 필요에 따라 노동력이 재배치되었다.[116] 모든 것은 법령으로 뒷받침되었다. 결국 내전이 종료되는 시점에서 노동자 정부는 아니 볼쉐비키 정권은 자본과 노동에 대해 법적으로 거의 완전한 지배력을 구축하게 되었다.

1920년 초 내전의 치열함이 소멸하면서, 군사화된 노동의 새로운 형태, 즉 노동군(勞動軍)이 등장했다. 전장에서 벗어난 적군의 개별 부대를 재편성하여 만들어진 노동군은 산업전선에 투입되었으며, 모두 8개의 노동군이 조직되었다.[117] 1920년 2월 2일, 브칙 정례회의 보고에서 레닌은 노동군에 대한 아이디어가 과도기적 상황과 볼쉐비키당 앞에 놓여 있는 "독특한" 과제, 즉 보다 많은 식량을 비축하고 이를 공업 중심지로 운송하기 위해 모든 군사적 역량을 동원해야 할 필요성에 의해 제기되었

---

116) См.: СУ. 1920, No.8, c.49.
117) 내전기에 적군은 16개의 군(軍)으로 구성되어 있었다.

다고 설명했다.118)

이렇게 해서 노역 의무는 1917년 12월에 포고된 〈제설 작업을 위한 일반적 노역에 관한 법령〉을 시작으로 해서 '노동의 군사화'로까지 발전했다. 10월혁명 직전 레닌은 무장봉기에 대한 볼쉐비키당 중앙위원회의 "기회주의적 태도"를 질책하고 조속한 결단을 촉구하는 가운데 프롤레타리아 국가의 수중에 있는 곡물독점과 노역 의무야말로 자본가의 저항을 분쇄하고 그들을 프롤레타리아트의 의지에 복종하도록 하며 국가기관을 작동하게 하는 "회계와 관리"의 가장 강력한 수단이라고 썼다. 그에 따르면, 노동에 대한 통제 및 강제수단으로써 노역 의무는 프랑스 혁명의 계급적 급진성을 상징했던 "국민공회의 입법과 길로틴보다도 더 강력한 것"이었다. 단두대가 적극적으로 저항하는 "혁명의 적들"을 충분히 겁먹게 했지만, 그래도 그에 대한 레닌의 입장은 분명했다: "그것만으로는 미흡해!"119)

아무튼, 이미 살펴본 바와 같이, 10월혁명 직후에 레닌의 국가자본주의는, 부르주아 계급에 대한 것과는 차이가 있었지만, 노동자들에게도 노역 의무를 부과할 것을 요구했다. 국가자본주의가 예정했던 일반적 노역 의무는 내전이 전개되면서 전시공산주의의 이름으로, 특히 군사화라는 방법으로 강화되었을 뿐이었다.

전시공산주의의 가장 특징적인 모습은 1919년 1월에 소브나르콤 법령으로 도입된, 곡물을 비롯한 모든 식량자원에 대한 할당제적 징발정책에서 볼 수 있다. 그것은, 본질적으로, 1918년 봄에 볼쉐비키당이 시작한 식량정책의 논리적 완성이었으며, 또한 극단적인 현실적 필요에 의해 강요된 것이기도 했다.

---

118) См.: Ленин В.И. Полн. собр. соч., т.40, с.107.
119) Ленин В.И. Полн. собр. соч., т.34, с.310.

1914년 이후, 독일과 전쟁을 하는 동안 진행된 높은 물가상승 및 특히 농민에게 필요한 공산품 소비재의 절대적인 생산 감소는 2월혁명 후에 더욱 가속화되었으며, 이는 화폐를 매개로 한 도시와 농촌간의 상품유통을 결정적으로 방해했다.[120] 10월혁명과 〈토지에 관한 법령〉의 포고, 그리고 농민에 대한 토지 분배는 상황을 전혀 개선시키지 못했을 뿐 아니라, 오히려 상업적으로 유통되는 곡물의 양을 감소시키는 결과를 초래했다. 소비에트 권력의 근간인 병사와 도시 노동자를 부양할 식량은 고사하고 당원에게 배급할 식량조차 확보할 수 없는 상황에서, 1918년 5월, 볼쉐비키 정권은 소위 "식량 독재"를 선포했고, 그 순간부터 곡물에 대한 사적인 거래가 금지되었다. 농촌으로 출정한 식량징발대와 콤베드의 활약 덕분에 1918년 상반기에 2,800만 푸드(약 1,710톤)에 불과하던 곡물 조달량이 하반기에는 6,700만 푸드(약 4,090톤)에 달하게 되었다.[121] 농민에게 화폐가 제 기능을 하지 못하는 상황에서, 곡물을 조달하는 방법은 농민들이 요구하는 공산품 소비재를 제공하고 농산물을 건네받는 물물교환뿐이었다. 1918년 말까지 중농(中農) 및 빈농과 관련해서 이 물물교환의 원칙이 강조되었으며, 1918년 12월 25일 전국 인민경제회의 제2차 대회에서 레닌은 "지금까지 해온 것보다 물물교환을 세 배, 열 배로 증가시킬 것"을 당면 과제로 설정하는 가운데 곡물 조달에 전력을 기울일 것을 요구했다.[122]

---

120) 1917년 3월 25일, 멘쉐비키와 사회혁명당이 주축이 된 "부르주아 임시정부"는 식량사정이 도시에서 급속히 악화됨에 따라 곡물에 대한 국가독점과, 농민들이 잉여곡물을 고정가격에 따라 국가에 의무적으로 매도할 것을 내용으로 하는 법령을 제정했다. 그러나 임시정부는 자신의 법령들을 실현시킬 적절한 수단을 보유하지 못했으며, 실제 이 곡물 독점에 관한 법령은 실현되지 못했다. 1917년 9월에 국가의 곡물 구매는 약 30%만이 달성되었으며 10월에는 겨우 20%만이 구매될 수 있었는데, 이는 전년도 같은 달 대비 50%에 불과한 양이었다.

121) См.: Ленин В.И. Полн. собр. соч., т.37, с.465. 참고적으로, 1푸드=16.38kg.

122) См.: Там же, с.399.

1918년 10월 30일 소브나르콤이 의결한 〈농산물의 일부를 공제하는 방식으로 농가에 부과되는 현물세에 관한 법령〉은 생산된 농산물의 일정량을 세금으로 걷기 위한 것이었다. 그러나 실제로 이 조치는 당시 지속된 볼쉐비키의 식량정책에 무엇인가 새로운 계기를 마련하는 것이 아니었다. 화폐 형태의 세금을, 단지 부분적이기는 하나, 현물의 형태로 대치한 이 현물세에 관한 법령은 농촌에서 화폐가 갖는 무의미성을 인정하고 있다는 점에서 현실적인 것이었으며, 무엇보다도 잉여곡물을 농민이 임의로 처분할 권리를 인정하고 있다는 점에서 볼쉐비키 정권이 명목상으로 내세웠던 부농계급에 대한 점진적 "제한과 배제의 정책"을 표현하는 것으로 평가될 수도 있었다. 그러나 문제는 법령이 아니라 현실에 있었다. 레닌이 인정한 바와 같이, 현물세에 관한 법령은 1918년 말의 현실에서 전혀 실현될 가능성이 없는 것이었다. 내전과 외국의 군사적 간섭이 확대되면서 소비에트 국가의 근간이며 "주된 사회적 생산력"인 노동자 계급을 구원하는 것이 절대적 과제가 되었다. 이미 곡물과 관련된 1918년의 법령들은 충분치 못한 것으로 판명되었다. 계속 증원되는 군대와[123] 기아선상에 놓인 도시 주민들, 특히 노동자 계급을 부양하기 위해서 최소한의 곡물이 국가의 수중에 확보되어야 했으나, 완전히 평화적이었다고 평가될 수 없는 곡물 조달방법으로도 그것을 달성하기는 불가능했다. 농민과 부농계급에 대한 볼쉐비키 정권의 곡물 조달방법은 법령과 관계없이 더욱 가혹해졌다. 후에 레닌은 이 문제를 완곡한 표현으로 정당화했다: "농민에게 잉여곡물을 거두어들인 것은 전시상황 때문에 우리에게 절대적으로 불가피했던 조치였습니다."[124] 실제로 1921년 봄에 결정된 현물세 부과는 소비에트 러시아의 농촌에서 "자본주의가 만개"하는 계기

---

[123] 1918년 7월에 36만 명 정도였던 적군 병력의 수적 규모는 1919년 5월에 150만, 1920년 말에는 거의 550만 명에 육박했다.
[124] Ленин В.И. Полн. собр. соч., т.43, с.28.

가 되었지만, 1918년 가을에 등장해 곧 사장된 현물세 부과에 관한 법령은 역사적으로 본격적인 곡물징발정책으로 일보 접근하는 것을 의미했다.

　1919년 1월 11일, 소브나르콤은 〈적군과 식량부족지역에 대한 신속한 공급을 목적으로 하는 식량분배에 관한 법령〉을 의결했다.[125] 이 순간부터 소비에트 권력은 실질적인 보상 없이 농민들로부터 소위 "잉여곡물"을 강제로 몰수하기 시작했다. 국가가 정한 가격대로 제공되는 상징적인 보상의 유무에 관계없이 농민들은 곡물징발에 무조건 "자발적으로" 복종해야 했다. 곡물징발의 규모는 각 농가가 실제로 보유한 잉여곡물을 전제로 한 것이 아니라, 군대와 도시 주민을 최소한이나마 부양하기 위한 볼쉐비키 정권의 요구에 따라 결정되었다. 국가에 필요한 곡물의 양이 잉여곡물로 규정되었으며, 그 결과 실제 잉여곡물만이 아니라 농업 재생산 및 농민의 생계유지를 위해 필요한 곡물까지도 몰수할 수 있는 법적 근거가 마련된 셈이었다. 1919년 1월 11일자 법령은 징발 대상을 곡물과 사료로만 국한하고 있었으나, 1919년과 1920년에 걸쳐 징발대상이 거의 모든 농작물로 확대되었다. 농산물의 생산량이 미리 계산되었으며, 국가가 필요로 하는 양이 우선적으로 고려되어 징발 규모가 결정되었다. 좋은 말로 식량분배제라고 표현되었던 곡물징발정책의 본질적인 특징은 무(無)보상적 강제성뿐만 아니라 국가에 의한 생산물의 강제 지정 및 생산량의 사전 결정에 있었다. 곡물징발정책은, 1919년 1월 11일자 법령에서 강조된 것처럼, "곡물에 대한 국가독점 및 현물세에 관한 법령이 발전한 결과"임을 부정할 수 없다. 전시공산주의 시기에 볼쉐비키정권의 식량정책은 근본적으로 농촌을 소비에트 권력에 예속된 "곡물생산공장"으로 변화시킴과 동시에, 농업을 완전히 계획화함으로써 소비에트 권력을

---

[125] См.: Декреты Советской власти, т.4, с.292~294.

안정시키는 것이었다. 내전기에 이러한 목적은 곡물징발정책으로 어느 정도 달성되었다. 그러나 근본적인 소비에트 권력의 안정과 발전은 농촌에 대한 일방적인 강제와 수탈이 아니라, 농촌의 "사회주의화" 없이는 불가능한 것이었다. 이런 인식을 토대로 1918년부터 레닌은 주도적으로 농업 집단화를 시도했다. 1920년대 후반 본격적으로 추진된 농업의 "사회주의적 집단화"는 볼쉐비키적 관점에서 볼 때 전시공산주의 시기의 곡물징발정책이 "합리적으로" 한 단계 더 발전한, 그런 역사적 의미를 갖는 것이었다.

사실 1918년 하반기에 각 식량조달기관 및 지방의 소비에트들은 이미 곡물징발을 빈번히 감행했었다.[126] 공식적인 곡물징발정책의 도입은 "기근과의 투쟁"을 위한 많은 법령과, 특히 볼쉐비키당의 여러 조직들에 의해 곡물조달 현장에서 행해진 구체적인 작업방식이 법률적으로 일반화되고 발전된 결과에 불과했다. 노동자 식량징발대와 콤베드가 창설되고 이에 따라 볼쉐비키의 당 조직들이 농촌에서 급속히 확장됨으로써 "전국적 차원의 곡물징발"의 원칙에 따라 식량문제를 해결할 수 있는 필수조건이 마련되었다. 내전기에 볼쉐비키 정권이 식량의 절박함을 어느 정도 해결할 수 있었던 가능성은 바로 이러한 당 조직의 확산에서 비롯되었다. 후에 레닌은 곡물징발정책의 위업을 이렇게 설명했다: "우리들의 권력이 완전히 확립된 첫해에 국가는 곡물 1억 1천만 푸드를 조달했으며, 두 번째 해에는 2억 2천 2백만 푸드, 세 번째 해에는 2억 8천 5백만 푸드 이상의 곡물을 조달했습니다."[127] 농촌이 황폐화되고 농업은 붕괴되고

---

126) См.: Стрижков Ю.К. Из истории введения продовольственной развёрстки. // Исторические заметки. М., 1962, т.71, с.25~42.
127) Ленин В.И. Полн. собр. соч., т.44, с.9. 여기서 첫 번째 해는 1918년 8월부터 1919년 7월까지, 두 번째 해는 1919년 하반기부터 1920년 상반기까지, 세 번째 해는 1920년 상반기에서 1921년 하반기까지를 말한다.

있을 때, 볼쉐비키 정권이 조달한 곡물의 규모는 오히려 증가하고 있었다.

할당제적 곡물징발정책의 특징은 정상적인 도시와 농촌간 경제관계를 완전히 붕괴시키고 전시공산주의 체제에 전형적인 일련의 현상을 확대 심화시켰다는 데 있었다. 인민경제의 현물화가 급속히 전개되면서 화폐가 소멸했으며 상업은 거의 완전히 폐지되었다.

사회주의가 실현되면 화폐제도가 소멸될 것이라는 견해는 맑스주의자들 사이에 거의 보편적 진리로 인정되었다. 사회주의는 화폐에 대한 물신적 숭배를 전혀 용인하지 않을 것이라고 강조되었다. 1919년 3월, 러시아볼쉐비키공산당 제8차 대회에서 채택된 당 강령에 "자본주의에서 사회주의로의 이행 초기에 공산주의적 생산과 생산물 분배는 아직 완전히 조직되지 않으며 화폐의 폐지는 불가능한 것으로 나타난다"고 규정되었던 것은 우연이 아니었다. 하지만 이 문제에 관한 볼쉐비키의 정치적 지향은 당 강령에 분명하게 표현되었다: "은행에 대한 국유화에 의거해 러시아공산당은 비화폐적 회계의 영역을 확대시키고 나아가 화폐의 폐지를 준비하는 일련의 조치들을 단행하기 위해 노력한다."[128] 이와 관련해 볼쉐비키당의 분배 영역에서의 과제도 명시되었다: "현재 소비에트 권력의 과제는 상업을 전국적 차원에서 계획되고 조직화된 생산물 분배로써 부단히 대체해 나아가는 데 있다. 그 목표는 분배기관들을 철저히 중앙집권화 하는 가운데, 최대한의 신속성, 계획성, 경제성과 최소한의 노동 지출로써 모든 필수품들을 분배할 수 있는 단일화된 소비코뮌들의 망 속으로 전(全)주민을 조직화하는 것이다."[129] 이것이 볼쉐비키공산당의 전략적 계획이었다. 어떤 정당에게도 스스로의 강령을 실현하는 데 있어서

---

128) КПСС в резолюциях.., т.2, с.56.
129) Там же, с.55.

항상 커다란 장애가 되었던 것은 현실 그 자체였다. 그러나 볼쉐비키에게 현실은 오히려 예상보다 훨씬 빠르게 자신의 강령을 실현할 수 있는 행운이 되었다. 내전의 참상은 볼쉐비키에게 분배 영역에서 계획을 조속히 실현시킬 수 있는 기회로 작용했다.

10월혁명 이전 제1차 세계대전 기간 중에 러시아에서는 화폐가치가 지속적으로 떨어졌다. 혁명 후에 이 과정은 물자 및 식량의 부족, 그리고 계속된 화폐 발행으로 물가가 급속히 상승함에 따라 더욱 가속화되었다. 국가재정 상황은 처참했으며 내전은 엄청난 지출을 요구했다. 이러한 상황에서 토지의 사회화, 기업 및 도시의 고정자산에 대한 국유화 등과 관련해서 전통적인 조세수입원이 대폭 축소되었다. 또한, "부르주아 자본에 대한 수탈", 즉 1918년 10월 31일자 소브나르콤의 법령에 따라 도입된 "자본가 계급에 대한 일시적 비상 조세"의 부과[130] 및 통화 발행에도 불구하고 "화폐기근"은 더욱 심화되었다. 이러한 위기상황에서 벗어나기 위한 볼쉐비키 정권의 시도는 경제관계의 현물화와 자유상업의 금지라는 두 가지 방향에서 모색되었다. 물물교환이 일반화되었고 노동자와 사무원들의 임금이 식료품이나 생필품으로 지급되었으며 화폐가 전표 및 식량배급권으로 대치됨으로써 확대된 비화폐적 회계방식은 현물화된 경제관계를 표현하고 있었다.

1920년 2월, 《프라우다》는 사설을 통해 화폐가치의 점증적 하락이라는 조건하에서 경제의 현물화만이 위기에서 벗어날 수 있는 유일한 방책임을 상세히 설명했다. 이어 "주택, 작업복, 각종 추가배급권, 어린이 급식 등과 관련해서 실질적으로 이미 현물지급체계로의 이행이 시작되고 있음"을 지적하면서 그러한 노선이 계속 추진될 것임을 분명히 했다: "우리 경제의 전반적인 현물화 경향은 전력을 다해 의식적으로 실현되어

---

130) См.: Декреты Советской власти, т.3, с.495~496.

야 한다. 오직 그를 통해서만 우리는 오늘날의 재난과 고통에 대해 투쟁할 수 있다."131)

현물화가 확대, 심화됨에 따라 화폐의 폐지는 가속화되었다. 인민경제의 현물화가 입증했던 바와 같이, 프롤레타리아 국가가 시장을 대신해 분배주체로서의 기능을 떠맡은 이상, 볼쉐비키 정권이 전국적 차원에서 생산물의 분배를 직접 통제하고 있는 이상, 화폐는 소멸할 수밖에 없다. 레닌이 화폐의 폐지를 위한 정책 노선을 어느 정도 적극적으로 추진했는가의 문제와 관계없이, 볼쉐비키는 현실적으로 진행되고 있는 화폐의 소멸을 매우 긍정적으로 평가했다. "부르주아적 분자들이 아직 개인 소유로 남아 있는 화폐를 투기와 돈벌이 그리고 근로자들에 대한 약탈수단으로 계속 이용"하는 것을 막고,132) 현물화를 지향하는 인민경제에 대한 관리를 강화하기 위해서도 경제생활에서 화폐의 역할은 감소되어야만 했다. 자본주의적인 가치법칙의 영역과 매매형태로 표현되는 가치적 관계들은 볼쉐비키에게 그야말로 적대적인 것이었으며 당연히 축소되어야 했다.

1917년 11월, 브칙 회의에서 레닌은 "가공제품과 곡물의 교환 그리고 생산에 대한 철저한 관리와 회계, ― 이것이 사회주의의 시작"이라고 강조했다. 물론 10월혁명 직후부터 레닌이 사적 거래를 포함하는 상업의 필연성과 불가피성을 완전히 부정했던 것은 아니며, 물물교환의 조직화라는 문제는 돈으로 식료품을 조달할 수 없는 현실과 결부되어 있었다. 그렇지만 볼쉐비키의 관점에서, 자본주의적 물신숭배의 대상인 화폐는 당연히 폐지되어야 했으며 모든 물건에 부여된 상품이라는 형식도 청산되어야 했다. 현실이 허락하고 현실이 요구한다면 볼쉐비키는 기꺼이 비

---

131) Правда, 14 февраля 1920 г.
132) КПСС в резолюциях.., т.2, с.56.

(非)사회주의적인 요소들을 폐지할 준비가 되어 있었다. 그들에게 자본주의적 요소들의 청산은 곧 사회주의의 건설을 의미했다.

식량에 대한 프롤레타리아 독재를 선언하고서, 도시와 농촌간의 물물교환을 완전히 장악하겠다는 과제를 설정한 소비에트 권력은 "상업의 국유화"를 결정했다. "사적인 상업기관을 대체하고 모든 제품을 소비에트 및 협동조합의 배급소에서 계획성 있게 주민들에게 공급할 목적으로" 1918년 11월 21일에 채택된 〈주민에 대한 모든 식료품, 개인필수품 및 가정용품 공급의 조직화에 관한 법령〉은 모든 제품의 조달과 분배에 관한 권한을 식량인민위원부에 부여했다.133) 상업회사와 개인 도매업뿐 아니라 소규모 개인 소매업을 위한 모든 시설과 제품이 국유화되었으며 동시에 분배기관들의 거대한 네트워크가 조성되었다. 생산물의 분배체계에 있어서 가장 큰 역할은 일단 협동조합에 위임되었다. 제정 러시아 시대에 사회운동을 통해 크게 활성화되었던 협동조합은 10월혁명 이후에도 많은 조직이 유지되고 있었으며, 외견상으로는 그 활동이 국가에 의해 통제되고 있었으나 내부적으로는 어느 정도의 자율성을 인정받고 있었다. 그러나 내전이 확대됨에 따라 고조된 위기상황은 협동조합망을 위주로 하는 분배체계의 근본적인 개혁과 사업방식의 변경을 요구했다. 1919년 2월, 레닌은 분배 영역에 대한 완전한 프롤레타리아 독재를 확립하려는 의지를 피력했다: "과업의 모든 어려움은 (주민 중 소수에 불과한 출자자 층이 존재한다는 사실과 그 밖의 다른 이유들에 의해 설명되듯이, 부르주아의 필요에 의해 만들어진) 과거의 협동조합으로부터 새롭고 진정한 코뮌으로의 이행을 위한, 즉 부르주아적 협동조합에 의한 공급과 분배로부터 프롤레타리아적-공산주의적인 공급과 분배로의 이행을 위한 실천적인 조치를 만들어내는 데에 있다."134) 볼쉐비키가 원했던

---

133) См.: Декреты Советской власти, т.4, с.41~48.

만큼 획기적인 것은 아니었지만, 할당제적 곡물징발과 모든 농업생산물에 대한 국가독점 그리고 공업에 대한 국유화가 확대됨에 따라서 개인 상업의 영역은 더욱 축소되었다.

1919년 8월 5일에 소브나르콤이 채택한 〈의무적 물물교환에 관한 법령〉은 농민들이 농업이나 기타 부업을 통해 생산한 것 모두를 의무적으로 인도하는 경우에만 식량인민위원부의 기관이나 소비조합들이 그들에게 "채굴-가공산업의 제품들과 식료품을 공급할 것"임을 명시했다.135) 이 법령은 더욱 철저한 물물교환의 실현과 개인 상업의 금지를 목적으로 한 것으로, 개인 상업은 이제 범죄로 간주되었다. 레닌의 입장은 단호했다: "내가 곡물을 생산했고, 그건 내 것이며, 그걸 팔 권리가 있다, - 이렇게 농민은 습관적으로 옛날처럼 생각합니다. 그러나 우리는 이렇게 말합니다. 그것은 국가적 범죄요!"136)

그러나 개인 상업의 금지는 프롤레타리아 국가가 상품의 유통과 매매를 완벽하게 근절할 수 있다는 것을 의미하지 않았다. 개인 상업은 급격히 쇠퇴했지만 그 완벽한 폐지는 현실적으로 불가능한 것이었다. 모스크바 중심부에 위치한 수하료프카 시장으로 대표된 불법 자유시장은 여전히 주민의 물품조달에서 일정한 역할을 하고 있었다. 모든 소비물품에 대한 분배의 무료화가 거의 완벽하게 실현되는 수준까지 도달한 1920년 말, 볼쉐비키당의 저명한 경제이론가였던 스트루밀린은 한 신문에서 현실을 이렇게 풍자했다: "자유시장은 우리에게 아직 완전히 현실적인 것으로 존재할 뿐 아니라 우리 생각과는 관계없이 전혀 무시할 수 없을 정도로 아주 의미 있는 요인으로 존재한다."137) 전시공산주의적인 조달 및

---

134) Ленин В.И. Полн. собр. соч., т.37, с.471~472.
135) См.: Декреты Советской власти. М., 1973, т.6, с.12~13.
136) Ленин В.И. Полн. собр. соч., т.39, с.315.
137) Экономическая жизнь, 30 октября 1920 г.

분배방식 그리고 개인 상업에 대한 투쟁으로 시장관계를 최소화할 수는 있었으나 완전히 근절시킬 수는 없었다. 그럼에도 불구하고, "모든 생산물의 국가에 의한 분배"라는 형식에서 공산주의의 이념이 구현됨을 발견한 볼쉐비키는 자신들의 의지를 고수했다. 1920년 12월, 모스크바 소비에트 간부회의는 "러시아에서 (가장 크지 않다면) 가장 규모가 큰 자유투기시장 가운데 하나인 수하료프카"를 폐쇄하기로 의결했다. 이 결정을 보도한 ≪프라우다≫는 이렇게 주석을 달았다: "벌써 오랫동안 모스크바의 노동자 조직들은 수하료프카의 처리에 관한 문제에 매달려 있었다. 그리고 식량배급이 훨씬 더 정규적으로 이루어지고 있는 지금, 그것은 우리 기관들의 성장을 증명하는 것인데, 결국 수하료프카를 철폐하기로 결정하였다. 왜 이렇게 늦게 이런 결정을 내렸는가? 왜냐하면 최근까지 근로자들 사이에서조차도 자유상업에 대한 기대가 있었기 때문이었다. 심지어 노동자 계급의 일부에서도 비록 가장 의식화되지 않았더라도 상당히 많은 노동자들 사이에서 자유상업에 대한 편견이 유지되어 왔다. 하지만 지금 근로대중의 기대에 결정적인 변화가 생겼다. 모두가 자유시장으로부터가 아니라, 장사꾼이나 투기꾼들로부터가 아니라, 함께 동지적 노동으로부터, 전국적 차원에서 조직된 노동으로부터 구원을 기대할 필요가 있다는 것을 알고 있다."138) 수하료프카 시장이 폐쇄된 직후 레닌은 그에 대한 의견을 피력했다: "두려운 것은 폐쇄된 수하료프카가 아니다. [중략] 소시민 각자의 마음과 행동 속에 살아 있는 수하료프카가 두려운 것이다. 바로 이 수하료프카를 폐쇄해야 한다."139)

공산주의 사회에서 물질적 복지의 분배는 '각자는 능력에 따라 [일하고, 각자에게는 필요에 따라 [분배한다]'라는 원칙으로 이루어져야 한

---

138) Правда, 15 декабря 1920 г.
139) Ленин В.И. Полн. собр. соч., т.42, с.158.

다고 레닌은 수차 말했다. 이것은 풍요로운 물질적 복지와 사회구성원들 모두의 높은 공산주의적 의식을 전제로 하는 것이었다. 내전기의 소비에트 러시아에는 물질적 복지가 완전히 결핍되어 있었을 뿐 아니라, 볼쉐비키 중 일부만 프롤레타리아트의 역사적 소명감에 충만해 있을 뿐, 인민들에게 높은 공산주의 의식이 존재할 수 없었다. 그럼에도 불구하고 내전으로 인해 황폐화되고 지칠 대로 지친 나라에서 사회주의적 생산 및 분배 체계가 확립되었다. 볼쉐비키는 사회주의적 생산과 분배를 지향하는 정치적 입장을 당 강령에 분명히 규정했으며, 내전은 볼쉐비키에게 공산주의적 이상을 더욱 신속하게 실현할 수 있는 기회가 되었다. 레닌과 그의 동무들은 전시공산주의 정책에서 자신의 본래 이념적 지향에 부합하지 않는 바를 전혀 발견할 수 없었다. 전시공산주의는 레닌의 국가자본주의 이론에 의해 계획된 볼쉐비키의 정책이 발전된 형태에 다름 아니었다. 소비에트 러시아의 사회주의적 생산관계라는 공허한 형식은 서유럽의 사회주의 혁명에 의해 실현될 사회주의적 생산력이라는 실질적 내용으로 채워질 것이었다. 적어도 레닌은 그렇게 확신하고 있었다.

볼쉐비키 정권에 의한 것이었든 아니면 백군에 의한 것이었든 내전 기간 동안 강요된 인적, 물적 손실은 실로 엄청난 것이었다.[140] 1920년에 부하린은 전시공산주의적 정책을 정당화하는 『이행기의 경제(Экономика переходного периода)』를 썼다. 여기에서 그는 재생산과정의 축소와 생산력의 저하로 귀결되는 "혁명비용"이라는 용어를 구사했다. 부하린에 따르면, 사회주의 건설에서 "혁명비용"의 지불은 당연한 것이기 때

---

140) 1914년 여름부터 두 차례의 혁명과 내전을 거친 1920년 말까지 러시아에서는 전체 국가자산의 25% 이상이 파괴되었고, 특히 공업생산량은 전쟁 이전의 7분의 1 수준으로 떨어졌다. 특히, 1918년에서 1920년 사이에 약 천만 명 이상의 감소를 경험한 소비에트 러시아의 인구는 1920년에 대략 1억 3천7백만 명 수준이었다. 참고로 폴란드, 핀란드 등을 포함하는 러시아 제국의 인구는 약 1억 7천만 명에 달했다.

문에 "산 노동의 동원"을 통한 사회주의적 축적은 불가피했다. 그의 결론은 이러했다: "하나의 생산구조가 다른 것으로 바뀌는 이행기에 있어서 그 산파는 혁명적 강제이다. [중략] 경제 외적인 힘이 크면 클수록 [중략] 이행기의 비용은 더욱 감소하며 기간은 더욱 단축된다. [중략] 국가권력은 집중화되고 조직화된 사회적 강제력이다. 혁명적 국가권력은 경제적 대변혁을 이루는 막강한 지렛대이다."141) 레닌은 얼마 전까지만 하더라도 격한 논쟁과 비웃음의 대상이었던 부하린의 의견에 전적으로 동의했다: "경제 외적인 강제 없이 사회주의는 실현 불가능하다."142) 후에 레닌은 이렇게 인정했다: "농민들이 징발정책에 따라 필요한 양의 곡물을 내주고 우리가 그 곡물을 공장이나 작업장에 배분할 때, 우리에게서 공산주의적 생산과 분배가 실현될 것이라고 생각했습니다."143) 백군의 주요 세력 중의 하나였던 데니킨의 군대가 괴멸되어 결국 내전이 종료되었다고 판단된 1920년 3월, 트로츠키는 당 중앙위원회로 보낸 서한을 통해서 할당제적 곡물징발정책을 누진적 현물세로 대체할 것을 제안했다. 그러나 레닌은 단호하게 트로츠키의 제안을 거부했다.144) 물론 당시의 레닌을 이해하기는 어렵지 않다. 곡물의 자유거래에 대해 그는 철저한 반대로 일관했다. 레닌에게 그것은 '인민의 적'인 부농의 이해관계에 복무하는 것일 뿐 아니라 "공산주의를 향한 노선"의 후퇴를 의미하는 것이었다.

---

141) Бухарин Н.И. Экономика переходного периода. М. 1920. c.138~139.
142) 레닌은 『이행기의 경제』가 출판되기 전에 부하린의 요청으로 책 내용을 검토했으며, 원고 여백에 써넣은 지적들을 통해서 자신과 부하린 사이의 완전한 의견일치를 표현하였다. См.: Ленинский сборник. XI. М., 1929, c.348~403.
143) Ленин В.И. Полн. собр. соч., т.44, c.157.
144) См.: Троцкий Л.Д. Моя жизнь, т.2, c.198~199.

|제4절| 프롤레타리아 독재의 위기

트로츠키의 회고에 의하면, 1920년 말 폴란드와의 전쟁이 기본적으로 종료되었을 때 레닌은 "자신의 무(無)오류적인 정치적 본능에 의해서" 위기가 도래하고 있다는 것과, 지금껏 유지되어온 전시공산주의 노선의 재검토 및 변경이 불가피하다는 사실을 감지했다. 이 무렵 트로츠키는 노동조합에 관한 논쟁에 깊이 휘말려 있었다. 1920년 11월 초 제5차 전국노동조합 협의회가 열렸을 때, 평소 노동조합의 산만한 활동에 불만을 가졌던 트로츠키는 협의회에 참가한 공산당원들만의 예비회의에 참석하여 기존 노조 간부들을 모두 "소탕"해야 한다고 주장했다. 그러나 노동조합의 역할과 과제에 대한 토론이 끝난 후 협의회에서는 루주탁이 작성한 온건한 테제로 구성된 노동조합 강령이 채택되었다.[145] "노동조합의 군사화"라는 기치 아래 노동조합에 대해 "전시공산주의의 나사를 더욱 조일 것"을 요구했던 트로츠키는 자신의 지침이 묵살된 데 대해 모욕감을 느꼈으며, 노동조합 간부들의 "실수"를 곧 교정하겠노라 다짐했다.

그로부터 일주일 후, 트로츠키는 당 중앙위원회 전원회의에서 다시 노동조합에 관한 문제를 제기했다. 그에 대해 전국노동조합중앙회의 간부회의 의장 톰스키는 당시 트로츠키가 지휘하고 있던 철도수상운송노조 중앙위원회의 "과오와 관료주의"를 비판하고 나섰다. 레닌은 톰스키를

---

145) 이 강령의 내용은 см.: Ленин В.И. Полн. собр. соч., т.42, с.221~224.

지지했다. 부하린을 중심으로 하는 소위 "완충 그룹"은 레닌과 트로츠키를 화해시키려 시도했다. 그러나, 레닌의 표현에 따르면, "불에 기름을 부어대는" 부하린이 작은 시비를 큰 소동으로 만드는 수완을 발휘했다.[146] "공산주의의 학교", 즉 노동조합에 대한 논쟁이 시작되었다. 1920년 12월 말, 당 중앙위원회가 노조에 관한 당내의 자유토론을 허용하자 당 전체는 파탄지경에 이른 인민생활의 문제를 도외시한 채 노동조합 논쟁에 휘말려들었다. 그러나 노동조합 논쟁은 본질적으로 인민경제의 운영에 적용되어온 전시공산주의적 방법에 대한 문제의식과 관련되어 있었다.

레닌의 입장과 트로츠키의 요구 사이에 근본적인 이견과 대립이 존재했던 것은 아니었다. 프롤레타리아 독재는 소비에트, 노동조합, 협동조합 등 "전위와 선도계급의 대중을, 전위와 근로인민 대중을 이어주는 인전대(引傳帶) 없이는 실현될 수 없기 때문에" 노동조합 조직에 대한 국가의 완전한 장악, 즉 "노동조합의 국가화" 문제는 볼쉐비키당 내에서 논쟁의 여지가 없는 것이었다. 레닌에 따르면, 트로츠키와의 분열은 단지 "대중에의 접근, 대중과의 연결, 그리고 대중의 장악을 위한 방법상의 문제"에 국한된 것이었다. 레닌은 노동조합과 국가기구의 유착에 대해 재론의 여지가 없음을 강조했다: "왜냐하면 실제로 우리는 [그들을] 유착시켰기 때문입니다. 우리에게는 실제로 유착되지 않은 단 하나의 인민경제회의도, 최고인민경제회의의 대부뮌[즉, 총관리위원회]도, 철도인민위원부도 없습니다."[147] 지리한 논쟁에 염증을 느낀 레닌은 논쟁에 개입해서 자신이 트로츠키와 부하린을 비판하는 이유를 이해시켰다: "우리는 지금, 말하자면, 새로운 이행기를 목전에 두고 있습니다. 군(軍)의 동원해제, 전

---

146) См.: Там же, с.220.
147) Там же, с.213.

쟁 종료, 더욱 긴 평화적 휴식의 가능성, 그리고 무엇보다도 전쟁의 전선으로부터 노동 전선으로의 착실한 이행. 이것 한 가지로부터, 단지 이것으로부터 이미 노동자 계급의 농민 계급에 대한 관계가 변하고 있는 것입니다. 어떻게 변하고 있는가? 이것을 이제 주의 깊게 살펴보아야 하는데, 우리들[즉, 트로츠키와 부하린]의 각 테제에서는 그럴 필요성이 제기되지 않습니다. 우리가 아직 변화를 파악하지 못하는 한, 기다릴 줄 알아야 합니다."148)

1920년 말에서 1921년 초에 소비에트 권력의 위기는 아주 심각한 양상으로 나타났다. 농민 폭동과 반란, 그리고 "강도질"은 내전을 대신해 전국으로 급속히 확산되었다. 노동자 정부의 독재에 대한 러시아 농민들의 저항은 강렬한 것이었다. 자연발생적이고 비조직적이며 동시에 대중적인 성격이 강했던 농민운동 가운데 특히 우크라이나 지역의 농민들을 기반으로 1918년경부터 독일군을 상대로 무정부주의를 실천해온 네스토르 마흐노의 군사들과, 그리고 중부 러시아 탐보프 지방을 근거지로 삼은 안토노프의 농민군대는 소비에트 권력에 상당한 위협이었다. 모든 권력에 무차별적으로 도전했던 마흐노의 군대는 1920년경에 약 3~4만 명의 병력을 유지하고 있었으며, 1920년 여름에 시작된 안토노프의 반란은 겨울이 되면서 5만 명 이상의 농민들을 동원하고 있었다. 적군(赤軍)은 벨로루시, 페트로그라드 이북의 카렐리야, 중앙아시아, 동시베리아, 서시베리아 등 각지에서 농민운동을 진압해야 했다. 도시에서의 소요는 "노동자 정부의 영광"을 더욱 훼손시켰다. "도시에의 식량 공급에 있어 발생한 일시적 정체"와 그에 따른 배급식량의 감소는 도시민의 시위를 야기시켰으며,149) 그것은 곧 모스크바와 페트로그라드의 노동자 파업으로 이

---

148) Там же, с.216.
149) Правда, 2 февраля 1921 г.

어졌다. 러시아 혁명의 상징이었던 페트로그라드에서의 사태는 10월혁명의 요새였던 크론쉬타트 해군기지로 확산되었다. "혁명의 요람"의 근교에 있는 기지에서 반란을 일으킨 수천 명의 수병들은, 1921년 3월 1일, 임시혁명위원회를 구성했으며, "모든 권력을 당이 아니라 소비에트로!"라는 구호를 내걸며 세 번째 혁명을 꿈꾸었다. 이른바 "빨갱이 없는 소비에트"의 구성을 요구한 크론쉬타트의 "반혁명분자들"은, 3월 중순, 투하쳅스키가 지휘하는 진압군에 의해 가차 없이 완전 소탕되었다.

이러한 일련의 사건들은 레닌의 "정치적 본능"에 따른 예감이 적중했음을 입증하는 것이었다. 1921년 2월 초, 레닌은 전시공산주의에서 네프, 즉 신경제정책으로의 이행을 계획하는 첫 번째 문서인 「농민에 관한 테제의 예비 초안」을 작성했다.150) 그리고 크론쉬타트 반란에 대한 진압이 진행되던 1921년 3월에 열린 러시아볼쉐비키공산당 제10차 대회에서 레닌은, 농촌에서의 곡물징발에 주목하면서, 전시공산주의 정책을 지속해야 할 필요성을 부인했다. 「징발정책의 현물세로의 대체에 관하여」라는 제목의 보고를 통해 그동안 당이 군사적 방식에 집착해 "이론적으로, 정치적으로 필요 이상으로 훨씬 지나치게 행동했음"을 강조한 레닌은, 그 예로서, "지방의 농업 및 공업 생산물 유통에 있어서 일정 수준의 자유거래를 지방적 차원에서 허용해야 할 필요성"조차 부인되고 있는 현실을 지적했다: "그와 관련해서 우리는 너무 많은 과실을 범했습니다. 상업과 공업에 대한 국유화를 추진함에 있어서, 지방 유통의 폐지를 추진함에 있어서, 우리는 너무 멀리 나아갔습니다."151) 현물세에 관한 토론이 끝난 후 다시 등단한 레닌은 자신의 보고를 총괄하면서 특히 밀류틴을 비판하고 나섰다. 밀류틴의 과오는 그가 공산주의로의 이행 문제를

---

150) См.: Ленин В.И. Полн. собр. соч., т.42, с.333.
151) См.: Ленин В.И. Полн. собр. соч., т.43, с.63~64.

언급하면서 내전기에 형성된 "징발체계"가 공산주의로의 이행에 긍정적인 제도라고 발언한 데 있었다.152) 레닌은 이렇게 역설했다: "우리가 만약 대공업이 지배적인, 아니 지배적이 아닐지라도 최소한 대공업이 고도로 발전한, 그리고 대규모 농업이 매우 발달한 그런 국가를 보유하고 있다면, 공산주의로의 직접적 이행이 가능합니다. [중략] 우리가 수행했던 전쟁이라는 조건하에서 그 정책[즉, 곡물징발정책]은 기본적으로 옳은 것이었습니다. 우리는 어떤 보상도 없이 모든 잉여곡물의 징발을 포함하는 즉각적인 [곡물]독점을 최대한 활용하는 것 외에 다른 어떤 방안도 가지고 있지 않았습니다. 만약 다른 방안이 있었다면, 우리는 곡물징발을 시도하지 않았을 것입니다. 그것은 잘 만들어진 경제제도를 의미하는 게 아닙니다. 그것은 [중략] 전쟁이라는 상황 때문에 야기된 조치였습니다."153)

신경제정책을 채택한 후, 1921년 4월 저술한 『식량세론』에서 레닌은 처음으로 전시공산주의라는 용어를 인용부호로 묶어 사용했다. 이 용어는 물론 레닌이 만든 것이 아니었다. 아이러니컬하게도 그것은 한때 레닌의 전우(戰友)로서 볼쉐비키파의 주요 멤버 중의 하나였으며 후에 철학적인 입장 차이로 레닌과 결별한 보그다노프의 개념이었다.

10월혁명 이전에, 볼쉐비키의 음모를 비난하면서 보그다노프는 전쟁 중인 서구 여러 나라에서 등장한 새로운 현상을 지적하는 가운데 전시공산주의라는 개념을 사용했다. 그에 의하면, 대체로 군대란 국가에 의해 유지되는 소비코뮌이며, 전쟁의 영향으로 발전하는 주목할 만한 현상은 바로 생산과 분배에 대한 국가통제가 확립됨에 따라 "전시-소비 공산주의"가 군대에서 사회 전체로 점차 확산된다는 점이었다. 보그다노프는

---

152) См.: Десятый съезд РКП(б). Стенографический отчёт. М., 1963, с.434~435.
153) Ленин В.И. Полн. собр. соч., т.43, с.79.

레닌을 포함한 모든 "최대강령주의자들"에게 단지 전시에 나타나는 독특한 사회적 소비형태인 전시공산주의를 사회주의와 혼동하지 말 것을 경고했다: "최대강령주의자들이 갖고 있는 현재의 믿음과 희망에 담긴 사회주의적 내용은 현실 자체에 일정한 뿌리를 두고 있다. 그것은 바로 엄청나게 발전하는 전시공산주의의 이데올로기적 반영이다. 그래도 전시공산주의도 역시 공산주의이며, 또한 [소비를 위한 사적 취득의 일반적 형식에 대한 전시공산주의의 뚜렷한 대립은 사회주의의 어렴풋한 미래상을 사회주의의 실현으로 인식하게 하는 환상을 조장한다."154) 보그다노프는 "전시공산주의는 프롤레타리아 계급투쟁의 결과가 아니며 따라서 서유럽에서 사회주의 혁명은 이루어지지 않을 것"이라고 예언하면서, "임박한" 세계혁명에 대한 확신을 바탕으로 러시아에서 프롤레타리아 독재권력의 확립을 시도하는 볼쉐비키의 환상을 비판했다.155)

레닌은 보그다노프의 글을 알고 있었으며, 물론 그의 주장에 동의할 수 없었다. 레닌은 보그다노프와 달리 사회주의와 전시공산주의를 구별하지 않았다. 레닌은 아마 내전 시기에 집행된 경제정책의 독특성을 열거하면서 그것을 그저 간단한 개념으로 일반화하기를 원했을 것이다. 의심할 바 없이, 그는 내전기의 전시공산주의 체제하에서 공산주의적 이념이 구현됨을 확신했다. 그렇지만 심각한 위기상황에 직면하여 그가 가진 문제의식의 핵심은 달라질 수밖에 없었다. 현 단계에서 프롤레타리아 독재의 수호, 정확히 말해서 볼쉐비키 정권의 수호를 위해 과연 어떤 정책이 모색되어야 하는가? 공산주의를 향한 부단한 진격인가 아니면 전술적 후퇴인가, - 둘 중 하나가 선택되어야만 했다. 10월혁명 이후, 레닌이즘의 본질은 세계 사회주의 혁명을 향한 철저한 목적지향성에 있었다. 그

---

154) Богданов А.А. Вопросы социализма. М., 1918, с.90.
155) См.: Там же, с.87.

에게 "목적은 항상 수단을 정당화하는 것"이었다.

소책자『식량세론』에서 레닌은 자신에게 "기간과 관련해 일련의 과오"가 있음을 시인했다. 그의 평가에 따르면, 토지를 분배받은 빈농 계급이 중농으로 전환됨에 따라 농촌에서 "프티부르주아적 광풍"이 더욱 기승을 부렸다. 더구나 "1918~1920년의 내전이 나라를 더욱 황폐화시키고 생산력의 회복을 저해했으며, 누구보다도 프롤레타리아 계급을 더욱 무력화시켰기 때문에" 전시공산주의로부터의 후퇴는 불가피한 것이었다.156) 레닌은 "프롤레타리아트의 가장 바람직하고 가장 올바른 정책은 공업생산물과 곡물의 교환"이며, "그런 식량정책만이 프롤레타리아트의 과업에 부합되며, 그런 정책만이 사회주의의 토대를 확고히 할 수 있다"는 사실을 당원들에게 상기시켰다.157) 이제 전시공산주의는 공산주의로 이행하기 위해 "잘 만들어진 경제제도"가 아니라 "강요된 조치"였다고 설명되었다. 그것은 전시공산주의 정책이 사회주의 건설이라는 프롤레타리아트의 과업에 부합하지 않기 때문이 아니라, 반대로 프롤레타리아 독재의 위기를 조장한다는 점에서 정치적 의미를 잃었기 때문이었다. 현실적인 적합성을 상실한 정책의 역사적 의미를 이제 와서 굳이 확대, 부각시키려고 노력하는 것은 어리석은 짓이었다.

다시 레닌은 "자본주의의 발전을 금지하거나 막으려 하지 말고 국가자본주의 방향으로 나아갈 수 있게 노력하자"고 호소하기 시작했다. 그는 곡물징발제의 식량세로의 교체, 외국자본의 투자유치 및 이권(利權)의 허용, 자본가에게의 기업 임대, 잉여농산물의 자유거래 승인 등의 조치를 열거하며 그 필요성을 강조했다.158) 레닌은 그런 조치들이 사회주의

---

156) См.: Ленин В.И. Полн. собр. соч., т.43, с.217~218.
157) Там же, с.220.
158) См.: Там же, с.222~227.

로부터의 후퇴와 자본주의에 대한 양보를 의미한다는 것을 인정하면서, 그러한 후퇴가 가능한 이유를 설명했다: "우리는 엄청나게 많은 진지(陣地)를 싸워서 획득했습니다. 만약 1917년부터 1920년까지 그 진지들을 공략하지 못했다면 우리에게 지역적 의미에서도, 경제적, 정치적 의미에서도 후퇴할 공간은 없었을 것입니다."[159] 실제로 그랬다.

정치적 측면에서 내전기의 특징은 중앙집권화되고 군사화된 러시아볼쉐비키공산당이 소비에트 국가체제 내에서 급속하고도 확고하게 지도적 역할을 구축했다는 사실에서 발견된다. 볼쉐비키뿐만 아니라 대부분의 인민들도 프롤레타리아 독재를 당의 독재로 이해했다. 민주집중제라는 이름으로 당 내부에는 엄격한 위계질서가 형성되었으며, 모든 권력은 극소수 당 지도자들에게 집중되었다. 이런 현상을 단지 내전에 의해 강요된 것으로 이해할 수는 없다. 내전은 이미 오래전에 레닌이즘에 의해, 구체적으로 말하면 레닌이 제시한 프롤레타리아트의 전위로서의 당(黨) 이론에 의해 예정된 현실을 보다 빨리 구현시키는 계기가 되었을 뿐이다.

"10월의 쿠데타"가 실현된 직후, 볼쉐비키는 자신의 정권을 소비에트 권력으로 표현했다. 그러나 실제로 그 권력은 볼쉐비키당이 확보한, 그리고 그들을 지지하는 무장 노동자와 병사들의 물리적, 군사적 힘에 우선적으로 의존했다. "낡은 국가기계를 파괴"해버린 볼쉐비키는 새로운 기관을 창설하거나, "파괴"된 관청을 당원이 완전히 장악하는 방법을 통해 새로운 국가기구를 만들어갔다. 프롤레타리아 국가의 기능이 안정됨에 따라 레닌은 소비에트의 노동자들이 아니라, 업무수행능력이 있는 소위 "부르주아 전문가"들을 더욱 필요로 했으며, 그들을 새로운 국가기구로 끌어들였다.

---

159) Ленин В.И. Полн. собр. соч., т.45, с.10.

레닌은 1905년의 러시아 혁명을 분석하면서 당시 등장했던 소비에트에 대해 1871년의 파리코뮌과 같은 정치적 의미를 부여하면서 프롤레타리아 독재를 위한 전형적 기구로 높이 평가했지만, 소비에트는 애초부터 "생산 및 분배에 대한 회계와 관리"를 통해 광범하고 보편적인 형태로 "프롤레타리아의 계급적 의지"를 실현하기에 적합한 국가기구가 분명 아니었다. 혁명이 성공한 후에 볼쉐비키에게 새로운 조직사업이 요구되었다. 소비에트는 볼쉐비키 정권의 정치적 정당성을 확보해주기는 했지만, 레닌의 국가자본주의가 요구한 "회계와 관리"를 실현시킬 수 없었다. 무정부주의적으로 분출된 소비에트는 자체로 국가자본주의를 위해 정연하게 조직된 권력기구가 될 수 없었다. 레닌은 소비에트가 아니라 볼쉐비키당을 내외적으로 강화시키는 것을 프롤레타리아 권력의 발전을 위한 담보로 삼았다.

1917년의 2월혁명 이전에 그 존재를 확인하기 어려웠던 "직업혁명가 조직"과 비교하면, 10월혁명 이후 볼쉐비키당의 규모는 엄청나게 커졌다.160) 공산당 자체 계산에 따르면, 1917년 여름에 당원 수는 20만 명이었으며, 1919년 3월에는 30만, 1920년 초에는 60만 명을 초과했다. 동시에 당의 지방 하부조직도 1918년 말에 8천 개에 달하던 것이 1920년 말에 이르면 약 2만 개로 증가했다.161) 과정이 일정하거나 균등하지는 않았지만, 급격한 성장속도였다. 이와 더불어, 전국적 차원에서 소비에트의 볼쉐비키화가 진행되었다. 김펠손의 연구에 의하면, 1920년 12월에 개최되었던 제8차 전러시아 소비에트 대회에서 볼쉐비키 당원과 그 동조자는 전체 대의원의 약 95%를 차지했으며, 그 무렵 성(省) 소비에트 대회에서는

---

160) 1917년 4월에 열린 볼쉐비키당 제7차 협의회에서 스베르들로프가 행한 보고에 의하면 당시 볼쉐비키 당원은 79,204명이었다. См.: Седьмая Всероссийская конференция РСДРП(б): протоколы. М., 1958, с.149.

161) См.: История КПСС. М., 1968, т.3, кн.2, с.115.

78.6%, 군 소비에트 대회에서는 43%를 점유했다. 또한 당시 그들은 성 소비에트 집행위원회 위원의 91.3%, 군 소비에트 집행위원회 위원의 78.4%, 도시 소비에트 집행위원회 위원의 79.2%를 구성하고 있었다.162) 모든 성, 군 등의 소비에트 집행위원회 의장뿐 아니라, 지방의 각급 비상위원회('체카')163) 및 혁명재판소 수장을 공산당원들이 독점하고 있었다. 또한 주목해야 할 것은, 혁명 후 공산당이 위에서부터 아래까지 모든 국가행정기구를 신속하게 지배하기 시작했다는 사실이다. 지노비예프의 자료에 따르면, 1917년 10월부터 1919년 3월에 이르기까지 20만 명 이상의 볼쉐비키 당원들이 노동자 정부의 운영을 위해 각 기관으로 배치되었다.164) 소연방을 비롯하여 모든 사회주의 국가의 정치체계에서 전형적인 특징으로 나타났던 당과 국가의 융합은 이미 10월혁명 직후부터 시작되었던 것이다.

러시아소비에트연방사회주의공화국의 선언들과 브칙의 법령들은 소비에트가, 헌법의 규정처럼, 공화국의 진정한 최고 권력기관이라는 환상을 불러일으키기도 했다. 상황은 "모든 권력이 소비에트로 집중되어야 하며, 당은 소멸되어야 한다"는 주장이 당내, 특히 '좌익 공산주의자들' 사이에서 집요하게 확대되는 지경에 이르렀다. 그러나 당에 관한 레닌의 생각은 일관된 것이었다. 첫 번째 러시아 혁명이 진행되고 있던 1905년 11월, 레닌은 당과 소비에트의 관계에 대해 깊게 숙고했으며, 혁명을 위해서는 소비에트도 당도 필요하다는 결론에 이르렀다. 문제는 "서로 상

---

162) См.: Гимпельсон Е.Г. Формирование советской политической системы. М., 1995, c.106~107.
163) 당시 정식 명칭은 베체카, 즉 반혁명 및 태업과의 투쟁을 위한 전(全)러시아비상위원회였는데, 흔히 '체카'라고 불렀다. 참고로, 1922년 이후 이 기관은 게페우(국가정치보위부), 오게페우(합동국가정치보위부), 엔카베데(내무인민위원부)로 개칭되었으며, 1954년에 카게베(국가안보위원회), 즉 KGB로 발전했다.
164) См.: Известия ЦК КПСС. 1989, No.6, c.194.

이한 두 조직이 혁명을 위해 각각 어떤 과제를 수행해야 하며, 또 그들을 어떻게 결합시켜야 하는가"에 있었다. 레닌의 생각에 따르면, 소비에트를 하나의 당에 완전히 예속시키는 것은 두 조직이 갖는 과제가 서로 다르기 때문에 합리적이지 않았다.[165] 1917년 4월에 레닌이 제시한 "모든 권력은 소비에트로!"라는 구호는 소비에트의 당에 대한 우위를 인정하고, 볼쉐비키당을 소비에트에 용해시키고자 하는 의도를 표현한 것이 아니었다. 레닌은 소비에트를 단지 사회주의 혁명을 위한 징검다리로 간주했다. 그런 의미에서, 1917년 6월 4일에 개최된 제1차 전러시아 소비에트 대회에서 멘쉐비크 체레텔리가 모든 민주주의적 정당의 제휴 및 새로운 연립정부 구성의 필요성을 강조하며 "지금 러시아에서 권력을 장악하겠다고 말할 수 있는 정당은 없다"고 발언했을 때, 레닌이 즉각 반박한 것은 우연이 아니었다: "있습니다! 어떠한 정당도 그것을 거부할 수 없으며, 우리 당 역시 그것을 거부하지 않습니다. 매순간 우리는 모든 권력을 장악할 준비가 되어 있습니다!"[166]

1917년 7월에 어설프게 시도된 볼쉐비키의 봉기가 유혈사태를 빚고 진압된 후, 레닌을 비롯한 볼쉐비키당 지도부에 대한 임시정부의 탄압이 이어지자 "모든 권력을 소비에트로!"라는 구호는 철회되었다. 멘쉐비키와 에세르들에 의해 주도되는 소비에트에서 레닌은 더 이상 사회주의적 혁명성을 발견할 수 없었다. 8월 말, 군 최고사령관인 코르닐로프가 시도한 쿠데타가 실패한 결과 소비에트 내에서 볼쉐비키에 대한 지지가 확대되면서 "모든 권력을 소비에트로!"라는 구호는 다시 등장했다.

10월혁명은 소비에트 혁명이 아니라 볼쉐비키의 군사적 쿠데타였다. 레닌은 제2차 전(全)러시아 소비에트 대회의 추인을 받은 볼쉐비키 정

---

165) Ленин В.И. Полн. собр. соч., т.12, с.61~62.
166) Ленин В.И. Полн. собр. соч., т.32, с.267.

권을 소비에트 권력이라 불렀으며, 이후 소비에트라는 말은 새 체제의 민주성을 상징하는 신조어로 광범하게 활용되었다: 소비에트 공화국, 소비에트 정부, 소비에트 문학, 나아가 소비에트 인민 등. 하지만 레닌이 보기에 소비에트는 형식이자 도구였다. 그 자체로 목적이 아니었다. 권력은 볼쉐비키당이 독점하고 있었으며, 소비에트는 점차 당에 완전히 종속되었다. 소비에트에 대한 당의 우위성은 레닌에게 지극히 당연한 것이었다. 하지만 이례적으로 1918년 1월 레닌은 "누구에 의해서도, 어떤 정당에 의해서도 만들어지지 않았기 때문에" 소비에트의 권력이 그 어떤 정당보다도 우위에 있음을 강조하기도 했다.[167] 물론, 실제로 볼쉐비키당에 대한 소비에트의 우위는 없었다. 단지 레닌은 제헌의회 해산의 부당성을 지적하며 볼쉐비키에게 항의하는 모든 "반동적" 정당들에 대한 소비에트의 우위성을 역설했을 뿐이었다. 프롤레타리아 독재의 공허함은 소비에트의 지지를 토대로 성립한 볼쉐비키 정권이 자신에게 부여된 역사적 소명을 확신하면서 소비에트 내 모든 반대 세력을 불법화하고, 극좌적인 노선에 입각해 소비에트에 대한 공산당 독재를 실시하는 순간부터 예정된 것이었다. "우리를 지지하지 않는 자들은 모두 우리의 적이다", – 레닌은 그렇게 선언했다. 하지만 레닌이즘은 10월혁명 직후 볼쉐비키당 내에서도 일치단결된 지지를 확보하지 못했다. 레닌은 질병으로 권좌에서 내려올 때까지 레닌이즘의 반대파들이 제기하는 집요한 비판을 극복해야 했다.

---

[167] См.: Ленин В.И. Полн. собр. соч., т.36. с.306.

| 제5절 | 레닌이즘의 반대파들

　소비에트 권력의 중요한 정치적 결정들은 소브나르콤이나 브칙 등에서 회의를 통해 내려진 것이 아니라, 대부분 볼쉐비키당 중앙위원들의 회의나 일부 위원들 간의 협의를 통해 이루어졌다. 물론 지도자는 레닌이었다. 그러한 사정은 볼쉐비키당이 좌파 에세르들과 정치적으로 협력하고 있던 시기에도 마찬가지였다. 예를 들어, 브레스트 평화조약의 체결이나 콤베드의 설치 등과 관련된 구체적 정치과정은 결정의 일방성과 그에 대한 반대파의 저항을 잘 보여주고 있다. 브레스트 평화조약의 비준에 반대하는 '좌익 공산주의자들'이 곧 개최될 제4차 전러시아 소비에트 대회에서 자신들의 주장을 담은 선언문을 발표할 것이라는 계획을 공개적으로 밝힌 것과 관련하여, 1918년 3월 15일, 볼쉐비키당 중앙위원회는 "소비에트 대회에서 모든 당원은 당의 결정대로 투표해야 할 의무가 있다"고 강조하면서 "독자적인 선언문의 낭독은 중앙위원회에 의해 당 규율 위반행위로 간주될 것"이라는 결의를 채택했다.[168] 이 결의에도 불구하고 '좌익 공산주의자들'은 브레스트 평화조약의 비준을 위한 투표에 불참하면서, "조약 체결은 국가 방위 및 혁명의 성과를 훼손하는 것"이라는 성명을 발표하여 레닌의 격분을 샀다.
　그 무렵, 당 조직의 내부 대립과 반목은 빈번해졌으며, 각 소비에트 및

---

168) КПСС в резолюциях., т.2, с.29.

집행위원회에서 활동하는 볼쉐비키들 사이에서도 노선 및 실무상의 갈등이 표출되었다.[169] 1918년 5월 18일, 당 중앙위원회는 그러한 갈등문제를 논의했고, 당의 결속을 강화하기 위한 결정을 채택했다. 「러시아볼쉐비키공산당의 대열 강화에 관해서 모든 당 조직 및 당원에 보내는 중앙위원회의 편지」라는 제목으로 1918년 5월 29일자 ≪프라우다≫에 게재된 당의 공문은 당시를 이렇게 설명하고 있다: "우리는 지금 극도로 긴박한 위기적 시기를 겪고 있다. 우리 당의 내부 상황에 의해 [중략] 위기는 더욱 심화되고 있다. 당의 많은 중견 일꾼들이 소비에트에서의 활동에 주력하고 있고, 당 업무와 소비에트의 업무가 매우 접근함으로써 또한 바로 최근에 입당한 대량의 당원 대중들로 말미암아 우리 당 조직들의 체계성과 규율이 심하게 훼손되었다. 이른바 좌익 공산주의라고 불리는 당내의 독특한 사조가 등장한 것 역시 이런 경향을 조장하고 있다." 공문에서 볼쉐비키당 지도부는 시국에 대한 당의 주도권을 강조하면서, "진정한 노동자 계급의 대표자"로 구성된 당의 굳은 결속이 없이는 "노동자 계급이 10월에 획득한 권력을 자신의 수중에 유지할 수 없을 것임"을 단언했다. 볼쉐비키가 자처했던 바에 따르면 10월혁명 이후 국가권력은 "노동자 계급의 진정한 대표자들"에게 넘어갔으며, 그렇다면 소비에트가 아니라 당이 진정한 권력이 되는 것은 지극히 당연한 일이었다.

위 편지는 당시 볼쉐비키당이 겪고 있던 조직적 혼란과 대립의 심각성뿐 아니라, 레닌이즘에 대한 진지한 반대가 당내에 있었음을 말하고 있었다. 당 대열의 혼란을 극복하는 것은 단지 시간문제일 수도 있었다. 그러나 당의 단결을 강화하는 문제는 다른 차원에서 해결되어야 했다. 분열은 당의 최고지도부에서 시작되었으며, 1919년 3월에 개최된 제8차 당대회에서 드러난 노선상의 대립은 "비(非)볼쉐비키적"인 당내 상황이 표

---

169) См.: Правда, 29 мая 1918 г.

면으로 드러난 것에 불과했다.

러시아볼쉐비키공산당 제8차 대회에서 새로운 당 강령의 초안에 대한 심의가 시작되었을 때, 민족문제는 다시 논쟁을 야기했다. 과거에 민족문제를 심각하게 고민한 적이 있는 부하린과 퍄타코프는 이번에도 "민족이란 프롤레타리아트 및 부르주아지 모두를 포함하는 것"이라고 강조하였으며, 모든 민족에게 분리권까지 포함하는 자결권을 인정해야 한다고 주장하는 레닌과 스탈린의 입장을 비판하면서 "각 민족의 근로 계급의 자결권"만을 승인해야 한다는 테제를 제시했다.[170] 당연히 사회주의 운동은 부르주아적 연방주의가 아니라 프롤레타리아 국제주의에 기초해야 한다고 확신했던 그들에게 자결권을 부르주아 계급에까지 소급시키는 것은 용납될 수 없는 일이었다. 이에 대해 레닌은 "러시아를 제외하고는 어떤 나라에서도 프롤레타리아 계급의 부르주아 계급으로부터의 분리과정이 끝나지 않았고, 바로 그 때문에 각 민족은 민족자결권을 인정받아야 하며, 그것은 결국 근로 인민의 자결을 촉진시킬 것"이라고 반박했다: "동무(즉, 부하린)는 러시아를 제외한 그 어떤 나라에서도 현실에서 전혀 달성되지 않은 것을 인정하라고 우기는데, 그건 웃기는 일이요."[171] 레닌과 스탈린은 한 번도 민족문제를 그 자체로서 독립적인 문제로 생각하지 않았다. 1918년 1월, 스탈린은 자신의 입장을 분명히 밝혔다: "민족자결의 원칙은 사회주의를 위한 투쟁의 수단이 되어야 하며, 사회주의의 원칙에 종속되어야 한다."[172]

레닌의 노선에 대한 저항은 당과 소비에트의 건설 사업에 관한 문제를 논의할 때 더욱 치열해졌다. 오신스키는 민주주의 원칙을 무시하는 당

---

170) См.: Восьмой съезд РКП(б): протоколы. М., 1959, с.47.
171) Там же, с.53.
172) Сталин И.В. Соч., т.4, с.32.

지도자들을 비판하고 나섰다: "당의 활동은 모두 중앙위원회로 이관되었습니다. 중앙위원회에서 정치적 노선이 결정되고 있습니다. 어떻게 당의 정책이 결정되고 있습니까? 레닌 동무와 스베르들로프 동무가 자기들끼리 상의해서 당면한 문제들을 결정하고 있는 것입니다."[173] 또한 그는 "극단적인 관료주의적 형식주의의 발달"을 지적하면서, 소비에트에 앉아서 대중과 유리된 "소수의 관리자들"을 비난했다. 이그나토프가 오신스키를 지지했다: "우리는 처음 예정된 노선에서 이탈했으며, 우리의 소비에트를 전혀 다른 방법으로 건설하게 됐습니다."[174] 오신스키, 이그나토프, 사프로노프 등 반대파의 리더들은 "프롤레타리아 계급의 민주주의"에 대한 왜곡을 신랄하게 비판했다. "모든 권력을 소비에트로!"라는 깃발을 다시 든 그들은 소비에트에 대한 당의 지도적 역할을 부정하면서, 소비에트를 당의 지배로부터 분리시킬 것과 소브나르콤을 브칙의 간부회의에 통합시킬 것, 그리고 상급 권력기관들에 대한 지방 소비에트의 종속을 해소시켜 그 자율성을 보장할 것 등을 요구했다.[175] 그러나 이들은 프롤레타리아 독재를 굳게 지지하는 한, 레닌이즘에 대한 대안을 제시할 수는 없었다. 당 대회에서 이그나토프는 이렇게 주장했다: "우리는 현재, 이미 도처에서 선언되고 있는 것처럼, 권력의 중앙집중화와 민주집중제가 필요하다는 시각을 견지하고 있습니다. 그러나 동무들, 이 중앙집권주의는 소비에트에 그 기반을 두어야 합니다."[176] 그러나 중앙집권주의와 민주주의를 모두 동시에 구하고자 한 이그나토프의 시도는 헛된 것이었다. 대회장에 앉아 있던 대의원들은 오히려 카가노비치의 연설에 더욱 환호했다: "중앙집권화 속에 모든 구원이 있으며, 우리나라에서

---

173) Восьмой съезд РКП(б): протоколы, с.164.
174) Там же, с.197.
175) 이들의 테제에 관해서는 см.: Там же, с.193~197.
176) Там же, с.198.

중앙집권화는 아직 미약합니다."[177]

내전의 확산과 더불어 모스크바에 대한 백군의 포위망이 점차 좁혀지고 있던 매우 위태로운 상황 속에서 볼쉐비키 정권의 운명에 관계없이 치열하게 전개된 논쟁의 핵심은 과연 무엇이었을까? 이미 지적한 것처럼, '좌익 공산주의자들'은 레닌의 국가자본주의를 비판하는 과정에서 코뮌국가라는 개념을 도입했다. 그들은 "프롤레타리아 민주주의"가 실현되어 있는 소비에트에 기초하여 프롤레타리아 국가가 건설되어야 한다고 강조하면서 "모든 권력을 소비에트로!"라는 레닌의 구호를 내세웠다. 그러나 이들의 유토피아적 시각을 거부한 레닌은 "서유럽의 선진적인 국가자본주의 체제"와 기능상 유사한 그런 프롤레타리아 국가만이 프롤레타리아 독재를 실현할 수 있다고 확신했다. 소비에트에 기초해 그러한 국가를 건설하는 것은 불가능했다. 맑스주의는 무정부주의를 거부했다. 중앙집권화된 당만이 프롤레타리아와 빈농의 전위로서, 사회주의로의 이행에 필수적인 프롤레타리아 국가를 건설할 수 있었다. 현실은 레닌의 정당성을 확인해주었으며, 볼쉐비키당은 부르주아 국가와 비교해 전혀 다른 형태의 국가를 건설하기 시작했다. 한편 "프롤레타리아트의 민주주의"가 압살되고 있는 현실 앞에서 반대파는 도저히 '좌익 공산주의'의 이상과 결별할 수 없었던 것이다.

당과 소비에트 건설에 관한 제8차 당 대회의 결정은 중앙집권주의를 통해 공산당의 결속을 더욱 굳건히 하고, 소비에트 체제라고 불리는 국가체계에서 공산당의 지도적 역할을 강화하는 방향으로 이루어졌다. 현재적 입장에서 보면, 1919년 당시 볼쉐비키당의 조직적 구조는 믿기 어려울 정도로 조잡하고 비체계적이었다. 볼쉐비키당은 국가권력을 완전히 장악하고 있었지만, 당의 상황은 혁명을 준비하던 때의 모습과 크게 달

---

[177] Там же, c.214.

라진 바가 없었다. 중앙에서나 지방에서나 당의 체계적인 조직화 내지는 건설을 위한 사업이 더욱 요구되었으며, 노력한 결과 당의 외관이 새롭게 갖추어지게 되었다. 중앙위원회는 더 이상 당의 유일한 지도기관이 아니었다. 당 대회는 중앙위원회에 정치국과 조직국을 설치하고, 당의 일반사무를 관장하는 서기국을 두기로 결정했다. 계속된 증원으로 비대해진 중앙위원회가 긴급한 문제에 신속히 대처하지 못하는 상황을 개선할 목적으로 중앙위원회의 "실세"들만으로 구성된 정치국은 모든 정책의 결정권을 독점하면서, 당이라는 지배 피라미드의 최정상에서 최고지도권을 행사하게 되었다. 그와 동시에 당 내부에는 각종 사무를 담당하는 기능적 기구들이 조직국과 서기국을 정점으로 체계적으로 정비, 조직되어 갔으며, 그들의 역할은 점차 확대되었다. 조직국은 당의 조직 사무, 즉 간부의 선발 및 배치 등의 사무를 관장했는데, 이곳에서 스탈린은 처음부터 좌장의 역할을 맡았다. 레닌의 당내 지도력이 더욱 강화되어 감에 있어서, 그 과정의 한 편에 또한 서기국이 있었다. 1919년 봄 신설 서기국은 책임서기로 임명된 옐레나 스타소바에게 맡겨졌다. 그런데 서기국은 '세크레터리'라는 단어로도 짐작할 수 있듯이 사실상 정치국에 대한 비서 업무를 목적으로 만들어졌으며, 결국 레닌의 비서실로서 기능했다. 1920년 봄에는 크레스틴스키(책임서기), 프레오브라젠스키, 세레브랴코프 3인이 서기가 되어 서기국을 관장했으며, 1921년 봄에는 몰로토프가 책임서기가 되어 다른 2명의 서기와 함께 서기국을 운영하며 레닌을 보좌했다. 그런데 레닌은 서기국의 위상 제고를 통해 자신의 권력을 강화하려 했으며, 결국 1922년 봄 자파(自派)인 스탈린을 서기장(General Secretary)에, 쿠이븨쉐프와 몰로토프를 서기에 임명하면서 서기국의 업무와 권한을 확대시켰다. 생애 마지막까지 레닌의 제자임을 자처했던 스탈린은 나중에 중앙위원회 서기장의 지위에서, 즉 레닌의 비서실장이라는 지위에서 '인민의 영도자'가 되었으며, 이것이 사회주의 국가들에서 약간 "비정상적인" 정치제도가 발견되었던 원인이 되었다. 레닌의 당에 대한 지배력은 1919년 제8차 당 대회를 계기로 더욱 강화되었으며, 결국 반대파들의 레닌이즘에 대한 도전은 어려워진 만큼 더 치열해졌다.

제8차 당 대회에서 채택된 강령에는 당과 소비에트의 상호관계가 이렇게 규정되었다: "공산당의 과제는 모든 노동자 조직에서 결정적인 영향력과 완전한 지도권을 획득하는 것이다. [중략] 공산당은 특히 자신의 강령을 실현하기 위해, 그리고 지금의 국가 조직들, 즉 소비에트들에서의 완전한 지배를 달성하기 위해 노력한다."[178] 이 목적을 위해 볼쉐비키는 소비에트의 모든 조직에서 당 규율에 절대 복종하는 공산당원 분파를 따로 조직했다. 이미 1905년에 레닌이 요구했던 것처럼, 당은 당연히 소비에트의 활동을 지도하려고 노력해야 하는 존재이지 당이 소비에트를 대신할 수는 없었다. "당은 철저한 중앙집권주의와 최대로 엄격한 규율이 절대적으로 필요한 상황에 놓여 있다"는 레닌의 주장을 그대로 수용한 제8차 당 대회는 "현 시점에서 당내에 군사적인 규율이 필수적"임을 강조했다.[179] 실제로 엄격한 규율과 철저한 중앙집권주의는 전시 상황에서 매우 효율적이었다. 레닌의 요구에 따라 1919년 전반에 일신된 당의 조직구조는 그해 12월에 열린 제8차 당 협의회에서 채택된 당 규약에 공식 반영되었다.[180] 지적되어야 할 것은 당내의 엄격한 규율, 강철같은 혁명질서, 철저하게 중앙집권화된 당의 구조, – 이 모든 것들은 내전이 발발하기 이전에 이미 레닌에 의해 요구되었다는 사실이다.

제8차 당 대회 이후, 소비에트 국가체계에서 볼쉐비키당이 갖는 특별한 지위에 대해 누구도 이의를 제기하지 않았으며, 현실이 그것을 허락

---

178) КПСС в резолюциях.., т.2, с.76.
179) Там же, с.74.
180) См.: Там же, с.126~138.

하지도 않았다. 뿐만 아니라, "강철 같은 규율"로 재무장한 당은 더욱 철저히 군사화되었다. 1920년 봄, 레닌은 그런 모습을 확인해 주었다: "우리 공화국의 어떤 기관에서도 중요한 정치적, 조직적 문제가 당 중앙위원회의 지도적인 지시 없이 결정된 경우는 단 한 번도 없습니다."[181] 그러나 이것이 당내에서 이견과 갈등이 완전히 해소되었다는 것을 의미하지는 않았다. 당내, 그것도 당 지도부에서 당의 노선을 둘러싼 의견 대립은 여전했다.

내전이 이미 종결된 상태였던 1920년 3월 말에 열린 제9차 당 대회에서 경제건설 문제가 중요한 논의 대상으로 부각되었다. 전국의 전기화(電氣化)를 위한 레닌의 구상이 제시되었고, 대의원들은 트로츠키가 작성한 초안에 발전소 건설 계획을 추가해 〈경제 건설의 당면 과제에 관한 결의〉를 채택했다.[182] 볼쉐비키는 "단일한 경제계획의 일관된 추진"에 의한 인민경제의 조속한 복구를 강조하면서 1918년부터 이용되어온 전시공산주의적 방법들을 경제 건설의 기본 수단으로 규정했다. 중앙위원회의 이런 노선을 비판하고 나선 세력은 그때까지 "소비에트 민주주의"적 이상에 대한 미련을 버리지 못한 오신스키, 사프로노프, V. M. 스미르노프 등 이른바 민주집중파였다. 자신들의 테제를 통해 민주집중파는 "국가 운영의 군사화" 및 기업 경영의 단독책임제 도입을 반대하면서 협의제의 채용을 요구했다.[183] 그들은 전체적으로 경제 운영에 있어서 뿐 아니라 당내에서 레닌이 부여했던 본래 의미 그대로 민주집중제를 완전히 실현시킬 것을 호소했으며, 프롤레타리아 독재가 당 간부의 독재로 변질되었음을 주장했다. 그와 관련해, 당 대회에서 레닌이 행한 "사회주

---

181) Ленин В.И. Полн. собр. соч., т.41, с.30~31.
182) 트로츠키의 초안은 см.: Девятый съезд РКП(б): протоколы. М., 1960, с.533~544.
183) 민주집중파의 테제는 см.: Экономическая жизнь, 28 марта 1920 г.

의 체제의 기본적 조직 원리"에 대한 해석은 인상적이었다: "민주집중제란 지방에서부터 대표자들이 모여서, 그들이 [국가를] 운영할 책임 있는 기관을 뽑는다는 것을 의미합니다. [중략] 당 대회가 중앙위원회를 점검하고, 교체하고, 새로운 중앙위원회를 임명하는 데에 바로 민주집중제가 있는 것입니다."[184] 그에 대해 민주집중파 그룹은 물러서지 않았다. 오신스키는 빈정거리며 레닌에 답했다: "만약 선출된 중앙위원회가 없었다면, 누군가가 중앙위원회를 임명하지 않았다면, 아니 중앙위원회가 스스로 자기 자신을 임명하지 않았더라면, 우리에겐 민주집중제가 없을 뻔했습니다."[185]

당과 경제의 운영에서 나타난 극단적 중앙집권화에 반대하며 레닌을 비판하면서도 민주집중파는 협의적 방식이라는 "사회주의적 원칙"을 전면 도입하는 것이 현실적으로 불가능하다는 점을 인정했다. 연단에 선 오신스키는 이미 민간 기구들 내에 "전투적 노동에 대한 본능적 지향"이 작용하고 있으며, 따라서 자신들은 당과 그밖에 민간 기구들을 기계적으로 군사화 하는 것에 동의하지 않을 뿐이라고 강조하면서 레닌에 대한 비판을 완화했다.[186] 결국 그들은 프롤레타리아 민주주의 이념에 입각하여 레닌이즘의 "비(非)프롤레타리아성"을 비판했지만, 민주집중제라는 모순된 조직 원리를 고수하는 한 레닌이즘에 대한 현실적 대안을 제시할 수 없었다. 레닌은 민주집중파의 테제를 "완전한 이론적 왜곡"이라 규정했다. 그러나 그는 그들이 위협적인 반대파가 될 수 없음을 알고 있었다. 민주집중파는 단지 과거에 프롤레타리아 민주주의로 관념화되었던 공산주의적 현실에 대한 일부 볼쉐비키의 의구심과 좌절감을 표현했을 따름

---

184) Девятый съезд РКП(б): протоколы. М., 1960, с.84~85.
185) Там же, с.122.
186) См.: Там же, с.117.

이었다.

당 대회에서 의사일정이 경제 건설에 있어서 노동조합의 역할과 과제에 대한 문제에 이르게 되자 논쟁은 실무적이고 실천적인 성격을 띠게 되었다. 트로츠키는 단호하게 주장했다: "모든 노동자들이 자신을 노동병사로 여기게 하는 체제의 확립 없이, 노동조합 자체의 군사화 없이 군사화 [문제]는 생각할 수 없습니다. [중략] 어떤 명령이 떨어지면 노동병사는 당연히 임무를 수행해야 하며, 만약 완수하지 못하면 탈주병으로 처벌될 겁니다. 누가 이 일을 감독해야 하는가? 바로 노동조합인 것입니다!"[187] 공업 분야에서 노동조합은 노동을 군대식으로 조직화하는 과제를 수행해야 했다. 그러나 전국노동조합중앙회의를 책임지고 있던 톰스키는 트로츠키의 의견에 동의하지 않았다. 톰스키는 "군대화" 대신 다른 방안을 모색했고 그것을 당 대회 개최 직전에 테제의 형태로 신문지상에 공표했다: "베세엔하 간부회의에서 말단 공장관리부에 이르기까지 오늘날 존재하는 공업의 협의제적 운영원칙이야말로 공업의 조정과 관리를 위한 기관을 조직하는 데 근본적인 원칙이며 노동조합을 통한 비(非)당원 노동자들의 광범한 참여를 유도하고 보장할 수 있는 유일한 방안이다."[188] 베세엔하 간부회의 의장 리코프도 현실적 판단에 따라 톰스키를 지지했다.

레닌은 톰스키의 테제를 "초보적인 이론적 문제에 대한 무시무시한 혼동"이라고 가차 없이 비판했다. 톰스키와 그의 동무들은 노동조합의 "국가화"나 기업 운영에서 단독책임제의 원칙 등을 부정한 것이 아니었으며, 노동조합의 획일적 "군대화"에 반대했던 것뿐이었다. 그래서 그들은 레닌의 비난에 직면하여 흔쾌하게는 아니더라도 자신의 입장을 순순히 철회

---

187) Там же, с.94.
188) См.: Экономическая жизнь, 10 марта 1920 г.

할 수 있었다. 당내의 비판가들이 중앙위원회의 명의로 된 당 노선에 동의하는 데 있어서 레닌의 권위는 아주 중요한 요인으로 작용했다. 제9차 당 대회에 참석한 거의 모든 대의원들은 어떤 경우에도 정치적인 주도권이 공산당에 있으며 공산당은 소비에트뿐 아니라 노동조합도 지도해야 한다는 공통된 시각을 가지고 있었다. 물론 그들은 레닌에 대한 절대적인 지지자였다. 당내의 충분한 지지를 확보하지 못한 반대파들은 어쩔 수 없이 중앙위원회의 노선에 따를 수밖에 없었지만 그래도 자신들의 신념까지 포기하지는 않았다. 그들 역시 개인적인 입신양명을 거부하고 수많은 역경과 탄압을 "혁명적으로" 인내하며 오직 프롤레타리아 계급의 밝은 미래를 위해 자신의 모든 것을 희생할 준비가 된, 강철 같은 의지로 무장한 역전의 혁명투사들이었다. 볼쉐비키당 내의 최고 권력자였던 레닌이 사망한 후, 정치국 내의 권력투쟁이 극단적인 형태를 띠었던 것은 스탈린, 트로츠키, 지노비예프, 카메네프, 부하린, 리코프, 톰스키 등 당 지도자들 모두가 확고한 신념으로 무장한 볼쉐비키였기 때문이기도 했다.

1920년 제9차 당 대회에 쉴랴프니코프가 참석하지 않은 것은 차라리 다행스러운 일이었다. 대회가 개최되기 전에 그의 이름과 관련된 "불온한 문건"이 유포되어 있었다. 그것은 당내에 이미 널리 알려진 그의 테제들이었다. 거기에서 쉴랴프니코프는 생산과 분배 등 경제 영역의 모든 권리와 기능이 당연히 노동조합에 넘겨져야 한다고 주장했다.[189] 쉴랴프니코프가 없었던 것은 당 대회에서 또 다른 논쟁을 피하는 데 기여했다. 그러나 당내 노선을 둘러싼 의견 대립은 근절된 것이 아니라 잠시 회피될 수 있었을 뿐이었다.

1920년 11월 당 중앙위원회에서 시작된 노동조합 논쟁은 1921년 초에

---

189) См.: Экономическая жизнь, 12 марта 1920 г.

이르러 전국적으로 확산되었다. 트로츠키가 『노동조합의 역할과 과제』라는 제목의 소책자를 통해 노조의 군사화 및 전국노동조합중앙회의 지도부에 대한 "소탕"을 단호하게 요구하자 노조에 대한 상이한 입장들이 연달아 공개적으로 표명되었다. 쉴랴프니코프와 그의 동무들은 '노동자 반대파'의 명의로 상디칼리즘적인 강령을 발표했으며,[190] 페트로그라드 당 조직은 「당에 대한 호소」라는 제목의 성명을 통해 트로츠키의 강령을 비판했고, 역시 트로츠키에 대한 모스크바(시)당 위원회의 반박이 뒤따랐다.[191] 1921년 1월 16일자 ≪프라우다≫에는 부하린, 라린, 프레오브라젠스키 등이 서명한 부하린 강령과 오신스키, 사프로노프, 막시몹스키 등 민주집중파의 테제가 게재되었으며, 곧이어 레닌, 스탈린, 카메네프, 지노비예프, 톰스키, 칼리닌, 루주탁 등 주로 당 중앙위원들이 서명한 '10인 강령'이 신문지상에 등장했다.[192] 이어 ≪프라우다≫에는 이그나토프와 그의 전우들이 작성한 노동조합에 관한 강령이 발표되었다. 논쟁이 진행되는 과정에서 레닌의 변화된 입장을 간파한 트로츠키는 노동조합의 군사화 또는 군대화를 위한 요구를 철회했다. 그러자 기존의 조직과 지도부를 그대로 유지하면서 노동조합을 어느 수준에서 "국가화"할 것인가가 논쟁의 핵심이 되었다.

레닌이 보기에, 입장을 바꾼 부하린은 토론의 적극성에서 오히려 트로츠키를 능가하고 있었다. 레닌은 부하린을 "누구라도 무엇이든 새겨 넣을 수 있는 물렁한 밀랍"이라고 야유하면서 이제 부하린이 상디칼리스트가 되었다고 비난했다. 이 비판이 야기되었던 까닭은 나름 레닌의 생각을 간파한 부하린이 1920년 11월 당 중앙위원회 전원회의 때 레닌과 트

---

190) '노동자 반대파'의 테제는 см.: Правда, 25 января 1921 г.
191) 구체적 내용은 см.: Правда, 13 января 1921 г.
192) 1921년 1월 18일자 ≪프라우다≫에는 처음 서명한 10인을 포함하여 다른 당원들의 이름이 추가되어 있었다.

로츠키를 화해시키기 위해 표방했던 자신의 "완충적 입장"을 포기하고는 노동조합의 "국가화" 문제에 있어 레닌보다 한 걸음 더 나아갔기 때문이었다. 레닌이 작성한 '10인 강령'에 "노동조합의 근본적인 방법은 강제가 아니라 설득이다"라고 규정되었던 것처럼, 레닌은 노동자들을 강제하기보다는 설득시키고자 했다. 그러나 그것은 레닌이 노동자에 대한 강제를 완전히 배제한다는 것을 의미하지는 않았다. 그는 어떤 경우에도 경제운영 권한을 노동조합에 위임할 의사가 전혀 없었다. 1921년 1월 말, 레닌은 입장을 분명히 했다: "우리는 강제를 거부하지 않습니다. 상식 있는 노동자라면 누구도 지금 강제 없이 문제를 해결할 수 있다거나, 지금 노동조합을 방임할 수 있다거나, 또는 노동조합에 모든 생산을 위임할 수 있다는 생각을 할 수 없을 것입니다."[193] 부하린은, 레닌의 생각과는 전혀 다르게, 노동조합을 "자유롭게" 만들기를 원했다. 논쟁 대상이었던 문제 중의 하나인 노동조합과 베세엔하 간의 관계설정 문제를 예로 들면, 베세엔하의 주요 부서인 총관리위원회와 중앙관리국을 구성함에 있어서 부하린 강령은 노동조합이 두 부서의 위원 후보자들을 추천할 권한을 가져야 한다는 전제하에 "노동조합이 천거한 후보자들은 당연히 임명되어야 한다"고 규정했다. 그에 대해 레닌은 "그것이야말로 공산주의와의 완전한 결별이며 상디칼리즘에로의 입장 전환"[194]이라고 반박했다.

트로츠키는 생산에서의 노동조합 권한 확대를 지지하며 부하린과 제휴했다. 민주집중파도 새로운 제안을 내놓았다: "베세엔하 간부회의는 전국노동조합중앙회의에 의해 구성되며 브칙이 이를 최종적으로 승인한다." 이그나토프파(派)는 더욱 포괄적으로 민주집중파를 지지했다: "공화국의 인민경제를 지도하는 기관의 구성은 노동조합 대회에서 이루어

---

193) Ленин В.И. Полн. собр. соч., т.42, с.251.
194) Там же, с.241.

지며 브치이 그를 승인한다." 그렇다면 '노동자 반대파'는? 레닌이 보기에 그들이야말로 진정한 상디칼리스트였다: "전체 인민경제 운영을 위한 조직화는 생산자들의 전국대회가 주관하는 사항이며 전국 생산자대회는 인민경제 전체를 관리하는 중앙기구를 구성한다."195)

카메네프에 따르면, "이제 트로츠키에서 쉴랴프니코프까지 비공식적인 블록이 형성"되었으며 그 제휴의 기초는 "국가운영 권한을 노동조합에 누가 더 많이 줄 것인가"하는 경쟁에 있었다.196) 1921년 3월, 러시아볼쉐비키공산당 제10차 대회에서 민주집중파는 강령을 제출하지 않았고, 레닌의 '10인 강령' 및 새롭게 작성된 트로츠키와 부하린의 초안 그리고 '노동자 반대파'의 테제가 토론 주제로 상정되었다. 노동조합의 운영 방식과 지위 설정에 대한 트로츠키와 부하린의 초안은 '10인 강령'과 '노동자 반대파' 테제의 절충적인 성격을 갖는 것이었다.197) 그런데 레닌이 신경제정책에 대한 구상을 구체화하면서 노동조합에 관한 논쟁은 당 대회가 열리기 이전에 이미 핵심 문제로써의 의미를 상실해버렸다. 레닌은 당 대회에서 노동조합 문제와 관련해 트로츠키, 부하린, 쉴랴프니코프 등 누구와도 논쟁하고 싶어 하지 않았으며, 트로츠키와 부하린도 그 문제에 집착하지 않았다. 트로츠키는 당 대회에서 노동조합에 관한 당의 결정을 채택하기 위한 투표가 시작되기 전에 이렇게 예고했다: "우리 중의 다수는 그것[즉, '10인 강령']을 지지할 것입니다. 그러나 확신하건대 지금의 결정은 제11차 당 대회까지도 그 적실성을 유지하지 못할 것입니다."198) 트로츠키가 옳았다. 실제로 레닌의 '10인 강령'은 제10차 당 대회가 열리고 있던 순간에 이미 정치적 의미를 상실하고 있었으며, 볼

---

195) Правда, 25 января 1921 г.
196) См.: Правда, 21 января 1921 г.
197) См.: Десятый съезд РКП(б). Стенографический отчёт. М., 1963, с.674-685.
198) Там же, с.390.

쉐비키는 노동조합에 대한 당의 통제를 완화하면서 제11차 당 대회에서 〈신경제정책의 조건하에서의 노동조합의 역할과 과제〉라는 제목으로 노동조합에 관한 당의 결정을 새로 채택해야 했다. 노동조합 논쟁의 핵심은 전시공산주의적 방법의 계속적인 적용 요구에 대한 당내 문제의식에 있었는데, 레닌이 주도한 볼쉐비키당의 전술적 후퇴는 예상보다 훨씬 과감한 것이었다. 논쟁은 결과적으로 무익한 것이 되었다. 그러나 논쟁을 통해 프롤레타리아 독재국가 및 소비에트 권력의 본질에 관한 문제가 제기되었으며, 각 반대파들이 자신을 명확히 드러냄으로써 당내에 레닌이즘에 대한 심각한 저항세력이 존재하고 있음이 입증되었다.

제10차 당 대회에서 당 건설 사업에 관한 중앙위원회의 결의안, 민주집중파의 결의안, 그리고 '노동자 반대파'의 테제 등 세 개의 안이 토론 주제로 제출되었다. 민주집중파는 현재의 위기가 당의 내부 원인 때문이라고 규정하면서 구체적으로 당원들의 정치의식의 전반적인 저하, 당과 대중간의 결속 약화, 지도집단으로서의 협의회의 기능 상실 및 형식적인 행정으로의 변질, 관료주의적 중앙집권화 경향, 일반 당원들의 불만 증가 등을 열거했다. 그들의 주장에 따르면, 중앙위원회와 지방 당 조직의 관계를 강화하고 관료주의적 정책을 제거하는 가운데 중앙위원회가 당원 지도사업에 주의를 집중함으로써 당의 위기는 해결될 수 있었다. 한마디로 그들은 "위에서 아래까지 당 전체에서 민주집중제와 프롤레타리아 민주주의의 원칙을 수행할 것"을 요구했다.[199]

농민군대의 반란과 도시의 소요, 특히 크론쉬타트 해군기지 병사들의 반란으로 당의 위기가 극한상황에 도달했음을 절감한 민주집중파는 당의 쇄신을 통해 위기를 극복해야 한다고 주장했다. "당의 관료주의화"를 비판하는 이들의 요구는 레닌에게 수용할 만했다. 그러나 '노동자 반대

---

199) 민주집중파의 결의안은 cм.: Там же, c.656~662.

파'의 문제는 전혀 다른 것이었다. 레닌이 보기에 그들의 요구는 크론쉬타트 반란과 비슷한 "진짜 폭동"이었다.

쉴랴프니코프와 그의 동무들이 보기에, 위기는 무엇보다 내전을 거치면서 이루어진 당의 "전체적인 왜곡과 변질"에서 비롯되었다. 군사적 방법들이 당과 소비에트, 노동조합의 운영에 무차별적으로 적용되고 당 지도부가 노동자 대중들로부터 점차 유리된 것이 결국 "관료주의의 개화(開花)"를 위한 기반을 조성했으며, 이것은 필연적으로 인민에 대한 전면적인 강제의 일상화, 노동자 계급의 혁명적 자발성 위축, 하층 노동자들에 대한 당 지도부의 책임의식 상실, 중요한 문제의 결정에 있어서 민주적 방법과 공개성이 배제되는 결과를 초래할 수밖에 없다고 쉴랴프니코프는 주장했다. '노동자 반대파'의 리더들은 소위 "소비에트 체제"를 다른 것으로 대체하지 않고서는 "노동자 국가의 명예"를 결코 회복할 수 없다는 결론에 도달했으며 전국적 차원에서 '노동자 통제'를 확립할 것을 원했다. '노동자 반대파'는 선거에 의한 지도기관의 구성, 모든 당 업무 및 소비에트 업무의 지방 조직으로의 이관, 지방 조직의 통제와 지도에 대한 모든 당원의 복종, 해당 선거민들의 동정에 관한 간부의 정기 보고, 당내 비판의 자유 보장, 당 지도기관의 "노동자화" 및 그 구성원의 정기적 교체 등을 즉각 이행할 것을 요구했다.200) 당 대회에 제출된 '노동자 반대파'의 테제는 "지방 조직"의 구체적 의미를 규정하지는 않았지만, '노동자 통제'가 10월혁명 직후 공장에서 만개했던 노동자들의 자치기구와 흡사하다는 사실을 이해하기란 그리 어렵지 않았다. 결국 '노동자 반대파'의 상디칼리즘은 레닌주의에 입각한 공산당 독재의 해체를 요구하고 있었다.

당 건설과 관련한 '노동자 반대파'의 요구는 당 대회에 참석한 대의원

---

222) 당 대회에 제출된 '노동자 반대파'의 테제는 см.: Там же, c.651~656.

들의 경악을 불러일으키기에 충분했다. 쉴랴프니코프의 개괄적인 요구 내용은 노동조합에 관한 논쟁이 시작되기 전에도 당내에 이미 널리 알려졌지만, 공식적으로 당 대회에서 철저하게 반레닌주의적인 주장을 담은 선동이 행해졌다는 것은 레닌이 민주주의적 원칙을 당내에서 충실히 고수했기 때문이 아니었다. 그것은 당의 위기적 상황과 관련해 레닌의 지도 노선에 대한 도전이 그만큼 심각했음을 말해준다. 제9차 당 대회가 개최되었을 때 레닌은, 적당한 구실을 붙여, 어느 정도 세력을 규합하고 있던 쉴랴프니코프를 당 대회에 참석하지 못하게 막을 수 있었지만, 노동조합 논쟁을 계기로 레닌이즘에 대한 반대파들의 저항이 분명하게 표출된 상황에서 당내 이견들이 술수에 의해 감춰질 수는 없었다. 1921년 1월, 제2차 전국 광산노동자 대회에 참가하는 당원들의 공산분파 예비회의가 열렸을 때 쉴랴프니코프는 자신의 테제를 가지고 등단했다. 연설을 마치면서 그는 크게 외쳤다: "국가에 있는 관료주의와 인민경제에 있는 관료주의를 모두 근절시킵시다!"[201] 레닌의 상디칼리즘과의 투쟁은 그때 이미 '노동자 반대파'의 무정부주의를 몰아내기 위한 투쟁으로 이행되었다. "국가와 당을 파괴하자고 선동하는 상디칼리스트들과 무정부주의자들"을 비판하면서 레닌은 이렇게 강조했다: "국가, – 이것은 강제의 영역입니다. 특히 프롤레타리아 독재의 시대에 강제성을 거부하는 것은 미친 짓이오. 여기서[즉, 국가의 영역에서] 행정과 사업에의 관료주의적 접근은 필수적이오. 당이야말로 직접적으로 통치하는 프롤레타리아트의 전위이며, 또한 당은 지도자인 겁니다."[202]

'노동자 반대파'에 대한 레닌의 비판과 탄압은 가혹한 것이었는데, 당 대회의 연단에 선 쉴랴프니코프는 격앙된 어조로 레닌을 비난했다: "만

---

201) Ленин В.И. Полн. собр. соч., т.42, с.260.
202) Там же, с.294.

약 귀해[즉, 레닌]가 광범한 대중과 유리되기를 원하고 혁명의 급류와 단절되기를 원한다면 지금까지 해온 대로 하십시오. 여기에 '노동자 반대파'에 대한 사냥과, 우리들에 대한 중상을 추가하시오."203) 그에 대해 레닌은 이렇게 대답했다: "왜 저런 소리를 하는 쉴랴프니코프를 재판에 회부하지 않는 겁니까? 과연 우리가 조직된 당내에서 규율과 단결에 관해 진지하게 말하고 있는 겁니까, 아니면 크론쉬타트와 같은 집회에 앉아있는 겁니까? 이것[즉, '노동자 반대파'의 테제]은 장총으로 대답해야 할, 무정부주의적 정신을 가진 크론쉬타트적 수사(修辭)요."204)

당 건설 사업에 관해 중앙위원회가 당 대회에 제출한 테제의 변호인 자격으로 부하린이 연단에 섰다. 위기에 대한 중앙위원회파의 분석은 반대파와 판이하게 달랐다. 부하린은 민주집중파와 '노동자 반대파'가 프롤레타리아트의 전위와 나머지 노동자 계급과의 차이뿐만 아니라 노동자 계급과 프티부르주아지 간의 차이를 구별하지 않는다고 비판하면서, "군사적-관료주의적 체제"가 특정 시기에 충분히 수용될 수 있음을 강조했다. 쉴랴프니코프의 지지자였던 콜론타이는 이에 즉각 반박했다: "군사적-관료주의적 체제와 최근 우리나라에 만개한 순전히 관료주의적인 체제 사이에는 엄청난 괴리가 있습니다." 그녀는 모든 기관의 재편과 "민주주의가 광범하게 적용된 체제"의 도입을 강하게 요구했다.205) 레닌의 노선을 지지하는 중앙위원회파, 즉 체키스트들과 '노동자 반대파'의 테제에는 공통점이 발견되지 않았다. '노동자 반대파'의 의견과 달리 체키스트들은 위기 요인이 당의 내부가 아닌 외부에 있다고 주장했다. 당 대회에서 부하린은 강조했다: "우리의 재난을 초래한 원인들 중의 원인은 우리

---

203) Десятый съезд РКП(б). Стенографический отчёт, с.75~76.
204) Там же, с.123.
205) См.: Там же, с.298~300.

가 농민이 절대다수인 나라에서, 그것도 자본주의에 포위되어 있는 후진적이고 황폐한 나라에서 공산주의를 실현하고 있기 때문입니다. 이것은 모든 맑스주의자가 알고 있는 명백한 사실입니다. 그건 기본적인 사실입니다. 이런 비극적인 객관적 상황에 처해서 우리는 이렇게 말합니다: 우리는 서유럽 프롤레타리아트의 도움을 기다리기 위해 농민들에게 양보해야만 한다."[206]

레닌은 혁명과정의 전체 단계에 유용한 보편적인 당의 정책이나 활동방식에 대한 모색을 거부했다. 레닌에 의하면, 그것은 구체적인 역사적 상황의 특수성과 그 상황에서 도출되는 과제에 의해 규정되어야 했다. 객관적 상황이 변함에 따라 사회주의의 실현을 촉진하는 정책과 활동방식은 사회주의 발전을 늦추는 것으로 변화될 수도 있고, 반대로 유용하지 않았던 수단들이 목적 합리적인 것으로 전환될 수도 있었다. 그러한 전제에 입각해 볼쉐비키는 당 대회에서 〈곡물징발제의 현물세로의 변경에 관한 결정〉을 채택하면서 당의 정책, 특히 농민들에 대한 정책을 변경했다. 그러면서 레닌은 당의 강화를 절대적 과제로서 제시했는데, 그것은 당의 "질적 향상"과 모든 당원의 절대적 단결, "부분적으로 프티부르주아적 영향 아래 놓여있는 비(非)당원 노동자 대중들과 당 사이의 연계를 공고히 함"으로써 해결 가능하다고 강조되었다. 레닌은 내전 중에 당내에 조성된 "극단적인 중앙집권주의와 군사적 명령체계는 지극히 합목적적"이라는 점을 강조했으며, 그러한 레닌의 생각은 제10차 당 대회에서 채택된 〈당 건설의 문제에 관한 결정〉에 그대로 반영되었다. 아무튼, 노동자 민주주의라는 개념을 동원하면서 당 대회는 당 건설 사업의 노선을 분명하게 지적했다: "당원들의 수준을 향상시키고 그들을 당의 활동 전반에 적극 참여하게 유도하는 것은 비당원 대중들에 대한 당의

---

206) Там же, с.324.

영향력 강화 및 대중과의 접근 그리고 반혁명 세력과의 투쟁을 대비하는 전투태세의 확립과 더불어 오늘의 중심 과제가 된다."[207] 레닌은 부하린이 지적한 러시아적 상황을 제외하면, 프롤레타리아트 전위와 대중간의 약한 유대가 당이 겪고 있는 위기의 근원이라 생각했다. 이러한 맥락에서 당 대회의 결정에는 국가기구 전반에 공산당원을 계획적으로 배치할 것과, 각 공장에서 당 세포들의 활동을 강화해야 할 필요성이 강조되었다. 또한 당 하부에서 당내 민주주의의 발전을 위한 몇 가지 조치가 열거되었지만, 프롤레타리아트 전위의 핵으로서의 당 중앙위원회의 지위는 전혀 흔들림이 없었다. 당 대회에서 볼쉐비키는 중앙위원회의 업무를 보다 체계화했으며, "당의 이념적-전투적 결속"을 위해 당내에 어떠한 분파의 형성도 금지하는 〈당의 단결에 관한 결정〉을 채택했다.[208]

제10차 당 대회에서 반대파들은 소비에트 체제 내에서 뚜렷하게 드러난 "프롤레타리아 민주주의의 소멸"을 비판했으며, 레닌도 그 문제에 대해 보다 신중한 태도를 취했다. 그러한 현상이 프롤레타리아 국가체제에서 발생한 "위력적인 관료주의"와 관련되어 있다는 점에 모두가 동의했다. 이미 1918년 4월에 레닌은 관료주의의 가능성에 대해 주목한 바 있었다: "지금 우리가 무자비하게 강한 권력을 당연히 더욱 단호하게 지지할수록, 그리고 일정한 순간에 순전히 집행적인 기능을 갖는 활동을 전개시키기 위해서 특정한 사람들의 독재를 우리가 더욱 단호하게 지지할수록, 소비에트 권력이 왜곡될 어떠한 가능성도 배제하기 위해서는, 그리고 관료주의라는 잡초를 다시 또 부단히 제거하기 위해서는 밑으로부터 행사되는 통제의 형태와 방법들이 더욱 다양해져야만 한다."[209] 그러

---

[207] КПСС в резолюциях.., т.2, с.209.
[208] 이 〈결정〉의 구체적 내용은 см.: Там же, с.218~221.
[209] Ленин В.И. Полн. собр. соч., т.36, с.206.

나 국가자본주의 이론을 핵심으로 "새로운 국가기구" 건설을 도모했던 레닌이즘의 이론과 실천은 소비에트 체제 내에서 아래로부터의 통제가 실현될 수 있는 여지를 전혀 남겨놓지 않았다.

10월혁명 이후, 소비에트 국가체계 내의 많은 자리들이 짜리즘하에서 그동안 "억압당했던 자들"에 의해 일격에 점령되었다. 사회적으로 1917년의 혁명은 하층 인민에 의한 계급혁명이었다. 간부의 선발에서 가장 중요했던 기준은 공산당원이라는 말로 보증되는, 개인에 대한 정치적 평가였다. 실무능력이나 지식은 부차적인 것이었으며, 업무수행의 "가능성에 따라" 임용이 결정되었다. 급조된 간부 요원들이 특정한 업무를 지시받고는, 발전하고 있던 "새로운 국가기구"의 각 부문으로 보내졌다. "무식한" 그들은 처음에 단순한 집행기능만을 수행했으며, 결코 자주적인 지도자가 될 수 없었다. 우리는 당시의 소위 "지도자"들이 상급기관에 아주 하찮은 문제들에 관한 업무지시를 요청하는 문서들을 쉽게 발견할 수 있다. 이러한 사정은 그들이 전혀 익숙하지 않은 일에 종사하기 시작했다는 이유에서 쉽게 납득될 수 있다. 직무 수행에 있어서 보다 열정적일수록, 그들은 비당원 대중에게 자주 강제적, 폭력적 방법을 동원했다. 강제는 정치적 이유로만 허용된 것이 아니었다. 강제는 10월혁명의 지도자인 레닌이 설교한 소위 "프롤레타리아 도덕"에 의해 정당화되었다: "우리에게 인간사회를 초월한 도덕이란 존재하지 않는다. 그것은 기만이다. 우리에게 도덕은 프롤레타리아 계급투쟁의 대의에 속해 있다. 계급투쟁의 요점은 무엇인가? 그것은 짜리를 타도하고, 자본가를 타도하고, 자본가 계급을 박멸하는 것이다."[210] 실제로 인간사회의 밖에 존재하는 도덕이란 없다. 어떤 사회에서건 도덕은 사회구성원들의 공통된 사회적 목표와 관련되며, 지배 계급의 요구가 도덕에 직간접적으로 반영된다. 그러나

---

210) Ленин В.И. Полн. собр. соч., т.41, с.310.

볼쉐비키당 지도자들이 가졌던 역사적 소명에 대한 확고한 신념과 그들의 유명한 공리, 즉 "우리와 연대해야 함을 이해하지 못하는 자는 곧 당에 반대하게 된다"는 레닌의 가르침은[211] "프롤레타리아 도덕"이 볼쉐비키당의 정치적 목표에 종속되어야 하는 이유가 되었다.

당 지도자들이 초법적 비상조치에 더욱 의존하면서, 그렇지 않아도 중앙집권화된 당의 내부에서 민주주의를 위한 여지는 더욱 좁아졌으며 명령체계는 더욱 강화되었다. 하급 공산당원·관리들도 기꺼이 비당원 대중에 대해 비상조치를 취해나갔으며, 부르주아적 분자들에 대한 강제와 폭력은 진보적인 조치로 간주되었다. 그렇지만 도처에서 공산당원들이 노동자들에 대해 상습적으로 물리적 강제를 행사하고, 처음부터 형식적인 것에 불과했던 "민주주의"가 그나마도 당내에서 완전히 소실되어 버린 현실에 대해서는 레닌도 그것을 "관료주의의 발현"이라고 규정하며 심각하게 받아들였다.

레닌은 "기괴한 관료주의"가 만연한 원인이 당의 내부에 있다는 반대파의 의견을 부분적으로 수용했다. 그럼에도 불구하고, 그는 관료주의가 만연한 근본 원인을 외부에서 찾았다: "관료주의의 경제적인 뿌리는 무엇인가? 기본적으로 두 가지의 뿌리가 있다. 한편으로는 혁명적인 노동운동(부분적으로 농민운동도 포함)에 대항하는 발전된 부르주아 계급이 관료기구를 필요로 한다. [중략] 우리에게는 관료주의의 다른 경제적 뿌리가 있다: 소생산자의 개별성과 분산성, 그들의 빈곤, 비문화성, 도로의 결핍, 문맹, 농업과 공업 간의 유통 부재, 그리고 양자 간의 상호작용 및 관계의 부재. 이것들은 대부분 내전의 결과이다."[212] 관료주의와의 투쟁은 당 강령에 규정되었으며, 그것은 제10차 당 대회에서 당의 단결 및

---

211) Ленин В.И. Полн. собр. соч., т.43, с.48.
212) Там же, с.230.

권위의 강화를 목적으로 창설된 통제위원단의 주요 과업 중 하나가 되었다. 결국 1921년 하반기에 볼쉐비키는 당에 대한 대규모 숙청작업을 시작했으며, 그 결과 전체 당원 수의 거의 25%에 해당되는 약 16만 명이 당에서 제명되었다. 그럼에도 불구하고 레닌은 "농민들이 분산되어 있을수록 중앙의 관료주의는 불가피"하기 때문에 "투쟁"이 아주 길어질 것이라고 예상했다.[213] 그는 소비에트 사회에서 공산주의의 원리가 실현됨에 따라 비로소 관료주의가 소멸할 것이라고 생각했다.

장시간이 소요되더라도 관료주의와의 투쟁은 결국 성공할 것이라는 레닌의 전망은 정당화되지 못했다. 레닌이 열거한 "관료주의의 경제적 뿌리들"이 제거되어 갔지만, 소비에트 권력의 초창기에 나타났던 것처럼 난폭한 형태는 아니더라도, 국가체계 내에서 관료주의는 더욱 심화되었다. 문제는 지배관계와 결부된 관료주의 자체에 있지 않았다. 관료주의의 문제는 민주주의의 원리와 모순된다는 점에 근거하고 있다. 관리들이 존재하는 사회에서 관료주의는 정도의 차이가 있지만 필연적으로 존재할 수밖에 없다. 레닌이 제기한 관료주의는 본래적 의미에서 관료주의가 아니었다. 그것은 비당원 대중에 대한 폭력적 강제의 행사가 일상화된 현실, 군대식 통제의 확산, 그리고 프롤레타리아 민주주의가 당내에서 완전히 소멸한 현실 등에 대한 문제의식이 관료주의라는 개념과 결부되어 표현된 것이었다. 레닌은 단지 권력의 "그늘"을 둘러보았을 뿐이었다. 레닌의 국가자본주의는 생산과 분배에 대한 "회계와 관리"의 보편적 발전 및 계획경제의 조직화를 요구했다. 강제와 설득의 방법 중에서 무엇을 적용할 것인가 하는 문제는 볼쉐비키에게 단지 목적합리성의 문제에 불과했다. 프롤레타리아트의 전위로서의 당에 관한 레닌의 이론은 중앙집권화되고 규율체계가 엄격한 볼쉐비키당을 요구했다. 민주집중제, 사

---

213) Там же, с.49.

회주의적 중앙집권주의, 노동자 민주주의라는 용어를 레닌이 아무리 반복해 구사했더라도 모든 것은 허울이었을 뿐 결코 실현될 수 없었다. 소비에트 권력의 외피를 쓰고 출현한 볼쉐비키 정권은 프롤레타리아 독재의 확립 그리고 독재 권력의 유지를 위해 투쟁했으며, 그들에게 결국 현실적으로 가능했던 것은 "관료주의"뿐이었다. 소비에트 권력의 적대 계급뿐 아니라 노동자 계급에 대해서도 위력을 발휘하는 "관료주의"를 어떻게 처리해야 할 것인가? 별다른 도리가 없었다. 그것을 짊어지고, 하루빨리 요단강을 건너는 수밖에 없었다. 그곳에 있는 공산주의라는 약속의 땅에는 "관료주의"와 같은 것이 있을 수가 없었다.

소비에트 시대에 많은 연구자들은 노동자·농민의 국가가 관료주의로 오염되었음을 인정했다. 관료주의가 갖는 소비에트 권력에 대한 위험성을 레닌이 수차례 지적한 이상, 그런 시각이 반당(反黨)적인 것으로서 비판 대상이 될 필요는 없었다. 그러나 문제에의 접근은 지나치게 단순화되었다. 관료주의의 원인이 제정 러시아의 유산 속에서 찾아졌으며, 낡은 세계관과 습관에서 벗어나지 못한 세속적이고 출세주의적인 "분자들"이 비난의 대상이 되었다. 그러나 관료주의가 만연했던 진짜 이유는 레닌이즘의 실제적 구현체, 즉 주민의 모든 생활을 통제하려는 소비에트 국가체제 자체에 있었다. 관료주의와 전체주의는 상이한 개념들이다. 관료주의는 전체주의에 대해 별개의 것이지만, 전체주의는 고도로 발달한 관료주의적 기구 없이는 성립할 수 없다. 볼쉐비키가 중앙집권화된 권력을 확립하면서 모든 사회 영역이 "국가화" 되어 갔으며, 국가가 사회의 모든 것을 장악, 통제하는 전체주의적 현상이 소비에트 국가체제의 전형적인 특징이 되었다. 결국 볼쉐비키 정권 초기에 성립된 소비에트 국가체제 속에는 관료주의만이 아니라 이른바 전체주의의 발전을 위한 토대가 구축되었던 것이다.

제10차 당 대회에서 쉴랴프니코프가 한 지적은 옳았다: "관료주의에 대한 투쟁은 어떤 사람을 한 자리에서 다른 자리로 이동시키는 것이 아니라, 이 관료주의 체제를 다른 체제로 바꾸는 것에 의해 이루어져야 합니다."214) 그러나 그가 "밑에서부터 위까지 프롤레타리아트의 자율성"에 기초한 체제를 대안으로 제시했을 때, 그는 격한 비판에 직면해야만 했다. 쉴랴프니코프의 상디칼리즘에 대해 트로츠키는 전체 볼쉐비키의 이름으로 반박했다: "우리는 쉴랴프니코프에 반대합니다. 왜? 주된 이유는 당의 독재를 유지하기 위함이고, 부차적인 이유는, 왜냐하면 아주 중요하고 인민경제의 근간이 되는 공장들에 대한 그러한 방식의 운영은 비효율적이며, 경제적 측면에서 일을 모두 망쳐버리기 때문이오."215) 레닌이즘은 사회주의 혁명을 명분으로, 또 프롤레타리아 독재를 명분으로 강력한 국가권력을 지향하는 이데올로기였다. 그러한 측면은 특히 국가자본주의론과 전시공산주의 이론에 잘 표현되어 있으며, 소비에트 체제가 처음부터 전체주의적 속성을 노출하게 된 것은 지극히 당연한 귀결이었다.

그 이념상 신경제정책, 즉 네프에는 정치개혁도 포함되어 있었다. 레닌의 정의에 따르면, 정치란 "응축된 경제"였다. 곡물징발정책을 현물세로 대체함에 따라 불가피하게 새로운 경제조치들이 이어졌다. 상품-시장 관계를 사멸 직전까지 몰고 간 올가미가 조금 느슨해지자, 나라 안에서 곧 생활에너지가 소생하기 시작했다. 그렇지만 경제 운영의 메커니즘에 대한 개혁은, 경제 외적 강제력을 행사하는 비상조치가 거부되어야 한다는 레닌의 호소가 수용되고, 경제생활에서 개인적 이해관계의 의미를 인정하는 정도로 국한되었다. 신경제정책은 전술적 후퇴를 위한 조치에 불과했다. 1921년 5월, 러시아볼쉐비키공산당 제10차 협의회에서 레닌은 말했다: "많은 어려움과 장애에도 불구하고, 계급 박멸과 공산주의를 향

---

214) Десятый съезд РКП(б). Стенографический отчёт, с.388.
215) Там же, с.351.

해 부단히 나아가는 프롤레타리아 권력을 유지하고 강화하는 한도 내에서, 우리는 그 어떤 양보라도 할 겁니다."216)

권력을 유지하는 데 도움이 된다면 레닌은 어떤 양보라도 할 준비가 되어 있었다. 후퇴하는 과정에서 볼쉐비키는 자중지란에 빠지는 우를 피해야 했으며 결국 당 규율을 더욱 강화해야만 했다. 10월혁명으로 해방된 인민들은 위기에 처할수록 지도자의 영도력을 간절히 희망했으며, 당 내에 정착된 절대복종의 전통은 당 지도자들의 수중에 점점 더 많은 권력을 집중시켰다. 볼쉐비키당의 극심한 중앙집권화는 레닌이즘의 결과이자 시대적 요구였다. 반대파들의 도전이 계속되었지만, 레닌의 지도력과 당의 엄격한 규율은 당 지도부의 정치적 독단을 가능케 했으며, 정치국은 모든 정치적인 문제들을 결정하게 되었다. 네프 초기에 이미 당 고위지도자들의 수중으로 권력이 집중되는 현상은 극단적 수준에 이르렀다. 1922년 3월 27일부터 4월 2일까지 개최된 제11차 당 대회에서 오신스키는 이렇게 꼬집었다: "우리 소브나르콤에서는 인민위원들이 아니라 보좌역[즉, 부(副)인민위원]들이 모여서 회의를 하는데, 이들은 실제 모든 일을 하지만 전혀 책임이 없는, 정책 전반에 대해 전혀 고민할 필요도 없는 사람들입니다. 이렇게 해서 무슨 일이 되겠습니까? 모든 것은 정치국이 결정하고, 소브나르콤은 전혀 중요하지 않은 아주 개별적이고 사소한 문제에 대해서도 책임이 없는 곁가지에 불과합니다."217) 사실은 당 대회가 열리기 전에 이미 권력구조상의 비정상적 상황을 지탄하는 목소리가 당 고위지도자들에게도 들려왔다. 심지어 레닌조차 권위 있는 "지도자 동무들"과 인민위원들을 소브나르콤에 출석시킴으로써 중앙 정부기관의 권위를 강화해야 하며, "소비에트의 일꾼들 및 각 기관의 책임성과 자율

---

216) Ленин В.И. Полн. собр. соч., т.43, с.320.
217) Одиннадцатый съезд РКП(б). Стенографический отчёт. М. 1961, с.88.

성을 높이고, 당에는 모든 국가기관의 업무에 대한 전반적인 지도권만 남김으로써, 너무 개별적이며 즉흥적이고, 빈번히 사소한 사안에까지 이루어지는 간섭을 배제하는" 방법으로 당과 소비에트의 기능을 분할해야 한다고 역설하기도 했다.[218] 그러나 이것은 레닌이 권력 분점의 의사를 갖고 있음을 의미하는 것은 아니었다. 그는 단지 중앙집권화된 국가기구의 작동이 보다 질서 있고 체계적으로 이루어지기를 원했다.

제11차 당 대회에서 프레오브라젠스키도 그 문제를 언급했다. 그는 민족인민위원이자 새로 설립된 정부 감사기관인 노농감독부 수장인 스탈린을 직접 지시하면서, 하지만 명백히 레닌의 지위까지도 겨냥하며 말했다: "한 사람이 두 개의 인민위원부의 업무와, 또 그것 말고도 정치국, 조직국, 그리고 중앙위원회에 설치된 10여 개에 달하는 각종 위원회 업무까지 맡아 수행할 능력이 있다고 과연 생각할 수 있습니까? [중략] 여러 동무들이 각각 일정한 업무를 수행하기 위해 선발되는, 그런 다른 체계로 가야 합니다."[219] 레닌은 즉각 의구심을 표시했다: "이 문제[즉, 민족문제]를 반드시 해결해야 합니다. 이것은 수백 년 동안 유럽의 국가들이 직면했던 문제이며, 민주주의 공화국들에서 거의 해결하지 못한 문젭니다. 우리는 그 문제를 해결하고 있으며, 어떠한 민족의 대표라도 그에게 찾아가서 무엇이 문제인지 상세히 말하고 자문을 구할 수 있는, 그런 사람이 우리에게 필요한 것입니다. 어디에서 그런 사람을 찾을 수 있을까? 내 생각에는, 프레오브라젠스키도 스탈린 동무 말고는 다른 후보자를 지명할 수 없을 겁니다. 노농감독부에 대해서도 마찬가지예요. 일이 엄청납니다. 그러나 감사 업무를 올바르게 처리하기 위해서는 그 책임자로서 권위 있는 사람이 앉아 있어야 하며, 그렇지 않으면 우리는 많은 사

---

218) См.: Ленин В.И. Полн. собр. соч., т.45, с.61.
219) Одиннадцатый съезд РКП(б). Стенографический отчёт, с.85.

소한 음모들 속에서 더럽혀지고 침몰하고 말 겁니다."[220] 레닌에게 이와 다른 반응은 있을 수 없었다.

어떤 독재체제의 절대 권력도 "주인"으로부터 신임을 확보한 충복의 지지 없이는 유지될 수 없는 법이다. 아무리 10월혁명 최고지도자로서의 레닌의 카리스마가 절대적이었다고 하더라도, 아무리 공산당원들의 절대 다수가 레닌을 열성적으로 지지하고 있었다고 하더라도, 당 지도부에서의 상황은 전혀 달랐다. 자신의 역사적 소명과 미래에 대한 확고한 신념, 현실과 운동에 대한 이론을 갖고 있던 저명한 혁명지도자들 사이에는 항상 볼쉐비키당의 노선을 둘러싼 이견과 대립이 존재했으며, 그것들은 이미 10월혁명 이전부터 조직적 성격을 갖고 있었다. 중앙위원회를 중심으로 한 볼쉐비키당의 지도부에는, 비록 고정적인 성격의 것은 아니었더라도, 여러 분파들이 규합된 세력으로서 존재했으며, 트로츠키, 부하린, 그 밖에 비주류 지도자들이 중요한 역할을 하고 있었다. 그들은 결과적으로 레닌의 지도 노선에 예속되어 갔지만, 그것이 레닌의 절대적 권위 때문만은 아니었다. 당의 최상층부에서 레닌의 충복들은 스탈린을 중심으로 분파를 형성하고 있었으며, 바로 그것이 당 지도부에서 레닌의 절대 권력이 보장될 수 있었던 중요한 현실적 배경이기도 했다.

레닌은 당 중앙위원회에서 모든 문제를 자신이 혼자 결정한다는 비난에 직면했을 때 단호하게 항의했다. 1921년 3월 17일, 발트 해 연안 지역에서 계속 외교적 업무에 종사하라는 중앙위원회의 지시에 불만을 표시한 요페의 소식을 접한 레닌은 그에게 이런 편지를 썼다: "도대체 무엇 때문에 그렇게 신경과민이 되어, 마치 내가 바로 중앙위원회라는 식의 가능하지도 않은 터무니없는 말을 합니까? 그건 지나친 과로 때문이오. [중략] 그 일[즉, 중앙위원회의 지시]에 대해 어떻게 설명할까요? 운명

---

220) Там же, с.143.

이 동무를 그곳으로 던진 것입니다. 나는 많은 일꾼들에게서 그것을 느낍니다. 예를 들면, 스탈린. 물론 그도 강하게 자신을 주장할 줄 알 것입니다. 그러나 운명은 3년 반 동안 한 번도 그가 노농감독부의 책임자와 민족인민위원으로서만 일하도록 놔두지 않았습니다. 그것은 사실입니다."[221] 제11차 당 대회에서 레닌이 스탈린을 지원했던 것은 전혀 우연이 아니었다.

1922년 4월 초, 제11차 당 대회가 끝난 다음날, 스탈린은 새로 구성된 중앙위원회 전원회의에서 서기장(총비서)으로 선출되었다. 회의에서 스탈린을 서기장으로 공식 추천한 사람은 카메네프였지만, 스탈린을 처음부터 지명한 사람은 레닌이었다. 이에 대한 몰로토프의 증언이 흥미롭다. 그에 따르면, 제11차 당 대회가 열리는 기간 중에 중앙위원으로 선출될 10명의 이름이 기재된 '10인 명부'가 미리 만들어졌으며, 거기에는 스탈린의 이름 옆에 레닌의 필체로 "서기장"이라고 적혀 있었다. 당 대회에서 중앙위원들을 선출하기 직전 레닌은 은밀히 주요 당 조직을 대표하는 대의원 분파 모임을 소집했다. 레닌파는 모두 20명이었다. 이에 대해 스탈린이 레닌을 비판했다. 스탈린은 1년 전 제10차 당 대회에서 〈당의 단결에 관한 결정〉이 채택되었고 레닌이 직접 당내에서 어떠한 분파의 형성도 금지시킨 사실을 상기시켰다. 그러자 레닌은 스탈린에게 이런 충고를 했다: "스탈린 동무! 바로 동무는 지금껏 아주 오랫동안 분파 투쟁을 해온 사람이오. 우리에겐 지금 다른 도리가 없다는 사실을 의심하지 맙시다. 나는 모두가 [중앙위원들을 선출하기 위한] 투표에 잘 대비하였으면 하며, 이 명단에 적힌 모두에게 확실히 투표하도록 동무들에게 미리 알리고 싶은 거요! 열 명의 명단은 반드시 한꺼번에 되어야 합니다. 이 사람은 훌륭한 문인이니까 뽑아야 하고 이 사람은 연설을 잘하니까

---

221) Ленин В.И. Полн. собр. соч., т.52, с.100.

하면서 개별적으로 투표하게 되면 명단이 희석되게 되고, 그러면 우리가 다수를 차지하지 못할 수도 있는 엄청난 위험이 도사리고 있는 거요. 그러면 어떻게 지도권을 잡을 겁니까!" 결국 당 중앙위원회에서는 레닌파가 다수를 차지했고, 스탈린은 서기장으로 선출될 수 있었다.[222]

1919년 봄 제8차 당 대회의 결정으로 구성된 서기국은, 앞서 언급한 것처럼, 중앙위원회에 대한, 좁혀 말하면 정치국에 대한 비서 업무를 목적으로 만들어진 기관이었다. 서기국의 업무는 계속 증가되었으며, 제10차 당 대회 후에는 몰로토프(책임서기), 야로슬랍스키, 미하일로프 3인이 서기국을 관할했다. 서기국의 정치적 위상이 급신장된 주된 이유는 바로 스탈린 때문이었다. 레닌은 소브나르콤 의장이기도 했지만 그의 권력은 주로 당 최고지도자로서의 지위에서 비롯되었다. 서기국이 레닌을 보좌하고 서기국을 통해 최고지도자의 권력이 행사되었던 사실도, 즉 서기국이 곧 레닌의 비서실이었다는 사실도 서기국의 위상 제고에 긍정적 영향을 미쳤을 것이다. 그러나 몰로토프의 서기국과 스탈린의 서기국은 그 격이 전혀 달랐다. 레닌은 당의 "위기"가 해소되지 않는 상황에서 서기국을 강화하고, 당내에서 권위를 인정받는 자신의 충복으로 하여금 서기국을 장악케 함으로써 자신의 권력이 당내에서 더욱 공고히, 더욱 체계적으로 보좌되기를 바랐다. 더욱이 조직국은 자신의 "비서실장"인 스탈린이 이미 지배하고 있었다.

---

[222] См.: Чуев Ф.И. Сто сорок бесед с Молотовым. М., 1991, с.181.

제2장
레닌이즘의 스탈린적 실천

1952년 12월, 소련공산당 제19차 대회가 끝난 다음날 개최된 당 중앙위원회 전원회의에서 한 중앙위원이 자신은 "스탈린 동무의 충실한 제자"라고 강조하면서 연단에서의 발언을 끝냈다. 단상에서 그의 말을 주의 깊게 듣고 있던 스탈린은 짤막하게 반박했다: "우리는 모두 레닌의 제자들이오!"*

스탈린은 늘 자신을 레닌의 제자라고 생각했다. 그는 자신의 스승으로부터 직업혁명가로서의 삶에 관한 영감을 얻었으며, 레닌이즘으로부터 자신의 이론과 전술들을 창조적으로 도출했다.

---

* См.: Симонов К.М. Глазами человека моего поколения. Размышление о И. В. Сталине. М., 1989, с.239.

| 제1절 | 카프카즈의 레닌

요시프 비사리오노비치 주가쉬빌리, 즉 스탈린 자신의 말을 빌리면, 그는 1890년대 말, 특히 러시아사회민주노동당 기관지 ≪이스크라≫가 뮌헨에서 처음 발행된 1900년 12월 이후부터 레닌의 활동에 대해 알기 시작했다. 레닌의 장례가 끝난 다음날인 1924년 1월 28일, 모스크바에서 열린 추도 모임에서의 연설을 통해 스탈린은 "오직 그즉, 레닌]만이 우리 당의 내적 본질과 긴급한 필요성을 이해하고 있다"는 확신에 도달한 후인 1903년 말 서신 교환을 통해 처음으로 레닌과 관계를 맺었다고 말했다. 당시 코바라는 가명을 쓰던 주가쉬빌리는 "외국에 망명해 있는 가까운 친구에게" 당의 문제에 관해 쓴 편지를 보냈으며, 시베리아의 유형지에서 레닌의 답장을 겨우 받을 수 있었다. 편지에는 "장래의 당의 활동에 관한 모든 계획이 아주 명료하고 간결하게" 서술되어 있었으며, 더욱이 각 구절은 "그냥 말하는 것이 아니라 전율을 느끼게 하는 것"이었다고 회고했다. 스탈린은 그에 부연했다: "노회한 지하운동가의 습관에 따라 레닌의 서신을 다른 편지들과 함께 불태워버린 데 대해 나 자신을 용서할 수 없습니다."[1] 일부 연구자들이 생각하듯, 과연 스탈린의 이런 말에는 허구적 공상이 섞인 것일까? 문제는 거기에 있지 않았다. 문제는 코바가 간신히 입수하기 시작한 레닌의 글들에서 자신이 겨우 고민하기 시작한

---

1) См.: Сталин И.В. Соч., т.6, с.52~54.

문제들에 대한 완벽한 해답을 발견했다는 데 있었다. 당시 코바는 이미 볼쉐비즘의 확고한 신봉자이자 열렬한 옹호자가 되었고, 레닌에 대한 충성을 적극적으로 발휘하게 되었다는 데 문제의 핵심이 있었다.

그루지야의 티플리스(트빌리시), 아제르바이잔의 바쿠 등의 도시를 근거로 활동했던 코바는 카프카즈의 사회주의 운동을 주도하던 멘쉐비키의 전술들을 비판하면서 레닌의 노선을 철저히 변호했다. 1905년 봄에 소책자로 발간된 그의 글「당내 이견들에 관한 소고」는 멘쉐비키의 집중적 비판의 대상이 되었으며,2) 이를 반박하는「사회민주주의자에게의 답변」이 그해 8월 지역 혁명운동가들이 발행하던 지하간행물에 게재되었다. 코바의 글은 레닌을 흐뭇하게 했으며, 1905년 10월 레닌은 ≪프롤레타리아≫3)에 코바를 칭찬하는 글을 게재했다: "우리는 [코바의 글에서] 외부로부터의 의식 주입이라는 그 유명한 문제가 아주 훌륭하게 설정되었음을 지적하지 않을 수 없다."4) 물론, 코바는 자신의 글에서 1902년에 출판된 레닌의 역작『무엇을 할 것인가?』에 담겨있는 "그 유명한" 공식, 즉 "노동계급의 의식은 자체로 정치적 의식이 될 수 없으며, 노동계급의 의식이 혁명적으로 되기 위해서는 사회민주당원이 노동조합의 서기가 아니라 프롤레타리아 계급의 전위이며 보호자가 되어야 한다"는 레닌의 공식을 특히 카우츠키까지 인용하면서 철저히 옹호하는 동시에 멘쉐비키의 "거짓말"을 낱낱이 폭로하고 있었다.5)

---

2) См.: Сталин И.В. Соч., т.1, с.89~130.
3) 1903년 여름에 브뤼셀에서 열렸던 러시아사회민주노동당 제2차 대회를 계기로 러시아 맑스주의자들은 볼쉐비키와 멘쉐비키로 분열했다. ≪이스크라≫가 중심이 되었던 당 지도부에서 물러난 레닌은 자신의 지지자들을 규합해 1904년 12월부터 1905년 5월까지 볼쉐비키 기관지 ≪전진(Вперёд)≫을 제네바에서 발행했다. 이어 1905년 4월, 런던에서 볼쉐비키만으로 제3차 당 대회가 개최되었고(멘쉐비키는 대회 참석을 거부), 그 대회의 결정에 의해 레닌파의 주보(週報) ≪프롤레타리아≫가 발행되기 시작했으며, 이는 1905년 11월까지 계속되었다.
4) Ленин В.И. Полн. собр. соч., т.11, с.386.

1905년 1월 9일 "피의 일요일"을 계기로 시작된 첫 번째 러시아 혁명이 최대 고비를 맞은 1905년 12월 코바는 핀란드의 탐메르포르스(탐페레)에서 열린 전(全)러시아 볼쉐비키 협의회에 러시아사회민주노동당 카프카즈동맹 대의원 자격으로 참석했다. 여기에서 코바는 처음으로 레닌과 대면했다. 스탈린은 당시를 회상했다: "나는 우리 당의 산(山)독수리를, 정치적으로 뿐만 아니라, 말하자면, 육체적으로도 거대한, 그런 위대한 인물을 만날 것을 기대했습니다. 왜냐하면 나의 상상 속에서 레닌은 건장하고 위풍당당한 거인의 모습으로 그려졌습니다. 내가 아주 평범하기 짝이 없는, 중간도 안 되는 작은 키의, 문자 그대로 일반 중생들과도 전혀 구별이 안 되는 사람을 봤을 때 가졌던 나의 실망감이란…"[6] 코바는 "집회에 모인 사람들이 위대한 인물의 등장을 가슴 조이며 기다리기를" 바랐다. 이러한 의식은, 코바의 생각에, 위인에 대한 경외감과 존경심을 불러일으키기 위해 전혀 불필요한 것이 아니었다. 레닌의 평범한 행동은 코바에게 커다란 충격을 주었다. 스탈린의 회상에 따르면, 한참 후에야 코바는 레닌의 소박함과 겸손함이야말로 "인간의 가장 밑바닥에 있는 단순하고 평범한 인민대중, 새로운 인민대중의 새 지도자로서 그가 지닌 최대 장점 중의 하나"라는 사실을 이해했다.[7] 물론 레닌의 연설은 카프카즈에서 온 26세의 젊은 대의원을 실망시키지 않았다: "그때 나는 레닌의 연설이 가진, 조금 건조하지만 대신에 청중을 기본적으로 제압하고, 점점 청중을 감전시키고, 다음에 결국에는 그들을 이를테면 하나도 남김없이 완전히 사로잡는, 불가항력적인 논리의 힘에 포로가 되었습니다."[8]

  코바와 레닌의 두 번째 만남은 1906년 4월 스톡홀름에서 열렸던 러시

---

5) См.: Сталин И.В. Соч., т.1, с.160~172.
6) Сталин И.В. Соч., т.6, с.54.
7) См.: Там же, с.54~55.
8) Там же, с.55.

아사회민주노동당 제4차 (통합)대회에서 이루어졌다. 패배로 끝난 첫 번째 러시아 혁명의 경험은, 무엇보다도, "당의 조직 방식에 대한 이견을 계기로 심화된 당 지도부의 분열과 대립"이 현실적으로 짜리즘이라는 공동의 적 앞에서 무의미하다는 사실을 확인해주었다. 특히 1905년의 혁명을 계기로 레닌이 이른바 연속혁명론을 제시함으로써 짜리즘이 타도된 이후의 새로운 시대에 대한 볼쉐비키와 멘쉐비키의 혁명 노선의 차이가 명확해졌지만,[9] 그럼에도 불구하고 혁명의 소용돌이 속에서 소비에트로 결집한 노동자들은 지도자인 트로츠키와 파르부스가 짜리즘 타도와 프롤레타리아 사회주의 정권의 수립을 외치며 내건 "짜리 없는 노동자 정부!(Без царя, а правительство рабочее!)"라는 슬로건에 열광했다. 노동자들이 보기에, 볼쉐비키와 멘쉐비키로의 사회민주노동당의 분열은 당 지도부의 헤게모니 장악을 위한 싸움에 불과했다. 혁명기간 동안의 "무의미한 대립"을 해소시킨 당 하부조직 노동자들은 지도부의 분열을 비판했고, 그것은 1906년 봄 스웨덴의 수도에서 열린 (통합)대회에 당의 모든 분파가 참여하는 데 있어서 중요한 계기로 작용했다. 레닌은 자신의 지지자들, 즉 볼쉐비키가 당 대회에서 명실상부한 다수파(볼쉐비키는 다수파, 멘쉐비키는 소수파라는 뜻을 가진다)가 되기를 원했다. 그러나 당 대회에서 표결에 참여할 수 있는 대의원의 선출권이 러시아 내의 당 조직에 폭넓게 부여되었고, 그 결과 대회에 참석한 대의원들의 압도적 다수는 러시아의 혁명운동에서 보다 막강한 영향력을 갖고 있던 멘쉐비키로 구성되었다. 제4차 당 대회에서 채택된 결정에서 볼쉐비키의 요구가 거의 반영되지 못한 것은 지극히 당연한 일이었다. 그럼에도 불구하고,

---

9) 레닌의 연속혁명론은 러시아사회민주노동당 제3차 대회가 채택한 「임시혁명정부에 관한 결정」에서도 발견되지만, 본격적인 이론화는 1905년 여름 출판된 『민주혁명에 있어서의 사회민주주의의 두 가지 전술』에서 시도되었다. См.: Ленин В.И. Полн. собр. соч., т.11, с.1~131.

그 대회에서 연단에 오른 코바는, "민주혁명의 시기에 프롤레타리아트의 헤게모니를 요구하는 것은 유해한 망상"이라고 주장하는 멘쉐비키를 비판하면서, 레닌의 연속혁명 노선을 옹호했다. 그러나 토지문제에 관해서는 생각이 조금 달랐다. 코바는 혁명 후에 지주 계급의 토지를 몰수해 그 처분권을 각 지역의 민주적 자치단체에 귀속시킨다는 멘쉐비키의 강령, 즉 토지의 지방자치화 강령을 배격하고, 토지의 완전몰수 및 농민에게의 완전분배를 역설했다: "자본주의 단계에 있어서 [토지의] 분배가 반동적이라는 것은 의심의 여지가 없지만, 그러나 전(前)자본주의적 조건들하에서 (예를 들면, 러시아 혁명의 조건들하에서) 분배는 대체적으로, 그리고 전적으로 혁명적인 것입니다."10) 그는 레닌에게도 동의하지 않았다. 당 대회에서 레닌은 토지의 즉각적 국유화를 요구했다: "농민이 스스로 모든 농업관계와 모든 토지를 장악했다면, 그때 국유화가 시행됩니다."11) 코바는 자신의 소신을 굽히지 않았다. 그의 생각에 지방자치화나 국유화는 모두 수용 불가한 것으로, 그런 구호를 내건다면 러시아 사회민주주의자들은 "노동자와 혁명적 농민들과의 동맹"을 이룰 수 없을 것이라고 주장했다.12) 10월혁명 이후 레닌은 사회혁명당의 프로그램에서 차용한 토지의 사회화, 즉 토지의 몰수 및 소유권이 배제되는 토지의 분배라는 원칙을 출발점으로 볼쉐비키 정권의 농업정책을 시작했었다. 1906년 당시 코바는 레닌이즘의 무오류성을 절대적으로 확신하는 충실한 레닌의 제자가 되지는 못했던 것 같다. 그럼에도 불구하고 중요한 것은, 코바가 레닌의 위대성에 대한 자신의 신념을 다시금 확인할 수 있었다는 사실이다. 1924년 1월 28일, 스탈린은 열성 당원들 앞에서 레닌을

---

10) Сталин И.В. Соч., т.1, с.238.
11) Ленин В.И. Полн. собр. соч., т.10, с.360.
12) См.: Сталин И.В. Соч., т.1, с.237.

추도하며 이렇게 회고했다: "그때 나는 처음으로 패배자로서의 레닌을 보았습니다. 그는 패배 후에 흐느끼며 의기소침해 하는, 그런 지도자들과는 조금도 비슷하지 않았습니다. 거꾸로 패배는 레닌을 더욱 강하게 했으며, 그는 새로운 전투와 미래의 승리에 대비하도록 자신의 지지자들을 적극 고무하였습니다. [중략] '패배의 경우에도 흐느끼지 않는다', - 이것이 레닌의 활동에 있어서 가장 전형적인 모습이었고, 바로 그것 때문에 레닌은 끝까지 헌신적인, 그리고 스스로의 힘을 확신하는 군대를 자신의 주위에 결집시킬 수 있었던 것입니다."[13]

코바는 1907년 봄 런던에서 개최된 러시아사회민주노동당 제5차 대회에 티플리스 당조직을 대표해 참석했다. 이 대회는 의결권을 가진 300명 이상의 대의원들이 참여하여 매우 성대하게 치러졌던 명실상부한 러시아 사회민주주의자들의 포럼이었다. 상대적으로 풍족한 재정을 배경으로 조직을 강화한 볼쉐비키는, 당 대회에서, 멘쉐비키에 비해 약간의 수적 우세를 유지할 수 있었다. "당 대회가 멘쉐비즘에 대한 볼쉐비즘의 승리로 끝났다"는 볼쉐비키당의 공식 기록은 부분적으로만 맞는 말이었다. 제5차 당 대회에서 첨예한 대립상황은 발생하지 않았으며, 레닌이 자신의 입장을 일부 수정함으로써 당 대회의 결정문을 작성함에 있어서 볼쉐비키는 체면을 유지할 수 있었다. 1905년의 혁명은 그해 10월의 총파업으로 절정에 달했고, 이는 짜리 니콜라이 2세의 정치적 양보를 강제했다. 비테가 기초한 「10월 선언」은 신체, 양심, 출판, 집회, 결사의 자유를 비롯한 공민 자유권의 보장, 선거권 확대, 그리고 의회 기능을 하는 국가두마의 창설을 명문화하였다. 그것은 짜리의 진심에 어긋나는 것이기는 했지만, 외견상으로나마 러시아가 입헌군주국으로 발전하는 것처럼 보이게 했다. 1906년 봄 국가두마 의원 선거가 실시되었고, 4월 27일에 제1대 국

---

13) Сталин И.В. Соч., т.6, с.56.

가두마가 소집되었다.14) 그러나 "부르주아적 입법기구"에 대한 사회민주주의자들의 태도는 서로 일치하지 않았다. 제4차 당 대회 당시 멘쉐비키는 두마의원 선거에 참여할 것을 당의 결정으로 공식화했으나, 레닌은 러시아사회민주노동당이 두마에의 참여를 단호하게 거부해야 한다고 주장했다.15) 그러나 제5차 당 대회에서 레닌은 두마에 대한 예전 입장을 포기했으며, 그 결과 볼쉐비키와 멘쉐비키 간에 두마를 둘러싼 대립이 완화될 수 있었다. 그로부터 약 17년이 지난 1924년에 스탈린은 회고했다: "나는 그 때[즉, 제5차 당 대회] 처음으로 승리자로서의 레닌을 보았습니다. 흔히 승리는 다른 지도자들을 자만하게 하며, 그들을 오만하고 불손하게 만듭니다. [중략] 그러나 레닌은 조금도 그런 지도자들과 비슷하지 않았습니다. 아니, 바로 당 대회가 끝난 후 그는 방심하지 않고 더욱 긴장하였습니다. [중략] '승리에 교만하지 않는다' – 이것이 레닌의 성격에서 가장 특징적인 모습이었으며, 바로 그것 때문에 그는 냉철하게 적(敵)들의 힘을 헤아리고, 가능한 불의의 사태로부터 당을 수호할 수 있었던 것입니다."16)

위에 인용된 스탈린의 발언은 모두 레닌에 대한 개인숭배를 조성하는 재료였다. 그것은 고인에 대한 단순한 존경의 표현이 아니었다. 무엇 때

---

14) 제1대 국가두마는 전체 의석의 34%를 입헌민주당(카데트당)이, 20%는 선거를 거부한 사회혁명당에서 분리되어 나온 근로당원(трудовик)들이 차지함으로써 전체적으로 반짜리즘 경향을 나타냈다. 1906년 7월 제1대 두마는 해산되었으며, 사회혁명당과 사회민주노동당으로 구성된 "좌파블록"이 전체 의석의 43%를 차지했던 제2대 국가두마는 1907년 2월 소집되어 그해 6월에 해산되었다. 1907년 6월에 이루어진 선거법 개정을 통해 지주계급에 특히 유리한 차등선거제가 도입되었고, 그 결과 친(親)짜리즘적인 제3대 "지주(地主)두마"가 1907년 11월에 소집되었다. 1917년 2월혁명이 발발했을 때에는 제4대 국가두마가 활동하고 있었는데, 거기에서 멘쉐비키는 7석, 볼쉐비키가 6석을 차지하고 있었다.

15) КПСС в резолюциях.., т.1, с.161.

16) Сталин И.В. Соч., т.6, с.57.

문에 그러한 바쿠스의 노래가 필요했을까? 스탈린은 레닌에 대한 충성을 과시함으로써 고인의 권위를 독점적으로 세습해 트로츠키와의 투쟁에서 승리하기를 원했던 것일까? 아니면, 단지 그것은 스탈린과 같은 그루지야 사람들의 연회숭배, 즉 개인적 의리에 대한 헌신을 최고 덕목으로 여기는 그루지야적 전통이 발휘된 결과였을까? 어떤 볼쉐비키당 지도자도 스탈린처럼 레닌을 찬양하지 않았다. 트로츠키도 1924년에 출판된 자신의 책 『레닌전』에서 정치가로서 레닌을 높게 평가하기는 했다.17) 부하린 역시 1925년 1월 21일자 ≪프라우다≫에 게재된 「레닌의 회상」이라는 글을 통해 지도자의 사망에 대해 깊은 유감을 표현했다. 그러나 트로츠키나 부하린의 글 그 어디에도 레닌 개인을 숭배하는 내용은 없었다. 해외 망명 당시에 레닌과 교류했던 거의 모든 볼쉐비키는 단지 넓은 의미에서 그의 동지들이었다. 1917년 5월까지, 정치적으로나 개인적으로 레닌과 대립의 골만 키웠던 트로츠키, 그리고 철학적인 입장 차이를 이유로 1908년 이후 레닌과 완전 결별한 보그다노프 등은 말할 나위가 없고, 지노비예프와 카메네프, 그리고 레닌이 「유언」을 통해 젊은 볼쉐비키 지도자로 언급한 부하린과 퍄타코프도 빈번히 레닌과 논쟁했으며, 자신의 이론을 위해서는 레닌의 그 어떤 격렬한 비판도 개의치 않았다. 이념의 화신이 었던 그들은 정치적으로 정신적으로, 다소 정도의 차이가 있기는 했지만, 자립적이었다. 그러나 스탈린의 경우는 전혀 달랐다. 그는 완전히 레닌의 사람이었다.

 1908년경 서유럽의 망명지에서 러시아사회민주노동당은 결정적으로 분열되었다. 볼쉐비키와 멘쉐비키 간에 심화된 혁명 노선상의 대립만이 결정적 원인은 아니었다. 중요한 원인 중의 하나가 바로 재정상의 문제였다. 그 역사는 아주 복잡하지만, 특히 1907년 여름, 그루지야의 티플리

---

17) См.: Троцкий Л.Д. О Ленине. М., 1924.

스에서 볼쉐비키가 감행한 소위 "수탈자에 대한 수탈"은 그냥 무시하기에는 당 안팎으로 파장이 너무 큰 것이었다.

1903년 이후 ≪이스크라≫가 중심이 된 러시아사회민주노동당의 지도부에서 레닌이 밀려난 결과 혁명운동에 있어 소수파로 전락한 볼쉐비키는 자금 부족을 절실히 느끼게 되었다. 첫 번째 러시아 혁명의 소용돌이 속에서 볼쉐비키의 재정책임자로서 크라신은 혁명자금 조달을 위해 "전사(戰士)"들을 동원, 크고 작은 작전들을 조직했다.[18] 특히 1905년 말부터 볼쉐비키는 혁명기간 중에 광범위하게 형성된 지하조직망을 통해 더욱 자주 "수탈자에 대한 수탈", 즉 은행이나 우체국 금고를 노린 작전을 감행했다. 당시 "엑스"라고 불린 그러한 행위가 사회민주주의자들의 도덕성에 치명적인 위협이 될 수 있다고 판단한 멘쉐비키는 1906년 봄에 열린 러시아사회민주노동당 제4차 (통합)대회에서 볼쉐비키의 "반(反)사회주의적 강도행각"을 맹렬히 비난하고 나섰다. 그러나 레닌은 당대회에 제출한 대회 결정문 초안에 썼듯이, "원수들, 즉 전제 정부가 소유한 화폐자금의 강탈을 위한 출정(出征)은 허용되어야 한다"고 강변했다.[19] 당 대회는 멘쉐비키의 제안대로, 사회민주노동당의 이름으로 행해지는 강탈행위나 그를 목적으로 하는 개인 혹은 집단의 출정에 반대해 투쟁할 것을 결의했다.[20]

그러나 당의 결정은 볼쉐비키를 제지할 수 없었다. 볼쉐비키는 자신들의 조직이 나름대로 활동성을 유지했던 카프카즈와 우랄 등지에서 "엑스"를 계속 감행했다. 특히 1906년 여름에 크라신은 카프카즈에서, 보그다노프는 우랄에서 굵직한 작전들을 수행했다. 이러한 볼쉐비키의 행위

---

18) См.: Красин Л.Б. Годы подполья. Сборник воспоминаний, статей и документов. М., 1928, с.227~272.
19) КПСС в резолюциях.., т.1, с.154.
20) См.: Там же, с.177.

는 러시아사회민주노동당 내에서 날카로운 대립을 야기했다. 1907년 봄 제5차 당 대회에서 레닌은 이 문제에 관한 심각한 논의를 피하려고 했지만, 분노한 멘쉐비키는 레닌을 집중적으로 공격했다. 당 대회가 채택한 결정문에는 다시 "당 조직들은 빨치산적 출정과 수탈에 반대해 가열한 투쟁을 전개해야 한다"고 강조되었다.[21] 그러나 당 대회가 끝난 직후 볼쉐비키는 당의 결정을 무시하고 카프카즈에서 대규모 "엑스"를 감행했다. 작전의 실행자는 카모라는 이름을 사용했던 테르-페트로샨이었다. 그러나 25만 루블을 강탈하는 데 성공한 그 작전의 계획을 세우고 그것을 감독한 인물은 바로 코바, 즉 스탈린이었다. 테르-페트로샨은 스탈린이 신학교에서 제적된 후 티플리스에서 잠깐 가정교사를 하던 시절 그의 학생이었다.

아무튼, 그러한 종류의 일에 관해 잘 알고 있는 "혁명가의 아내" 크룹스카야는 이 작전에 대해 담담하게 회고했다: "1907년 6월 티플리스의 에리반 광장에서 수탈이 완수되었다. [중략] 볼쉐비키는 짜리 정부의 금고를 탈취하는 일을 허용될 수 있는 행위로 생각하였고 수탈을 허용하였다. 티플리스의 수탈에서 얻어진 돈은 볼쉐비키 분파로 전달되었다. 그러나 그 돈을 사용할 수는 없었다. 그것은 모두 500루블짜리 고액권들이었고 잔돈으로 교환해야만 했다. 그러나 수탈된 500루블짜리 지폐의 일련번호 명부를 각 은행이 가지고 있었기 때문에 러시아에서는 돈을 교환할 수 없었다."[22] 레닌의 표현에 따르면, "아주 각별한 충성심과 용감성, 열정의 사나이"였던 카모는[23] 작전이 성공적으로 끝난 후 독일로 피신했다. 그러나 1907년 11월 베를린 경찰은 카모를 체포했고 그를 러시아

---

21) Там же, с.218.
22) Крупская Н.К. Воспоминания о Ленине. М., 1989, с.143.
23) Ленин В.И.Полн. собр. соч., т.51, с.42.

정부에 인계했다. 1908년 초부터 서유럽에서는 러시아의 고액권을 환전하려는 볼쉐비키 요원들에 대한 체포가 무더기로 이어졌다. "엑스"는 볼쉐비키의 금고를 채워주었지만, "더러운 돈"은 러시아사회민주노동당 뿐만 아니라 서유럽의 사회민주주의자들까지도 연루된 스캔들을 낳아 정치적 명예를 훼손시키는 원인이 되었으며 동시에 망명지에서 볼쉐비키 분파 내부의 알력을 증대시켰다. 레닌은 충실한 동무였던 보그다노프, 크라신과 결별하였고, 곧이어 두마무용론을 역설하는 사회민주노동당 내의 최후통첩파와 소환파를 맹렬히 비판하기 시작했다.24)

카프카즈 지역에서 감행된 "엑스"에 코바가 참여했다는 사실과 관련된 직접적인 증거는 없다. 1931년 독일 작가 에밀 루드비히는 스탈린을 인터뷰하던 중 17세기 중엽 러시아 농민전쟁의 지도자였던 스테판 라진을 직접 거명하면서, 그러나 실제로는 티플리스에서의 사건을 염두에 두면서 단도직입적으로 물은 적이 있었다: "이념적 강도에 대한 귀하의 생각은 어떠십니까?" 스탈린은 "무릇 농민 봉기란 노동자 봉기와 결합되거나 노동자의 지도를 받을 때에만 성공할 수 있다"는 점만 강조하면서 즉답을 피했다.25) 그러나 "범죄행각"과 관련하여 스탈린을 비난했던 멘쉐비키 지도자들은 말할 것도 없고, 몇몇 저명한 볼쉐비키도 "엑스"에 코바가 관여했다는 사실을 인정했다. 소련에서 추방당한 후, 트로츠키는 1939년에 쓴「요시프 스탈린」에서 이렇게 말하고 있다: "낭만적인 약탈과 피의

---

24) 1907년 11월에 소집된 제3대 "지주(地主)두마"를 계기로 사회민주노동당에서 노선상의 대립이 표출되었다. 처음에 19명이었던 당 소속 의원들의 활동이 계급성을 상실하며 점차 독자적으로 이루어지자, 크라신 등은 "당에 대해 복종할 것을 그들에게 명령하고, 그렇지 않을 경우 두마에서 소환하겠다는 최후통첩을 보낼 것"을 요구했으며, 또한 보그다노프, 루나차르스키, 포크롭스키 등은 반동적인 두마의 정치적 유용성을 부정하면서 사회민주노동당의 의원 모두를 아예 소환할 것을 주장했다. 두마에서의 합법적 선전활동과 불법적 지하투쟁을 병행할 것을 주장한 레닌은 전자의 입장을 최후통첩주의, 후자의 그것을 소환주의라고 부르며 비판했다.

25) См.: Сталин И.В. Соч., т.13, с.112~113.

복수라는 전통이 아직 살아있던 카프카즈에서 테러를 수반하는 투쟁은 용감한 실행자들을 발견하였다. [중략] 성(省)의 지사들이나 경찰, 배신자들을 살해하였으며, 폭탄과 권총을 손에 들고 혁명을 목적으로 국고의 현금을 강탈하였다. 코바의 이름은 그런 일들과 밀접히 관련되었으나 지금껏 정확히 확인된 바는 아무것도 없다. 정치적인 적(敵)들은 그런 영역에서의 스탈린의 활동을 분명히 과장하였다. [중략] 하지만 티플리스 습격에 직접 참여한 자들의 회상기에는 한 번도 스탈린의 이름이 언급되지 않았다. 스탈린 자신도 그에 관해 한마디도 입 밖에 내지 않았다. 하지만 이것은 그가 테러 활동에 개입하지 않았다는 것을 의미하지 않는다. 그는 막후에서 활동하였다. 사람들을 선발하고 그들의 행위를 당 위원회의 이름으로 인가하였으며 그 자신은 적시에 옆으로 비켜섰다. 그런 활동이 그의 성격에 보다 적합하였다."26) 자타가 공인했던 스탈린의 최측근 몰로토프는 말년에 추예프와 대화하면서 트로츠키와 같은 의견을 개진했다.27) 1910년 무렵 스탈린은 볼쉐비즘에 대한 확고한 신뢰와 헌신을 충분히 보여줌으로써 카프카즈라는 변방에서 러시아 중앙으로 활동무대를 옮길 수 있었다. 이때 이미 혁명가들 사이에서 스탈린은 "카프카즈의 레닌"이라고 불렸으며, 그러한 명성은 결코 그냥 얻어진 것이 아니었다.28)

그 정신이 짜리즘에 대한 적대감으로 가득 차 있는, 강철같이 단련된 직업혁명가로서, 그리고 혁명을 위한 지하활동을 생의 모태로 삼고 있는 헌신적인 볼쉐비크로서 코바는 러시아사회민주당노동당 내 급진세력인

---

26) Троцкий Л.Д. Иосиф Сталин. // К истории русской революции. М. 1990, с.401.
27) 러시아의 시인 추예프는 1969년부터 몰로토프가 사망한 1986년까지 그와 나눈 이야기들을 정리해 1991년에 『몰로토프와의 대화 140(Сто сорок бесед с Молотовым)』이라는 책을 출판했다. 1980년대 전반 소련의 독서계에는 몰로토프가 회고록을 쓰고 있다는 소문이 퍼져 있었는데, 그가 직접 회고록을 집필했던 것은 아니었다. 러시아 사회에 큰 반향을 불러일으킨 추예프의 책은 사실상 몰로토프의 회고록이 되었다.
28) См.: Чуев Ф.И. Сто сорок бесед с Молотовым, с.240.

볼쉐비키들 사이에서 전혀 무시될 수 없는 존재였다. 특히 망명지에서 거의 고립되어 있던 레닌에게는 너무도 소중한 일꾼이었다. 아니, 코바 스스로 무시되는 존재가 되는 것을 허락하지 않았다는 것이 옳은 말일 것이다. 1908년 3월에 바쿠에서 체포된 코바는, 이듬해 6월, 볼로그다성(省)에 위치한 유형지 솔븨체곳스크에서 탈주하는 데 성공했다. 활동 근거지인 바쿠로 돌아온 코바는 당의 이념적 단결을 방해하는 소환주의와 최후통첩주의를 맹렬히 비판하면서, "당이 인민대중으로부터 유리(遊離)되고 당 조직들이 서로 격리되어 있는 현실"에서 비롯된 당의 위기를 극복하기 위해서 러시아 전국적 차원에서 혁명 활동을 총괄적으로 지도할 수 있는 당 기관지를 발행하자고 러시아사회민주노동당 바쿠위원회 이름으로 호소했다.29) 코바가 이끄는 바쿠위원회는 1910년 1월 22일 채택된 결정을 통해 전(全)러시아적 차원의 당 기관지를 발행해야 할 필요성을 강조했을 뿐 아니라, 당 지도부를 해외에서 러시아로 이전시킬 것을 요구했다.30) 1910년 3월에 체포되어 다시 솔븨체곳스크로 쫓겨난 코바는, 1910년 말, 레닌에게 편지를 보냈다. 편지에서 코바는, 우선, 러시아사회민주노동당 내 각 분파들의 화해를 촉구하는 트로츠키의 "타협주의"적 노선을 "부패한 무원칙성"의 발현이라고 규탄하면서 당시 플레하노프와 제휴하고 있던 레닌의 노선에 전폭적인 지지를 표명했다. 나아가 그는 보그다노프 등의 소환주의자들뿐 아니라, 멘쉐비키 청산주의자들에 대해서도 비판의 포문을 열었으며, 당의 당면 과제로 러시아에서의 조직 사업을 강화할 것을 역설했다.31)

---

29) См.: Сталин И.В. Соч., т.2, с.148, 156.
30) См.: Там же, с.198~199.
31) См.: Там же, с.209~211. 청산주의란 1907~1910년 사이 멘쉐비키가 주도했던 점진적인 개량을 목표로 한 사조로서 선거, 두마, 노동조합 등을 중심으로 하는 합법적이며 공개적인 정치활동을 강조하는 대신 불법적인 지하운동의 청산을 주장했다.

1907~1908년 이후 러시아는 스톨리핀의 개혁정책과 세계경제 활황을 배경으로 급속한 공업 성장을 실현하면서 자본주의 발전의 전성기를 구가했다. 1906년 7월에 총리로 임명된 스톨리핀은 "신뢰할 수 없는 분자들"에 대한 참정권 제한이나 테러리즘에 대한 단호한 진압 등의 방법을 통해 짜리즘의 안정을 도모했으며, 동시에 러시아의 자본주의화를 적극 지향하는 경제정책을 일관되게 추진했다. 그에 따라, 1905년 1월 "피의 일요일"을 계기로 시작된 첫 번째 혁명의 여파가 빠르게 극복되어 갔으며, 그 결과 러시아에서는 비교적 신속하게 사회정치적 안정이 실현되었으며, 혁명운동은 퇴조기에 접어들었다. 망명지에 체류하던 혁명운동가들도 대립과 반목 속에 분열되어 점차 결집된 힘을 상실했으며, 러시아사회민주노동당은 사실상 와해되었다. 1911년 봄, 보그다노프 등 동무들과 결별하고 프랑스에 머물던 레닌은 페테르부르크, 모스크바, 카프카즈, 우랄 등 공업 지역에서 명맥을 유지하고 있는 볼쉐비키 운동조직의 젊은 일꾼들을 교육시키기 위한 당 학교를 파리 근교 롱쥬모에 개설했다. 그 무렵 레닌에게 혁명을 위해 해야 할 시급한 일들이 아무리 많았다고 하더라도, 그는 자신에게 충성을 다하는 열렬한 지지자의 활동과 호소를 주목하지 않을 수 없었다.[32]

1911년 9월 페테르부르크에서 다시 체포된 코바는 3년형을 선고받았

---

[32] 당시 롱쥬모의 당 학교에서 수강했던 오르조니키제의 회고는 많은 것을 시사한다. 1911년 여름 레닌은 자신이 마히즘(마하주의)에 관해 보그다노프와 벌인 철학논쟁을 코바가 다른 동무들에게 보낸 편지에서 "해외에서의 찻잔 속 태풍"이라고 비꼰 것에 대해 불쾌하게 생각한다고 오르조니키제에게 말했다. 그러고는 코바가 예전에 자신에게 보낸 몇몇 편지들을 언급하면서 그를 칭찬한 다음 다시 얼굴을 찌푸렸다: "코바를 우리의 동무, 즉 볼쉐비크라고 말하는 것은 과장이 아닐 거요. 그런데 일관되지 못한 그의 태도에 대해 눈을 감아야 하는가? '찻잔 속 태풍'이라는 허무주의적 농담은 코바가 맑시스트로서 성숙하지 못함을 드러내는 거요." 당시 혁명운동의 가혹한 현실 속에서 코바는 레닌의 철학논쟁을 할 일 없는 이론가의 유희라고 비난했다. См.: Дубинский-Мухадзе И.М. Орджоникидзе. М., 1963, с.92~94.

으며, 그해 12월 말, 유형지 볼로그다에 도착했다. 벌써 다섯 번째로 체포된 것이었다. 그 무렵 레닌은 자신의 지지자들을 규합해 볼쉐비키 정당을 조직하려 했으며, 1912년 1월 프라하에서 개최된 볼쉐비키의 집회는 그 귀결이었다. 집회의 공식 명칭은 러시아사회민주노동당 제6차 (프라하)협의회였는데, 바로 이 협의회가 "새로운 형태의 정당인 볼쉐비키당의 건설에서 결정적인 역할"을 수행했다. 러시아사회민주노동당 내의 일개 파벌에서 벗어나 독자 정당으로 출범한 볼쉐비키당의 중앙위원회 위원들로 어떤 사람들이 선출되었는지가 흥미롭다. "혁명가의 아내" 크룹스카야는 회고했다: "[중앙위원으로] 레닌, 지노비예프, 오르조니키제(세르고), 쉬바르츠만(다비드), 골로쇼킨(필립), 스판다랸, 말리놉스키가 선출되었다. 체포에 대비해 후보위원들도 정해졌다. 협의회가 끝난 직후 스탈린과 벨로스토츠키 그리고 어느 페테르부르크 노동자(롱쥬모 당학교의 수강생)가 중앙위원으로 충원되었다."[33] 러시아 혁명운동의 새로운 세대를 구성하는 이들은 기본적으로 이론가라기보다는 실천가들이었다. 비타협성과 분파주의 때문에 사회민주주의라는 공동체에서 유리된 레닌이즘 혹은 볼쉐비즘은 내재적인 급진성을 기반으로 러시아 노동운동 속에서 지지자들을 발견할 수 있었다. 볼쉐비키당의 첫 번째 중앙위원회는 주로 "레닌학교"의 수강생으로 구성되었다. 그들 중에는 혁명운동 과정에서 전혀 각광받지 못한 사람도 있었으며, 심지어 크룹스카야가 이름도 기억하지 못하는 어느 노동자처럼, 주목받을 자격을 갖추지 못한 인물도 포함되어 있었다. 그리고 얼마 후, 페트롭스키와, 우랄 지방에서 활동하고 있던 스베르들로프도 당 중앙위원으로 선출되었다.

  1912년 2월 볼로고다 유형지에서 탈주에 성공한 코바는 러시아사회민주노동당 중앙위원회 명의로 지방의 당 조직을 강화할 것을 촉구하는 격

---

33) Крупская Н.К. Указ. соч., с.188.

문「당을 위하여!」를 썼고,34) 이것은 러시아 전역의 볼쉐비키 사이에 널리 유포되었다. 레닌의 지시에 따라 바쿠를 떠난 코바는 4월에 페테르부르크에 도착할 수 있었으며, 볼쉐비키당의 국내 지도기관으로 설치된 중앙위원회 러시아사무국을 이끌면서 볼쉐비키당의 기관지 ≪프라우다≫의 창간을 준비하는 데 중심 역할을 했다. 1912년 4월 22일, 합법적으로 발행된 ≪프라우다≫ 창간호에는 스탈린이 밝힌 신문의 편집방향이 실려 있었다: "러시아 노동운동의 노선을 국제 사회민주주의의 빛으로써 조명하고, 노동계급의 친구 및 적에 관한 진실을 노동자들 사이에 유포하며, 노동자들의 권익을 수호하는 것, - 이런 목적을 '프라우다'는 추구할 것이다."35) 그러나 바로 그날 스탈린은 또다시 체포되었다. 시베리아의 유형지 나림에서 다시 탈주한 그가 페테르부르크로 돌아와 활동을 재개할 수 있었던 것은 1912년 9월 무렵이었다.

1912년 6월, 파리에 머물러 있던 레닌이 폴란드의 도시 크라코프로 이주하면서 페테르부르크에 있는 볼쉐비키당 간부들과 직접적 접촉이 용이해졌다. 레닌과 스탈린의 연계는 더욱 긴밀해졌으며, 11월에는 크라코프에서 두 사람의 회합이 성사되었다. 1912년 12월 말, 스탈린은 중앙위원회 회의에 참석하기 위해 크라코프에 도착했다. 레닌은 스탈린이 지도하는 ≪프라우다≫ 편집국의 "독단"에 불만을 표시했다. 크룹스카야가 회고한 바에 의하면, "그때 일리치[즉, 레닌]는 '프라우다'의 문제와 관련해서 화를 냈으며, 스탈린도 그에 맞서 화를 냈다. 문제를 어떻게 조정할 것인가를 놓고 두 사람은 충돌했다."36) 그럼에도 불구하고, 크룹스카야의 지적처럼, 레닌은 "민족문제에 대해 스탈린과 많은 대화를 나누었으

---

34) См.: Сталин И.В. соч., т.2, с.213~218.
35) Там же, с.248.
36) 구체적 결정 내용은 см.: КПСС в резолюциях.., т.1, с.367~368.

며, 그 문제에 관해 깊은 관심을 가지고 또 문제를 충분히 연구, 해명하고 있는 사람을 만났다는 것에 몹시 기뻐했다."37)

당시 레닌은 유럽뿐만 아니라 러시아에서도 현저하게 나타났던 민족주의의 성장을 불안한 눈으로 바라보았다. 민족주의는 계급적 모순들을 은폐하면서 프롤레타리아트의 분열을 선동하고, 사회민주주의 정당들을 민족에 따라 개별화시키고 있었다. 레닌의 평가에 따르면, 멘쉐비키 청산주의자들은 "문화적-민족적 자치"라는 구호 아래 사회민주주의와 양립할 수 없는 민족분리주의를 제창하고 있었다. 그는 "최악 형태의 연방제를 단순히 소생"시킬 것을 주장하는 청산주의자들과 투쟁하기로 결심했다. 1912년 11월, 레닌은 민족에 대한 볼쉐비키당의 정책 노선을 분명하게 규정했다: "오스트리아식 연방제로 갈 것인가? 아니면 연방제를 완전히 거부하고 실질적 단일체제로 갈 것인가? 우리는 후자를 지지한다. 우리는 사회주의를 민족주의에 순응시키고자 하는 시도에 반대한다."38) 그런 시점에 스탈린이 크라코프에 왔던 것이다. 레닌과 스탈린은 민족문제에 관한 멘쉐비키 청산주의자들의 "부르주아적 본질"을 폭로하는 볼쉐비키의 이론적 기초를 마련하자는 것에 합의했다. 스탈린은 문제를 해명할 수 있는 경험과 자질을 가지고 있었다. 그가 활동 근거지로 삼았던 카프카즈는 다양한 민족들이 뒤섞여 살아가는 "인종의 용광로"였다. 1904년 가을에 쓴 「사회민주주의자는 민족문제를 어떻게 이해하는가?」라는 글에서 코바는 카프카즈의 일부 사회민주주의자들 사이에서 나타나는 민족주의적 경향을 비판한 바 있다: "어떻게 해야 민족들 사이에 쌓여진 민족적 장벽들을 타파할 수 있으며, 어떻게 해야 민족적 폐쇄성을 근절할 수 있는가? 러시아의 노동자들을 서로 더 가깝게 하고 그들을 더욱 긴밀

---

37) Крупская Н.К. Указ. соч, с.212.
38) Ленин В.И. Полн. собр. соч., т.22, с.230.

히 결속시키기 위한 그런 것들이 사회민주주의에 있어 민족문제의 내용을 구성한다."[39]

프롤레타리아 계급은 민족적 성격을 갖지 않으며 '노동자들에겐 조국이 없다'는 명제는 모든 맑스주의자들이 확신하는 바였다. "공산주의 혁명 속에서 잃어버릴 것이라곤 자신을 속박하는 족쇄밖에 없는" 노동자들이 연대하는 것은 사회주의의 승리를 위해 필수적인 일이었다. 1848년에 맑스는 이렇게 외쳤다: "만국의 노동자들이여, 단결하라!"

---

[39] Сталин И.В. Соч., т.1, с.37.

| 제2절 | 볼쉐비즘의 이론적 발전

1913년 초, 빈에 머물면서 스탈린은 그 유명한 「맑시즘과 민족문제」를 썼다. 그곳에서 그는 멘쉐비크인 스코벨료프의 아파트에서 우연히 트로츠키를 만났다. 물론 스탈린은 트로츠키를 잘 알고 있었지만, 트로츠키는 스탈린을 처음 보았다. 그럼에도 트로츠키는 그 우연한 만남을 잊지 않았다: "인물[즉, 스탈린]의 인상은 좀 불안해 보였지만 그러나 비범한 데가 있었다. 혹은 그 후의 사건들이 첫인상에 영향을 미쳤던 것일까? 아니다, 그랬다면 나는 그에 관해서 잊었을 것이다. [중략] 선천적인 증오의 눈길, 발음이 불명료한 인사, 그리고 가장 중요한 것으로, 뭔가 음울한 긴장은 대번에 불안감을 야기했다."[40] 긴장감은 물론 상호적인 것이었다.

민족문제에 관한 논문에서 스탈린의 비판은 오스트리아-헝가리 제국 내 여러 민족 간의 갈등문제를 해결하기 위한 방안으로 문화적-민족적 자치를 요구한 오스트로-맑시스트들, 이들의 입장을 차용한 '리투아니아, 폴란드, 러시아 내 전(全)유태인노동자동맹', 즉 분트(Бунд), 그리고 카프카즈 지역에서 활동하며 분리주의를 조장하는 "멘쉐비키-민족주의자들"에게 집중되었다. 오스트리아 사회민주당의 지도자였던 오토 바우어는 민족을 "공동의 운명과 문화에 기초하는 공동의 심리적 기질을 갖는 사람들의 총체"로 정의하면서, 구성원들 공동의 성격, 즉 민족성을 민족의

---

40) Троцкий Л.Д. Иосиф Сталин. // К истории русской революции, с.397.

가장 본질적인 요인으로 강조했다. 민족억압정책에서 계급적 억압의 기능을 발견한 바우어의 프로그램은, 말하자면, 민족 간의 갈등을 조장하는 관료주의적인 중앙집권적 국가체제를 여러 민족의 민주적인 결합체로 전환시키는 것을 지향했다. 따라서 자치적인 민족기구를 구성하고, 제국의회와는 별도로 지방에서 입법권과 행정권을 갖는 민족의회를 구성하는 것은 오스트리아 사회민주당의 당연한 강령상의 요구가 되었다. 민족억압정책에 대항하여 민족자치의 실현을 프롤레타리아 계급에게 요구한 바우어는 개별 민족문화를 모든 인민의 자산으로 만들 것을 역설했다. 바우어는 민주적인 "민족적 연방"에서 장차 실현될 사회주의 사회의 제도적 원형을 발견했다. 바우어가 지지하는 민족자결주의의 내용은 분리 독립을 위한 급진적 투쟁이라기보다는 문화적-민족적 자치권의 확보를 위한 점진적인 의회민주주의적 개선이었다. 그에 따르면, "문화적"인 민족은 자본주의 시대가 종료된 이후에도 소멸될 수 있는 것이 아니었다. 스탈린의 비판에 의하면, 미래에 대한 바우어의 희망은 "사회주의에 대한 맑스의 개념을 [무정부주의적인] 바쿠닌의 수정된 개념으로 대치하려는 소심한 시도"에 불과한 것이었다.41) 스탈린이 보기에, 민족이란 그 존재가 단순히 승인되어야 할 대상이 아니라, 사회주의를 위해 분명히 극복되어야 할 대상이었다.

 스탈린은, 자신의 논문에서, 자본주의 발전의 맥락 속에서 민족운동을 설명하면서 "시장은 부르주아들이 민족주의를 배우는 첫 번째 학교"이며,42) 무릇 민족운동이란 본질적으로 부르주아적인 것임을 논증했다. 그에 따르면, 민족운동의 힘은 프롤레타리아, 농민 등 광범한 사회계층이 운동에 참여하는 수준에 따라 결정되며, 프롤레타리아의 참여 수준은 계

---

41) Сталин И.В. Соч., т.2, с.330.
42) Там же, с.305.

급적 모순들의 발전 수준 및 프롤레타리아 자신의 의식성과 조직성 여하에 따라 결정된다. 비록 민족적인 투쟁이 전(全)인민적 성격을 가진다 하더라도 그것은 외관상 그러할 뿐, 본질적으로 민족운동은 항상 부르주아적이고, 운동의 주도세력도 부르주아 계급이며, 운동의 성격 역시 부르주아 계급에게 유익한 것이었다. 그렇다고 해서 프롤레타리아가 자본주의라는 시대적 범주 내에서 행해지는 민족억압정책에 대해 투쟁할 필요가 없다는 것은 아니었다. 민족억압정책은 우선 피압박 민족의 프롤레타리아트에게 긴요한 "정신적 능력의 자유로운 발전을 저해"할 뿐 아니라 "광범위한 사회계층의 시선을 사회적인 문제나 계급투쟁의 문제로부터 민족적 문제, 즉 프롤레타리아트와 부르주아지 공통의 문제로 돌림"으로써 모든 민족의 노동자들이 단결하는 데 커다란 장애를 초래하였다. 민족억압정책은 프롤레타리아트의 과업에 위험한 것이므로 사회민주주의는 당연히 민족자결권의 실현을 위해 투쟁해야 한다고 스탈린은 강조했다.

물론 그것은 사회민주주의자라면 당연히 모든 민족운동을 전적으로 지지, 지원해야 한다는 뜻이 아니었다. 피지배 민족들에 대한 억압과 강제에 대항해 투쟁하면서 사회민주주의는 프롤레타리아의 계급적 대의에 기여하는 한에서 민족자결권을 옹호해야 하며, 근로계층의 해방을 위해 "유해한 민족적 관습이나 기구들"에 반대하는 선동을 동시에 수행해야 한다는 것이었다. 민족자결권은 그 자체가 목적이 아니라 사회주의를 위한 수단이라는 점을 스탈린은 분명히 했다.

스탈린은 피압박 민족들이 인정받아야 하는 민족자결권의 내용은 자치권뿐 아니라 자유로운 민주연방을 구성할 권리와, 심지어 분리독립권까지 포함하는 것이어야 한다고 강조했다. 오스트로-맑시즘의 강령과 분트 및 "멘쉐비키-민족주의자들"의 입장에서 스탈린은 프롤레타리아적 혁명성의 상실을 보았다. 그들은 민족에 대한 추상적 정의를 기초로 프롤레타리아 계급을 민족성에 따라 조직적으로 구별하면서, 노동자들에게 불필요한 민족감정을 선동하여 노동계급의 분열과 사회민주당의 세분화 및 갈등에 일조하고 있음을 지적하고 비판했다. 스탈린이 보기에 문화는 민족을 특징지을 수 있는 여러 요인 중 하나에 불과한 것이었다. 유태인처럼 이미 여러 지역들에 분산되어 절연된 채 살아가고 있는 사람들을 문화를 명분으로 삼아 "인위적으로 한 민족으로서 결합"시키는 것은 불가능하고 또 불필요한 일이었다. 스탈린이 보기에 민족은, 무엇보다도, 일정한 지역에 살고 있는 구체적인 사람들의 범주였다. 그러면 어떻게 민족문제를 해결할 수 있을 것인가? 스탈린에 따르면, 가장 옳은 해결방법은 바로 지역 자치였다: "지역 자치(областная автономия)의 우월성은, 무엇보다도, 자치가 영토가 배제된 허구성에 관련되는 것이 아니라 일정한 지역에 살고 있는 일정한 주민들에 의해서 실현된다는 점에 있다. 그리고 지역 자치는 사람들을 민족에 따라 구분하지 않으며, 민족 간의 차별을 강화시키지 않는다. 반대로 지역 자치는 다른 방식의 구별, 즉 계급적 구별을 위한 현실적 가능성이 확대될 수 있도록 민족적인 차별들을 제거하며 주민들을 결집시킨다."[43] 지역 자치는 민족의 존재를 승인하면서, 동시에 민족주의를 완화시킬 수 있는 확실한 방법이었다.

스탈린은 민족을 "언어, 영토, 경제생활, 공동의 문화에서 발현되는 심리적 기질의 공동성에 기초해서 발생하여 역사적으로 형성된 사람들의 견실한 공동체"라고 정의했다.[44] 스탈린은 바우어보다 훨씬 협소하고 구체적으로 정의된 민족 개념을 토대로 민족문제가 지역적으로, 분리독립권까지 포함하는 자치라는 방법에 의해 구체적으로 해결되어야 한다고 역설했다. 그는 자치가 이루어지는 "민족적 지역" 내에서 발생할 수 있는 소수민족문제에 대해서도 고려하였다. 스탈린은 민주화가 원칙적으로 그런

---

43) Там же, с.361~362.
44) Там же, с.296.

문제를 제거할 것이라고 단정하면서 언어, 학교 등 사회적 삶의 모든 분야에서 민족 평등이 실현되어야만 소수민족문제가 해결될 것으로 보았다.

스탈린은 민족을 기준으로 노동자들을 분리시키는 것을 단호하게 배격했다. 특히 오스트로-맑시스트들이 저지른 것과 같은, 그런 식의 노동자에 대한 분리야말로 노동자당과 사회민주주의자들을 와해시키고 민족갈등을 더욱 첨예하게 만드는 것이었다. 그는 국제주의 원칙에 따른 노동자의 조직화, 즉 "나라의 각 지역에 존재하는 제 민족의 노동자들을 단일하고 통일적인 조직체로 결속시키고 이들을 단일한 노동자당으로 결집시키는 것"이 바로 사회민주주의의 과제라고 주장했다.[45] 스탈린에 따르면, 민족의 분리독립권을 포함하는 자치권은 프롤레타리아트의 단결을 저해하지 않는 한도에서 승인되어야 하며, 국제주의적 원칙에 입각한 노동자의 단결은 민족문제의 완전한 해결을 위해 필수적인 것이었다. 민족문제의 이론가로서 스탈린은 부르주아가 몰락해야만 민족운동이 종식될 수 있으며, 사회주의의 치세하에서만 민족 간 대립이 해소되어 완전한 평화가 확립될 수 있음을 확신했다.

스탈린의 「맑시즘과 민족문제」는, 1913년 봄, 페테르부르크에서 볼쉐비키가 발행하던 ≪프로스베셰니예≫라는 잡지에 게재되었고, 트로츠키는 곧 그것을 읽을 수 있었다. 트로츠키는 "전체적으로 문체가 평이하면서도 독창적 사고와 분명하고 간결한 표현이 번득이는" 것에 놀랐으나 이내 마음을 가라앉힐 수 있었다: "나는 한참 후에야 논문이 레닌에 의해 고취되었으며 학생의 초고에 대가(大家)의 손이 거쳐 간 것을 알게 되었다."[46] 트로츠키는 "기괴한 그루지야인"이 민족문제에 관한 논문의 저자라는 사실을 인정하고 싶지 않았다. 그로부터 약 35년이 지난 뒤, 유고슬

---

45) Там же, с.364.
46) Троцкий Л.Д. Иосиф Сталин. // К истории русской революции, с.395~396.

라비아의 혁명가 밀로반 질라스와 대담하던 중에 스탈린은 자신의 논문이 언급되자 "그것은 레닌의 견해이며 레닌이 글을 교정하기도 했다"고 밝히며 그 저작권을 자신의 "스승"에게로 돌렸다.47) 그랬다고 해서, 트로츠키나 일부 역사가들이 주장하는 것처럼, 논문의 저작권을 완전히 레닌에게 귀속시키는 것은 전혀 공정하다고 할 수 없다. 서술 방식이나 논의 방법은 분명히 스탈린의 것이지 레닌의 것이 아니었다. 레닌은 1913년 2월에 막심 고리키에게 보낸 편지에서 스탈린의 논문에 대해 만족감을 표했다: "우리의 근사한 그루지야인이 오스트리아 및 다른 나라들의 자료들을 수집해 '프로스베셰니예'에 대단한 논문을 쓰고 있습니다. 우리는 그것에 의지할 것입니다."48) 레닌도 민족문제에 관해 많은 관심을 기울였지만, 1912년 무렵까지 그에게는 구체적인 해법이 없었던 것 같다. 레닌은 연방제에 반대하는 동시에 민족자결권을 지지하고 있었다. 두 가지는 모순 없이 결합되어야 했다. "근사한 그루지야인"의 "대단한 논문"을 계기로 레닌은 기존 입장을 바꾸어 프롤레타리아적 유일주의, 즉 사회주의적 중앙집권주의로 귀결되는 스탈린의 연방주의를 수용했다. 1913년 6월에 레닌이 쓴 「민족문제에 대한 테제들」은 「맑시즘과 민족문제」의 기본 명제들을 포함하고 있었다.49)

스탈린의 논문 「맑시즘과 민족문제」는 "문화적-민족적 자치를 선전하면서 실제로는 프롤레타리아 국제주의를 저해하는 세력들"과 투쟁하는 레닌을 고무시켰다. 1913년 3월, 카메네프에게 보내는 편지에 레닌은 이렇게 썼다: "코바가 ('프로스베셰니예' 3호를 위해) 민족문제에 관한 훌륭한 논문을 썼습니다. 좋습니다! 분트와 청산주의자 사이에 포진한 분리

---

47) Джилас М. Беседы со Сталиным. // Лицо тоталитаризма. М., 1992, с.112.
48) Ленин В.И. Полн. собр. соч., т.48, с.162.
49) См.: Ленин В.И. Полн. собр. соч., т.23, с.314~322.

주의자와 기회주의자에 대항해서 진리를 위해 투쟁해야 합니다."50) 스탈린의 논문은 볼쉐비키당의 민족문제에 관한 이론적 근거이자 강령 상의 선언이 되었다. 1913년 가을 폴란드 포로닌에서 열린 볼쉐비키당 중앙위원회 회의는 스탈린의 논문에 의거하여 〈민족문제에 관한 결정〉을 채택했으며, 그렇게 해서 스탈린의 이론은 볼쉐비키당의 강령으로 공식 선언되었다.51) 1913년 말, 레닌은 자신들의 민족강령을 민주집중제 원칙의 구현으로 특징지었다: "맑스주의자들은 어떤 경우라도 연방주의적 원리나 분권화를 선전하지 않는다. [중략] 그러나 중앙집권주의를 옹호하더라도 우리는 민주집중제를 주장하고 있다는 사실이 망각될 수는 없다. [중략] 민주집중제는 주민들의 독특한 민족 구성 등으로 구별되는 지역들의 자치(제)와 함께 지방의 자주적 관리를 배제하지 않을 뿐만 아니라, 반대로 양자를 모두 요구한다."52)

스탈린은 실천의 장에서뿐 아니라 이론에 있어서도 볼쉐비즘에 대한 헌신을 과시하면서 러시아 노동운동 내 레닌파, 즉 볼쉐비키 내부에서 지도적 지위를 더욱 확고히 했다. 그것은 과장된 말이 아니며 적어도 스탈린은 그런 사실에 대해 추호도 의심하지 않았다. 몰로토프의 증언에 따르면, 레닌에게 스탈린은 "무슨 일이라도 맡길 수 있는, 당의 노선을 실행하는 데 있어서 가장 신뢰할 수 있는" 볼쉐비크였다.53) 하지만, 1913년 2월 23일, 스탈린은 페테르부르크 볼쉐비키당 조직이 주관한 야회(夜會)에서 다시 체포되었다.54) 4년형을 선고받고 시베리아의 예니세이 강 중

---

50) Ленин В.И. Полн. собр. соч., т.48, с.173.
51) См.: КПСС в резолюциях.., т.1, с.387~389.
52) Ленин В.И. полн. собр. соч., т.24, с.144.
53) Чуев Ф.И. Указ. соч., с.217.
54) 스탈린이 체포된 것은 짜리즘의 첩자 말리놉스키의 공작 때문이었다는 증언이 있다. См.: Аллилуева А.С. Воспоминания. М., 1946, с.117.

류에 위치한 투루한스크 부근의 오지(奧地)에서 유형생활을 시작한 그는 그토록 갈망하던 혁명이 이루어질 때까지 "혁명의 요람" 페테르부르크로 돌아올 수 없었다. 1914년 여름, 짜리 정부는 볼쉐비키 당원에 대해 대대적인 탄압을 단행했는데, 페테르부르크의 공안 당국은 《프라우다》를 폐간시키며 많은 조직원을 체포했다. 어렵게 재건된 당 조직들이 와해되었으며, 체포를 면한 당원들은 "지하"로 숨어들었다. 그러나 그것으로 러시아 사회민주주의 내의 급진적 사조인 볼쉐비즘이 근절될 수는 없었다. 차리즘을 타도하고 '노동자・농민의 혁명적 민주독재'의 수립을 주장하는 볼쉐비키의 호소에 적극 화답하는 과격분자들은 러시아 사회 내에서 고스란히 유지되고 있었다. 사회의 밖에서, 사회적 지지를 상실하고도 생명을 이어갈 수 있는 이데올로기는 존재하지 않는다.

1914년 여름, 전쟁이 시작되었다. 위험인물로 지목되어 오스트리아 당국에 의해 체포 구금되었다가 석방된 레닌은 1914년 8월 말 폴란드를 떠나 중립국 스위스로 향했으며, 베른에 정착했다. "러시아 제 민족의 노동자 계급과 근로대중의 시각에서 최소의 악(惡)은 짜리 군주정이 패배하는 것"이라고 선언한 레닌은 "유일하게 옳은 프롤레타리아트의 구호"를 내걸었다: "제국주의 전쟁을 내전으로 전환하라!"[55] 그러는 사이 러시아에서는, 1914년 11월, 레닌의 노선을 논의하기 위한 회합에서 체포된 5명의 볼쉐비키당 소속 두마의원들 및 6명의 당 지방조직 간부에 대한 재판이 진행되었다. 그들에게는 국가체제 전복을 도모하는 조직에 가담했다는 혐의로 국가배신죄가 적용되었다. 그러나 회합의 주모자로 지목되었던 카메네프는 법정에서 "전쟁과 관련된 볼쉐비키당 중앙위원회의 노선에 찬성하지 않는다"고 공개 진술했으며, 레닌은 그를 강하게 비판했다: "당 중앙위원회에 동의하지 않는 것은 옳지 못한 태도이며 혁명적 사회민주

---

55) См.: Ленин В.И. Полн. собр. соч., т.26, с.21~22.

주의자의 관점에서도 허용될 수 없는 태도이다."[56] 동시에 레닌은 트로츠키가 내건 "비(非)승리, 비(非)패배"라는 슬로건을 신랄하게 비판하면서, 제국주의 전쟁에 대한 방임적인 이런 슬로건이야말로 조국 수호를 호소하는 색다른 수사(修辭)에 불과한 것인 동시에, 문제를 피억압 계급의 자국 정부에 대한 투쟁이 아니라 정부의 전쟁이라는 관점으로 이전시키는 것이라고 주장했다.[57] 또한 레닌은 조국방위론적 입장을 취한 플레하노프에 대해 실망을 표현하였다. 1915년 9월, 레닌은 볼쉐비키의 기본 슬로건이 민주공화국의 수립, 지주소유 토지의 몰수, 8시간제 노동일 확립 등 종전과 다름없음을 확인했다. 거기에 전쟁이라는 조건하에서 하나 더 추가되었다. 그것은 사회주의의 실현 및 교전국 정부의 혁명적 타도를 목적으로 하는 투쟁에 있어서 노동자들의 국제적 연대를 호소하는 것이었다.[58]

그러나 역사는, 전체적으로, 레닌의 의지나 혹은 사회주의자들의 논쟁과 관련 없이 전개되었다. 누구도 자신의 말을 경청하지 않는 이국땅에서 사태의 진행과정으로부터 유리되어 버린 볼쉐비키 지도자는 자신에게 아주 익숙한 일, 즉 문필에 종사할 수밖에 없었고, 시베리아 예니세이 강 상류에 위치한 쿠레이카에서 유형생활을 하는 "근사한 그루지야인"도 낚시 외에 할 일이라곤 아무것도 없었다.

제국주의의 본질을 해명하지 않고는 진행되는 전쟁에 대한 올바른 평가를 내릴 수 없다고 생각하면서 레닌은 평화주의자들의 구호를 자본주의하에서는 실현 불가능한 허황된 요구일 뿐이라고 일축했다.[59] 그의 견해에 따르면, 경제적·정치적 발전의 불균등성은 자본주의 발전의 절대

---

56) Там же, с.168.
57) См.: Там же, с.286~291.
58) См.: Ленин В.И. Полн. собр. соч., т.27, с.48.
59) См.: Ленин В.И. Полн. собр. соч., т.26, с.356.

법칙이며 이 때문에 "자본주의의 최고 단계로서의 제국주의"하에서 불가피하게 세계의 분할과 재분할을 위한 투쟁이 격화되는 것이었다. 그렇기 때문에 제국주의가 존재하는 한 침략 전쟁의 경제적 토대와 전쟁 발발의 위험성은 유지될 수밖에 없었다. 세계 평화는 결코 인도주의에 기초한 평화주의적 구호들로 얻어지는 것이 아니었다. 오직 사회주의하에서만 전쟁이 소멸하며 평화가 실현될 수 있었다.

세계 자본주의 경제의 새로운 현상에 대해 사색하던 레닌은 제국주의가 독점자본주의에서 국가독점자본주의로 옮겨가는 모습에 주목하면서 자본주의의 고유한 모순들이 한층 심화되고 있다는 결론에 도달했다. "기생적이고 부패"한 자본주의는 사멸하고 있었다. 동시에 그는 "최고 단계의 자본주의"에서 사회주의로의 혁명적 이행을 위한 물질적 조건들이 준비되고 있음을 확인했다. 경제의 사회화나 생산 및 생산물의 분배에 대한 회계와 관리 등을 담당하는 기관들, 즉 사회주의 혁명의 승리 이후에 프롤레타리아 계급이 사회주의 건설을 위해 활용할 수 있는 기관들의 등장을 목격했다. 결국 그의 최종적 결론은 "제국주의가 사회주의 혁명의 전야(前夜)"라는 것이었다.[60]

엥겔스는 「공산주의의 원리」에서 일국에서의 사회주의 혁명의 실현가능성에 관한 질문에 부정적으로 답했다. 프롤레타리아 국제주의에 철저했던 레닌도 한 나라에서의 사회주의 혁명을 세계 사회주의 혁명의 한 구성부분으로 취급했다. 그러나 노동자 계급의 혁명투쟁에 있어서 당의 지도를 승리를 위한 결정적 조건으로서 강조했던 레닌이 보기에, 사회주의 혁명은 동시다발적일 수 없으며, 특히 제국주의 시대에 문제는 보다 적극적으로 제기되어야 했다: "경제적, 정치적 발전의 불균등성은 자본주의의 절대적 법칙이다. 이로부터 우선은 일부 자본주의 국가들에서, 심

---

60) См.: Ленин В.И. Полн. собр. соч., т.27, с.301.

지어 개별적으로 취해진 일국에서의 사회주의의 승리가 가능하다는 결론이 나온다. 이 나라의 승리한 프롤레타리아트는 자본가들을 수탈하고는, 사회주의적 생산을 조직하고는, 다른 나라들의 피억압 계급들을 자신의 편으로 끌어들이면서, 다른 나라들에서 자본가들에 반대하는 폭동을 선동하면서, 불가피할 경우에 심지어 군사력을 동원하여 수탈 계급들 및 그들의 국가를 향해 진격하면서, 나머지 자본주의 세계에 반대하여 궐기해야 할 것이다."[61] 이렇게 해서 레닌은 각국의 노동자 계급과 맑스주의 정당에게 자국에서 부르주아 계급의 타도를 계획하고 혁명을 주도하는 것이 세계 사회주의의 실현을 위해 필요할 뿐만 아니라 또 가능하다는 것을 이론적으로 보여주었다.

그러한 이론적 전제에서 출발한 레닌은 각국의 혁명, 특히 러시아 혁명의 독특한 성격을 무시하는 이론가들을 비판했다. 누구보다 먼저, "농민 계급의 혁명성을 부정하는 트로츠키"가 비판의 대상이 되었다. 트로츠키가 "1905년에 제기한 자신의 독창적 이론에 의거해서 노동자 사회주의 정부에 관한 좌익적 수사를 되풀이하고 있지만, 실제로 그는 [그의] 농민 계급의 역할 부정론을 곧 [사회민주주의자들이] 농민의 혁명적 궐기를 원하지 않는다는 식으로 해석하는 러시아의 자유주의적 노동자 정치인을 돕고 있다"[62]는 것이 그 이유였다. 트로츠키의 프롤레타리아 독재론을 비판하면서 레닌은 임박한 러시아 혁명의 부르주아적 성격을 전혀 의심하지 않았다: "권력의 획득을 위해, 공화국을 위해, 토지의 몰수를 위해, [중략] 군사-봉건적 제국주의(=짜리즘)로부터 부르주아 러시아가 해방되기 위한 투쟁에 비(非)프롤레타리아 인민대중이 동참하게 만들기 위해 프롤레타리아트는 투쟁했으며 또 헌신적으로 투쟁할 것이다. 프

---

61) Ленин В.И. Полн. собр. соч., т.26, с.354.
62) См.: Ленин В.И. Полн. собр. соч., т.27, с.80~81.

롤레타리아트는 농촌 노동자들과 투쟁하는 부유한 농민들을 지원하기 위해서가 아니라, 유럽 노동자들과의 연대 속에서 이루어지는 사회주의 혁명의 완수를 위해서 이 짜리즘으로부터, 토지로부터, 그리고 지주권력으로부터 부르주아 러시아의 해방을 활용할 것이다."[63]

러시아 혁명의 성격규정 문제는 곧 러시아 혁명운동에 존재했던 많은 정치조직과 다양한 이념적 사조가 상호 연대하거나 편을 가르는 데 있어서의 분수령이었다. 이 문제는 러시아 사회민주주의 내에서 갈등을 조장했을 뿐 아니라, 일단, 흔히 말하듯, 멘쉐비즘과 볼쉐비즘이라는 두 조류로 노동운동을 아예 분열시켰다. 멘쉐비즘은 "혁명은 부르주아적인 것이 될 것이며, 그 당연한 결과로 부르주아 계급에로의 권력 이전과 부르주아적 의회주의의 실현을 위한 조건 창출 등이 혁명의 목적이 된다"는 입장에 의거하고 있었다. 그러나 보다 급진적 사조인 볼쉐비즘은 임박한 혁명의 부르주아적 성격을 인정하면서도 동시에 '임시혁명정부'의 수립을 과제로 설정했다. 프롤레타리아 계급은 '노동자·농민의 혁명적 민주독재'의 확립을 통해서 '임시혁명정부'에 대해 민주공화국 수립, 지주 소유의 토지 몰수, 8시간제 노동일 확립 등 정치적, 경제적 분야에서 당면한 민주주의적 요구, 즉 최소강령의 조속한 실현을 강요할 것이며, 그를 위한 하나의 방법으로서 정부에 볼쉐비키당의 "전권 대표"가 참여하는 것도 용인되었다. 레닌에 따르면, 농민과 함께 권력을 장악한 프롤레타리아트는 "이념적으로 희망이 없는" 부르주아에 대해 사회주의 건설에 필요한 모든 조건들을 조성하도록 압박하고 강제해야만 했다. 하지만, 그래도, 사회주의라는 프롤레타리아의 계급적 지향과 부르주아적인 객관적 현실 사이에 존재하는 모순은 혁명 이후에 불가피한 것이었으며, 레닌은 그런 모순의 해결방법을 프롤레타리아트의 정치적 인내 또는 자기

---

63) Там же, с.81.

규제 속에서 발견하였다.

중요한 것은 러시아 사회민주주의 내에 트로츠키즘이라는 가장 급진적인 또 하나의 조류가 존재했다는 사실이다. 당시 러시아의 노동운동은 두 가지가 아니라 세 가지의 조류로 분열해 있었다. 트로츠키는 영구혁명론에 의거하여 역사의 진행을 예측하면서, 권력을 장악한 프롤레타리아트는 부르주아 민주주의적 강령으로 혁명을 제한하기를 원하지 않을 뿐만 아니라 또 제한할 수도 없으며, 그렇기 때문에 러시아 혁명은 부르주아 혁명으로 남을 수 없으며, 그것은 당연히 사회주의적 혁명이 되어야 한다고 확신했다. 1905년의 러시아 혁명을 평가하며 1906년에 쓴 「총괄과 전망」이라는 글에서 트로츠키는 분명히 밝혔다: "러시아의 경제적 상황하에서 노동자 계급의 사회주의 정책은 얼마만큼 진행될 수 있는가? 확신을 갖고 하나는 장담할 수 있다: 사회주의 정책은 나라의 기술적 후진성에 부딪히기 훨씬 이전에 정치적 장애에 봉착하게 될 것이다. 유럽 프롤레타리아트의 직접적인 국가적 차원의 지원이 없이는, 러시아 노동자 계급은 권력을 유지할 수 없으며 자신의 일시적 지배를 장기간의 사회주의적 독재로 전환시킬 수 없다."[64] 트로츠키는 멘쉐비즘과 볼쉐비즘 사이의 이견을 단지 혁명세력의 힘을 분열시키고 장래의 사회주의 혁명에 지장만 초래하는 공허하고 불필요한 것으로 취급했다. 최소강령과 최대강령 사이의 구별은 프롤레타리아 계급이 권력을 장악하자마자 소멸할 것이기 때문이었다. 멘쉐비키 지도자들에 대한 트로츠키의 "우호적" 태도는 레닌으로 하여금 트로츠키즘에 타협주의의 낙인을 찍게 했다.

아무튼, 민족문제와 제국주의에 관한 자신의 이론들이 갖는 맑스주의적 정통성을 확신한 레닌은 민족자결권에 반대하고 나선 퍄타코프를 비판했다. 퍄타코프는 제국주의 시대에, 즉 "사회주의 혁명의 시대"에 민족

---

64) Троцкий Л.Д. Итоги и перспективы. // К истории русской револющии, с.108.

자결권이란 반동적인 것이라고 주장했다. 왜냐하면, 혁명의 실현을 위해서는 부르주아 국가들의 국경을 허물어 버리는 만국의 프롤레타리아트의 통일된 행동이 절대적으로 필요하기 때문이었다. 레닌은 퍄타코프의 입장을 제국주의적 경제주의라고 규정하며 그의 동무들에게 비판의 포문을 열었다: "사회주의는 모든 나라에서가 아니라, 선진 자본주의의 수준에 도달한 소수의 국가들에서 실현될 것이다. 바로 그 점에 대한 몰이해가 키옙스키[즉, 퍄타코프]의 실수를 초래하였다. 그런 선진 국가들에서는 이미 오래전에 민족문제가 해결되었다. [중략] 동유럽 전역의 미(未)발전 국가들과 모든 식민지 및 반(半)식민지에서의 사정은 전혀 다르다. 거기에는 억압된, 자본주의적으로 발달되지 않은 민족들이, 일반적으로, 아직 존재하고 있다. 그런 민족들에는 바로 민주주의적 과제와 이민족(異民族)의 억압 타도를 위한 과제가 전(全)민족적 과제들로서 객관적으로 존재하고 있다."[65] 레닌은 "모든 민족이 사회주의에 도달할 것이지만, 전혀 동일한 과정을 통해 이루어지지 않으며, 각 민족은 민주주의의 다양한 형태들이나 프롤레타리아 독재의 다양한 변형들 그리고 사회생활의 여러 영역들에서 실현되는 사회주의적 개혁의 다양한 속도들에 대해서 또 하나의 다양함을 추가할 것이다."[66] 특히 러시아에서 프롤레타리아 계급은 부르주아 민주주의적 개혁, 즉 최소강령의 실현을 통하지 않고는 승리할 수 없다는 것이 레닌의 연속혁명론에 내재된 역사인식이었으며, 실제로 맑스적 변증법은 특수한 역사적 상황에 대한 구체적 분석을 요구하고 있었다.

레닌은 부하린에게도 비난의 화살을 돌렸다. 부하린은 1916년 여름에 저술한 『제국주의적 강도국가(Империалистическое разбойничье госу-

---

65) Ленин В.И. Полн. собр. соч., т.30, с.111.
66) Там же, с.123.

дарство)』에서 모든 국가가 프롤레타리아 계급에 적대적이며 따라서 국가는 "폭파"되어야 한다는 요지의 주장을 펼친 바 있었다. 그에 대해 레닌은 부하린의 테제에 담겨 있는 "국가의 역할과 프롤레타리아 독재의 역할에 대한 과소평가"를 비판했다.[67] "승리한 사회주의가 완전한 공산주의로 전환될 때까지 국가의 존재를 인정하는 것"이 혁명적 맑스주의의 본질적 내용이라고 주장하면서[68] 그는 결론을 내렸다: "사회혁명과 프롤레타리아 독재를 배제하고 사회주의의 실현을 기대하는 자는 사회주의자가 아니다. 독재란 직접적으로 폭력에 의거하는 국가권력이다."[69]

레닌이 스위스에서 "비판적 문필활동"에 종사하고 있을 무렵, 그가 쓴 편지들에서 스탈린의 이름이 몇 번 언급되었다. 1915년 7월, 지노비예프에게 보낸 편지에서 레닌은 물었다: "코바의 성씨를 혹시 기억합니까?" 그리고 그해 말, 레닌은 카르핀스키에게 편지를 보냈다: "중요한 부탁: (스체프코 혹은 미하 등에게) 코바의 이름을 알아봐 주세요(요시프 주……??). 매우 중요합니다!!"[70] 소연방의 역사에 관한 문헌들에서는 웬일인지 위와 같은 인용들이 레닌과 스탈린 사이에 개인적 친분 관계가 없었음을 입증하는 실례로 자주 거론되고 있다. 물론 그에 대해 동의할 수도 있고, 아니면 그루지야 사람인 스탈린이 혁명운동가로서 거의 사용하지 않은 주가쉬빌리라는 본래의 성(性)을 레닌이 기억하지 못하는 것은 전혀 이상한 일이 아니라고 반박할 수도 있다. 아무튼, 이런 내용에 근거해 레닌과 스탈린 사이에 가까운 "이념적 관계"가 없다는 것을 입증하려고 시도한다면, 그런 노력의 무상함은 역사에 의해 곧 폭로되고 말 것이다.

1917년 1월, 레닌은 첫 번째 러시아 혁명의 12주년을 기념해 스위스의

---

67) См.: Там же, с.227~228.
68) Там же, с.20.
69) Там же, с.152.
70) Ленин В.И. Полн. собр. соч., т.49, с.101, 161.

청년노동자들이 준비한 집회에서 강연할 기회를 가졌다. "러시아 혁명의 독특함은 그것이 사회적 내용으로는 부르주아 민주주의적인 것이었지만, 투쟁수단의 측면에 있어서는 프롤레타리아적이라는 데 있다"고 규정하면서 그 실패의 원인을 차례로 열거한 레닌은 자신 있게 "1905년의 러시아 혁명이 미래의 유럽 혁명의 서곡으로 남아 있으며", 현재 유럽의 "깊은 고요"에도 불구하고 제국주의적 침략전쟁은 "가까운 시기에 인민들의 봉기로 이어질 것"이며, 금융자본과 대(大)은행, 자본가에 반대하는 유럽의 혁명은 "프롤레타리아 혁명이며, 내용상 사회주의 혁명이 될 것"이라고 강조했다.[71]

여기에서 레닌은 유럽에서의 사회주의 혁명의 가능성에 대해서는 말했지만, 앞으로의 러시아 혁명에 관해서는 이야기하지 않았다. 46세의 볼쉐비키 지도자는 구체적으로 언제 유럽의 사회주의 혁명이 발발할 것인가에 대해서 잠깐 언급하면서 강연을 마무리했다: "아마 우리 노인들은 이 미래의 혁명의 결전의 순간까지 살지 못할 것입니다. 그러나, 생각건대, 내가 확신을 갖고 말할 수 있는 희망은, 스위스와 전(全)세계의 사회주의 운동에서 이렇게 훌륭한 역할을 해내는 젊은이들이야말로 투쟁하는 행복뿐 아니라, 다가올 프롤레타리아 혁명에서 승리하는 행복까지도 누릴 것이라는 사실입니다."[72] 레닌은 "미래의 혁명"이 유럽이 아니라 러시아에서 그것도 자신에 의해 실현될 때까지 불과 1년도 남지 않았다는 사실을, 물론, 알 수 없었다. 그것은 고사하고, 중립국 망명지에서의 일상적 무료함 때문이었는지 아니면 그곳의 젊은 사회주의자들을 고무, 격려해야 한다는 생각에 빠졌기 때문인지 "조국 러시아"에서 엄청난 혁명이 임박해 있다는 사실조차 예감하지 못했다.

---

71) См.: Ленин В.И. Полн. сбор. соч., т.30. с.311~327.
72) Там же, с.328.

지리한 전쟁을 위해 거의 모든 국내 자원이 우선적으로 배분되는 가운데 러시아 인민들의 사회경제적인 삶의 조건은 계속 악화되었다. 침울하고 어수선한 사회적 분위기 속에서, 1917년 1월 수도 페트로그라드(전쟁이 시작되면서 수도 이름이 독일식 뉘앙스가 담긴 상트 페테르부르크에서 페트로그라드로 변경되었다)에서 대규모의 노동자 파업과 함께 조성된 정치적 긴장도 일상이 되었다. 그러다가 두 번째 러시아 혁명이 갑작스럽게 분출되었다. 혁명의 규모와 속도는 대부분의 운동세력에게도 충격적인 것이었다. 2월혁명이 그토록 견고해 보이던 짜리즘을 붕괴시키는 데에는 단지 나흘이라는 시간이 요구되었을 뿐이었다.

|제3절| 영구혁명론과 10월혁명

1935년 3월, 10월혁명을 회고하는 가운데 트로츠키는 역사 발전의 요인들을 지극히 단순화하면서 그 생각을 일기에 적었다: "분명함을 위해 나는 이렇게 말하고 싶다. 1917년에 페테르부르크에 내가 없었더라도, 레닌의 존재와 그의 지도(指導)를 전제로 하는 경우에 10월혁명은 발생했을 것이다. 만약 페테르부르크에 레닌도 없고, 나도 없었더라면, 10월혁명은 없었을 것이다. 볼쉐비키당의 지도부가 혁명의 실행을 방해했을 것이다."[73] 그것이 사실일까? 레닌과 트로츠키 두 사람이 10월혁명의 주창자이며 고무자였다는 점에서 트로츠키의 생각은 잘못된 것이 아니었다. 조금 과장을 섞어 확실히 말할 수 있는 것은 1917년 4월까지 레닌과 트로츠키 외에 지구상에 어느 누구도 러시아에서 사회주의 혁명이 가능하며 또 필요하다는 생각을 감히 할 수 없었다는 사실이다.

1917년 2월 23일(신력 3월 8일)은 국제 여성의 날이었다. 페트로그라드의 사회주의 운동세력은 여러 기념행사를 계획했고, 파업을 시작한 섬유공장의 여성노동자들은 여성평등권과 더불어 때로 빵을 요구하면서 거리로 나섰다. 아이들도 포함된 시위대에 "배고픈" 노동자들이 가세하면서, 러시아의 수도에서 소요사태는 급속히 확산되었다. 그날 9만 명의 사람들이 시위에 가담했다. 다음날에는 "전쟁 반대", "전제정치 타도" 등의

---

73) Троцкий Л.Д. Дневники и письма. М., 1994, с.103.

구호가 등장했으며, 정치적인 구호들이 빵을 달라고 외치는 소리를 덮어버렸다. 25일이 되자 파업이 전면화되었다. 공식 기록에 따르면, 페트로그라드 전체 노동자의 약 80%, 또는 30만 명 이상의 노동자들이 거리로 쏟아져 나왔으며, 학생이나 일반 시민들도 시위에 적극 참여했다. 200만 명에 달하는 주민을 부양하던 페트로그라드의 도시 기능은 마비되었으며, 그날 저녁, 전선에서 가까운 마길료프에 설치된 최고사령부에 나가 있던 짜리 니콜라이 2세는 "내일 당장 혼란을 중지시키라"는 명령을 수도관구사령관 하발로프 장군에게 타전했다. 2월 26일은 일요일이었다. 교외 공장지역에 결집한 노동자들은 정오가 지나면서 도심으로 진출했고, 거리를 가득 메운 시위 군중에게 진압군이 총격을 가하면서 80명 이상의 사상자가 발생하는 유혈사태가 빚어졌다. 문제는 사상자의 규모가 아니라, 그동안 급속히 역량을 축적해왔던 "혁명"이 결정적인 단계에 도달했다는 데에 있었다. 후퇴할 것인가, 전진할 것인가? ― 바로 그것이 문제였다.

딜레마는 곧 해소되었다. 시민들에게 총격을 가했다는 소식에 격분한 일부 병사들이 병영에서 이탈하는 등 이날 저녁부터 군부대에서 반란의 조짐이 나타나고 있었다. 역사는 밤에 준비되었다. 드디어 27일 아침, 볼린스키 근위 연대에서 시작된 반란은 다른 부대로 확산되었으며, 동시에 반란군은 노동자들과 합류했다. 혁명세력과 진압군 사이에 무질서한 전투가 벌어졌고, 저녁이 되면서 약 15만 명의 병력으로 구성된 수도관구군은 혁명에 용해되어 스러지고 있었다. 그즈음, 공식 기록에 따르면, 이미 6만 6천 명 이상의 병사들이 반란군에 가담하고 있었으며,[74] 동트기 전에 혁명세력은 페트로그라드를 완전히 장악할 수 있었다. 짜리즘의 심

---

74) См.: Пособие по истории СССР для подготовительных отделений вузов. М., 1987, с.380.

장이라 할 수 있는 동궁(冬宮)도 접수되었다.

"기아 폭동"75)으로 시작된 2월혁명은 결정적으로 "병사의 옷을 입은 노동자와 농민들"에 의해 완수되었다. 약 1,500명에 달하는 사상자가 발생했다. 페트로그라드에서의 모범을 따라, 3월 1일에는 모스크바에서도 "짜리즘"이 붕괴되었으며, 혁명은 순식간에 다른 지방 도시들로 파급되었다.

"무장한 폭도들"이 혁명과업에 종사하고 있는 동안, 27일 낮, 츠헤이제, 스코벨료프, 케렌스키 등의 국가두마 의원들과 이제 막 형무소에서 풀려난 운동가들이 국가두마 청사인 타브리다 궁에 모여 소비에트의 창설을 논의했다. 대개 멘쉐비크나 에세르(사회혁명당원)였던 그들은 우선 '노동자 대의원 소비에트 임시집행위원회'를 구성하고, 임시 집행위원회의 명의로, 그날 저녁 7시에 타브리다 궁에서 노동자, 병사, 그리고 주민 대표들이 참여하는 첫 회의를 개최하기로 결정하였고, 노동자와 병사들에게 즉시 대표자나 대의원들을 선출해 궁전으로 보낼 것을 요구했다.76)

사회주의자들이 소비에트 창설을 도모하고 있던 시간에 일단의 국가두마 의원들도 타브리다 궁의 한 곳에 모여 '수도의 질서 확립을 위한 국가두마 임시위원회'를 구성했다. 1905년 혁명기에 발표되었던 「10월 선언」의 이념을 지지하는 부르주아와 대지주들을 대변하던 10월당과 귀족주의적인 입헌민주당이 주축이 된 국가두마 임시위원회에는 두 명의 사회주의자, 츠헤이제와 케렌스키도 포함되어 있었다.77) 그러나 국가두마

---

75) 3월 2일자 ≪이즈베스치야≫는 사설에서 사태를 "기아 폭동(голодный бунт)"이라고 규정했다. См.: Известия, 2 марта 1917 г.
76) См.: Великая Октярьская социалистическая революция - хроника событий. М., 1957, с.7.
77) См.: Там же. с.9.

임시위원회는, 본질적으로, 1915년 여름에 다양한 정파의 두마의원들이 "국체 보존과 전쟁 승리를 위해 필수적인 부르주아적 개혁"을 추진하기 위한 책임내각의 수립을 짜리에게 요구하면서 구성했던 '진보블록'을 계승하고 있었다.78) 니콜라이 2세는 국가두마 임시위원회의 정당성을 승인해 달라는 두마의원들의 요청을 거절했다. 그러나 그것은 국가두마 임시위원회가 정부로서의 권한 행사를 시작하는 데 전혀 장애가 되지 않았다.

1917년 2월 27일 저녁 9시, 타브리다 궁에는 120~150명의 대의원들이 참석한 가운데 페트로그라드 소비에트의 첫 회의가 시작되었다. 집행위원회라는 이름으로 소비에트 지도부가 구성되었으며, 그 의장으로 츠헤이제, 부의장으로 케렌스키와 스코벨료프가 선출되었다.79) 페트로그라드 소비에트는 기관지 ≪이즈베스치야≫를 발행하기로 결정했으며, 토론을 통해 츠헤이제와 케렌스키를 국가두마 임시위원회에 파견하기로 합의했다.80) 3월 1일에는 병사 대표들이 참여하게 되면서 '페트로그라드 노동자 대의원 소비에트'는 '페트로그라드 노동자·병사 대의원 소비에트'라는 보다 긴 이름을 갖게 되었다.81)

페트로그라드 소비에트는 짜리즘 붕괴 이후 러시아 전역에서 등장하

---

78) '진보블록'은 지리한 전쟁과 사회경제적 불안정에 따르는 사회혁명의 위험을 감지한 지배계급의 여러 파벌들이 결성한 일종의 정치연합으로, 전쟁 패배의 부담을 안고 있는 짜리와 일정한 타협을 시도했다. 짜리 니콜라이 2세는 양보를 거부했고 결국 '진보블록'의 입헌군주제 구상은 무산되었다.
79) 집행위원회의 구성에 대해서 약간의 이견이 존재하지만 일반적 견해에 따르면, 15명의 위원이 선출되었다. 그중에서 멘쉐비크가 6명(츠헤이제, 스코벨료프 등), 에세르가 2명(케렌스키 등), 비(非)정파적 인물이 5명, 그리고 볼쉐비크는 잘루츠키와 쉴랴프니코프 단 2명이었다. См.: Токарев Ю.С. Петроградский Совет рабочих и солдатских депутатов. Л., 1976, с.35~38.
80) См.: Известия, 28 февраля 1917 г.
81) 그 결과, 3월 3일, 집행위원회 위원은 39명으로 늘어났으며, 멘쉐비크 13명, 에세르 6명, 볼쉐비크 6명 등으로 구성되었다. См.: Токаров Ю.С. Там же, с.47~48.

게 되는 '노동자·농민·병사 대의원 소비에트'의 효시가 되었으며, 제1차 전(全)러시아 소비에트 대회가 개최되는 1917년 6월까지 러시아 혁명의 중심으로 기능했다.[82]

2월 27일의 결과로 두마의 권력과 소비에트의 권력이 공존하는 이른바 이중권력이라는 독특한 상황이 창출되었다. 3월 1일~2일 밤에 소비에트 임시 집행위원회가 임시정부로서의 내각을 합법적으로 구성할 수 있는 권한을 국가두마 임시위원회에 부여함으로써 두 권력 사이에 협력관계가 설정되었지만, 그것이 정치적 안정을 보장할 수는 없었다. 소비에트 임시 집행위원회는 두마의 "부르주아들"이 짜리즘과 제휴하는 상황을 차단하려 했고, 기존 질서의 틀 내에서 온건한 부르주아적 개혁을 모색하려던 국가두마 임시위원회는 소비에트의 혁명성을 제어하기 위해서 소비에트 집행위원회와의 협력이 필요했다. 문제는 멘쉐비키가 주도하는 집행위원회가 소비에트로 결집한 "해방된 민중들"을 과연 어느 정도까지 통제할 수 있는가에 달려 있었다. "혁명군"을 제압하려는 국가두마 임시위원회에 대해 페트로그라드 소비에트는 병사들의 요구에 따라, 총회를 통해, 모든 부대가 소비에트의 명령에만 복종할 것과 무기를 반납하지 말 것 등을 내용으로 하는 〈명령 1호〉를 포고했으며, 그 경우 집행위원회는 대의원들의 요구를 근본적으로 거절할 수 없었다. 3월 3일자 ≪이즈베스치야≫에 발표된 임시정부의 내각에는 케렌스키가 법무장관으로 참여하고 있었지만, 소비에트 집행위원회의 기본 방침은 내각 참여를 자제하면서 임시정부의 활동에 "혁명적 통제"를 가하는 것이었으며, 일단 모든 정치범 사면, 정치적 자유의 보장, 제헌의회의 소집 등을 임시정부에 요구 조건으로 내세웠다. 그러나 전쟁에 관한 문제라든가, 토지문제, 8시간 노동일의 시행 문제 등 특히 볼쉐비키가 제기했던 민감한 주

---

82) 1917년 3월에만 전국적으로 약 600개의 소비에트가 등장했다.

제들은 논의 대상에서 빠져 있었다. 임시정부와 소비에트 사이에는 해소되지 않은 대립이 잠재하고 있었다. 이와 관련하여, 멘쉐비키가 주도하는 소비에트 집행위원회가 "해방된 민중들"의 요구를 거부하는 경우에 소비에트의 지지를 상실할 수도 있다는 사실은 이해하기 어려운 일이 아니었다.

3월 2일에 취리히에서 처음 2월혁명의 승리에 관한 소식을 접한 레닌은 서둘러 국내의 볼쉐비키와 연락을 시도했다. 귀국을 준비하던 레닌은 여러 통의 편지를 통해 페트로그라드의 볼쉐비키에게 "당"의 지침을 전달하려고 노력했는데, 그 내용은 당원들이 이해하기에 너무 난해한 것이었다.[83]

2월혁명 기간 동안 페트로그라드에서 볼쉐비키가 맡았던 역할이란 주목받을 만한 것이 아니었다. 더욱이 소비에트 내에서 볼쉐비키는 절대소수에 불과했다. 쉴랴프니코프의 증언처럼, 당시 볼쉐비키당의 조직은 "용감하고 의식화되어" 있었는지는 모르지만 "매우 얇은 층의 노동자들을 보유하고 있었다."[84] 2월혁명의 승리가 확인된 직후, 대의원으로 선출된 볼쉐비키가 극히 적었던 까닭에 소비에트 내에서 소수세력이 될 수밖에 없었던 자신들의 처지에 불만을 가진 페트로그라드의 볼쉐비키는 그 이유에 관해 진지하게 논의하였는데, 만장일치로 도달한 결론은 바로 당의 지리멸렬한 비조직적 상태가 그 원인이라는 것이었다.[85] 더욱이 대부분의 볼쉐비키는 "혁명의 전우들", 즉 멘쉐비키나 에세르들과 함께 소비에트에서 용해되어 버리고 말았다.[86]

---

83) 상세한 내용은 см.: Ленин В.И. Полн. собр. соч., т.31. с.1~57.
84) См.: Шляпников А.Г. Семнадцатый год. М., 1925, кн.1, с.56.
85) См.: Там же, с.166~167.
86) 1912년 초 레닌은 볼쉐비키당을 창당하며 당 중앙위원회를 구성했지만, 이것이 러시아 노동운동 진영을 완전히 분열시키진 못했다. 1917년까지 러시아사회민주노동당 조직들

2월혁명의 승리 이후 페트로그라드에서는 몇 개의 볼쉐비키당 조직이 당원에게 지도력을 발휘하기 위해 노력했다. 러시아볼쉐비키사회민주노동당 중앙위원회 사무국, 페테르부르크(시)당 위원회 및 븨보르크 지구 당위원회가 그들이었다. 이른바 당 핵심기관으로서의 중앙위원회 사무국의 창설은 1917년 이전의 일이었는데, 2월혁명 기간 중에 전개된 이 기관의 "혁명투쟁"은 당시 이런저런 방법으로 체포를 면했던 세 사람, 즉 쉴랴프니코프와 잘루츠키 그리고 몰로토프의 열정적 활동으로만 구성되어 있었다. 이미 언급한 것처럼, 1912년 1월 프라하에서는 볼쉐비키만으로 러시아사회민주노동당 협의회가 개최되었으며, 멘쉐비키와 분리된 독자 정당으로서 볼쉐비키당이 결성되었다. 레닌이 해외에 있는 상황에서, 볼쉐비키당의 국내 지도기관으로 설치된 것이 중앙위원회 러시아사무국이었으며, 그 구성원으로 스탈린, 스베르들로프, 오르조니키제 등의 당 중앙위원들이 포함되었다. 그러나 스탈린을 비롯한 많은 간부들이 체포되면서 볼쉐비키당의 조직과 활동은 결정타를 입었다. 1914년 가을에 페테르부르크(시)당 위원회 및 븨보르크 지구당위원회가 겨우 재건되었으며, 그로부터 1년 후에는 실무적 활동을 목적으로 하는 중앙위원회 사무국이 "무명의" 젊은 혁명가들로 구성되었다. 탄압으로 인해 일꾼들이 계속 교체되었다. 1916년 가을에는 쉴랴프니코프와 잘루츠키가 지키고 있던 중앙위원회 사무국에 시베리아의 유형지에서 탈주해온 몰로토프가 참여했다. 그들은 과거 러시아사무국의 기능도 동시에 수행했다.[87] 페테르부르크(시)당 위원회는 유명무실한 상태에 있었으며, 그나마 당 조직으로서의 면모를 갖춘 곳은 븨보르크 지구(당)위원회뿐이었다.[88] 페트

은 특히 지방에서 통합된 채 유지되고 있었다. 그래도 페트로그라드 등 일부 대도시에서는 노동운동의 조직상 분열이 진행되어 있었다.

87) См.: Москалёв М.А. Русское бюро ЦК большевистской партии 1912 г.~март 1917 г. М., 1947.

로그라드 북쪽에 위치한 븨보르크는 공업도시로 볼쉐비키당이 그나마 강세를 유지했던 지역인데, 2월혁명 초기에 페테르부르크(시)당의 간부들이 체포되면서 븨보르크의 볼쉐비키는 스스로 지도권을 행사할 수밖에 없었다. 혁명의 승리가 확인된 이후인 3월 2일, 모두 40명의 볼쉐비키가 모여 페테르부르크(시)당 위원회를 재건했으며, 칼리닌 등이 간부로 선출되었다.[89]

2월혁명의 와중에 볼쉐비키의 활동상이 거의 보이지 않았던 데는 충분한 이유가 있었다. 러시아 사회주의 운동에서 볼쉐비키는 처음부터 소수세력이었으며, 1917년에 접어들 무렵 당의 조직은 거의 와해되어 있었다. 혁명의 시기에 두드러진 활약을 보인 광의의 트로츠키파, 즉 당시에 "메쥐라이온츼"라고 불렸던 세력이나[90] 멘쉐비키 그리고 에세르들에 비하면 볼쉐비키는 혁명운동에서 사실상 소외되어 있었다. 짜리즘을 전복시킨 소비에트 내 노동자들의 혁명적 열정과 연대의식에 공감하면서, 그리고 당 지도부의 부재라는 상황 속에서 페트로그라드의 볼쉐비키는 혼란스러워 하고 있었다.

---

88) См.: Шляпников А.Г. Семнадцатый год. кн.1, с.54.
89) Протокол учредительного собрания по организации временного Петербургского комитета РСДРП(б) 2 марта. См.: Революционное движение в России после свержения самодержавия. М., 1957, с.9~12.
90) 볼쉐비키당이 창당된 후 트로츠키는 노동운동의 분열을 비판하면서 러시아사회민주노동당의 통합을 호소했으며, 그 결과로서, 1913년 말, 분파 초월적 관계를 지향한다는 뜻으로 역제파(域際派)라고 직역되는 "메쥐라이온츼" 그룹이 페테르부르크에서 출현했다. 국제주의적 입장을 견지했던 이들은 트로츠키와 마르토프가 파리에서 발행하던 신문 ≪나쉐 슬로보(Наше слово)≫의 편집 방향에 동조했다(라콥스키, 루나차르스키, 소콜니코프, 안토노프-오브세옌코, 랴자노프 등이 ≪나쉐 슬로보≫의 협력자들이었다). 1917년 2월, 콘스탄틴 유레네프의 주장에 따르면, 수백 명에 달했던 "메쥐라이온츼"는 2월혁명에 적극 가담했으며, 1917년 5월 페트로그라드로 귀환한 트로츠키를 중심으로 결집했다. "메쥐라이온츼", 즉 트로츠키파는 1917년 여름 볼쉐비키당에 합류했으며, 이들 중 트로츠키와 우리츠키가 당 중앙위원에, 요페가 중앙위원 후보에 선출되었다.

1917년 3월 3일, 볼쉐비키의 지도 노선을 논의하기 위해 페테르부르크(시)당 위원회가 열렸을 때, 중앙위원회 사무국을 대표하여 몰로토프는 임시정부에 대한 완전한 불신임정책을 당의 기본 노선으로 채택할 것을 주장했다. 그 계급구성상 임시정부가 인민의 혁명적 요구를 실현하는 데 전혀 도움이 되지 않을 것 같다는 것이 그 이유였다. 그러나 토론의 결과는 소비에트 집행위원회의 입장과 일치하는 것이었다: "페트로그라드 노동자-소비에트에 의해 채택된 임시정부에 관한 결정을 존중하면서 페테르부르크(시)당 위원회는 임시정부의 행위가 노동자 및 광범한 민주적 인민대중의 이익에 부합되고 있는 경우 임시정부 권력에 대항하지 않을 것을 표명하는 바이며, 동시에 어떤 형태라도 군주제적 통치방식을 복원하고자 하는 임시정부의 어떠한 시도에 대해서는 최대한 가차 없는 투쟁을 전개할 것이라는 우리들의 결정을 선언한다."91) 그러나 다음날 개최된 중앙위원회 사무국의 회의는 당 중앙위원회 기관지 《프라우다》의 발행 재개를 결정하면서 페테르부르크(시)당 위원회의 선언과는 완전히 반대되는 결정을 만장일치로 채택했다: "대자본가와 귀족의 대표자들로 구성된 지금의 임시정부는 본질적으로 반혁명적이므로 그들과 어떤 타협도 있을 수 없다. 민주적 성격의 임시정부(노동자·농민의 독재)를 수립하는 것이야말로 혁명적 민주주의의 과제이다."92) 쉴랴프니코프의 지휘 아래 있던 중앙위원회 사무국은 멘쉐비키의 노선에 반대하면서 볼쉐비즘의 혁명 공식을 반복했다. 그들이 설정한 근본 과제는 민주공화국의 수립, 지주 소유 토지의 몰수, 8시간제 노동일의 도입 등의 요구를 관철시킬 '임시혁명정부'의 수립을 위한 투쟁이었다. 전쟁과 관련해서도 그들은 레닌의 정통 노선에 충실했다: "현재의 반(反)인민적인 제국주의적 전

---

91) Протокол собрания ПК РСДРП(б) 3 марта. См.: Революционное движение в России..., с.15.
92) Протокол заседания Бюро ЦК РСДРП(б) 4 марта. См.: Там же, с.18~19.

쟁을 자신의 억압-지배 계급에 대항하는 인민들의 내전으로 전환시키기 위한 투쟁은 예전처럼 혁명적 사회민주주의의 기본 과제가 된다."93) 그러나 이 문제에 대해서도 페테르부르크(시)당 위원회는 소비에트 집행위원회의 입장에 동의하고 있음을 분명히 밝혔다: "독일의 제국주의적 정부 권력이 건재하고 러시아에 반혁명의 위험성이 상존하는 두 가지 조건 하에서 전쟁의 즉각적인 중단이란 있을 수 없다."94)

결국 연속혁명론에 입각한 레닌의 노선을 관철시키려는 의지는 있었지만, 페트로그라드의 볼쉐비키는 이중권력이라는 독특한 상황에 적합한 전술을 고안해낼 수 없었다. 대다수는 멘쉐비키적인 소비에트 집행위원회의 노선을 지지했으며, 일부는 레닌의 입장을 도식적으로 반복했다. 그 결과, 중앙위원회 사무국은 당원에 대한 지도력을 확보할 수 없었으며, 더구나 2월혁명의 승리 이후 나타난 혁명적 급류의 방향을 바꾸어 놓는다는 것은 상상할 수도 없었다. 오히려 레닌이 말했던 "카우츠키적 경향"이야말로 볼쉐비키 사이에 지배적인 추세였다. 3월 4일, 페테르부르크(시)당 위원회가 멘쉐비키-국제주의자 그룹의 제안을 수용해 사회민주노동당의 통합을 위한 위원회를 구성했던 것은 우연이 아니었다.95)

멘쉐비키와 볼쉐비키당 그리고 트로츠키파("메쥐라이온츠")로 분열했던 사회민주주의자들이 통합되어야 한다는 주장은 2월혁명의 승리 이후 거부하기 어려운 대의가 되었다. 공통으로 인정할 수 있는 사회민주노동당의 강령 및 규약, 그리고 노동자 계급의 기본적 이익이나 혁명을 수호하자는 등의 소비에트의 구호들이 통합의 원리적 기초가 되었다. 노동운동권 내의 국제주의자들을 괴롭혔던 전쟁에 관한 문제는 사회민주주의

---

93) Резолюция Бюро ЦК РСДРП(б) о войне. См.: Правда, 10 марта 1917 г.
94) Протокол заседания ПК РСДРП(б) 7 марта. См.: Революционное движение в России..., с.37~38.
95) Протокол собрания ПК РСДРП(б) 4 марта. См.: Там же, с.19~23.

자들 다수가 혁명적 방위론을 수용함으로써 해결의 실마리를 찾게 되었다. 그들의 논리는 새로운 혁명적 러시아가 독일 제국주의로부터 수호되어야 하며, 당장 전쟁을 중단할 경우 전선에서 풀려난 짜리 군대가 갖게 될 반혁명의 위험도 고려해야 한다는 것이었다. 사회혁명당을 포함하여 사회주의자들 사이에서 강화되었던 이러한 경향은 페트로그라드 소비에트 집행위원회가 가졌던 혁명 전망, 즉 제헌의회를 소집하여 민주적인 인민권력을 수립한다는 구상과 밀접히 관련되어 있었다. "미완의 혁명"을 수호하는 동시에 실현가능한 민주주의를 성취하는 것이야말로 페트로그라드 소비에트의 지도 세력, 즉 멘쉐비키와 사회혁명당이 가졌던 전략적 목표였다.

3월 10일, 페트로그라드 소비에트는 임시정부와의 교섭과 정책적 조율을 위해 집행위원회가 구성한 상설위원회 설치를 추인하였으며, 그에 따라 이중권력 사이의 협력적 관계는 보다 발전되었다. 소비에트 집행위원회는 법규의 제정이 있을 때까지 시범적으로 8시간제 노동일을 도입하고 각 사업장에서 이른바 노동자위원회의 활동을 보장할 것에 관해 페트로그라드 기업인협회와 합의했다. 그것은 노동자 계급이 경제 영역에서 쟁취한 첫 번째 승리로 강조되었다.[96] 또한 소비에트 집행위원회는 전쟁에 관한 소비에트의 입장을 《이즈베스치야》에 게재하였으며, 그로써 임시정부의 전쟁정책에 대한 지지를 공식 표명했다: "독일 침략자들이 러시아를 위협하는 한 전쟁은 지속될 수밖에 없다. [중략] 지금 우리에게 필요한 것은 독일-오스트리아 동맹의 프롤레타리아트 및 근로 계급에게 어떻게든 자신의 정부가 전쟁을 중단하도록 압박하라고 호소하는 것이다."[97]

---

96) См.: Известия, 11 марта 1917 г.
97) См.: Известия, 11 марта 1917 г.

3월 12일 일요일 아침, 볼쉐비키당의 지도자급 간부 세 명이 페트로그라드에 도착했다. "카프카즈의 레닌", 즉 스탈린과, 1914년에 ≪프라우다≫의 편집을 맡았던 카메네프(로젠펠트), 그리고 제4대 국가두마 의원이었던 무라노프였다. 시베리아에서 유형생활을 하던 그들은 임시정부의 정치범 사면령에 따라 페트로그라드로 돌아올 수 있었던 것이다. 그날 중앙위원회 사무국은 그들에 대한 처우문제를 논의했다. 중앙위원회 사무국의 3월 12일자 회의록에 따르면, 쉴랴프니코프는 1915년 2월에 열린 재판에서 당의 노선에 동의하지 않는다고 공개적으로 진술했던 카메네프를 노골적으로 경멸했다. 중앙위원회 사무국은 무라노프에 관해서는 별다른 이견 없이 만장일치로 사무국의 성원으로 받아들이기로 결정했다. 그러나 스탈린에 대한 의견은 복잡했다: "그는 1912년부터 당 중앙위원회 대리인이었으므로 중앙위원회 사무국의 성원이 되는 것이 바람직하지만, 그에게 고유한 몇몇 개인적 특질들로 인하여 중앙위원회 사무국은 그에게 심의권만 부여하고 회의에 초대하기로 의견을 모았다."[98] 페트로그라드 볼쉐비키 당 조직의 젊은 간부들은 내용이 불분명한 "개인적 특질"을 이유로 37세의 노련한 혁명가인 스탈린의 권위를 뭉개버리려고 했다.

　러시아사무국의 기능을 수행했다고 하더라도 중앙위원회 사무국은 단지 연락사무소였을 뿐이며, 스탈린은 당의 중앙위원이었다. 1917년 3월에 발생한 이해하기 힘든 상황에 대해 쉴랴프니코프는 1925년에 출판된 회고록을 통해 상세한 설명을 제공했다: "[그들의] 도착은 우리를 기쁘게 했다. 그러나 그들과의 짧은 만남 이후에 기쁨은 완전히 실망으로 바뀌었다. 도착한 동무들은 모두 우리의 활동, 중앙위원회 사무국이 취한 입

---

98) Протокол заседания Бюро ЦК РСДРП(б) 12 марта 1917 г. См.: Вопросы истории КПСС. 1962. No.3, c.143-144. 실제로 스탈린은 1910년부터, 레닌의 위임에 따라, 카프카즈 지방에서 '중앙위원회 대리인' 또는 '중앙위원회 전권위원'이라는 직함을 갖고 활동했다.

장, 그리고 심지어 페테르부르크당 위원회의 입장에 대해서도 비판적이거나 부정적이었다. 이런 사태는 우리를 극도로 불안하게 했다. 우리는 혁명적 상황이라는 조건에 맞추어 모두 인정하는 당의 정책을 흔들림이 없이 실현하고 있다고 굳게 확신하고 있었다. 이 동무들이 시베리아에서 도착하기 전 우리는 무라노프, 카메네프, 스탈린이 우리의 '프라우다'나 모스크바의 [볼쉐비키당 기관지인] '사회민주주의자'와는 다른 입장에 서 있다는 멘쉐비키의 이야기를 믿지 않았다. 그들과 대화를 나눈 후 중앙위원회 사무국원들에게는 그들의 정치 노선에 관해 의구심이 생겼다. 그들은 자신들이 도착하기 전에 구성된 당 조직의 지도부를 전혀 인정하려 하지 않았으며, 이런 태도로 말미암아 대다수 볼쉐비키의 분노를 샀다. 도착한 동무들은 중앙위원의 권한에 의거해 행동하면서 중앙위원회 사무국과 페테르부르크당 위원회의 활동을 마비시키려 했다. [중략] 문제는 당내 비판에 국한되지 않았다. 카메네프와 스탈린, 무라노프는 '프라우다'를 장악하기로 결정했고, 자신들의 생각대로 '프라우다'의 논조를 결정했다."[99]

스탈린과 카메네프는 페트로그라드에 도착하면서 바로 볼쉐비키에 대한 지도권을 장악하려 했다. 몰로토프가 말년에 증언한 바와 같이, 그들은 쉴랴프니코프와는 비교할 수 없는 높은 권위를 누리고 있었다. 도착한 다음날, 스탈린은 몰로토프를 쫓아내고 ≪프라우다≫의 편집위원이 되었으며, 3월 15일에는 중앙위원회 사무국의 지도 기관으로 새로 설치된 간부회의의 멤버가 되었다. 많은 볼쉐비키로부터 비난을 받던 카메네프도 스탈린의 도움으로 ≪프라우다≫ 편집위원으로 선출되었다. 스탈린과 카메네프는 당시 페트로그라드의 볼쉐비키가 절실하게 필요로 했던 볼쉐비즘의 이론가로, 그들의 권위는 단지 당에서의 높은 지위에만

---

99) См.: Шляпников А.Г. Семнадцатый год. кн.2. М., 1925, с.179~180.

의존했던 것이 아니었다. 스탈린과 카메네프는 중앙위원회 사무국의 결정, 즉 스스로의 결정에 따라 소비에트 집행위원회 위원이 되었다.100) 그리하여 조용히, 페트로그라드의 볼쉐비키에 대한 스탈린의 "혁명적 지도력"이 발휘되기 시작되었다.

3월 13일, 제헌의회 문제에 관해 임시정부와 가진 회의에서 소비에트 집행위원회 대표들은 새로운 국가 구성을 위한 의회 소집의 지체가 민주주의에 해로운 결과를 가져올 수 있음을 지적하면서 제헌의회가 조속히 소집되어야 한다고 주장했다. 그러나 임시정부 측은 늦어도 여름까지 제헌의회를 소집하겠다는 계획을 밝혔으며, 소비에트 측 인사들은 그에 대해 강한 불만을 표시했다.101) 바로 그날 볼쉐비키당의 중앙위원회 사무국 회의에서는 3월 6일에 레닌이 취리히에서 발송한 전보가 공개되었다. 그 내용은 이랬다: "우리의 전술: 신 정부에 대한 완전한 불신임 및 어떠한 지지도 불가함; 특히 케렌스키를 의심함; 프롤레타리아트의 무장만이 유일한 보장; 즉각적인 페트로그라드 두마 선거; 다른 정당과의 접근 불가."102) 그러나 스탈린을 포함해 회의에 참석했던 사람들 모두는 "충분히 명료하지 않은" 마지막 두 항목을 특히 이해할 수 없었다.103) 소비에트의 권력에 기반을 둔 정부를 수립하여 사회주의 혁명을 실현한다는 레닌의 구상은 누구에게도 알려진 바 없었으며, 결국 페트로그라드의 볼쉐비키 가운데 누구도 레닌의 지시를 분명히 이해할 수 없었다.

3월 14일, ≪프라우다≫에는 페트로그라드로 돌아온 이후 스탈린이 처

---

100) Протокол заседании Бюро ЦК РСДРП(б) 15 марта 1917 г. См.: Вопроы истории КПСС. 1962. No.3, c.147~149.
101) См.: Известия, 14 марта 1917 г.
102) Ленин В.И. Полн. собр. соч. т.31. c.7.
103) Протокол заседании Бюро ЦК РСДРП(б) 13 марта 1917 г. См.: Революционное движение в России... c.65~66.

음 집필한 「노동자·병사 대의원 소비에트에 관하여」라는 글이 게재되었다. 그는 "낡은 세력들을 끝까지 분쇄하고 각 지방과 함께 러시아 혁명을 더욱 전진시키기 위해 이미 획득된 권리들을 유지하는 것"을 페트로그라드 프롤레타리아트의 당면 과제로 설정하면서 "혁명적 노동자와 혁명적 병사의 동맹기관으로서의 소비에트를 강화시킬 것"을 주장했다.[104] "전세계 인민들"에게 자국 정부가 전쟁을 중지하도록 압박하라고 호소하는 내용을 담은 선언문이 페트로그라드 소비에트 명의로 3월 15일자 ≪이즈베스치야≫에 발표되자 스탈린은 즉시 ≪프라우다≫를 통해 전쟁문제를 언급했다. 그는 "전쟁 반대!"라는 공허한 구호는 평화의 이상을 선전할 수는 있지만 전쟁을 수행중인 세력에게 실질적 영향을 주지는 못하기 때문에 유용하지 않다고 주장하면서 중앙위원회 사무국의 몇몇 동무들이 취하고 있는 "과격한" 입장을 비난했다. 제국주의를 내전으로 전환하라는 레닌의 슬로건에 비판적이었던 그는, 그런 맥락에서, 페트로그라드 소비에트의 호소를 호의적으로 평가했다. 하지만 그는, 그럼에도 불구하고, 소비에트의 일방적 호소가 갖는 불충분성을 인식하였으며, 전쟁에서 벗어나기 위한 나름의 대안을 제시했다: "노동자들, 병사들과 농민들은 당연히 집회와 시위를 조직해야만 하며, 당연히 그들은 모든 전쟁 당사국을 민족자결권의 승인이라는 원칙에 입각한 평화 회담에 즉각 임하도록 설득하기 위한 작업에 공개적으로, 만천하에 들리도록 착수할 것을 임시정부에게 요구해야 한다."[105] 이어, 3월 18일자 ≪프라우다≫에 게재된 「러시아 혁명의 승리를 위한 조건들」에서 스탈린은 자신의 생각을 분명하게 표현했으며, 그것은 곧 볼쉐비키의 노선이 되었다. 이중권력의 상황에서 러시아 혁명의 불완전성을 인식한 그는 혁명의 승리를 위한 조

---

104) См.: Правда, 14 марта 1917 г.

105) См.: Правда, 16 марта 1917 г.

건으로 전국적 차원의 노동자·병사·농민 대의원 소비에트의 구성, 노동자 및 노동근위대의 즉각적인 무장, 제헌의회의 조속한 소집 등 세 가지를 열거했다.106)

1917년 3월에 스탈린이 제시한 볼쉐비키의 혁명 노선은 페트로그라드 소비에트의 기본 방침과 대립하는 것이 아니었다. 그렇다고 해서 스탈린의 노선이 소비에트 집행위원회의 노선과 근본적으로 일치하는 것도 아니었다. 소비에트 집행위원회를 장악한 멘쉐비키나 에세르들처럼 스탈린도 제헌의회의 소집에 많은 정치적 의미를 부여했다. 그러나 전자에게 제헌의회의 소집은 정치적 목적 그 자체였다면, 스탈린에게는 그것은 혁명에 필요한 과정에 불과했다. 그런 사실은 3월 18일에 열린 페테르부르크(시)당 위원회 회의에서 카메네프가 행한 정세 보고에서 잘 드러난다. 그는 소비에트 및 임시정부에 대한 볼쉐비키의 "새로운 관계"의 필요성을 이렇게 설명했다: "우리는 페트로그라드 혁명분자의 대표들입니다. 그런데 광범한 대중은 우리를 이해하지 못하는 것 같습니다. 근본적으로 우리가 옳지만, 우리는 대중이 이해할 수 없는 결정과 결의를 채택하고 있는 게 확실합니다. 만약 임시정부를 반(反)혁명적이라 부르는 우리가 옳다면, 분명히 이를 위해서는 임시정부를 타도하고, 새로운 혁명정부를 설립해야 합니다. 따라서 임시정부를 상대로 선전포고를 하거나, 아니면 이 정부에 대해 다른 입장을 취하거나 선택을 해야 하는데, 결국 후자가 불가피합니다. 프롤레타리아 독재를 수립할 수 있을 정도로 우리가 과연 성숙하였는가? 아닙니다. 권력의 장악이 중요한 것이 아니라 권력의 유지가 중요한 겁니다. 그런 때가 오겠지만, 우리에게는 그 시기를 연기하는 것이 유리한데, 지금 우리의 힘은 아직 충분하지 않습니다. [중략] 노동자·병사 대의원 소비에트와 임시정부 가운데 앞으로 누군가는 당연히

---

106) См.: Правда, 18 марта 1917 г.

도태될 겁니다. 당연히 우리도 이 둘에 대한 전술을 분명하게 규정해야 합니다. 러시아 전역에 걸쳐, 방방곡곡에서 소비에트의 조직된 세포들이 존재한다고 우리가 확신하게 되면, 그때 우리는 힘을 갖게 됩니다. 당분간 우리의 과제는 조직사업에 있습니다. 그렇습니다. 소비에트는 임시정부의 후보이며, 우리 볼쉐비키가 소비에트에서 소수라는 게 유감일 뿐입니다."[107]

물론 스탈린과 카메네프의 지도 노선은 전혀 새로운 것이 아니었으며, 그것은 '노동자·농민의 혁명적 민주독재' 이론을 근간으로 하는 레닌의 연속혁명론을 이중권력이라는 상황에 나름 창조적으로 적용시킨 결과였다. 쉴랴프니코프가 페트로그라드 소비에트의 존재를 크게 고려하지 않은 반면, 스탈린은 일정 정도 소비에트 지도부와 협력적 관계를 모색했다는 점에서 차이가 있었다. 카메네프의 말처럼, 문제는 '임시혁명정부'의 토대가 되어야 할 소비에트에서 볼쉐비키가 군소세력에 불과하다는 사실에 있었으며, 결국 볼쉐비키의 당면 과제는 조직사업으로 귀결되었다. 그런데 조직사업은 볼쉐비즘에 입각한 이론적 분석의 결과였지만, 그것은 현실의 혁명과정에서 소외된 볼쉐비키의 처지를 합리화할 뿐이었다. 혁명을 평가하고 분석할 수는 있지만 당장 혁명을 전면에서 적극적으로 주도할 수 있는 방법을 발견할 수 없다는 것, - 여기에 볼쉐비키의 고민이 있었다.

소비에트는 반혁명적인 임시정부를 제압하고 끝까지 혁명을 완수해야만 했다. 이것이 볼쉐비키당 지도부의 생각이었으며, 멘쉐비키가 주도하는 소비에트의 노선을 맹목적으로 추종하는 것은 전혀 원하는 바가 아니었다. 그렇다고 해서 소비에트에 대립하는 것도 바람직한 일은 아니었

---

[107] Протокол собрания ПК РСДРП(б) 18 марта 1917 г. См.: Революционное движение в России.., с.86.

다. 소비에트 집행위원회의 리더들과 불필요한 대립을 피하고자 했던 스탈린과 카메네프의 희망은 3월 21일 및 22일자 ≪프라우다≫에 반영되었다. 거기에는 3월 18일에 콜론타이가 가져온 레닌의 편지가 원문 그대로가 아니라, 축소된 형태로 특히 츠헤이제와 케렌스키를 강하게 비판하는 대목이 삭제된 상태로 게재되었다.108) 한편 재미있는 것은, 편지의 내용 가운데 첫 번째 단계의 혁명에서 두 번째 단계의 혁명으로의 전환을 언급하는 부분이 삭제되지 않았다는 사실인데, 그것은 편집국의 누구도 지금 레닌이 러시아에서 즉각적인 사회주의 혁명의 필요성을 말하고 있다고는 전혀 상상할 수 없었기 때문일 것이다.

1917년 3월 27일부터 페트로그라드에서는 볼쉐비키의 첫 번째 대규모 집회인 전국 볼쉐비키 협의회가 시작되었다.109) 3월 29일, 볼쉐비키의 리더로서 행한 「임시정부와의 관계에 대하여」라는 제목의 보고를 통해 스탈린은 자신의 생각을 재확인했다: "지지에 관한 문제는 무의미하며, 그냥 수용될 수 없습니다. 임시정부가 혁명의 진행을 강화하는 만큼, 그 만큼의 지지가 있으며, 임시정부가 반(反)혁명적이라면 임시정부에 대한 지지는 용인될 수 없습니다. 바로 지금 권력 장악의 문제가 설정되어야 하는 것이 아니냐고 지방에서 온 많은 동무들이 묻습니다. 그러나 지금 그런 문제를 설정하는 것은 적절하지 않습니다. 임시정부가 그 정도로 약하지는 않습니다. [중략] 권력을 수용할 수 있는 유일한 기관, 그것은 전국적 차원에서의 노동자·병사 대의원 소비에트입니다. 당연히 우리는 사건들이 임시정부의 무익함을 폭로하는 때를 기다려야 하며, 상황이 무르익을 때를 대비하고 있어야 합니다. 당분간 노동자·병사 대의원 중앙 소비에트를 조직하고 강화하는 것, ― 여기에 현 시점의 과제가 있

---

108) См.: Правда, 21 марта 1917 г. и 22 марта 1917 г.
109) 대규모라고 하지만, 실제로는 30여 명의 볼쉐비키가 참여했다.

습니다."110) 협의회는 임시정부와 전쟁에 관한 스탈린의 테제를 전적으로 볼쉐비키의 혁명노선으로 승인했다.111)

협의회에서는 볼쉐비키와 멘쉐비키의 통합 문제도 논의되었다. 러시아사회민주노동당의 분열 상황은 2월혁명의 승리와 더불어 과거지사가 되었다. 전술적 차원에서 멘쉐비키와 볼쉐비키 사이에 심각한 이견이 존재하지 않게 되었던 것은 통합 분위기를 더욱 고조시켰다. 물론 그들은 제헌의회에 서로 다른 정치적 의미를 부여하고 있었다. 언젠가는 그 문제를 둘러싼 대립이 발생할 것이라고 쉽게 예상할 수 있었지만, 지금 모두의 전술적 목표는 임시정부의 통제를 위한 교두보로서 소비에트를 강화시키는 데 있었다. 전쟁과 관련해서는 오히려 멘쉐비키 내부에 이견이 존재했다. 4월 1일에 열린 회의에서 처음으로 등단한 스탈린은 조국방위론에 반대하는 멘쉐비키와의 통합 가능성을 지적했다. 그는 전쟁뿐 아니라 다른 문제들에 관해서도 볼쉐비키와 멘쉐비키 사이에 심각한 이견이 존재한다는 주장에 동의하지 않았다: "미리 앞질러 이견을 예고할 필요는 없습니다. 이견 없는 당 생활은 없습니다. 우리는 당 안에서 사소한 이견들을 해소해갈 것입니다. [중략] 혁명적 방위론에 반대하는 사람들과 함께 우리는 하나의 당을 만들 것입니다."112)

사회주의자들의 통합에 대해서는 오히려 멘쉐비키가 더욱 적극적이었으며, 그들의 발의에 따라 사회민주노동당의 통합을 논의하기 위한 회의가 4월 4일에 열리기로 예정되었다. 볼쉐비키 협의회는 회의에 참가할 것을 만장일치로 결정했으며, 스탈린에게 회의 때 볼쉐비키의 보고를 하

---

110) Протокол Всероссийского совещания партийных работников, созданного Бюро ЦК РСДРП(б) 27 марта~2 апреля 1917 г. См.: Революционное движение в России.., с.131~132.

111) См.: КПСС в резолюциях.., т.1, с.430~433.

112) РЦХИДНИ. ф.17. оп.1, ед. хр.384, л.51.

라고 위임했다.113) 그러나 회의가 시작될 때 볼쉐비키를 대표해 등단한 사람은 스탈린이 아니라 "느닷없이" 귀국한 레닌이었으며, 「4월 테제」와 더불어 러시아사회민주노동당의 통합은 환상이 되었다.

레닌의 귀국에 관한 소식이 페트로그라드에 알려진 것은 4월 3일 오전이었다. 레닌 일행은 스위스에서 출발하여 독일을 경유해 발트 해를 건넜다. 그리고 스웨덴의 스톡홀름을 거쳐 핀란드 국경을 넘은 기차가 페트로그라드에서 그리 멀지 않은 벨로오스트로프 역에 정차한 것은 4월 3일 저녁이었다. 그곳에서 레닌의 누이동생 마리야 울리야노바, 콜론타이, 스탈린, 쉴랴프니코프 등이 레닌을 환영하며 기차에 동승했다. 혁명가들을 태운 소위 "밀봉열차"가 도착한 페트로그라드의 핀란드 역에는 페트로그라드 소비에트를 대표해 츠헤이제, 스코벨료프 등이 레닌을 영접하기 위해 기다리고 있었다. 츠헤이제의 환영 인사를 귓전으로 흘리며 역사(驛舍) 밖으로 나온 레닌은 환호하는 사람들을 위해 장갑차에 올라서서 연설하기 시작했다. 레닌은 페트로그라드의 노동자와 병사들에 대한 인사를 이렇게 마감했다: "사회주의 혁명 만세!"114)

4월 4일에 개최된 사회민주주의자 회의에서 멘쉐비키를 대표한 체레텔리는 통합된 당 대회 소집을 준비하기 위한 위원회 창설을 제안했다. 물론 그에 대한 완강한 반대론자는 레닌이었으며, 단상에서 그는 오전에 열렸던 볼쉐비키 협의회에서 이미 발표했던 「4월 테제」를 다시 읽어 내려갔다.115) 그에 대해 멘쉐비키는 "러시아 위에 내전의 깃발을 꽂았다"며 레닌을 비난했다.116) 그러나 그런 "프티부르주아적" 위협이 레닌의 "위대한 혁명정신"을 위축시킬 수는 없었다. 그런 위협에 대한 대답을 레

---

113) РЦХИДНИ. ф.17. оп.1, ед. хр.384, л.52.
114) См.: Биография В.И. Ленина. М., 1987, т.1, с.321~322.
115) См.: Ленин В.И. Полн. собр. соч., т.31, с.111.
116) См.: Известия, 9 марта 1917 г.

닌은 이미 준비해 놓고 있었다: "계급투쟁을 인정하는 자는 모든 계급사회에서 당연하고도 필연적인 계급투쟁의 연속으로서 나타나는 내전을 인정할 수밖에 없다." 그리고 "내전을 부정하거나 망각하는 것은 극단적인 기회주의에 빠진 것이거나 사회주의 혁명을 거부하는 것을 의미한다"고 레닌은 강조했다.117)

「4월 테제」에서 레닌은 사회주의 혁명을 직접 언급하지는 않았으며 단지 소비에트 공화국에 관해서 말했다. 그러나 부르주아 민주주의적 개혁 프로그램을 의미하는 최소강령과 사회주의적 개혁 프로그램인 최대강령 사이의 경계를 무시해버린 그는 볼쉐비키에게, 사실상, 사회주의 혁명으로의 이행을 역사적 과제로 부과했다.118) 조직사업을 볼쉐비키의 당면 과제로 설정했던 스탈린은 침묵했다. 그러나 새로운 과제의 설정은

---

117) Ленин В.И. Полн. собр. соч., т.30, с.133.
118) 레닌이 발표한 「4월 테제」의 주요 내용은 다음과 같다: (1) 혁명적 방위론은 단지 노동자와 빈농이 권력을 장악한 경우나 모든 종류의 영토 병합이 배제된 경우, 그리고 자본의 이해관계와 전혀 무관한 경우에 한해 수용될 수 있으며, 자본주의적 성격을 가진 임시정부가 주장하는 혁명적 방위론은 거부되어야 함. 자본주의의 타도 없이 전쟁의 민주적인 종결은 불가능하다는 것을 군대에 적극적으로 선전할 것; (2) 러시아에서 현 정세의 특징은 프롤레타리아트의 의식성과 조직성 부족으로 부르주아지에게 권력을 넘겨준 혁명의 첫 번째 단계에서 프롤레타리아트와 빈농이 당연히 권력을 장악해야 하는 두 번째 단계로의 이행에 있음; (3) 임시정부에 대한 어떠한 지지도 불가하며, 그가 행한 정책적 약속의 허구성을 폭로할 것; (4) 소비에트에서 볼쉐비키당이 절대소수라는 사실을 인정하면서, 소비에트가 유일하게 가능한 혁명정부의 형태라는 점을 대중에게 설명할 것. 우리가 소수파인 동안에는 모든 국가권력이 소비에트로 이전되어야 할 필연성을 선전하면서, 대중의 실수들을 해명하고 비판할 것; (5) 의회 공화국이 아니라 철저한 소비에트 공화국이어야 함. 경찰, 군대, 관료제 폐지. 선거제도 및 소환제도에 기초해 선발되는 관리에 지급되는 급료는 숙련 노동자의 평균 임금을 상회할 수 없음; (6) 모든 지주 소유 토지의 몰수 및 모든 토지의 국유화. 각 지방 소비에트에 토지의 처분권을 위임; (7) 모든 은행을 하나의 국립은행으로 통합; (8) 사회주의의 "도입"이 아니라, 사회적 생산과 분배에 대한 소비에트의 통제로의 전환; (9) 즉시 당 대회를 소집해 특히 전쟁이나 국가, "국가-코뮌" 등에 대한 당 강령을 개정하고, 당명을 공산당으로 바꿀 것; (10) 혁명적인 새로운 사회주의 인터내셔널의 창설을 주도할 것 등. 보다 구체적인 내용은 см.: Ленин В.И. Полн. собр. соч., т.31, с.113~118.

스탈린에게도 도움이 되었을 것이다. 역설적이지만, 레닌 덕분에 스탈린은 기다림을 강요하는 "낡은 볼쉐비즘"의 굴레로부터 벗어날 수 있었다.

이미 앞에서 언급한 것처럼, 1905년 여름에 레닌은 『민주주의 혁명에서의 사회민주주의의 두 가지 전술』이라는 책을 썼다. 그는 프롤레타리아 계급이 러시아에서 부르주아 민주주의 혁명의 지도자가 될 수 있으며, 또 되어야 한다는 점을 지적했다. 나아가 프롤레타리아 계급은 혁명의 부르주아적 성격을 인정하면서 사회주의를 향한 성공적인 투쟁을 위해 "민주주의적 전복"을 최대한 활용해야 한다고 역설했다. 그리고 그 방법으로 '노동자·농민의 혁명적 민주독재'라는 개념을 제시했다. 레닌은 강조했다: "우리는 부단한 혁명을 지지한다. 우리는 중도에 멈추지 않을 것이다."119)

그렇게 등장한 연속혁명론은 그 급진성과 사회주의 실현을 위해 요구되는 역사과정을 단축하려는 강한 의지에 의해 멘쉐비키의 혁명론과 분명히 구별되었다. 그러나 아무리 레닌이 연속혁명이라는 개념을 통해 멘쉐비즘과 볼쉐비즘을 차별화하고, 러시아에서 이른바 혁명적 맑스주의의 전통을 이어갔다고 하더라도, 그의 입장이 물론 영구혁명론과 부합하는 것은 아니었다.

연속혁명론이나 영구혁명론은 모두 좌파적 극단주의의 산물이었으며, 엄밀히 말하면 그런 개념의 원작자는 레닌이나 트로츠키, 파르부스가 아니었다. 그 아이디어는 맑시즘의 창시자들에 의해 일반적 형태로 제시되었는데, 맑스와 엥겔스는, 1850년 봄, '공산주의자 동맹'을 상대로 이렇게 역설했다: "민주주의적 프티부르주아가 혁명을 가능한대로 빨리 마감하기를 원하는 그때, [중략] 우리의 이익과 과제는 대소를 망라한 모든 유산 계급이 권좌에서 완전히 밀려날 때까지, 프롤레타리아 계급이 국가

---

119) Ленин В.И. Полн. собр. соч., т.11, с.222.

권력을 완전히 장악할 때까지 혁명을 부단히 계속하는 데에 있다. [중략] 자신의 최종적 승리를 위해 [중략] 전투의 슬로건이 공표되어야 한다. 그것은, – 바로 연속혁명이다!"[120] 한 단계에서 다음 단계로의 계속된 교체를 의미하는 혁명 개념을 나름대로 압축된 형태로서 제시한 연속혁명론과 영구혁명론의 저자들은 모두 위의 명제에 의거하고 있었다. 이처럼 각자의 혁명이론에 있어서 공통된 사상적 기원에도 불구하고, 이론적 친화성에도 불구하고 레닌이즘과 트로츠키즘은 2월혁명 전까지 사회주의 운동 내부에서 서로 대립하고 있었다.

레닌은 1905년 러시아 혁명 시기에 트로츠키와 파르부스가 주창한 "짜리 없는 노동자 정부!"라는 구호를 배격했다. 당시 페테르부르크 소비에트를 지도했던 그들의 정치적 목표는 짜리즘을 타도하고 프롤레타리아 독재권력, 즉 노동자 정부를 수립하는 것이었다. 서유럽이라면 몰라도, 아직 자본주의 혁명도 실현되지 않은 러시아에서 프롤레타리아 독재권력을 수립한다는 것은 레닌이 보기에 완전히 시대착오적이며 "비과학적"인 것이었다. 그럼에도 불구하고, 후에 역사가 입증한 것처럼, 연속혁명론은 영구혁명론으로 발전할 많은 잠재력을 가지고 있었다. 사실 연속혁명에 관한 레닌의 구상은 러시아라는 국가 영토에 국한된 것으로 러시아 혁명에 대한 외부적 환경이나 세계의 지원은 고려될 필요가 없었다. 그러나 "자본주의의 최고 단계"로서의 제국주의를 "사회주의 혁명의 전야"로 이해하면서 러시아 혁명을 국제주의적 차원에서 접근한다면, 그것은 자본주의 혁명이 아니라 사회주의 혁명이 되어야 했다. 사회주의의 시대에 자본주의 혁명은 분명 시대착오적인 것이었으며, 노동자 권력의 지도와 사회주의적 외부세계의 지원을 통해서 러시아는 사회주의적으로 발전해야 하며 또 발전할 수 있다고 생각되었다.

---

120) Маркс К., Энгельс Ф. Соч., т.7, с.261~267.

1905년 4월, 레닌은 「임시혁명정부에 관한 결의」의 초안에서 러시아사회민주노동당의 최소강령과 최대강령을 분명히 구분했다. 그는 자신의 혁명이론을 이렇게 설명했다: "본 결의안은 최소강령의 즉각적인 실현에 관한, 그리고 사회주의 혁명을 위한 권력의 획득에 관한 반(半)무정부주의적인 어리석은 생각을 배제하였다. 러시아의 경제발전 수준(객관적 조건)과 광범한 노동자 대중의 의식성 및 조직성 수준(객관적 조건과 불가분의 관계에 있는 주관적 조건)은 즉각적인 노동자 계급의 해방을 불가능하게 한다. 오직 가장 무지한 자들만이 발발하는 민주주의 혁명의 부르주아적 성격을 무시할 수 있으며, 오직 가장 순진한 낙천주의자들만이 아직 노동자 대중은 사회주의의 목적과 그 실현 방법에 관해 거의 아는 바가 없다는 사실을 망각할 수 있다."121) 레닌의 주장에 따르면, 짜리즘을 타도한 후에 사회민주주의자들은 "민주적 부르주아들"에게 '임시혁명정부'의 수립을 강요해야만 했다. 사회민주주의자들이 정부의 활동계획으로 제시한 최소강령은 한편으로는 기존의 사회경제적 관계에 의해, 다른 한편으로는 사회주의로의 전진을 위한 필요성에 의해 규정되어야 했다. 그러나 그것만으로 충분하지는 않았다. 레닌은 사회주의 혁명의 조속한 실현을 위해 '임시혁명정부'에 대한 부단한 압박이 필요함을 강조했다. 그것은 아래로는 사회민주주의에 의해 지도되는 무장한 프롤레타리아트가 부르주아 계급을 물리적으로 견제하고, 위로는 "모든 반혁명적 시도들에 대한 가차 없는 투쟁과 노동자 계급의 자주적 이익 옹호를 목적으로 사회민주주의 정당이 '임시혁명정부'에 참여함으로써" 이루어질 수 있었다.122)

1905년 11월, 페테르부르크 노동자 대의원 소비에트가 혁명의 지도기

---

121) Ленин В.И. Полн. собр. соч., т.11, с.16.
122) Там же, с.11.

관으로 등장했다는 소식을 접한 레닌은 자신의 혁명이론을 풍성하게 만들었다: "내가 실수하는지는 모르겠지만, 그러나 생각하건대, 정치적 측면에 있어서 노동자 대의원 소비에트는 '임시혁명정부'의 맹아로서 간주되어야 한다. 내가 보기에, 소비에트는 가능한대로 빨리 자신을 '임시혁명정부'로서 선포하거나 아니면 '임시혁명정부'를 수립해야 한다."[123]

1917년 4월, 사실상 트로츠키의 영구혁명론적 입장을 수용한 레닌은 볼쉐비키에게 혁명사업에 있어서 프롤레타리아 영웅주의의 기적을 발휘하라고 촉구하고 있었다. "러시아에서 부르주아 민주혁명은 종결"되었으며,[124] 이제 혁명의 두 번째 단계에서 승리를 준비해야 한다는 것이었다. 레닌은 '노동자·농민의 혁명적 민주독재'의 표현 형태로서의 소비에트 공화국에 관한 명제를 제기했으며, 그로부터 사회주의 공화국의 수립이라는 볼쉐비키의 과제가 도출되었다. 「4월 테제」는 "낡은 볼쉐비즘"을 대체할 "새로운 볼쉐비즘"의 길을 열었으며, 바로 여기에 스탈린주의의 근원이 있었다. 러시아 전제주의에서 스탈린이즘의 기원을 찾으려는 시도는 학문적으로 공허한 노력이었다.

"사회주의의 도입"을 거부한다고 말하면서 실제로는 프롤레타리아 혁명을 요구하는 레닌의 "궤변"은 볼쉐비키 내부에서의 거센 반발을 초래했다. 특히 카메네프는 「우리의 이견」이라는 제목의 글을 《프라우다》에 게재하며 공개적으로 레닌을 비판했다. "부르주아 민주혁명은 완결되었으며, 혁명은 이제 사회주의 혁명으로의 즉각적인 변환을 예정하고 있다는 것에 대한 승인에서 유래하는" 레닌의 프로그램은 맑스주의자라면 당연히 거부해야 할 비과학적이고 비역사적인 구상이라는 것이었다.[125]

---

123) Ленин В.И. Полн. собр. соч., т.12, с.63~64.
124) Ленин В.И. Полн. собр. соч., т.31, с.132~133.
125) См.: Правда, 8 апреля 1917 г.

이에 레닌은 볼쉐비키에게 새로운 "가르침"을 주었다: "예전 같은 방식으로 부르주아 혁명의 종결 문제를 제기하는 자는 살아있는 맑스주의를 희생시켜 사문화하고 있으며, 프티부르주아적 혁명성에 완전히 굴복하고 있다."126) 또한 그는 "전체적으로 볼쉐비키의 구호들과 이념은 역사에 의해 완전히 정당화되었으나, [지금의] 구체적 상황은 흔히 (그 누구라도) 기대할 수 있었던 것과는 전혀 다르게, 더욱 독창적으로, 더욱 독특하게, 더욱 복잡하게 성립하였으며", 따라서 "그런 사실을 무시하고 망각하는 것은 새롭고 살아 있는 활동의 독특함을 공부하는 것 대신에 암기된 공식을 의미 없이 반복하는 늙은 볼쉐비키와 흡사함을 의미할 수 있다"고 강조했다.127)

유물론에 있어서, 역사를 움직이는 것은 이론이 아니라 실제 현실이다. 실제가 이론에 의해 검증되는 것이 아니라, 이론이 실제에 의해 검증되는 것이다. 연속혁명론의 과학성은 2월혁명의 승리 이후 형성된 이중권력의 상황에서 검증될 수 없었으며, 따라서 "낡은 볼쉐비즘"은 폐기되어야 했다. 레닌은 기꺼이 괴테를 인용했다: "나의 친구 이론이여, 그대는 잿빛이나, 생명의 영원한 나무는 푸르도다!" 이제 볼쉐비키는 프롤레타리아 독재론과 영구혁명론으로 자신의 혁명성을 무장해야 했으며, "새로운 볼쉐비즘"으로 노동자 계급의 "푸르른" 미래를 개척해야 했다. 레닌에게는 일시적이나마 부르주아 계급에 전혀 의존하지 않고 프롤레타리아 계급의 삶이라는 "영원한 나무"를 직접 가꾸어야 하는 또 다른 이유가 분명히 있었다: "나는 오직 곡물 생산의 증대, 최선의 곡물 분배, 병사에 대한 최상의 [물적] 보장 등등에 관한 현실적인 어려운 문제들을 관리들보다 경찰들보다 노동자, 병사, 농민들이 보다 더 잘 처리하리라는 것을

---

126) Ленин В.И. Полн. собр. соч., т.31, с.139.
127) Там же, с.133.

특히 고려하고 있다. 나는 노동자·병사 대의원 소비에트가, [중략] 만약 국가권력을 장악한다면, 인민대중의 자주성을 의회 공화국보다 더 빨리 더 잘 실현시킬 것임을 굳게 확신하고 있다."128)

러시아 맑시즘의 대부 플레하노프는 레닌의 연설을 "헛소리"라고 일축했다. 멘쉐비키는 "일찍 권력을 장악한 계급은 파멸한다"129)는 맑스의 묵시록적 예언을 성스럽게 여기면서 무정부주의, 블랑키즘 등의 수사를 동원해가며 레닌을 비난했다. 그들은 일부 혁명가들의 의지가 아니라, 생산력의 발전과 이에 조응하는 생산관계와의 모순, 이를 토대로 발전하는 계급적 모순의 심화 수준 및 노동자의 계급의지에 따라서 사회주의 실현 가능성이 결정되는 것이라고 확신했다. 생산력의 발전 수준이나 생산관계의 측면에서 아직 자본주의적 생산양식이 확립되지 못한 러시아에서 요구되는 것은 역사발전의 질곡으로 작용하는 반(半)봉건적 체제 및 그를 유지시키는 짜리즘의 청산, 즉 부르주아 혁명인 것이지, 결코 그것이 전혀 역사적 전망을 가질 수 없는 프롤레타리아 권력의 수립일 수는 없었다. 레닌도 러시아에서 사회주의 혁명을 위한 주관적, 객관적 조건들 모두가 성숙하지 않았음을 인정했다. 그럼에도 불구하고 그는 볼쉐비키가 권력을 장악할 수 있는 절호의 기회를 놓칠 수 없다고 생각했다. 지배 계급의 권력이 최대한 약화되어 있는 반면 피지배 계급의 권력은 최대한 강화되어 있음을 표현하는 이중권력이라는 상황은 문자 그대로 특수한 역사적 사건이었다. 계급적 본질에 있어서 임시정부와 적대적일 수밖에 없는 노동자와 농민 그리고 병사들이 집결한 소비에트는 임시정부를 전복하고 국가권력을 장악할 수 있는 훌륭한 도구였다. 그러나 이중권력의 상황은 프랑스 혁명의 경우를 보더라도 시간이 경과할수록 지

---

128) Там же, с.143.
129) См.: Маркс К., Энгельс Ф. Соч., т.7, с.422~423.

배 계급의 헤게모니가 강화되는 방향으로 해소될 수밖에 없었다. 제헌의회가 구성된다고 하더라도, 러시아의 계급구성을 고려할 때, 볼쉐비키는 기껏해야 지금처럼 급진 좌익반대파를 대표하는, 미미한 의석과 영향력을 가진 세력이 될 수밖에 없었다. 레닌은 혁명운동세력으로서, 또는 의회 내의 소수파로서 할 수 있는 일과 국가권력을 가지고 할 수 있는 일 사이에는 엄청난 차이가 있음을 정확히 이해하고 있었다. 제국주의는 "사회주의 혁명의 전야"이며, 곧 서유럽에서 사회주의의 시대가 개막될 것이다. 그렇다면 러시아의 노동자 계급이 국가권력을 장악하고 미리 사회주의를 준비할 수 있다면, 그것은 필연적인 세계사적 발전에 조력하는 것이 아니겠는가!

레닌은 전쟁이 혁명의 주된 원인으로 작용했다는 것을 잘 알고 있었다. 그리고 인민들 사이에서 혁명적 방위론에 대한 지지가 확대된다면, "반동적인" 임시정부의 정치적 입지가 강화되어 결국 전쟁이 혁명의 과실들을 매장해버릴 것이라는 사실을 잘 알고 있었다. 전쟁이 민족주의나 국가주의 발전의 온상이 되기도 한다는 것은 주지의 사실이었다. 그러나 지금 전쟁은 사회경제적 삶의 조건들을 악화시키면서 인민들의 불만을 심화시키고 있을 뿐 아니라, 동시에 혁명을 공전(空轉)시키고 있었다. 혁명적 방위론이 소비에트 지도부의 노선으로 거의 굳어졌지만, 아직 노동자와 병사들 사이에는 반전(反戰) 분위기가 유지되고 있었으며, 여기에서 레닌은 볼쉐비키가 소비에트로 집결한 하층민의 지지를 얻을 가능성을 발견했다. 그러나 하층민들은 임시정부와 제휴하고 있는 소비에트의 지도자들에 대한 호감을 대체로 유지하고 있었다. 따라서 레닌은 빵뿐만이 아니라 토지와 공장과 평화를 얻을 수 있는 "제2단계의 혁명"의 필요성을 설명해야 했다. 그는 앞으로 멘쉐비키와 에세르들의 "프티부르주아적" 환상이 폭로될 것을 확신했다. 이런 레닌의 생각은 곧 현실이 되었으며, 볼쉐비키는 선전과 선동이라는 지리한 작업을 위해 오랫동안 노력할 필요가 없었다.

　누구보다 먼저 스탈린이 레닌을 지지하고 나섰다. 그는 임시정부의 태도에 따라 지지 정도를 결정하겠다는 당의 기존 노선을 더 이상 고집하지 않았다. 1917년 4월 말에 열린 러시아볼쉐비키사회민주노동당 제7차 협의회에서 스탈린은 카메네프가 제안한 임시정부 통제론을 비판하면서 "현 정세에 관한" 레닌의 주장을 적극 옹호했다.130) 협의회에서는 예상대로 시대의 성격규정에 대한 문제, 즉 과연 러시아가 사회주의 혁명으로의 이행 단계에 있는가의 여부를 둘러싼 격렬한 토론이 전개되면서 이견이 노출되었다. 카메네프, 리코프는 사회주의 혁명에 대한 대중의 지지를 기대하는 것이 불가능함을 역설했다.131) 민족정책도 논쟁의 대상이 되었는데, 퍄타코프와 제르진스키는 민족문제에 관한 스탈린의 보고를 비판하는 가운데 모든 민족운동이 반동적이라고 주장하면서 "국경철폐!"를 볼쉐비키당의 슬로건으로 삼을 것을 요구했다.132) 그러나 토론을 거치면서 대다수의 볼쉐비키는 "모든 권력을 소비에트로!"라는 레닌의 구호에 공감하였으며, 지도자의 요구를 승인하였다. 즉시 임시정부를 타도하자는 바그다티예프의 제안은 "임시정부는 타도되어야 하지만, 지금은 그럴 단계가 아니며, 통상적인 방법으로는 안 된다"는 이유로 거절되었다.133) 레닌은 설정된 목표의 실현을 위해서 "프롤레타리아트의 당은 전력을 다해 인민에게 "프롤레타리아트의 조직화와 무장, 혁명적 군대와의 긴밀한 연대, 임시정부에 대한 신임의 정치와의 단절이 필수적임을 알려야 한다"고 강조했다.134) 제7차 협의회에서 당 중앙위원회가 새로이 구

---

130) См.: Сталин И.В. Соч., т.3, с.48~49.
131) См.: Седьмая (Апрельская) Всероссийская конференция РСДРП(б): протоколы. М., 1958, с.105~110.
132) См.: Там же, с.215~216.
133) Ленин В.И. Полн. собр. соч., т.31, с.362.

성되었으며, 여기에는 레닌, 스탈린, 카메네프, 지노비예프, 스베르들로프 등이 포함되었다.

미국에서 2월혁명의 발발 소식을 들은 트로츠키가 페트로그라드에 도착한 날은 1917년 5월 4일이었다. 귀국하는 도중에 캐나다 핼리팩스에서 영국 해군 당국에 의해 한 달간 구금되었던 그는 러시아 임시정부의 요청으로 4월 말에 겨우 석방될 수 있었다. 페트로그라드의 핀란드 역에 도착한 트로츠키는 지지자들에게 제2의 혁명을 준비해야 할 필요성에 관해 연설했으며, 이런 그를 소비에트 집행위원회의 지도자들이 환대할 리 없었다. 트로츠키를 반긴 사람은 오직 레닌뿐이었다. 5월 5일 레닌은 트로츠키를 방문했지만, 트로츠키는 레닌을 경계하며 거리를 두었다. 그것은 그가 당시 페트로그라드에 널리 퍼져있던 "레닌은 독일의 스파이"라는 소문을 믿었기 때문이 아니라, 레닌에 대한 누적된 불신 때문이었다. 지노비예프의 회고에 따르면, 두 사람은 날씨에 관해서만 이야기를 나누었다. 그날 레닌은 일기에 이렇게 적었다: "프티부르주아의 동요. 트로츠키…"135)

5월 10일, 레닌은 페트로그라드에서 열린 "메쥐라이온쯔" 협의회에 참석해 "진정한 국제주의자들" 모두의 통합을 호소했다. 트로츠키주의자들이 볼쉐비키와의 통합에 즉시 찬성하지 않았지만, 트로츠키는 레닌의 혁명 노선에 대해서 원칙적 동의를 표현하였다. 협의회에서 트로츠키는 이렇게 말했다: "결의에 대해 나는 모두 동의합니다, - 그런데 나는 러시아 볼쉐비즘이 국제주의화된 만큼만 동의하는 겁니다. 볼쉐비키가 탈(脫)볼쉐비즘화되었는데, - 나는 볼쉐비크라고 불릴 수 없으며, [중략] 우리들에게 볼쉐비즘을 인정하라고 요구할 수는 없습니다."136)

---

134) КПСС в резолюциях.., т.1, с.441~442.
135) Ленин В.И. Полн. собр. соч., т.32, с.442.

스탈린은 충실하게 레닌의 노선을 옹호했다. 그러나 레닌의 정치지도력은 그나마 당내에 국한되어 있던 스탈린의 활동을 완전히 가려버렸다. 더욱이 1905년 당시 페테르부르크 소비에트 의장이었던 트로츠키의 대중적 명성은 사회 속에서 그대로 유지되고 있었다. 첫 번째 러시아 혁명의 지도자는 레닌이 아니라 트로츠키였으며, "트로츠키의 전설"을 잊지 않고 있던 페트로그라드 시민들은 그의 일거수일투족을 주목했다. 그런 상황에서 카프카즈라는 변방에서, 그것도 주로 지하활동을 했던 스탈린은 대중들에게 혁명지도자로서의 권위를 과시할 입장이 못 되었다. 혁명가들 사이에서나 그저 볼쉐비키당 간부들 중의 한 사람으로, 그것도 레닌의 심복으로 인식되고 있을 뿐이었다. 러시아인도 아니고 연설가로서의 재능도 없었던 그 역시 대중적 인기를 추구하려 들지 않았다. 그러나 1917년 당시, 볼쉐비키당의 어떤 협의회나 중요한 조직회의에서도 스탈린의 발언이 생략된 경우가 없었다는 사실을 주목할 필요가 있다. 바로 그런 이유에서도 당의 열성분자들은 스탈린을 익히 잘 알고 있었으며, 가장 중요한 것으로, 레닌은 스탈린을 레닌주의자로서 높게 평가하고 있었다.

그러던 중에 이중권력이라는 구조물에서의 균열이 심화되고 있었으며, 전쟁문제가 그 원인의 중심에 있었다. 인민의 사회경제적인 삶의 조건들이 악화되는 가운데 "제국주의적 전쟁"을 지속하려는 임시정부에 반대하는 병사와 노동자들의 시위가 전개되었으며, 임시정부의 정치적 권위를 보강할 목적으로 5월 초에는 6인의 사회주의자들이 각료로 참여한 새 임시정부가 구성되었다.[137] 그리고 5월 말에 모스크바에서 개최된

---

136) Ленинский сборник IV. М., 1925, с.303.
137) 자유주의와 사회주의의 연립정부 형태로 구성된 새 내각에는 케렌스키(에세르, 국방장관), 체르노프(에세르, 농업장관), 체레텔리(멘쉐비크, 체신장관), 스코벨료프(멘쉐비크, 노동장관) 등이 입각했고, 입헌민주당 계열의 리보프(Г.Е. Львов)가 수상 자리를 유지했다.

사회혁명당 제3차 대회에서 당원들 사이에 노선을 둘러싼 대립이 발생했으며, 임시정부에 대한 지지를 거부하는 급진적 농민운동세력, 즉 좌파 에세르(사회혁명당원)들은 독자적인 혁명전략을 모색하기 시작했다. 6월 초에 페트로그라드에서 소집된 제1차 전(全)러시아 소비에트 대회는 임시정부에 대한 지지를 표명하긴 했지만, 만만치 않은 반대파로서 볼쉐비키가 존재하고 또한 약진하고 있음을 확인시키는 계기가 되었다.[138] 대회에 참석한 1천 명 이상의 대의원들 가운데 절대다수는 물론 멘쉐비키와 에세르들이었으며, 볼쉐비키는 105명이었다. 6월 중순부터 남서부전선에서 전개된 러시아군의 총공세는 참담한 실패로 끝났으며, 그것은 임시정부의 반대파들을 자극하기에 충분했다. 특히 7월 3일, 페트로그라드에서는 전쟁을 거부하는 병사와 노동자들의 대규모 시위가 전개되었으며, 그날 저녁, 볼쉐비키당은 시위대에 가담하여 임시정부에 대한 반대 투쟁을 주도하기로 결정했다. 무장 세력이 포함된 시위군중은 임시정부의 청사이면서 전국의 소비에트를 대표하는 중앙집행위원회가 있는 타브리다 궁으로 모여들었으며, 그들은 중앙집행위원회가 국가권력을 장악할 것을 요구했다. 다음날, 시위는 더욱 격화되었으며, 임시정부는 군대를 동원했다. 400명 이상의 사상자가 발생하는 유혈사태를 겪으며 시위는 진압되었고, 페트로그라드에는 계엄령이 선포되었다. 그리고 배후세력으로 지목된 볼쉐비키에 대한 비난과 박해가 이어졌다. 볼쉐비키당 중앙위원회가 입주한 건물 및 ≪프라우다≫의 인쇄소가 공격을 받아 쑥대밭이 되었고, 레닌을 비롯한 당 간부에 대한 체포령이 떨어졌

---

138) 1917년 6월 4일, 소비에트 대회에서 체레텔리가 "지금 러시아에서 권력을 장악하겠다고 말할 수 있는 정당은 없다"고 강조하며 연정(聯政)의 강화 필요성을 역설하자 레닌은 이렇게 반박했다: "있습니다! 어떠한 정당도 그것을 거부할 수 없으며, 우리 당 역시 그것을 거부하지 않습니다. 매순간 우리는 모든 권력을 장악할 준비가 되어 있습니다." 대회장은 박수와 야유로 범벅이 되었다. См.: Ленин В.И. Полн. собр. соч., т.32, с.267.

으며, 체포된 볼쉐비키가 지니고 있던 돈은 독일의 자금이라는 이유로 압수되었다.139) 7월 8일에는 케렌스키가 임시정부 수반으로 취임했으며, 7월 말에는 사회주의자들로 구성된 새로운 연립내각이 등장했다. 이에 이중권력으로 표현되었던 자유주의 대 사회주의 정치구도가 "자유주의와 제휴한 사회주의 대 혁명적 사회주의"라는 구도로 바뀌었다. 혁명적 사회주의를 대표한 것은 물론 볼쉐비즘과 트로츠키즘이었다.

7월 사태를 계기로 레닌이 다시 "지하생활"을 시작하면서 그의 대리인, 즉 스탈린이 볼쉐비키당의 지휘를 맡게 되었다. 7월 16일, 페트로그라드 볼쉐비키당 협의회를 주관한 스탈린은 중앙위원회 명의로 7월 사태에 대해 보고했다. 그는 당원들에게 중앙위원회의 기본 방침을 하달했는데, 그것은 첫째, 앞으로 볼쉐비키는 무장한 상태에서 투쟁할 것이며, 둘째, "모든 권력을 소비에트로!"라는 구호는 "모든 권력을 노동자와 빈농의 손으로!"라는 구호로 대치하며, 끝으로, 볼쉐비키는 소비에트 중앙집행위원회의 결정에 반대해 독자적으로 행동할 수 있다는 등의 내용을 담고 있었다.140) 후에, 이 시기의 스탈린의 지도활동을 회상하며 트로츠

---

139) 레닌이 독일의 간첩이라는 소문은 1917년 4월부터 번지기 시작했고, 10월혁명 이후 케렌스키 등 볼쉐비키의 정적들이 그런 주장의 재생산에 기여했다. 2월혁명 후 독일 정부가 러시아 혁명가들의 귀국에 도움을 준 것은 2월혁명이 짜리 군대의 붕괴로 이어진다면 "동부전선"에서의 전쟁 부담이 해소될 수 있다는 계산 때문이었으며, "제국주의 전쟁을 내전으로 전환하라!"는 구호를 외치는 레닌은 독일의 입장에서 볼 때 이용가치가 충분한 인물이었다. 독일의 지원은 "밀봉 열차"만 제공한 것이 아니라 재정적 차원에서도 이루어졌는데, 반공주의적 입장에서 러시아 혁명사를 저술한 볼코고노프는 1994년에 출간한 『레닌』에서, E. 베른슈타인을 인용하며, 레닌이 독일로부터 받은 자금 규모가 적어도 금화 5천만 마르크 이상이라고 주장하고 있다(См.: Волкогонов Д. А. Ленини. Политический портрет. кн.1, М., 1994, с.222~223). 이것이 사실로 인정된다 하더라도, 10월혁명이 독일 정부의 주문으로 완수되었다고 할 수는 없다. 레닌은 독일 제국의 자금을 이용하여 제국주의를 타도한다는 것에 대해 유쾌함을 느꼈을 것이다.

140) См.: Сталин И.В. Соч., т.3, с.122~123.

키는 빈정거렸다: "레닌, 지노비예프, 카메네프, 트로츠키 등등에 대한 광란의 사냥 기간 동안에 스탈린의 이름은, 비록 그가 ≪프라우다≫의 편집인이며 또한 자신의 서명을 담은 글들을 게재하기도 했지만, 언론에 거의 거론되지 않았다. 누구도 그가 쓴 글들을 주목하지 않았으며, 글의 저자에 대해서 관심을 갖지 않았다. [중략] 바로 상황이 스탈린에게 그 역할을 맡게 하였다. 지노비예프는 몸을 숨겼고, 카메네프와 트로츠키는 감옥에 앉아 있었다."141) 실제로 그러했었다. 그러나 그것을 단순히 상황 탓으로만 돌릴 수는 없는 일이었다. 스탈린이 레닌을 대리한 것은 그것이 바로 레닌의 뜻이었기 때문이었다.

1917년 7월 26일, 러시아볼쉐비키사회민주노동당 제6차 대회가 열렸다. 그들은 먼저 레닌의 위임에 따라 스탈린이 대독한 7월 사태에 관한 중앙위원회의 총괄 보고와 정세 보고를 들었다. 법정에 출두하라는 요구를 거부하고 "비겁하게" 도망친 레닌에 대한 당내의 비판적 견해를 일축하면서 스탈린은 당원들에게 곧 도래할 혁명에 대한 확신을 요구했다: "[러시아에서] 혁명역량이 발전하고 있기 때문에 폭발이 있을 것이며, 그리고 노동자들이 농민의 빈곤층을 궐기시켜 자신의 주위에 결집하고 노동자 혁명의 기치를 높이 들어 유럽에서 사회주의 혁명의 시대를 개막하는, 그런 때가 시작될 것입니다."142) 그러나 당 대회에서 "부르주아적 성향을 드러내면서 사회주의 혁명노선에 반발하는 자들이"143) 없었다면 오히려 이상한 일이었다. 스탈린은 단상에서 "러시아 사회주의 혁명의 승리"에 대해 불신하는 당 간부들, 특히 부하린을 가차 없이 비판했다. 당 대회에서 부하린은 농민이 현재 부르주아 계급과 연대하고 있으며 따

---

141) Троцкий Л.Д. Сталин. М., 1990, т.1, с.290~291.
142) Там же, с.178.
143) История ВКП(б). Краткий курс, с.189.

라서 프롤레타리아트를 지지하지 않을 것이라고 주장하면서, 스탈린의 표현에 따르면, "유치하기 짝이 없는" 혁명 전망을 제시했다: "나는 교대되는 두 국면 속에서 혁명의 새로운 발전을 생각합니다. 첫 번째 국면에서는 토지를 받으려는 농민이 참여하고, 두 번째 국면은 만족한 농민이 이탈한 이후로서 프롤레타리아 혁명의 국면인데, 이때는 오직 서유럽의 프롤레타리아적 분자들과 프롤레타리아트가 러시아의 프롤레타리아트를 지지할 겁니다."144) 그리고 프레오브라젠스키가, 또한, 프롤레타리아 혁명이 서유럽에서 실현된 다음 비로소 러시아에서 사회주의가 발전할 수 있다는 것을 당 대회의 결의안으로 성문화하자고 제안했을 때, 스탈린은 레닌의 「4월 테제」에 담긴 새로운 볼쉐비즘의 이론을 재차 주지시켰다: "러시아가 [다른 국가들을] 사회주의의 길로 인도하는 나라가 될 수 있다는 가능성은 배제될 수 없습니다. [중략] 오직 유럽이 우리에게 이 길을 제시할 수 있다는 낡은 관념을 버려야 합니다. 교조적 맑시즘과 창조적 맑시즘이 존재하는데, 나는 후자의 토대 위에 서 있습니다."145)

제6차 당 대회는 "메쥐라이온쯔", 즉 트로츠키파와의 합당을 결정했으며, "국가권력을 장악하기 위해, 그리고 선진 제국의 혁명적 프롤레타리아트와의 연대 속에서 평화를 위해, 사회의 사회주의적 개편을 위해 국가권력이 이용될 수 있도록 모든 역량을 집중할 것"을 "혁명적 계급"의 과제로 설정했다.146) 그로써 레닌이 바라던 대로 볼쉐비키당의 무장봉기 노선이 확립되었으며, 당 중앙위원회 지도위원으로 레닌, 트로츠키, 스탈린, 지노비예프, 카메네프가 선출되었다.

1917년 8월 4일에 열린 당 중앙위원회 전원회의에서 스탈린은 ≪프라

---

144) Шестой съезд РСДРП(б): протоколы. М., 1958, c.138.
145) Сталин И.В. Соч., т.3, c.186~187.
146) КПСС в резолюциях.., т.1, c.488.

우다≫ 대신 중앙위원회 기관지로 발행되는 ≪노동자와 병사≫의 편집인으로 선출되었다. 흥미로운 사실은, 당시 수감되어 있던 트로츠키는 석방될 경우에도 ≪노동자와 병사≫의 편집국에서 배제한다는 결정이 있었다는 것이다.147) 1917년 8월부터 10월까지, 볼쉐비키당 중앙위원회의 기관지는 임시정부의 탄압으로 여러 번 명칭이 바뀌었는데, 8월 10일 ≪노동자와 병사≫가 폐간된 뒤 ≪프롤레타리아≫, ≪노동자≫, ≪노동자의 길≫이라는 제호로 발행되었다. 그와 무관하게 스탈린은 10월혁명의 그날까지 당 중앙위원회 기관지의 편집국을 지휘하였다.

10월혁명을 준비하면서 스탈린은 레닌을 대신하여 충분히 중요한 역할을 수행했음에도 불구하고, "10월"을 언급하는 많은 회고록에서 스탈린은 비중 있는 지도자로 평가되지 않는다. 예를 들어, 수하노프는 1917년 3월 "혁명의 요람"에 귀환한 스탈린을 그냥 무시해버렸다: "이 무렵 소비에트 집행위원회에는 볼쉐비키 중에서 카메네프와 함께 스탈린이 나타났다. [중략] 스탈린의 역할에 대해서는 의혹을 갖게 된다. 볼쉐비키당은 낮은 수준의 '장교단'과 더불어 대부분 무식한 자들과 뜨내기들로 구성되어 있었지만, '장군단' 중에는 일련의 비중 있는 인물들과 훌륭한 지도자들을 포함하고 있었다. 집행위원회에서 변변치 못하게 활동했던 기간 동안에 스탈린은 때로 어슴푸레 보이다가 없어지기도 하는 회색 얼룩과 같은 인상을 - 나에 대해서만이 아니라 - 불러일으켰다. 스탈린에 관해서 내가 더 할 말은 없다."148) 수하노프는 실제로 당시 스탈린이 누군지 잘 몰랐을 것이다. 러시아 제국 변방이었던 그루지야 출신인 스탈린도 러시아의 혁명가·지식인들과 광범위하게 교제할 기회를 갖지 못했으며, 갖고 싶어 하지도 않았다. 인생의 목표로 정한 혁명을 실천하면서 스탈

---

147) См.: Протоколы ЦК РСДРП(б): август 1917~февраль 1918. М., 1958, с.4.
148) Суханов Н.Н. Записки о революции. М., 1991, т.1, кн.2, с.280.

린은 혁명을 논하기만 하는 "사이비 혁명가들"을 무시함으로써, 그리고 아직 볼쉐비키당밖에는 잘 알려지지 못한 자신의 지적 우월성에 대한 자부심을 통해서 스스로의 주변성을 보상받으려고 했을 것이다.

스탈린의 지적 능력에 대한 트로츠키의 평가가 흥미롭다. 레닌의 특징은 정신적 자질, 즉 "이론적 사고, 실천적 통찰, 의지력, 인내심" 사이의 조화와 균형에 있다고 지적하면서 트로츠키는 말했다: "스탈린의 의지력은 레닌의 의지력에 어쩌면 뒤지지 않을 수도 있다. 그러나 그의 두뇌적 자질은 레닌을 기준으로 할 경우 대략 그의 10~20% 정도로 평가될 수 있을 것이다. 지적 영역에서 스탈린에게는 또 다른 불균형이 있다. 일반화 능력과 창조적 상상력의 결핍을 보상하여 과도로 발달한 실천적 통찰력과 교활성."[149] 쉴랴프니코프 역시『1917년』이라는 제목으로 1925년 출판된 혁명에 관한 두 권짜리 회고록에서 스탈린을 무시하고 있다.[150] 당시 쉴랴프니코프는 '노동자 반대파'의 리더로서 당 중앙위원회에 대해 비판적 태도를 견지하고 있었다. 그러나 그런 반감 때문에 쉴랴프니코프가 스탈린을 혁명의 지도자로 여기지 않았다고는 생각하기 어렵다.

트로츠키는 흥미로운 대목을 회고하였다. 레닌이 핀란드에 몸을 숨기고 있던 시절로 이야기가 미치자 그는 스탈린을 "다른 2급, 3급의 볼쉐비키"와 별반 구별하지 않는다고 강조하면서 말했다: "나는 스베르들로프와 손을 잡고 함께 일했는데, 그는 중요한 정치적 문제를 취급할 때면 '일리치[즉, 레닌]에게 연락해야 한다'고 말하였으며, 그에 대해 실천적인 과제가 제기될 때면 때로 '스탈린과 상의해야 한다'고 하였다. 그리고 당의 상층에 속하는 다른 볼쉐비키의 입에서 스탈린의 이름은 지도자의 이름으로서가 아니라, 반드시 고려해야 할 진지한 혁명가로서 강조되어 언급되

---

149) Троцкий Л.Д. Иосиф Сталин. // К истории русской революции, с.403.
150) См.: Шляпников А.Г. Там же.

었다."151) 이 구절들의 저자는 자신이 속한 당 지도자의 반열에 스탈린을 올려놓고 싶어 하지 않았다. 1930년대 이후 묘사되었던 것처럼, 스탈린은 레닌에 버금가는 10월혁명의 지도자가 아니었다. 그러나 그가 레닌과 더불어 볼쉐비키당의 핵심 지도부에 속해 있었다는 것은 의심할 여지 없는 분명한 사실이었다.

   1917년 여름, 볼쉐비키에게 기회는 위기에서 시작되었다. 8월 25일, 마길료프 사령부에 있던 러시아군 총사령관 코르닐로프는 케렌스키의 퇴진을 요구하며 군대를 페트로그라드로 출정시켰으며, 그 지휘관들에게 늦어도 10월 1일 아침까지 수도에 진입해 "질서를 회복하라"는 명령을 내렸다. 군부의 반란에 직면한 케렌스키는 소비에트 및 그 영향력하에 있던 "병사들"에 의지할 수밖에 없었다. 반혁명에 대한 투쟁에 가장 적극적이었던 세력은 볼쉐비키였다. 코르닐로프의 군대가 진압되고 난 뒤, 세상은 변하기 시작했다. 볼쉐비키에 대한 지지가 급속히 확산되었으며, 9월 4일에 감옥에서 석방된 트로츠키는 며칠 후 페트로그라드 소비에트 의장으로 선출되었다. 또한 그때를 전후해 모스크바를 비롯한 주요 도시에서 볼쉐비키는 소비에트의 지도권을 장악할 수 있었다. 혼란한 정국의 수습을 위해 사회주의자들 위주로 한시적 연립내각을 새로 구성한 케렌스키는 제헌의회가 소집될 때까지 기능할 새 정부의 선출을 위한 '예비의회' 설립을 주도했지만, 그는 이미 정치적 지도력을 상실하고 있었다.

   이른바 소비에트의 볼쉐비키화가 급속히 진행되면서, 핀란드에서 고난을 견디던 레닌은 9월 중순에 볼쉐비키당 중앙위원회로 두 통의 편지를 썼다. 무장봉기를 준비하는 것이 블랑키즘이나 음모주의의 발로가 아니라고 당 간부들을 설득하면서 레닌은 강한 어조로 혁명을 요구하였다: "수도 두 곳[즉, 페테르부르크와 모스크바]의 노동자·병사 대의원 소비

---

151) Там же, с.396.

에트에서 다수를 확보했다면 볼쉐비키는 국가권력을 장악할 수 있으며 당연히 장악해야 합니다."152) 스탈린의 표현에 따르면, 9월 15일에 트로츠키와 자신을 비롯한 당 중앙위원회의 "실천가"들은153) 그 문제를 논의하였으며, 결국 레닌의 요구를 거부하기로 결정했다: "병영과 공장에서 어떠한 봉기도 발생하지 않도록 적절한 조치를 취할 것을 군사조직 및 페테르부르크(당) 위원회에서 활동하는 당 중앙위원들에게 위임한다."154) 그러나 이 결정은 볼쉐비키가 국가권력의 장악을 위한 작전에 착수하지 않았음을 의미하는 것이 아니었다. 단지 문제는 무장봉기를 철저하고 치밀하게 조직하기 위해서는 아직 시간이 필요했으며, 봉기는 완수되자마자 전국 소비에트 대회에서 즉각 승인되어야 한다는 데 있었다. 나중에 레닌은 자신의 조급성과 과오를 인정했다.155)

10월 초 레닌은 페트로그라드로 잠입했으며, 10월 10일에 개최된 당 중앙위원회 회의에서 국가권력의 장악을 위한 최종적인 결정이 내려졌다. 주사위는 던져졌다. 무장봉기의 지휘를 위해 정치국을 구성하기로 했으며, 여기에는 레닌, 트로츠키, 스탈린, 지노비예프, 카메네프, 소콜니코프, 부브노프 7인이 포함되었다.156) 그러나 무장봉기에 대한 반대의사를 표명했던 지노비예프와 카메네프는, 다음날, 일선의 몇몇 당 조직에 자신들 입장에 동참해 줄 것을 문서를 통해 공식적으로 제안했다. 10월 16일, 당 중앙위원회 회의에서 반대파의 "반역"이 논의되었을 때, 스탈린은 중앙위원회 내의 대립을 아주 간단하게 묘사했다: "여기 두 노선이 있습니

---

152) См.: Ленин В.И Полн. собр. соч., т.34, с.239~247.
153) См.: Сталин И.В. Соч., т.4, с.316~317.
154) Протоколы ЦК РСДРП(б): август 1917~февраль 1918., с.55.
155) См.: Сталин И.В. Соч., т.4, с.317~318.
156) 이때 구성된 정치국은 작동하지 못했다. 볼쉐비키당의 최고 권력기관으로서 정치국이 기능하게 된 것은 1919년 봄에 개최된 제8차 당 대회 이후였다.

다. 하나는 혁명의 승리를 추구하며 유럽에 의지하는 노선이며, 다른 하나는 혁명을 믿지 않고 오직 반대하는 노선입니다."157) 회의를 통해 기존 결정을 재확인한 중앙위원회는 스탈린, 스베르들로프, 부브노프, 우리츠키, 제르진스키 5명으로 '군사혁명본부'를 조직했으며, 의사록에 따르면, 이 본부는 소비에트혁명위원회 산하기구로 규정되었다.158)

곧, 카메네프와 지노비예프가 당에 "배신의 일격"을 가하는 사건이 발생했다. 당시 막심 고리키가 발행하던 신문 ≪노바야 쥐즌≫은 10월 17일자에 지면에 무장봉기에 반대하는 두 사람에 대해 언급했고, 그 다음날 ≪노바야 쥐즌≫에 그에 대한 카메네프의 해명이 실렸다. 카메네프는 자신과 지노비예프가 볼쉐비키당 하급 조직들 앞으로 무장봉기에 대한 반대를 호소하는 문서를 보낸 적이 있다고 인정하면서 무언가를 암시하려고 애썼다: "어떠한 형태의 것이든 봉기의 이런저런 시점을 정하는 일과 관련된 우리 당의 그 어떤 결정도 나에게는 알려진 바 없다고 말해야 한다. 당의 그러한 결정은 존재하지 않는다."159) 이에 대해 레닌은 격노했다. 그는 당원들에게 보낸 편지에서 카메네프의 해명을 "완전한 파업파괴"와 "배신"으로 규정하고, 카메네프와 지노비예프를 당에서 제명할 것을 요구했다. 그들의 행위는 레닌이 보기에 "악랄하고 비열한" 짓이었다. 레닌의 표현에 따르면, "그 빌어먹을 거짓말을 당이 공개적으로 반박할 수도 없었기 때문이었다."160) 그러나 10월 20일의 당 중앙위원회 회의에서 스탈린은 두 "파업파괴자들"이 결국 중앙위원회의 결정에 따를 것이라고 주장하며 레닌의 요구에 반대했다. 회의는 "카메네프의 [정치국에서

---

157) Протоколы ЦК РСДРП(б): август 1917~февраль 1918, с.100.
158) 소비에트혁명위원회가 바로 페트로그라드 소비에트의 산하기관으로 규정된 군사혁명위원회였고, 그것은 트로츠키의 주도로 10월 12일에 창설되었다.
159) См.: Там же, с.115~116.
160) См.: Ленин В.И. Полн. собр. соч., т.34, с.423~427.

의] 퇴진을 수용하고, 카메네프와 지노비예프에게 중앙위원회의 결정에서 반대하여 독자적인 행동을 하지 못하도록 강제하기로" 결의했다.161) 문제를 지금 당장 결정하지 말자는 스탈린의 제안은 거부되었지만, 그가 옳았다. 카메네프와 지노비예프는 내키지는 않았지만 결국 당의 결정에 복종하였다.

10월 24일, 당 중앙위원회 회의에서 카메네프는 "당 중앙위원 어느 한 사람도 특별한 결정 없이는 '스몰늬'에서 나갈 수 없도록 하자"고 제안했고, 수용되었다. 회의에는 레닌도, 스탈린도 참석하지 않았다. 레닌은 계속 수배 중이었다. 그날 이른 아침에 임시정부는 볼쉐비키당 기관지 편집국에 대한 "습격"을 단행하고 그것을 폐쇄했다. 당 기관지 ≪노동자의 길≫ 편집장 스탈린은 신문이 탄압을 피해 정상적으로 발행되도록 지휘하고 있었으며, 이번 호에는 봉기가 임박했음을 노골적으로 암시하는 글 「우리에게 무엇이 필요한가?(Что нам нужно?)」가 게재되었다.162) 정오가 지나 '스몰늬'에 도착한 스탈린은 트로츠키와 함께 제2차 전러시아 소비에트 대회에 참여할 볼쉐비키의 분파협의회에 참석했으며, 중앙위원회의 최종 소식을 보고했다. 레닌은 저녁 때 '스몰늬'에 도착하였으며, 무장봉기를 직접 지휘하기 시작했다. 이제 모든 준비가 완료되었다.

10월혁명이 승리하는 데 트로츠키가 큰 공헌을 했다는 것은 의심의 여지가 없다. 그는 레닌과 더불어 러시아 인민에게 사회주의 혁명의 영감을 고취한 이론가이자 실천가였으며 진정한 혁명가였다. 그는 페트로그라드 소비에트 의장으로서 제2차 전러시아 소비에트 대회가 거사 날짜인 10월 25일에 개최되도록 주도함으로써 10월혁명이 "인민"의 즉각적 승인을 받는 데 결정적인 역할을 했다. 그러나 트로츠키는 1917년에 "만약

---

161) См.: Там же, с.107.
162) См.: Сталин И.В. Соч., т.3, с.387~390.

페테르부르크에 레닌도 없고 나도 없었다면, 10월혁명은 없었을 것이다"라며 역사의 전개를 자신에게 유리한 쪽으로만 해석하려 했다. 물론 트로츠키에게 전혀 유익하지 않은 다른 시각도 있었다. 10월혁명에 참여했던 몰로토프는 이렇게 회고했다: "나는 [혁명의] 모든 일을 지휘하는 군사혁명위원회의 산하 조직이었던 페트로그라드(당) 위원회의 책임을 맡고 있었소. 당연히 말해야 할 것은 군사혁명위원회가 아니라 바로 당 중앙위원회와 그 그룹이 [혁명을] 지도했다는 겁니다." 트로츠키가 10월의 역사에 큰 기여를 하였음을 인정하는 가운데 몰로토프는 그에 부연하였다: "하지만 오직 선동과 관련된 역할을 맡았습니다. 조직사업에는 거의 참여하지 않았고 또 그를 부르지도 않았소."163) 트로츠키가 "1917년 페테르부르크에 내가 없었더라도 레닌의 존재와 지도(指導)를 전제로 하는 경우에 10월혁명은 발생했을 것이다"라고 일기에 적었을 때, 그는 완전한 진실을 말하고 있었다.

---

163) См.: Чуев Ф.И. Указ. соч., с.162. 트로츠키는 저술에서 당 중앙위원회 "그룹"이 있었다는 사실을 부인했다.

|제4절| 민족인민위원의 군사정책

10월혁명의 승리 직후였던 "광란"의 시기에 스탈린은 민족인민위원부의 업무를 거의 볼 수 없었다. 1917년 11월 29일에 열린 당 중앙위원회 회의는 4명의 위원, 즉 레닌, 스탈린, 트로츠키, 스베르들로프에게 모든 긴급한 사안에 대해 독자적으로 결정할 수 있는 권한을 위임했다. 4인이 문제를 논의하는 시각에 나머지 당 중앙위원들 가운데 혁명본부인 '스몰늬'에 남아 있는 사람이 있게 된다면, 그 사람도 당연히 논의에 참여한다는 것을 전제로 하였다.164) 그러나 스베르들로프는 당 중앙위원회 서기국 업무와 특히 브칙 의장 업무로 말미암아 점차 "긴급회의"에서 멀어져 갔으며, 후에 트로츠키가 증언한 것처럼, 4인방이 아니라 3인방이 실질적인 당 최고지도부를 구성하게 되었다. 스탈린은 예전처럼 레닌의 성실한 "대리인" 혹은 "작은 레닌"의 역할을 수행했다. 트로츠키는 스탈린에 대한 그런 평가에 동의하지 않았다. 그는 스탈린이 단지 "레닌 곁에서 집사장 혹은 시켜진 일을 처리하는 관리 역할을 수행했다"165)고 혹평하면

---

164) Протоколы ЦК РСДРП(б): август 1917~февраль 1918, с.155. 이러한 중앙위원회 조직이 만들어지게 된 것은 10월혁명의 성격을 둘러싼 반목 속에서 지노비예프, 카메네프, 릐코프가 당 중앙위원직을 거부한 사실로도 설명될 수 있다. 혁명 직후 그들은 볼쉐비키와 좌파 에세르만의 공동 정부가 아니라, 소비에트에 가담한 모든 사회주의 정당들이 참여하는 새로운 소비에트 정부의 수립을 요구했다.

165) См.: Троцкий Л.Д. Сталин, т.2, с.38.

서 자신의 정적(政敵)을 정치적으로 격하시켰다.

레닌에 대한 스탈린의 태도를 특징적으로 드러내는 것들 중 하나는 브레스트-리톱스크에서 독일과의 평화조약이 모색되고 있을 때 생긴 일화이다. 스탈린은 조약 체결을 요구하는 레닌의 입장을 확고히 지지하고 있었다. 그러나 트로츠키의 "비(非)전쟁, 비(非)평화"라는 구호에 입각한 전술이 실패한 뒤, 1918년 2월 23일 독일 측으로부터 받은 최후통첩과 관련해 당 중앙위원들 사이에 의견이 분분했을 때 열린 중앙위원회 회의에서 스탈린은 "조인하지 않을 수도 있지만, 휴전 협상은 시작해야 한다"는 의견을 개진했다. 물론 그는 조약 체결을 지지하는 쪽이었다. 그러자 레닌의 질책이 나왔다: "[휴전협정을] 조인하지 않을 수 있다고 한 스탈린의 의견은 옳지 못합니다. [독일이 내세운] 조건들을 수용해야 합니다."[166] 레닌은 심지어 협상조차 필요없다고 생각했다. "스승"의 속내를 이해한 스탈린은, 일말의 망설임도 없이, 즉각 자신의 과오를 인정했다.

스탈린이 민족인민위원으로서 수행한 최초의 활동은 민족문제에 관한 레닌주의 노선의 변호인 자격으로, 또한 동시에 사회주의 혁명의 "공작원"으로 헬싱키를 방문한 일이었다. 1917년 11월 14일, 핀란드사회민주노동당 대회에 참석한 스탈린은 러시아의 새 권력이 민족자결권을 인정하는 동시에 핀란드 인민들을 지지하고 있음을 역설했다. 그리고 이런 말을 덧붙이는 것을 잊지 않았다: "전쟁과 붕괴의 분위기 속에서, 점차 가열되어 가는 서구에서의 혁명운동과 더욱 강화되어 가는 러시아에서의 노동운동의 분위기 속에서, 여러분들의 공세 앞에 저항하는 것처럼 어렵고 위험하기 짝이 없는 일은 없을 것입니다. 이런 분위기 속에서 오직 하나의 권력, 즉 사회주의 권력만이 유지되고 승리할 수 있을 겁니다. 이런 분위기 속에서 하나의 전술, 즉 당통(Danton)의 전술이 필요합니다: 과

---

166) См.: Протоколы ЦК РСДРП(б). август 1917~февраль 1918, с.212~213.

감하게, 과감하게, 그리고 또 과감하게! 그리고 여러분들에게 우리의 도움이 필요하다면, 우리는 우호적으로 손을 내밀며 여러분들을 도울 것입니다."167)

그러나 혁명을 감행한 핀란드 볼쉐비키는 권력을 장악하는 데 실패했다. 그러나 분리권까지를 포함한 민족자결의 원칙은 이미 만방에 선포되었다. 부르주아적인 핀란드 정부가 자신의 독립을 선언하고 나섰을 때, 볼쉐비키당 최고지도부는 그것을 인정하지 않을 수 없었다. 1917년 12월 18일, 소브나르콤은 〈핀란드의 국가 독립에 관한 법령〉을 채택했다. 그와 관련하여 12월 22일에 소비에트 중앙집행위원회 회의에 출석한 스탈린은 불만스런 어조로 보고했다: "우리가 만약 핀란드의 독립 획득과정을 좀 더 주의 깊게 살펴보면, 소브나르콤은 그 의지와는 달리 인민들에게가 아니라, 핀란드 프롤레타리아트의 대표들에게도 아니라, 바로 묘하게 얽혀버린 상황에 의해 권력을 장악하고 러시아 사회주의자들의 수중에서 독립을 획득해버린 핀란드의 부르주아들에게 실질적으로 자유를 주었다는 것을 보게 됩니다. [중략] 핀란드의 독립이 핀란드 노동자·농민들의 해방 과업을 용이하게 하고, 우리 인민들 사이의 우호 증진을 위한 굳은 기초를 만들게 되기를 기대합시다."168) 스탈린은 핀란드 볼쉐비키의 "우유부단함과 소심성"에 분개했다. 민족자결의 원칙은 부르주아 계급의 독립이 아니라 사회주의의 실현을 위한 투쟁수단이 되어야 했다.

1918년 봄, 브칙에 설치된 헌법초안준비위원회에서 일하면서 스탈린은 민족문제에 관한 이론을 헌법의 형태로 구현했다. 민족자결권에 대한 승인은 "고유의 생활관습과 민족구성으로써 구별되는" 가운데 역사적으로 분리된 지역들의 동맹이라는 뜻으로서의 연방제적 국가형태로 귀결되었

---

167) Сталин И.В. Соч., т.4, с.4~5.
168) Там же, с.23~24.

다. 스탈린의 설명에 따르면, 러시아의 연방제 수립은 일정 지역에 거주하는 인민들이 과거의 제국주의적 억압으로부터 해방되는 것과, 그들에게는 당연한 행동의 자유를 일정한 범위 내에서 부여한다는 것을 의미했다.[169] "세상의 어떤 권력도 이렇게 광범위한 분권주의를 허용한 적이 없으며, 세상의 어떤 정부도 러시아의 소비에트 권력만큼 완전한 민족적 자유를 인민에게 부여한 적이 없었다"는 그의 말은 전혀 과장이 아니었다.[170] 여기에서 우리는 레닌이 제정 러시아를 "민족들의 감옥"으로 규정했다는 사실을 상기할 필요가 있다.

소비에트 권력이 국가구성의 원리로서 내세운 연방제는 민주집중제였다. 그런데 민주집중제가 실현되는 것으로 간주된 지역 자치의 범위는 중앙 권력이 강화됨에 따라 점차 협소해졌다. 레닌의 국가자본주의 이론은 철저하게 중앙집권화된 국가권력을 요구하고 있었다. 스탈린은 민족문제에 대해 한 번 정해지면 영원히 독립된 의미를 갖는 것으로 간주하지 않았다. "민족문제는 전적으로 사회적 상황의 제 조건에 의해, 일반적으로는 사회발전의 전 과정에 의해 규정된다"[171]는 점을 지적하면서 사회주의자들에게 민족문제란 항상 사회주의 혁명을 위한 종속 변수로 취급되어야 한다는 점을 부단히 역설했다. 그런 이유에서 "짜리즘의 유일주의로부터 연방주의로의 전환"은 단지 과도기적 의미를 가진 것이었다. 스탈린은 강조했다: "미국이나 스위스에서와 같이 러시아에서의 연방주의는 이행의 역할, 즉 미래의 사회주의적 유일주의로 이행하는 역할을

---

169) См.: Там же, с.66~70. 강조되어야 할 점은 이런 연방제적 구조가 결코 과거 러시아제국의 중앙집권주의의 완전한 해체를 지향하는 것이 아니었다는 사실이다. 오히려 연방제는 제정의 붕괴 이후 러시아가 처했던 국가분열적 상황을 극복하고 단일한 국가체계를 조직하기에 매우 적합한 형태였다고 할 수 있다.

170) Сталин И.В. Соч., т.4. с.161.

171) См.: Там же, с.155.

수행하도록 되어 있다."172) 결국 스탈린의 민족정책은 국가권력이 형식적으로는 분권화되어 있지만 실질적으론 극도로 중앙집권화된, 또한 인민들의 삶이 형식적으로는 민족적이나 그 실제 내용에 있어서는 사회주의적인, 그런 국가의 창설로 귀결되었다.

    1918년 6월부터 약 2년 동안 소비에트 기관, 즉 정부 기관에서의 스탈린의 활동은, 다른 당 간부들이 그랬던 것처럼, 뒷전으로 물러나 있었다. 그는 혁명의 구원을 위해 필수적인, 그리고 군사문제를 포함해 내전 과정에서 발생하는 최우선 과제의 해결에 전력투구했다. 레닌이 부농(쿨락)을 비롯한 국가자본주의적 질서를 훼손하는 자들에 대해 대대적인 "십자군 원정"을 조직할 것을 지시했을 때, 스탈린은 당 중앙위원회 식량공급담당 비상전권위원의 직함을 부여받아 곡창지대인 북(北)카프카즈의 관문 차리친으로 파견되었다.173) 현지에 도착한 날은 6월 6일이었으며, 다음날, 그는 지역 경제질서의 확립을 위해 자신이 취한 조치의 내용과 함께, 모스크바로 약 100만 푸드의 곡물을 곧 보내겠다는 내용의 전문을 레닌에게 타전했다.174) 차리친에서 스탈린은 소위 "비상조치"로 신속하게 사안들을 처리했으며, 그런 와중에 군사문제의 해결에도 나서게 되었다. 차리친에 대한 백군의 공세가 급속히 거세지는 가운데 도시의 주변 지역이 카자크 부대에 점령되자,175) 스탈린에게 부과된 임무의 완

---

172) Там же, с.73.

173) 차리친은 후에 스탈린그라드로 개칭되었고, 지금은 볼고그라드가 되었다.

174) См.: Там же, с.116~117.

175) 16세기에 돈 강 및 드네프르 강 부근과 북(北)카프카즈 등 러시아 남부지역에서는 카자크(=코사크)족이 형성되기 시작했다. 러시아 농노제의 가혹하고 야만적인 수탈을 견디다 못한 많은 농민들이 지주가 없고 국가권력이 미치지 않는 변방으로 도주했으며, 미개척지인 그곳에서 탈주 농민들은 독특하고 군사화된 공동체를 구성했다. 자치적인 삶을 유지하던 카자크(인)들은 국가권력에 저항하기도 했지만, 러시아 정부는 18세기까지 그들을 국경수비에 활용했으며 그 대가로 화약, 식량 등을 보급하고 급료를 지불하기도 했다. 10월혁명 이후 내전기에 그들은 주로 백군을 지지했다.

수는 말할 것도 없고, 도시 자체와 곡창지대 전역의 안전이 위태롭게 되었다. 스탈린은 레닌에게 보낸 7월 7일자 전문에 이렇게 썼다: "닥치는 대로 사람들을 재촉하고 욕설을 퍼부으며 상황을 반전시키려고 노력하고 있습니다. 믿어도 좋습니다. [일을 그르치는 자는] 본인이나 다른 자들을 포함해 누구든 용서치 않을 것이며, 곡물은 모두 제대로 발송될 겁니다. 우리의 군사전문가들(무능한 자들!)이 잠을 자면서 게으름을 피우지 않았더라면 전선은 무너지지 않았을 것이며, 만약 전선이 회복된다면, 그것은 군사전문가들 덕분이 아니라, 그들의 존재에도 불구하고 [다른 사람들의 노력으로] 이루어진 일일 겁니다."[176]

레닌은 그 날짜로 즉시 스탈린에게 보낸 답신 전문에서 좌파 에세르들이 모스크바 주재 독일대사인 미르바흐를 살해하며 폭동을 일으켰다고 알렸다: "반혁명분자들의 도구가 되어버린, 이런 애처롭고 히스테릭한 모험주의자들을 도처에서 가차 없이 진압해야 합니다. [중략] 그럼, 좌파 에세르들에게 절대로 관용을 베풀지 말고 자주 연락하시오."[177] 이에 스탈린은 대답했다: "예기치 않은 일이 일어날 모든 가능성을 미연에 방지하기 위한 모든 대책이 강구되어야 합니다. 우리는 아무것도 겁내지 않는다는 것을 확신하셔도 좋습니다."[178] 〈적색 테러에 관한 결정〉은 아직 채택되지 않았다. 그러나, 러시아 혁명의 주창자와 열렬한 실행자는 그들에게 가장 성스러운 것, 즉 볼쉐비키 정권이 어떻게 해야 지켜질 수 있는지를 정확히 이해하고 있었다.

차리친에 머물던 스탈린은 군사인민위원 트로츠키가 북카프카즈에서 전황을 개선하기 위해 당연히 해야 할 조치를 게을리하고 있다고 생각하

---

176) Там же, с.118.
177) Ленин В.И. Полн. собр. соч., т.50 с.114.
178) Сталин И.В. Соч., т.4, с.118.

며 몹시 분개했다. 레닌에게 보낸 7월 10일자 전문에 그는 이렇게 경고했다: "식량문제는 당연히 군사적인 문제와 얽혀 있습니다. 상황 개선을 위해서는 본인에게 군사적인 권한이 필요합니다. 본인은 이미 그것을 요청했지만 아직 대답을 받지 못했습니다. 좋습니다. 그렇다면 본인은 불필요한 형식을 배제하고, 상황을 악화시키는 지휘관과 정치위원들을 잘라버릴 것입니다. 상황의 이익이 본인에게 그렇게 하도록 암시하고 있으며, 물론 트로츠키의 문서 따위가 없다는 것이 본인을 제지할 수 없습니다."[179] 곧 북카프카즈 군관구 군사회의가 스탈린을 수장으로 해서 창설되었다. 단기간에 군사회의는 지리멸렬한 상태에 있는 군부대들을 재편하고 "후방을 정화하는" 작업을 통해 몇 개의 새로운 사단과 보급기관을 창설할 수 있었다. 후일의 평가에 따르면, "스탈린 동무의 불같은 기질, 에너지와 의지가 어제까지도 불가능하게 보였던 일들을 가능케 했던 것이다."[180] 군대의 전열을 정비한 다음 스탈린은, 8월 말, 백군에 대한 공세를 전개할 것을 명령했다. 8월 30일에는 카플란이라는 이름의 사회혁명당 "전사"가 레닌을 저격하는 사건이 발생했다. "세계에서 가장 위대한 혁명가이며 프롤레타리아트의 노련한 지도자이자 스승인 레닌을 암살하려 한 부르주아 주구들의 만행"에 스탈린은 분노했다. 8월 31일, 브칙 의장 스베르들로프에게 보낸 전문을 통해 스탈린은 북카프카즈 군사회의가 "부르주아와 그 첩자들에 대해 공개적이고 대대적인 체계적 테러를 조직함으로써 비열한 암살 음모에 보복하고 있다"고 알렸다.[181]

1918년 9월 2일, 브칙은 소비에트 러시아를 군영(軍營)으로 선포했으며, 트로츠키를 의장으로 '공화국 혁명군사회의'가 창설되었다. 이제 스

---

179) Там же, с.120~121.
180) Ворошилов К.Е. Сталин и Красная Армия. М., 1942, с.9.
181) Сталин И.В. Соч., т.4, с.128.

탈린은 새로 조직된 '남부전선 군사혁명회의'의 수장으로 특별한 권한을 부여받았으며,182) 차리친에서 지극히 광범위한, 사실상 무제한의 권력을 합법적으로 행사하게 되었다. 그는 지역에서 동원령을 내리는 것, 재산을 징발하는 것, 공장을 군사화하는 것, '인민의 적'을 체포해 법정에 회부하는 것, 간부를 임명하거나 교체하는 것 모두가 그의 권한에 속해 있었다. 남부전선 혁명군사회의의 다른 위원인 보로쉴로프 등은 스탈린만한 권위를 인정받을 만한 인물이 아니었으며 스탈린의 의지에 대립할 수 없었다. 다른 지역들보다 먼저 차리친에서 스탈린에 의해 전시공산주의적 방식이 실험되었다. 9월 초에 전개된 백군에 대한 공세는 성공리에 끝났는데, 스탈린은 그 이유를 이렇게 설명했다: "의식성과 프롤레타리아적 규율, 이것이 남부전선에서 승리한 첫 번째 원인입니다. 두 번째 원인은 새로운 적군장교단의 출현에 있습니다."183) 차리친에서 스탈린이 만들어낸 "혁명 수호를 위한 승리의 서사시"는 1917년 이후의 그에 관한 전설의 시작이었을 뿐이었다.

남부전선에서의 스탈린의 "군사정책"은 트로츠키의 군대에 대한 지도방식과 전혀 다르지 않았다. 그와 관련해, "사회주의의 조국"에서 추방된 후에 기록된 트로츠키의 증언이 인상적이다. 그의 회고에 따르면, 1919년 7월, 정치국 회의에서는 트로츠키가 전선에서 함부로 군 간부들을 처형함으로써 군대 내부가 소란스럽다는 비판이 제기되었다. 그에 대해 트로츠키는, 내전이 본격화된 1918년 여름에 동부전선의 요충지였던 스비야쥐스크에서 한 지휘관과 정치위원을 총살시킨 사건을 언급하면서 반박

---

182) 스탈린 치하 기록을 보면 혁명군사회의(Реввоенсовет) 대신 "군사혁명회의(Военно-революционный совет)"라는 표기를 고집하고 있는데, 이는 아마 내전기에 남부전선에서 자신이 트로츠키의 지휘 아래 있었음을 거부하고 싶은 스탈린의 심리가 반영된 것이라고 생각된다. 표기와 관련해서 см.: Сталин И.В. Соч., т.4, с.452.
183) Там же, с.147.

했다: "만약 스비야쥐스크 근교에서 엄중한 조치가 취해지지 않았다면, 우리는 지금 정치국에서 회의할 수 없었을 것입니다." 레닌이 맞장구를 쳤다: "지당한 말씀!" 그리고 즉석에서 소브나르콤의 스탬프가 찍힌 용지 아래에 잉크로 뭔가를 급히 쓰기 시작했다. 레닌이 트로츠키에게 건넨 용지에는 이렇게 적혀 있었다: "동무들! 트로츠키 동무가 내린 명령의 준엄함을 인정하지만, 본인은 트로츠키 동무가 과업을 위해 내린 명령의 정당함과 목적합리성 그리고 필요성에 대해 확신하고 또 절대적으로 확신하기 때문에 그 명령을 전적으로 지지합니다. V. 울리야노프-레닌." 그러면서 레닌은 트로츠키에게 말했다: "필요하다면 얼마든지 본인은 귀하에게 이런 문서를 줄 것입니다."184) 스탈린 또한 폭력의 전능성을 믿었으며, 특히 적에 대한 폭력의 사용은 그가 보기에 항상 정당한 것이었다. 이것은 트로츠키와 스탈린 두 사람만의 공통된 "정책"이 아니었다. 레닌은 항상 설교했다: 목적은 수단을 정당화한다.

1919년 3월, 러시아볼쉐비키공산당 제8차 대회가 열렸을 때 트로츠키의 군사정책, 특히 제정시대의 군사전문가들을 등용하는 것과 "노동자 병사"들에게 엄격한 규율을 적용하는 것에 반대하는 '군사 반대파' 그룹의 비판이 제기되었으며, 그때 스탈린은 트로츠키의 입장을 지지했다. 1919년 3월 21일, 당 대회의 비공개회의에서 스탈린은 군사문제에 관해 발언했다: "나는 우리 군의 다수를 구성하고 있는 비(非)노동자적 분자들, 즉 농민들이 사회주의를 위해 자발적으로 투쟁하지 않을 것이라는 점을 말하고자 합니다. 많은 사실들이 그것을 입증합니다. [중략] 이로부터 우리의 과제가 도출됩니다. 그것은 이 분자들을 강철 같은 규율 속에서 재교육하고, 이들을 후방이나 전선에서 프롤레타리아트를 따르도록 인도하고, 우리의 공통된 사회주의 과업을 위해 투쟁하도록 강제하며,

---

184) См.: Троцкий Л.Д. Моя жизнь, т.2, с.203~205.

그리고 물론 국가수호 능력이 있는 완전한 정규군 설립을 전쟁 중에 속히 완료하는 겁니다."[185]

그렇지만 스탈린과 트로츠키 사이의 대립은 심화되었다. 군사전략상의 이견만이 문제가 아니었다. 스탈린은 '공화국 혁명군사회의' 의장인 트로츠키에게 복종하기를 거부하고, 반면 트로츠키는 스탈린을 제압하려고 하면서 대립의 골이 깊어졌다. 내전 시기에 갈등의 주된 원인은 무엇이었을까? 트로츠키는 나중에 망명지에서 그 원인을 개인적 관계에서 설명하였다. 그런 측면도 부정할 수는 없겠지만, 군사문제에 관한 이견이 보다 중요한 원인으로 작용했을 것으로 생각된다. 그와 관련해, 10월 혁명 1주년을 기념해 ≪프라우다≫에 게재된 스탈린의 글「10월의 혁명(Октябрьский переворот)」을 주목할 필요가 있다. 여기서 그는 자신과 동갑내기인 한 천재에게 그가 받아 마땅한 경의를 표하고 있다: "봉기의 조직 활동과 관련된 모든 실질적인 업무는 페트로그라드 소비에트의 의장인 트로츠키 동무의 지도하에 진행되었다. 확실하게 말할 수 있는 것은 [페트로그라드] 수비대가 신속히 소비에트의 편에 서고, 군사혁명위원회의 과업이 훌륭하게 계획된 것에 대해 당은 누구보다도 먼저, 그리고 주로 트로츠키 동무에게 감사해 하고 있다는 사실이다."[186] 스탈린은 개인적 관계보다 혁명과업이 우위에 있다고 생각했을 것이며, 이 점에서는 트로츠키도 마찬가지였을 것이다. 레닌이 사망한 다음, 정치국 내에서 권력투쟁이 본격화되었을 때에도 트로츠키의 스탈린 비판은 전적으로 정치적인 것이었으며, 인간적 차원의 비판이 추가된 것은 소연방에서 추방된 이후의 일이었다.

차리친에서 스탈린은 자신의 정당함을 확신하면서 군사문제에 관한

---

185) Восьмой съезд РКП(б): протоколы, с.249~250.
186) Правда, 6 ноября 1918 г. 후에 출판된 『스탈린저작집』에 실린 스탈린의 글에는 이 인용 구절이 삭제되어 있다. См.: Сталин И.В. Соч., т.4, с.152~154.

지시를 '공화국 혁명군사회의' 의장에게가 아니라 레닌에게 직접 요청했다. 때로는 트로츠키의 지시를 그냥 무시하기도 했으며, 심지어 트로츠키가 "남부전선을 와해시키기 위해" 내린 명령과 관련된 문제를 당 중앙위원회에서 토론해줄 것을 제안하기도 했다. 스탈린의 이런 행동은 그렇지 않아도 불편한 감정을 갖고 있는 트로츠키를 격분시켰다. 차리친에 위계질서를 확립하기로 작정한 그는 최후의 심판자인 레닌에게 스탈린을 소환할 것을 단호히 요구했다.[187] 10월혁명의 최고지도자는 두 사람 사이의 긴장관계를 잘 알고 있었다. 그는 처음에는 두 사람을 화해시키려 했지만 곧 "사무적 입장"을 취했다. 1918년 10월 23일, 트로츠키에게 보낸 전문에서 레닌은 스탈린과 나눈 대화의 내용과 차리친의 전황을 설명하며, '공화국 혁명군사회의' 의장과 원만한 관계를 유지하고 싶어 한다는 스탈린의 희망을 전했다. 전문의 말미에서 레닌은 이렇게 제안했다: "본인은 귀하가 아래 내용에 대해 한번 생각해보고 대답해주었으면 합니다. 첫째, 스탈린과 직접 만나 서로 자신의 입장을 해명하는 것이 어떨지요. 스탈린은 [모스크바에] 올 의향이 있다고 합니다. 둘째, 구체적 조건하에서 이전의 갈등을 제거하고, 스탈린이 원하는 것처럼, 협력적 관계를 구축하는 것이 가능하다고 생각하는지요. 본인의 의견을 말하자면, 스탈린과 협력관계를 조성하는 데 전력을 다하는 것이 필요하다고 생각합니다."[188]

스탈린이 레닌에게 순종하였던 반면, 트로츠키는 대체로 그렇지 않았다. 몇 년 후에 자신이 "탁월한 지도자들"이라고 부르게 되는 둘의 관계를 원만하게 하려는 레닌의 시도는 성과를 거두지 못했다. 트로츠키는 레닌의 제안을 거절했다.[189] 10월 중순에 모스크바에 도착한 스탈린은

---

187) Подробнее см.: Троцкий Л.Д. Сталин., т.2, с.86~89.
188) См.: Ленинский сборник XXXVII. М., 1970, с.106.

더 이상 차리친, 즉 러시아 역사에서 단순한 전설을 넘어 신화적 의미를 획득한 도시인 미래의 스탈린그라드로 돌아가지 않았다. "남부전선에서 매우 일하고 싶어 했던" 스탈린은 식량 및 군사상의 임무를 성공적으로 수행하고는 소환되었다.190)

스탈린에게 민족인민위원 및 당에서의 직위 이외에 다른 직책들이 추가로 부여되었다. 1918년 11월 그는 브칙 간부회의 위원으로 선출되었으며, 곧이어 국가의 모든 자원을 효과적으로 동원해야 하는 전쟁의 요구에 부응하기 위한 지도기관으로서 노농방위회의가 창설되었을 때 스탈린은 브칙을 대표해서 레닌이 의장인 그 기관의 위원이 되었다. 트로츠키도 '공화국 혁명군사회의' 의장 자격으로 노농방위회의에 참여했다.191) 나중에 트로츠키는 "레닌이 스탈린에게 차리친 군대로부터 격리된 것에 대해 일정한 보상을 하고 싶어 했기" 때문에 스탈린이 브칙 간부회의 위원으로 임명된 것이라고 증언했다. 미래를 장담할 수 없는 소비에트 러시아의 상황에서 그랬을 수도 있겠지만, 스탈린이나 트로츠키에게 중요했던 것은 지위보다도 혁명의 승리였다. 혁명이 위기에 처했을 때, 스탈린은 자신의 집무실에 그냥 앉아 있을 수 없었다.

트로츠키가 전용 장갑열차를 타고 전선을 분주히 다니면서 군대에 "주입시킨" 엄중한 규율과 추상같은 명령체계에도 불구하고, 1918년 말, 볼쉐비키 정권은 특히 동부전선에서 매우 어려운 상황에 직면했다. 1918년 초부터 반(反)볼쉐비키 세력은 시베리아를 중심으로 조직화되기 시작했고 영국, 프랑스, 일본 등 외국군의 지원을 받으며 1918년 6월에 소위 "시베리아 임시정부"를 새로 구성했다. 세력을 서쪽으로 확장시키면서 그들

---

189) См.: Троцкий Л.Д. Моя жизнь, т.2, с.177.
190) Там же, с.176.
191) См.: Декреты Советской власти, т.4, с.92~94.

은, 1918년 11월, 본거지를 톰스크에서 우랄 산맥 서편에 위치한 우파로 옮겼으며, 그와 동시에 볼쉐비키에 대한 공세를 본격적으로 전개했다. 시베리아 임시정부의 "최고통령", 즉 백군 최고지도자가 된 콜차크는 군대를 동원해 페르미 부근에서 적군(赤軍) 제3군을 격파했으며, 그 결과 전략적 측면에서 모스크바의 방위가 심각하게 위협받는 상황에 이르렀다. 노농방위회의는 스탈린과 제르진스키에게 전선에 인접한 뱌트카로 시급히 출발할 것을 명령했다.[192] 그들이 인솔한 특별위원회는 패배의 원인을 현장에서 분석하고 나아가 전황을 개선하기 위해 필요한 조치들을 강구하라는 임무를 부여받았다. 현지에서 조사를 완료한 그들은 1919년 1월 초, 3만 명 이상 있었던 제3군의 병력이 이제 1만여 명만 남아있는 실상을 언급하면서 "전적으로 신뢰할 수 있는 최소 3개의 여단 병력을 속히 투입해야 한다"고 레닌에게 보고했다.[193] 특별위원회의 활동은 신속하고 단호했다. 스탈린의 명령에 따라, 패배에 대한 책임을 인정한 군 간부들이 군법회의에 회부되었으며 무능력한 지휘관과 정치위원들이 해임되었다.

항상 그렇듯이 스탈린의 결론은 단정적이었다. 레닌에게 올린 보고서에서 그는 파국의 원인을 분석했다. 그것은 첫째, 확고한 지도부 및 예비 부대의 부재에서 비롯된 군대의 피로감, 둘째, 후방의 취약성, 셋째, '공화국 혁명군사회의'가 전선에서 멀리 떨어져있는 것과 최고사령부가 내리는 명령의 비(非)신중함이었다.[194] 보고서에서 그는 트로츠키를 직접 거론하지는 않았다. 그러나 스탈린은 '공화국 혁명군사회의'의 재편을 요구하면서 트로츠키의 "용인될 수 없는 경솔함"이야말로 동부전선에서 엄

---

192) 뱌트카는 후에 키로프로 개칭되었다.
193) Сталин И.В. Соч., т.4. с.188.
194) См.: Там же, с.190, 211.

청난 재난이 발생한 데에 중요한 원인이 되었다고 기술했다. 그는 대응조치들이 취해진 결과 부대의 전투능력이 회복되었으며, "각처에서 군대가 공세로 전환해 약간의 전과를 올리기도 했다"고 주장했다. 그리고 전선의 후방에서 지역의 '체카'를 포함해[195] 소비에트 및 당 기관에 대한 심각한 숙청작업이 진행되고 있으며, 후방의 강화 및 안전보장을 위해 성(省)의 최고기관으로 뱌트카군사혁명위원회가 창설되었다고 부연했다.[196] 특별위원회의 보고를 토대로 당 중앙위원회, 즉 레닌이 취한 신속한 조치들 덕분에 동부전선에서 백군의 진격은 저지되었으며, 군대는 곧 반격에 나설 수 있었다.

    1919년 봄 페트로그라드에는 이미 심각한 위기상황이 조성되어 있었다. 에스토니아에서 백군이 준동하고 있었으며, "혁명의 요람" 및 그 인근 지역에서 볼쉐비키 정권에 대한 저항이 반란의 형태로 발전하고 있었다. 페트로그라드를 포기해야 할 상황에서, 1919년 5월, 당 중앙위원회 및 노농방위회의는 스탈린을 페드로그라드 전선으로 파견키로 결정했다. 비상전권을 위임받은 그는 페트로그라드 소비에트와 방위군사령부에 머무르면서 군대의 작전을 진두지휘했다. 페트로그라드 근교에 있는 '크라스나야 고르카'와 '세라야 로샤지' 두 요새를 차례로 백군으로부터 탈환한 후 6월 16일에 그는 레닌에게 전문을 보냈다: "크라스나야 고르카를 바다 쪽에서 공격해 함락시키는 것은 해상과학에 위배되는 일이라고 해군 전문가들은 단언했었습니다. 본인은 과학의 죽음을 애도할 수밖에 없습니다. 크라스나야 고르카의 신속한 탈환은 본인과 문관들이 작전에 대해 극히 무식한 간섭을 자행한 결과입니다. [중략] 과학에 대한 깊은 경의에도 불구하고 본인은 앞으로도 그렇게 행동할 것임을 밝히는 것이 본

---

195) 소브나르콤 산하 기관으로 1917년 12월 창설된 베체카(ВЧК), 즉 '전러시아 반혁명태업단속비상위원회'를 흔히 '체카'라고 불렀다.
196) См.: Сталин И.В. Соч., т.4, с.193~196.

인의 의무라고 생각합니다."197) 임무를 완수한 스탈린은 7월 초에 모스크바로 돌아왔다. 그해 10월, 소강상태에 빠져있던 페트로그라드 전선은 유데니치 지휘하의 백군 부대가 대규모 공세를 전개하면서 화염에 휩싸였다. 그때 "혁명의 요람"을 지키는 일은 트로츠키의 몫이 되었다.

스탈린이 나타나면 전황이 호전된다는 "법칙"이 생겨났다. 그러나 내전에 관한 문헌 속에는 그에 대한 반론도 적지 않다. 통상적으로 스탈린은 당 지도부의 일원으로 레닌과 중앙위원회의 기본 방침을 수행했으며 특히 군사적인 공헌은 아주 미미했다고 기술된다. 그러나 내전 시기에 스탈린은 혁명의 수호를 위해 특별한 조치가 시급하게 요구되는 위기의 격전지에 자주 출현했다. 이는 레닌의 명령에 따른 것이었으며, 그는 부여된 임무를 성공적으로 수행했다. 과연 어떻게 해냈을까? 스탈린은 비상조치에 관한 한 전문가나 다름없었다. 그러나 중요한 것은 어떤 방법으로든 그가 훌륭하게 임무를 완수했다는 사실이다.

페트로그라드 방위를 성공적으로 완수한 공로로 스탈린은 나중에 트로츠키와 함께 적기(赤旗) 훈장을 받았다. 이 대목에 대한 트로츠키의 해석은 흥미롭다. 그의 회고에 따르면, 훈장 수여 문제를 논의하는 정치국 회의가 끝나갈 무렵 카메네프는 스탈린에게도 훈장을 수여할 것을 제안했다. 이에 칼리닌이 불쾌한 듯이 반문했다: "스탈린에게 무엇 때문에?" 그러나 결론은 긍정적으로 내려졌고, 부하린은 휴식시간을 이용해 칼리닌에게 다가갔다: "왜 그걸 이해 못하겠어? 그건 일리치[즉, 레닌]의 생각이야. 스탈린은 무엇이라도 다른 사람이 가진 걸 못 가지면 견디질 못해. 그는 그걸 용납하지 못해."198) 망명지에서 트로츠키는 결코 스탈린과 화해할 수 없었다. 스탈린에 대한 부하린의 인물평도 재미있지만, 분

---

197) Там же, с.261.
198) См.: Троцкий Л.Д. Моя жизнь, т.2, с.165.

명한 것은 레닌이 스탈린에게 훈장을 수여하고자 했다는 사실이다.

1919년 7월에 접어들면서 폴란드 군대는 소비에트 러시아에 대규모 공세를 전개했으며, 그 결과 서부에서도 볼쉐비키 정권에 대한 심각한 위협이 조성되었다. '서부전선 혁명군사회의' 위원으로 임명된 스탈린은, 7월 9일, 전선사령부가 있는 스몰렌스크에 도착했다. 역량이 강화된 적군은 폴란드군의 강습을 격퇴시켰으며, 8월 말 드디어 프스코프를 탈환할 수 있었다. 그리고 9월 초, 스탈린은 군대가 드빈스키 근처에서 반격을 개시했다고 레닌에게 보고했다.[199]

그러나 1919년 가을에 이르러 볼쉐비키 정권에 대한 위협은 페트로그라드 전선 쪽에서만 가해졌던 것이 아니었다. 1919년 여름 동부전선은 거의 안정되어 있었으나 남부전선에서 급속히 악화된 전황은 모스크바에 치명적인 위협을 가하고 있었다. 데니킨이 지휘하는 백군 부대는 1919년 여름 하리코프와 차리친, 키예프 등 러시아 남서부의 주요 거점 도시들을 장악한 후 곧 모스크바로 진격을 개시했다. 파죽지세로 북상한 데니킨의 군대는 9월에 이미 쿠르스크, 오룔 등을 점령하고 툴라까지 위협하고 있었다. 백군의 주력 부대가 모스크바에서 채 200km도 안 떨어진 지점까지 접근한 절체절명의 위기상황에서 '남부전선 혁명군사회의' 위원으로 임명된 스탈린은 10월 초 전선사령부에서 일하기 시작했다. 그는 백군에 반격을 가하고 전세를 뒤집기 위해 마련된 전략의 실효성에 대한 의문을 제기했다. 두어 달 전에 당 중앙위원회가 결정한 그 전략은 백군의 후방을 동남쪽으로부터, 즉 돈 강 이북의 스텝 지역을 가로질러 공격하는 것을 계획하고 있었다. 그는 레닌에게 보낸 11월 15일자 전문에서 이 전략은 도로 사정이 열악할 뿐만 아니라 더욱이 볼쉐비키에 적대적인 카자크(인)들이 점령한 지역을 통과해야 한다고 지적하면서, "낡아버린

---

199) См.: Сталин И.В. Соч., т.4, с.463.

그리고 현실에서 이미 파기된 계획은 어떤 경우에도 소생시키려 하면 안 된다"고 강조했다. 대신 그는 보로네즈에서 하리코프, 도네츠크, 그리고 로스토프(나-다누) 쪽으로 나아가는 공격로를 설정하면서 데니킨 부대의 그 허리에서부터 타격을 가하자고 제안했다. 그의 설명에 따르면, 이 전략은 첫째, 볼쉐비키에 우호적인 지역을 확보해 적군(赤軍)의 이동을 쉽게 하고, 둘째, 철도망과 간선도로 등 데니킨 군대의 보급로를 차단할 수 있게 하며, 셋째, 데니킨 군대를 둘로 쪼갤 수 있으며, 마지막으로, 석탄을 확보할 가능성이 있다는 것이었다.[200] 레닌은 스탈린의 전략을 승인했다. 새로운 전략에 의거해 백군을 격파해갔던 적군은 결국, 1920년 1월, 도네츠크 탄전과 로스토프를 점령했으며, 곧 우크라이나 및 북카프카즈 거의 전역(全域)을 백군의 지배로부터 해방시켰다. 3월 말에는 백군의 마지막 요새였던 노보로시이스크를 함락시켰으며, 데니킨은 그나마 백군의 세력이 유지되고 있던 크림 반도로 퇴각했다.[201]

내전이 끝나감에 따라 "모든 것을 전선으로!"라는 볼쉐비키의 구호는 "모든 것을 인민경제로!"라는 슬로건으로 대치되었다. 전투가 사실상 종결된 우랄 지역에서부터 노동군이 조직되었으며, 1920년 2월에는 스탈

---

[200] См.: Там же, с.275~277.
[201] 데니킨 군대의 패퇴와 더불어 사실상 내전은 끝났다. 볼쉐비키 정권이 내전에서 승리할 수 있었던 데는 토지문제와 관련해 적군이 백군에 비해 농민의 지지를 더 확보하는 등 여러 요인들이 지적되고 있다. 정사에는 기록되어 있지 않지만, 몰로토프의 회고에 따르면, 백군이 모스크바에 근접한 절대 절명의 위기상황에서 결정적으로 "예기치 않게 소비에트 공화국을 구원한" 것은 바로 네스토르 마흐노의 농민군이었다. 1919년 가을 볼쉐비키가 모스크바를 포기할 각오로 지하투쟁을 준비할 때, 마침 우크라이나 지역의 농민들을 기반으로 1918년경부터 극히 혁명적 형태의 무정부주의를 실천하고 있던 마흐노의 군대가 측면에서 데니킨 군대를 공격했다. 우연의 결과였다. 그 공격으로 데니킨이 자기 주력부대의 전열을 농민군으로 향하게 함으로써 볼쉐비키는 귀중한 시간을 벌 수 있었다. 모든 형태의 권력을 거부했던 마흐노의 투쟁은 1921년까지 지속되었는데, 그해 여름 적군의 압박을 피해 루마니아로 도주한 마흐노는 곧 프랑스로 망명했고 그곳에서 사망했다. 몰로토프의 증언은 см.: Чуев Ф.И. Там же, с.176.

린의 주도로 우크라이나에서도 노동군이 등장했다. 서남부전선에서[202] 차출된 전투부대로 구성된 이 군단(軍團)은 경제건설, 특히 도네츠크 탄전의 복구사업에 동원하기 위해 조직되었다. 1920년 3월 우크라이나볼쉐비키공산당 제4차 협의회에서 '우크라니아 노동군회의' 의장 자격으로 등단한 스탈린은 석탄산업 전반에서 '노동의 군사화'를 실시할 것과 중앙 관리기구 및 군법회의를 설치할 것을 요구했다.[203] 그의 말에 따르면, 오직 노동자의 규율과 단결만이 제국주의에 대한 승리를 거머쥐게 하는 가능성을 제공할 수 있었다.

한편 1920년 2월 초, 카프카즈 전선에서는 백군을 완전히 섬멸하기 위한 군대의 새로운 공세가 준비되었다. 그러나 적군 부대의 "매우 심각한 상황"에 불안해하던 레닌은 보로네즈에 있는 스탈린에게 카프카즈로 가서 적군을 도울 것을 지시했다. 이에 스탈린은 특유의 어투로 반응했다: "카프카즈 전선에 대한 지원임무가 왜 본인에게 먼저 부과되는지 납득하기 어렵습니다. [중략] 카프카즈 전선을 강화하는 임무는 일에 파묻혀 있는 스탈린이 아니라, 본인이 보기에, 그 위원들이 아주 원기 왕성한 상태에 있는 공화국 혁명군사회의에 전적으로 부과되어야 합니다."[204] 실제로 스탈린은 노동군 및 '노동의 군사화' 작업, 곡물징발 등을 지휘하면서 몹시 지쳐 있었다. 그러나 레닌의 대답은 간결하고 단호했다: "서남부전선에서 카프카즈 전선으로의 지원과 보강을 위해 신속히 착수할 것을 귀하의 임무로 부과합니다. 모든 지원을 아끼지 말아야 하며, 형식적 권한에 구애될 필요 없습니다."[205] 그러나 보로네즈에서 전시공산주의적

---

202) 1920년 1월, 남부전선이 서남부전선으로 개칭되었다.
203) См.: Сталин И.В. Соч., т.4, с.301.
204) Директивы командования фронтов Красной Армии (1917~1922 гг.). М., 1972, т.2, с.790.
205) Ленин В.И. Полн. собр. соч., т.51, с.139~140.

정책의 실현에 몰두하고 있던 스탈린은 레닌의 지시를 즉시 이행할 수 없었다.

스탈린은 3월 말이 되어서야 우크라이나에서 모스크바로 귀환할 수 있었지만, 전선에서의 그의 임무는 아직 끝난 것이 아니었다. 1920년 2월 에스토니아와 강화조약을 체결한 소비에트 권력은 폴란드와의 관계를 정상화하려고 노력하고 있었다. 볼쉐비키는 이미 형성된 현실을 상호 인정하는 방식으로 국경문제를 해결하자고 바르샤바에 제안하면서 벨로루시(백러시아) 전역을 양도하겠다는 의사를 표명했다. 그러나 폴란드 정부의 수반이었던 유제프 피우수트스키는 우크라이나 서부지역까지 할양할 것을 요구하며 모스크바가 수용할 수 없는 조건을 제시했다. 폴란드의 위협을 심각하게 받아들인 레닌은, 2월 말, 트로츠키에게 다음과 같은 내용의 전문을 보냈다: "서부전선으로의 운송을 가속화하는 데에 노동군들을 완전히 활용하고 있지 않다면, 우리가 노동군을 조직함에 있어서 너무 서두른 게 아닌가 걱정됩니다. 폴란드와의 전쟁을 준비하라는 슬로건을 내걸어야 합니다."[206] 뿐만 아니라, 브란겔이 지휘하는 백군이 크림 반도에서 준동하는 상황도 무시할 수 없었다.

1920년 4월 말 특히 프랑스의 지원을 받은 폴란드 군대는 우크라이나를 침공했으며, 파죽지세로 진군해 5월 초에는 키예프까지 점령했다. 그 무렵 탄약 및 각종 무기의 생산과 보급을 주관하는 위원회에 대한 지휘업무를 막 시작했던 스탈린은 레닌의 지시로, 5월 말, 다시 보로네즈로 파견되어 서남부전선 사령부에서 폴란드와의 전쟁에 개입하기 시작했다. "그의 도착과 더불어 군대의 공격작전이 시작되고 확대되었으며, 기마군이 그 유명한 돌파를 감행함으로써 폴란드 전선이 열리게 되었는데,"[207]

---

[206] Там же, с.146~147.

[207] Коммунист(Харьков), 24 июня 1920 г. См.: Сталин И.В. Соч., т.4, с.329.

이것이 6월 5일의 일이었다. ≪프라우다≫ 기자와의 회견에서 스탈린은 서남부전선에서 제1기마군이 세운 공훈에 대한 만족감을 감추지 않았다: "[제1기마군의] 돌파는 우리의 연쇄적인 공격작전의 일환으로, 이는 적의 후방을 붕괴시키는 것 이외에 일정한 전략상의 임무 수행을 목적으로 한 것이었습니다."208) 더욱이 1919년에 스탈린은 그 부대의 창설에 적지 않은 기여를 했었다.

붉은 군대가 폴란드 전선에서 공세로 전환했을 때, 크림에 있던 브란겔의 군대는 그 틈을 이용해, 우크라이나 남부에 대한 기습을 감행했다. 브란겔의 기습은 전략적 측면에서 아주 심각한 위기상황을 초래했다. 스탈린은 서남부전선을 강화하기 위해 브란겔과의 휴전할 조치를 강구하거나, "무력으로 문제를 해결하기 위해서" 크림으로의 진격을 허용하던가 양자택일을 해줄 것을 정치국에 요청했다.209) 정치국은 브란겔을 저지하면서 폴란드전선에 전력을 집중하기로 했으며, 결국 스탈린은 우크라이나에서 두 개의 전선을 책임져야 했다.

1920년 6월 12일 스탈린은 키예프를 탈환했다고 보고했다. 7월 초에는 서부전선에서도 투하쳅스키가 지휘하는 적군(赤軍) 부대가 공세를 시작했다. 퇴각하는 "백색 폴란드군"을 두 방향에서 추격하면서 소비에트 군대는 부단히 진격했는데, 레닌의 표현에 따르면, "적군의 진격은 전사(戰史)에서 유례를 찾을 수 없을 정도로 성공적인 것이었다."210) 7월 중순 볼쉐비키는 영국 정부로부터 한 통의 외교각서를 받았다. 각서에는 민족적 경계선을 국경으로 삼는다는 것을 전제로 할 경우 폴란드 정부는 모

---

208) Правда, 11 июля 1920 г.
209) См.: Ленин В.И. Полн. собр. соч., т.51, с.428~429.
210) Ленин В.И. Полн. собр. соч., т.41. с.321. 작전의 주역이었던 적군 제4군은, 트로츠키의 주장에 따르면, 5주 동안 무려 650km나 진격했다. 이에 관해 보다 자세한 내용은 см.: Троцкий Л.Д. Моя жизнь, т.2, с.191.

스크바와 평화협상을 시작할 용의가 있다는 내용이 담겨져 있었다.[211] 이 문제를 논의한 소비에트 공화국은 (공식적이 아니라) 실질적으로 영국 정부의 권유를 거절했다.[212] 그리고 명령을 내렸다: "진격하라!"

그때부터 전쟁의 성격은 근본적으로 변화했다. 물론 바르샤바가 목적이 될 수 없었다. 영구혁명을 주창했던 트로츠키는 베를린으로의 진격, 즉 혁명전쟁을 반대했다. 1918년 11월에 시작된 독일혁명은 불길한 소식에도 불구하고 혁명의 불씨가 아직 살아있을 수도 있었다. 스스로 밝힌 것처럼 트로츠키는 원칙적으로 혁명전쟁에 반대할 하등의 이유가 없었지만, 단지 후방이 확보되지 않았다는 현실적인 군사전술상의 판단에 따라 전쟁 확대를 반대했다.[213] 브레스트-리톱스크에서 독일과 강화조약을 체결한 지 2년 반이 지난 지금, 트로츠키의 말에 따르면, 볼쉐비키는 "부르주아-소귀족의 폴란드를 총검으로 찔러 시험해보는 모험을, 이번에는 레닌의 주도에 따라, 무릅쓰고 있었다."[214] 혁명전쟁의 실행을 명령하면서 레닌은 바르샤바를 향한 붉은 군대의 파죽지세의 진격뿐만 아니라, 코민테른의 보고에 의해서도 한껏 고무되었을 것이다. 7월 23일, 레닌은 스탈린의 의견을 궁금해하면서 보로네즈로 암호 전문을 보냈다: "코민테른의 상황은 아주 좋습니다. 지노비예프, 부하린, 그리고 본인도 즉각 이탈리아에서 혁명을 고취해야 한다고 생각합니다. 본인의 개인적 의견은 이를 위해 헝가리를 소비에트화 하고 체코와 루마니아도 소비에트화 해야 한다는 것입니다."[215] 스탈린은 물론 레닌을 지지했다.

---

211) 이 민족적 경계선은 당시 정전(停戰)을 권유한 영국 외상(G. N. Curzon)의 이름을 따서 '커즌 라인'이라고 불리게 되었으며, 제2차 대전 이후 설정된 소련과 폴란드의 국경이 그 라인과 거의 일치했다.

212) См.: Документы внешней политики СССР. М., 1959, т.3, с.47~53.

213) Троцкий Л.Д. Моя жизнь, т.2, с.191~192.

214) Троцкий Л.Д. О Ленине, с.87.

215) РЦХИДНИ, ф.2, оп.2, д.348, л.1.

그러나 스탈린에게는 브란겔이 지휘하는 백군 부대가 목전에 있었다. 1920년 7월 브란겔은 적군에 대한 공세를 강화했다. 8월 2일에는 가중되는 백군으로부터의 위협 및 흑해 연안도시 쿠반에서 발생한 카자크(인)들의 봉기와 관련해 정치국은 크림 지역을 서남부전선에서 떼어내 남부전선으로 독자화하기로 결정했다. 그로써 스탈린은 폴란드와의 전쟁에서 벗어나 브란겔의 백군을 진압하는 데만 전념할 수 있게 되었다. 그 결정에 관한 전문을 레닌으로부터 받은 그는 회답했다: "전선의 분할에 관한 메모를 받았는데, 정치국이 하찮은 일을 논의할 필요는 없을 것 같습니다. 본인은 최대 2주일은 전선에서 일할 수 있지만 휴식이 필요합니다. 대신할 사람을 구하십시오. [중략] 폴란드와 정전협정을 체결하려고 하는 중앙위원회의 분위기와 관련해서, 우리의 외교가 가끔 군사적 성공을 매우 성공적으로 좌절시키고 있다는 점을 지적하지 않을 수 없습니다."216) 그러나 전쟁으로 지쳐버린 스탈린의 승리에 대한 확신은 실현되지 않았다. 8월 중순, 서부전선의 적군은 바르샤바 부근에서 완강한 저항에 부딪혔으며, 서남부 방면에서 진격해간 적군(赤軍)이 리보프 부근에서 머뭇거리다가 서둘러 격전지에 도착했을 때는 이미 전세(戰勢)가 돌이킬 수 없는 지경에 처해 있었다. 영국, 프랑스의 지원을 받는 폴란드 군대의 강력한 반격을 받은 적군은 완패했으며, 순식간에 400km 이상이나 퇴각했다.217) 붉은 군대가 서유럽으로 가보지도 못하고 폴란드 전선에서 패주하던 시점에 스탈린은 보로네즈에서 모스크바로 귀환했다.

후에 트로츠키는 이렇게 회고했다: "바르샤바 부근에서의 파국이 그렇게 엄청난 규모로 나타나게 된 원인 중의 하나는 리보프로 진격하던 소비에트군의 남부그룹 지휘부의 행동이었다. 이 그룹의 혁명군사회의에

---

216) Ленин В.И. Полн. собр. соч., т.51, с.441.
217) Троцкий Л.Д. Моя жизнь, т.2, с.193.

서 중요한 정치적 인물이 바로 스탈린이었다."218) 그러나 스탈린은 선두 부대를 후방에서 그렇게 멀리 진격시키면서 작전을 "완전히 비(非)조직적으로 지휘한 트로츠키와 투하쳅스키의 창피한 행동"에서 파국의 원인을 찾았다.219) 그러나 폴란드 전선에서 파국을 경험하게 한 원인 제공자는 스탈린도, 트로츠키도 아니었다. "전쟁은 폴란드를 완전히 붕괴시킬 수 있는 가능성을 제공하였으나 결정적 순간에 우리는 힘이 부족했다"고 한 레닌의 변명이 훨씬 옳은 것이었다.220) 재난의 기본적인 이유는 소비에트 러시아의 황폐함 속에서도 볼쉐비키당의 리더들 가운데 레닌을 포함해 그 누구도 세계혁명의 이상을 거부할 수 없었다는 데 있었다. 이는 전혀 놀랄 만한 일이 아니었다. 볼쉐비키당의 지도자들에게 세계혁명은 이미 국가권력을 잡은 러시아 프롤레타리아 계급이 만국의 노동자들에게 가져야 할 당연한 의무였다. 그리고 더욱 중요한 것은 선진국의 프롤레타리아 계급과 발전된 생산력이 러시아 혁명의 확실한 지주(支柱)가 되게 하는 일이었다. 전쟁으로 나라가 황폐화될수록 볼쉐비키는 더욱 간절하게 세계혁명을 갈구했다. 그것이 레닌의 변증법이었다. "혁명가의 아내" 크룹스카야의 증언에 따르면, 레닌에게 "가장 행복했던 나날들 중의 하나는" 10월혁명 1주년이 될 즈음 "독일혁명에 관한 소식이 그를 완전히 사로잡았을" 때였다.221) 그런데 붉은 기를 들고 베를린으로 진입했어야 할 붉은 군대가 자신의 의지와 다르게 겨우 바르샤바에서 폴란드 군대의 격렬한 저항에 부딪혀 좌절하고 더구나 치욕스러운 후퇴까지 하게 될 줄이야! 실제로 "결정적인 순간에 힘이 충분하지 못했던" 것이었다. 레닌은 이것이야말로 러시아의 프롤레타리아트뿐만 아니라 아

---

218) Троцкий Л.Д. Сталин, т.2, с.120.
219) См.: История ВКП(б). Краткий курс, с.230~231.
220) Ленин В.И. Полн. собр. соч., т.41, с.321.
221) См.: Крупская Н.К. Указ. соч., с.395.

직 계급의식이 성숙치 못한 폴란드 노동계급의 불행이라고 생각했다.

타협해야 했다. 레닌이 내걸었던 "베를린으로!"라는 구호에 대해 모두가 침묵했다. 소비에트 러시아의 국경은 '커즌 라인'보다도 훨씬 동쪽으로 이동해야 했다. 그러나 레닌은 패배 때문에 "흐느끼지" 않았다. 1921년 1월 그는 "폴란드에게 매우 유리한 강화조약"의 체결을 바르샤바에 제안했다.222) 1918년 초 독일군이 소비에트 권력의 존립을 위협했을 때 그는 트로츠키에게 멀리 동쪽으로 우랄 지역까지 퇴각할 용의가 있음을 표명했다: "우랄의 공업과 쿠즈네츠크의 석탄, 그리고 우랄의 프롤레타리아트, 우리와 함께 이주하게 될 모스크바 및 페테르부르크 노동자들을 기반으로 우랄-쿠즈네츠크 공화국을 수립할 겁니다. 우리는 투쟁할 겁니다. 필요하다면 훨씬 더 동쪽으로 우랄을 지나 멀리 갈 겁니다. 캄차트카 반도까지 가더라도 투쟁할 겁니다. 국제정세는 수십 번 변할 것이고, 우랄-쿠즈네츠크 공화국 국경에서부터 우리는 다시 확대될 것이며 모스크바와 페테르부르크로 돌아올 것입니다."223) 데니킨이 지휘하는 백군이 모스크바에 치명적 위협을 가하던 1919년 가을, 몰로토프의 증언에 따르면, 당 간부들을 소집한 레닌은 단호히 말했다: "자, 이제 끝났습니다. 소비에트 권력은 존재를 중지합니다. 당은 지하로 들어갑니다."224) 실제로 "흐느낄" 필요가 없었다. 볼쉐비키가 자신의 의지에 반해 "동쪽으로 아주 아주 멀리 퇴각하려" 했던225) 일에 관계없이 붉은 군대는 1920년 11월 브란겔이 지휘하는 백군을 완전히 격파하면서 크림 반도 전역을 장악하였다. 이제 소비에트 러시아에서 백군은 완전히 소탕되었다.

우리는 많은 역사 연구자들이 부정하는 스탈린의 "결정적 공헌"이나

---

222) Ленин В.И. Полн. собр. соч., т.41, с.281.
223) Троцкий Л.Д. О Ленине, с.88~89.
224) Чуев Ф.И. Указ. соч., с.176.
225) Ленин В.И. Полн. собр. соч., т.41, с.329.

"무오류성"을 옹호하려고 하지 않는다. 그러나 내전기에 스탈린은 소비에트 권력을 위해 많은 공헌을 했으며, 그 사실들이 후에 스탈린이야말로 항상 레닌과 함께 했던 "두 번째 지도자"라는 인식이 확립되는 데 있어서 중요한 근거자료로 활용될 수 있었다는 것은 부인될 수 없는 사실이다. 프롤레타리아트의 계급투쟁이라는 대의에 자신의 도덕을 완전히 예속시킨 스탈린은 철두철미한 목적지향성과 현실에 대한 통찰력, 그리고 구체적이고 실천적인 아이디어를 만들어내는 능력을 발휘했다. 목표를 달성하는 데 있어서 그의 의지와 고집, 불굴의 정신, 결단성은 함께 일한 많은 사람들에게 깊은 인상을 남겼다.226) 트로츠키를 포함해 볼쉐비키당의 지도자들 사이에는 "스탈린은 어떠한 자리에도 유용하다"는 견해가 형성되어 있었다.

1919년 3월 스탈린이 국가통제인민위원부의 수장으로 임명된 것은 우연이 아니었다. 1919년 초 뱌트카에 도착한 그는 동부전선에서의 적군의 패배 원인에 관한 조사활동을 벌였다. 모스크바로 돌아온 그는 레닌에게 페르미 함락의 원인에 관한 보고서를 제출했다. 보고서에는 지역상황에 대한 분석 및 그 정상화에 필요한 조치뿐 아니라, 소비에트 러시아의 통치체계가 형성되는 과정에 대한 문제의식이 담겨 있었다. 스탈린은 "뱌트카시(市)의 소비에트 기관들에서 일하는 4,766명의 일꾼과 직원들 중에서 4,467명이 제정시대에 성(省)의 자치기관 내 동일 부서에서 일했다"고 지적하면서 10월혁명 이후 시골에서는, 쉽게 말해, "짜리시대의 지방 행정기구들이 소비에트라고 이름만 바꾸었을 뿐"이라고 결론지었다.227) 그는 모스크바와 지방 소비에트 기관들 사이의 관계를 정립하고

---

226) 트로츠키는 어디선가 카메네프(로젠펠트)와 스탈린(주가쉬빌리)을 비교하면서, 카메네프의 연약한 성격은 이름('카멘'은 돌이라는 뜻이다)과 전혀 어울리지 않지만, 스탈린의 이름('스탈'은 철을 뜻한다)은 그의 인간됨과 너무 잘 어울린다고 평했다.
227) См.: Сталин И.В. Соч., т.4, с.216.

지방에서 소비에트 권력을 제대로 확립하기 위해서는 소비에트 기관들에서 소위 "이질분자들"을 신속하고 체계적으로 제거해야 한다고 강조했다. 그러한 목적을 위해 그는 "인민위원부들과 그에 대응하는 지방기관들 사이의 메커니즘 내의 결함을 조사하기 위한 감독·감사위원회"의 설립을 제안했다.228)

스탈린의 제안은 예상대로 레닌에 의해 수용되었다. 소비에트 경제기관들의 활동을 관리하기 위해 1918년 7월에 설립된 국가통제인민위원부를 확대 재편하는 작업에 참여한 스탈린은 국가통제인민위원으로 임명되었다. 그리고 자신이 지휘를 맡은 인민위원부 산하에 모든 민원을 처리하는 소원청원중앙국을 설립했다.229) 레닌은 "건강한 소비에트 권력"을 유지하기 위해 국가통제인민위원부가 갖는 의미를 매우 높이 평가했다. 1920년 2월에 노농감독부, 즉 랍크린(Рабкрин)으로 개칭된 이 기관은 위에서부터 맨 아래까지의 모든 국가기관에 대한 감독과 감사 권한이 부여되었다. 스탈린이 랍크린의 수장으로 활동했다는 사실은 그의 업무 능력에 대한 레닌의 신임을 의미할 뿐 아니라, 제11차 당 대회에서 레닌이 말한 것처럼, 당내에서 스탈린의 권위가 보편적으로 인정되고 있음을 입증하는 것이었다. 랍크린 인민위원으로 일하면서 스탈린은 랍크린의 기능을 하나 더 추가했는데, 그것은 새로운 지도적 간부들을 육성하는 일이었다. 그의 구상에 따라 랍크린은 노동자·농민 출신의 "깨끗한 간부들을 육성하는 학교"가 되었다.230)

볼쉐비키당 간부들 중에는 제정시대 인텔리겐치야 출신들 또는, 1920년대 말에 한 번 스탈린이 빈정거리며 말한 것처럼, "작가"였던 사람들이 적

---

228) Там же, с.217.
229) См.: Известия, 8 мая 1919 г.
230) См.: Сталин В.И. Соч., т.4, с.367.

지 않았다. 스탈린은 그 범주에 아주 "간단한 업무나 현실도 이해하지 못하는 동무들", 예를 들면 지노비예프, 부하린, 리코프 등을 집어넣었다. 그러나 그는 한 번도 그 주제를 공식적으로 발전시키지 않았는데, 그것은 동무들에게 매우 무례한 짓이기도 했지만 동시에 레닌도 지식인 출신이며 "작가" 출신이었기 때문이었을 것이다. 당의 개인 앙케트를 작성할 때 레닌이 항상 전직(前職)난에 기입한 것은 바로 "문필가"였다. 혁명적 지성으로서의 레닌의 권위는 스탈린에게 절대적인 것이었으며, 레닌의 제자임을 자처하는 스탈린에게 러시아 혁명의 진정한 지도자에 대한 직접적이고도 개인적인 공격은 어떤 식으로든 불경스러운 것이었다. 때론 일관성 없는 레닌의 비판에 대해서도 스탈린은 잠자코 스승의 논거에 동의했다. 스탈린에 대한 레닌의 정신적 권력은 절대적인 것이었다.

 스탈린은 자칭 실천가였지만, 그럼에도 불구하고 레닌 이외에 누구에게도 일급 이론가의 반열을, 그리고 혁명지도자로서의 지위를 인정하지 않았다. 혁명을 마음대로 논의할 수 있었던 혁명적 낭만주의의 시대는 이미 지나갔다. 내전 시기는 스탈린에게 실천의 장에서나 이론의 영역에서나 "작가들"에 대해 가졌던 그의 우월감을 확인할 수 있는 많은 계기를 제공했다. 몰로토프의 회고는 이런 추론을 잘 뒷받침하고 있다. 그에 따르면, 1926년의 한 정치국 회의에서 이미 반대파가 되어 있던 지노비예프가 말했다: "나는 엥겔스의 '공산주의의 원리'에 입각해 있습니다." 그에 대해 스탈린은 빈정거리듯 말했다. "지노비예프 동무가 과연 그 원리들을 읽었는지 모르겠지만, 아마 읽은 것 같지 않습니다. 만약 읽었다면, 분명 이해하지 못했습니다."[231]

---

[231] См.: Чуев Ф.И. Указ. соч., с.195. Сравн.: Сталин И.В. Соч., т.8, с.298.

|제5절| 스탈린의 민족정책

　내전이 계속되는 상황에서도 헌법적 형태로 소비에트 러시아의 국가 체계를 구축해가는 스탈린의 작업은 부단히 계속되었다.
　사회혁명의 기폭제가 되었던 2월혁명은 러시아 제국에서 피지배 상태에 있었던 여러 민족의 운동을 강화하고 확산시키는 결정적 계기가 되었다. 짜리즘이 종식되면서, 이미 1917년에 핀란드가 독립을 선언했으며, 폴란드를 비롯한 독일군 점령지역은 자연스럽게 러시아로부터 분리되었다. 그리고 독일에서 1918년의 11월혁명을 계기로 제정이 붕괴됨과 동시에 볼쉐비키는 브레스트-리톱스크 조약이 무효임을 선언했다. 그러나 1918년 여름에 내전이 본격화되면서 러시아 평원에 대한 볼쉐비키의 지배력은 급속히 위축되었고, 볼쉐비키의 힘이 미치지 않는 지역에서 민족운동은 비교적 용이하게 민족주의 체제의 수립으로 이어질 수 있었다. 각 지역의 민족운동은 반(反)볼쉐비키적, 반(反)공산주의적 성격을 띠었으며, 그 민족운동에는 부르주아나 지주 계급뿐 아니라 멘쉐비키나 사회혁명당원도 가담하고 있었다. 볼쉐비키는 분리권까지 포함하는 민족자결권을 옹호했지만 "반동적 체제"의 수립을 원했던 것은 아니었다. 볼쉐비키가 영향력이 미치지 못한 지역, 즉 핀란드나 발트 해 연안 지역, 그리고 카프카즈 산맥 이남 지역에서 민족운동은 비교적 일관성 있게 발전했으며 독립을 성취할 수 있었다. 그러나 다양한 세력들이 교차했던 지역에서는 민족운동을 포함한 정치운동이 심한 굴절을 겪을 수밖에 없었는데, 특히 우크라이나에서 그랬다.

1917년 3월 우크라이나의 민족주의 운동세력들은 키예프에서 일종의 의회라고 할 수 있는 '중앙 라다'를 구성하고 페트로그라드 임시정부에 대해 자치 또는 독립을 부단히 요구했으며, 급기야 10월혁명 직후인 1917년 11월에 우크라이나인민공화국의 수립을 공식 선포했다. 이에 병행하여, 12월에는, 전(全)우크라이나 소비에트 대회가 개최된 보로네즈에서 볼쉐비키의 주도하에 우크라이나소비에트공화국의 수립이 선포되었다. 각각 키예프와 보로네즈에 기반을 둔 정치세력의 대립은 브레스트 평화조약의 체결과 함께 우크라이나의 거의 대부분이 독일의 지배하에 들어가게 되면서 종식되었다. 독일군과 일정한 협력관계를 유지했던 우크라이나의 반볼쉐비키적 운동세력들은 독일의 패망 이후에도 지역 패권을 유지하고 있었는데, 내전의 와중에서 비교적 힘들지 않게 키예프를 점령할 수 있었던 볼쉐비키는 1919년 3월 퍄타코프의 지도하에 소비에트 대회를 개최하고 우크라이나소비에트사회주의공화국의 헌법을 공포했다. 이는 러시아소비에트연방사회주의공화국의 기본법을 그대로 답습한 것이었다. 그러나 1919년 봄부터 데니킨의 백군이 우크라이나를 장악하면서 지역의 권력관계는 또 다른 변화를 강요받았다. 1920년 봄 폴란드와의 전쟁이 본격화되면서 보로네즈의 소비에트 권력은 위기를 맞기도 했지만, 종전(終戰)과 더불어 우크라이나소비에트사회주의공화국은 안정되었으며, 그리하여 폴란드 군대와 연대해 볼쉐비키에 저항하던 우크라이나 민족주의자들은 완전히 진압되는 운명에 처하게 되었다.

우크라이나에 비해 민족운동이 미약했던 벨로루시(백러시아)의 상황은 단조로웠다. 1918년 12월, 스탈린이 벨로루시의 볼쉐비키 지도자였던 먀스니코프에게 벨로루시소비에트사회주의공화국 및 벨로루시볼쉐비키공산당의 창설과 관련된 기본 지침을 하달한 후,[232] 민스크에서 곧 소비에트 정부가 출현했다. 그리고 1919년 초 벨로루시의 볼쉐비키는 러시아소비에트연방사회주의공화국의 예를 그대로 답습한 헌법을 채택하면서 국가 수립을 공식 선언했지만, 우크라이나처럼 내전 상황에서 소비에트사회주의공화국의 존재는 명목에 불과한 것일 수밖에 없었다.

에스토니아, 라트비아, 리투아니아의 사태는 핀란드의 상황과 벨로루시에서의 상황 중간쯤에 위치하는 것이었다. 1918년 말 발트 해 연안국들에서 차례로 소비에트 권력이 등장했지만 그 수명이 길지 못했다. 1918년 12월에 쓴 「빛은 동방에서!」라는 제목의 논문에서 스탈린은 민족자결의 원칙을 재확인했다: "소비에트 러시아는 서부 지역을 자신의 영토로 간주한 적이 없다. 소비에트 러시아는 항상 그 지역이 그곳에 거주하는 민족들의 영토이며, 이들 근로대중은 자신의 정치적 운명을 자유롭게 결정할 완전한 권리를 갖고 있다고 생각하였다."[233] 물론 그것은 소비에트 러시아가 "부르주아의 압제로부터 해방"되기 위해 투쟁하는 발트 해 연안 지역의 동무들에 대한 지원을 거부한다는 것을 의미하지는 않았다. 그 지역에서 볼쉐비키가 주도해 수립된 소비에트 권력은 즉시 모스크바의 승인을 받았으며, 1919년 초에는 벨로루시 볼쉐비키의 제안에 따라 벨로루시와 리투아니아를 합병해 러시아공화국과 연방관계를 수립하기로 결정되었다.[234]

그러나 1919년 4월에 폴란드 군대가 빌뉴스를 점령하면서 합병계획은 무산되었으며 나아가 리투아니아의 소비에트 정권도 붕괴되었다. 발트 해 연안에서 소비에트 정권이 붕괴된 것은 라투아니아만이 아니었다. 에스토니아와 라트비아에서 볼쉐비키의 정치적 운명에 영향을 미친 결정적인 요인은 바로 그 지역으로 대규모의 영국군이 상륙한 일이었다. 치

---

232) См.: Сталин И.В. Соч., т.4, с.455~456.
233) Там же, с.178.
234) См.: Там же, с.228.

체린의 말에 따르면, 러시아에서 내전이 정점에 도달할 무렵 레닌은 "탁월한 유연성과 정치적 현실주의"를 발판으로 "결국 우리의 주변에 부르주아적 민족공화국이 수립된다는 사실을 고려해야 한다"는 결론에 도달하고 있었다.[235] 그 외에 다른 결론이 있을 수 없었다. 1919년 9월 초, 소비에트 러시아는 발트 해 연안의 "백색" 정부들에게 "군사행동을 중지하고 평화적 관계를 정립하기 위한 협상에 돌입할 것"을 제안했다.[236] 극도의 위기상황에 빠진 볼쉐비키는 외국 간섭군의 보호를 받으며 정권을 장악하는 데 성공한 주변국들과 불필요한 충돌을 피하고자 했다. 물론 협상의 전제는 모스크바가 그들의 독립을 인정한다는 약속이었다. 1920년 2월 2일 소비에트 러시아와 에스토니아 사이의 강화조약이 체결되었다. 그리고 폴란드와의 전쟁이 진행되던 7월 12일에 볼쉐비키는 폴란드의 침략을 받고 있던 리투아니아와 평화조약을 체결하면서 빌뉴스가 리투아니아의 영토임을 보증했다.[237] 폴란드는 그 도시에 대한 영유권을 주장하고 있었으며, 물론 볼쉐비키의 보증이 나중에 빌뉴스가 폴란드에 의해 점령되는 것을 막을 수는 없었다. 1920년 8월 11일 모스크바는 라트비아와 강화조약에 서명했으며, 그렇게 해서 러시아소비에트연방사회주의공화국은, 스스로 바라는 바가 아니었지만, 이웃한 부르주아 국가들에게 민족자결권을 인정하게 되었다. 볼쉐비키는 핀란드를 포함한 발트 해 연안의 신생 부르주아 국가들이 "중립화"되었다는 사실에 만족해야 했다.[238] 민족정책보다도 소비에트 권력을 구제하는 것이 더 중요하고, 심각한 문제였다.

결국, 볼쉐비키가 그토록 선전해 마지않던 민족자결의 원칙은 옛 러시

---

[235] Чичерин Г.В. Статьи и речи по вопросам международной политики. М., 1961, с.282.
[236] Документы внешней политики СССР. М., 1958, т.2, с.246.
[237] См.: Документы внешней политики СССР, т.3, с.30.
[238] См.: Сталин И.В. Соч., т.4, с.379.

아 제국의 서부 지역에서 전혀 상반된 형태의 국가가 수립되는 방식으로 구현되었다. 1920년 말까지 폴란드, 핀란드 및 발트 해 연안에서 비(非)소비에트적인 독립 국가들이 등장하였고, 우크라이나와 벨로루시에서는 소비에트 러시아와 밀접하게 결부된 두 개의 소비에트사회주의공화국이 출현하는 것으로 귀결되었다. 그러나 시베리아 및 원동 지역에서는 그 원칙이 분명한 형태로 실현되지 않았다. 그것은 민족(인종)구성이 복잡하고, 민족운동의 수준이 낮았기 때문이었다. 거기에 내전 상황 속에서 백군 및 외국 간섭군에 의해 강요된 정치적 불안정도 중요한 역할을 했다. 바이칼 호수 동쪽 아래에 위치한 울란우데에서 1920년 4월에 수립된 원동공화국은, 명목상이나마, 일본과의 직접적인 충돌을 피하기 위해 볼쉐비키가 만든 일종의 완충국이었다. 1918년 4월에 블라디보스톡에 상륙하기 시작한 일본군은 6만 이상의 병력으로 자바이칼 지역에 진출하는 가운데 소비에트 권력을 위협했다. 러시아 평원에서의 권력이 공고해지자 볼쉐비키는 시베리아로 시선을 돌렸으며, 원동공화국을 만들어 지역의 반혁명분자들 및 일본군에 대적했다. 결국 일본군은 1922년 가을 연해주에서 퇴각했으며,[239] 소임이 끝난 원동공화국은 곧 해체되어 소비에트 러시아에 편입되었다. 민족의 발전 수준이 낮았던 시베리아 및 원동 지역은 오히려 스탈린의 적극적인 민족정책의 대상이 되었으며, 결국 민족자결의 문제도 모스크바에서 결정되었다.

그러나 자카프카지예라고 불리는 카프카즈 산맥 이남지역, 특히 그루지야에서 민족자결주의의 실현과정은 타 지역보다 훨씬 복잡하게 진행되었다. 10월혁명 이후, 카프카즈 산맥 남쪽 너머에는 러시아의 중앙권력이 전혀 미치지 않았다. 1918년 4월 말 그루지야 멘쉐비키의 주도하에

---

[239] 일본군은 연해주에서는 밀려났지만, 러시아 영토였던 북(北)사할린에 1925년까지 주둔해 있었다.

자카프카지예의 독립이 선언되었을 때, 스탈린은 불만을 감추고 자신의 희망사항을 마치 현실인 것처럼 말했다: "자카프카지예의 소비에트 권력 거점인 바쿠는 자신의 주위에 [중략] 자카프카지예의 동부 전역을 결집시키곤, 전력을 다해 소비에트 러시아와의 관계를 유지하려 노력하는 자카프카지예 인민의 권리를 무력으로써 확립하고 있다."240) 그러나 자카프카지예의 통합은 오래 가지 않았다. 한 달 후 그 지역은 민족들 간의 반목으로 분열되었으며, 결국 세 개의 독립 국가가 수립되었다. 러시아 권력의 부재에서 비롯된 진공상태를 채운 것은 민족주의적 색채의 새 정부들이었지만, 볼쉐비키가 보기에 그들은 처음에는 터키와 그리스, 나중엔 영국의 영향 아래 놓이게 된 괴뢰정권에 불과하였다. 1920년 3월, 적군(赤軍) 제11군이 카프카즈 전선에서 데니킨 군대의 잔당에 대한 총공세를 시작했을 때, 자카프카지예에 있던 나라들은 서로 다른 정당에 의해 지도되고 있었다. 즉, 아르메니아와 아제르바이잔에서는 민족주의적 성향의 다쉬낙추튠(연맹)당과 무사바트(평등)당이, 그루지야에서는 조르다니야의 지도하에 멘쉐비키당이 집권하고 있었다.

그러지 않아도 자카프카지예로 군대를 진입시킬 준비를 하고 있던 '카프카즈 혁명군사회의' 위원 오르조니키제가 레닌으로부터 카프카즈 이남의 국가들에 대한 모종의 계획을 정당화하는 암호 전문을 받은 것은 1920년 3월 17일이었다: "[아제르바이잔의] 바쿠를 점령하는 것은 우리에게 극도로, 극도로 필요합니다. [붉은 군대의] 성명(聲明)은 반드시 철저하게 외교적이어야 하며, 지역의 확고한 소비에트 권력의 수립을 최대한 보증해야 합니다. 그루지야도 마찬가지인데, 이 나라는 훨씬 신중하게 처리할 것을 조언합니다."241) 그해 4월 말, 영국군이 아제르바이잔에서 철수한 1919년

---

240) Там же, с.96.
241) Ленин В.И. Полн. собр. соч., т.51, с.163~164.

말부터 권력을 유지해오던 무사바트 정권은 바쿠 볼쉐비키의 "작전"에 의해 특별한 어려움 없이 전복되었다. 그들에 대한 지원은 신속하게 이루어졌는데, 4월 25~26일에 제11군의 일부 부대가 아제르바이잔 국경을 넘었으며, 4월 28일에 그들은 이미 바쿠에 진입해 있었다.242) 1920년 4월, 카프카즈의 볼쉐비키당 조직 전체에 대한 지휘센터로서 1920년 4월에 창설된 당 중앙위원회 카프카즈국(局) 위원들이었던 오르조니키제와 키로프, 미코얀은 즉각 소비에트 권력의 수립을 위한 기초 작업에 착수했다.243)

그들은 스스로의 혁명적 소명을 제어할 수 없었으며, 그루지야의 국경 앞에서 붉은 군대의 진격을 중지시킬 수 없었다. 그루지야의 멘쉐비키 정부는 반볼쉐비즘적인 정책으로 인해 이미 오래전부터 모스크바에게는 눈엣가시 같은 존재였다. 더구나 모스크바의 볼쉐비키는 그루지야를 한 번도 이방인의 땅으로 여긴 적이 없었다. 그러나 5월 4일 오르조니키제는 레닌으로부터 전혀 예상치 못했던 전문을 받았다: "당 중앙위원회는 귀하에게 그루지야의 영내에서 군대를 국경 밖으로 철수시키고, 그루지야에 대한 진격을 자제할 것을 명령합니다. 티플리스와의 대화를 통해 그루지야와 강화조약을 체결하는 것도 가능함이 밝혀졌습니다."244) 그로부터 며칠 후 소비에트 러시아와 그루지야 사이에 평화에 관한 합의가 이루어졌지만, 레닌과 스탈린이 진정으로 볼쉐비키당 강령에서 승인된 "국가의 분리에 관한 인민들의 권리"에 의거하여 그루지야 멘쉐비키와의 화해를 원했다고는 믿기 어려웠다. 사실은 즉, 이미 폴란드와의 전쟁에 본격적으로 돌입한 볼쉐비키는 카프카즈 이남에서 작은 갈등이라도 피

---

242) См.: Там же, с.416.
243) См.: Багиров М.Д. Из истории большевистской организации в Баку и Азербайджане. М., 1946, с.193~198.
244) Ленин В.И. Полн. собр. соч., т.51, с.191.

하고 싶어 했다. 그런 이유에서 볼쉐비키는 그루지야뿐만 아니라 다쉬나키(다쉬낙추튠의 당원들)가 집권하고 있던 아르메니아와도 교섭을 진행했다. 아르메니아와 강화조약이 체결되지는 않았지만, 1920년 6월 17일, 브칙 회의에서 대외정책에 관한 보고문을 들고 등단한 외무인민위원 치체린은 자카프카지예에 관한 문제를 언급했다: "그루지야에서 우리는 두 개의 목표를 설정하였습니다. 하나의 목표는 그루지야의 영토가 우리를 향한 어떠한 침입이라도, 그것을 준비하는 데 이용되지 않게 하는 것과 소비에트 러시아에 적대적인 군대를 위한 활동무대가 되지 않도록 하는 것이었습니다. 그루지야의 영토에는 데니킨 군대의 잔당만 있는 것이 아니라, 또한 연합국(Антанта)의 군대도 바투미에 주둔하고 있습니다. [중략] 다른 목표는 그루지야의 공산주의자들에게 합법적 신분을 보장해주는 것이며, 이것은 모든 공산주의자들의 사면에 관한 조약의 다른 조항에 의해서 달성되었습니다. [중략] 그리고 또한 아르메니아에서도 우리는 공산주의자들이 박해받지 않도록 한다는 목표를 세웠는데, 우리가 이미 시작된 회담에 의해 준비되고 있는 아르메니아와의 정상적 관계에 돌입하게 되면, 아르메니아의 우리 대표부는 그 점[즉, 박해의 여부]을 감시할 것이며, 공산주의자들이 아르메니아에서 자유로운 활동과 자유로운 선동을 할 가능성을 가질 수 있도록 궁리할 것입니다."245)

서유럽에서의 프롤레타리아 혁명에 대한 볼쉐비키의 강한 기대는 실현되지 않았다. 심지어 옛 러시아 제국의 변방에서 소비에트 권력을 확립하고자 하는 과정에서 볼쉐비키가 겪었던 고난과 좌절은 소비에트 권력의 민족정책이 근거했던 그들의 인민대중에 대한 신뢰를 동요시켰다. 1920년 10월 폴란드와의 전쟁이 거의 끝날 즈음에 쓴 논문「민족문제에

---

245) Документы внешней политики СССР, т.2, c.657~658. 대개 연합국은 본래 제1차 대전 중에 3국협상(Triple Entente)을 통해 독일 동맹국에 대항했던 영국, 프랑스, 러시아 등을 의미하지만, 여기서는 주로 영국이나 프랑스를 지칭하는 말로 사용되었다.

관한 소비에트 권력의 정책」에서 스탈린은 "세계가 결정적으로 그리고 최종적으로 두 개의 진영, 즉 제국주의 진영과 사회주의 진영으로 분열된 시대"에 실현되는 민족정책의 핵심을 분명하게 정식화했다.246) 민족문제를 독립된 문제로 생각해 본 적이 없는 스탈린은 제국주의의 간섭정책으로부터 소비에트 러시아의 안전을 확보하려는 일반이론의 일부로서 민족문제를 고찰했다: "러시아에서 3년에 걸친 혁명과 내전은 중앙 러시아와 그 변경(邊境)간의 상호 지원 없이는 제국주의의 압제로부터 러시아의 해방이 불가능하다는 것을 보여주었다."247) 그렇기 때문에, "중앙과 변경간의 관계들의 [한] 형태로서 [제기되는] 변경의 러시아로부터의 분리 요구는 당연히 배제되어야 하는데, 왜냐하면 그것이 중앙과 변경간의 연방의 확립이라는 문제설정 자체에 모순되기 때문일 뿐만 아니라, 무엇보다도 그것이 중앙 및 변경의 인민 대중들의 이익에 근본적으로 모순되기 때문이다."248) 스탈린은 특유의 간결한 문구로 결론지었다: "러시아와 함께 하든가, 아니면 연합국과 함께 하든가." 그는 변방의 인민대중을 위한 다른 선택은 존재하지 않는다고 생각했다. 이런 입장에 서서 그는, 인도와 이집트 및 기타 식민지들이 "연합국"들로부터 분리되는 것에 대한 소비에트 권력의 분명한 지지를 표명하였는데, 왜냐하면 "이 경우 분리는 피압박 국가들의 제국주의로부터의 해방, 제국주의의 약화 그리고 혁명 기반의 강화를 의미하기" 때문이었다. 그러나 동시에 소비에트 권력은 러시아로부터의 변방의 분리를 반대하였는데, 왜냐하면 "이 경우의 분리는 변경의 제국주의로의 예속, 러시아의 혁명역량의 약화, 그리고 제국주의적 기반의 강화를 의미하기" 때문이었다.249) 나중에, 제2차

---

246) Сталин И.В. Соч., т.4, с.232.
247) Там же, с.351.
248) Там же, с.352.
249) См.: Там же, с.372.

대전 후에 세계에 관한 이러한 이해는 스탈린의 대외정책에 있어서의 이론적 공리가 되었다. 스탈린은 논문에서, "사회주의 진영" 내부에서의 민족자결권 실현 방법과 관련하여 "지역 자치가 중앙 러시아와 변경의 통합을 위한 가장 현실적이고, 가장 구체적인 형태"라고 재차 강조했다. 더욱이 "지역의 인물로 지도적 간부들을 조직하기"[250] 위한 구체적 조치들 없이는 변경의 "실질적인 소비에트화"가 이루어지지 않는다고 강조하면서 '토착화'라는 개념으로써 자신의 민족문제에 관한 이론을 풍성하게 했다. 특정 지역에서 공산당 및 국가 간부를 선발, 임용할 때 해당 지역 출신자 위주로 한다는 '토착화' 정책은 '발전된 사회주의'의 시대, 즉 브레즈네프 시대에 국가 운영에 있어서의 중요한 도그마가 되었다.[251]

1920년 10월 중순, 민족문제에 정통한 이론가로서 스탈린은 레닌의 명령에 따라 카프카즈로 파견되었다. 다양한 민족과 인종들의 공유된 생활무대였던 그곳에 누적된 지역적 갈등이나 분규 등 여러 민족 간의 난제들이 시급히 해결되어야 했다. 더욱이 그 무렵, 당 중앙위원회 정치국의 결정에 따라 소비에트 아제르바이잔의 정책을 지도하고 있던 오르조니키제는, 아제르바이잔에 대항해서 그루지야가 취한 일련의 공격적 행위에 직면하여 레닌에게 자카프카지예 문제를 군사적으로 해결할 것을 끈질기게 요청하고 있었다.[252] 크림 반도에서 전투가 계속되고 있기는 했지만 브란겔의 시대는 이미 끝난 것이나 다름없었기 때문에 카프카즈에서 질서를 확립하는 일이 연기되어야 할 이유가 없었다. 스탈린의 활동

---

250) Там же, c.359, 361.
251) 과거 소연방을 구성하고 있던 15개 공화국 중 러시아소비에트연방사회주의공화국을 제외한 나머지 14개 공화국의 공산당 및 정부기구는 각 공화국의 중심적 민족 출신자들 위주로 간부진이 구성되어 있었다. '토착화'라는 개념은 1991년 말 소연방이 15개 공화국의 국경을 따라 "평화롭게" 해체되는 데 있어서 중요한 배경으로 작용했다.
252) См.: Ленин В.И. Полн. собр. соч., т.51, с.195, 425~426.

역시 소비에트 권력의 민족정책에 대한 선전에 국한될 필요가 없었다. 카프카즈의 상황을 분석하면서 스탈린은 자신이 그 지역의 혁명지도자였음을 상기하였으며, 볼쉐비키의 승리를 믿어 의심치 않았다. 블라디카프카즈를 거쳐 10월 말에 바쿠에 도착한 그는 곧 「3년간의 프롤레타리아 독재」라는 제목의 보고문을 들고 바쿠 소비에트의 연단에 올랐다. 프롤레타리아 독재가 실현된 3년 동안 "러시아에서 볼쉐비키의 경험"이 얼마나 찬란한 성공을 거두었는지를 설명한 스탈린은 소비에트 러시아에서 더 많은 승리가 있을 것이라는 확신을 표명하며 연설을 끝냈다: "분명 우리의 길은 결코 쉽지 않을 것이며, 그러나 또한 분명 어려움은 우리를 겁주지 않습니다. 루터의 유명한 어구를 좀 바꿔서 러시아는 이렇게 말할 수 있을 겁니다: 여기에 나는 낡은 자본주의 세계와 새로운 사회주의 세계 사이의 경계에 서 있으며, 여기에서, 이 경계에서 나는 낡은 세계를 분쇄하기 위해 서유럽 프롤레타리아트의 노력과 동방의 농민들의 노력을 하나로 합친다. 역사의 신의 가호가 나에게 있으라!"253)

그루지야에 관한 스탈린의 보고 내용 및 다른 경로를 통해 입수한 정보를 접한 레닌은 경악했다. 스탈린에게 보낸 1920년 10월 29일자 전문에서 레닌은 "그루지야가 연합국에게 몰래 바투미를 넘겨주고, 이제 연합국은 바쿠로 진격할 것이 확실하다"고 걱정하고 있었다.254) 그런데 11월 13일에 그는 스탈린에게 이후의 사태 진행을 예고하는 전문을 보냈다: "귀하는 그루지야와 아제르바이잔 사이의 관계에 대한 평화적 해결이 과연 가능하다고 생각하는지, 그렇다면 어떤 근거에서? 다음, 바쿠로 접근하는 길목들을 강화하기 위한 작업이 정말 심각하게 진행되고 있는지?"255)

---

253) Сталин И.В. Соч., т.4, с.393.
254) Ленин В.И. Полн. собр. соч., т.51, с.322.

11월 말에 모스크바로 돌아온 스탈린은 ≪프라우다≫와 가진 인터뷰에서 방금 여행하고 돌아온 카프카즈의 문제를 민족이론의 차원이 아니라 지정학적 입장에서 접근하고 있음을 드러냈다: "혁명을 위해 카프카즈가 갖는 중요한 의미는 그곳이 원료, 연료, 식량의 산지라는 것뿐만 아니라 그곳이 유럽과 아시아 사이에 그리고 러시아와 터키 사이에 위치한다는 것과, 극도로 중요한 경제적, 전략적 요충지라는 것이 의해 규정됩니다. [중략] 누가 결국 카프카즈를 장악하는가, 누가 석유와, 그리고 아시아로 깊숙이 연결하는 극도로 중요한 전략 도로를 이용할 것인가, 그것이 혁명[세력]인가 아니면 연합국인가, - 여기에 모든 문제가 존재합니다."256) 그루지야와 아르메니아에 대한 정치적 기본 방침이 분명히 정해졌으며, 그것은 바로 소비에트화였다.

스탈린이 인터뷰를 하고 있던 바로 그때, 아르메니아에서는 완전한 소비에트화가 진행되고 있었다. 스탈린은 "다쉬나키의 아르메니아는, 의심의 여지없이, 터키와 대립하도록 부추긴 연합국들의 선동에 희생되어 붕괴했다"고 설명했다.257) 사실을 보면, 아제르바이잔에서 소비에트 권력이 수립되면서 자카프카지예 전역에서의 정치적 지배는 그 구조가 몹시 불안정해졌으며, 이런 배경하에서 다쉬나키의 불행은 케말 파샤가 이끄는 새로운 터키에 의해 강요되었다. 서유럽 "연합국"의 마지막 군대가 철수한 후에 고립무원의 상태에 빠진 아르메니아 정부는 국경 분쟁을 계기로 10월부터 터키와의 전쟁에 돌입했다. 그리고 터키가 완전한 승리를 거둘 즈음, 적군은 동북부 국경으로부터 예레반으로 진격해 들어갔다. 이와 때를 같이하여 인민의 권력을 자처하는 아르메니아 혁명군사위원

---

255) Ленин В.И. Полн. собр. соч., т.52, с.9.
256) Сталин И.В. Соч., т.4, с.408.
257) Там же, с.410.

회가 다쉬나키 체제를 전복하면서 소비에트 아르메니아의 수립을 선포했으며, 새 정부는 1920년 12월 초 터키와 강화조약을 체결했다.258) 그 결과 스탈린의 설명에 따르면, "아르메니아와 주변 이슬람교도들 사이의 수세기에 걸친 불화는 아르메니아, 터키, 아제르바이잔 근로자들 사이의 형제적 연대의 확립을 통해서 단번에 해결되었다."259)

아제르바이잔과 아르메니아가 적화(赤化)되는 상황에서 정치적 위기를 느낀 그루지야의 멘쉐비키는 서유럽 국가들에 의지해 확실한 안전을 확보하려 했다. 그것이 볼쉐비키와의 관계 개선에 전혀 도움이 되지 않았음은 물론이다. 스탈린은 카프카즈를 여행한 직후 이루어진 ≪프라우다≫와의 인터뷰에서 이미 이 문제를 언급한 바 있었다: "연합국의 그물에 걸린, 그래서 바쿠의 석유와 쿠반의 곡물을 상실한 그루지야, 영국과 프랑스의 제국주의적 책동 기지가 되어버린, 그래서 소비에트 러시아와 적대적 관계에 놓인 그루지야, — 이 그루지야는 지금 자기 삶의 마지막 날들을 살아가고 있습니다."260) 아르메니아의 소비에트화가 이루어진 다음, 적군은 그루지야에 인접한 국경 지대에 결집했다. 1921년 1월 말 스탈린은 오르조니키제에게 보낸 전문을 통해 적군과 함께 그루지야로 진격함으로써 그루지야 문제를 해결할 것을 지시했다. 그는 "그루지야 멘쉐비키 정부의 반소비에트적 정책이 강화됨에 따라서 결국 소비에트 공화국의 주권과 안전을 수호하기 위해 무력 동원을 수반하는 대응조치를 강구해야 하는 상황이 조성될 수 있음"을 지적했다.261) 아르메니아가 영유권을 주장하는 그루지야 국경 지대에서 무장봉기가 시작되었으며, 2월

---

258) См.: Борьян Б.А. Армения, международная дипломатия и СССР. М., 1929, ч.2, с.122~123.
259) Сталин И.В. Соч., т.4, с.414.
260) Там же, с.410.
261) Ленин В.И. Полн. собр. соч., т.52, с.364.

14일 레닌은 "제11군에게 그루지야의 봉기를 적극적으로 지원하고 티플리스를 점령할 것"을 허가했다.262) 2월 25일에 적군이 티플리스를 해방시킴과 동시에 그루지야소비에트사회주의공화국의 수립이 선포되었으며, 이로써 자카프카지예의 소비에트화를 위한 마지막 단계가 완료되었다.

아르메니아 문제는 순조롭게 해소되었다. 그러나 그루지야 문제의 해결 방법과 관련해서는 심지어 볼쉐비키도 어느 정도 곤혹감을 느껴야만 했다. 트로츠키의 말에 따르면, 볼쉐비키 지도자들은 모두 그루지야의 소비에트화를 필연적인 것으로 여겼으나, 그럼에도 불구하고 "소비에트화의 방법과 시기에 대한 의견일치는 없었다." 트로츠키 자신은 "봉기를 발전시키고 이를 지원하러 가는 데 요구되는 그루지야에서의 [사전] 작업을 위한 일정한 준비 기간"이 필요하다는 입장이었다.263) 그러나 "스탈린과 더불어 레닌은" 그루지야 침공을 강하게 주장하는 오르조니키제를 지지했으며, 그 문제는 1921년 2월에 열린 정치국 회의에서 결정되었다. 특히 스탈린에게는 자신의 조국 그루지야가 소비에트 러시아에 포함되지 않은 채 노골적으로 반(反)혁명적인 그래서 전혀 화해할 수 없는 멘쉐비키의 지배를 받는 상황은 생각하고 싶지도 않은 매우 치욕적인 가정이었을 것이다. 그루지야에 대한 적군의 간섭은 완전히 성공적으로 끝났으며, 국제적 긴장은 거의 초래되지 않았다. 그러나 그루지야의 소비에트화에 사용된 방법은 사회주의 운동의 역사에 치유되지 않는 깊은 상처를 남기는 것이었다.

레닌은 적화된 그루지야의 정세에 대한 세심한 배려를 담은 전문을 오르조니키제에게 보냈다. 레닌은 전문에서 "그루지야의 인텔리겐치야와

---

262) Там же, с.71.
263) Троцкий Л.Д. Сталин, т.2, с.48.

소상인들에 대해서 양보하고", "러시아의 모형"을 적용하지 말 것을 자카프카지예의 "총독"에게 주문하고 있었다. 소비에트화로 인하여 보다 신중한 민족정책이 요구된다는 상황논리가 작용했을 뿐만 아니라, 더욱이 그 무렵 레닌에게는 신경제정책에 관한 구상이 무르익고 있었다. 전문에서 레닌은 전혀 예기치 못한 것을 제안했다: "일정한 조건하에서 조르다니야와의 제휴, 혹은 조르다니야처럼 그루지야에 소비에트 체제를 수립한다는 생각에 완전히 적대적이지 않았던 멘쉐비키와의 제휴를 위한 적절한 타협안을 찾는 것이 매우 중요합니다."264) 과연 레닌이 진정으로 그루지야 멘쉐비키와의 타협을 원했을까? 그럴 리 없었다. 레닌이 그루지야에 대해 유연하고 신중하며 관용적인 정책을 추구했던 것은 결코 그루지야의 소비에트화가 정치적으로 정당화될 수 없다고 생각했기 때문이 아니었다. 그는 단지 적군이 그루지야 인민들의 눈에 점령군으로 비춰지는 것을 원치 않았을 뿐이었다. 그러나 새 공화국의 소비에트화가 그 지도부 및 간부들의 볼쉐비키화 없이 과연 가능하겠는가? 적군의 뒤를 따라, 1921년 2월, 그루지야의 본격적인 소비에트화를 위해 조직국의 결정에 의해 동원된 당 일꾼들이 봇물처럼 밀려들어왔다. 베체카 및 다른 여러 인민위원부 요원들도 비슷한 방식으로 유입되었다.265) 오르조니키제는 조르다니야와의 제휴를 성사시키기 위한 방법을 찾는 데 골몰할 필요가 없었다. 1921년 3월 중순 그는 다른 멘쉐비키 지도자들과 함께 자신의 조국을 떠나 망명길에 올랐다.

스탈린은 소비에트 권력의 민족정책을 "민족과 민족적 편견에 대한 양보정책"이라고 설명했다.266) 그러나 어떠한 경우에도 그것은 스탈린이

---

264) Ленин В.И. Полн. собр. соч., т.42, с.367.
265) См.: Хармандарян С.В. Ленин и становление Закавказской федерации. Ереван, 1969, с.57, 63.
266) Сталин И.В. Соч., т.5, с.231.

제2장 레닌이즘의 스탈린적 실천 • 295

소수민족들 사이에서 민족주의를 선동하려고 했다는 것을 의미하지는 않는다. 당의 몇몇 동무들은 민족주의를 인위적으로 조장한다는 이유로 계속 스탈린을 비난했다. 결과적으로 보면 그 의도와 관계없이 스탈린의 정책에 그런 측면이 있었음을 인정할 수도 있다. 그렇지만, 스탈린이 지향했던 것은 단 하나, — 바로 사회주의적 소비에트 인민이라는 개념이었다. 민족주의를 억압하거나 말살하는 대신 민족적 유대감이나 문화 전통을 승인함으로써 민족주의를 지양한다는 것이 그의 변증법이었다. 스탈린의 구상에 따르면, 소비에트 러시아에 존재하는 다양한 민족과 인종들은 마땅히 형제적 유대에 기초하는 단일한 소비에트 인민으로 변화되어야 했다. 이를 위해서 우선 민족이나 인종들 사이에 존재하는 불평등 관계나 심지어 "계급관계"가 해소되고, 그들 사이에 동등한 권리가 실현되어야 했다. 그래서 스탈린에게는 소수민족들에 관한 "민족적 편견에 대한 양보정책"이 필요했던 것이다. 이와 더불어 그는 러시아 민족을 비롯한 "발전된 민족"들, 즉 다수민족들의 민족주의에서 소비에트 인민들의 삶에 대한 위협을 느꼈다. 이런 관점에서 스탈린은, 1921년 2월에 쓴 「민족문제에서의 당의 당면 과제들」이라는 논문에서, 전혀 용납될 수 없는 공산주의로부터의 이탈로서 "대(大)러시아 쇼비니즘"과 "부르주아 민주주의적 민족주의" 두 가지를 분명하게 지적했다.[267] 볼쉐비키에게 민족주의는 항상 부르주아적인 것으로서 이해되었으며, 결국 소비에트 러시아에서 사회주의 체제가 확립되는 경우 볼쉐비키당의 민족정책은 "대러시아 쇼비니즘"에 대한 견제를 주요 내용으로 삼게 되어 있었다.

 1921년 6월 말 스탈린은 그루지야 티플리스에 도착했다. 목적은 당 중앙위원회 카프카즈국 전원회의에서 지역 리더들과 함께 그루지야, 나아가 자카프카지예 전역의 정치적, 경제적 문제들을 논의하는 것이었다.

---

267) См.: Там же, с.27~28.

그러나 실로 오랜만에 고향을 방문한 그의 감상은 여덟 달 전에 바쿠를 여행할 때의 그것과 전혀 비슷하지 않았다. 다수의 주민들이 싫든 좋든 러시아를 터키로부터의 보호자로 생각하는 아제르바이잔이나 아르메니아와는 달리 그루지야는 멘쉐비키의 정치적 지도를 받으며 독립 국가로서의 삶에 적응해 있었다. 당연히 그루지야의 인텔리겐치야, 특히 굴욕을 당한 멘쉐비키들은 스탈린을 배신자, 매국노로 여기며 경멸했다. 7월 6일, 그루지야공산당 티플리스(당) 조직의 집회에 참석한 스탈린은「그루지야와 자카프카지예에서의 공산주의의 당면 과제들」이라는 제목으로 연설을 하면서 속내를 열어 보였다. 그는 서구의 자본가 그룹 및 그루지야의 프티부르주아적 그룹의 역량과 자금을 이용해 전면적인 경제건설 작업에 착수하는 것이 그루지야 공산주의자들의 기본 과제라고 선언했다. 그러나 연설의 주된 내용은 민족주의의 뿌리를 완전히 뽑아버려야 할 필요성과 관련하여 그루지야 사람들을 호되게 질책하는 것이었다. 많은 세월이 지나 티플리스에 도착한 자신은 1905~1917년의 기간 동안에 출신민족을 불문하고 존재했던 자카프카지예 노동자들의 연대의식이 사라졌을 뿐 아니라 오히려 이 지역의 노동자와 농민들 사이에 민족주의가 크게 고양된 것을 보고 견디기 어려운 커다란 충격을 받았다고 고백했다. 스탈린은 자카프카지예 인민들의 경제건설을 위한 노력을 "결집하는 데 최대의 장애"로 작용하는 민족주의와의 가차 없는 투쟁을 벌이는 것이야말로 그루지야 공산주의자들에게 부과된 중요한 과제들 중의 하나라고 강조했다. 철권(鐵拳)으로 민족주의적 잔재들을 근절하고 "국제주의를 위한 건전한 분위기를 조성"하는 것이 필요했다.

당시 당 중앙위원회 카프카즈국 위원들 사이에서는 자카프카지예에서 단일한 정부를 구성한다는 계획이 거의 합의되고 있었다. 그러나, 예기치 않게, 스탈린이 그에 반대하고 나섰다: "[그것은 내가 보기에 유토피아, 그중에서도 반동적인 유토피아인데, 왜냐하면 그런 계획은 분명히 역사의 수레바퀴를 거꾸로 돌리려는 의도에서 비롯된 것이기 때문입니다." 제정 러시아의 낡은 행정 구역을 복원하고 이미 생긴 세 나라를 해체하는 것은 "공산주의와 아무런 관계가 없음"을 지적하면서 이렇게 설명했다: "바로 상호불신의 분위기를 해소하고 형제적 유대의 틀을 다시 세우기 위해서는 그루지야뿐만 아니라 아제르바이잔과 아르메니아의 독립이 유지되어야 할 필요가 있는 것입니다."[268]

끝으로 스탈린은 그루지야 공산주의자들의 또 다른 중요한 과제로서 출세지향적인 "속물적 분자들의 쇄도로부터 당을 보호할 것"과 당의 "순결성과 견고함과 유연성"을 유지할 것을 요구했다. 그는 "세계 제국주의의 압박"에 직면해 오직 "단단한 강철로써 만들어진 공산당"만이 소비에트 권력을 지킬 수 있음을 확신했다. 이와 관련해 스탈린은 지적했다: "라쌀이 옳았습니다. 그의 말대로, 당은 지저분한 것으로부터 자신을 깨끗이 지킴으로써 강화되는 것입니다."[269]

스탈린이 왜 레닌이 아닌 라쌀(F. Lassalle)을 굳이 인용했는지는 알 수 없다. "당의 순결성"이야말로 누구보다도 스탈린 자신이 잘 이해하고 있던 레닌이즘의 슬로건이었다. 당시 레닌의 주도로 볼쉐비키당 내에서는 대대적인 숙청이 진행되고 있었다. 그러나 그것은 중요하지 않았다. 중요한 것은 티플리스의 연설에서 스탈린이 후에 자신의 이름과 연관된 이데올로기, 즉 스탈린이즘의 이론적 내용의 일부가 되는 이념적 요소들을 강조하고 나섰다는 데 있었다. 그 하나는 바로 반(反)민족주의였으며, 다른 하나는 프롤레타리아트의 전위로서의 "순결한 당"이라는 관념이었다. 주지하듯이, 전자는 이른바 사회주의적 유일주의의 범주를 벗어난 인민의 삶을 강제로 구속하면서 연방의 역사에 깊은 상처를 남겼으며, 특히

---

268) Там же, с.97.
269) Там же, с.99.

제2차 대전 후에는 이른바 레닌그라드 사건의 구실이 될 정도로 그 위력이 발전해 있었다. 특히 1930년대에 이르러 "간부가 모든 것을 결정한다!"라는 슬로건으로 귀결되었던 "순결한 당"에 관한 관념은 1930년대 후반 대숙청의 시대에 그 위력을 충분히 발휘했다. 물론 "순결한" 간부의 구성을 위한 노력에 관한 설명은 나중의 이야기이다.

　1921년 8월, 모스크바로 돌아온 스탈린은 자신에게 맡겨진 여러 가지 일에 몰입했다. 1921년 11월 초 당 중앙위원회 카프카즈국 전원회의는 스탈린이 거부했던 가칭 자카프카지예연방의 수립을 의결했다. 연방의 창설은 무엇보다도 경제발전의 요구에 따른 것이었다. 이미 1921년 초에 레닌은 카프카즈 산맥 이남 지역에 있는 공화국들 사이에 경제협정을 체결해야 할 필요성과 자카프카지예 전체를 위한 지역경제기구 창설의 필요성을 지적한 바 있었다.270) 그러나 카프카즈국의 의결은 그루지야공산당 지도부의 반발을 초래했으며, 그와 관련해 레닌은 11월 28일 자카프카지예연방의 형성에 관한 결의안 초안을 스탈린에게 보냈다. 연방의 설립을 "절대적으로 옳은 일"이라고 평가한 초안 내용을 검토한 스탈린은 레닌에게 회답했다: "레닌 동무! 다음과 같이 수정을 가하는 데 동의해주신다면 결의에 반대하지 않겠습니다. 문안에 있는 '수주일을 요하는 심의'(제1항)라는 구절 대신 '심의를 위해 일정 기간이 필요함'으로 수정했으면 합니다." 그리고 설명을 추가했다: "수주일 만에 그루지야에서 소비에트적 방식으로 아래로부터 연방제를 실시한다는 것은 불가능합니다. 왜냐하면 그루지야에서는 소비에트가 이제 막 수립되기 시작했기 때문입니다. 소비에트는 아직 충분히 수립되지 않았습니다. 한 달 전만 하더라도 소비에트는 존재하지 않았으며, 수주 전만 하더라도 그곳에서 소비에트 대회를 개최한다는 것은 생각할 수도 없었습니다."271) 레닌은 스탈린

---

270) См.: Ленин В.И. Полн. собр. соч., т.52, с.135~136.

의 의견에 동의했다.272) 스탈린의 수정을 거친 레닌의 초안은 11월 29일 당 중앙위원회 정치국에서 최종 결의안으로 채택되었으며, 1922년 3월, 그루지야, 아르메니아, 아제르바이잔 3국의 소비에트 중앙집행위원회 대표들이 참여한 전권회의에서 자카프카지예연방(ЗФ)의 수립이 결정되었다.273)

그 무렵, 내전을 끝낸 볼쉐비키는 자신들이 건설한 국가들 간에 군사적, 외교적, 경제적 차원에서 제기되는 비효율성 등 여러 문제들을 해소하고 사회주의적 역량을 결집 강화할 목적으로 제기된 소비에트 공화국들의 통합에 관한 문제를 논의하기 시작했다. 그 결과, 1922년 8월 10일, 당 중앙위원회 정치국은 러시아소비에트연방사회주의공화국과 다른 소비에트 공화국들 간의 상호관계에 관한 결의안 초안 마련을 위한 위원회의 창설을 조직국에 위임했다. 그에 따라 구성된 위원회에는 조직국의 좌장이었던 스탈린과 일부 실무자들 및 5개의 민족공화국, 즉 우크라이나, 벨로루시, 그루지야, 아제르바이잔, 아르메니아의 대표들이 참여했다. 스탈린의 지도를 받으며 작업을 진행한 위원회는 이른바 자치화 방안을 작성했는데, 이는 5개의 소비에트 공화국이 자치공화국의 지위를 갖고 러시아소비에트연방사회주의공화국에 흡수되는 것을 골자로 하고 있었다. 그 방안에 따르면, 러시아소비에트연방사회주의공화국의 브칙, 소브나르콤, 노동방위회의274) 등의 기관과 이들이 제정한 법령들은 각 민족공화국에 상급기관이나 상위법으로 수용되어야만 했다.275) 이 계획

---

271) Сталин И.В. Соч., т.5, с.229.
272) См.: Ленин В.И. Полн. собр. соч., т.44, с.255.
273) 자카프카지예연방은 1922년 12월에 개최된 제1차 자카프카지예 소비에트 대회에서 자카프카지예소비에트연방사회주의공화국(ЗСФСР)으로 개명되었다.
274) 노동방위회의는 1920년 4월에 노동방위회의를 토대로 창설되었다.
275) Подробнее см.: Ленин В.И. Полн. собр. соч., т.45, с.557.

안은 심의를 위해 각 민족공화국의 공산당 중앙위원회로 송부되었다. 하지만 므디바니를 중심으로 한 그루지야공산당 중앙위원회는 스탈린의 구상에 반대하며 다음과 같이 결정했다: "스탈린 동무의 테제에 기초해 제안된, 독립 공화국들을 자치화 형태로 통합하자는 안은 시기상조라고 생각한다. 경제적 노력과 공통의 정책을 통합하는 것은 필요하다고 생각하지만, 그것은 독립을 나타내는 모든 징표들이 유지된다는 것을 전제로 해야 한다."276) 그러나 이런 반대에도 불구하고, 1922년 9월 24일, 위원회는 스탈린의 계획안을 기본으로 채택했으며(기권 1표), 그 다음날 위원회의 자료들은 모스크바 근교 고르키(Горки)에서 요양하고 있던 레닌에게 보내졌다.

　므디바니는 스탈린의 작업을 중단시킬 수 없었다. 그러나 곤혹스러운 일은 전혀 예기치 않은 곳에서 발생했다. 바로 레닌이 자치화에 관한 계획안을 거부하고 나선 것이었다. 9월 26일 레닌은 카메네프를 수취인으로 하여 정치국원들에게 보낸 편지에 이렇게 썼다: "극도로 중요한 문제. 스탈린은 조금 서두르는 경향이 있습니다. 귀하는 잘 생각해야 합니다. 지노비예프도 마찬가지임. 이미 스탈린은 하나를 양보하는 데 동의했습니다. 제1조에서는 러시아소비에트연방사회주의공화국으로의 '가입'이 아니라 '러시아소비에트연방사회주의공화국과 함께 유럽-아시아소비에트공화국연방으로의 정식적 통합'이라고 말해야 함. 이런 양보의 명분은 무엇을 의미하는지, 바라건대, 이해하실 겁니다."277) 그것이 무엇을 의미했던 것일까? 레닌은 이렇게 설명했다: "대러시아 쇼비니즘에 대해 목숨을 걸고 선전포고합니다. 빌어먹을 이빨이 낫기만 하면, 모든 건강한 이로 그것을 깨끗이 먹어치울 것입니다."278)

---

276) Там же, с.556.
277) Там же, с.211.

스탈린은 이런 레닌의 입장을 "민족적 자유주의"라고 평가하면서 투덜거렸다.279) 그러나 곧 레닌의 주장이 가진 의미를 파악한 그는 더 이상 자신의 입장을 고집하지 않았으며, 레닌의 제안에 기초해 계획안을 수정했다. 수정안은 기존 계획안을 조금 변경해 만든 수준이 아니었다. 제1조는 이렇게 규정했다: "각 공화국에 연방으로부터의 자유탈퇴권을 부여하는 가운데, 우크라이나, 벨로루시, 자카프카지예연방, 러시아소비에트연방사회주의공화국 사이에 소비에트사회주의공화국연방(СССР)으로의 통합에 관한 조약 체결이 필요함을 인정한다." 제2조에서는 '연방 소비에트 중앙집행위원회'가 연방의 최고기관으로 규정되었으며, 제3조는 '연방 소비에트 중앙집행위원회'의 집행기관으로 연방 인민위원회의(소브나르콤)를 규정하고 있었다.280) 10월 6일, 러시아볼쉐비키공산당 중앙위원회 전원회의는 이 수정안을 당 중앙위원회의 훈령으로 채택했으며, 스탈린을 위원장으로 하여 단일 연방국가의 형식으로 소비에트 공화국들을 통합하는 준비 작업을 위한 위원회를 구성했다. 1922년 12월 30일 제1차 전(全)연방 소비에트 대회가 개최되었으며, 여기에서 스탈린은 러시아, 자카프카지예, 우크라이나, 벨로루시 4개국의 조약에 기초한 소비에트사회주의공화국연방, 즉 소연방의 수립에 관해 보고했다. 대회는 스탈린의 위원회가 준비한 선언문과 연방조약을 승인했으며, '연방 소비에트 중앙집행위원회'를 선출했다.281) 소연방의 헌법은 1923년 7월 6일에 열린 '연방 소비에트 중앙집행위원회'에서 채택되었으며, 즉시 효력을 발휘했다. 연방 헌법에 대한 공식적 비준은 제2차 전연방 소비에트 대회에서 이루어졌는데, 그때가 레닌이 사망한 지 열흘이 지난 1924년 1월 31일이었다.

---

278) Там же, с.214.
279) См.: Троцкий Л.Д. Сталинская школа фальсификаций. М., 1990, с.78~79.
280) См.: Ленин В.И. Полн. собр. соч., т.45, с.559.
281) О Декларации и Договоре см.: Сталин В.И. Соч., т.5, с.393~401.

레닌의 구상은 어디에 그 주된 목적이 있었을까? 그는 분명 "대러시아 쇼비니즘"에서 소위 "소비에트 프롤레타리즘"에 대한 위협을 보았다. 그러나 스탈린이 처음에 마련한 자치화 방안에 과연 그런 쇼비니즘이 만연해 있었을까? 그렇지 않다. 이 경우에 스탈린은 볼쉐비키 정권의 민족정책 노선을 그대로 유지했을 따름이었다. 그런데 레닌은 자신이 설교했고, 물론 스탈린이 아주 잘 이해하고 있던 기존의 정책적 방침을 이탈하여 더 멀리 나아갔던 것이다. 카메네프에게 보낸 편지에서 레닌은 분명하게 말했다: "독립파들에게 더 이상 양식[즉, 구실]을 주지 않고 그들의 독립성을 일소하는 것이 중요합니다."282) 그렇기 때문에 레닌은 러시아공화국이 스스로를 다른 공화국들과 동등하다는 것을 인정하고 그들과 함께 새로 구성되는 연방으로 편입할 것을 요구했다. 간단히 말해서, 레닌은 러시아공화국의 지위를 격하시킴으로써 각 민족공화국 내의 "독립파"들을 만족시키려고 했다. 그들이 소비에트 권력에 대한 민족주의적 저항을 전개하는 데 있어서 좋은 빌미를 제공한다고 여겨지는 "대러시아 쇼비니즘"의 진원지를 억제하면서, 대신, 새로운 연방을 창설함으로써 볼쉐비키는 소비에트 권력의 러시아적인 민족적 색채를 씻어버리고 자신들이 지향하는 중앙집권주의를 더 넓고 깊이 실현할 수 있었다. "민족적 자유주의"를 확대할수록 중앙집권주의도 강화될 수 있다, – 이것이 레닌의 변증법이었다. 물론 중앙집권주의는 소브나르콤을 통해서가 아니라 바로 공산당을 통해서 실현되는 것이었다. 소연방의 권력구조 속에는 물론 민족공화국의 공산당들이 아주 작은 자치라도 누릴 공간이 있을 수 없었다.

많은 역사 연구자들의 평가와는 달리, 레닌의 구상은 스탈린의 자치화 방안에 완전한 대립적 성격을 가지는 것이 아니었다. 소비에트 권력의

---

282) Ленин В.И. Полн. собр. соч., т.45, с.212.

발전에 따라 비로소 가능해진 그것은 레닌주의적 중앙집권주의와 민족적 연방주의가 만들어낸 매혹적인 직물(織物)이었다. 스탈린에게는 스승의 천재적인 구상에 대해 시비할 하등의 이유가 없었다. 1922년 12월 30일 전연방 소비에트 대회 석상에서 스탈린은 소비에트사회주의공화국 연방을 "미래에 실현될 세계 소비에트사회주의공화국의 본보기"라고 장엄하게 선언했다.283)

소연방 헌법이 채택되면서 러시아공화국의 소브나르콤이나 베세엔하 및 다른 중앙기관들이 연방정부의 기관으로 전환되었다. 직원들이 증원되기도 했지만, 본질적으로 그 기능의 차이는 없었다. 가장 중요한 것은, 모든 권력을 장악하고 있던 러시아볼쉐비키공산당이 연방공산당으로 전환되었다는 것이다.284) 그렇게 해서, 다른 민족공화국에서는 그 존재가 바로 민족적 독립성의 상징으로 강조되기도 했던 독자적인 공산당이나 과학아카데미 등이 러시아공화국 내에는 부재하게 되었다. 흔히 민족공화국들의 러시아화는 제2차 대전 후에, 특히 침체기라고 평가되던 '발전된 사회주의'의 시대에 소연방의 민족정책이 갖는 기본 특징이었다고 말해진다. 그러나 그런 정책이 존재했다는 증거는 존재하지 않으며, 오히려 공식적으로 추진된 것은, 앞서 언급된 바와 같이, 이른바 '토착화' 정책이었다. 일부 연구자들 사이에 위와 같은 의견이 개진되는 것은 소연방 내의 여러 민족에 대한 러시아의 문화적 영향이 그만큼 컸기 때문이었을 것이다. 소연방 내에서 러시아인들이 느꼈던 상대적 박탈감은 특히 페레스트로이카 이후에 분출된 러시아 민족주의의 배경이 되었다.

비록 명목상이나마 독립적 공화국으로서의 지위를 유지하는 데 실패한 그루지야의 공산주의자들은 러시아볼쉐비키공산당 중앙위원회가 채

---

283) Сталин И.В. Соч., т.5, с.158.
284) 러시아볼쉐비키공산당의 전연방볼쉐비키공산당으로의 공식적 개명은 1925년 말에 개최된 제14차 당 대회에서 이루어졌다.

택한 1922년 10월 6일자의 결정에 다시 이의를 제기하고 나섰다. 그들은 그루지야가 자카프카지예연방을 통해서가 아니라, 직접적으로 소연방에 가입해야 한다고 선언했다. 당시 러시아볼쉐비키공산당 카프카즈지역위원회 책임자였던 오르조니키제는 그 때문에 거의 광란 상태가 되었으며, 그루지야공산당 지도부를 "쇼비니즘적 부패분자"라고 맹렬히 비난했다.[285] 곤경에 빠진 므디바니와 그 동무들은 그 문제를 직접 모스크바에 호소했으며, 레닌이 자신들을 변호해 주리라고 기대하였다. 그들은 민족정책을 책임지고 있던 스탈린을 신뢰하지 않았다. 그러나 부하린을 통해 전달된 그들의 청원서를 읽은 레닌은 그루지야 동무들의 주장에 동의하지 않았다. 그루지야의 "반란자들"에게 발송된 10월 21일자 전문에서 레닌은 천명했다: "본인이 간접적으로 참여하고 므디바니가 직접 참석했던 당 중앙위원회 전원회의의 결정들에 의해 모든 이견이 해소되었다고 본인은 확신하고 있습니다."[286] 그들은 자카프카지예연방의 수립이 스탈린이 아니라, 레닌의 구상에 의한 것이었음을 모르고 있었다.

그러나 사태는 여기에서 끝나지 않았다. 므디바니의 지지자들은 레닌의 입장을 전달받은 후에 바로 그루지야공산당 중앙위원직을 사퇴하면서 자신들의 요구를 고수했다. 정치적 박해의 대상이 된 소위 "사회민족주의자들"은 모스크바의 공산당 중앙위원회에 대해 "양심을 상실한 오르조니키제의 계속적인 협박과 참을 수 없는 모욕으로부터 자신들을 보호해 달라"[287]는 청원서를 제출했다. 1922년 11월 말, 당 중앙위원회 정치국은 "이교도(異敎徒)"들의 탄원에 대해 시급히 조사하기 위해 제르진스키를 단장으로 하는 위원회를 그루지야에 파견하기로 결정했다. 그런

---

285) См.: Хармандарян С.В. Указ. соч., с.351.
286) Ленин В.И. Полн. собр. соч., т.54, с.300.
287) Хармандарян С.В. Указ. соч., с.369.

데 제르진스키위원회가 일을 막 시작하기 전에 그루지야 문제를 다른 방향으로 전환시키는 사건이 발생했다. 므디바니 지지자들과의 논쟁 중에 오르조니키제가 한 사람의 얼굴을 구타했던 것이다. 12월 중순에 모스크바로 돌아온 제르진스키로부터 그 사실을 전해들은 레닌은 매우 걱정스러운 표정을 지었다. 그는 그루지야 문제를 소연방의 수립이라는 일반문제와 연결시켰으며, 소비에트공화국들을 통합함에 있어서 "대러시아 쇼비니즘"이 완전한 지배권을 갖게 되지 않을까 고심했다.

「민족 또는 자치화의 문제에 붙여」라는 제목으로 1922년 12월 말에 쓴 편지에서 오르조니키제를 질책한 레닌은 그루지야 문제을 조사하는 데 있어서 당연한 공정성을 발휘하지 않았다는 이유로 제르진스키에게도 비판의 화살을 돌렸다. 그럼에도 불구하고 레닌은 누구보다도 이 모든 사태에 대한 정치적 책임을 스탈린에게 물었다: "나는 스탈린의 조급성과 관리자적 집착성이, 그리고 악명 높은 사회민족주의에 대한 그의 적대감이 여기에서 치명적인 역할을 했다고 생각합니다. 대체로 적대감은 정치의 세계에서 흔히 최악의 역할을 수행합니다."[288]

소연방의 수립으로 귀결된 민족정책을 주관하면서 스탈린은 확실히 "이단자들"을 탄압하는 데 주저함이 없었다. 그러나 레닌이 스탈린에게, 그것도 적대감에 관해 언급하면서 전가한 모든 불명예가 정당한 것이었다고 할 수는 없을 것이다. 과연 레닌은 "러시아화된 이방인"인 스탈린이 "대러시아 쇼비니즘"으로써 자신의 창조물인 소비에트사회주의공화국연방을 망쳐버릴 것이라는 예감 때문에 걱정했던 것일까? 아니면 그루지야 문제에 국한된 것이 아니라, "서기장이 된 후 엄청난 권력을 수중에 집중시킨"[289] 스탈린의 정치적 역할 전체에 대해 의구심을 가졌던 것이었을

---

[288] Ленин В.И. Полн. собр. соч., т.45, с.357.
[289] Там же, с.345.

까? 아니면 자신의 "제자"에 대해 갖게 된 좋지 않은 개인적 감정이 손찌검에 대한 모든 책임을 지도록 강요하게 했던 것일까? 이유야 어떻든 악화되는 병세로 말미암아 의사의 지시에 따라 정치로부터 격리된 레닌은 부단히 그루지야 문제에 집착했다. 제르진스키로부터 위원회의 조사 자료를 받아든 레닌은 "모욕당한 자들의 편에 서서" 그것을 검토하기 시작했으며, "그루지야의 동무들"을 지켜주겠다고 다짐했다.[290] 1923년 3월 5일, 병세가 더욱 악화된 레닌은 트로츠키에게 "당 중앙위원회에서 그루지야 사건에 대한 변호를 맡아 줄 것"을 부탁했다. 그러나 트로츠키는 자신의 질병 때문에 그런 임무를 맡을 수 없다고 거절했다.[291] 다음날, 레닌은 므디바니 그룹에 보낼 편지를 구술했다: "존경하는 동무들! 온 마음으로 여러분의 사건을 주시하고 있습니다. 오르조니키제의 만행과 스탈린 및 제르진스키의 묵인에 대해 본인은 분개했습니다. 여러분을 위해 짧은 편지와 연설을 준비하고 있습니다."[292] 이것이 레닌의 생애에 있어서 마지막 정치투쟁이었다. 그러나 그는 정치에서 너무 소외되어 있었다.

   1922년 말, 레닌이 침대에서 더 이상 일어설 수 없게 되었을 때, 당 중앙위원회 정치국 내의 갈등은 현실이 되어 있었다. 트로츠키의 증언에 따르면, 지노비예프가 권력투쟁에 가장 적극적으로 나섰으며, 여기에 "자신의 미래의 사형집행인을 끌어들이고 있었다."[293] 물론 트로츠키도 양보하지 않았다. 그는 경제 분야뿐 아니라 당의 조직사업에서 나타난 당 중앙위원회 지도부의 과오를 지적하면서 정치국 내의 3인방, 즉 스탈린, 카메네프, 지노비예프를 비판하기 시작했다. 레닌이 부탁한 그루지야 문제의 해결은, 트로츠키가 볼 때, 전혀 전망이 없었다. 어떻게 변호한다는

---

290) См.: Там же, с.607.
291) Троцкий Л.Д. Сталинская школа фальсификаций, с.81.
292) Ленин В.И. Полн. собр. соч., т.54, с.330.
293) Троцкий Л.Д. Сталин, т.2, с.189~190.

말인가? 모든 것은 이미 결정되어 있었다. 게다가 그루지야 동무들은 반당(反黨)적 태도를 취하고 있었다. 트로츠키에겐 모든 것이 분명했다. 트로츠키는 비록 병을 핑계로 레닌의 청을 거절했지만, 사실은 자신이 관심을 가지고 있지도 않고 또 자신과 전혀 관계도 없는 일을 시비하고 나섬으로써 스탈린에게 쓸데없이 발목을 잡히고 싶지 않았기 때문이었다. 그러나 당내의 갈등은 정치국이라는 당의 최상층부에만 국한될 수 없었다. 1921년 봄부터 시작된 신경제정책을 둘러싼 이견과 갈등은 당 건설 사업에 관한 대규모의 토론으로 빠르게 확대되었다. 당의 노선을 둘러싸고 전개된 토론은 정치국 3인방과 트로츠키 사이의 권력투쟁을 이론투쟁으로 옮겨가도록 촉진하였다. 1920년대 후반까지 계속된 볼쉐비키당 지도부의 권력투쟁과 이론투쟁은, 흔히 말하듯 "신경제정책을 대치한 스탈린주의적 노선"이 확립됨과 동시에 종식되었다.

제3장
스탈린이즘의 기본 방침으로서의 일국사회주의론

제10차 당 대회에서 신경제정책의 변호인이며 선전가인 부하린은 정책의 부득이한 성격을 염두에 두면서 새로운 경제노선을 "농민과의 브레스트-리톱스크 조약"*이라고 불렀다. 신경제정책, 즉 네프의 도입은 국내 정치적 상황에 의해서만이 아니라 국제 정세에 의해서도 강요된 것이었다.

---

* Десятый съезд РКП(б). Стенографический отчёт, с.225.

| 제1절 | 신경제정책(네프) - 전술적 후퇴

    1921년 7월 5일, 제3차 코민테른 대회에서 러시아볼쉐비키공산당의 전술에 관한 보고를 위해 단상에 올라선 레닌은 말했다: "이미 [10월]혁명 전에도, 그리고 그 후에도 우리는 자본주의가 더욱 발전한 나라들에서 바로 지금 아니면 적어도 매우 빠른 시기에 혁명이 시작될 것이며, 그렇지 않으면 우리는 당연히 파멸할 것이라고 생각했습니다. 이런 인식에도 불구하고 우리는, 우리 자신만을 위해서가 아니라 세계혁명을 위해서 일하고 있다는 것을 알기 때문에, 어떠한 상황에서도, 그리고 무슨 일이 있어도 소비에트 체제를 유지하기 위해 모든 것을 다 했습니다."[1) 레닌에 의하면, 단지 "묘하게 얽힌 상황"이 부르주아 계급을 방해하여 그들이 도모하는 소비에트 러시아에 대한 전쟁을 지체시키고 있으며, 또한 "그런 시도들이 앞으로도 계속될 것이라는 사실이 전혀 의심될 수 없는" 이때, 볼쉐비키는 실용적으로 행동하면서 러시아에서의 "프롤레타리아 권력을 보존"하기 위해 "이 짧은 휴식"을 활용해야 했다.[2) 볼쉐비키가 기대한 것만큼 국제혁명의 발전이 활발하게 진행되지는 않았지만, 그럼에도 역시 혁명은 전진할 것이라고 레닌은 확신하고 있었다. 레닌은 신경제정책이 "자본주의에 공물"을 바치는 것을 의미한다고 공개적으로 인정하면서

---

1) Ленин В.И. Полн. собр. соч., т.44, с.36.
2) См.: Там же, с.37.

역설했다: "그러나 우리는 시간을 벌고 있습니다. 시간을 번다는 것, - 이것은 특히 우리의 외국 동무들이 철저하게 그들의 혁명을 준비하고 있는 균형의 시기에는 모든 것을 얻는다는 것을 의미합니다. 혁명이 철저하게 준비될수록, 승리는 더욱 확실해질 것입니다. 그때까지 우리는 공물을 지불할 수밖에 없습니다."[3]

물론 레닌은 서유럽의 동무들이 볼쉐비키를 지원하러 올 때까지 단지 소비에트 권력을 유지하기 위해 네프를 활용하자고 제안한 것만은 아니었다. 레닌은 오히려 볼쉐비키가 자본주의에 대해 양보하면서 차후의 혁명적 진격을 준비해야 한다고 강조했다. 볼쉐비키에게 신경제정책은 "많은 어려움과 장애에도 불구하고 부단히 계급의 폐지 및 공산주의를 향해 나아가는 프롤레타리아 권력을 유지 강화할 수 있는 한도 내에서"[4] 의미가 있는 것이었다. "스탈린 현상"을 포함하여 소연방 역사를 올바르게 이해하기 위해서는 네프를 산업화 정책 및 농업 집단화에 대립시켜서는 안 된다. 1920년 말, 인민경제의 물질적, 기술적 토대를 발전시키기 위한 첫 번째 장기계획인 고엘로 프로젝트, 즉 '러시아의 전기화를 위한 국가위원회'(=고엘로)를 창설하며 대대적인 전력생산을 위한 발전소 건설 사업을 조직적, 체계적으로 추진하겠다는 구상을 밝히면서 레닌은 다음과 같은 유명한 명제를 제시한 바 있다: "공산주의, - 이것은 소비에트 권력 더하기 온 나라의 전기화이다."[5] 물론 전기가 더 이상 첨단 문명을 상징하지 못하는 현재적 관점에서 보면, 레닌의 명제에 담겨있던 정치적 절실함은 우리에게 그대로 전달되기 어려운 측면이 있다. 아무튼, 레닌은 발전된 공업 없이는 그리고 "사회화되고 기계화된 대규모 농업" 없이

---

3) Там же, с.49~50.
4) Ленин В.И. Полн. собр. соч., т.43, с.320.
5) Ленин В.И. Полн. собр. соч., т.42, с.159.

는 공산주의로의 이행이 불가능하다고 강조하면서, "그것을 망각하는 자는 공산주의자가 아니다"라고까지 선언했다.

"농민과의 브레스트-리톱스크 조약"은 1921년 3월 하순에 소비에트 중앙집행위원회가 〈곡물 및 원료의 징발을 현물세로 변경함에 관한 법령〉과 〈농산물의 자유로운 교환과 구매 및 판매에 관한 법령〉을 일주일 간격으로 의결하면서 시작되었다.6) 현물세는 징발제도에 비해 농민들의 조세 부담을 크게 덜어주었다. 나아가 농민들은 세금을 내고 남은 모든 잉여농산물을 자유롭게 처분할 수 있는 권리를 부여받았다. 레닌에 의하면, 이는 자본주의적 자유가 허용되는 것을 의미했다. 자본주의적 자유는 상업의 자유에 국한되지 않았다. 레닌은 전시공산주의를 거치면서 국유화되었던 거의 모든 기업들에게 일정한 범위 내에서 영업활동의 자유를 부여할 것을 제안했다. 그 실현을 위해 소브나르콤은 1921년 7월 5일 〈베세엔하 관할하에 있는 기업들의 임대에 관한 법령〉을 채택했으며, 이어 7월 7일에는 〈가내공업과 소공업에 관한 법령〉을 의결했다.7) 특히 노동방위회의는, 1921년 8월 21일, 생산물 전부를 국가에 납품하고 있는 대공업과 관련된 법령 하나를 의결했다. 그 법령에 의하면, "기술적 설비를 갖춘 대기업들은 독립채산제의 원리에 따라 조직된 특별한 기업합동으로 결합될 수 있었으며",8) 이는 공업의 재조직화, 즉 트러스트화의 길을 여는 것이었다. 물론 "국가에 모두 납품되면서 시장에서 판로를 발견할 수 없는 품목들 또는 국가에 대부분이 납품되는 제품들을 생산하는" 기업들은 국가의 직접적인 관리하에 남아야 했다.9) 그러나 국가에 대한 공급 의무를 벗어난 기업들은 영업활동의 자유를 획득했으며, "자신의 제

---

6) СУ. 1921, No.26, стр.147, стр.149.
7) СУ. 1921, No.53, стр.313 / 1921, No.53, стр.323.
8) СУ. 1921, No.63, стр.462.
9) СУ. 1922, No.16, стр.155.

품을 모두 시장에서 판매할 수 있는 권리"를 부여받았다.

이렇게 형성된 "혼합경제", 즉 국가경제 부문과 사경제 부문의 혼합 체계를 레닌은 다시금 국가자본주의라고 불렀다. 우리는 앞서 레닌의 국가자본주의론에 관해 논의한 바 있다. 그 개념이 예상했던 것은 국가의 영역으로서의 사회주의와 자본주의적 요소의 병존이었지만, 그것은 형식이었으며, 본질적으로 국가자본주의가 목적한 것은 바로 소비에트 권력의 강화였다는 사실이 간과되어서는 안 된다.

소비에트 인민경제의 외관을 바꾸는 조치들이 하나씩 실현되었다. 소브나르콤이 〈일반적 노역 의무를 관장하는 총관리위원회와 지방 위원회 폐지 및 노동인민위원부의 재편에 관한 법령〉[10]을 채택하면서, 노역 의무에 기초해 만들어진 군사화된 노동조직들은 존재 의미를 상실했다. 화폐유통을 건전하게 하기 위해서 소브나르콤은 〈화폐유통의 제한 폐지에 관한 법령〉을 채택했으며, 그에 따라 화폐의 소유 한도가 폐지됨으로써 개인이나 집단이 보유한 금액 가운데 법정 한도의 초과분이 압수 대상이 되는 일도 없어지게 되었다.[11] 거의 모든 것이 무료로 해결되던 생활이 점차 유료화(有料化)되어 가는 동시에 "노동에 대한 복합적 (화폐와 현물의) 임금지불제도"가 도입되었으며, 이는 전시공산주의와 더불어 심화된 경제의 현물화 과정을 자연스럽게 중단시켰다.[12] 결국, 국가재정을 보충하기 위해 조세에 관한 입법이 필요하게 되었다. 영업세가 도입되었으며, 이는 국유화되지 않은 모든 기업 및 개인들이 전개하는 각종 영업활동에 부과되었다.[13] 그런 모든 조치들은 "당이 노동자 계급 및 농민들과 연결될 수 있게" 하는 기본적 인전대(引傳帶), 즉 노동조합이나 협동

---

10) СУ. 1921, No.30, стр.164.
11) СУ. 1921, No.52, стр.301.
12) СУ. 1921, No.55, стр.336 / 1921, No.62, стр.445.
13) СУ. 1921, No.56, стр.354.

조합에 대한 통제의 약화를 수반했다.

전시공산주의 시대의 입법을 대체하는 많은 법령들이 충분히 신속하게 채택되었다. 생산성 향상에 기초한 생산 증대야말로 경제적 극빈상태를 벗어나는 가장 확실한 길이라는 것은 누구도 반박할 수 없는 진실이었지만, 이는 단지 일반론일 뿐이었다. 문제는 그 길로 들어서는 구체적이고 실제적인 방법에 있었다. 전술적 후퇴를 결정한 볼쉐비키에게 그 방법이란 자본주의적 자유의 허용밖에 없었다. 그랬음에도 레닌은 그것을 노동자 계급과 농민 계급간의 또는 도시와 농촌간의 제휴, 즉 '스미츠카'라는 개념으로 합리화했다. 신경제정책, 즉 네프는 단순한 후퇴가 아니라, 농민에 대한 단순한 양보가 아니라, 노동자·농민의 적극적 '스미츠카'로 설명하면서 볼쉐비키는 정치적 상실감을 조금이나마 덜어낼 수 있었다.

그러면서 레닌은 "자유경제"에 대한 적절한 통제를 시도했는데, 그것이 곧 "온 나라의 협동조합화"를 위한 정책적 고안이었다. 물론 그는 과거에 활발했던 소위 "부르주아적" 협동조합 운동의 부활을 의도한 것이 아니었다. 전시공산주의하에서 협동조합은 그 구성원, 즉 조합원의 이익 증진을 목적으로 하는 조직체라는 고유한 속성을 상실한 채, 단지 소비조합의 형태로써 상품교환 및 분배 기능을 담당하는 일종의 관료적 기구로 변질되어 있었다. 신경제정책 아래서 협동조합이 상품교환 등의 기능을 수행하면서 주민들에게 봉사하는 것은 절대적으로 필요한 일이었다. 아무리 자본주의에 대한 양보가 불가피하더라도 사적 상업 또는 상인의 활동영역이 확장되는 것은 불필요한 자본주의의 확대를 의미할 뿐이었다. 비영리 조직인 협동조합은 "노동자·농민의 제휴를 실현하기 위한 가장 광범한 무대"[14]로서의 역할을 수행해야 했다. 레닌은 도시와 농촌의

---

14) КПСС в резолюциях.., т.2, с.386.

상품교환이야말로 사회주의 경제의 이상적 형태라는 것을 부단히 강조했다.

1921년 여름, "농민경제의 생산성 향상을 목적으로" 소브나르콤은 〈농업협동조합에 관한 법령〉을 채택했으며, 그에 따라 "농촌의 근로농민들에게 공동의 농업생산을 위해서뿐만 아니라 노동력의 조직화 및 기구, 종자, 비료 등 농업에 불가결한 생산수단의 공급을 위해서, 그리고 농업생산물의 가공과 판매를 위해서 농업협동조합이나 동업(同業)조합을 조직할 수 있는 권리"15)가 부여되었다. 노동력의 특수한 조직형태로 협동조합은 영세한 소공업 분야에서도 생산성을 높이기에 가장 적합한 것으로 간주되었다. 소브나르콤이 의결한 〈영세업협동조합에 관한 법령〉은 "가내공업과 기타 소규모의 영세업 종사자들에게 공동생산을 영위하기 위한 협동조합이나 동업조합을 조직할 권리"16)를 부여했다. 물론 법령만으로 조합운동이 전개될 수 있는 것은 아니었다. 1922년 8월 초에 개최된 러시아볼쉐비키공산당 제12차 협의회는 "농업협동조합을 조직하기 위한 활동에 상당수의 공산당원을 투입하는 것이 당 조직의 긴급 과제"라고 규정하면서 "영세업협동조합을 강화하며, 프롤레타리아트에 가장 가까운 근로 수공업자들을 끌어들이기 위한 당과 소비에트의 활동을 확대, 심화할 것"을 의결했다.17)

농업과 영세공업 분야에서 협동조합은 노동력의 효율적 조직형태로서 노동생산성 향상에 커다란 의미를 갖고 있었다. 볼쉐비키는 조합의 발전이야말로 소생산이 기술적으로 대규모화되고 소생산자들의 작업이 전국적 계획에 맞추어 진행될 수 있는 전제라고 생각했다. 생산의 대규모화

---

15) СУ. 1921, No.61, стр.434.
16) СУ. 1921, No.53, стр.322.
17) КПСС в резолюциях., т.2, с.387~388.

는 농촌에서 사회주의 건설의 실현을 가능케 하는 기술적 기반이 되는 것이었다. 그들의 구상에 의하면, 농업조합과 영세업조합의 발전은 농민을 포함한 소생산자들이 개인주의적 생활습관을 탈피하고 "새로운 사회 심리", 즉 사회주의적 심리로 충만한 상황을 조성할 것이었다. 네프가 시작되면서 당 중앙위원회의 기관지 ≪프라우다≫는 이렇게 선언했다: "농민과 수공업자들에게 협동조합은 이를테면 사회주의의 학교가 된다."[18]

협동조합은 다양한 종류의 조합들을 혼성조합이나 조합연맹 등으로 결합시키는 방법을 통해서 주민들을 대규모 집단으로 조직할 수 있다는 점에서도 볼쉐비키에게 중요한 의미가 있었다. 이는 공산당이 추구하는 비(非)자본주의적 상품 교환뿐만 아니라, 계획경제의 실현 가능성을 약속하는 것이었다. 1918년 3월 레닌은 조합의 바로 그런 측면을 지적했다: "토지는 사회화되어 있고 공장들은 모두 국유화되어 있는 사회 전체를 조합이 장악한다면, 그것이 곧 사회주의이다."[19] 인생의 말년인 1923년 초에 집필한 「협동조합론」에서 레닌은 "네프의 지배"하에서는 "개인 상업의 이익에 대한 국가의 검사와 통제" 및 "개인적 이익의 사회적 귀속"의 필요성이 전면에 대두하기 때문에 주민의 협동조합화야말로 볼쉐비키의 시급한 과제라는 것을 강조했다.[20] "러시아의 협동조합화"라는 레닌의 호소는, 당연하게도, 정치 현실에서 커다란 반향을 불러일으켰다. 1923년 4월 중순, 제12차 당 대회에서 중앙위원회 총괄보고를 행하기 위해 등단한 스탈린은 조합운동의 결과에 관해 언급했다. 스탈린의 보고에 따르면, 그 무렵 소비협동조합들은 도시 주민 약 900만 명을 포괄하고 있었으며, 농업협동조합들은 빈농을 포함해 최소 400만 호의 농가를 결합시키

---

18) Правда, 31 марта 1921 г.
19) Ленин В.И. Полн. собр. соч., т.36, с.161.
20) Ленин В.И. Полн. собр. соч., т.45, с.370.

고 있었다.21) 당 대회에서 스탈린은 영세업조합의 상황에 대해서는 언급하지 않았다. 하지만, 그럼에도 불구하고, 네프 시기를 "협동조합의 르네상스"라고 규정하는 학설에 대해 반박하는 것은 부적절해 보인다. 지적되어야 할 것은 협동조합이 부르주아적인 것이 아니라 소비에트적인 것이라는 사실이었다. "부르주아적 협동조합"이 그 구성원, 즉 조합원들의 협력과 이익 증대가 목적이라면, 소비에트적 협동조합은 소유의 사회화를 지향하는 가운데 사회 전체의 이익에 봉사함을 목적으로 하였다.

네프에 대한 당원들의 일치된 지지에도 불구하고 "후퇴"는 당 자체에 대해 심각한 영향을 미쳤다. 1921년의 기간 동안에 ≪프라우다≫는 네프의 의미를 설명하면서 당내 상황을 문제시하는 기사를 여러 번 게재했다. 1921년 7월 8일자 ≪프라우다≫는 다음과 같이 지적했다: "경제정책상의 새로운 노선은 우리 당 내부에 두 개의 사상적 편향을 야기했다. 이 노선의 모든 필요성과 필연성을 이해하지 못한 동무들은 노선에 대해 소극적인 비판적 태도를 취하고 있으며, 반대로 다른 동무들은 사상적으로 아직 성숙치 않은 당원들을 혼란케 하면서 노선을 극단적으로 확대 해석하고 있다."22) 두 개의 사상적 편향이 발생한 원인은 그 동무들이 새로운 노선의 발전 전망을 이해하지 못했거나 혹은 네프의 한계를 보지 못했기 때문인 것으로 설명되었다. 동시에 ≪프라우다≫는 "편향자"들을 비판하면서 레닌주의적 구상의 핵심을 분명하게 설명했다: "비(非)국유화 노선은 없으며 또 있을 수도 없다는 것, 이권을 허여(許與)하는 계약은 단지 임대[하는 것]일 뿐이며 프롤레타리아 정부가 항상 그 소유자로 남아 있다는 것, 그리고 사회화, 국유화된 대공업의 부흥이야말로 어떤 조건하에서도 양보할 수 없는 가장 중요한 과제라는 것을 모두에게

---

21) См.: Сталин И.В. Соч., т.5, с.200~201.
22) Правда, 8 июля 1921 г.

확실하게 아주 완전하게 가르쳐야 한다."23) 레닌은 기본적인 경제 권력이 볼쉐비키의 수중에 있는 한 자본주의를 두려워 할 필요가 없다고 수차례 강조했다: "가장 중요한 대기업과 철도 등, ─ 이들 모두가 우리의 수중에 있다. 임대가 지방에서 아무리 광범하게 발전한다고 해도 전체적으로 사소한 역할만 할 뿐이다."24)

만약 네프가 후퇴를 의미했다면 거기에는 상당한 위험이 내재해 있었다. 왜냐하면 레닌의 말처럼 후퇴하는 자들은 멈추어야 할 곳을 보지 못하기 때문이었다. 실제로 네프 초기의 가장 주된 쟁점은 후퇴 또는 양보의 한계에 관한 문제였으며, 부하린은「경제정책의 신 노선」이라는 글에서 그에 관한 권위 있는 의견을 피력했다: "여기서는 단지 일반적인 것만 말할 수 있다. 대공업과 교통의 근간은 마땅히 우리의 수중에 직접 남아 있어야 한다."25) 그 무렵엔 누구라도 "자본주의에의 양보"의 경계를 분명하게 예상할 수 없었으며, 그 점에서는 레닌도 마찬가지였다. "한계가 어디인지는 현실이 가르쳐 줄 것이다", ─ 이것이 그의 교시였다. 한편, 공산당은 노동자 계급 내에서 발생할 수 있는 패닉 상태를 제거하기 위해서라도 더 의식적으로 기강과 규율을 강화해야만 했다. "신 노선"을 시작하면서 레닌이 당의 결속을 강화해야할 필요성을 강조한 것은 전혀 우연이 아니었다. 제10차 당 대회에서 당내의 분파 형성이 금지되고 각급 통제위원단이 설립되었으며, 1921년 후반에 대규모 숙청작업이 진행된 것, ─ 이 모두는 네프 시기에 프롤레타리아 권력의 강화를 목적으로 모색된 것들이었다. 당의 조직적, 사상적 결속을 공고히 하라는 레닌의 집요한 요구는 결국, 네프 시기에, 소비에트 사회에서 노동의 탈(脫)군사화 과정

---

23) Правда, 23 июня 1921 г.
24) Ленин В.И. Полн. собр. соч., т.45, с.95.
25) Правда, 6 августа 1921 г.

이 진행되는 것과 대조적으로 당에서는 오히려 군사화 경향이 강화되는 것으로 연결되었다. 레닌에게 네프의 주된 문제는 '누가-누구를'이라는 도식으로 귀착되었다.26) 누가 승리할 것인가? 자본가인가, 아니면 소비에트 권력인가?

개인 상업이 놀랍도록 빠르게 소생했음에도 불구하고, 네프의 첫해, 소비에트 러시아의 경제는 전체적으로 위기상황에서 벗어나지 못하고 있었다. 특히 흉작으로 인한 대규모 기근이 나라를 덮쳤으며, 각 신문에는 굶주림에 허덕이는 사람들에 대한 원조를 호소하는 기사가 매일같이 게재되고 있었다. 파괴된 공업중심지들에서는 "산업예비군"이 넘쳐났으며, 소비에트 정부는 황폐화된 인민경제를 적극적으로 구제하기 위한 정책적 수단을 찾을 수 없었다. 전시공산주의라는 조건하에서 소비에트 러시아의 경제적 자원은 동시에 소비에트 정부의 재정 자원이기도 했다. 경제의 기본 문제, 즉 생산, 분배, 소비의 문제는 국가의 계획과 통제에 의해 해결되고 있었으며, 현물화된 경제 형태에 상응하여 볼쉐비키 정권의 경제정책은 일방적인 법령의 공포와 강제 집행에 의해 대체되었고, 화폐의 경제적 의미는 현실에서 극히 협소한 시장유통의 범위에 의해 제한되고 있었다. 이제, 네프의 조건하에서, 국가행정이나 국가경제를 작동시키기 위한 소비에트 권력의 재정적 필요는 점차 협소해져가는 직접적인 현물 공급의 형태에 의해서, 또는 화폐나 시장을 매개로 하는 방식에 의존해 충족되어야 했다. 전시공산주의적 현물경제의 완전한 청산은 국가가 원료, 식량 및 자신이 필요로 하는 필수적 재화들을 화폐유통이나 시장 메커니즘을 통해 확보할 수 있게 되었을 때 비로소 가능해질 수 있었다. 그러면 과연 볼쉐비키가 그런 한도까지, 즉 보통의 시장경제로까지 후퇴하기를 원했을까? 결코 그렇지 않았다. 어쨌든, 지금 그들이 도모

---

26) См.: Ленин В.И. Полн. собр. соч., т.44, с.161.

하고 있는 위기상황 극복을 위해서는 적어도 가격 및 화폐가치의 안정이 필수적이었다. 그러나 소비에트 정부의 재정수입과 재정지출 사이의 불균형 및 그 결과로 나타나는 통화증발은 특히 물가상승과 경제적 불안을 가중시켰으며, 이른바 상품기근, 즉 인민들의 생활에 필요한 상품들의 만성적인 부족현상도 위기가 지속되는 데 중요한 역할을 했다. 네프의 시작과 더불어 투기가 만연하게 된 것은 위기상황에서 비롯된 당연한 결과였다.

1922년 3월 말에 개최된 러시아볼쉐비키공산당 제11차 대회의 과제는 네프의 첫해를 총괄하고, 사회주의 건설을 위한 향후의 계획을 결정하는 것이었다. 당 대회에의 중앙위원회 정치보고를 행하기 위해 연단에 선 레닌은 "후퇴하는 자들"을 가차 없이 비판했다. 1년 동안에 그들은 경영능력의 부재를 완벽하게 입증했다는 것이 그 이유였다. 레닌은 역설했다: "우리는 1년 동안 후퇴해왔습니다. 지금 우리는 당의 이름으로 마땅히 말해야 합니다. 이제 충분합니다! 후퇴함으로써 추구했던 목표는 달성되었습니다. 이 [후퇴의] 시기는 끝나고 있거나, 아니면 이미 끝났습니다. 지금은 다른 목표가 설정되어야 합니다. 그것은 바로 힘의 재편입니다."[27] 물론 레닌이 요구한 것은 네프의 폐지가 아니었다. 그것은 후퇴의 중단 및 그를 위한 당 대오의 정렬과 정비였다. "그런 시기에 가장 중요한 것은 질서정연하게 후퇴하는 것"과 "[후퇴의] 한계를 정확히 설정하고 공황상태에 빠지지 않는 것"[28]이라는 점을 레닌은 강조했다.

당 대회에서 한 레닌의 연설은 정치적 술책이 아니었다. 실제로 그는 볼쉐비키가 권력을 위협받을 정도로 너무 많이 후퇴했다고 생각했다. 후퇴의 한계를 설정하면서 레닌은 당 대열의 재편이라는 절실한 정치적 과

---

27) Ленин В.И. Полн. собр. соч., т.45, с.87.
28) Там же, с.89.

제를 발견했다. 그는 공산당원들이 아니라 자본가들이 농민과 제휴하는 데 성공하고 있다고 말했다. 프롤레타리아 국가권력을 공고화하기 위해서 공산당원들은 자본가들보다 자신들이 농민에게 더 유용한 존재라는 것을 입증해야만 했다. 그는 이렇게 경고했다: "우리가 그것을 입증하지 않는다면 농민은 우리를 파멸시킬 것입니다."29) "자본주의와 사회주의 간의 생사를 건 투쟁에서" 공산당원들이 자본가들에게 승리했을 때 노동자 계급과 "촌놈들"간의 제휴가 이루어질 수 있으며, 그래야 비로소 볼쉐비키당은 러시아에서의 사회주의 건설을 위한 "투쟁의 무대"에서 불패의 세력이 될 수 있다고 레닌은 강조했다. 국가권력과 거대한 경제자원이 볼쉐비키공산당의 수중에 있는데, 대체 무엇이 부족하다는 말인가? 레닌에 주장에 따르면, 국가를 운영하는 공산당원들에게 부족한 것은 경제운영에 필수적인 "문화적 역량"이었다. "누가 누구를 인도할 것인가?", - 이것이 레닌이 제기한 문제의 핵심이었다. 자본가 계급이 아니라 공산당원들이 주도권을 장악해야만 했다.

"복지부동과의 투쟁"을 배우지 않은 공산관료야말로 "최악의 내부의 적"이라고 레닌은 강조했다. 레닌에 의하면, 그런 관료가 양심적 공산주의자인 척하며 "모든 존경을 받으면서" 책임 있는 자리에 앉아 있는 현실에 소비에트 국가의 불행이 있었다. "우리에게는 인재의 적격성에 대한 검사, 실제 업무수행에 대한 검사가 필요합니다. 다음번 숙청은 자신을 관리자로 여기는 공산당원들을 대상으로 할 것입니다."30) "내부의 적"들로부터 스스로를 정화하고 경영능력을 갖춘 "의식화된 노동자와 농민들"을 발탁하는 것, - 이것이 바로 레닌이 역설했던 "힘의 재편"이라는 목표가 의미하는 바였다.

---

29) Там же, с.77.
30) Там же, с.16.

레닌의 교시에 따라 제11차 당 대회는, 결의문을 통해서, 오직 최대한의 당의 단결 및 당내의 엄한 규율이 유지되는 경우에만 사회주의 건설의 과제가 해결될 수 있다고 강조했다. 이와 관련하여 이미 금지된 분파활동을 계속하던 과거의 '노동자 반대파' 그룹은 러시아볼쉐비키공산당이 당내의 자유로운 비판을 금지시키고 자신들에게 "조직적인 압력"을 가하고 있다는 소원을 코민테른 집행위원회에 제출했다. 이에 대해 당 대회는 그들 중 일부를 당에서 제명하면서 쉴랴프니코프, 메드베제프, 콜론타이 등 반대파의 지도자들에게 반당(反黨)행위가 반복될 경우 그들에게도 똑같은 조치가 취해질 것임을 경고했다.[31]

러시아볼쉐비키공산당 제11차 대회는 그럭저럭 당의 결속을 과시할 수 있었다. 신경제정책으로의 이행뿐 아니라 네프에 관한 레닌의 평가와 구상에 대해서도 어떠한 반대나 비판도 제기되지 않았다. 당 대회장의 단상에서 혁명가로서의 열정을 주체하지 못한 몇몇 동무들은, 눈치 없이, 경제건설 분야의 관리체계 개선이라는 목표에 부합되지 않다고 판단되는 당 생활에 있어서의 몇 가지 대목에 관해서 언급했다. 예를 들어, 코시오르는 중앙위원회가 업무적 판단이 아니라 분파적 계산에 의해 당의 간부급 일꾼들을 선발하였으며 그럼으로써 분파 투쟁을 조장하고 있다고 당 지도부를 비판했다.[32] 또한 오신스키는, 레닌의 표현에 따르면, "인민위원 내각"을 설립하자고 제안했다: "소브나르콤에서 입법기능을 떼어내 배타적으로 소비에트 중앙집행위원회에 그 기능을 집중시켜야 합니다. 소브나르콤은 소비에트 중앙집행위원회의 집행기관이 되어야 합니다."[33] 프레오브라젠스키도 "남의 일"에 참견하고 나섰다: "이제 피상적

---

31) См.: КПСС в резолюциях.., т.2, с.368~371.
32) См.: Одиннадцаный съезд РКП(б). Стенографический отчёт, с.127.
33) Там же, с.88.

인 접근태도로부터, 전문가들에 대한 전권위원의 지배체제로부터 벗어나야 합니다. 이런 관점에서 우리에게는 당 중앙위원회에 세 개의 국(局), 즉 정치국과 조직국 그리고 경제문제를 지도할 경제국을 구성하는 것이 필요합니다."34)

레닌은 그런 지적이 갖는 의미에 대해 생각하려 하지 않았다. 심지어 연사들에게 대꾸도 하려 하지 않았다. 과연 당 중앙위원회는 인사권, 즉 간부의 선발과 배치에 관한 권한이 없이, 그것도 다양한 분파들이 존재하는 상황에서 자신의 정책방향을 추진하고 실현할 수 있었을까? 과연 소비에트 정치체제 내에 부르주아적 의회주의의 요소인 권력분립제를 도입할 필요가 있었을까? 그리고 프레오브라젠스키는 정치의 본질을 왜 이해하지 못했을까? 레닌이 정의한 바에 의하면, "정치란 바로 응축된 경제"35)가 아니었던가? 정치국이면 충분한 것을, 경제국이 무슨 소용이란 말인가? 정치로부터 경제문제가 분리될 수 있는가? 레닌은 다음과 같은 말로 소비에트 체제를 변호했다: "5년 동안 이 체제를 만들기 위해 최선의 노력을 다 했습니다! 이 체제는 가장 위대한 일보전진(一步前進) 그 자체입니다."36) 레닌은 정치국이 사소한 것까지 너무 많은 문제를 결정하고 있다는 사실만은 인정했다. 심지어 외국에서 고기통조림을 수입하는 문제까지 정치국이 결정하고 있었으니, 그것은 권력의 집중이 아니라 완전한 권력 독점이나 다름없었다. 그런 문제는 해결되어야 했다. 제11차 당 대회는 결의했다: "이전 시기에 도맡아야 했던 순전히 소비에트적[즉, 행정적] 성격을 갖는 일련의 문제들로부터 당을 벗어나게 하는 것은 필요하며, 또 [이제는 그것이] 가능하게 되었다. 소비에트 국가에 대한 일반

---

34) Там же, с.85.
35) Ленин В.И. Полн. собр. соч., т.45, с.123.
36) Там же, с.124.

적 지도 및 정책 전반의 방향을 제시하면서 당은 일상적 활동과 소비에트 기관들의 활동 사이에, 그리고 당 기구와 소비에트 기구 사이에 더욱 분명한 경계선을 그어야 한다."37)

그러나 현실에서 달라진 것은 아무것도 없었다. 당은, 특히 레닌의 정치국은 권력독점을 계속 유지했다. 이미, 프롤레타리아 독재가 곧 공산당 독재를 의미한다는 주장이 당의 일각에서 공식적으로 제기되기 시작했으며, 제12차 당 대회에서 지노비예프는 중앙위원회 정치보고를 행하는 가운데 노동자 계급의 독재와 공산당 독재를 동일시하는 테제를 제시하기도 했다. 실제로 많은 당원들에게 프롤레타리아 독재의 개념은 지나치게 추상적이었으며, 결국 소비에트에 대한 당의 지배는 지극히 정상적인 현실이었다.

당의 활동과 소비에트의 활동을 분리(비록 서류상의 개념에 불과하지만)하는 것과 당의 단결을 강화하는 것은 전혀 다른 차원의 문제였다. 레닌은 후자에 특별한 관심을 기울였는데, 그것은 네프가 많은 점에서 당 안팎에 "부패적"인 분위기를 조성하고 있었기 때문이었다. 당의 결속 강화라는 과업을 성공적으로 실현하는 가장 중요한 조건 중 하나로써 레닌이 제안한 것은 당내에 프롤레타리아적 분자들의 비율을 높이는 동시에 비(非)노동자 계급 출신자들의 입당을 제한하는 것이었다. 이와 관련해 그는 입당 후보자들이 거쳐야 하는 수습기간, 즉 후보기간의 연장을 주장했다. 그의 제안에 따르면, 공업 분야의 대기업에서 최소한 10년 이상 근무한 노동자들은 반년의 후보기간을 가져야 하며, 그밖에 노동자들은 1년 반의 후보 기간을, 농민과 적군 병사들은 2년, 그리고 나머지 모두는 입당을 위해 3년의 후보기간을 거쳐야만 했다.38)

---

37) КПСС в резолюциях., т.2, с.315.
38) См.: Ленин В.И. Полн. собр. соч., т.45, с.17~18.

레닌은 그것으로 그치지 않았다. 제11차 당 대회가 폐막된 직후, 서기국(비서국) 내에 서기장(총비서)이라는 직책을 신설한 그는 스탈린을 그 자리에 임명했다. 레닌의 의도는 이전보다 확실하게 당 조직을 장악하기 위한 것이었으며, 나아가 사회주의 건설에서 당의 지도적 역할을 강화함을 목적으로 한 것이었다. 서기장의 지위는 당시의 조건에서 그 자체가 권력의 중심을 의미하지는 않았다. 레닌도 서기장이라는 자리에 정치적으로 대단히 중요한 의미를 부여하지 않았다. 정치국이 내린 정치적 결단을 실현하기 위한 사무적 비서 업무를 담당하는 서기국의 기능을 효율화하고 강화하기 위해서 "유능한" 스탈린을 서기장에 임명한 것이었다. 상황의 행간(行間)을 궁리한다면, 정치적 구도는 단순했다. 레닌이 정치국을 장악하고 있는 한, 스탈린의 서기국은 곧 레닌의 권력을 위해 존재하는 비서실이었던 것이다. 1922년 봄에도 소비에트 권력은 네프의 정신에 부합되는 법령들을 계속해 도입했다. 1922년 3월에 포고된 〈단일 현물세에 관한 법령〉39)은 식량세에서 화폐세로 나아가는 과도기적 형태였다. 이 조치는 밀 등의 기본 작물로 조세를 납부하게 함으로써 농민들이 노동생산물을 보다 자유롭게 활용할 수 있게 했다. 또한 외국인을 포함하는 자본가들로부터 상업회사, 공업회사 및 국가가 참여하는 신용기관 설립에 관한 제안이 많아지는 것과 관련해 소브나르콤은, 4월 4일, 〈노동방위회의 산하에 이권 및 주식회사 관련 업무를 관장하는 총관리위원회의 설립에 관한 법령〉을 채택했다.40) 레닌이 "신 노선"의 한계를 설정했던 때가 바로 그 무렵이었다.

---

39) СУ. 1922, No.25, стр.284.
40) 지노비예프가 제공한 통계자료에 의하면, 1922년 봄 제11차 당 대회가 진행될 무렵 외국 자본가들과 체결한 이권계약은 5건에 불과했다. 그러나 1923년 봄까지 1년 동안에 26건의 이권계약이 성사되었고, 그때 총 460명의 외국 자본가들이 소비에트 러시아와 이권계약 체결을 시도하고 있었다. См.: Двенадцатый съезд РКП(б). Стенографический отчёт. М., 1968, с.24~26.

그러나 후퇴의 한계 설정은 법적 구속력보다는 정치적 선언의 의미를 갖는 것이었으며, 레닌의 선언은 경제적 실천에 있어서 상이하게 해석될 수 있는 가능성을 남겨 놓고 있었다. 특히 외국무역에 대한 국가독점은 외국인들과의 무역거래를 효율적으로 실현하는 데 있어서 분명한 한계를 드러냈으며, 1922년 10월 초, 당 중앙위원회 전원회의는 레닌이 회의에 참석하지 않은 상태에서 외국무역의 국가독점을 완화시키는 법령을 의결했다. 그러나 레닌은 당 중앙위원회의 결정에 동의하지 않았다. "이것[즉, 법령]은 사실상 외국무역에 대한 독점을 파괴하는 것"이라고 주장하면서 그는 문제의 결정을 두 달간 연기하여 다음에 예정된 당 중앙위원회 전원회의에서 다시 논의하자고 제안했다.[41] 이에 대해, 무역독점의 완화에 대한 열렬한 옹호자로 나선 인물은 바로 부하린이었다. 그는 "외국무역인민위원부의 업무능력 부재"를 신랄하게 비판했다. 또한 지노비예프는 당 중앙위원회의 결정을 번복하는 것에 대해 "절차상의 이유와, 그리고 내용적인 판단 때문에서라도" 단호히 반대한다는 입장을 표명했다. 그러나 서기장 스탈린은 당 중앙위원회 위원들에게 보낸 편지를 통해서, 대외무역에 관해 당 중앙위원회가 내린 결정의 공정성에 대한 자신의 확신은 전혀 변함이 없다고 하면서, 그럼에도 불구하고 레닌의 뜻에 따라 문제를 원점에서 다시 논의할 것을 담담하게 제안했다.[42]

"국가독점을 위해" 투쟁하기로 작정한 레닌은 다가올 당 중앙위원회 전원회의에 대비해 많은 준비를 했다. 그러나 병세가 악화되면서 회의에 참석할 수 없게 되자 레닌은 12월 13일 당 중앙위원회 전원회의 앞으로 편지를 보냈다. 그는 "자신이 전적으로 또 배타적으로 네프만(нэпман)을 위해서 일하고 있다는 사실에 대해 생각하기를 거부하는"[43] 부하린을

---

41) См.: Ленин В.И. Полн. собр. соч., т.45, с.220~222.
42) См.: Там же, с.562~563.

강하게 비난했다. 이틀 후 레닌은 다시 스탈린에게 편지를 보냈다. 레닌은 문제의 결정을 연기하자는 제안에 반대한다고 말하면서, 12월의 당 중앙위원회 전원회의에서 자신의 출석 여부와 관계없이 최종 결정을 내려줄 것을 요구했다: "왜냐하면, 트로츠키가 본인 못지않게 본인의 관점을 지켜줄 것이라고 확신하는데, 이것이 첫 번째이며, 두 번째, 귀하와 지노비예프 그리고, 듣자하니, 카메네프의 발언들은 당 중앙위원회의 일부 위원들이 이미 견해를 바꾸었음을 입증하고 있으며, 세 번째, 가장 중요한 것으로, 이렇게 중대한 문제에 대해 더 이상의 동요는 절대로 허용될 수 없기 때문입니다."[44] 이에 스탈린은, 12월 15일, 두 달 전에 편지를 보냈던 당 중앙위원들에게 자신은 대외무역의 국가독점에 대한 반대 의견을 공식적으로 철회한다고 통고했다.

그렇게 대외무역 분야에서 "후퇴"의 경계는 분명하게 확인되었다. 그러나 레닌은 그 문제를 다가오는 제12차 당 대회의 토론 주제로 삼자고 할 정도로 중요하게 생각했다. 레닌의 요구로 문제는 당 대회에서 재검토되었으며, 대회 결의문에서 이렇게 강조되었다: "당 대회는 대외무역독점이 확고함과 더불어 독점의 어떠한 포기나 그 실행에 있어서의 동요가 전혀 용인될 수 없음을 단호히 확인하면서, 새로 구성되는 당 중앙위원회에게 대외무역 독점체제의 강화 및 발전을 위한 체계적인 조치를 취할 것을 위임한다."[45]

네프 덕분에 나라의 경제상황은, 볼쉐비키의 기대만큼 신속하지는 않았지만, 점차 개선되었다. 1922년에 기간산업은 전년도와 비교해 괄목할 만한 생산 증대를 이루었으며, 특히 경공업이 빠른 템포로 발전했다. 1년

---

43) См.: Там же, с.333~337.
44) Там же, с.399.
45) КПСС в резолюциях.., т.2, с.404.

동안에 공업총생산은 약 1.5배 증가했다.46) 1921년 하반기에 공업기업들에서 독립채산제가 뿌리내린 것은 나라의 인민경제 발전에 긍정적인 영향을 미쳤다. 천천히 그러나 착실하게 소비에트 루블(рубль)화의 가치가 회복되었으며, 경제안정에 중요한 의미를 갖는 재정체계의 건전화 방안이 모색되었다. 온 나라의 전기화를 위한 고엘로 프로젝트, 즉 발전소 건설 사업이 계획에 따라 실행되어 갔으며, 결국 전체적으로 노동자 계급이 처한 물질적 상태의 개선은 노동생산성의 향상과 병행하였다.

네프의 두 번째 해는 농민들의 적극적인 노동의욕에 힘입어 성취된 농업생산의 성공으로 특징지어졌다. 1922년은 풍년이었다. 그러나 괄목할 만한 경제적 소생에도 불구하고 인민경제, 특히 공업은 극히 어려운 상황을 벗어나지 못하고 있었다. 유동자본과 원료, 연료 등이 부족했으며, 실업이 증가했다. 1923년 4월에 개최된 제12차 당 대회에서 중앙위원회 정치보고를 행하기 위해 등단한 지노비예프는 인민경제의 발전을 이렇게 총괄했다: "1922년에 우리는 농업에서 전전(戰前) 시기 평균수확량의 약 3/4을 달성했습니다. 공업은 전전 시기의 25%에 해당하는 생산을 이루었습니다. 그리고 대외무역은 전전 수지의 14% 수준입니다. 노동생산성은 약 60%, 임금은 전전의 약 50% 수준입니다."47) 흥미로운 것은 제12차 당 대회에서 공업에 관한 보고를 하기 위해 등단한 트로츠키가 묘사한 1922년의 소련의 상황이었다: "만약 미합중국을 우리의 소비에트 합중국과 비교하자면, 인구수는 우리와 별 차이가 나지 않는데 부와 빈곤의 경악할만한 대조를 목격하게 됩니다. 우리의 연간 소득은 50억을 조금 넘습니다. 미국의 소득은 연간 1,300억 금화 루블입니다. 유아를 포함해 1인당 소득을 계산하면, 미국은 1,300루블인데 우리는 38루블에 불과합니다.

---

46) Подробнее см.: Экономическая жизнь СССР. Хроника событий и фактов. М., 1967, кн.1, с.112.
47) Двенадцатый съезд РКП(б). Стенографический отчёт, с.29.

공업에 투자된 자본은 우리가 25억 금화 루블인데, 미국에서는 900억, 즉 우리보다 36배 많습니다."[48]

　1922년 말에는 네프에 수반된 새로운 경제문제로서 협상가격차가 발생했다.[49] 협상가격차란 공산품과 농산물 사이의 급격한 가격차를 말하는 것으로, 상대적으로 고가인 공산품은 상품 생산 및 교환의 발전에 대한 농민의 관심을 저하시켰으며, 농민의 공산품 구매감소를 촉진했다. 이것은 농민이 소비하고 남은 잉여농산물이 상품으로 판매되지 않고 그냥 농가에 쌓이는 결과로 이어졌다. 비싼 가격 때문에 농민들이 농기계 및 일용 소비재 공산품의 구매를 단념하면서 나타난 문제는 공산품과 농산물 교환의 장애에 그치는 것이 아니었다. 소비에트 권력에게 그것은 당원과 병사 및 도시 노동자들을 부양하기 위해 절대적으로 필요한 식량 확보와 직결된 문제였으며, 배급에 필요한 최소한의 식량이라도 확보되지 못한다면 그것은 "정권안보"와 직결되는 문제였다. 물론 협상가격차의 기본적인 원인은 국영공업의 부흥 속도가 농업생산의 회복보다 지체되는 데 있었다. 독립채산제로 운영되던 많은 기업에서 판매부진으로 인한 임금체불사태가 속출했다. 노동자들의 불만은 확대되었으며 여러 기업에서 파업이 일어나기 시작했다. 1923년에 들어 새롭게 전개된 경제적 어려움은 제12차 당 대회에서 신경제정책을 둘러싼 정치대립으로 이어졌다. 당 중앙위원회 정치국 위원들 사이의 (개인적 관계까지 포함하는) 알력과 경쟁은 정치적 이견과 논쟁으로 발전했으며, 그 결과에 따라 볼쉐비키 혁명가들의 정치적 운명뿐 아니라 네프의 운명도 결정되었다. 이미 1922년 봄에 레닌은 "후퇴"의 중단을 요구했지만, 네프는 중단되지 않았다.

---

48) Там же, с.334.
49) 협상가격차의 구체적 발전은 см.: Там же, с.321.

| 제2절 | 레닌 없는 레닌주의

    1917년 여름에 볼쉐비키당으로 합류한 "메쥐라이온최", 즉 트로츠키파는 당내 소수세력에 불과했지만, 1905년 이후 러시아 사회에서 "살아 있는 전설"이 되었던 트로츠키가 누리던 혁명지도자로서의 대중적 명성은 오히려 레닌의 그것을 능가하고 있었다. 1917년 당시 레닌의 이름을 생소하게 여겼던 러시아 사람들은 많았지만 트로츠키를 모르는 사람은 없었다. 트로츠키와 정치국 3인방, 즉 스탈린, 지노비예프, 카메네프 사이의 대립은 레닌의 유고가 장기화되면서 분명하게 표출되기 시작했다. 레닌은 1922년 12월 23일에 작성한 「당 대회로의 편지」를 통해 "일련의 정치기구 개편"을 권고하면서, "중앙위원회 일부의 대립이 당 전체의 운명에 과도한 의미를 갖게 되는 상황을 방지하기 위해"[50] 당 중앙위원의 수를 최대 1백 명까지 늘릴 것을 제안했다. 질병으로 요양 중이던 트로츠키는, 레닌의 제안과 관련해서, 정치국원들에게 편지를 발송해 중앙위원 수를 50명까지 확대하는 것이 낫겠다는 의견을 피력하는 동시에, 별도로 "지방과 '민중'의 생생한 경험들을 중앙위원회에 전달하고 이 생생한 경험의 힘으로 중앙위원회에 대해 압력을 가할 수 있는"[51] 소위 "당의 소비

---

50) Ленин В.И. Полн. собр. соч., т.45, с.343.
51) Архив Троцкого(Коммунистическая оппозиция в СССР. 1923~1927). М., 1990, т.1, с.30.

에트"를 창설할 것을 제안했다. 그러자 지노비예프가 이를 즉각 반박하고 나섰다. 트로츠키의 제안은 당내에 이중권력을 조성하려는 불순한 시도에 다름 아니라고 주장하면서 지노비예프는 레닌의 계획이 당의 단결을 유지시키려는 목적을 가지고 있다면 트로츠키의 그것은 당의 분열을 노리고 있다고 비난했다. 정치국과 중앙위원회에서 고립된 트로츠키는 반격을 준비했다. 그는 당의 최상층에 앉아 있는 "아류(亞流)들"의 불순한 저의와 정치적 술수를 맹렬히 비난했지만, 그럼으로써 "불의"에 훼손된 혁명지도자로서의 권위와 자존심이 치유될 수는 없었다.

 1923년 3월 29일, 레닌과 트로츠키를 제외한 나머지 정치국원들, 즉 지노비예프, 스탈린, 카메네프, 톰스키 그리고 리코프가 연서한 서한이 당 중앙위원들에게 발송되었다. 그 서한은 정치국의 상황을 이렇게 설명했다: "최근 몇 달 동안 우리는 정치국에서 우호적인 활동이 이루어질 수 있는 여건을 만들기 위해 트로츠키 동무에게 적극 협조하는 일련의 시도를 행하였습니다. 이런 목적으로 우리는 당 대회에서 국영공업의 문제에 대한 보고를 맡아달라고 트로츠키 동무에게 요청했습니다."[52] 이와 관련한 트로츠키의 회고가 흥미롭다. 그의 주장에 따르면, 제12차 당 대회를 준비하는 과정에서 첫 번째 보고자를 정하는 일이 매우 미묘한 문제로 부상했다. 볼쉐비키당 창립 이래, 당 대회의 개막과 더불어 중앙위원회 명의로 행해지는 정치보고는 당 지도자 레닌의 당연한 의무이자 권리로 받아들여지고 있었다. 정치국 회의에서 스탈린은 트로츠키가 정치보고를 맡아야 한다고 주장했고, 이에 다수가 동의했다. 그러나 와병중인 레닌의 대리인 역할을 맡는 것이 정치적으로 적절하지 않다고 생각한 트로츠키는 대안을 제시했다: "우리는 지금 잠정적 상태에 있습니다. 레닌 동지가 쾌유하기를 기원합시다. 그리고 보고는 당분간 직위에 따라 서기장

---

52) Двенадцатый съезд РКП(б). Стенографический отчёт, c.819.

이 해야 합니다. 그래야 구구한 해석의 여지가 없어집니다. 게다가 나는 여러분들과 경제문제에 있어서 심각한 이견들을 갖고 있으며, 여기서 나는 소수파입니다." "그런데 돌연 아무런 이견도 없는 것으로 판명된다면?", – 스탈린이 물었다. 트로츠키는 자신의 생각을 고집했다. 스탈린도 주장을 굽히지 않았다: "어떠한 경우라도 당은 그것을 이해하지 않을 것이며, 보고는 가장 인망이 두터운 중앙위원이 해야 합니다."[53] 그러나 결국 제12차 당 대회에서의 정치보고는 지노비예프의 몫이 되었다.

트로츠키의 증언처럼, 국영공업의 문제에 대해 스탈린은 심하게 동요했다. 최소한 그는 이 문제에 관해 확고한 입장을 표명하지 않고 있었다. 예전처럼 트로츠키에 대한 비판이나 국영공업의 문제에 있어서도 지노비예프와 카메네프가 주도권을 행사했다. 정치적으로 스탈린은 트로츠키와 구별되지 않았다. 그들은 모두 세계적 차원에서 프롤레타리아 계급의 최종적 승리를 확신하는 열렬한 극단주의자들이었다. 두 사람의 차이는 트로츠키가 이론적 자주성과 이념적 독창성을 발휘하고 있었던 것에 반해, 스탈린은 레닌이즘에서 정신적 자양분을 얻고 있다는 데 있었다. 레닌주의자를 자칭하던 이른바 고참 볼쉐비키와 트로츠키가 대립하는 상황에서 레닌파의 좌장으로서 스탈린은 국영공업에 관한 문제와 관련해 트로츠키를 지지할 수 없었다. 그리고 트로츠키에 대한 개인적인 감정도 나름 작용했을 것이다. 여러 이유로 스탈린은 지노비예프와 카메네프를 지원하는 한편 트로츠키에 대해서 상당한 조심성을 발휘했다.

1923년 2월, 당 중앙위원회 전원회의는, 예상되었던 것처럼, 국영공업의 문제에 관한 트로츠키의 테제를 제12차 당 대회에서 채택할 결의의 기본 내용으로 삼을 것을 만장일치로 결정했다. 당시 이미 널리 알려져 있던 트로츠키의 테제는 많은 경제당국자 및 이론가들의 지지를 얻고 있

---

[53] См.: Троцкий Л.Д. Сталин, т.2, с.198.

었다. 그러나 결의안 초안이 정치국의 재가를 받게 되었을 때 카메네프는 다른 정치국원들의 지지하에 농업의 역할, 당과 경제일꾼들 사이의 관계 두 가지 항목을 수정했다.

트로츠키는 자신의 테제에서 오직 공업의 발전에 의해서만 프롤레타리아 독재를 위한 확고한 토대가 구축될 수 있다고 강조하면서, "대부분의 농업생산물이 앞으로도 오랫동안 소상품 생산자들에 의해 생산될 것이기 때문에 소비에트 국가의 활동은 매우 오랫동안 보조적, 협력적, 경영교육적 성격을 가질 것이다"[54]라고 썼다. 카메네프는 마지막 구절을 문제 삼았다. 카메네프는 농업 분야에서 소비에트 국가활동이 갖는 의미를 "경영교육적"이라고 규정할 때 예상되는 위험성을 지적하면서 트로츠키가 신경제정책의 전망을 침해하고 있으며 동시에 사회주의 건설에서 농민의 역할을 과소평가하고 있다고 비판했다. 트로츠키가 구사한 용어를 "볼쉐비즘의 전통에 위배되는 과오"라고 규정한 그는 트로츠키의 구절을 자의로 다음과 같이 바꿔버렸다: "오직 공장 공업의 실질적 발전과 중공업의 부흥이 이루어짐에 따라 [중략] 국가경제 전체에서 차지하는 농업의 비중 변화 및 농업에서 공업으로의 중심 이동이 가능하며 또한 불가피하다."[55] 트로츠키의 원안(原案)과 비교할 때 카메네프는 인민경제의 발전을 모색하는 데 있어서 주로 공업에 의지해야 한다는 당위를 강조하고 있었다. 즉, 농업에 대한 국가의 개입이나 통제는 불필요하며 오히려 부적절하다는 것이 그의 주장이었는데, 물론 트로츠키가 농촌에 대한 통제의 강화를 요구했던 것은 아니었다.

당 중앙위원회의 주류파가 가한 두 번째 수정도 결국 트로츠키에 대한 비판을 겨냥하고 있었는데, 그가 "당의 지도적 역할을 청산하려는 자들

---

54) Архив Троцкого, т.1, с.35~36.
55) КПСС в резолюциях.., т.2, с.410.

에게 손을 내민다"56)는 것이 그 이유였다. 트로츠키는 초안에 이렇게 썼다: "제12차 당 대회는 특히 경제 분야에 있어서 당의 활동과 소비에트 [즉, 정부]의 활동을 구분한 제11차 대회의 결의를 확인하면서 이 결의가 중앙과 지방에서 더 완전하고 체계적으로 실현될 것을 요구한다."57) 카메네프는 트로츠키의 구절 대신 다른 것을 제안했다: "당은 자신에게 부여된 혁명적 양육 임무를 한시도 잊지 않으면서, 지금 혁명의 건설과 경영 시기에 소비에트 건설의 기본 거점에 있는 경제기관들의 활동에 대한 지도야말로 당 활동의 기본 내용이며 또 내용이 되어야 한다는 것을 분명하게 인식해야 한다."58) 트로츠키는 물론 당의 지도적 역할을 부정하지 않았다. 레닌과 마찬가지로 그는 당 관료들의 탁상공론과 "무위도식주의"가 경제에 개입하는 것을 배제하면서 경제기관들의 체계적이고 전문적인 활동을 보장하고자 했을 뿐이었다. 그러나 레닌이 한 말과 트로츠키의 말은, 심지어 그것이 같은 의미를 지닌 것일지라도, 레닌파에게는 전혀 다르게 해석될 수밖에 없었다.

그런 문제들에 관해 트로츠키가 표출한 "편향"은 우연이 아니었다. 신경제정책의 시작과 더불어 트로츠키는 인민경제를 지휘하는 실질적 중심의 부재를 지적하면서 자신이 생각하는 네프의 주요 과제, 즉 "국유화된 대공업의 부흥과 강화"를 위한 경제계획의 필요성을 강조했다. 이와 관련해 그는 고스플란, 즉 국가계획위원회에 특별히 중요한 의미를 부여했다.59) 주목할 만한 것은, 레닌은 1922년 12월 말에 작성해 당 중앙위원회에 보낸 「고스플란에의 입법기능 부여에 관한 서한」에서 트로츠키를

---

56) Двенадцатый съезд РКП(б). Стенографический отчёт, с.817.
57) Архив Троцкого, т.1, с.47.
58) КПСС в резолюциях.., т.2, с.428.
59) 계획경제를 위한 중심기관으로서의 고스플란은 1921년 2월 22일자 소브나르콤 법령에 의해 창설되었으며, 크르쥐좌놉스키가 초대 의장(1921~1923, 1925~1930)으로 일했다.

지지하고 있었다는 사실이다: "본인은 그것[즉, 고스플란에 법 제정권을 부여하자는 트로츠키의 주장]에 반대했는데, 우리의 입법기관 체계에 근본적인 불일치가 발생할 것을 예견했기 때문입니다. 그러나 좀 더 깊이 고찰한 결과, 본질적으로 거기[트로츠키의 주장]에 건전한 생각이 있다는 것을 알게 되었습니다."[60]

트로츠키는 괜한 트집을 잡아 자신의 초안을 불구로 만들려 하는 정치국원들에게 분노했다. 트로츠키는 원안에 대한 수정이 "그 내용에 있어서 강령적 성격을 갖는다"고 단언하면서 자신에 대한 반대파와 "추잡스러운 타협"은 하지 않겠노라 다짐했다. 그는 러시아볼쉐비키공산당 창립 25주년을 기념하는 《프라우다》 특별호에 의도적으로 「당에 대한 생각」이라는 글을 제재했다. 그는 주류파의 입장을 "반동적 돈키호테주의", 즉 "당을 뒤로 잡아끌려는" 터무니없는 시도로 규정했다.[61] 정치국에서 수정안을 심의할 때 그는 당이 "관리하는 게 아니라 통치해야 한다"고 주장했으며, 지방에서의 경제적 실천에 대해 "성(省)당 위원회의 무위도식주의"라고 비판했다. 트로츠키는 자신의 지론, 즉 "정치국의 활동이 갖는 근본적 결함은 정치국이 순전히 당과 관련한 문제[즉, 정치적 문제]에 지나치게 적게 종사한다는 데에 있다"[62]는 주장을 개진했으며, 이런 비판은 당 중앙위원회의 주류파를 긴장시키기에 충분한 것이었다.

카메네프의 수정은 실제로 강령적인 의미를 갖고 있었다. 얼핏 뉘앙스의 차이만 있는 것으로 보이는 문안들을 둘러싼 의견 대립이 정치국에서 심화되면서 결국 "신 노선"과 관련한 두 개의 상이한 노선이 등장했으며, 그것은 바로 1923년 4월 중순에 개최된 제12차 당 대회에서 적나라하게

---

60) Ленин В.И. Полн. собр. соч., т.45, c.349. 부연하면, 이 편지는 1923년 6월 초 크룹스카야에 의해서 트로츠키에 전달되었다.
61) Правда, 14 марта 1923 г.
62) Архив Троцкого, т.1, c.25.

표출되었다.

당 대회에서 국영공업에 관한 보고를 위해 등단한 트로츠키는 구체적 통계자료를 통해 도시와 농촌의 교환에서 "소비적 성격"이 나타나고 있으며 지난 1년간 인민경제에서 불균형적으로 비중이 확대된 가내공업과 수공업에서 "경제 소생의 저질성"이 드러난다는 것을 입증하려고 노력했다. 그는 도시와 농촌간의 제휴, 즉 '스믜츠카'가 개인 상업자본과 사적(私的) 소공업 및 경공업에만 유리하게 작용하고 있음을 지적하면서 다음 단계의 '스믜츠카'에서 경제 전체를 소생시킬 수 있도록 모든 노력을 다하자고 호소했다: "우리의 정치로써 우리는 신중하고 교묘하며 일관되게 한 차원 높은 생산력 발전이 이루어지게 하고, 이와 관련하여, 도시와 농촌간의 교환이 소비적 성격이 아니라 더욱 생산적 성격을 갖게 하고, 끝으로, 이것은 노동자 국가로서의 우리에겐 가장 중요한 문제인데, 이 모든 소생이 국가적, 사회주의적 채널을 따라 더욱 멀리 진행될 수 있게 해야 합니다."[63]

트로츠키가 제안한 내용은 무엇이었을까? 우선, 그는 협상가격차를 예로 들면서, 공업을 조직, 운영함에 있어서 드러난 "관료주의적 경제기구라는 바벨탑"의 무능함을 재차 지적했다. 경제의 정확한 계획화를 위해서는 경제기구의 개편, 즉 "대대적인 정원 감축과 할 일 없는 대표부, 대리업 및 모든 유휴 인력의 청산"이 필요했다. 트로츠키는 제12차 당 대회 개막 직전 《프라우다》에 게재된 레닌의 마지막 권고를 연상시키는 슬로건을 내걸었다: "작을수록 좋다, 그래 견실하다!"[64] 트로츠키의 보고에 따르면, 이것이 실현된 다음에야 비로소 소비에트 국가는 네프를

---

63) Двенадцатый съезд РКП(б). Стенографический отчёт, с.318~319.
64) 1923년 3월 2일자로 작성된「작을수록 좋다, 그래 좋다(Лучше меньше, да лучше)」가 레닌이 남긴 마지막 논문이었으며, 여기서 그는 관료주의화된 소비에트 국가기구 축소와 질적 개선을 권했다.

극복하고 사회주의적 계획경제를 실현할 수 있었다.

트로츠키는 "본원적인 사회주의적 축적"이라는 방법으로 "프롤레타리아 독재의 기반인 국영공업"을 강화해야 할 필요성에 대해서도 강조했다. 당장은 내부적 축적이 완전히 결핍되어 있었다. 그러나 "농업에 대한 과세를 통해, 농민이 생산한 곡물의 해외 판매 수수료를 통해, 소비에트 관료들의 감축과 국가기구의 저비용화를 통해" 사회주의적 축적이 시작될 수 있다고 트로츠키는 역설했다. 나아가 그는 외국자본의 도입이 필요하며 그것이 바람직하다는 생각을 감추지 않았다. 그러나 당시 그것이 불가능하다는 것은 모두에게 명확한 사실이었으며 때문에 트로츠키는 자신 있게 선언했다: "그들[즉, 외국자본]이 없이도 우리는 일할 것입니다."[65]

트로츠키는 공업에의 집중 노선을 "신 노선", 즉 신경제정책과 대립시키지 않았다. 그는 자신의 생각을 분명하게 표현했다: "농촌의 발전을 앞지르는 것은 위험하지만 그렇다고 뒤쳐지면 안 된다!"[66] 농민경제를 다시 냉각시키거나 가내공업자를 억압할 필요는 없었다. 그러나 어떠한 경우에도 가내공업의 성장을 소극적 만족감으로 추인할 수만은 없었으며, 국영공업을 발전시키기 위해 볼쉐비키당은 전력을 다해야만 했다.

바로 그런 것들이 트로츠키가 생각한 시대적 과제였다. 소비에트 국가가 협동조합을 통해 농민의 상품 교환을 제어하지 못한다면, 국영공업이 인민경제에 있어서 주도적 역할을 하지 못한다면, 농민으로부터, 가내공업자로부터 소비에트 권력의 적(敵)인 부농(쿨락)과 프티부르주아가 성장할 것이라고 경고했다. 당 대회에서 트로츠키가 행한 보고의 요점은 더 이상의 "후퇴"를 중지하고 경제 운영에서 전문성과 효율성을 제고하

---

65) См.: Там же, с.414~415.
66) Там же, с.403.

라는 제11차 당 대회에서의 레닌의 요구와 일치했다. 더욱이 트로츠키는 자본주의적 분자들에 대해 즉각 "집중된 경제적 공세"[67]를 준비하자고 호소했다.

국영공업을 강화해야 할 필요성에 대해서는 논쟁의 여지가 없었다. 그러나 농민과의 관계에 대해서는 통일된 의견이 없었다. 제12차 당 대회에서 농촌에서의 과세정책에 관한 보고를 하기 위해 등단한 카메네프는 그 분야에서 트로츠키의 요구와는 상반된 정책을 펼 것을 고집했다. "노동자·농민의 제휴"라는 레닌주의의 원칙을 언급하면서 농민들의 상황 개선이 단지 식량세의 규모나 조세형태에 있어서뿐 아니라 그 집행기관들을 조직함에 있어서도 추구되어야 한다고 강조했다. 카메네프 역시 트로츠키처럼 협상가격차의 문제를 지적했지만, 그것을 그는 다른 시각에서 평가하고 있었다. 농민층에서 다양한 경향이 전개되는 현실, 즉 한편으론 농민의 빈곤화와 궁핍화가 진행되는 가운데 다른 편에서는 부르주아 및 부농(쿨락) 분자들이 성장, 발전하는 실태를 언급하면서 카메네프는 이렇게 말했다: "이런 현상을 해소하기 위해서는 [지금의] 가격관계를 제거해야 합니다. [중략] 우리의 정책이 충분히 섬세하지 못한 상황에서 이 협상가격차는 지금 노동자·농민의 동맹을 유지시키는 토대를 파괴할 수 있습니다."[68]

카메네프의 주장이 아주 논리정연하지는 않았지만, 그가 노동자·농민의 동맹 강화에 기여하는 과세정책의 필요성을 강조하고자 했다는 것은 쉽게 이해될 수 있었다. 그는 농민의 현실 개선을 위한 세 가지 구체적 조건을 열거했다: (1) 부분적으로라도 농업세의 형태를 현물세에서 화폐납으로 전환할 것, (2) 조세를 통합할 것, (3) 곡물의 국내가격 상승을 위

---

[67] Там же, с.352.
[68] Там же, с.447.

해 식량의 해외 수출을 확대할 것.69) 조세정책에서 소비에트 권력의 계획을 확인하는 일련의 법령들이 채택된 것은 당 대회 이후의 일이었지만, 그럼에도 불구하고 당 대회에서 카메네프가 요구한 조치들은 이미 부분적으로 실행되고 있는 것이었다. 그 조치들이 농민들의 경제적 현실을 얼마나 개선했는가와 관계없이 모든 상황은 결과적으로 소비에트 국가에 유익하게 전개되었다. 농업세에서 화폐납의 비중을 확대하고 각종 조세를 통합하면서 조세체계 및 조세기관에 대한 정비가 촉진되었다. 또한 곡물 수출은 공업의 부흥을 위해 필수적인 기계와 설비를 수입할 수 있는 가능성을 제공했다.

이렇게 해서 카메네프와 그의 지지자들은 네프의 두 번째 해에 확립된 경제발전의 방향을 지지하고 또 강화하려 했다는 의미에서 "후퇴"를 계속해야 한다고 주장했다. 공업에 관한 당 대회의 결의문에서 "농업은 아직 낮은 수준에 있음에도 불구하고 소비에트 러시아의 경제 전체에 가장 중요한 의미를 가진다"70)고 강조되었으며, 그에 따라 볼쉐비키의 "후퇴"를 중단시키려는 트로츠키의 시도는 이른바 공업독재에 관한 그의 테제와 더불어 거부되고 말았다. 더욱이 제12차 당 대회는 "노동자 계급의 독재는 그의 선진적 전위, 즉 공산당의 독재 형태가 아니고는 보장될 수 없다"는 테제를 강조하면서 당의 당면 슬로건을 채택했다: "경제에 더 가깝게!"71) 레닌의 입장에 누가 더 부합되는가의 문제는 미해결 상태로 남았다. 그럼에도 불구하고, 당 대회로 보낸 일련의 편지와 메모를 통해 레닌의 직접적인 지시를 받아든 볼쉐비키당은 기꺼이 자신의 지도자를 추종했다. 당 대회는 레닌의 제안에 따라 국가계획위원회(고스플란)에

---

69) См.: Там же, с.440~442.

70) КПСС в резолюциях.., т.2, с.410.

71) Там же, с.406.

대해 "더욱 명확한 지위와, 더욱 분명하고 확실한 권한"을 부여하기로 했으며, 당의 감사기구인 중앙통제위원회와 정부 사정기관인 노농감독부를 하나의 조직으로 통합하고, 통합기관에게 당의 단결 수호, 당 및 국가의 규율 강화, 소비에트 국가기구의 완전한 개선 등의 임무를 맡겼다.[72] 또한 인적 구성을 확대하기로 결정하여 당 중앙위원회는 40명의 위원과 17명의 후보위원을 선출했으며, 중앙통제위원회의 지도기관인 간부회의는 50명의 위원과 10명의 후보위원으로 구성되었다.[73]

레닌은 그러한 조치들을 통해, 특히 당 중앙위원회의 구성을 확대함으로써 당의 분열을 방지하도록 했다. 그가 주로 고려했던 것은 당내의 "두 명의 탁월한 지도자", 즉 트로츠키와 스탈린 사이의 반목이었다. 그러나 그의 노력은 무위에 그쳤다. 당 중앙위원회의 인적 확대에 기초해 제고된 당의 "견고성"은 정치국 지도자들 사이의 이견과 대립을 막을 수 없었으며, 그들의 갈등은 당을 분열로 치닫게 했다. 레닌이 수립한 공산당 독재라는 국가체제 내에서 "정치기구"의 개선이 얼마나 실현되었는가와는 상관없이, 권력은 분할될 수 없었다. 최고지도자의 수중에 집중된 권력은 절대적일 수밖에 없었으며, 이른바 민주집중제 또는 사회주의적 중앙집권주의 같은 개념들은 사실상 레닌의 절대권력을 정당화하는 논리에 불과했다. 역사적 정당성에 대한 확신과 거기에서 비롯된 정치적 비타협성과 독단성이 레닌주의를 규정하는 것들이었다. 언젠가, 망명지에서, 러시아의 혁명가들과 유럽의 사회민주주의자들이 "분열책동"의 의미로 레닌이즘이라는 용어를 사용하기 시작했던 것은 우연이 아니었다. 주지하

---

[72] 인민위원부의 지위를 가졌던 노농감독부(РКИ)와 당 중앙통제위원회(ЦКК)의 통합은 기구 전체의 합병이 아니라, 노농감독부 인민위원이 중앙통제위원회 의장을 겸하고, 중앙통제위원회 간부회의의 위원들이 노농감독부의 지도부를 구성하는 식으로 실현된 지도기관의 통일을 의미했다.

[73] См.: Там же, с.444~449.

는 바처럼, 레닌은, 터무니없이, 트로츠키즘을 "타협주의"라고 비판하기까지 했다. 바로 거기에 볼쉐비즘의 정신이 있었다. 볼쉐비키가 "프롤레타리아 국가기구"를 수립할 수 있는 가능성을 확보했을 때 볼쉐비즘, 즉 레닌주의가 어떠한 위력을 발휘할 것인가 하는 것은 예상하기 어려운 일이 아니었다. 당 밖에서 적들과의 투쟁수단은, 물론, 문예적인 방법에 국한될 수 없었다. 그리고 레닌은 당내에 있는 신뢰할 수 없는 분자들에 대해서도 가차 없는 투쟁을 전개했다: "타협하지 말라, 그러면 파멸한다!" 결국 다수파에 의해 지지되는 지도자의 의지를 거스르는 모든 사람은 반대파라는 꼬리표가 붙은 채 당 독재의 체제에서 제거되는 운명을 감당해야 했다. 제12차 당 대회는, 그 비판자가 러시아 혁명의 대부(代父)인 트로츠키임에도 불구하고, 중앙위원회 레닌파의 법통을 확인하며 볼쉐비키 당의 전통을 분명히 보여주었다.

네프의 세 번째 해에는 인민경제의 부흥을 위한 "전선(戰線)"에서 괄목할 만한 승리를 보여주었다. 공식 통계에 의하면, 1923년에 실현된 대공업 부문의 총생산은 1921년의 거의 두 배를 기록했다. 공업 분야의 노동생산성도, 비록 러시아의 경제발전이 최고조에 달했던 1913년과 비교하면 60%에 불과한 것이었지만, 그럼에도 불구하고 현저히 향상되었다. 또한 고엘로 프로젝트에 의해 7개의 지역 발전소가 건설되었다. 철도와 도로 등 교통망이 복구되었으며, 경공업이 발전도 주목할 만했다. 간과할 수 없는 것은 농업의 발전이 공업 부흥의 기초로 작용했다는 사실이다. 소위 "잉여곡물"의 수출 가능성이 증대되면서 공업 발전에 필요한 기계설비의 수입이 더 많이 계획되고 실현될 수 있었다. 1923년에 이루어진 공업 및 협동조합 조직에 대한 자본투자는 1922년과 비교할 때 약 44% 증가했다.[74]

---

74) См.: Экономическая жизнь СССР. Хроника событий и фактов, кн.1, с.125.

그러나 그러한 성공에도 불구하고 혁명과 내전으로 황폐화된 인민경제는 단기간에 회복될 수 없었다. 1923년 말경에 소비에트 러시아의 공업지역에서 유지되었던 실업자의 수는 1백만 명을 상회했다. 더욱이 1923년 가을부터 협상가격차가 급속히 확대되면서 소비에트 경제는 새로운 난관에 부딪혔다. 분배 영역에서 국가는 노동자·농민의 동맹을 강화시키는 적절한 수단을 갖지 못했으며, 공업과 농업 간의 커다란 노동생산성 향상속도의 차이는 경제위기를 더욱 심화시켰다. 볼쉐비키가 두려워한 것은 신경제정책하에서 개인자본이 공업 부문에 집중되는 것이었지만, 실상 개인자본이 흘러 들어간 곳은 공업이 아니라 상업 부문인 것으로 판명되었다. 도소매 및 중간유통까지 모두 고려할 때, 1922년에서 1923년까지 유통의 약 26%는 국가가, 약 10%는 협동조합이, 약 64%는 개인자본이 담당했다.[75] 역설적인 것은 소비에트 인민경제의 부흥이 새로운 위기의 심화 과정을 수반했다는 사실이었으며, 그 징후는 바로 협상가격차로 나타났다.

그런 상황에서 당의 "신 노선"에 대한 비판의 목소리는 점차 당내에 반향을 불러일으켰다. 1923년 9월, 정치국과 당 중앙위원회 전원회의는 경제 분야에서 당의 활동을 활성화하기 위해, 그리고 제10차 당 대회에서 채택된 〈당의 단결에 관한 결정〉의 틀 내에서 당내 민주주의를 강화하기 위해 일련의 조치들을 심의, 검토했다. 그 무렵 트로츠키는 정치국 내의 다수파가 저지른 정치적 만행과 오류를 교정하기 위해 본격적으로 나서기 시작했다. 10월에는 정치국 앞으로 보내는 트로츠키의 서한이 등장했으며, 곧이어 그를 지지하는 「46인의 성명」이 발표되었다. 여기에서 트로츠키와 그 지지자들은 "경제 분야, 특히 당내 관계 분야에서" 그간 행사된 지도력에 대한 당내의 불만족을 지적하면서 정치국 3인방을

---

[75] См.: Тринадцатый съезд РКП(б). Стенографический отчёт. М., 1963, с.384.

비판했으며, 당의 노선에 대한 반대 입장을 분명하게 표명했다.76) 「46인의 성명」에서 트로츠키파는 "당 중앙위원들과 공동으로 가장 탁월하고 적극적인 당 일꾼들이 참여하는 협의회"를 소집하고, 여기에서 경제와 정치 및 당의 위기 극복을 위해 필요한 모든 대책을 강구하자고 제안했다. 그리고 이것은 트로츠키의 주위에 이른바 '좌익 반대파'가 형성되는 계기가 되었다.

10월 말, 당 중앙위원회와 중앙통제위원회의 연석회의가 전국 10대 당 조직의 대표자들이 참여한 가운데 개최되었으며, 회의는 트로츠키와 그 지지자들의 행위를 "분파·분열의 정치를 위한 행보"로써 규정, 탄핵했다. 동시에 당의 경제활동을 활성화하고 "노동자 민주주의"를 강화함에 있어서 정치국의 지도권을 승인했다. 당원들에게 개별적으로 직접 호소하는 방법을 선택한 트로츠키와 46인의 과오를 확인하면서 연석회의는 논쟁을 당 중앙위원회 밖으로 확대시키지 않기로 결정했다.77)

그러나 반대파는 처음에는 거대한 모스크바(시)당 조직을 배경으로 시작해 곧 전국 당 조직에서 "당 중앙위원회에 반대하는 조직적 행군"을 계속했다. 정치국의 주류파는 트로츠키와의 긴장관계를 어떻게든 완화시키려고 노력하면서 당내 상황 및 "노동자 민주주의"에 관한 결의안 작성에 착수했다. 그러나 1923년 11월 7일, 지노비예프가 집필한 「당의 새로운 과제들」이라는 제목의 글이 ≪프라우다≫에 게재된 것은 사태가 새로운 국면으로 발전하는 신호가 되었다. 모든 당원들에게 자유로운 토론이 허용되었으며, 그를 계기로 소비에트 러시아는 엄청난 토론의 늪으로 빠져들었다. 소위 "백화제방(百花齊放)"이 시작되었다. 전국의 당 조직에서 동시다발적으로 집회가 개최되었으며, 열정적으로 진행된 토론에

---

76) См.: Архив Троцкого, т.1, с.83.
77) См.: КПСС в резолюциях.., т.2, с.495~496.

서 중심이 되었던 쟁점은 다음과 같은 것들이었다: (1) 네프는 근본적으로 정당한가 아니면 재검토되어야 하는가? (2) 당은 단일한 의지를 가진 유일조직이 되어야 하는가 아니면 당내에 개별적 분파 및 그룹의 형성이 허용되어야 하는가?

첫 번째 문제와 관련하여, 협상가격차와 연결된 경제위기가 해소되어 가는 모습을 보임에 따라서 네프를 둘러싼 논쟁은 점차 그 의미를 상실했다. 위기 극복을 위한 일련의 조치가 취해진 결과 경제상황은 1923년 말부터 현저히 개선되기 시작했다. 그동안의 경제 회복에 힘입어 소비에트 정부가 시행할 수 있는 정책적 수단이 큰 폭으로 확대되었다. 일례로 1924년 1월 11일에 노동방위회의가 의결한 〈농기구 구입에 있어서의 농민부담 경감을 위한 조치들에 관한 법령〉[78]은 법적으로 각종 농기구의 가격 인하를 주도하는 동시에 분배의 영역에서 국영 상업과 협동조합의 역할을 강화시켰으며, 그로써 협상가격차로 인한 위기가 진정되는 계기가 마련되었다.[79] 1924년 초에 실현된 임금인상, 3월에 단행된 화폐개혁, 그리고 상업에서 "부르주아"를 축출하기 위한 정책의 추진, – 이들 모두는 노동자 대중들이 보기에, 정부의 경제정책적 성공을 입증하는 실례가 되었다.

게다가 신경제정책에 대한 반대파의 비판에는 일관된 프로그램이 결여되어 있었다. 반대파는 단일한 세력을 형성하고 있지도 않았다. 반대파는 프레오브라젠스키, 퍄타코프, 오신스키, 사프로노프 등 언젠가 레닌에 의해 이념적으로 "분쇄"되었던 민주집중파 및 '좌익 공산주의자들' 그룹의 "잔당"들과 트로츠키파 간의 블록으로 구성되어 있었다. 반대파의 일부는 마치 전시공산주의로 복귀를 제안하는 양 "좌익적" 수사를 동원

---

[78] СУ. 1924, No. 22, стр. 217.
[79] 1924년 3월경에 협상가격차는 기본적으로 해소되었다. 상세하게는 см.: Тринадцатый съезд РКП(б). Стенографический отчёт, с. 377.

하며 네프를 반대하고 나섰으며, 다른 일부는 외국자본의 도입에 대해 충분히 적극적이지 않다는 이유로 당 중앙위원회의 다수파를 비판했다. 트로츠키와 그의 동무들은, 예전처럼, 계획경제의 실현을 위한 분명한 구상을 갖고 있지 않다는 이유로 정치국의 3인방을 비난했다. 그러나 이 모든 것들은 누구의 희망이나 의지의 문제라기보다는 현실적 가능성의 문제였다. 결국 전국을 뒤흔든 토론 과정에서 경제정책에 관한 심각한 이견과 대립은 전개될 수 없었다.

논쟁은 당내 관계의 문제에 집중되었다. 트로츠키의 열성 지지자가 된 프레오브라젠스키는 1923년 말 ≪프라우다≫에 게재된 「당 생활(Партийная жизнь)」이라는 글에서 자신의 분명한 입장을 피력했다: "네프 기간 중 당 건설과 당내 정책에 있어서의 당의 기본 노선은 잘못된 것으로 판명되었다. [중략] 군사적 방법들을 청산하고, 부분적으로 1917~1918년의 모범에 따르는 당 생활을 복원하며, 당내 활동과 관련된 모든 기본 문제들을 제기하고 논의함에 있어서 [당] 조직과 개별 당원의 적극성과 자주성을 활성화할 필요가 있었다."80) 비판은 공산당 독재 또는 정치국의 다수파에 의한 독재에 집중되고 있었다. 반대파는 프레오브라젠스키의 견해에 적극 동의하였고, 그럼으로써 그들은 하나가 될 수 있었다.

그러나, 트로츠키는 '좌익 반대파'를 규합할 수 있었음에도 불구하고 완전히 패배할 수밖에 없었다. 그 이유 중의 하나로 작용했던 것이 바로 레닌에 의해 수립된 "프롤레타리아 국가기계"의 메커니즘이었다. 트로츠키는 정치국의 3인방을 비판하면서 본의 아니게 레닌주의적 원칙을 부정할 수밖에 없었다. 트로츠키가 어느 누구보다도 자신이야말로 "레닌-트로츠키 블록"의 정신을 계승하고 있다는 확신에 충만해 있었다고 하더라도, 3인방에 대한 비판은 결국 레닌의 노선에 대한 비판으로 연결될 수밖

---

80) Правда, 28 ноября 1923 г.

에 없었다. 예를 들면, 트로츠키는 정치국 앞으로 보낸 1923년 10월 8일자 편지에서 다음과 같이 단언했다: "당내에 확립된 이 체제는 용납될 수 없습니다. 평상시에는 순조롭게 작용하지만 위기의 순간에는 당연히 실패하는, 그리고 다가오는 심각한 사태에 직면해서는 완전히 파산해버리는 이 체제는 당을 선발된 관료들의 기구로 전락시키면서 당의 자주성을 말살하고 있습니다. [이런] 현재의 상황은 제10차 당 대회 이후 객관적으로 조성된 당내 분파독재 체제가 제 수명을 다했다는 것으로써 설명됩니다. 우리들 대부분은 이러한 체제에 대해 의식적으로 저항하지 않았습니다. 1921년의 전환 그리고 레닌의 와병은, 우리들 중 일부의 생각에 따르면, 일시적인 조치로서 당내 독재를 요구했습니다. 그러나 다른 동무들은 그에 대해 처음부터 회의적이거나 부정적이었습니다. 아무튼, 제12차 당 대회 무렵에 이 체제는 의미를 상실했습니다."[81] 트로츠키의 체제 비판은 전혀 새로운 것이 아니었다. 이미 레닌도 당과 국가기구 내에서의 관료제 발전에 대해 여러 번 지적하고 비판한 바 있었다. 그러나 레닌의 비판은 볼쉐비키에게 경청의 대상이었지만, 다수파의 노선과 다른 목소리를 내는 트로츠키의 주장은 당의 단결이라는 레닌주의적 원칙을 파괴하는 해당(害黨)행위였다. 더욱이 레닌의 분파독재를 직접 언급하는 트로츠키의 오만한 태도는 레닌파에게 신성모독을 의미할 수도 있었다.

전국적으로 토론이 진행되던 12월 5일, 당 중앙위원회와 중앙통제위원회는 트로츠키와 카메네프, 스탈린의 직접적 참여하에 작성된 당 건설에 관한 결의안을 채택했다. 결의안을 작성함에 있어서 그들은 분파에 관한 문제를 제외하고는 쉽게 합의에 도달했다. 12월 2일에 열린 모스크바의 크라스노프레스넨스크 지구(당)위원회 집회에서 「당의 과제」라는 제목의 보고문을 들고 등단한 스탈린은 당 생활에 있어서 일정한 결함이 있

---

81) Архив Троцкого, т.1, с.84.

음을 인정하면서 전시공산주의적 유산을 그것의 주된 원인으로, 그리고 당 기구의 관료주의를 부차적 원인으로서 지적했다. 그러나 당을 "공통의 이념적 기반(강령, 전술)에 입각해 투쟁하는 일사불란한 전투동맹"으로 규정한 그는 당의 단결이라는 레닌의 노선을 끝까지 추구할 것을 다짐했다.82) 트로츠키는 분파 형성을 금지한 레닌의 결정에 반대할 수 없었다. 그러나 그는 지금 그것에 동의할 수도 없었다. 정치국원들이 결의안 초안을 심의하는 과정에서 그들 사이에 궤변적인 논쟁이 전개되었다. 그러나 그들은 제10차 당 대회에서 채택된 당의 단결에 관한 결의를 단지 인용함으로써 분파 문제에 관한 문안을 작성할 수 있었다.83)

합의는 이루어졌다. 그러나 자의적인 해석의 여지는 남아 있었으며, 분명한 것은 트로츠키가 다수파의 "독재"가 유지되어야 한다는 것에 동의한 것은 아니라는 사실이었다. "관료조직의 대표들"이 "방금 수립된 당내 정책에 있어서의 새로운 노선"을 무효화할 것이라고 확신한 트로츠키는 12월 8일에 「신(新) 노선」이라는 제목의 편지를 각급 당 조직으로 발송했다. 당 기구의 관료주의 및 "고참 당원들의 변절" 위험성에 관해 언급한 트로츠키는 당 간부들을 모두 숙청할 것과, 그들을 신선한 청년층으로 교체할 것을 요구했다. 그는 역설했다: "당 기구의 쇄신은 관리화, 관료화된 분자들을 신선한 분자들로 교체함을 목적으로 하여 실행되어야 한다. [중략] 그리고 비판, 반론, 항의하는 첫마디에 당원증을 탄압의 대상으로 삼는 분자들을 누구보다 먼저 당직에서 축출해야 한다."84) 민주주의와 중앙집권주의야말로 당 생활을 지배하는 불가분의 원리라고 규정한 그는 "바로 [당] 기구의 관료주의가 분파 형성의 가장 근본적인

---

82) См.: Правда, 6 декабря 1923 г.

83) Подробнее о резолюции см.: Правда, 7 декабря 1923 г.

84) Правда, 11 декабря 1923 г.

원인 중 하나"라고 강조했다. 트로츠키에 의하면, 어떤 문제에 관해서도 당내에 다양한 의견들이 항상 존재했고 또 존재하고 있으며, 당이 중앙집권화된 "동지들의 동맹"이 되기 위해서는 토론의 자유 및 진정한 민주주의를 소생시키는 것이 필요했다. 즉, 당 지도부는 광범한 당원 대중들의 목소리를 경청해야 하며, 각종 비판을 분파주의의 발현이라고 간주함으로써 "규율을 지키는 선의의 당원들"을 폐쇄적이고 비밀스런 분파 활동의 길로 내모는 일을 중단해야 했다. 민주집중제의 이념을 옹호하면서 트로츠키는 솔직하게 말했다: "분파 활동을 금지하는 제10차 당 대회의 결정은 단지 보조적 성격을 가질 수 있습니다. [중략] 당의 발전과정이나 지도부의 과실, 기관의 보수주의, 외부적 영향 등과 상관없이 단지 하나의 단순한 결정이 파당이나 분파 활동으로부터 우리를 보호할 수 있다고 생각하는 것은 너무 터무니없는 조직숭배사상일 것입니다 그런 접근은 그 자체가 이미 매우 관료주의적인 겁니다."[85]

트로츠키의 주장에는 직설적 화법을 자제한 탓에 모호한 표현도 있지만, 그럼에도 불구하고 거기에 담긴 동기들은 분명했다. 그것은 토론의 자유 보장, 확실한 혁명인자인 청년들을 향한 호소, 당 조직의 쇄신, 그리고 당 지도부로부터 "테르미도르적 요소들"의 제거해야 할 필요성 등이었다. "역사는 두 번 반복된다, 한 번은 비극으로, 또 한 번은 희극으로", – 이렇게 말한 이가 헤겔이었던가? 이런 일반화에 대한 지지 여부를 떠나 단지 하나 말할 수 있는 것은 "트로츠키즘"이 40여 년 후에 중국에서, 그것도 비극으로 반복되었다는 사실이다. 과정은 전혀 달랐지만 트로츠키와 유사한 상황에 빠진 마오쩌둥(毛澤東)은 트로츠키의 투쟁방법을 시험했다. 트로츠키가 행한 호소를 통해 홍위병들을 동원한 마오쩌둥은 소위 "문화혁명"의 기치를 높이 들어 중국 인민들에게 공산주의적

---

85) Правда, 28 декабря 1923 г.

혁명정신을 고취하기 시작했다. 10월혁명 후에 레닌이 주도하여 소비에트 러시아에서 전개된 문화혁명은 문맹퇴치를 위한 교육 사업부터 시작되었지만, 중국의 문화혁명은 "조반유리(造反有理)"라는 구호와 함께 전개되었으며, 엄청난 비극이 거기에서 비롯되었다.

트로츠키는 청년층에서는 말할 것도 없고 일반 당원 대중들 사이에서도 혁명정신을 각성 고취시키는 데 실패했다. 토론 과정에서 '좌익 반대파'는 당내 민주주의를 제한하는 결정, 즉 제10차, 11차, 12차 당 대회에서 채택되고 확인된 결정을 철폐하라는 요구를 유화시킬 수밖에 없었으며, 밑에서부터 맨 위에 이르기까지 당 조직 전체를 숙청하겠다는 계획을 철회할 수밖에 없었다. 1924년 1월 중순, 토론의 결과를 총괄하기 위해 제13차 러시아볼쉐비키공산당 협의회가 소집되었으며, 여기에서 트로츠키의 완전한 패배가 엄숙하게 확인되었다.

제13차 당 협의회에서 스탈린은 이미 "하쟈인", 즉 주인이었다. 당 건설에 있어서의 당면 과제들에 관한 보고를 위해 등단한 스탈린은 트로츠키를 문자 그대로 난도질했다. 스탈린은 트로츠키의 과오를 열거했다. "당 관료들과의 투쟁"이라는 구호하에 당 기구와 당을 대립시켰으며, 당 간부들의 변절을 비난하면서 당 간부와 청년층을 대립시켰고, 분파 활동의 자유를 선언한 것 등이 트로츠키가 비판받아야 할 이유였다. 스탈린의 주장에 따르면, 그의 가장 큰 과오는 "자신을 당 중앙위원회와 대립시킨 것, 자신을 당 중앙위원회 위에, 당 중앙위원회의 규약 위에, 당 중앙위원회의 결정 위에 존재하는 초인(超人)으로 자부한 것, 그럼으로써 당의 일부가 당에 대한 신뢰를 해치는 활동을 벌이게 한 빌미를 제공했다"[86]는 사실에 있었다. 그리고 대체 트로츠키가 누구길래 감히 저렇게 행동하는가? 조직문제에 있어서 트로츠키가 레닌주의로부터 이탈해 있

---

86) Сталин И.В. Соч., т.6, с.14.

다고 단정하면서 스탈린은 당 대표자들의 주의를 이렇게 환기시켰다: "우리의 지도자는 한 분, 레닌 동무뿐입니다."⁸⁷⁾ 그리고 협의회에서는 주목할 만한 에피소드가 있었다. 반대파를 강하게 비난하던 스탈린이 당의 "징벌의 손"은 단결을 지지하고 규율 위반에 반대하는 사람들을 전혀 건드리지 않을 것이라고 말했을 때, 연단 아래 있던 프레오브라젠스키가 자리에서 큰소리로 외쳤다: "동무는 당을 협박하고 있습니다." 이에 스탈린은 대답했다: "우리는 당이 아니라 분파주의자들을 협박하고 있습니다. 프레오브라젠스키 동무! 정말 동무는 당과 분파주의자들이 같다고 생각하는 겁니까?"⁸⁸⁾

당 협의회는 당의 이견들을 총괄하고 '좌익 반대파'의 대표자들이 개진한 주장을 분석하여 이런 결론에 도달했다: "우리는 지금의 반대파에게서 볼쉐비즘을 수정하려는 시도와 노골적인 레닌이즘으로부터의 이탈, 그리고 프티부르주아적 편향의 명백한 표현을 발견한다."⁸⁹⁾ 이로써 트로츠키즘은 프티부르주아적 이데올로기로 규정되었다. 그리고 이후, '트로츠키즘이란 프롤레타리아 당과 그의 정책에 대한 소부르주아적 압박을 객관적으로 반영하는 것'이라는 규정은 소비에트 역사학 내에서 전혀 의문의 대상이 될 수 없었다. 그러나 트로츠키즘과 소부르주아성이 무슨 관계가 있단 말인가? 과연 트로츠키즘이 노동계급 또는 노동운동에 토대를 둔 이념이 아니었다는 말인가? 그렇게 되었던 것은 바로 레닌주의적 전통 때문이었다. 망명지에서, 혁명적 사회주의 또는 혁명적 프롤레타리아트라는 개념을 스스로의 권한으로 독점한 레닌은 자신을 반대하는 세력에게 여지없이 프티부르주아, 즉 비(非)프롤레타리아적 분자라는 꼬리

---

87) См.: Там же, с.34~36.
88) Там же, с.41.
89) КПСС в резолюциях.., т.2, с.511.

표를 붙였다. 결국 사회주의 진영 내에서 맑시즘-레닌이즘의 정통성에 대립하는 자는 모두 그 계급적 정체성에 관계없이 프티부르주아적 분자가 되어야 했으며, 이것이 소비에트 사회주의의 실천 과정에 있어서 나타난 법칙 중 하나였다. 그러나 역사적 진실로서 분명한 것은, 트로츠키즘과 합류함으로써 레닌주의가 비로소 보다 프롤레타리아적인 혁명적 사회주의로 발전했다는 사실이다.

제13차 당 협의회는 "당의 완전한 단결"과 "노동자·농민 동맹의 실질적 실현"을 지지했다. 또한 정치국의 주류파는 지난 1년간 대공업의 성장 속도가 농업과 소공업 및 가내공업의 성장 속도를 상회했음을 확인했다. 그들은 결의문에서, "인민경제 제(諸)요인의 조화 및 시장관계의 조절을 위한 현실적 경제계획을 마련함에 있어서" 고스플란의 역할을 강화해야 할 필요성을 강조했다.[90] 스탈린은 "후퇴"를 계속하는 데 더 이상 망설이지 않았다. 스탈린은, "후퇴"가 프롤레타리아 국가의 강화에 기여하는 한, 네프는 현실에 의해 그 정당성이 완전히 입증된다고 생각했다. 비록 "혐오스러운" 자본주의적 요소들이 성장하고 있지만, 레닌의 국가자본주의론적 시각에서 볼 때 그것을 두려워할 필요는 없었다.

많은 역사 연구자들은, 레닌의 「유언」을 인용하면서, 스탈린이 트로츠키를 제압하고 "하쟈인"(주인)이 될 수 있었던 것은 그가 "서기장이 되면서 무한한 권력을 자신의 수중에 집중시켰기"[91] 때문이었다고 주장한다. 그러나 서기장이라는 자리가 스탈린을 "당의 탁월한 지도자"로 만들 수는 없었다. 오히려 진실은, 그와 반대로, 스탈린이 서기장이라는 직책을 소비에트 국가의 정치 시스템 내에서 가장 중심적이며 권력적인 자리로 만들었다는 데 있다. 레닌은 당에 대한 통제력을 강화하기 위해서 서

---

90) Там же, с.532.
91) Ленин В.И. Полн. собр. соч., т.45, с.345.

기국을 보강하려 했으며, 그 방법으로 서기장의 직책을 신설하고 여기에 자신의 충복인 스탈린을 임명했다. 즉 스탈린은 볼쉐비키공산당 중앙위원회 정치국, 즉 레닌의 비서실장이 되었으며, 레닌을 위해, 레닌을 대리해 당을 장악하고 운영했다. 1922년 4월 이후에 서기장의 사무실은 정치국원이자 당 조직국의 좌장이며 그 외에도 수많은 직책을 가진 스탈린의 일상적 집무공간이 되었다. 이런 경우에 서기장의 사무실, 나아가 서기국 전체의 정치적 위상은 높아질 수밖에 없었다. 그리고 서기장이라는 지위가 당내에서의 스탈린의 위치를 상징하게 되면서 서기장의 지위에 "무한한 권력"이 부여되어 있는 것처럼 여겨지게 되었다. 정치의 영역에 있어서 권력은 부여된다기보다는 획득하는 것이다. 하물며 혁명의 시대에, 그리고 레닌이라는 절대권력이 스러진 1920년대 소비에트 러시아에서 그것은 더 말할 나위가 없다.

물론 서기장으로 임명된 것이 스탈린이 당 기구를 완전히 장악하는 데 전혀 도움이 되지 않았다고 말할 수는 없다. 그러나 서기장으로서의 지위만큼이나 조직국 책임자로서의 적극적 활동도 스탈린이 당 조직 및 소비에트 기관(즉, 국가기관)에 대한 충분한 영향력을 획득하는 데 많은 기여를 했다는 사실을 도외시해서는 안 된다. 고위 간부에 대한 임명과 경질, 해임과 관련된 권한은 모두 조직국에 있었으며, 이와 비교해 서기국이 가진 권한은 낮은 단계에 머물러 있었다. 서기국은 본질적으로 레닌 또는 당의 비서 업무를 담당하는 기관이었다. 당의 최고지도자이자 인민위원회의(소브나르콤) 의장인 레닌은 소비에트 국가의 헌법적 중심기관을 배제한 채 당의 정치국을 중심으로 권력을 행사함으로써 헌법 내용과 상이하게, 레닌을 정치적으로 보좌하는 서기국으로 권력적 무게중심이 몰리는 헌법 현실이 빚어지게 되었다. 분명한 것은 서기장으로 임명됨으로써 스탈린이 자동적으로 "무한한 권력"을 장악하게 된 것은 아니라는 사실이다. 그것이 갖는 정치적 의미는 스탈린이 공적으로뿐만 아니라 사적으로도 더 긴밀하게, 와병중인 레닌과 교류하게 되었다는 데 있었다. 그러나 이것은 스탈린에게 권력정치적 측면에서 도움만 되었던 것은 아니었으며, 오히려 치명적인 정치적 약점이 만들어지는 계기가 되기도 했다.

오늘날 러시아 혁명에 관한 많은 연구자의 저작들에서 스탈린은 혁명가 또는 정치가가 아니라 관료적 "행정기술자"로 묘사되는 경우가 많다.[92] 스탈린은 당에 지대한 영향력을 갖고 있었지만 당 기관 및 소비에트 기관 전체를 완전 장악하고 있었다고 할 수는 없었다. 당시는 1930년대가 아니라, 혁명의 열기가 채 식지 않은, "프롤레타리아 국가기계"가 아직 충분히 체계화되지 않은 1920년대 전반이었다. 더욱이 1922년 후반에 국가권력의 최상층부에서 진공이 발생했을 때, 당의 고위 지도자들은 각자 권력적 거점 기관이나 심지어 거의 사병화(私兵化)된 조직을 확보하고 있음이 드러났다.

지적되어야 할 것은, 당의 기관을 개인적 목적으로 누구보다 적극 활용했던 인물은 스탈린이 아니라 트로츠키였다는 사실이다. '공화국 혁명군사회의' 의장으로서 트로츠키는 자신을 위해 "가죽 재킷의 남자들" 500여 명으로 구성된 강력한 개인 경호부대를 조직했을 뿐 아니라, 자신의 "역사활동"을 위해 각종 자료를 수집하고, 보고 및 연설문을 작성하며, 글을 교정하는 등의 작업을 수행하는 "비서군단"을 보유하고 있었다. 그러나 그의 주된 영지(領地)로 간주된 것은 따로 있었는데, 바로 적군(赤軍)이었다. 트로츠키는 적군 창설을 지도했으며, 이후 내전을 거치면서 실질적으로 적군을 지휘했다. 당 중앙위원회의 다수파가 트로츠키를 두려워했던 것은, 그것도 매우 두려워했던 것은 우연이 아니었다. 지노비예프는 페트로그라드(시)소비에트 의장이자 코민테른 집행위원회 의장으로서

---

[92] 그 대표적 예는 см.: Волкогонов Д.А. Триумф и трагедия. М., 1990.

권력적 둥지를 확보하고 있었으며, 카메네프는 모스크바(시)소비에트 의장이자 와병중인 레닌의 대리인 중 1인으로서, 레닌의 사망 후에는 노동방위회의 의장으로서 권력을 유지하고 있었다. 또한 볼쉐비키 정권 초기에 부하린이 집중 양성한 '적색교수단'[93])이 후에 그가 ≪프라우다≫를 비롯한 대중선전 매체들 및 당의 이념 활동을 지도함에 있어서 강력한 지지세력이 되었다는 것은 아주 잘 알려진 사실이다.

당내에 백화제방(百花齊放)의 대토론, 즉 권력투쟁이 전개되는 과정에서 정치국원들은 각자 자신의 영지에 의지했다. 권력투쟁은 한편으로 당 기관들 사이의 대립과 힘겨루기 양상으로 보여지기도 했으며, 결국 주로 서기국과 조직국을 비롯한 당 중앙기관에 의지했던 스탈린이 절대권력을 거머쥐게 되었다. 그러나 민주주의를 지향하는 사회에서, 특히 1920년대 전반의 볼쉐비키당에서 정치력은 물리적 힘이나 직책 또는 법적 권한보다는 다수결 원리에 의지했다. 스탈린의 승리는 당원 대중들의 광범위한 지지를 전제로 한 것이었으며, 그것이 없었다면 아마 "무한한 권력"에도 불구하고 서기장은 트로츠키에게 패배했을 것이다.

그와 관련해, 트로츠키가 내전 시기에 자신의 오른팔이었던 스클랸스키와 나누었던 대화를 회고하는 대목이 흥미롭다. 1925년 여름, 직물 트러스트의 책임자가 된 스클랸스키는 기계류의 시찰과 수입을 위해 미국으로 출장을 떠나기에 앞서 트로츠키를 방문했으며, 그들은 시국에 관해

---

93) 1921년 2월에 설립된 적색교수원은 역사 및 사회과학 분야의 교수 육성 및 당-국가의 간부 양성을 위한 3년 과정의 고등교육기관이었다. 단일했던 교육과정은 경제, 역사, 철학 등 세 과정으로 나누어졌으며, 1930년대에 접어들면서 적색교수원은 역사, 경제, 철학, 자연과학 등을 아우르는 독립된 연구소로 분열했다. 부하린, 루나차르스키, 포크롭스키 등 많은 이론가들이 적색교수원에서 강의했는데, 특히 네프 시기에 부하린의 학설은 많은 수강생들에게 정치적 공감을 주었다. 부하린의 지지자가 된 그들은 흔히 "적색교수단" 또는 "부하린 학파"라고 불렸으며, 대부분은 1930년대의 정치적 시련을 극복하지 못하고 숙청되었다.

많은 이야기를 나누었다. 문득 스클랸스키가 물었다: "스탈린은 뭡니까?" 조금 생각한 후에 트로츠키는 대답했다: "스탈린, 그는 우리 당에서 가장 탁월한 평범성이지." 스클랸스키가 말했다: "아시겠지만, 최근 모든 분야에서 가장 평범한, 자기만족적인 범부(凡夫)들이 급부상하고 있는 게 놀랍지 않습니까? 그리고 그들은 모두 스탈린을 자신의 지도자로 여기고 있는데, 그건 왜 그런 겁니까?" 트로츠키의 설명은 역시 사회주의 혁명의 지도자다운 것이었다: "그것은 위대한 사회주의 혁명 이후에, 그리고 혁명 초기 몇 년 동안의 사회적, 심리적 긴장 후에 오는 반동이오. 불패의 반(反)혁명은 자신의 위인들을 가질 수 있는 거요. 그러나 그 첫 단계, 즉 테르미도르는 코앞에 있는 것밖에는 보지 못하는 범부들을 필요로 하는 거요."94)

확실히 트로츠키는 "테르미도르적 반동"이나 "역사적 근시성"을 지적하며 스탈린을 비판할 권리가 있었다. "탁월한 평범성"이 후퇴의 계속이라는 노선을 지지했다는 사실을 주목한다면 트로츠키의 입장은 쉽게 이해될 수 있었다. 그러나 트로츠키가 "스탈린의 힘은 그가 다른 누구보다 강하고 단호하며 무자비하게 지배 계급의 자기보존 본능을 표현했다는 데에 있다"고 강조하면서 내린 결론, 즉 "스탈린이 기관을 만든 것이 아니라, 기관이 스탈린을 만들었다"95)는 주장에는 동의하기 어렵다. 사태는 1970년대의 침체기가 아니라 네프의 초기에 발생했다. 설령 트로츠키의 주장이 일정량의 진실을 내포하고 있다손 치더라도 그는 명백히 문제의 본질을 외면했다. 사회학적 의미에서 10월혁명은 본질적으로 하층 계급의 혁명이었다. 아무리 트로츠키가 하층 인민들 사이에서 대중적 명성을 누리고 있었다고 하더라도, 노동자·빈농 계급의 최고지도자는 역시 레닌

---

94) Троцкий Л.Д. Моя жизнь, т.2, с.254~255.
95) См.: Троцкий Л.Д. Иосиф Сталин. // К истории русской революции, с.409.

이었다. 그렇기 때문에, 자신이야말로 레닌의 후계자라는 사실을 "무식한" 당원들에게 과시하는 것은, 권력투쟁과 관련하여, 아주 중요한 의미를 갖고 있었다. 스탈린은 레닌의 「유언」에도 불구하고, 당원들에게 자신이 레닌의 후계자임을 정책적으로 훈고학적으로 입증하였으며, 그럼으로써 레닌이즘을 계승할 수 있었다.

당 조직을 투쟁 도구로 활용하기에 유리했던 스탈린의 당내 지위들이나, 분파 간 경쟁 과정에서 다수파를 유지하게 했던 소위 "기회주의적인" 정치적 입장 등이 권력투쟁에 있어서 스탈린의 승리를 보장하는 중요한 요인으로 작용하였음은 부정할 수 없는 사실일 것이다. 그러나 그런 측면에만 주목하는 것은 역사의 올바른 이해를 위해 충분하지 않다. 1920년대 전반의 조건하에서 스탈린도 또는 그의 경쟁자들 가운데 그 누구라도 단지 당 조직들에 대한 교묘한 조작 혹은 막후의 분파 전술만으로는 레닌의 상속자가 수 없었다. 그래도 볼쉐비키가, 레닌에 의해 확립된 이른바 민주집중제를 고려하면 확실히 조금 변태적이었지만, 이론적인 용어를 구사하면서 정치문제를 토론하고 심의하는 것을 오랜 전통으로 삼고 있었던 이상, 볼쉐비키당의 최고지도자가 되려는 자는 이론과 실천을 통해 자신의 정치적 정당성을 상층 간부뿐 아니라 하급 당원까지도 설득시켜야 했다. 소비에트 권력의 정당성이 10월혁명의 이념에 기초하는 한, 스탈린은 레닌이즘의 정통적인 계승자로써 당의 승인을 받아야 했으며 결국 그렇게 할 수 있었다. 스탈린주의란 이론과 실천에 있어서 강제의 체계임과 동시에 설득의 체계라는 사실은 수없이 강조해도 지나치지 않다. 스탈린의 불행은 바로 레닌이 말년에 전혀 "제자"의 손을 들어주지 않았다는 데 있었다.

1922년 12월 24일과 25일 그리고 1923년 1월 4일에 구술된 레닌의 「유언」은 몇몇 중앙위원들에 대한 인물평을 담고 있었으며, 레닌의 희망에 따라 제12차 당 대회의 개막 직전에 크룹스카야가 병든 남편의 다른 글들과 함께 당 중앙위원회에 전달했다. 무엇보다도 중앙위원회의 분열 가능성과 권력기구에 "현존하는" 관료주의의 위험성을 염려하면서 레닌은 하나의 생각에만 몰두했다. 그것은 바로 당의 더욱 강고한 단결과 더 많은 "노동자화"였다. 레닌은 진실로 "노동자들이 중앙위원회와 정치국의 모든 회의에 출석하면서, 중앙위원회의 모든 문서를 읽으면서, 첫째, 중앙위원회 자체의 안정성을 제고할 수 있는, 둘째, 실제로 당 기구의 쇄신과 개선을 위해 일할 수 있는, 그런 간부가 될 수 있다"고 믿었다.96)

12월 24일자「유언」에서 레닌은 "무한한 권력"을 장악한 스탈린에 대해 노골적인 불신을 표현했다: "나는 그가 항상 이 권력을 충분히 신중하게 행사할 수 있을 거라고 확신하지 않습니다." 레닌은 트로츠키를 "현재의 중앙위원회에서 가장 유능한 인물"로서 인정하면서도 "지나친 자기 확신"과 "일의 행정적 측면에의 과도한 몰입"을 그의 약점으로 지적하고는, 스탈린의 "무한한 권력"과 트로츠키의 "지나친 자기 확신" 및 아집이 대립하는 경우에 당이 분열할 위험에 처할 수 있음을 경고했다. 그리고 지노비예프와 카메네프에 관해서는 10월혁명 직전에 이들이 거사를 반대한 것은 우연이 아니었음을 상기시키면서도, 과거의 "비(非)볼쉐비즘을 이유로 트로츠키를 비난할 수 없듯이 그 일로 이들을 인격적으로 비난할 수는 없다"고 진술했다. 젊은 중앙위원들 중에서는 부하린과 퍄타코프에 관해 언급했는데, 당의 주요 이론가로서 "당의 총아(寵兒)"인 부하린의 이론적 입장은 맑스주의와 무관하게 보일 정도로 "현학적"이라고 하였다. 레닌이 그렇게 생각한 이유는 "그가 변증법을 완벽하게 배운 적이 없으며 아마 완전하게 이해한 적도 없었다"는 데 있었다. 12월 25일에 구술된 퍄타코프에 대한 평가는 그의 탁월한 재능에도 불구하고 심각한 정치문제를 위임하기에는 그가 지나치게 "일의 행정적 측면"에 몰입한다는 것

---

96) Ленин В.И. Полн. собр. соч., т.45. с.348.

이었다.97)

이때까지 레닌의 인물평은 이데올로기적 차원에서 보자면 스탈린에게 전혀 불리한 것이 아니었다. 그러나 1923년 1월 4일 추가로 작성된 문서에서 레닌은 돌연 "스탈린은 너무 거칠다"고 평하면서 서기장의 지위에서 "스탈린을 경질하는 방법을 생각하라고 동무들에게" 제안했다.98) 그리고 레닌은, 우리가 이미 알고 있듯이, 제12차 당 대회에서 스탈린에게 던질 "폭탄"을 준비하는 가운데 그루지야 문제와 씨름하기 시작했다. 이제 레닌의 「유언」은 전적으로 트로츠키에게 유리한 것이 되었다.

"당 대회로의 편지"라는 제목이 붙었던 「유언」의 내용은 사전에 당의 중앙위원들에게 유포되었다. 이미 1923년 6월 초에 정치국과 중앙위원회는 레닌의 유훈을 공개하는 문제를 논의했는데, 중앙위원들 모두가 레닌의 1월 4일자 "편지"에 관해 알고 있었는지는 분명치 않지만 레닌의 인물평에 대해서는 충분히 숙지하고 있었다. 모두의 약점이 지적된 문서를 공개하는 것은 정치적으로 미묘한 사안이었다. 트로츠키는 조건부로 공개할 것을 주장했다. 그러나 누구도 그를 지지하지 않았으며, 스탈린 역시 "인쇄해야 할 필요성이 없으며 더욱이 출판에 대한 일리치[즉, 레닌]의 재가도 없다"는 의견을 피력했다.99) 이렇게 「유언」에 대한 당 중앙위원회의 원칙적 입장이 정해졌다. 그러나 제13차 당 대회의 개막 직전인 1924년 5월 중순, 크룹스카야는 레닌의 문서를 모두 당 대회에서 공표할 것을 강력하게 요구했다. 그것은 스탈린만 난처하게 하는 것이 아니었다. 트로츠키는 어떠했을지 모르겠지만, 지노비예프, 카메네프, 부하린, 그리고 스탈린의 지지자들 모두가 곤혹스럽기는 마찬가지였다. 그럼

---

97) См.: Там же, с.345.
98) Там же, с.346.
99) См.: Архив Троцкого, т.1, с.56.

에도 불구하고, 5월 21일에 열린 당 중앙위원회 전원회의는 당 대회에 참석하는 대의원들에게 스탈린을 서기장에 유임케 한다는 정치국의 권고를 첨부해 「유언」을 공개하기로 결정했다.100) 그리고 1924년 5월 23일에 개막된 제13차 당 대회에서는 트로츠키를 포함해 누구도 단상에서 레닌의 「유언」에 대해 언급하지 않았다.

그러나 그런 과정이 스탈린을 불행에서 완전히 구제할 수는 없었다. 1926년 6월에 열린 당 중앙위원회 전원회의에서, 트로츠키파와 지노비예프, 카메네프가 연대한 이른바 '통합 반대파'는 레닌의 생애 마지막 기간에 그가 스탈린에 대해 가졌던 "적대적 관계"를 입증하는 일련의 문서들을 「유언」과 함께 공표할 것을 요구했다. 지노비예프는 레닌의 계승자로서의 스탈린의 정당성을 부정하면서 레닌이 구술한 마지막 편지야말로 스탈린과의 모든 동지적, 개인적 관계를 청산하는 것이었다고 말했다. 실제로 1923년 3월 5일, 레닌은 스탈린에게 다음과 같은 내용의 편지를 보냈다: "귀하는 나의 아내에게 전화로 욕설을 하는 무례를 범했습니다. [중략] 발언을 취소하고 사과하든지 아니면 우리의 관계를 끊든지 귀하가 잘 헤아려 선택하길 바랍니다."101)

1922년 12월 21일, 레닌은 대외무역에 대한 국가독점 문제에 관해 트로츠키에게 보내는 편지를 구술했는데,102) 이런 사실을 알게 된 스탈린이 크룹스카야에게 전화로 폭언을 했던 것이다. 스탈린은 레닌의 정치활동을 자제시키려는 당 중앙위원회의 지시를 위반했다는 사실을 지적하며 그녀를 당 통제위원회로 넘겨버리겠다고 위협했다. 레닌의 병이 악화되면서 의사들은 정치로부터 그를 격리시킬 것을 요구했으며, 당 중앙위

---

100) См.: Ленин В.И. Полн. собр. соч., т.45, с.594.
101) Ленин В.И. Полн. собр. соч., т.54, с.329~330.
102) См.: Там же, с.327~328.

원회의 결정에 따라 스탈린은 서기장으로서 의사들이 처방한 레닌의 병상수칙을 감독할 책임을 맡고 있었다. 병자를 찾아온 손님들을 접대하고 그의 구술에 따라 문서를 작성하는 등 아내로서 당연히 해야 할 일을 했음에도 불구하고 스탈린에게 부당한 모욕을 당했다고 생각한 크룹스카야는 카메네프에게 "사생활에 대한 무례한 간섭 및 지저분한 욕설과 협박으로부터" 자신을 보호해달라고 부탁했다. 후에 크룹스카야는, 추측컨대 1923년 3월 초쯤에, "그루지야인의 만행"에 관해 상세히 레닌에게 고했으며 결국 레닌의 통첩을 받은 스탈린은 "혁명가의 아내"에게 사과해야 했다. 그랬다고 해서 스탈린과 크룹스카야의 관계가 회복될 수는 없었는데, 그런 일이 있은 직후 레닌은 정상인으로서의 의식과 지능을 완전히 상실했다.

1926년 6월, 당 중앙위원회 전원회의에서 크룹스카야는 지노비에프의 발언을 침묵으로 지지하고 있었다. 당시 부하린과 절친했던 마리야 울리야노바는 반대파의 주장을 서면으로 적극 반박하고 나섰다. 관계 단절을 통고한 레닌의 편지는 사적인 것일 뿐만 아니라 모두가 예민해질 수밖에 없었던 상황에서 발생한 유감스러운 사건이라는 것이었다. 이어, 울리야노바는 그 편지를 보내기 얼마 전까지 레닌이 스탈린을 누구보다 자주 자신에게 불렀으며 "진정한 혁명가"로 완전히 신뢰하지 않으면 할 수 없는, 그런 부탁을 했다는 사실을 레닌의 누이동생으로서 증언했다. 그리고는 더 이상 다른 말을 부연하지 않았다. 그러나 '통합 반대파'의 지도자들은 그녀가 무엇을 염두에 두고 있는지 잘 알고 있었다. 그것은 바로 독약에 관한 것이었다. 실제로, 1922년 5월에 처음 뇌졸중을 겪은 후 레닌은 스탈린에게 자신의 질환이 악화될 경우 청산가리를 구해줄 것을 요청했다. 안락사를 염두에 두었다. 스탈린은 그에 동의했다. 레닌의 병세와 고통은 심화되었다. 1923년 3월 중순에 스탈린은 약속한 의무를 이행하라는 크룹스카야의 "집요한 요구"에 직면했으며, 3월 21일에 결국 그는 그 사실을 정치국원들에게 보고했다: "아무래도 본인은 블라지미르 일리치[즉, 레닌]의 요청을 이행할 힘이 부족하며, 그 임무가 아무리 인도적이고 불가피하다고 하더라도 거절할 수밖에 없다고 말해야 할 것 같습니다."103) 정치국원들 모두 스탈린의 "우유부단"을 정당한 것으로 지지했다.

그래도 레닌의 「유언」은 스탈린에게 치명적인 정치적 약점이 되었다. 그러나 스탈린은 레닌의 문서를 "할멈"의 영향력하에 있는 병자(病者)의 공상이 빚어낸 산물로 취급해버렸다. 이로부터 반세기가 지난 후 몰로토프는 크룹스카야에 대한 스탈린의 속내를 잘 드러낸 서기장 자신의 말을 회고했다: "왜 내가 그녀에게 아부해야 하는가? 레닌과 동침하는 것이 곧 레닌이즘을 잘 안다는 걸 의미하지는 않아!"104) 실제로 「유언」은 레닌의 유산 가운데 부차적인 것이었다. 그가 남긴 가장 중요한 것은 바로 레닌이즘과, 그리고 소비에트 러시아였다.

---

103) Цит. по. Волкогонов Д.А. Ленин. М. 1994, т.2, с.347.
104) Чуев Ф.И. Указ. соч., с.212.

|제3절| 일국사회주의론

1924년 4월과 5월, ≪프라우다≫에는 스탈린이 스베르들로프 대학에서 4월 초에 행한 강의를 기록한 『레닌주의의 기초』가 연재되었다. 여기에서 스탈린은 레닌의 주요한 생각들을 간결하고 도식적인 형태로 서술하였으며, 그럼으로써 당원대중에게 레닌이즘에 대한 일목요연한 설명을 제공하려 했다. 트로츠키는 후에, 망명지에서, 스탈린의 작업에 대해 "이 편집된 책은 미숙한 실수로 가득 차 있다"고 폄하했지만,[105] 「맑시즘과 민족문제」가 레닌파로서의 스탈린의 첫 번째 걸작이라면, 『레닌주의의 기초』는 의심할 여지없이 그의 두 번째 걸작이었다. 『레닌주의의 기초』는 겉보기에 짜깁기한 내용으로 구성되어 있었지만 본질적으로 완전히 독창적인 작품이었다. 정통적인 맑스주의의 새로운 발전 단계로 레닌이즘을 정립시키려고 했던 다른 당 지도자들의 앞선 시도에 대해서 스탈린의 저작이 갖는 탁월성은 그가 레닌의 교의에 대한 완벽한 암기력을 과시했다는 것에 국한되지 않았다. 보다 중요한 것은 다른 데 있었다. 스탈린은 이 책에서 '혁명이론이 없이는 혁명운동도 있을 수 없다'는 레닌의 명제가 갖는 "과학성"을 강조하면서, 소연방에서의 사회주의 건설을 위한 전략적 계획으로서 일국사회주의 이론을 제시했다. 『레닌주의의 기초』는 스탈린에게 볼쉐비키당의 최고 이론가로서 명성을 가져다주었으며,

---

[105] Троцкий Л.Д. Моя жизнь, т.2, с.247.

바로 이 이론에 기초하여 그는 당원대중에게 사회주의를 향한 "레닌의 길"로 나아가도록 호소할 수 있었다.

스탈린은 자신의 이야기를 시작하면서 레닌이즘이란 "러시아의 독특한 상황에 적용된 맑스주의"라는 지노비예프의 주장과, "레닌이즘이란 점차 온건해지고 비혁명적이 되어버린 작금의 맑스주의와는 뚜렷이 구별되는 1840년대 맑스주의에 내포된 혁명적 요소들이 부활한 것"이라고 규정한 부하린의 의견을 부분적으로만 옳은 것이라 평가하며 거부했다. 그는 레닌주의를 다르게 정의했다: "레닌이즘이란 제국주의와 프롤레타리아 혁명 시대의 맑시즘이다. 보다 정확히 말하면, 레닌이즘이란 넓게는 프롤레타리아 혁명의 이론과 전술이며, 좁게는 프롤레타리아 독재의 이론과 전술이다."[106] 스탈린의 규정은 옳은 것이었다. 그것이 바로 레닌이즘이었다. 러시아 자본주의 발전에 관한 레닌의 이론, 프롤레타리아트의 전위로서의 당에 관한 이론, 연속혁명론, 제국주의론, 자본주의의 불평등 발전론, 프롤레타리아 국가이론, 프롤레타리아 독재론, 국가자본주의론, 전시공산주의론, 그리고 노동자·농민의 제휴 이론 및 후퇴 이론, — 이 모든 것이 레닌주의를 구성하는 이론적 내용이었다. 레닌의 이론들은 전체적으로 러시아에서의 프롤레타리아 혁명의 가능성과 불가피성을 입증하고 그 실현방법을 모색하는 데 바쳐져 있었다. 그리고 10월혁명 이후에 레닌의 이론은 소비에트 권력, 즉 볼쉐비키 용어로 프롤레타리아 독재권력의 수호 및 강화를 목적으로 발전했다. 이렇게 레닌의 전체 저작을 관통하는 프롤레타리아 혁명과 프롤레타리아 독재에 관한 이념을 찾아가며 스탈린은 절묘하리만큼 압축적으로 레닌이즘을 정의했다.

레닌이즘을 제국주의 시대의 맑시즘, 즉 "사회주의 혁명의 전야" 시대의 맑시즘으로 정의하면서 스탈린은, 당연하게도, 레닌주의를 과학으로,

---

106) Сталин И.В. Соч., т.6, с.71.

발전 수준과 역사적 특수성에 관계없이 모든 사회에 적용될 수 있는 과학으로서 규범화했다. 19세기 중반에 맑스는 독일 철학을 비판하는 가운데 그것을 하나의 이데올로기, 즉 계급적 의식의 구현 형태로서의 허위의식으로 규정했다. 그러면서 자신의 철학은 과학으로 간주하였는데, 그것은 자신의 철학에 계급의식이 전혀 반영되지 않았기 때문이 아니었다. 그것은 미래의, 그것도 가까운 미래의 역사 주체인 프롤레타리아 계급 또는 인간 일반의 의식을 구현한 것이기 때문이었다. 그러나 현실에서, 이미 인류의 문화적 자산이 된 맑스의 유물론적 철학을 과학으로서 승인하는 문제는 인간사회에 대한 연구방법론상의 자연과학적 엄밀성보다는 평가자의 계급적 입장을 기준으로 결정되었다. "정치는 과학이 될 수 없다"고 강조한 칼 만하임의 지식사회학적 관점에 따르면, 맑스주의는 주로 "자유주의-인도주의적 이념"이나 보수주의적 이념 등과 경쟁하는, 20세기의 다양한 유토피아적 의식 형태, 즉 이데올로기들 가운데 하나로서 상대화된다.107) 맑스주의의 과학성을 믿지 않는 자는 맑스주의자가 아니며, 레닌이즘의 과학성을 믿지 않는다면 마찬가지로 레닌주의자가 될 수 없다. 레닌주의에 대한 정의를 통해서 스탈린은 자신이야말로 레닌의 "준비된" 후계자임을 당원 대중들에게 과시했다.

『레닌주의의 기초』에서 스탈린은 10월혁명이야말로 영구혁명론의 혜안을 증명하는 것이라고 해석한 트로츠키를 비껴가지 않았다. 트로츠키의 주장에는 역사적 진실에 대한 어떠한 왜곡도 담겨있지 않았지만, 진실한 레닌파로서는 그것을 인정할 수 없었다. 영구혁명론의 의미를 설명하면서 스탈린은 트로츠키의 권위를 깎아내리려고 노력했다. 그는 영구혁명론이란 새로운 아이디어가 아니라 이미 1840년대 말 맑스에 의해 제시된 것이며, 과거에 레닌이 러시아 혁명에서의 농민계급의 역할을, 그

---

107) См.: Манхейм К. Идеология и утопия. М., 1994, с.164~207.

리고 '프롤레타리아트의 헤게모니라는 발상'이 갖는 의미를 과소평가하는 영구혁명론자들을 조롱했었다는 사실을 지적했다. 스탈린은 트로츠키의 이론에 대해 레닌의 연속혁명론을 대립시켰는데, 그의 주장에 의하면, 연속혁명론의 핵심은 부르주아 민주혁명을 프롤레타리아 혁명으로 전화(轉化)시키는 데에, 민주주의 혁명이 신속히 사회주의 혁명으로 이행할 수 있도록 '노동자·농민의 혁명적 민주독재'를 활용하는 데에 있었다.108) 스탈린의 말은 옳았다. 그러나 그의 지적은 1905년에 발생한 첫 번째 러시아 혁명의 시기에 해당되는 것이었다. 사실은 사실로써 남는다. 이미 우리가 알다시피, 1917년 4월, 자신의 기존 입장을 바꾼 레닌은 『파우스트』에서 인용한 구절을 통해서 자신의 극좌적인 입장 전환을 정당화했다: "나의 친구 이론이여, 그대는 잿빛이나, 영원한 생명의 나무는 푸르도다!"

비판의 화살이 과녁에 명중하지 않은 것 같다는 느낌에 개의치 않으면서 스탈린은 가장 중요한 테마로 옮겨갔다: "이전에, 부르주아에 대한 승리를 위해서는 선진 제국 노동자들의 하나가 된 행군이 필수적이라고 생각하면서 일국에서의 혁명의 승리를 불가능한 것으로 간주했다. 지금 이런 시각은 이미 현실에 부합되지 않는다. 지금은 그러한 승리의 가능성에 의거하는 것이 필요한데, 왜냐하면 제국주의라는 상황하의 다양한 자본주의 국가들의 발전에서 나타나는 불균등하며 비약적인 성격과, 필연적 전쟁으로 이어지는 제국주의 내부의 파국적 모순의 발전과, 그리고 세계 모든 나라들에서의 혁명운동의 성장, – 이 모든 것들은 개별 나라들에서 프롤레타리아트가 승리할 가능성뿐만 아니라 그 필연성을 결과시키기 때문이다."109) 그리고 그는 "승리한 나라의 프롤레타리아트는 자

---

108) См.: Сталин И.В. Соч., т.6, с.104~105.
109) Там же, с.106.

신의 권력을 확고히 하고, 그리고는 농민을 이끌면서 사회주의 사회를 건설할 수 있으며 또한 당연히 건설해야 한다"고 역설했다. 그러나, 그의 주장에 따르면, 일국에서 프롤레타리아트가 권력을 잡은 것이 곧 사회주의의 "완전한 승리"가 보장되었음을 의미할 수 없었다. "사회주의의 주된 과제, 즉 사회주의적 생산을 조직하는 일이 아직 미해결의 상태에 있는 한, 특히 러시아와 같은 농업국가에서 사회주의의 최종적 승리를 위해서는 몇몇 선진 국가 노동자들의 조력"이 필수적이었다. 스탈린은 이렇게 주장했다: "승리한 나라의 혁명은 스스로를 자체로 독립적 의의를 갖는 귀중한 존재가 아니라, 다른 나라들에서의 프롤레타리아트의 승리를 강화하기 위한 수단으로서, 지렛대로서 간주해야만 한다."110) 지금 분명한 것은 아직 스탈린이 당시 당 지도자들 사이에서 지배적이었던 견해와 완전히 결별하지 않았다는 사실이었다. 그러나, 그럼에도 불구하고, 이미 그는 일국에서의 사회주의 건설이 가능하며 또한 당연하다는 것을 인정하고 있었다.

부하린 평전을 출간함으로써 1970년대 이후 서방에서 부하린에 대한 관심이 고조되는 계기를 제공했던 스티븐 코헨은 자신의 책 『부하린』에서 그 주인공이 바로 일국사회주의론의 주창자였다고 주장하고 있다.111) 그러나, 우리가 알고 있듯이, 신경제정책, 즉 네프의 도입 이후에 볼쉐비키당의 거의 모든 지도자들은 레닌을 추종하면서 경제건설의 필요성을 지지했으며, 비록 일부는 소위 "공업독재"를 언급하고 다른 일부는 공업과 농업의 결합을 역설했지만 모두가 잘 인식하고 있었던 것은 그 정책이 근본적으로 프롤레타리아 권력의 공고화를 목적으로 한다는 사실이었다. 그렇기 때문에 일국사회주의론은 당내의 분위기를 어느 정도 반영

---

110) Сталин И.В. О Ленине и ленинизме. М., 1924, с.60.
111) См.: Коэн С. Бухарин. М., 1992, с.182~183.

하고 있었던 것이라고 해석할 수 있다. 그러나 스탈린 이전에, 레닌이나 부하린을 포함해 그 누구도 한 나라에서 사회주의가 승리할 수 있는 가능성에 관해 확신을 갖고 주장한 바는 없었다. 스탈린의 이론은, 비록 당장은 어중간한 상태였지만, 소위 "트로츠키즘"과의 투쟁을 위한 이론적 무기로서 고안되었다. 심지어 트로츠키조차 일국사회주의론에 대해 전면적으로 반박할 수 없었으며, 세계혁명의 숭고한 대의를 배신했다고 스탈린을 비난할 수도 없었다. 바로 일국사회주의론은 레닌이즘의 무기고에 있던 이론적 재료들을 스탈린이 독창적으로 가공한 결과였으며, 스탈린이즘의 가장 중요한 이론적 토대가 되었다.

1924년 5월 하순에 개최된 제13차 당 대회는, 예상되었던 것처럼, 연초에 소집되었던 제13차 당 협의회의 결정사항들을 확인했으며 당 중앙위원회의 활동을 승인했다. 트로츠키즘의 패배는 재확인되었다. 당 대회장의 단상에서 트로츠키와 프레오브라젠스키는 당내 정책 및 실천의 변화 그리고 공업의 발전 방향이 자신들의 정치적 정당성을 뒷받침하고 있다고 주장하면서 실추된 명예를 만회하려 애썼다.[112] 이에 대해 스탈린은 "해당(害黨)분자들"의 자기합리화를 대놓고 조롱하면서 이들의 노선을 "프티부르주아적 편향"이라고 비난하는 것은 전적으로 올바르다고 일갈했다. 왜냐하면 "당내 민주주의를 수호한다는 방자한 선동 속에서" 반대파는 자신의 의지와 무관하게 무의식적으로, 신흥 부르주아들이 독재의 약화시키고 소비에트 헌법을 '확장하고' 착취자들의 정치적 권리를 회복시키려는 목적으로 행하는 선동의 확성기이자 통로가 되었기 때문이었다."[113] 스탈린의 주장에 전혀 일리가 없던 것은 아니었다.

또한 제13차 당 대회는 〈국내 상업에 관한 결의〉를 채택하면서 광범한

---

112) См.: Тринадцатый съезд РКП(б). Стенографический отчёт, с.146~159, 184~194.
113) Там же, с.235~236.

소비자 대중, 특히 농민들에 대한 정상적인 물자공급을 조직화할 것을 상업정책의 기본 과제로서 규정했으며, 이를 위해 필수적인 국영 상업과 협동조합의 조속한 발전을 요구했다. 이런 맥락에서 당 대회는 국내상업 인민위원부의 설립을 승인했으며, 모든 상업조직과 협동조합에게 시장을 완전히 장악하고 상업 부문에서 개인자본을 축출할 것을 당면 임무로서 부과했다. 이제 볼쉐비키는 계획경제의 실현을 위한 일보를 내딛고 있었다. 물론, 그 근본적 방법은 "행정적 제재조치들이 아니라 국영 상업과 협동조합의 경제적 위상의 강화가 되어야 한다"고 당 대회의 결의문에 명시되었다.[114]

당 대회가 끝난 후 트로츠키는 자신의 참담한 상황에 분노하며 와신상담했다. 지난 겨울에 전개된 대토론 과정에서 당 기관지가 종종 자신의 "멘쉐비키 경력"을 언급했던 것을 잊지 않으면서 그는 10월혁명에 관한 저술에 전념하기 시작했으며, 이를 통해 모든 진상을 낱낱이 밝히려고 작정하였다. 1924년 가을, 트로츠키의 저작인 『1917년』과 『레닌전』이 거의 동시에 출간되었다. 특히 『레닌전』에서 트로츠키는 레닌과 자신을 10월혁명의 대등한 두 지도자로 묘사하면서 스탈린의 역할을 노골적으로 무시했다. 1920년 여름에 레닌이 저지른 "바르샤바의 실수"를 언급하면서 그는, "무의식적으로", 점차 고조되어 가는 레닌 숭배 열기에 자신을 대립시켰다.[115] 그러나 "10월의 교훈"이라는 제목이 붙은 『1917년』의 서문은 레닌파를 더욱 자극했으며 당내에 큰 파장을 불러일으켰다. "10월의 교훈"에서 트로츠키는, 스탈린을 염두에 두면서, 1917년 4월 4일까지 ≪프라우다≫의 입장이 본질적으로 레닌의 그것이 아니라 오히려 멘쉐비키의 혁명적 방위론에 훨씬 더 가까웠음을 상기시켰다. 이어 그는 지노비

---

114) КПСС в резолюциях.., т.3, с.65.
115) См.: Троцкий Л.Д. О Ленине, с.87~88.

예프와 카메네프의 이름을 거침없이 거론하면서 10월혁명이 실현될 때까지 계속된 당내 "우익 반대파"의 과오들을 차례로 열거했다.116)

1924년 11월 2일자 ≪프라우다≫에 게재된 「10월의 역사를 어떻게 쓰면 안 되는가」라는 제목의 논문은 전 당원이 트로츠키즘에 관한 토론에 돌입하게 되는 신호가 되었다. 일대 장관이 연출되었다. 트로츠키는 완전한 고립무원의 상황 속으로 처박혀졌다. 심지어 트로츠키에 대해 일정한 존경을 표하던 크룹스카야조차 토론에 참여했다. 노동계급을 대표하는 당 전체를 "지도적 간부들"로 환원, 협소화시켰다며 트로츠키를 비판한 크룹스카야는 1917년 10월에 "당은 중앙위원회가 당원 대중들과 유리되지 않았던, 당원들이 매일 하부조직원들과 대화했던, 그런 살아있는 기관이었으며", 스베르들로프와 스탈린은 "피테르[즉, 페트로그라드]의 각 지구에서 무슨 일이 되고 있으며 군대 안에서 무엇이 되고 있는지 훤히 일고 있었다"고 강조했다. "혁명가의 아내"가 내린 결론은 짤막했다: "트로츠키 동무 같은 사람이 무의식적으로라도 레닌이즘을 수정하려 들었을 때 당은 당연히 자신의 의견을 말해야 한다."117)

레닌이즘을 독점한 당 중앙위원회의 레닌파는 이번 기회에 트로츠키를 이념적으로 매장시키기로 결정했다. 11월 18일, 모스크바(시)당 위원회 집회에서 "10월의 교훈"에 관한 보고문을 들고 등단한 카메네프는 트로츠키즘을 레닌이즘에 대립시켰다. 그의 논지에 따르면, "레닌이즘은 부르주아지에 대한 프롤레타리아트의 전쟁에 관한 교의이며 바로 그렇기 때문에 레닌이즘은 동시에 멘쉐비즘에 대한 전쟁에 관한 교의"였다. 그러나 트로츠키즘은 "극단적인 혁명적 수사(修辭)로 위장한 멘쉐비즘의 변종"이며 "멘쉐비즘의 앞잡이, 멘쉐비즘의 엄호물, 멘쉐비즘의 위장

---

116) См.: Троцкий Л.Д. Уроки Октября. // К истории русской революции, с.247.
117) См.: Правда, 18 декабря 1924 г.

물에 다름 아니었다."118) 카메네프는 과거에 레닌이 트로츠키즘을 비판하는 데 사용했던 낡은 공식을 반복하고 있었다. 그러나 다수파가 자신의 목적을 달성하기 위해서는 "현대판 트로츠키즘"에 대한 정의와 설명을 피할 수 없었다. 11월 말에 『≪프라우다≫에 실린 「볼쉐비즘인가 트로츠키즘인가」라는 제목의 글에서 지노비예프는 1917년에 행한 자신의 실수를 인정하면서, 과거 볼쉐비키당에는 "우파"란 없었으며 지금도 그것을 형성하는 일은 불가능하다고 애써 주장했다. 이어 레닌이즘을 "제국주의 전쟁 시대의 맑시즘이자 농민이 다수인 나라에서 직접 시작되는 세계혁명 시대의 맑시즘"으로서 정의한 그는 레닌의 지침에 기초해 프롤레타리아트와 농민의 동맹을 실현하는 것이야말로 볼쉐비키당의 올바른 노선이라고 강조했다. 반면 트로츠키는 지금, 지노비예프의 주장에 따르면, "악명 높은" 영구혁명이론을 선전하면서 농민의 혁명적 역할을 무시하고 레닌이즘의 수정을 기도하고 있었다. "현대의 트로츠키즘은 바로 레닌의 기치 아래 이루어진 레닌주의의 수정"이라고 결론을 내린 지노비예프는 진정한 레닌주의를 수호하기 위한 슬로건을 외쳤다: "전(全)당의 볼쉐비키화를 위하여!"119)

아직 지노비예프의 글이 게재되기 전이었던 11월 19일, 스탈린은 전국노동조합중앙회의의 공산분파 총회에서 「트로츠키즘인가 아니면 레닌이즘인가?」라는 제목으로 연설하면서 역시 트로츠키즘에 관해 언급했다. 우선, 트로츠키가 개진한 "문학적 공세"를 반박하며 1917년의 상황을 차분히 설명한 그는 "레닌이즘을 트로츠키즘으로 은밀히 교체"하려는 데에 바로 트로츠키의 노림수가 있었다고 비판했다. 트로츠키즘이란 무엇인가? 스탈린은 "레닌이즘과는 완전히 모순되는 트로츠키즘"에 담겨 있는

118) См.: Правда, 26 ноября 1924 г.
119) См.: Правда, 30 ноября 1924 г.

세 가지 특성을 지적했다. 우선 트로츠키즘은 영구혁명의 이론이며, 둘째, 트로츠키즘은 볼쉐비키당의 정신에 대한, 당의 확고부동한 단결에 대한, 기회주의적 분자들에 대한 당의 적대감에 대한 불신이며, 그리고, 마지막으로, 트로츠키즘은 볼쉐비즘의 지도자들에 대한 불신이자, 그들을 욕보이고, 그들의 명예를 훼손하고자 하는 시도였다.[120] 실제로 트로츠키즘은 러시아 사회민주주의 내에서 가장 급진적인 이념적 사조로서, 영구혁명론을 주된 이론적 기반으로 삼고 있었으며 1917년 4월 이전까지도 볼쉐비즘과 대립했다. 그러나 이는 모두 지나간 과거의 일이었다. 그런데 지금은? 스탈린은 "신 트로츠키즘"의 핵심을 설명했다: "신 트로츠키즘은 구(舊) 트로츠키즘의 단순한 반복이 아니며, [중략] 구 트로츠키즘에 비해 정신적으로 훨씬 온건하며 형태상으로 매우 유연하다. 그러나 신 트로츠키즘은 본질적으로, 의심의 여지없이, 구 트로츠키즘의 모든 특성을 유지하고 있다. 신 트로츠키즘은 레닌이즘에 적극 대립할 것인가를 결정하지 않았으며, 전투적 세력으로서 신 트로츠키즘은 레닌이즘을 해석하고 개선한다는 슬로건 아래 암약하면서 레닌이즘이라는 공동의 깃발 아래 레닌이즘을 기꺼이 이용하고 있다. 왜냐하면 그 세력이 약하기 때문이다."[121]

트로츠키즘이 "레닌이즘이라는 공동의 깃발 아래" 레닌이즘을 이용하고 있다는 스탈린의 주장은 옳은 것이었다. 그러나 신 트로츠키즘에 관한 그의 설명은 사실이 아니었다. 신 트로츠키즘이라는 용어의 도입을 위해서 필수적인 이론적 발전이 트로츠키파에 의해 실현된 바 없었으며, 따라서 신 트로츠키즘이란 없었다. 10월혁명 이후에 계속 독자적인 이론적 시각을 유지했던 트로츠키는 자신의 입장이 레닌의 그것과 일치하

---

[120] См.: Сталин И.В. Соч. т.6, с.349~350.
[121] Там же, с.352.

있으며, 그들 사이의 견해 차이는 단지 실천적 문제들에 국한되어 나타났을 뿐이라고 확신했다. 1922년 1월, 트로츠키가 자신의 저작 『1905년』의 서문에 다음과 같이 쓴 것은 전혀 우연이 아니었다: "프롤레타리아트의 전위는 자신의 승리를 보장하기 위해 자신의 지배 최초의 시기에 봉건적 소유제뿐만 아니라 부르주아적 소유에 대한 깊숙한 침입을 감행하게 된다. 이 경우 프롤레타리아트의 전위는 혁명투쟁의 초기에 자신을 지지했던 모든 부르주아적 당파들뿐만 아니라, 그들의 협력이 있음으로써 자신이 권력을 장악할 수 있었던 광범한 농민대중과 적대적으로 충돌하게 된다. 낙후된 나라의 노동자 정부가 처한 상황에서의 모순들은 오직 국제적 차원에서, 프롤레타리아 세계혁명의 무대에서 그 해결의 실마리를 찾을 수 있다."[122] 그는 자신의 이론이 역사적으로 올바르다는 것을 확신했다. 10월혁명뿐만 아니라 특히 전시공산주의는 영구혁명론의 정당성을 완전히 입증했다. 그런데 영구혁명론과 네프적 실천 사이의 괴리는 대체 무엇이었던가? 네프 이전까지, 레닌이 말한 것처럼, 모든 볼쉐비키는 "지금 당장에, 아니면 최소한 아주 속히 자본주의적으로 더 발전한 시 유럽 국가들에서 혁명이 시작될 것이며, 아니면, 반대의 경우에, 그들[즉, 볼쉐비키]은 반드시 파멸할 것"이라고 생각했다. 레닌이 "후퇴"의 필요성에 대해 말했을 때, 트로츠키는 전혀 주저함이 없이 찬성했다. 아니 네프의 시작이 된 현물세로의 전환을 1920년 봄에 트로츠키 자신이 먼저 제안한 바 있었다. 더욱이 1922년 말경에, 이미 언급한 것처럼, 레닌의 정치적 입장은 그 누구보다도 트로츠키의 입장에 더 부합했다. 그러나 레닌이 트로츠키스트가 되었다고 생각하는 것은 적절하지 않다. 레닌이즘은 이미 1917년 이전에 특히 자신의 제국주의론을 근거로 독자 발전하여 결국 트로츠키즘에 합류했으며, 2월혁명 이후 통합된 양자(兩者)는 러시

---

[122] Троцкий Л.Д. К истории русской революции, с.148.

아 정치상황에 대응해 이론적 내용을 풍성하게 하면서 발전하였다. 물론 이 경우 이론적 이니셔티브는 레닌에게 있었다.

그런데 지금, 당 중앙위원회의 다수파가 레닌이즘을 독점한 채 트로츠키파의 생각보다 더 멀리 "후퇴"했을 때, 레닌이즘과 트로츠키즘 간의 정치노선상의 차이는, 당연하게도, 명료하게 드러났다. 트로츠키주의는 그 급진성으로써 자신을 과시하고 있었다. 본질적으로 당내 정책에 있어서의 대립은 노선상의 문제라기보다는 오히려 권력문제와 관련되었으며, 따라서 그 차이를 논하는 것은 무의미할 수 있다. 이념적 차원에서, 스탈린의 정책과 구별되는 트로츠키주의적 노선은 바로 사회주의적 본원축적론에 기초하고 있었다. 이 개념 자체의 저작권은 V.S. 스미르노프에 속했지만 그것을 이론적으로 확립한 사람은 프레오브라젠스키였다. 사회주의적 본원축적론은 트로츠키즘의 경제정책적 강령의 성격을 지니고 있었는데, 이와 관련해 부하린은 1924년 12월 ≪프라우다≫에 「소비에트 경제에 관한 새로운 발견인가 아니면 노동자·농민의 블록을 어떻게든 망치려 하는가」라는 제목의 글을 제재하면서 트로츠키즘의 경제적 논거를 파헤쳤으며, 이로써 레닌파는 소위 "신 트로츠키즘"의 본질을 폭로하기 위한 완전한 근거를 획득했다.

1924년에 프레오브라젠스키는 ≪공산아카데미회보(제8권)≫에 발표한 논문 「사회주의적 축적의 기본 법칙」에서 사회주의로의 이행기에 있는 소비에트 경제의 철칙(鐵則)을 이렇게 정식화했다: "사회주의적인 생산의 조직화로 이행하는 어떤 나라가 경제적으로 보다 낙후되고 프티부르주아적이며 농민적일수록, 사회혁명의 시점에 그 나라의 프롤레타리아트가 스스로의 사회주의적 축적을 위한 펀드로 상속하는 유산은 보다 적어지며, ― 그럴수록 사회주의적 축적은 경제의 전(前)사회주의적 형태에 대한 수탈에 의존할 수밖에 없다. [중략] 거꾸로, 사회혁명이 승리한 어떤 나라가 경제적으로 산업적으로 더욱 발전했을수록, 국유화 이후에 프롤레타리아트가 상속하는 고도로 발전한 산업과 자본주의적으로 조직된 농업이라는 형태의 물질적 유산은 보다 많아지며 [중략], — 그럴수록 사회주의적 축적의 무게 중심은 사회주의적 형태의 생산기반으로 옮겨지게 된다. 즉, 자기 고유의 공업 및 농업에서의 잉여생산물에 의존하게 된다."[123] 한마디로 말해서, 프레오브라젠스키는 사회주의적 축적이란 현실적으로, 정도의 차이에도 불구하고, 소생산자들(또는 이들의 경제 전반)에 대한 수탈을 통해서만 가능하다고 생각했다. 특히 경제적으로 충분히 낙후되었고 게다가 황폐화된 소연방 같은 나라는 "전(前)자본주의적 경제양식들이라는 샘으로부터 풍부하게 [가치를] 퍼내면서" 본원적 축적의 시기를 통과해야만 했다.[124] 그렇기 때문에, 그의 주장에 따르면, 사회주의의 실현을 지향하는 소비에트 경제에서는 국영공업의 발전을 최고 목적으로 하여 사적 경제, 특히 농업의 잉여생산물에 대한 수탈 규모라든가 국유화된 경제 부문에서의 임금 수준, 그리고 가격정책, 대외·대내적 교역에 대한 통제, 금융정책, 예산편성 및 그밖에 다른 경제 조치들이 결정되어야 했다. 그는 결론에 도달했다: "이런 정책은 모든 분야에서 상당히 충실하고 일관성 있게 시행되고 있지 않지만, [중략] 그러나 이 모두는 단지 시간상의 문제일 뿐이다."[125]

이와 같이, 이른바 사회주의적 본원축적의 법칙은 1923년 초에 트로츠키가 제기한 소위 "공업에의 집중" 노선을 이론화한 것에 다름 아니었다. 프레오브라젠스키의 이론을 "작업장의 이데올로기"라고 부르면서 부하린은 트로츠키파에 대해 그들이 "노동자·농민의 블록, 그 위에 정통 볼쉐비즘의 모든 관점이 형성되어 있고 또 형성되고 있는 블록"을 위태롭

---

123) Преображенский Е. А. "Новая экономика" — опыт теоретического анализа советского хозяйства. М., 1926, с.138.
124) Там же, с.99.
125) Там же, с.162.

게 하고 있다고 덤벼들었다. 그는 소비에트 국가가 비록 정확한 의미에서 노동자·농민의 국가가 아니라 노동자 국가이지만, 그러나 프롤레타리아트는 농민에게 군림하는 것이 아니라 "자신에게 집중된 권력을 이용해 농민을 지도하고 있다"고 주장했다. 프롤레타리아트가 권력을 장악한 바로 그 시기에 만약 경제적 헤게모니를 위한 토대가 프롤레타리아트에게 확보되지 않는다면, 그의 정치적 헤게모니와 지도력은 확고한 것이 될 수 없다고 강조하면서 부하린은 "레닌의 구상"을 옹호했다: "경제적 헤게모니는 공업의 농촌시장에 대한 적응과 이 시장에 대한 점진적 장악, 공업의 도움하에 이루어지는 농업생산에의 신기술 도입, 협동조합망에로의 점진적 농민 포섭, 그리고, 마지막으로, 사회주의적 축적의 성장에 준하는 새로운 기술적 토대의 구축(전력보급) 등에 의해 실현될 수밖에 없다."126) 결국 프레오브라젠스키에 대해 부하린이 가한 비판의 핵심은 바로 소비에트 러시아가 사회주의적 경제를 실현하는 방법에 있었다. 그것은 "농민경제를 소비에트 경제로써 압박해 파산케 하는 방법"으로써가 아니라, "완전히 다른 방법으로써, 즉 바로 유통과정을 통해서(직접 생산과정을 통해서가 아니라), 협동조합을 통해서" 실현되어야만 했다.127) 이렇게 해서, 일단, 서로 상이한, 그러나 궁극적으로 하나의 동일한 목표를 가진 두 개의 개념이 등장했다. 하나는 트로츠키주의자들이 설교하는 사회주의적 본원축적에 관한 개념이었으며, 다른 하나는 바로 다수파가 주장하는 소위 "사회주의적 축적"이라는 개념이었다.

진실을 규명코자 했던 자신의 문필활동에 대해 레닌파의 적대적인 비난이 쏟아지면서 트로츠키는 전혀 근거 없이 트로츠키즘 혹은 새로운 트로츠키즘에 관한 신화를 생산하며 자신을 정치적으로 중상하는 당 중앙

---

126) Правда, 12 декабря 1924 г.
127) См.: Там же.

위원회의 동무들에게 분노했지만, 한편으론, 1917년 봄 이후 자신에 대해 정중한 신뢰를 표현했던 크룹스카야의 반발에서도 확인할 수 있었듯이, 러시아 혁명의 지도자는 두 사람이 아니라 오직 레닌 한 사람일 수밖에 없는, 이미 역사가 되어버린 현실에 절망했다. 현실과의 타협이 필요했다. 1924년 11월 말, 그는 「우리의 이견」이라는 글을 썼으며, 이를 통해서 "당에 대한 위협으로서의 트로츠키즘이라는 환상을 만들어내는 것이 전혀 근거 없음을 보여주려고 노력했다."[128] 영구혁명론은 그가 모든 정치적 추론과 결론을 이끌어내는 일종의 물신(物神) 혹은 신념의 상징 같은 것이라는 평가를 거부하면서 트로츠키는 자신의 정치적 역정이 그를 "확고하게 그리고 영구히 볼쉐비즘으로 인도했다"고 단언했다. 그리고서 그는 비록 경제부흥 과정으로부터 공업이 뒤쳐진다면 결국 프롤레타리아 권력에게 커다란 위험이 발생할 것이라는 예전의 경고를 되풀이했지만, 곧 자신이 농민의 혁명역량을 과소평가한다는 비난을 반박하면서 선언했다: "경제적이며 정치적이기도 한 우리의 교묘한 행동은 노동자와 농민의 동맹이라는 토대 위에서 프롤레타리아 독재를, 그리고, 그렇기 때문에, 차후의 사회주의적 건설을 보장할 수 있는 일련의 조치들로 귀착된다. 그것은 우리의 최고 규범이기도 하다."[129]

그런데 트로츠키는 이 논문을 출판하지 않았다. 그것이 오히려 자신에 대한 비난이 더 확대되는 계기가 될 수 있다고 생각했을까? 아니면 글의 내용이 지나치게 비굴하게 생각되었을까? 아무튼, 그는 논문에서 트로츠키즘과 관련해 제기된 모든 문제들을 반박하고 해명하면서도, 서유럽에서 혁명이 지연될 경우에 예상되는 소비에트 사회주의 건설의 운명에 대한 자신의 견해에 관해서는 한마디도 언급하지 않았다. 이것은 이제 그

---

128) Архив Троцкого, т.1, с.111.
129) Там же, с.142.

가 내심 일국사회주의론에 소극적으로나마 동의하고 있음을 표현하기 위함이었을까? 아니면 자신의 신념을 전혀 배반할 수 없었기 때문이었을까? 아마도 그 답은 후자였을 것이다.

1924년 12월에 쓴 논문 「10월혁명과 러시아 공산주의자들의 전술」에서 스탈린은 강조했다: "10월혁명의 국제적 성격을 망각하면서 일국에서의 혁명의 승리를 순수하게 민족적인 것으로 그리고 단지 민족적 현상으로 선언하는 자들은 옳지 않다. 또한, 10월혁명의 국제적 성격을 기억하면서 이 혁명을 외부로부터의 지원을 받아야만 하는, 무언가 소극적인 것으로서 간주하는 경향이 있는 자들도 옳지 않다."130) 트로츠키즘과의 투쟁은 헛된 것이 아니었다. 만약 과거에 스탈린이 일국에서의 사회주의의 완전한 승리를 위해서는 역시 선진 국가들에서의 프롤레타리아 혁명이 필수적이라고 말했다면, 이제 그는 10월혁명을 "세계혁명의 시작이자 전제"로서 자리매김하면서 양자(兩者) 사이의 관계를 상호의존적인 것으로서 파악하고 있었다. 그 결과 스탈린의 사회주의 건설 이론은 영구혁명론과의 근본적인 차이를 획득하게 되었다. 그가 강조한 바에 따르면, 10월혁명은 분명히 선진 국가들에서의 혁명으로부터 지원을 필요로 하지만 동시에 서유럽의 혁명이 세계 제국주의를 타도하는 과업을 진전시키고 가속화하여 결국 승리하기 위해서는 역시 10월혁명으로부터의 지원을 필요로 한다는 것이었다.

의심할 여지없이 스탈린의 시각은 레닌주의 이론들에 대한 광범위하고 적극적인 일반화에 그 토대를 두고 있었다. 그러나, 혹시 스탈린이 네프, 즉 농민에 대한 양보의 길을 계속하면서 레닌의 교의를 왜곡하고 있지는 않았을까? 바로 그 점을 트로츠키는 확신하고 있었다. 그러나 스탈린은 농민문제에 대해서 레닌이 어떠한 의미를 부여했는지 너무나도 잘

---

130) Сталин И.В. Соч., т.6, с.400~401.

이해하고 있었다. 『레닌주의의 기초』에서 그는 이렇게 썼다: "어떤 이들은 농민문제야말로 레닌이즘에 있어서 기본적인 것이라고, 농민 및 농민의 역할, 농민의 비중에 관한 문제가 레닌이즘의 출발점이라고 생각하고 있다. 이것은 완전히 틀렸다. 농민문제가 아니라 프롤레타리아 독재 및 이를 쟁취할 수 있는 조건들 그리고 이를 확고하게 할 수 있는 조건들에 관한 문제가 바로 레닌이즘에 있어서의 기본 문제이자 그 출발점이 된다. 권력 장악을 위한 투쟁에 있어서, 프롤레타리아트의 동맹자에 관한 문제로서의 농민문제는 파생적인 문제에 불과하다."[131] 옳은 말이었다. 10월혁명 이후에 레닌이즘에 있어서 가장 근본적이며 중심적이었던 것은 프롤레타리아 독재에 관한 문제였다. 만약 "후퇴"가 소비에트 권력의 공고화에 기여한다면 그런 "후퇴"는 계속되어야 했으며, 이는 볼쉐비키에게 완전히 수용할 만한 것이었다. 스탈린은 레닌의 가르침을 너무나도 잘 기억하고 있었다: "우리는 현실적으로 행동해야 합니다. [중략] 이것이야말로 우리의 유일한 원칙인 것입니다."[132] 물론 스탈린이 레닌의 개념과 이론을 통해서 볼쉐비키당의 정책, 즉 네프를 정당화할 수 있었던 것과, 과연 1924년의 상황에서 레닌이 네프를 지지했겠는가의 문제는 전혀 별개의 문제들이었다. 이미 1922년 봄, 제11차 당 대회에서 레닌은 "후퇴"의 중단 및 당 대열의 정비를 공개적으로 요구한 바 있었다.

1925년 1월 중순에 열린 당 중앙위원회 전원회의는 "이단자" 트로츠키에 대한 준엄한 종교재판이 되었다. 전원회의에 보낸 서한에서 트로츠키는 당의 지시에 따라 어떠한 직책이라도 맡을 준비가 되어 있으며, 자신에 대한 어떠한 제재라도 수용할 용의가 있음을 밝혔다.[133] 지노비예프

---

131) Там же, с.123.
132) Ленин В.И. Полн. собр. соч., т.44, с.46.
133) См.: Правда, 24 января 1925 г.

와 카메네프는 트로츠키를 당에서 즉시 제명시킬 것을 요구했다. 스탈린의 의견은 달랐다: "우리는 지노비예프와 카메네프 동무에게 동의하지 않는데, 왜냐하면 절단정책은 당에 대한 커다란 위험을 내포하고 있으며, 잘라내는 방법, 피를 흘리는 방법(그들은 피를 요구합니다)은 위험하며 전염성이 강하다는 것을 알기 때문입니다. 오늘 한 사람을 잘라내고, 내일은 다른 사람을, 모레는 또 다른 사람을 자른다, – 그럼 도대체 우리 당에 누가 남겠습니까?"[134) 전원회의의 결정에 따라 트로츠키는 '공화국 혁명군사회의' 의장 및 국방인민위원의 직책에서 바로 해임되었다. 비록 정치국원으로서의 지위는 유지되었지만, 트로츠키가 이제 종이호랑이가 되었다는 것은 분명한 사실이었다.

1920년대 중반, 트로츠키즘과의 투쟁을 둘러싸고 전개된 이 모든 일련의 사태는 볼쉐비키당 내에서 소위 "농민편향"의 발전을 강하게 자극했다. 트로츠키에게 제기된 주된 비판 중의 하나는 바로 트로츠키즘이 농민의 혁명역량을 과소평가한다는 것이었으며, 그 결과 많은 당원 대중들은 당시 게양된 "농촌을 보살피자!"라는 슬로건이야말로 레닌이즘을 가장 올바르게 구현한 것이라고 생각하게 되었다. 그리고 이는 매우 당연한 과정일 수 있었는데, 왜냐하면 지극히 공허하고 추상적인 것처럼 보일 수도 있는, 때론 단순한 권력정치적 차원의 현상으로서 설명되기도 하는 트로츠키즘과의 투쟁은 현실적으로 네프를 둘러싼, 즉 농민에 대한 양보를 둘러싸고 벌어진 정책적인 노선투쟁이었기 때문이었다.

1925년 4월, 모스크바(시)당 조직의 열성분자 집회에서 「우리 농업정책 분야에서의 새로운 과제들」이라는 보고문을 들고 부하린이 연단에 섰다. 서유럽에서 전후 초기에 나타난 경제적 위기가 극복되는 가운데 혁명운동이 쇠퇴하는 모습을 자본주의의 안정화라는 말로써 설명한 부하

---

134) Сталин И.В. Соч., т.7, c.380.

린은, 다른 당 지도자들도 그러했던 것처럼, 경제발전의 속도에 관한 문제가 아주 중요한 의미를 갖고 있으며 때문에 당은 국영공업에서 최대한 빠른 자본축적을 달성해야만 한다고 강조했다. 그리고, 그의 의견에 따르면, 사회주의적 공업은 농민의 유효수요에 있어서의 양적, 질적 변화에 의존하는 까닭에 농업의 발전 없이, 농업 분야에서의 축적과정 없이 공업의 급속한 발전은 불가능한 것이었다. 농민들의 일할 의욕을 짓눌러 버리는 전시공산주의적 잔재들을 비판하면서 네프의 전도사는 열변을 토했다: "우리는 쓸데없이 유복한 농민들을 모욕하는 데 열중하고 있습니다. 그러나 이 때문에 중농(中農)은 자신의 영농을 개선하는 것을 겁내고, 강한 행정적 압박을 당하지 않을까 겁먹고 있습니다. 그런데 빈농은 자신이 부유한 농가에서 노동력을 행사하는 것을 우리가 방해한다고 불평하고 있습니다."135) 이 무렵 이미 농촌에서는 부농이 빈농들을 고용해 자신의 영농에 투입하는 일이 흔하게 이루어지고 있었다. 물론, 이론적 차원에서 농민은 부농(쿨락), 중농(세레드냑), 빈농(베드냑)이라는 세 가지의 계급적 범주로 구분될 수 있었지만, 현실에서 그들은 특히 공업과 구별되는 하나의 경제공간에서 계급적 대립이 아니라 상호의존적인 관계를 유지하고 있었다. 그렇기 때문에, 부하린은 연단에서 모든 농민에게, 모든 농민 계층에게 호소했다: "부자가 되시오, 축적하시오, 자신의 영농을 발전시키시오!"136)

부하린이 내세운 "부자가 되시오!"라는 슬로건은 당내에 큰 파문을 일으켰다. 물론 부하린은 공업에서 제기되는 급속한 발전의 필요성을 공정하게 평가했다. 그러나 그는 시장관계나 화폐, 거래소, 은행 등이 "매우 커다란 역할"을 수행하는 긴 과정이 진행된 결과, 비로소 계획경제로의

---

135) Правда, 24 апреля 1925 г.
136) Там же.

이행이 실현될 수 있을 것이라고 강조했다. 부하린은, 특히 자신이 이른바 '사회주의로의 점진적 귀의 이론'의 신봉자라는 사실을 감추지 않았다. 그리고 그는 자신의 슬로건에서 단지 "부농의 해방"을 발견하는 것은 소위 "부농편향"에 빠져 있음을 의미한다고 강변했지만, 그럼에도 불구하고, "부유한 상층 농민"에 대한 행정적 압박에 반대한다고 발언하면서 부하린은 그 자신을 "부농의 옹호자"라는 비판할 수 있는 권리를 반대파에게 제공했다.

1925년 4월 말, 즉 부하린의 연설이 있던 날로부터 며칠이 지난 후, 제14차 당 협의회가 개막되었으며, 그 주된 의제는 바로 농민정책이었다. 이 무렵, 공업과 관련해 당 지도자들이 내린 결론에 따르면, 급속한 속도로 공업이 성장함에 따라 이제 제정 러시아로부터 물려받은 낡은 기술설비의 한계 내에서는 더 이상의 발전 가능성이 거의 소진되었다는 데에 사회주의적 공업이 처한 상황의 특수성이 있었다. 이제 고정자본의 확대재생산과 공업의 설비 갱신은 볼쉐비키 정권에게 매우 시급한 과제로서 제기되었다. 확대재생산에 기반을 두는 공업의 발전은 훨씬 더 많은 자금과 훨씬 더 많은 시간을 요구하는 것이었다. 더욱이, 고정자본의 재생산 문제는 경제의 조직화를 위한 기술적, 경제적 기반의 창설이라는 일반문제와 합치되어야 했으며, 동시에 인민경제 전 분야의 부흥과 발전을 위한 일반계획에 포함되어야 했다. 당 협의회에서 협동조합에 관한 보고문을 들고 등단한 리코프는 이렇게 강조했다: "이 과제[즉, 확대재생산의 실현]은 사회주의적 축적의 템포와 전체적으로 그리고 완전하게 연결되어 있습니다. 우리에게는 공업의 확대를 위한, 그럼으로써 프롤레타리아 독재의 지휘고지 강화를 위한 현실적 가능성을 보장할 수 있는, 그런 정도의 축적 템포가 [공업의] 모든 종류와 모든 방면에서 필요합니다."[137]

---

[137] Правда, 30 апреля 1925 г.

사회주의적 축적의 문제는 인구의 대다수를 차지하는 농민과 관련되지 않을 수 없었다. 이 무렵 농촌에서는 농업의 상품화율 상승, 인구과잉 등의 현상과 결부되어 주민의 계층화가 심화되고 있음이 뚜렷하게 목격되었으며, 이는 많은 볼쉐비키의 불안과 분노를 자아내었다. 농촌문제는 시급히 해결되어야 요구했다. 리코프는 당 협의회에서의 보고를 통해 제안했다: "전시공산주의의 잔재를 근절하면서, 농업에서의 부흥과정을 강화할 수 있는 현실적 조건들을 조성하면서, 머슴의 고용 및 토지의 임대 가능성을 확대하면서, 이것을 우리는 빈농과 중농이 지금까지보다 더 많은 정도로 우리에게서 자신의 권력을 느끼게 하고, 우리로부터 지금까지보다도 훨씬 더 많은 물질적 지원을 받게 하는 방법을 통해서 극복할 필요가 있습니다."138) 그는, 물론, 장황하게 소비에트 권력의 농촌거주 동맹자들에 대한 배려와 위안을 표현하지 않을 수 없었다. 그러나, 그럼에도 불구하고, 그의 결론은 부하린의 그것과 매한가지였다. 바로 "부유한 농민들"의 생산활동을 억압하면 안 된다는 것이었다.

제14차 당 협의회의 결의문에는 농촌의 당 조직을 강화하기 위한 조치들이 열거되었으며, 협동조합을 발전시켜야 할 필요성이 강조되었다. 동시에, 농촌에서의 경제현실을 있는 그대로 완전하게 승인하면서, 레닌파는 신경제정책(네프)을 확대하고 심화시키기로 결정했다. 그들의 정치적 의지는, 당연하게도, 당 협의회가 채택한 슬로건 속에 그대로 반영되었는데, 그것은 (1) 전시공산주의적 잔재의 근절 및 농촌에서의 네프의 정착, (2) 농민에 부과되는 농업세의 경감, (3) 농업에 종사하는 모든 계층의 주민들에 대한 협동조합에의 참여권 부여, (4) 농촌에서의 토지 임대 및 노동력 고용의 확대 등이었다. 당 협의회에서의 발언을 통해서 몰로토프는 그런 구호들이 가진 의미를 이렇게 설명했다: "시장관계의 발전,

---

138) Там же.

그리고 전국적인, 특히 농촌에서의 상품유통의 발전을 위한 노선, — 현시점에 있어서 이 노선은 농업을 육성하기 위한 당의 기본 노선인 것입니다."139) 결정문에 따르면, "농업 내부에서의 건실한 축적과정을 고무하고 보장하기 위해 노력하면서" 당은 "납세자의 이해관계 및 그 경제활동의 불가침성에 대한 보호와 옹호를 국가권력의 과제로써" 확고히 정립했다.140)

당 협의회에 참석한 모든 대표자들이 이 결정문에 동의한 것은 아니었겠지만, 그렇다고 해서 직접 반대의견을 피력하고 나선 이도 없었다. 대신에 "부자가 되시오!"라는 구호와 함께 부하린이 속죄양으로 선택되었다. 리코프의 보고를 듣고 난 후에 벌어진 토론에서 당시 베세엔하의 고위 간부였던 라린은 농촌에서 "한편으로는 부르주아, 다른 편으로는 날품팔이 분자들로의 현저한 분열"이 일어나고 있다고 언급한 다음, 부하린을 지적하면서 그가 농민 상층부를 옹호하는 "엄청난 정치적 과오"를 저지르고 있다고 비판했다. 이어 라린이 강조한 바에 따르면, 농촌에 대한 올바른 처방은 바로 "농촌의 네프적 경제발전에 대한 인식을 농촌 부르주아에 대한 사회적, 정치적 투쟁 강화와 결합시키는 데 있었다."141) 물론 부하린은 "트로츠키주의자"에게 당하고만 있지 않았다. 라린의 입장을 "부농편향"에 대립시키면서 그는 반박했다: "라린에게는 중농이 없습니다. 그에게는, 수수께끼 그림에서처럼, 중농이 사라졌습니다."142) 이어 그는 "농촌의 중심적 인물", 즉 중농을 보지 못하는 자는 "라린적 편향"에 사로잡혀 있는 것이라고 주장했다. 그렇게 해서 부하린은 자칭 중농의 보호자가 되었으며, 그리고 중농에 관한 신화창조가 시작되었다.

---

139) Правда, 28 апреля 1925 г.
140) См.: КПСС в резолюциях.., т.3, с.204.
141) См.: Правда, 3 мая 1925 г.
142) См.: Там же.

1925년 6월 초, 스탈린은 스베르들로프 대학에서 한 연설에서, 네프가 확대되면서 농촌에서 부농에 유리한 모종의 사태가 진행되었음을 인정했다. 그러나 그는 당원들에게 중농을 프롤레타리아트 편으로 끌어들이는 것이 당의 농촌에서의 가장 중요한 과제이며, 이를 실행하지 않으면 "당의 신 노선은 단지 백군 반혁명가들에게나 유익한 것이 될 수 있다"고 경고했다.143) 이 무렵 레닌파는 농촌 주민의 약 3~4%가 부농에 해당되며, 그 나머지가 반반씩 중농과 빈농을 구성하고 있다고 간주했다. 물론 부농과 빈농은 객관적인 계급적 모순들에 의해 구분되었다고 주장할 수 있다. 그러나 부농과 중농 사이에 이해관계의 분명한 대립이 과연 존재했을까? 이에 대한 정확한 대답은 단지 당시의 농촌 상황에 대한 철저한 분석이 이루어진 다음에야 가능할 것이다. 아무튼 스탈린은 자신의 "신 노선"을 위한 이론적 토대를 레닌에게서 발견했다. 1919년 3월 러시아볼쉐비키공산당 제8차 대회의 개막 연설에서 레닌은 이른바 중농의 중립화에 관해 언급한 다음에 말했다: "그러나 그것(즉, 중립화)은 아직 충분하지 않습니다. 지금 우리는 중간층 농민들과의 확고한 동맹 기반을 구축하기 위해 우리가 반드시 따라야만 할 [행동 지침과 지시들을], 농촌에서의 활동 경험을 통해 검증된 기본적 행동 지침과 지시들을 구체적이고 세밀하게 작성해야만 하는, 그러한 사회주의 건설의 단계에 들어왔습니다."144)

우리는 콤베드(빈농위원회)에 대한 다수 농민들의 심각한 저항을 목격하게 되면서 레닌이 "프롤레타리아·빈농과 중간 농민과의 확고한 동맹"에 관해 말하기 시작했다는 사실을 알고 있다. 결국 네프는 소비에트 권력에 저항하는 농촌 분자들에 대한 양보 정책을 의미했으며, 여기에는

---

143) См.: Сталин И.В. Соч., т.7, с.191.
144) Ленин В.И. Полн. собр. соч., т.38, с.129.

중농뿐만 아니라 주로 쿨락, 즉 부농이 해당되었다. 그러나 쿨락은 명백한 '인민의 적'이었으며, 그런 이유로 네프를 쿨락에 대한 양보라고 말할 수는 없었다. 오히려 간단하게 네프는 농민에 대한 양보를 의미한다고 말하는 편이 더 좋았다. 그런데 네프를 크게 확대시킨 지금, 물론 그 경제적 성과는 분명했지만, 당은, 아니 정확하게 스탈린은 공산당이 부농들에게 양보하고 있다는 사실을 인정하기를 원치 않았다. 그래서 네프는 중농들과의 동맹을 강화하는 것이라고 선언되었다. 물론 여기서 중농이란, 실제로는, "먹고살 만한 부유한 농민들"이었다.

"신 노선"이 확대됨에 따라 사회 내에서 자유주의적 풍조가 강화되었다. 심지어 토지의 사유화를 요구하는 목소리까지 울려 퍼졌다. "신 노선", 즉 네프에 대한 선전은 부하린과 그의 "학파"에 대한 비판과 병행했으며, 비판의 주된 이유는 반(反)소비에트적 선동을 위한 이데올로기의 형성을 조장한다는 것이었다. 부하린이 부자가 되라고 설교하자마자 바로 크룹스카야는 그에 반대하는 글을 발표했다. 스탈린 역시 제14차 당 협의회에서 부하린의 슬로건에 동의하지 않는다고 발언하였다. 그런데 1925년 6월 ≪콤소몰스카야 프라우다≫에 부하린의 구호를 정당화하는 기사가 게재되었으며, 이를 본 스탈린은 신문의 편집국에 서한을 보내 그 과오를 질책했다: "이 슬로건은 우리 것이 아니다. [중략] 우리의 슬로건은 바로 사회주의적 축적이다. 우리는 농촌의 복지 향상을 가로막는 행정적 장애들을 제거한다. 이런 조치는 당연히 모든 종류의 축적을, 사적-자본주의적 축적도 또한 사회주의적 축적도 용이하게 한다. 그러나 당은 사적인 축적을 자신의 슬로건으로 삼는다고 지금껏 말한 적이 전혀 없다. 우리는 사회주의적 축적에 관한 우리 구호의 실현을 용이하게 할 목적으로 네프를 확대시키며 사적인 축적을 허용하고 있을 뿐이다.[145]

---

145) Сталин И.В. Соч., т.7, с.153.

부하린은 자신이 내걸은 슬로건의 오류성을 공개적으로 천명하지 않을 수 없었다. 특히,『혁명의 깃발 아래』라는 저작을 통해 "신 노선"의 옹호자들을 "테르미도르적 반동"이라고 비난한 우스트랼로프의 논거를 반박하기 위해서 부하린은 급히『혁명의 가면을 쓴 시저리즘』이라는 제목의 소책자를 출간했다. 여기에서 그는 당내에 상당한 공감대를 확보하고 있는 우스트랼로프의 주장을 극좌주의로 규정 비판하면서, 역시 자신의 과오도 인정했다: "이 공식[부자가 되라는 슬로겐]은, 의심할 여지없이 당이 농촌의 복지 향상을 위한 노선을 걸어야 한다는 완전히 올바른 명제에 대한 그릇된 공식화이다."[146]

그럼에도 불구하고 당내에서 "사상의 자유"는 계속 발전되었다. 당에서 발행하던 잡지 《볼쉐비크》에 바구쉡스키라는 인물이 쓴 논문이 게재되었는데, 거기에는 부농들이 사회세력으로서 완전히 무시되고 있었다: "쿨락, - 그것은 허수아비이며, 그것은 구(舊)세계의 환영이다. 아무튼 그것은 사회계층이 아니며, 심지어 집단도 아니며, 일단의 사람들조차 아니다! 그것은 이미 죽어 없어지는 극소수다. [중략] 일련의 논문들에서 우리 농촌에서 쿨락이라는 존재가 갖는 의미를, 속되게 말해서, 힘껏 나발 불어댄 일은 단지 용어 사용의 타성에 의한 것으로써 설명될 수 있다."[147] 또한, 경제지 《에코노미체스카야 쥐즌》에는 이른바 샤닌의 테제가 등장했는데, 이는 당내 우파의 강령과 비슷한 의미를 가진 것이었다. 샤닌의 생각에 따르면, 공업의 발전은 농업의 발전과 같은 템포로 이루어질 수 없으며, 따라서 만약 이 두 경제 영역의 균등 발전을 과제로 삼는다면 이는 공업 발전의 가속화가 아니라, 역설적이지만, 단지 농업의 발전을 억제하는 방식으로 가능할 뿐이었다. 그러나 샤닌의 테제

---

146) Бухарин Н.И. Цезаризм под маской революции. М., 1925, с.35.
147) См.: Большевик. 1925, No.9~10, с.63~64.

에 따르면, 공업에 비해 "자본의 유기적 구성이 낮은 농업에 대한 투자는 훨씬 유리하고 합목적적"이며, 농업에의 투자 자본은 매우 커다란 그리고 보다 급속한 결과를 실현할 것이다. 따라서 농업의 발전을 억제하는 것은 목적 합리적이지 않으며, 문제의 해결 가능성은 일단 "대외무역에서, 즉 농산물의 균형을 위해 외국의 공산품 공급을 이용하는 데에서" 발견될 수 있었다. 즉, 비교우위론적 관점에서 농산물 수출을 통해 인민경제에 필요한 공업생산물을 확보한다는 전략을 내세운 샤닌은, 의심할 여지없이 대외무역이 성장하는 한도 내에서 산업화가 허용되어야 한다고 생각했으며, 물론 그 기본 조건은 농업의 발전이었다. 이러한 점에서 샤닌은 "강화된 농업화"를 통한 산업화의 길을 제시했다.148)

이런 "자유화" 과정과 병행해 "변절자들"에 대한 비판이 특히 "혁명의 요람"의 지킴이라는 자부심을 가졌던 레닌그라드(시)당 위원회의 간부들로부터 강화되었다. 그들의 비판이 당내 우파의 정신적 지주로 지목된 부하린이라는 인물 집중되면 될수록 스탈린의 부하린에 대한 지지는 더욱 확고하게 표명되었다. 무슨 논리였을까? 비판은 스탈린을 향하지도 않았으며, 또한 스탈린과 부하린 사이에는, 앞에서 확인한 것처럼, 분명한 입장의 차이가 있었다. 스탈린은 왜 부하린을 지지했을까? 이 문제와 관련해 단지 이론적 차원에서 그 이유를 찾으려 한다면, 그건 너무 순진한 생각일 것이다. 그러나 이를 단지 권력투쟁의 차원에서 해석하려 한다면, 아마도, 이런 시도 역시 결과가 빈약할 것이다. 개인적 친분관계를 배제한다면 그 가장 중요한 원인은 부하린이 아니라 바로 스탈린 자신이 "신 노선"의 실질적 책임자라는 사실에 있었다. 레닌의 사후, 구체적인 정책의 결정과 집행은 주로 서기국에서 담당하는 사항이었으며, 부하린은 당 기관지 ≪프라우다≫의 편집장으로서 당 정책의 선전과 선동을 주

---

148) См.: Экономическая жизнь, 2 декабря 1925 г.

도하고 있었다. 그렇기 때문에 스탈린은, 부하린의 논리에 다소 "편향"이 있음을 느끼면서도, 부하린에 대한 비판을 곧 자신에 대한 비판으로 받아들일 충분한 이유가 있었다. 그러나 스탈린과 부하린 사이에 형성된 견고한 협력적 관계 및 이들이 주도한 네프적 발전은 당내에 지노비예프와 카메네프가 축이 된 '신(新) 반대파'가 형성되는 주된 계기가 되었다.

1925년 10월, 지노비예프는 《프라우다》에 「시대의 철학」이라는 제목이 달린 자신의 논문을 게재하면서 "신 노선"을 공개적으로 비판하고 나섰다. 네프의 발전 방향에 관한 문제를 제기한 그는 "네프란 세계혁명이 지연되는 상황에서 도입된 농민국가에서의 프롤레타리아 혁명의 전술"이라고 단언하면서, "원형 그대로의 레닌 정신"에 따라 당의 노선을 확고히 실행할 것을 요구했다.149) 카메네프도 모스크바(시)당 조직의 집회에서 노골적으로 당의 노선을 비판하기 시작했고, 그들은 크룹스카야, 소콜니코프와 함께 소위 "4인 강령"을 발표하면서 서기국의 횡포를 질타하고 정책상의 이견에 대한 광범한 토론을 요구했다. 스탈린과 '신 반대파' 사이의 본격적인 충돌은 곧 10월에 개막된 당 중앙위원회 전원회의에서 빚어졌는데, 여기서 지노비예프와 카메네프는 부하린의 슬로건에 대한 분명하고 정확한 토론을 고집했다. 스탈린은 그들이 농촌에서의 계급투쟁을 선동하고 있다고 반박했다. 결국 전원회의의 결의문은 농촌에 대한 당의 정책적 원칙, 즉 "프롤레타리아트의 지도하에 부농계급 밑에서 중농을 해방하고, 빈농계층과 중농과의 동맹을 강화하는 정책의 실행"을 확인하는 정도로 국한되었다.150) 농촌의 계층 분화 및 농촌 상층부의 성격에 관해서는 단 한마디도 언급되지 않았다.

제14차 당 대회가 열리기 직전 당내의 분위기는 극도로 긴장되어 있었

---

149) См.: Правда, 19 и 20 сентября 1925 г.
150) КПСС в резолюциях…, т.3, с.230~231.

다. 지노비예프와 카메네프는 정치국에서 일부 인사들에 의한 "정치노선의 수정 행위"에 대해 자신들은 동의하지 않는다고 직설적으로 발언했으며, 일국에서의 사회주의 건설 가능성에 관한 명제를 논박했다. 당내에 "레닌 정신"을 보전해야 한다는 '신 반대파'의 집요한 요구는 그들과 스탈린과의 대립의 골을 더욱 깊게 했다. 그들이 논쟁을 정치국에서 당 중앙위원회로, 나아가 당 전체로 끌어내려고 시도했을 때, '신 반대파'가 당 내의 절대적 소수파에 불과하다는 사실이 드러났다. '신 반대파'에 대한 절대적 지지는 그 리더인 지노비예프의 "요새", 즉 레닌그라드(시)당 조직에서나 발견되었을 뿐, 심지어 카메네프가 이끌던 모스크바(시)당 위원회에서도 상황은 달랐다. 1925년 12월 초, 소위 "레닌그라드파"는 자신들의 당 협의회에서 중앙위원회의 "변절"을 비판했고, 이에 대해 모스크바(시)당 협의회는 "패배주의"와 "청산주의"에 빠진 반대파를 비난했다.[151] 당 대회의 개막 이틀 전에 스탈린은 반대파에 대해 타협을 위한 절충안을 제시했다.[152] 그러나 노선상의 대립은 이미 회복될 수 없는 수준에 도달해 있었다.

볼쉐비키당 제14차 대회(1925년 12월 18~31일)에서 정치보고를 위해 연단에 선 스탈린은 먼저 자신의 두 진영론적 관점에서, 즉 세계가 제국주의 진영과 사회주의 진영으로 분리되었다는 명제를 전제로 국제관계를 설명했다. 그의 보고에 따르면, 비록 자본주의 진영이 일시적 안정을 누리고 있지만, 거기에는 어쩔 수 없이 붕괴와 해체가 도래할 것이며, 사회주의는 지금 비록 약하지만 곧 불패의 존재가 되는데, 왜냐하면 여기 사회주의 진영에서는 나날이 성장하는 결속력과 단합된 힘으로 제국주의를 향해 진격하고 있기 때문이었다. 이어, 샤닌의 테제에 대해 언급한 스

---

151) См.: Правда, 6 декабря 1925 г.
152) См.: Сталин И.В. Соч., т.7, с.388~389.

탈린은 그것이 "사회주의의 조국을 세계 자본주의 체제의 부속물로 전락시키려 한다"고 비판하고선 당의 노선을 선언했다: "우리나라를 경제적으로 자립적이고 독립적이며 국내 시장에 기반을 둔 나라로 만들기 위해, 조금씩 자본주의로부터 떨어져 나와 사회주의 경제의 노상으로 합류하는 다른 모든 나라들을 자신에게 끌어들이는 중심지가 될 나라로 만들기 위해 우리는 전력을 다해야 합니다. 이 노선은 우리 공업의 최대한의 발전을 요구하는 것입니다."[153] 그는 공업의 발전이 농업의 발전에 달려있으며, 노동자와 농민의 굳건한 동맹이 절대적임을 역설했다. 농민문제와 관련해 그는 당내에서 작용하는 두 개의 편향, 즉 "바구쉡스키적 편향"과 "라린적 편향"에 대해서 언급했다. 부농계급의 존재를 무시해버리는 전자와 그들의 위험성을 과대 선전하는 후자 중 어느 것이 더 위험한가? 스탈린은 대답했다: "두 가지 편향에 대한 투쟁에 있어서 당은 그래도 두 번째 것에 대한 투쟁에 화력을 집중해야 한다고 본인은 생각합니다."[154] 그럼으로써 그는 반대파들이 외치고 있는 "쿨락을 처단하라!"는 슬로건을 비(非)레닌적인 것으로서 규정해버렸으며, 동시에 반대파들에 대한 가차 없는 투쟁을 전개할 것을 당원 대중들에게 요구했다.

지노비예프가 중앙위원회 정치보고에 대한 추가보고를 위해 연단에 섰다. 물론 그는 스탈린의 보고 내용에 동의하지 않았다. 비록 대회장에는 고함과 점잖지 못한 야유가 난무했지만, 지노비예프는 그에 굴하지 않고 연설을 계속했다: "우리의 과업을 수행함에 있어서 우리는 세 가지 기본적인 어려움에 부딪힙니다. 첫째, 세계혁명의 지연, 둘째, 농민이 대다수인 낙후된 나라에서의 사회주의 건설의 어려움(우리는 혁명 초기에 이 두 가지 어려움을 목격했으며, 이를 성공적으로 극복했습니다), 그리

---

153) Сталин И.В. Соч., т.7, с.299.
154) Там же, с.337.

고 셋째, 당에 대한 집단적 지도체제 창설의 어려움. 이 어려움은 어마어마한 의미를 갖고 있으며, 단지 지금 그것이 분명하게 뚜렷이 나타나고 있습니다. 몇몇 동무들은 네프를 사회주의로서 선언합니다. 이러한 시각은 네프의 이상화이며, 자본주의의 이상화입니다. 우리나라의 경제구조에 있어서 압도적인 것은 '누가—누구를'이라는 레닌의 공식이 작용하고 있는 국가자본주의 시스템입니다. 바로 쿨락을 과소평가하는 부농편향이 훨씬 더 큰 위험을 제공하고 있음에도 불구하고 사람들은 우리에게 쿨락을 과대평가하는 편향에 대해 포화를 집중하라고 전혀 그릇되게 권유하고 있습니다. 쿨락은 성장하고 있습니다. 그의 경제적 힘과 정치적 무게는 엄청납니다. 쿨락은 도시에 보조세력이 있습니다. 첫째, 네프만, 둘째, 신흥 부르주아 전반, 셋째, 전문가집단 상층부, 넷째, 250만 명에 달하는 사무직의 상층부, 다섯째, 부르주아적 지식인 일부, 여섯째, 전부 자본주의적인 국제적 주변 환경. 우리는 레닌 정신에 입각한 프롤레타리아 독재를 보전해야 합니다. 당의 성장에 관한 문제를 우리는 엄청난 대다수의 당원들이 공장의 노동자들로 구성되는 방향으로 논의해야만 합니다. 농민을 입당시키는 일에 무리해서는 안 됩니다."155)

그 다음에 부하린이 등단했다. 지노비예프의 추가보고 속에는 빈농들에게 도움을 주기 위한 어떠한 새로운 조치도 제시된 바 없다고 지적한 그는 반대파가 농촌 주민이 압도적 다수인 한 나라에서의 사회주의 건설 가능성을 의심하고 있다고 비난했다. 부하린에 주장에 따르면, "그것은 노동계급의 역량에 대한 구태의연한 불신이면서, 농민에 대한 과소평가였다." 다음에 그는 후에 역사 연구자들이 이른바 부하린이즘을 묘사하는 데 주로 이용하는 그 유명한 구절들을 생산하기 시작했다: "이 토론을 통해서 우리는, 본인이 보기에, 우리나라 안에서의 계급적 차이들 때문

---

155) См.: Четырнадцатый съезд ВКП(б). Стенографический отчёт. М., 1926, с.97~129.

에 또 우리의 기술적 낙후성 때문에 우리가 파멸하지는 않을 것과, 이렇게 거지같은 기술적 토대 위에서조차 사회주의를 건설할 수 있으며 이런 사회주의적 성장은 몇 배나 서서히 이루어지게 된다는 것, 그리고 우리가 거북이걸음으로 느리게 걷겠지만 그래도 역시 우리는 사회주의를 건설하며 사회주의를 건설해 간다는 것에 대한 분명하고 정확한 확신을 당 전체의 차원에서 충분히 얻었습니다."156) 물론 이것은 스탈린이 요구한 바가 아니었다. 그는 조금 다르게 말했다. 분명, 그들의 분열은 스탈린이 부하린을 지지하기 시작하던 그 순간부터 예정되어 있었다.

이번에는 크룹스카야가 "적색교수단", 즉 "부하린 학파"가 저지르는 레닌이즘의 왜곡 위험성을 지적하면서 부하린의 비(非)볼쉐비즘을 비난하고 나섰다. 그러나 "혁명가의 아내" 크룹스카야가 당의 역사에 다수파가 옳지 않았던 대회들이 있었음을 말하고는, 그 예로써 1906년 봄에 열렸던 스톡홀름 대회를 지적했을 때 대회장에는 소란이 일었다.157) 러시아 사회민주노동당 제4차 (통합)대회에서 볼쉐비키는 패배했었다. 아무튼, 부하린을 비판하는 것과 다수파를 멘쉐비즘으로 비난하는 것은 전혀 다른 차원의 문제들이었다. 이후 당 대회의 연단에 선 많은 대의원들은 이 구동성으로 크룹스카야가 앞으로의 당의 분열을 암시했으며, 그로써 당을 위협했다고 비난했다. 사흘 뒤에 다시 연단에 선 크룹스카야는 자신에겐 다수파에 반대해 투쟁할 생각이 전혀 없으며, 항상 당의 단결을 지지한다고 말하면서 자신의 이전 발언을 변명해야만 했다.158)

당 대회장의 대의원들은 지노비예프에게 커다란 존경을 표시하지 않았으나, 그의 말은 애써 들어주었다. 그러나 카메네프에 대해서는 존경

---

156) Там же, с.135.
157) См.: Там же, с.165~166.
158) См.: Там же, с.421~422.

을 표하지도, 인내하지도 않았다. 그럼에도 카메네프는 연단에서 끝까지 말을 이어갔다. 그는 "충분한 비판이 결핍된 당내의 이론, 학파, 노선"은 당을 파멸로 이끌 것임을 확신하고 있었으며, 그렇기 때문에 이를 당에 경고하는 것을 바로 자신의 의무로서 간주했다. 무엇을 할 것인가? 반대파에게 우선 필요한 일은 첫째, 당내의 토론을 활성화하고, 둘째, "레닌으로 돌아가자!"는 구호와 함께 "부하린 학파"에 대항해 투쟁하는 것이었다. 카메네프는 물론 여기에서 그치지 않았다. 그는 더 많은 것을 주장했다: "그리고, 마지막으로, 셋째, 우리는 '영도자'에 관한 이론을 만드는 데 반대하며, '영도자'를 만드는 데 반대합니다. 우리는 서기국이 실제로 정책과 조직을 통합하면서 정치기관 위에 군림하는 데 반대합니다. [중략] 본인은 스탈린 동무가 볼쉐비키 참모본부의 통합자로서의 역할을 수행할 수 없다는 확신에 도달했습니다."159) 여기에서 대회장은 소란과 야유로 범벅이 되었다. 레닌그라드 대의원들이 연사에게 박수를 보냈다. 나머지 대의원들은 스탈린을 향해 우레와 같은 박수와 함께 환호하기 시작했다. 우렁찬 목소리가 함성으로 변했다: "우리 당의 중앙위원회 만세!, 스탈린 동무 만세!" 반대파들의 박수 소리는 대회장을 가득 메운 함성 속에 묻혀버렸고, 카메네프도 더 이상 연설을 계속할 수 없었다.

소비에트 러시아의 산업화를 사회주의 건설을 위한 총노선으로 확정한 제14차 당 대회가 끝난 직후, 스탈린은 『레닌주의의 문제』라는 소책자를 썼으며, 여기에서 주로 지노비예프와 카메네프를 비판했다. 이 책자에서 스탈린은 자신의 일국사회주의론을 최종적으로 변형하고 수정했다. 얼마 전까지 자신의 이론에 남아있던 영구혁명론의 흔적을 이제 완전히 지워버리고 그는 "일국에서의 완전한 사회주의 사회의 건설 가능성에 관한 문제"는 다른 나라들에서의 사회주의의 승리 여부와, 나아가 세

---

159) Там же, с.275.

계혁명의 문제와 관련이 없음을 분명히 했다.160) 소연방에서의 사회주의 건설의 가능성, – 이 문제와 제국주의자들의 위협으로부터 소연방의 안전을 보장받을 가능성의 문제는 전혀 별개의 것이었으며, 소비에트 사회주의의 안전보장을 위해서만 다른 나라들에서의 프롤레타리아 혁명의 승리가 단지 필요했다. 스탈린에 따르면, 소연방에서 사회주의의 승리 가능성은 프롤레타리아트가 권력을 장악함으로써 그리고 이 권력을 "완전한 사회주의 사회"의 건설을 위해, 프롤레타리아 계급과 농민 사이에 존재하는 모순들의 해결을 위해 사용함으로써 보장되었다.161) 일국사회주의 이론은 소연방에서 사회주의 건설 노선이 확립됨에 상응해 한층 완전한 것이 되었다.

그러한 이론적 완전성을 높이기 위한 시도는 필요한 것이었으며, 또 전혀 우연이 아니었다. 제14차 당 대회의 개막 중에 지노비예프는 단상에서 일국에서의 사회주의 건설에 관한 스탈린 개념의 주요 부분을 읽어 내려갔으며, 거기에는 이런 구절이 포함되었다: "사회주의의 최종적 승리를 위한, 사회주의적 생산의 조직화를 위한 한 나라의 노력은, 특히 러시아와 같은 농민국가에서, 이미 충분치 않으며, 이를 위해서는 몇몇 선진 국가들에서의 노력이 필수적이다." 물론 이것은 스탈린이 1924년 봄에 발간한 『레닌주의의 기초』 중에서 발췌한 내용이었다. 지노비예프가 대의원들에게 물었다: "여러분들은 이러한 문제의 설정에 과연 동의합니까?" 대답이 울려 퍼졌다: "아니오!" 연사는 대꾸했다: "그런데 본인은 동의합니다." 이어 지노비예프는 자신이 지금 읽은 구절의 저자가 바로 스탈린이며, 그 구절이야말로 진정으로 레닌에 부합하는 문제설정 방식이며, "젊은 교수들로 구성된 신 학파", 즉 "부하린 학파"의 노력이 이 문제

---

160) См.: Сталин И.В. Соч., т.8, с.62.
161) См.: Там же, с.65.

를 헷갈리게 하는 데 큰 성공을 거두었음에 관해서 설명했다.162) 대의원들이 웅성거리기 시작했다. 결국 당의 '영도자'는 자신의 무오류성을 부정해야만 했으며, 그렇게 했다.

『레닌주의의 문제』에서 스탈린은 아주 흥미로운 주제를 논의했다. 그는, 아마도, 카메네프가 '영도자' 이론을 만드는 데 반대한다고 말한 것을 기억했다. 우선 스탈린은 마치 프롤레타리아 독재가 당의 독재뿐만 아니라 '영도자'의 독재와 무조건 모순되지 않는다고 발언했던 지노비예프를 비판했다. 레닌은 한 번도 그런 말을 한 적이 없을 뿐만 아니라, 지노비예프는 계급의 전위대와 계급 자체의 올바른 상호관계를 위한 조건을 무시했다는 것이었다. 스탈린에 의하면, "인민이 의식하는 바를 올바르게 표현하는 것"163)이야말로 당이, 또 지도자가 "프롤레타리아 독재 시스템에서의 기본적 지도세력이라는 영광스런 역할"을 담당함에 있어서 그 정당성을 인정받을 수 있는 필수적 전제 조건이었다. 어떻게 인민들을 지도할 것인가? 이를 위해 스탈린이 의지한 것은 바로 레닌의 가르침이었다. 그는 특히 제10차 당 대회에서 레닌이 행한 연설을 인용했다: "무엇보다 먼저 우리는 설득해야 하며, 다음에 강제해야 합니다. 우리는 무슨 일이 있어도 먼저 설득하고 다음에 강제해야 합니다."164) 그리고는 레닌의 「노동조합론」에서 발췌한 문장으로 자신의 주장을 정당화했다: "우리가 사전에 인민을 설득할 수 있는 토대를 구축했을 때, 우리는 올바르게 그리고 성공적으로 강제를 적용했다."165) 스탈린은 자기 스승의 생각에 완전히 동의했으며, 그렇게 해야만 당의 단결이 보장될 수 있고 비로소 인민에 대한 지도가 가능해진다고 역설했다. 그는 단언했다: "지도에 관

---

162) См.: Четырнадцатый съезд ВКП(б). Стенографический отчёт, с.429~431.
163) Сталин И.В. Соч., т.8, с.60.
164) Ленин В.И. Полн. собр. соч., т.43, с.54.
165) Ленин В.И. Полн. собр. соч., т.42, с.216~217.

한 그즉, 레닌의 생각와 다른 모든 견해는 상디칼리즘, 무정부주의, 관료주의, 그밖에 무엇이라 하든지 다 좋은데, 단지 볼쉐비즘이 아니며 단지 레닌이즘이 아니다."166) 바로 이 '설득과 강제'라는 공식이야말로 스탈린이즘의 실천에 있어서 기본이 되었던 지도방식이었다.

'신 반대파'는 모두가, 아니 먼저 자신들이 놀랄 정도로 전에 중앙위원회 다수파에 대해 '좌익 반대파'가 가했던 비판의 많은 부분을 되풀이했다. 그런 그들을 당원 대중들이 당의 전복을 시도하는 "트로츠키주의자들의 아류"로 취급하는 것은 한편 당연한 결과였으며, 실제 그들은 곧 트로츠키파의 진영으로 합류했다. 지노비예프와 카메네프는 1923년 봄 정치국에서 시작된 당내 노선투쟁에서 트로츠키파가 옳았음을 공개적으로 선언했다. 그들은 트로츠키와의 정치적 블록을 형성하면서 혁명의 정통성을 유지한 자신들이야말로 "진정한 레닌주의자"이며 "테르미도르적 반동분자들"과의 투쟁에서 승리할 수 있으리라고 기대했다.

1926년 6월에 열린 당 중앙위원회 전원회의에서 트로츠키, 지노비예프, 카메네프, 퍄타코프, 크룹스카야 등 '통합 반대파'의 대표자들은 일종의 반대파 강령의 성격을 갖는 성명을 발표했다. 예상할 수 있듯이, 그들은 이 성명을 통해 "공업에의 집중"과 "빈농과의 연대"를 위한 그리고 "분파의 온상이 되는 당의 관료주의적 변질"에 반대하는 투쟁을 위한 정책을 추진해야 할 절박한 필요성을 강조했으며, 동시에 "소연방에서 사회주의 건설의 승리가 마치 유럽과 세계 프롤레타리아트의 권력 장악을 위한 투쟁의 진행과정이나 그 결과에 전혀 연관되지 않다는 식으로 사실을 왜곡하는, 의심쩍은 모든 새로운 이론들을 제거할 것"을 공개적으로 요구했다. 그들은 선언했다: "우리나라에서의 사회주의는 유럽 및 세계의 프롤레타리아 혁명과의 긴밀한 관계와, 그리고 제국주의적 속박에 대

---

166) Сталин И.В. Соч., т.8, с.54.

한 동양의 반대 투쟁과의 긴밀한 관계 속에서 승리할 것이다."¹⁶⁷⁾ 이로써 트로츠키즘은 근절되지 않았음이 판명되었다. 아니, 아직 근절될 수 없었다.

---

167) Архив Троцкого, т.2, с.19. О "заявлении" см.: Там же, с.11~24.

| 제4절 | 트로츠키즘과의 투쟁

　1926년 여름 내내 당원 대중들에게 자신의 정당성을 입증할 수 있는 효과적인 방법들을 궁리했던 반대파의 리더들은, 가을에 접어들면서, 당 하부조직을 무대로 삼아 "변절자들"을 향해 전면적인 공세를 전개하기 시작했다. 그러나 레닌그라드와 모스크바 등지에서 자신들을 위한 연단이 마련된 곳이라면 심지어 당의 말단 세포조직들에서의 연설까지도 마다하지 않았던 그들의 투쟁 결과는 실로 참담한 것이었다. 그들의 "순회 강연"은 중앙당의 조직적 압박에 부딪혔을 뿐만 아니라, 보다 중요한 것으로, 그들은 하급 당원들의 지지를 확보하는 데 완전히 실패했다. 때론 트로츠키와 지노비예프 등에 대한 야유나 조롱, 비난이 목격되었다. 후퇴할 수밖에 없었다. 10월 16일, '통합 반대파'의 리더들은 당 중앙위원회에 해명서를 제출하고 그를 통해 자신들의 시각이 정당했음을 주장하면서, 동시에 자신들이 저지른 "분열책동의 과오"를 완전히 인정했다.[168] 해명서 제출은 미래의 투쟁을 위해 필수적인 당내 직위들을 유지하기 위한 반대파의 고육지책이었다. 그러나 그런 전술에도 불구하고 곧 개최된 당 중앙위원회 10월 전원회의는 이미 세 달 전의 전원회의에서 정치국원의 지위를 박탈당한 지노비예프를 코민테른 집행위원회 의장직에서 해임하기로 의결했다. 급기야 트로츠키도 정치국으로부터 축출되었으며, 카메네

---

168) См.: Правда, 17 октября 1926 г.

프는 정치국 후보위원의 지위를 상실했다.[169]

'통합 반대파'의 비판이 계속해서 일국사회주의론으로 집중되어지고 그 결과 소연방에서의 사회주의 건설 가능성의 문제가 당내 이념투쟁에 있어서의 주요 기준이 된 상황을 주목하면서 스탈린은, 제15차 당 협의회(1926년 10월 26일~11월 3일)가 개막되었을 때, 반대파의 노선을 사회민주주의적 편향이라고 몰아붙였다. 물론 그것이 트로츠키와 지노비예프가 사회민주주의적 강령을 채택했다는 의미일 수는 없었다. 스탈린의 주장에 따르면, "맑스주의란 도그마가 아니라 행동 지침"이며 트로츠키주의자들은 서유럽 사회민주주의자들과 같은 교조주의자였다. 「공산주의의 원리」에서 엥겔스가 일국에서의 프롤레타리아 혁명의 발생 가능성을 묻는 질문에 대해 부정적으로 대답했던 것은 그의 분석이 "자본주의 국가들의 불균등적이고 비약적인 발전"을 위한 조건이 아직 형성되지 않았던 전(前)독점자본주의 시대에 근거했기 때문이었다. 그러나 제국주의 단계로 접어들면서 정치경제학적 분석 대상은 전혀 다르게 전개되었으며, 자본주의 국가들에서 불균등발전의 법칙이 작용하면서 나라마다 서로 다른 수준의 사회주의 혁명운동이 전개되었으며, 그 결과 일국에서의 사회주의의 승리 가능성이 생겨나게 되었다. 레닌주의가 곧 제국주의 시대의 맑시즘이라고 규정되는 근거는 제국주의 시대 이전에는 생각할 수 없었던 불균등발전의 법칙 및 이와 연관된 일국에서의 사회주의 혁명의 승리 가능성에 관한 테제가 바로 레닌에 의해 제기되었고 또 제기될 수 있었다는 데 있었다. 이런 논거에 의거하여 레닌의 "충실한 제자"는, 당 협의회에서, 트로츠키주의자들이 바로 엥겔스의 낡은 공식에 집착하면서 소연방에서의 사회주의 승리 가능성을 부정하는 데에 그들의 근본적 과오가 있다고 선언했다.[170] 물론 스탈린은 레닌의 사상 속에서 일국사회

---

[169] См.: КПСС в резолюциях.., т.3, с.332, с.360~361.

주의론의 근거를 발견하고 그를 정당화할 수 있었다. 그렇다고 해서, 레닌이 바로 일국사회주의론의 주창자라고 오해할 필요는 없다. 레닌은 단지 서유럽에서의 세계혁명이 발생할 때까지 제기된 러시아 프롤레타리아 권력의 처신 문제를 궁리했을 뿐이었다: "무엇을 할 것인가?"

그러나 이젠 더 이상 잃을 것이 없다고 생각한 볼쉐비키당의 "국제주의자들"은 보다 집중적으로 일국사회주의론을 비난하기 시작했다. 이제 부하린은 '통합 반대파'의 주된 과녁이 아니었다. 1926년 말에 열린 코민테른 집행위원회 제7차 확대회의에서 지노비예프는 사회민주주의적 편향이라는 자신들에 대한 비난을 가당치 않다고 비웃으면서 선언했다: "우리의 전망, - 그것은 세계혁명의 전망이다!" 이번엔 트로츠키가 등단해 자신들이 맑시즘과 레닌이즘의 전통을 모두 계승하고 있다고 주장하면서 소연방은 "오직 세계 프롤레타리아 혁명을 통해서 사회주의에 도달할 수 있다"고 단언했다.171) 실제로 반대파는 소위 "혁명적 사회주의자"들로서 일국에서의 사회주의 건설을 상상할 수도 없었지만, 현실적으로 러시아의 산업을 유럽 수준으로 끌어올리는 것이 전혀 쉽지 않다고 생각하면서 소연방에서의 사회주의 승리를 믿지 않았다. 그런 이유에서 스탈린이 반대파를 "패배주의"라고 비난한 것은 나름대로의 근거가 있었다. 그러나 트로츠키가 엥겔스의 "낡은 공식"에만 의존하고 있었다고는 말할 수 없다. 반대파에게는 자신들만의 고유한 이론적 기반이 있었다. 이와 관련해, 1926년 말에 트로츠키가 쓴 글 한 편이 눈길을 끈다.

"영구혁명의 화신"은「일국에서의 사회주의론」이라는 제목의 논문에서 비록 스탈린 이론의 옹호자들이 "폐쇄된" 사회주의의 승리를 선전하지만, 사회주의의 건설을 위해서는, 즉 공업의 고도 발전을 실현하는 동시에

---

170) См.: Сталин И.В. Соч., т.8, с.298~350.
171) Правда, 12 и 14 декабря 1926 г.

산업적 기반 위에서 농업을 사회화하기 위해서는 과거 부르주아 국가들의 예를 고려할 때 "최소한 4반세기"가 필요하기 때문에 일국에서의 사회주의 건설에 관한 문제 설정은, 본질적으로, 유럽의 부르주아 체제가 아주 장기간 존속할 것이라는 예상으로부터 출발한다고 분석했다. 이어, 이러한 "유럽혁명에 대한 무지한 비관주의"로부터 일국의 사회주의에 관한 "맹목적 낙관주의"가 유래한다고 지적한 트로츠키는 스탈린의 이론이 갖는 "선험적 한계"를 폭로하려고 애썼다: "자본주의의 포위 속에서 고립된 사회주의 건설을 수십 년간에 걸쳐 수행하고 끝까지 완수하기 위해 필수적인 최소한의 경제적, 정치적, 군사적 조건들을 우리에게 보장할 수 있는, 그런 역사적 상황이 현실에서 가능하다고는 절대로 생각할 수 없다."172) 그는 "진정한 맑시스트"라면 세계혁명에 대한 불신을 기술적으로 문화적으로 낙후된 나라에서의 자족적인 사회주의 발전에 대한 구상과 결합시키는, 그런 무모한 짓은 못할 것이라고 생각했다. 자신의 이념적 정당성을 확신하면서 세계혁명의 기수는 "이론적으로 무식하기 짝이 없는" 레닌의 "제자"에게 이런 가르침을 주었다: "우리는 지금 짧은 휴식이라는 여건하에 살고 있을 뿐, 결코 일국에서의 사회주의 승리를 자동적으로 보장하는 여건하에 있지 않다는 것을 잊어서는 안 된다. [중략] 짧은 휴식의 시기에 가능한대로 보다 멀리 사회주의의 발전을 진전시켜야 한다. 그러나 지금 논의가 바로 짧은 휴식에 관해서, 즉 1917년의 혁명과 아주 가까운 장래에 발생할 자본주의 대국에서의 혁명 사이에 놓여있는 다소 긴 시기에 관해서 진행되고 있다는 사실을 망각하는 것은 공산주의와 절연함을 의미한다."173)

이렇듯, 1923년 초부터 본격적으로 시작된 볼쉐비키당 지도부에서의

---

172) Архив Троцкого, т.2, с.145.
173) Там же, с.146~147.

이견과 대립은 지금 스탈린이즘과 트로츠키즘이라는 두 이념의 대립으로, 즉 일국사회주의론과 영구혁명론 사이의 대립으로 귀착되었다. 물론 각자는 자신의 구체적인 혁명적, 정책적 전망을 가지고 있었다. 이런 뜻에서 스탈린과 트로츠키 사이의 소위 권력투쟁은 사실 순수한 권력투쟁만은 아니었다. 많은 시간이 흐른 다음에 지난 역사과정을 평가하기란 제법 쉬울 수 있다. 그러나 역사발전의 회오리에 휩쓸려 있는 사람들에게는 그 시간의 단면에 서서 역사적 전망을 발견하기란 결코 쉬운 일이 아닐 것이다. 물론 트로츠키의 전망이 틀린 것은 아니었다. 그로부터 채 20년이 지나기 전에 소비에트 사회주의는 동서 국경 양편에서 파시즘의 위협을 겪다가 결국 어마어마한 규모의 전쟁을 극복해야 하지 않았던가.[174] 자신의 역사적 전망을 바탕으로, 소비에트 러시아의 프롤레타리아 권력을 경제적으로나 정치적으로 시급히 강화해야 한다고 역설하면서 "후퇴"의 중단을 요구했던 트로츠키의 정책노선은 그 급진성, 과격성에도 불구하고 한편 논리적이고 합리적인 것이었다. 비록, 나중에, 망명지에서 트로츠키즘이 충분히 많은 열혈 지지자들을 발견할 수 있었고, 서방에서 20세기 사회주의 운동의 한 사조로서 뚜렷한 모습을 그려낼 수 있었지만, 일단 소연방에서 트로츠키즘은 그 "살아있는 화신"이 레닌의 후계자로서 자신을 규범화하는 데 실패했다는 의미에서 패배할 수밖에 없었다. 물론 우리가 알고 있듯이, 그 과정에 있어서 트로츠키 자신이 비난받아야 할 이유는 없다.

  그 본질상 트로츠키즘은 사회주의 혁명을 위한, 그것도 세계혁명의 완성에서 자기실현을 발견하는 "영구한" 혁명을 위한 이데올로기이다. 그런데 스탈린이즘은, 물론, 사회주의 건설을 위한 이데올로기이다. 바로 여기에 이들의 차이가 존재한다. 지금 우리는 이해할 수 있는 이유로 소

---

[174] 맑스-레닌주의적 관점에서는 대개 파시즘을 부르주아 체제의 변종으로서 이해한다.

연방의 역사에서 일국사회주의론이 가졌던 의미를 과소평가하고 있다. 그러나 일국사회주의론은 스탈린이 스스로의 힘으로 사회주의를 건설할 수 있다고 당원 대중들을 설득할 수 있었던 '콜럼부스의 달걀'이었으며, 소연방의 역사과정을 규정한 일종의 청사진이었음을 망각할 필요는 없다. 물론 그를 실현함에 있어서 스탈린은 레닌의 가르침에 의거하면서 자신의 정책을 정당화하고 자신의 이론적 발전을 합리화했다. 스탈린이즘에 대해서 단지 소비에트 사회주의의 어두운 측면과 결부시키려는 내도는 역사의 이해를 위해서 바람직하지 않다. 소연방에서는 특히 제20차 당 대회 이후에 시작되었고, 서방에서는 그 이전에 벌써 확산되어 있던 위와 같은 연구 경향은 20세기의 사회주의 운동에 관한 그릇된 신화창조에 기여했을 뿐이었다. 물론 스탈린이즘은 사회주의 건설의 시대에 레닌주의의 발전형태로서 등장한 사회주의 운동의 이론과 전술이며 나아가 전략이었다.

1926년 11월, 스탈린은 산업화 문제에 대한 당의 입장을 설명하면서 이렇게 기술했다: "정책 전반 있어서, 특수하게는 경제정책에 있어서 당은 공업과 농업을 분리하지 않는다는 것, 그리고 경제의 이 두 기본 영역의 발전은 이들을 결합하는 방향으로, 사회주의 경제 안에서 이들을 통합하는 방향으로 진행되어야 한다는 것에 의거하고 있다."[175] 과연 스탈린은 신경제정책(네프) 또는 그 결과 형성된 소위 "네프체계"를 단지 국영공업의 발전을 위한 수단으로써 취급했을까? 즉, 만약 네프가 국영공업의 발전을 위해 기능하지 못한다면, 그것은 일거에 청산되거나 폐지되어야 한다고 생각했을까? 아마 그렇지 않았을 것이다. 스탈린 자신의 설명대로, 분명 스탈린의 정책에서의 총노선은 공업과 농업의 동시 발전이었다. 그러나 문제는 소비에트 경제체제하에서 공업과 농업은 결코 동시

---

175) Сталин И.В. Соч., т.8, с.286.

에 균형적으로 발전하지 않았으며, 따라서 점차적으로 통합될 수 없었다는 데에 있었다. 1920년대 중반, 소비에트 공업의 발전 속도는 농업에서 구현되고 있는 발전의 템포를 전혀 따라가지 못하고 있었으며, 나라 전체의 경제성장으로부터 공업이 지체됨으로써 결국 산업화 과정을 가속화하는 데 심각한 장애가 초래되었다. 이미 1926년 초, 당의 현안으로 부상한 것은 바로 인민경제에서의 공업과 농업 사이의 모순을 해결할 수 있는 방법을 찾는 일이었다.

앞에서 언급된 바와 같이, 1925년 봄에 개최되었던 제14차 당 협의회는 "농업을 더욱 빠른 템포로 전진시키고, 농업에서의 식량과 원료작물의 생산을 증대시킬 것"을 기대하면서 "농민에 대한 일정한 양보를 의미하는 일련의 조치를 취했다."[176] 농업세의 경감, 토지 임대 및 임금노동의 합법화 등을 포함했던 조치들이 노렸던 목적은 달성되었다. 그러나 당 지도자들은 즉시 다른 문제와 부딪히게 되었다. 1926년 초, "공업의 맹렬한 성장"은 공산품의 심각한 부족 현상, 즉 이른바 상품기근을 수반하게 되었다. 물론 1925년의 경우에도 상품기근이 있었지만, 그 현상은 매우 미약했었다. 비록 상품기근을 평가함에 있어서 당의 경제이론가들은 저마다 다른 주장을 개진하고 있었지만, 그럼에도 불구하고 그들은 농업의 유효수요와 공업생산규모 사이의 불균형이 바로 상품기근의 주된 원인이라는 일치된 견해를 유지하고 있었다.

1926년 2월, 소연방 최고인민경제회의(베세엔하) 의장 제르진스키는 전국노동조합중앙회의 총회에서 경제문제에 관해 연설하면서 상품기근의 근본 원인을 이렇게 설명했다: "우리 공업과 우리 농업의 수준이 전쟁 전 수준에 근접한 지금,[177] 과거에 짜리즘과 지주들에 의해 기생적으로

---

176) Сталин И.В. Соч., т.10, с.196.
177) 제14차 당 대회에서 스탈린이 발표한 자료에 따르면, 1924/25 회계년도의 농업총생산은 전쟁 전, 즉 1913~1914년경의 71% 수준이었으며, 공업총생산도 역시 전전(戰前)의

섭취되던 그 소득은 지금 물적 가치로서 농민들에게 고스란히 남아 있으며, 이 물적 가치에 대해서 우리 공업생산품의 규모는 대응하지 못하고 있습니다. 과거에 이 엄청난 농민소득의 상당 부분은 해외로 지출되었으며 사치품을 위해서 엄청 많이 지출되었습니다. 지금은 이런 엄청난 규모로 표현되고 있는 광범한 농민대중의 수요가 그때는 불충분한 상태에 있었던 것입니다. 이렇게 해서 한편으로는 10월혁명 덕분에 발생한 그 진보들의 결과, 그리고 다른 편으로는 풍작의 결과 상품기근 현상이 발생했으며, 우리 공업은 유효수요를 충족시킬 능력이 없습니다."[178] 그는 농업과 공업 사이의 불균형이 공상도 아니고 일시적인 계절적 현상도 아니며 그 뿌리가 소비에트 경제 속에 깊이 뻗어 있다고 강조했다. 물론 일정한 전제를 가정한다면 제르진스키의 설명에는 분명 일리가 있었다. 그는 베세엔하가 작성한 1925/26년도의 공업발전 계획을 설명하면서 그 계획이 상품기근을 고려해 수립되었다고 단언했지만, 바로 중공업 분야에 대한 대규모의 자본투자를 예정하고 있는 것에 경제계획의 주된 특징이 있음을 감추지 않았다: "[중공업에 대한 투자의 확대는] 무엇보다도 우리가, 특히 경공업에서, 우리에게 있는 생산설비의 거의 100%를 완전히 가동하기에 이르렀다는 사실에 의해 동기화되었으며, 더욱이 그 생산설비는 충분히 노후하여 가동 중인 크고 작은 공장들의 생산고를 더 높은 수준까지 끌어올릴 수 있는 가능성을 주지 않습니다. [중략] 그런 이유로, 경공업에 비해 더 한층 높은 중공업의 성장은 자연스럽게 우리 공업의 발전에 대한 현실적 필요에 부응하는 것입니다."[179] 결국 그의 연

약 71%에 해당되었다. 그러나 제15차 당 대회에서 스탈린은 고스플란(국가계획위원회)의 새로운 계산법에 의한 다른 통계자료를 인용했는데, 그에 따르면, 같은 기간에 농업총생산은 전전의 87.3%, 공업총생산은 63.7% 수준에 도달해 있었다. 스탈린의 자료에 의하면, 그 2년 후인 1926/27년도의 농업총생산은 전전의 108.3%, 공업총생산은 100.9% 수준으로 발전했다. См.: Сталин И.В. Соч., т.7, с.308 ; т.10, с.292~293.

178) Правда, 12 февраля 1926 г.

설은 공업 발전이 반드시 필요하기 때문에 상품기근이 불가피하다는 식으로 귀결되었다. 문제를 어떻게 해소해야 하는가? 물론 제르진스키에게는 그에 대한 답이 없었다. 가속화된 사회주의 건설이 시급히 요청되는 이때에 생산재 산업에 대한 투자는 대전제였으며, 그를 희생해가면서 소비재 상품에 대한 생산을 늘릴 수는 없었다. 결국, 단지 그는 경제정책에 있어서 상품기근을 "심각하게 고려해야 한다"고 강조했을 뿐이었다.

그러나 소연방 소브나르콤 의장 리코프는 상품기근이라는 문제에 관해 다른 시각을 갖고 있었다. 물론 리코프도 경제의 두 분야 사이의 불균형이 바로 상품기근의 원인이라고 생각했다. 1926년 4월에 열린 '소연방 소비에트 중앙집행위원회' 제2차 회의에서 그가 보고한 내용에 따르면, 단일 농업세의 대폭적인 경감, 곡물가격의 상승, 도시 주민의 소득수준 향상, 노동자와 사무직의 임금 상승 등은 도시와 농촌의 유효수요 증가를 엄청나게 촉진했으며, 공업생산이 괄목할 정도로 증대되었음에도 불구하고 공업은 소비재에 대한 유효수요를 완전히 충족시킬 수 없었다. 뿐만 아니라 그에 보고에 따르면 빠른 템포로 중공업이 발전한 것과 원대한 "자본지출계획"이 실현되기 시작한 것도 상품기근이 악화되는 데 있어서 상당한 역할을 한 요인들이었다.180) 그럼에도 불구하고 리코프는 상품기근을 일반적 소비재 공산품에 대한 공급과 유효수요 사이의 불균형으로 초래된 일시적 위기로써 간주했으며, 문제의 해결을 위해 경제의 계획 원리를 강화하고 특히 산업화의 속도를 높일 것을 주문했다.

공업과 농업 사이의 불균형에 의해 야기된 상품기근을 어떻게 평가하는가의 문제, 즉 그것이 소비에트 경제에 본질적인 것인가 아니면 해결이 가능한 일시적 현상에 불과한 것인가의 문제는 옳고 그름을 판단할

---

179) Там же.
180) См.: Правда, 15 апреля 1926 г.

수 있는 문제가 아니었다. 이러한 판단의 전제가 되는 것은 바로 경제적 불균형에 대한 성격 규정이었는데, 그것은 무엇보다도 자연과학적 계산 능력과는 관계없이 과연 어떤 입장에서, 어떤 전제들로부터 문제에 접근하는가에 따라 달라지는 것이었다. 즉, 공업, 특히 중공업의 문제를 고정 불변의 대전제로 삼고서 경제에 접근한다면, 상품기근은 공업과 농업의 평면적 모순에 기초하게 되면서 소비에트 경제에 본질적인 것이 되지만, 만약 공업과 농업을 모두 가변적인 조건으로서 이해하며 경제에 접근하는 경우, 그 문제는 변증법적인 해결이 가능한 일시적 현상으로서 간주될 수 있었다. 그런 의미에서 상품기근의 문제는 바로 정치문제였다.

아무튼, 1925년 말경에 이미 상품기근은 소비에트 경제의 악순환을 구성하는 사슬의 한 고리로써 작용하고 있었다. 비록 1925/26년도의 농업총생산이 전쟁 전의 수준에 도달해 있었지만, 농민들이 시장에 공급하는 곡물의 양은 전전 기간의 약 50%에 불과했다. 공식적으로 이 현상은, 한편으로는 도시 주민의 소득이 증대됨으로써, 다른 한편으로는 농민들 자신이 식량의 소비와 예비 비축량을 늘림으로써 곡물의 내적 수요가 대폭적으로 증대된 탓이라고 당원 대중들에게 설명되었다. 그러나 문제는 원인에 대한 설명의 진실 여부가 아니라, 바로 상품기근의 결과 도시와 농촌 사이의 상품유통이 급속히 동결되어 갔다는 데에 있었다. 카메네프가 옳았다. 그는 이렇게 연설했다: "농민은 돈이란 단지 그것으로써 필요한 물건들을 구매할 수 있을 때에만 매력이 있다는 것을 충분히 이해할 정도로 똑똑합니다. 그래서 곡물을 장터로 갖고 나오기 전에 농민은 그가 받을 것으로써 그에게 필요한 옷감이나 장화, 철제품을 살 수 있을지를 생각합니다."[181] 결국 1925년 말에 곡물수매량은 목표에 훨씬 미달했으며, 그 결과 경제 일꾼들은 국내의 곡물소비가 전쟁 전 수준과 비슷

---

181) Правда, 20 сентября 1925 г.

할 것이라는 가정하에 수립된 1925/26년도의 수출계획을 재심할 수밖에 없었다. 시장에서 곡물가격이 상승함에 따라 소비에트 국가의 재정난이 가중되었다. 예산 부족으로 말미암아 경제기관들은 원료 조달에 있어서 많은 어려움을 겪게 되었으며, 이는 특히 경공업에서의 생산 감소로 이어지면서 상품기근을 더욱 악화시켰다. 물론 중공업에 대한 투자나 생산은 작성된 계획 그대로 실현되어야 했다. 게다가 곡물 수출만 축소된 것이 아니었다. 상품기근과 더불어 석유, 목재 등을 비롯한 다른 품목의 수출도 감소되었다. 이러한 경제적 상황의 결과로, 또한 재정투융자의 감축으로 인해 수입계획뿐만 아니라 거의 모든 생산계획이 수정되기에 이르렀다. 국민총생산이 감소하는 것은 당연한 일이었다.[182] 소비에트 경제는 궁지로 몰려 들어가고 있었다. 상품기근은 수출과 수입의 감소를 초래하는 동시에 공업의 발전을 봉쇄했으며, 공업의 성장 지체는 다시 상품기근을 악화시켰다.

도시와 농촌 사이의 상품유통의 발전은 산업화를 위한 대전제로 판명되었다. 이는 곡물이 수출에서 큰 비중을 차지하고 있었기 때문이라기보다는, 곡물조달이 계획에 따라 생산을 통제할 수 있는 2차산업의 수출품들과는 달리 예측하기 어렵고 안정적이지도 못했기 때문이었다. 결국 곡물조달에 대한 통제 없이는 병사들과 도시 주민에 대한 안정적인 식량배급은 물론 사회주의적 경제계획 자체도 불가능했다. 산업화에 기초한 사회주의 건설은 소비에트 국가가 안정적으로 곡물을 조달할 수 있을 때, 그리고 최대한 빠른 템포로 산업화를 실현하기 위해 필요한 만큼의 곡물을 농민으로부터 조달할 수 있을 때 비로소 실현될 수 있었다.

1926년 4월, 스탈린은 레닌그라드(시)당 조직의 열성분자 집회에 참석해 당의 경제정책을 주제로 연설하면서 나라가 겪고 있는 경제문제에 관

---

[182] 자세한 것은 см.: Правда, 12 февраля 1926 г.

해 언급했다. 그는 급속한 공업의 발전이야말로 인민경제에 있어서의 불균형을 청산하기 위한, 상품기근을 해소하기 위한 가장 확실한 수단이라고 강조했다. 결국 그의 주장에 따르면, 이런 저런 것 모두가 소비에트 경제의 "당면 과제이자 기본 과제로서" 공업의 발전 속도를 가속화하라고 강요하고 있었다. 그는 산업화가 곧 모든 종류의 공업의 발전을 의미한다는 의견에 동의하지 않았다: "산업화의 중심은, 산업화의 중심 토대는 중공업(연료, 금속 등)의 발전에, 궁극적으로 생산수단의 생산의 발전에, [우리] 자신의 고유한 기계공업의 발전에 있는 것입니다. 산업화는 우리 인민경제를 그 안에서 공업의 비중이 커지도록 이끄는 것을 스스로의 과제로 삼고 있을 뿐만 아니라, 자본주의 국가들에 포위된 우리나라에게 경제적 자립성을 보장하고 우리나라가 세계 자본주의의 부속물로 전락하는 것을 막아야 할 임무도 갖고 있는 것입니다."[183]

스탈린은, 필경, 공업과 농업사이의 불균형 및 상품기근에 대해 충분한 주의를 기울이는 것 같지 않았다. 이러한 점은 1927년 12월에 개막된 제15차 당 대회에서 그가 행한 보고에서도 확인된다. 그는 상품기근을 단지 인민경제의 균형을 해치는 결함들 중의 하나로서 평가하면서 이어 자신의 생각을 개진했다: "우리가 경공업보다 더 빠른 템포로 각종 용구 및 생산수단의 생산을 발전시키고 있다는 것, – 이 사실은 그 자체로써 향후 몇 년간 상품기근을 초래하는 요인들이 존속할 것이라는 점을 미리 규정합니다. 그러나 만약 우리가 모든 힘을 다해 나라의 산업화를 추진하고자 한다면, 우리에겐 할 수 있는 다른 방도가 없습니다."[184] 의심할 바 없이, 스탈린에게 산업화는 사회주의 건설을 위해 신성한 가장 중요한 사업이었다. 이에 따라 상품기근으로써 상징되는 경제적 불균형상태

---

183) Сталин И.В. Соч., т.8, с.120~121.
184) Сталин И.В. Соч., т.10, с.310.

는 합리적인 경제적 수단으로써는 전혀 해결될 수 없는 이른바 평면적 모순이 되어야 했다. 그 결과, 제르진스키가 지적한 것처럼 스탈린은, 후에, 농촌을 정말로 심각하게 고려할 수밖에 없었으며, 이것이 어떤 풍경을 연출했는지에 관해서 우리는 이미 잘 알고 있다.

산업화를 실현하기 위해서 자본이 필요하다는 것은 경제학의 기본 상식에 속한다. 이른바 사회주의적 축적은 자본 마련을 위해 역사적으로 확인된 방법들, 즉 외국자본의 도입이나 식민지 수탈 및 배상금 부과 등의 방법을 처음부터 배제하고 있었다. 그런 것들은 현실적으로 전혀 가능하지 않았다. 그럼 소비에트 러시아 내에는 자본의 사회주의적 축적을 위한 원천이 과연 존재했을까? 스탈린은 그렇다고 확신했다. 그는 레닌그라드(시)당 조직의 열성분자 집회에서 가장 확실한 원천으로서 국유화된 공업, 그리고 대외무역과 국내교역을 열거했다. 국영공업에서의 이윤과 또한 국가독점 상태에 있는 외국무역과 국내 상업에서 얻어지는 이익은 자본의 축적을 위한 확실한 기반이 될 수 있었다. 그리고 스탈린은 이미 1917년에 볼쉐비키가 성취한 또 다른 원천을 상기시켰다. 그것은 지주와 자본가의 사적 소유를 폐지하고 그를 전(全)인민의 소유로 전환한 것과, 짜리 정부의 모든 대외 부채에 대해 디폴트(지급거절)를 선언한 것에 의해 확보되었다. 이 무렵 인민경제의 총생산은 전쟁 전의 수준에 도달해 있었다. 스탈린의 계산에 의하면, 과거에 착취계급이 해외에 지출한 어마어마한 가치가 지금 고스란히 국내에 남아 있으며 인민의 몫이 되었다. 이제 소비에트 인민들은 혁명을 통해 자신들이 얻은 부를 사치품 구입을 위해서가 아니라, "인민의 정부"가 발행한 산업채권의 구입에 사용해야만 했다. 그리고 그는 원천의 대열에 하나를 더 추가했다. 축적을 위한 지렛대로서 가장 중요하지 않다면 최소한 매우 중요한 의미를 갖는다고 강조된 것, – 그것은 바로 국가였다. 스탈린은 강조했다: "우리는 넓게는 인민경제의 지속적 발전을 위해, 좁게는 우리 산업의 지속적인 발전을 위해 단 한 푼이라도 모으고 있는 도구로서의 국가권력이라는 것을 갖고 있습니다."[185]

실제로 소연방에는 스탈린이 언급한 화폐형태의 가치 말고도, 사회주의 사회의 건설을 위해 필요한 모든 것이 존재해 있었다. 지구상에 존재하는 거의 모든 종류를 포괄하는 풍부한 천연자원들과 충분한 인적 자원이 바로 그것이었다. 특히 맑스주의적 입장에서 보면, 자본이란 가치의 집적이며 가치가 창출되는 원천은 바로 노동이 아니었던가. 소비에트 러시아의 노동력은 사회주의적 축적을 위해 충분히 기여할 수 있을 만큼 아주 충분한 상태에 있었다. 그러나 잠재력과 그 현실은 전혀 다른 것이었다. 레닌이 지적한 것처럼 선천적으로 "게으름뱅이"인 러시아인들을 일하게 만드는 것, - 그것이 문제이자 해결해야 할 과제였다. 스탈린의 정치적 과제는 바로 사회주의 건설과 산업화를 혁명의 목표로 삼아 인민들을 일하게 만드는 것이었다. 이를 위해 모든 방법들이 강구되었으며, 인민들은 우선 공산주의적 이념과 역사에 대한 소명의식으로 무장되어야 했다. 결국 스탈린주의란 멀리는 세계혁명, 가깝게는 소비에트 러시아에서의 사회주의 건설을 위해 인민들이 전력을 다해 일하게 하는 이론과 전술 나아가 전략이었다. 흔히 인간 사회에서 합의되었거나 또는 강제된 사회적 목적이 선악과 정사(正邪)의 기준으로 작용하고 있는 것처럼, 소비에트 사회에서는 인권이나 자유 등의 가치가 아니라, 무엇보다도, 사회주의 건설이라는 혁명적 목표를 기준으로 윤리적 선악과 법률적 정사가 결정되었다. 스탈린이 지도하는 소비에트 체제의 정치담론은 분명한 것이었다: "일하라! 일하라! 일하라!" 그리고 1920년대 중반을 경과하면서 소비에트 사회는 사회주의 건설을 위한 선전과 선동에 젖어드는 가운데 꿈틀거리기 시작하고 있었으며, 1930년대에 이르러서는 그야말로

---

185) Сталин И.В. Соч., т.8, с.125.

장엄한 드라마가 전개되었다. 아무튼 스탈린이 강조한 바에 따르면, "산업화에 관한 당의 지령"을 실현하기 위한 기본 조건은 바로 당의 단결을 지키는 일이었다. 이와 더불어 그는 직접적이고 체계적인 노동계급의 지지 없이는 산업화 노선과 관련한 당의 과제가 실현되기는 매우 어렵다고 역설했다. 스탈린은 집회에 모인 열성분자들에게 당원 대중들의 적극성을 높이고, 이들이 사회주의 건설의 기본 문제들에 관한 토론에 적극 참여하도록 유도하며, 이들에게 당이 내리는 결정의 올바름을 납득시키라고 요구했다. 그는 재차 강조했다: "설득의 방법은 노동계급 대열에서 이루어지는 우리 활동의 기본 방법입니다."[186]

1920년대 중반에 볼쉐비키당에는 인민경제의 발전, 특히 공업 발전과 관련해 두 개의 노선, 즉 프레오브라젠스키의 이론으로 대표되는 좌파 노선과, 샤닌의 테제에 의존하는 우파 노선이 경쟁하고 있었다. 트로츠키파를 중심으로 한 좌파는 상품기근과 관련해 나타나는 경제적 어려움을 지적하면서 농업세를 확대 과세하고 공산품의 가격을 인상할 것을 열심히 주장했으며 소위 "초고속 산업화"를 정책으로 추진할 것을 제안했다. 그러나 1926년에 열린 당 중앙위원회 4월 전원회의는 좌파 노선과 우파 노선 가운데 어느 것에도 동의하지 않았으며, 이는 놀랄 만한 일이 아니었다. 인민경제에 있어서 사회주의적 요소들의 비중을 강화하는 생산력의 빠른 성장이 있었음을 확인한 중앙위원회는 "농업의 기술 및 집약도 향상과 마찬가지로, 고정자본 증대 속도와 공업의 설비교체(재설비) 속도는, 결정적으로, 우리 사업[수완의 성공적인 발전 및 공업을 위해 불가결한 설비, 원료, 반제품과 농업 용기구의 수입에 달려 있다"[187]라고 강조했다. 이에 따라 수출증대가 나라의 산업화 및 그 가속화를 위

---

186) Там же, с.145.
187) КПСС в резолюциях.., т.3, с.313.

한 필수적이고 절대적인 조건으로서 규정되었다. 그와 나란히, 당 중앙위원회 전원회의는 지금 모든 국가기관의 활동에 있어서 계획원리를 강화하고 규율체계를 확립하는 것이 매우 중요한 의미를 지닌다고 강조했다. 이에 따라 당의 가장 시급한 과제로서 제기된 것은 바로 전국적 차원에서 계획경제를 실현하는 일이었다. 결국 볼쉐비키당에서 경쟁하는 노선은 두 개만이 아니었다. 트로츠키로 상징되는 좌파적 노선, 그리고 부하린으로 표현되는 우파적 노선, - 여기에 더해 당 중앙위원회의 노선, 즉 스탈린의 노선이 있었다. 물론 이 노선의 목표는 이른바 사회주의적 축적이었다.

사회주의적 축적은 계획경제에 기반을 두고 체계적으로 추진되어야 했다. 경제계획의 원리는 경제의 모든 분야에서, 가능하다면 농업까지도 포괄해 실현되어야 했다. 레닌에 의하면, 사회주의적 경제를 조직화하는 것은 농업과 사회주의적 공업의 제휴가 공고화되고, 인민경제 전반에서 공업의 지도력이 강화되고, 나아가 협동조합으로 대표되는 농촌에서의 사회주의적 요소들이 성장하는 경우에 비로소 보장될 수 있었다. 즉, 경제의 사회주의적 발전은 농업이 최소한 국가자본주의적 통제하에 놓이게 되었을 때 가능한 것이었다. 레닌에게 협동조합이란 그 자체로서 독립적 의미를 가지는 목적이 아니라 사회주의적 경제의 실현을 위한 수단이자 도구였다. 혁명 전에 볼쉐비키가 부르주아적인 것으로 취급했던 협동조합이 이제 사회주의적 요소가 된 이유는 바로 프롤레타리아 국가권력에 의해 그것이 사실상 장악되었기 때문이었다. 레닌이 사회주의적 농업 형태로서 부단히 지적한 것은 바로 국유화된 토지 위에서 대규모적으로 이루어지는 기계화된 영농이었음을 망각해서는 안 된다. 농업문제에 관련해, 협동조합적으로 조직된 대단위 집단농장(콜호즈)은 볼쉐비키의 최소강령이었으며, 최대강령은 10월혁명 직후부터 그 건설이 본격적으로 시도되었던 대규모 국영농장(솝호즈)이었다.

아무튼, 네프의 "두 번째 시기"가 시작되는 문턱에서, 1926년 4월 당 중앙위원회 전원회의는 농민대중이 협동조합을 광범위하게 조직할 수 있게 유도하고, 그럼으로써 향후 협동조합에 의한 상품유통이 확대되고 농촌에서 개인자본의 역할이 축소될 수 있도록 전력을 집중하라고 모든 당원들에게 지시했다. 그밖에, 상품기근을 조속히 근절시키기 위해 전원회의는, 가격정책의 분야에서, 공산품 가격의 실질적 인하를 구현하는 다양한 조치들을 모색해야 할 필요성을 지적했다. 이러한 소비에트형의 가격정책은 1926년 7월에 노동방위회의가 채택한 결정에 의해 확인되었다. 이 결정에 의거하여 해당 경제기관은 8월 1일까지 소매가격을 10% 인하했으며, 상품유통망의 축소, 협동조합망의 합리화, 상품의 전매 금지 등의 조치들을 취하였다. 그리고 자신의 하급기관에 대해 곡물 생산지역에의 상품공급이 적시에 이루어져야 하며, 또한 기업연합(신디케이트)은 공산품의 공장도 가격을 절대로 인상할 수 없다는 지시를 내려 보냈다.[188]

이렇게 해서, 사회주의 건설의 시대가 개막되는 즈음에 수출증대, 경제계획원리의 강화, 농촌에서의 협동조합 조직의 발전, 그리고 가격정책 등 소비에트 권력의 경제정책에 있어서의 네 가지 기본 노선이 확인되었다. 물론 이러한 노선의 전체적 방향성은 늦어도 1923년경이면 이미 분명히 드러나 있었던 것이며, 그런 이유에서 1926년의 정책적 결정은 "신노선"의 기본 방침이 그대로 유지된 결과라고 말할 수도 있었다. 그러나 1926년의 결정은, 본질적으로, 선행된 정책의 단순한 연장이 아니었다. 그것은 소비에트 권력이 부농들에게 더 이상 양보하기를 원치 않았기 때문이 아니라, 이제 자신의 의지를 실현하기 위해 필요한 정치적, 경제적 수단들을 나름대로 확보한 볼쉐비키 정권이 자신 앞에 놓인 산업화라는

---

188) Правда, 8 июля 1926 г.

목표의 실현을 위해 권력을 적극 행사한 결과였다는 이유에서 그러했다. 달리 말해서 소비에트 권력을 유지하기 위한 불가피한 양보로서의 "후퇴"가 곧 네프의 시작이었다고 한다면, 이제 네프는 소비에트 러시아에서 사회주의 건설을 위한 적극적인 정책으로서 추진되고 있었다.

1926년 3월 경제계획기관 제1차 대회가 개최되었으며, 그 중심 의제는 경제발전을 위한 향후 5년간의 장기계획에 관한 문제였다. 동시에 대회는 농촌에서의 다양한 협동조합 형태들, 즉 소비자협동조합, 농업협동조합, 신용협동조합 그리고 생산협동조합 등의 발전에 관해서도 심도 있게 논의했다. 농촌에서 전개되는 집산운동을 발전시키고, 국영농장(솝호즈)과 집단농장(콜호즈)의 건설 사업을 촉진하기 위한 일련의 조치들이 채택되었다.[189] 이와 함께 소위 "계급적 조세정책"이 도입되어 직접과세 제도가 강화되었다. 노동자와 사무직들로부터 징수되는 세금은 현저히 경감되었으며, 빈농 대부분에게는 농업세가 면제되었다. 대신에 부농들 및 도시의 비(非)근로 분자들에게 부과되는 조세부담은 크게 가중되었다.[190]

스탈린의 산업화 노선에 대한 위협은, 우선, 소비재 공산품의 부족과 이들의 상대적으로 높은 가격이었다. 이는 공업에 대한 원활한 원료 공급을 방해했을 뿐만 아니라, 상품유통의 지속적 성장에 커다란 장애가 되기도 했다. 그렇기 때문에 당 중앙위원회의 레닌파는, 이 단계에서, 공업제품의 원가 및 소매가격 인하를 경제정책 전체의 중심점으로 설정했다. 1926년 하반기에 소비에트 사회를 뒤덮은 것은 "가격을 인하하자!"는 슬로건이었다. 이런 맥락에서, 1927년 2월에 열린 당 중앙위원회 전원회의는 '자본축적과 산업화 속도의 대의가 공산품의 가격인상 정책을

---

189) Подробнее см.: КПСС в резолюциях.., т.3, с.416~430.
190) См.: Правда, 5 октября 1926 г.

강요한다'는 트로츠키파의 테제를 "완전히 오류이며 성립할 수 없는" 것이라고 반박하면서, 당의 정치적 관심을 가격정책에 집중시켰다. 어떠한 일이 있어도, 6월 1일까지, 모든 공산품의 소매가격을 연초 대비 최소 10% 인하해야 할 필요성이 재차 강조되었다. "개인자본이 협동조합과 국영 상업에 의해 부차적 역할로 밀려나면서 시장에서 결정적인 영향력을 상실했지만, 그래도 역시 그것은 지금 전체 상품유통의 약 22%를, 그리고 소매거래의 약 40%를 차지하고 있다"는 사실을 지적하면서 2월의 전원회의는 분배의 영역에서 사적 자본의 역할을 체계적으로 축소시켜야 할 필요성을 강조했다.[191] 이와 관련해, 그간 축적한 자본을 이용해 "투기적 거래에 종사함으로써 시장에서 공산품의 가격상승을 조장하고 있는" 신흥 상인들, 즉 네프만들의 행위가 특히 단속되어야 했다. 그밖에, 사회주의 건설과 관련해 "가격인하의 문제가 지니는 엄청난 의미는 바로 문제의 해결에 노동자·농민 대중이 가장 적극적으로 참여할 것을 요구한다"고 강조하면서 전원회의는, 결의문을 통해서, "이미 방침으로 확정된 가격인하가 국가와 협동조합 조직들에 의해 실행되는 바를 통제감독하는 일에 하급 노조조직과 노조원들 및 협동조합에 속한 노동자들을 조직적으로 끌어들이기 위한 일련의 조치들을 강구할 것"을 전국노동조합중앙회의 공산분파 사무국에 대해 지시했으며, 동시에 "당 조직과 소비에트들에 대해서 농업협동조합 및 그 활동을 지도하는 일에 대다수 농민대중의 참여를 확실하게 유도할 수 있는 조직적인 조치를 취하라"고 명령했다. 2월 전원회의의 결의에 따르면, 당의 통제위원회와 노농감독(인민위원)부는 소비에트와 당을 망라하는 모든 기관이 위의 지령을 제대로 수행하는지의 여부를 감시하고, 그 위반자들에 대해 확실히 책임을 추궁해야만 했다.[192]

---

191) КПСС в резолюциях., т.3, с.442.

스탈린은 소비에트 경제가 전혀 헤어날 수 없는 악순환의 고리 속에 빠졌다는 견해에 동의하지 않았다. 그는 1927년 3월에 개최된 제5차 전연방레닌공산청년동맹(콤소몰) 전국 협의회에서 재차 강조했다: "우리의 산업화가 나아가야 할 기본 노선, 그리고 산업화의 차후 행보를 규정해야 하는 기본 노선, – 이것은 공업생산물 원가의 체계적 인하 노선이며, 공업상품 공장도 가격의 체계적 인하 노선입니다."193) 당의 '영도자'는 청년들에게 여러 이유를 들면서 그런 노선의 필요성과 목적합리성을 설명했다. 열거된 그것은, 첫째, 오직 생산원가의 체계적 인하에 기반을 두는 공업만이 그 생산성과 기술, 노동조직, 경영관리의 방법과 형태를 체계적으로 개선하면서 프롤레타리아트에게 "사회주의의 완전한 승리"를 가져다줄 수 있으며, 둘째, 오직 그러한 공업만이 국내시장의 용량을 확대시키는 가운데 계속 발전하고 강화될 수 있으며, 셋째, 그러한 공업만이 향후 노동자들의 임금 수준이 계속 높아지기 위해 필요한 조건들을 유지할 수 있다는 것이었다. 여기에 스탈린은 이유를 하나 더 추가했다: "공산품에 대한 가격인하 없이는, 우리는 프롤레타리아 독재의 기반을 구성하는 프롤레타리아트와 농민의 제휴, 공업과 농업 사이의 결합을 유지할 수 없는 것입니다."194)

1927년 내내 주로 "생산과 경영관리의 사회주의적 합리화"로 귀착되었던 가격정책은 실타래처럼 얽혀있는 모든 경제문제를 풀 수 있는 열쇠로 간주되었다. 공업 분야에서의 노동생산성이 지속적으로 향상되는 데 실제로 기여했다는 의미에서 가격정책은 필요한 것이었으며 또한 목적 합리적인 것이었다. 그러나 바로 그 해 말, 상품기근의 위기가 심화된 결과

---

192) См.: Там же, с.443.
193) Сталин И.В. Соч., т.9, с.193~194.
194) Там же, с.195~196.

곡물조달의 문제가 첨예화되고 절박해졌을 때, 가격정책은 공업과 농업의 결합을 실현함에 있어서 분명히 제한된 가능성만을 가지고 있음이 드러났다. 공업과 농업간의 균형이 산업화의 다이나미즘 속에서 효과적으로 유지되도록 하기에 가격정책은, 본질적으로, 지나치게 합리적이며 온건한 것이었다.

그러던 사이에, 당시 소비에트 러시아가 겪고 있던 국제정치적 어려움이나 특히 중국혁명의 실패를 주목하면서 당내 반대파는 스탈린의 대외정책, 특히 중국 및 영국에 대한 정책에 비판을 집중시켰다. 중국혁명과 관련해 스탈린은, 1926년 11월 말, 코민테른 집행위원회 제7차 확대회의에서 행한 연설에서 투쟁의 반(反)제국주의적 성격을 강조하면서 운동의 혁명적-민주적 단계에 적합한 통일전선전술을 요구했으며,[195] 이러한 전술적 접근은 유럽에 대해서도 그대로 적용되었다. 그러나 트로츠키를 대표로 하는 "국제주의자들"은 보다 선명한 혁명적 사회주의의 전통을 계승할 것을 호소하면서, 국민당 내 부르주아 세력과 중국 공산주의자들 사이의 협력을 중단시킬 것을 요구했다. 또한 그들이 보기에, 영러단결위원회[196]의 도움으로 볼쉐비키공산당이 영국 노동조합총평의회와의 정치적 블록을 유지하는 것은 사회주의적 혁명운동에 대해 엄청난 과오를 저지르는 행위였다. 전체적으로, 영국의 총파업, 소생하는 독일 노동운동, 그리고 중국혁명 등의 움직임에서 세계혁명을 위한 기운이 고양되고 있음을 확인한 "국제주의자들"은 유럽과 중국의 공산주의자들에 대해서 혁명을 위한 확고한 지원을 제공할 것과, 그곳의 개량주의자들이나 부르주아들과의 협력을 즉시 중단할 것을 요구했다. 1927년 4월에 장제스의

---

195) См.: Сталин И.В. Соч., т.8, с.357~374.
196) 위원회(Англо-русский комитет единства)는 1925년 4월 런던에서 열린 영소노동조합 협의회에서 소련 측의 제안으로 설립되었으며, 영국과 소련간의 외교관계가 단절되면서 1927년 가을에 해산되었다.

군대가 중국 공산주의자들을 "살육"한 것은, 이들이 보기에, 스탈린의 대외정책적 파산을 입증하는 명백한 증거였다. 트로츠키는 확신했다: "스탈린-부하린의 정책은 혁명의 붕괴를 준비하고 용이하게 했을 뿐만 아니라, 국가기구의 탄압을 가함으로써 장제스의 반혁명책동을 우리의 비판으로부터 보호했던 것이다."197)

1927년 5월, 영국 정부는 러시아 공산주의자들의 "내정간섭"을 맹렬히 비난하면서 소연방과의 외교 및 무역관계를 단절해 버렸다. 유럽과 중국에서 반소비에트적이고 반공산주의적인 선동이 전개되었다. 긴장된 국제정세에서 위협을 느낀 당 중앙위원회는, 1927년 6월 1일, 당과 모든 인민들에게 산업화의 템포를 가속화하고 노동생산성을 제고하며 군사력을 강화함으로써 소연방의 방위력을 증강시킬 것을 호소하는 담화를 발표했다. 이런 상황에서 반대파는 정치국 내의 레닌파를 비판하는 성명을 계속 발표했으며, "중앙위원회의 테르미도르적 변절", "민족주의적-반동적 노선", "당의 친(親)부농 노선", "모든 위험성 중에 가장 위험한 것은 바로 당의 체제" 등의 수사가 동원된 반대파의 성명에 대해 스탈린은 전쟁 위협에 직면한 트로츠키주의자들이 자신의 "탈영행위"를 감추려는 상투적 수단이라고 규정했다.

스탈린이 지도하는 중앙위원회 노선에 대해 가해진 "테르미도르적 반동이자 막시밀리안이즘"이라는 비판은 결코 트로츠키-지노비예프 블록으로부터만 제기된 것이 아니었다. 소위 "변절이론"은 반대파 진영 전반에 충분히 넓게 확산되어 있었다. 그 이론이 선언한 내용을 보면: 우선, 볼쉐비키공산당은 더 이상 프롤레타리아 정당이 아니다; 관료주의는 미완성 상태에 있는 프롤레타리아 국가가 왜곡된 결과가 아니라 현재 당이 추진하는 정책의 기본 방침이다; 코민테른은 당이 아니라(그것은 이미

---

197) Троцкий Л.Д. Моя жизнь, т.2, с.275.

존재하지 않는다!) 혁명적으로 타락한 "스탈린의 하수인들"의 수중에 있는 충실한 도구이다; 이런 상황에서 프롤레타리아 독재는 공상이 되었고 그것은 이미 없어져 버렸으며 그 껍질은 관료주의적 기구로 퇴화했다; 모든 대외정책은 세계혁명의 기반을 확대시키는 방향이 아니라 제국주의의 구미에 맞도록 혁명을 압살하는 쪽으로 맞춰져 있다; 등의 주장이 포함되어 있었다. 물론 그것이 반대파 진영에서 소위 "레닌파"에게 가하는 비판의 핵심이었다.

1927년 5월에 "83인의 성명"198)을 발표하며 스탈린에게 대항한 자칭 "볼쉐비키-레닌파", 즉 트로츠키-지노비예프 블록 이외에 가장 일관적이며 노골적이었던 반대세력은 과거에 민주집중파에 속했던 사프로노프와 V.M. 스미르노프 등을 중심으로 하는 그룹이었다. 그들은, 예전처럼, 당지도부의 단순한 경질이 아니라, 바로 당체계의 재편 및 당의 창발성 회복에 문제의 핵심이 있다고 주장했다. 제15차 당 대회에 제출된 이 그룹의 성명서를 통해 판단하면, 그들은 무엇보다도 제10차 당 대회의 결정에 기초(!)하는 당내 민주주의의 실현, "기회주의"에 반대해 투쟁하다가 당과 코민테른에서 제명된 당원들의 복권 및 복직, 합동국가정치보위부(오게페우)의 당내 문제에 대한 개입 금지 및 체포된 당원들의 석방 등을 요구했다.199) 그러나 "소비에트 권력의 징벌기관"의 존재 의의 및 그 기능에 대한 스탈린의 신뢰는 거의 신앙에 가까운 것이었다. 1927년 11월에 있었던 외국 노동자대표단과의 대담에서 "국가정치보위부의 재판권, 증인과 변호인 없이 진행되는 심리, 비밀체포" 등에 관해 질문을 받은 스탈린은 이렇게 답변했다: "우리는 자본주의 국가들에 의해 포위된 나라입니다. 우리 혁명의 내부의 적(敵)은 모든 나라 자본가들의 첩자인 것입

---

198) 이 문서가 "83인의 성명"으로 알려져 있지만 그들은 애초에 약 3천 명의 서명을 수합할 수 있었다. 이에 관해 см.: Архив Троцкого, т.3, с.60~72.
199) Подробнее см.: Архив Троцкого, т.4, с.270~274.

니다. [중략] 내부의 적들과 싸우면서 우리는, 따라서, 모든 나라의 반혁명분자들과의 투쟁을 전개합니다. [중략] 우리는 파리코뮌의 실수를 반복하기를 원치 않습니다. 국가정치보위부는 혁명을 위해 필요하며, 국가정치보위부는 프롤레타리아트의 적들에게 공포를 주는 존재로서 계속 우리나라에서 존재할 것입니다."200) 물론, 민주집중파 "잔당"들의 비판이 수용될 리 없었다.

스탈린의 관념에 따르면, 적(敵)은 반혁명분자나 태업분자들만이 아니었다. 제14차 당 대회가 끝난 후에 곧 오솝스키라는 인물이 이른바 양당론을 제기했으며, 이는 반대파들의 적지 않은 주목을 받았다. 소비에트 국가는 프롤레타리아 국가가 아니라 노동자·농민의 국가이며, 이런 국가를 지도하면서 프롤레타리아 당은 나라 안의 모든 계급을 대표해야 함에도 불구하고 어쩔 수 없이 자신의 계급적 이익에 입각한 정책을 전개할 수밖에 없다는 것이 그 이론적 출발점이었다. 이로부터 오솝스키는 하나의 당, 더욱이 절대적으로 일사불란한 일당(一黨)의 존재란 불가능할 뿐만 아니라 노동자·농민의 제휴를 위해 전혀 불합리하다고 결론지으면서 양당의 존재를 허용하거나 적어도 하나의 당내에 분파의 존재를 합법화하는 조치가 필요하다고 주장했다.201) 물론 이에 대한 스탈린의 반응은 단호한 것이었다. 1927년 8월에 열린 당 중앙위원회 전원회의에서 그는 선고했다. "내일 모레 중앙위원회는 오솝스키를 당에서 제명합니다. 그는 당의 적(敵)이기 때문입니다."202) 인정해야 할 것은 아직 반대파들에게 적이라는 용어가 조심스럽게 적용되고 있었다는 사실이다. 그것도 '인민의 적'이라는 말은 아직 널리 유포되기 전이었다.

---

200) Сталин И.В. Соч., т.10, с.237.
201) См.: Правда, 17 июля 1927 г.
202) Сталин И.В. Соч., т.10, с.89.

1927년이 경과하면서 당내의 투쟁은 더욱 치열해졌으며, 일방적이었지만 더욱 난폭한 모습을 갖게 되었다. "징벌기관"의 광기 어린 탄압과 추적을 받으면서 반대파는 자주 비합법적인 투쟁방법에 의존하게 되었다. 이는 반대파들(트로츠키파, 지노비예프파, 사프로노프 그룹 등)로 하여금 이념적으로 결속하고 자신의 지지자들을 규합하는 동시에, 스탈린의 레닌파와는 전혀 화해할 수 없는 명실상부한 반대파 진영을 형성하게 했다. 치열한 이념투쟁의 전선에 개인적인 적개심의 그림자가 더욱 짙게 스며들게 된 것은 당연한 귀결이었다.

1927년 10월에 열린 당 중앙위원회와 중앙통제위원회의 합동 전원회의에서 스탈린은 역사의 문서고에서 레닌의 「유언」을 다시 들고 나온 "트로츠키주의자들"과의 투쟁에 종지부를 찍으려고 작정했다. 이번에 '통합반대파'는 철저히 레닌에게 의존했다. 먼저 지노비예프는 반대파에게 가해지는 불법적 박해와 체포에 대해 격하게 항의했다. 그리고 1918년 봄에 부하린이 좌파 에세르들과 함께 레닌에 반기를 들었던 사실을 언급한 그는 스탈린과 부하린이 추구하는 노선의 비(非)레닌주의를 탄핵했다. 이에 대해 부하린이 냉소적으로 대꾸했다: "지노비예프 동무, 만약 과거를 회상하기 원하신다면 1923년에 귀하가 본인에게 트로츠키를 체포해야 할 필요성에 관해 말했던 것도 회고하시오!"[203] 물론 전적으로 레닌에 의지해, 그리고 트로츠키와 연합해 자신의 정치노선을 정당화하기에는 지노비예프의 정치적 과거가 적지 않은 문제를 내포하고 있었다. 다만, 분명한 것 하나는 레닌에 의해 시작된 "신 노선"이 이제 염려스러운 정도로 자본주의적 발전을 촉진하고 있었으며, 지노비예프는 이런 현실과 정책을 비판하고 있다는 사실이었다. 이 무렵 레닌의 시신을 미라로 만든 후에, 레닌을 성인화(聖人化)한 후에 모든 당 지도자들은 갖은 방법으로 자

---

203) Правда, 2 ноября 1927 г.

신을 레닌의 충실한 제자로서 내세우려 노력했지만, 예외 없이 레닌에 대해서 죄인이 되었다. 레닌과 정치적으로 대립했던 "원죄"가 트로츠키, 스탈린, 지노비예프, 카메네프, 부하린 등 볼쉐비키당 지도자 모두에게 있었으며, 따라서 레닌을 내세우며 상대를 비판하면·할수록, 그것은 부메랑이 되어 자신에게 큰 해를 입혔다.

트로츠키는, 자신의 차례가 되자, 우선, 스탈린에 의해 자행된 레닌주의적 전통에 대한 왜곡을 지적했다. 트로츠키는 스탈린이 처음 서기장에 임명될 때부터 자신이 레닌에게 그의 자질에 대한 의구심을 표현했었다고 말했다. 그리고, 10월혁명 후에 당은 강력한 "강제기관"을 수중에 확보했으며, 레닌의 지도에 따라 부르주아, 멘쉐비키, 에세르(사회혁명당원)들에 대해 행사된 볼쉐비키의 폭력은 당 중앙위원회의 올바른 계급정책 덕분에 엄청난 성과를 얻게 했다고 주장했다. 그런데, 트로츠키의 연설에 따르면, 지금 "통치하는 분파"는 "성실한 볼쉐비키"를 추방하고 체포하면서 당 자체에 대항하는 행동을 일삼고 있으며, "노동자-당원"은 자신이 속한 (당)세포 내에서 생각하는 바를 말하기를 두려워하고 양심에 따라 투표하는 것을 겁내게 되었다. 바로 당 체제 속에 당 지도부의 모든 정책이 반영되는 법이라고 강조하면서 "영구혁명의 화신"은 이렇게 말했다: "[당의] 정책은 근자에 자신의 계급적 축을 왼쪽에서 오른쪽으로 이동시켰습니다: 프롤레타리아에서 프티부르주아로, 노동자로부터 전문기술자로, 일반 당원에서 당료로, 머슴과 빈농에서 부농(쿨락)으로, 상하이 농부에서 부르주아 장교단으로, 영국 프롤레타리아트에서 퍼셀, 힉스 그리고 노조 총평의회 간부들로, 등등. 바로 여기에 스탈린이즘의 핵심 중의 핵심이 있습니다. 바로 어제까지도 '부자가 되라!'고 주문했던 부농(쿨락)에 대해 공세를 강화하라는 오늘날의 외침은 이 노선을 변경할 수 없습니다."204) 트로츠키는 그렇게 스탈린이즘을 정의했다. 그러나 그의 확신은 현실에서 검증될 수 없었다.

스탈린은 자신이 레닌의 「유언」을 은폐하고 있다는 비난을 반박했다. 그는 그간에 열렸던 당 중앙위원회 전원회의에서 「유언」이 몇 차례 논의되었으며, 중앙위원회에 대해 자신을 서기장의 직책에서 해임하라고 요청한 적도 있음을 상기시켰다. 그리고 그는 단호히 말했다: "그렇습니다, 동무들! 본인은 무례하며, 배신적으로 당을 파괴하고 분열시키는 자들에게 거칠게 대합니다. 본인은 이것을 감추지 않았으며 또 감추지 않습니다. 분열분자들에 대해 여기서 일정한 관용이 요구된다고 할 수도 있습니다. 그러나 본인에게는 그런 요구가 성립되지 않습니다. [중략] 스탈린의 실수에 관해서는 「유언」에 단 한마디도, 단 하나의 암시도 없습니다. 거기엔 오직 스탈린의 무례함에 대해서 언급되고 있습니다. 그러나 무례함은 스탈린의 정치적 노선이나 입장의 결함이 아니며 또 결함이 될 수 없습니다."[205] 이어 그는 레닌이 페테르부르크로 돌아오기 전인 1917년 3월에 자신에게 정치적인 "약간의 동요"가 있었음을 인정하면서, 자신의 과오가 단지 두 주일 동안 지속되었을 뿐이며, 그다음에 레닌의 정치를 실행함에 있어서 자신에겐 어떠한 심각한 실수나 동요가 없었음을 강조했다. 스탈린은 자신이 추진하는 정치노선과 1925년 봄 제14차 당 협의회에서 채택된 "중농에 대한 약간의 양보라는 모습을 띤 일련의 조치들"이 (레닌이즘에 충실하다는 의미에서) 정치적으로 올바르다고 확신하고 있었다. 전원회의에서 스탈린은 지노비예프와 카메네프가 이 정책을 원점으로 돌리고 이 정책을 부농해체정책과 부활한 콤베드(빈농위원회)로써 대체하려고 시도했으며, 바로 여기에 그들의 만회할 수 없는 정치적 과오가 있다고 비난했다. 최근 2년 동안에 네프가 가져온 성과를 열거한 다음, 당의 '영도자'는 선언했다: "그렇게 해서 우리는 농촌에서의 자본

---

204) Правда, 2 ноября 1927 г.
205) Сталин И.В. Соч., т.10, с.175~177.

주의적 분자들에 대한 공세를 더 한층 전개하게 하고, 향후 우리나라에서의 성공적인 사회주의 건설을 보장할 수 있게 하는 조건들을 조성했습니다."206)

스탈린은 1921년에 레닌이 쉴랴프니코프를 당에서 제명할 것을 제안했는데, 그 이유는 그가 당 세포에서 베세엔하의 결정들을 비판하는 발언을 감행했다는 것 하나뿐이었다는 사실을 상기시켰다. 그러면서 그는 "조직 파괴분자들"과 "분열주의자들"에 대한 레닌의 태도와 비교할 때 오늘날 당이 어느 정도까지 기강이 풀어져 있는지를 반문했다. 실제로, 약 3~4년 전에는 바로 그런 이유로 "반당(反黨)분자들"이 당에서 제명될 수 있었다. 그런데 지금 "과거의 트로츠키 반대파에 속했던 몇몇 인사들이 반혁명분자들과 직접적인 제휴를 했을 때", 왜 그렇게 하면 안 되는가? 이런 질문에 대한 대답은 물론 당연한 것이었다. 스승이 보여준 모범에 의거하면서 스탈린은 자신의 결단성을 과시했다: "레닌은 조직 파괴분자들과 분열주의자들을 묵인한다면 사태를 완전히 그르칠 수 있다고 말했습니다. 이는 전적으로 옳습니다. 바로 그것 때문에 본인은 지금이 바로 우리가 반대파 지도자들에 대한 묵인을 거절할 때이며, 트로츠키와 지노비예프를 우리 당의 중앙위원회에서 제명하는 결론을 내려야 할 때라고 생각합니다."207)

예상할 수 있었던 것처럼, 1927년 10월에 당 중앙위원회 전원회의는 스탈린이 거명한 모두를 중앙위원회에서 축출하기로 결정했다. 그리고 11월 중순, 10월혁명의 승리 10주년을 기념하는 시기에 모스크바와 레닌그라드에서 반당적(反黨的)인 가두시위를 조직한 트로츠키와 지노비예프를 전연방볼쉐비키공산당에서 제명하고, 동시에 당 중앙위원회와

---

206) Там же, с.197.
207) Там же, с.190~191.

중앙통제위원회로부터 반대파 가담자들을 한 사람의 예외 없이 모두 축출한다는 당의 결정이 발표되었다. 곧이어 열린 제15차 당 대회(1927년 12월 2일~19일)에서 스탈린은 반대파에게 이념적 차원에서나 조직 차원에서나 모두 그리고 완전히 무장해제할 것을 요구하면서 최후통첩을 보냈다: "그렇게 하거나 아니면 당을 떠나든가. 만약 떠나지 않는다면, 그렇다면 내쫓을 겁니다."[208] 실제로, 제15차 당 대회의 결정에 따라 트로츠키주의자들, 지노비예프파, 사프로노프 그룹 등 반대파의 모든 열성분자들이 당에서 쫓겨났다.[209] 마침, 이미 당 대회의 개막 전에 쉴랴프니코프를 비롯한 '노동자 반대파'의 대부분이 당에서 제명되었으며, 축출된 당원들 모두는 합동국가정치보위부의 재량 아래 놓여졌다.

1928년 1월, 트로츠키는 모스크바에서 카자흐스탄의 알마티로 "유배" 되었다. 그리고 이로부터 정확히 1년 뒤, 당 중앙위원회 정치국은 전혀 반성의 기미 없이 유배지에서도 반당(反黨)투쟁을 계속한 "좌익 반대파의 두목"을 터키로 추방하기로 결정했다. 이렇게 해서, "불순분자들"로부터 당을 정화하려는 스탈린의 작업이 일단 마무리되었다. 당에서 제명될 무렵에 트로츠키는, 아마도, 소비에트 러시아에서 자신이 할 수 있는 모든 일을 다 했다. 10월혁명의 순간과 내전기에 모든 볼쉐비키를 사로잡았던 영구혁명의 이념은 지금 사회주의 건설의 시대에 그들에게 더 이상 필요하지 않았다. 스탈린의 정책을 "테르미도르적 반동"이라고 규정한 트로츠키에게는 스탈린적 당 지도부의 "변질"을 폭로하는 일 이외에 아무것도 할 일이 없었다. 후에 스탈린은 트로츠키를 그냥 추방해버린 것을 후회했다. 물론 1920년대 후반의 당내 상황과 관계는 그 10년 후쯤의 그것과 전혀 달랐다. 아무튼 트로츠키도 역시 혁명가로서의 자신의

---

208) Пятнадцатый съезд ВКП(б). Стенографический отчёт. М., 1928, с.82.
209) Подробнее см.: Там же, с.1317~1319.

명성을 유린한 스탈린을 도저히 용서할 수 없었다. 물론, 1920년대 두 사람의 권력투쟁은 정책적인, 이데올로기적인, 노선상의 대립을 기반으로 하고 있었다. 그러나 점차 권력투쟁의 내용은 두 사람 사이의 개인적 적대감으로 채워지게 되었다. 결국 멕시코에 겨우 정착하게 된 "영구혁명가"라는 천재는 생계를 위해 "잡문"을 써대는 처지에서도 제4인터내셔널이라는 세계혁명을 위한 국제조직을 일구어냈지만, 스탈린에 대한 적개심은 때로 그의 냉철한 혁명가적 이성을 마비시키기도 했다.

1927년 가을, 제15차 당 대회가 가까워지면서 "레닌파"는 자신들이 중요한 역사의 기로에 서 있음을 확실히 느끼고 있었다. 자신들이 착수하는 작업이 인류 역사의 새로운 미래를 여는 것이라는 자부심도 있었다. 농업의 집단화 문제와 산업화 5개년 계획에 관한 문제들이 논의되었다. 당 중앙위원회가 작성한 테제에 대항해 '통합 반대파'가 제출한 〈전연방 볼쉐비키공산당 제15차 대회로 보내는 볼쉐비키-레닌파(반대파)의 테제〉에서 그들은 경제적 어려움의 근본 원인이 바로 국가경제가 "부농-자본주의적 분자들"에 종속되어 있는 현실에 있다고 강조했다. 그러면서 트로츠키는, 반대파의 대표로서, "부농계급의 착취욕에 대항해 빈농과 머슴들을 조직화할 수 있는", 그런 정책을 실시할 것을 요구했다.210) 또한 인민경제 5개년 계획에 대한 중앙위원회의 테제와 관련해 트로츠키는 "변절자들"이 "당과 노동계급에 대해 전혀 책임을 느끼지 않는다"며 당 지도부에게 비난을 퍼부었다. 그의 의견에 따르면, 5개년 계획에 반영된 "관료적 낙관주의"는 단지 "적(敵)에 대한 도움"을 의미할 뿐이었다. "볼쉐비키-레닌파"의 테제를 통해 트로츠키는 전혀 예기치 않은 제안을 내놓았다. 그것은 이미 계획으로 예정된 자본 투자액을 삭감하고, 감액된 자본을 생산수단의 생산과 소비재 생산 사이에 다시 할당하되 후자에 유리하

---

210) См.: Правда, 5 ноября 1927 г.

도록 하며, 해외로부터의 완제품 수입을 늘리고, 공업에 배정된 국가예산을 감축할 것 등이었다.211) 이미 네프의 초기 단계부터 소위 "공업독재"의 필요성을 강조했던 트로츠키의 제안이라고는 믿기 어려웠다. 물론 그가 보기에 5개년 계획은 너무 무모하고 실현 가능성이 없었겠지만, 그는, 후에 판명된 것처럼, 역사 운동의 중심에서 도태되고 있었다.

1927년 10월의 당 중앙위원회 전원회의에서 그 자신이 말했던 것처럼, 트로츠키는 "변절자들"의 정책 모두를 신뢰하지 않았다. 농업 집단화에 관한 논의, 특히 5개년 계획에 대한 논의가 진행될 때, 그에 임하는 당 간부들의 진지함과 비장한 각오를 믿지 않았다. 후에 많은 서방의 소비에트학 연구자들은 스탈린이, 특히 1930년대에 성취된 "사회주의의 승리"와 관련하여, 단지 트로츠키의 프로그램을 수행했을 뿐이라는 학설을 개진했는데, 여기에는 망명지에서 스탈린의 정책을 지켜보면서 트로츠키가 내린 평가가 그대로 반영되어 있었다. 그는 스탈린의 전면적 농업 집단화 및 초고속 산업화 정책에 대해 자신이 이미 네프 초기부터 제안한 것이라고 지적하면서 스탈린이 이제야 정신을 차렸다고 빈정거렸다. 물론 트로츠키가 공업독재와 부농해체를 주장한 것은 사실이다. 그러나 정치를 이해하고 평가함에 있어서 중요한 것은 정책적 결과에 대한 서술보다도 누가, 언제, 어떻게 그런 정책을 추진했는가에 대한 분석일 것이다. 정치란 이를테면 가능성의 예술이다. 비록 스탈린이즘과 트로츠키즘이 세계혁명이라는 궁극적 목표를 공유하고 있었지만, 양자는 서로 상이한 이론과 전술 나아가 전략을 가진, 서로 다른 존재였다. 트로츠키의 공업독재론과 부농해체론을 스탈린의 추진했던 정책들의 이론적 근거라고 주장하는 학설이 지닌 가장 중요한 결함은 바로 그것이 스탈린의 고유한 정치적 프로그램, 또는 그의 일국사회주의론을 완전히 무시하고 있다는

---

211) См.: Правда, 10 ноября 1927 г.

데 있다.

　1921년 봄 시작된 네프(신경제정책)의 본질은 전술적 "후퇴", 즉 자본주의적 분자들에의 양보를 의미했으며, 결국 당내에서 그것에 대한 당내의 이견과 논쟁은 불가피했다. 1922년 봄에 개최된 제11차 당 대회에서 레닌은 공개적으로 "후퇴"의 중단 및 전열(戰列)의 정비를 요구했으며, 그럼으로써 그는 네프의 확대에 반대했다. 트로츠키가 내세운 공업독재론은 레닌의 그런 입장에 부합했다. 그러나 "무한한 권력을 움켜쥔" 스탈린은 나름 사회주의적 축적 개념을 내세우며 "후퇴"를 지속해 갔다. 트로츠키는 스탈린의 네프정책 혹은 "신 노선"을 부르주아적인 "테르미도르적 반동"이라 비판했으며, 스탈린의 일국사회주의론은 트로츠키에 대한 반박이자 자신의 "네프정책"에 대한 합리화였다. 한때 스탈린의 동무였던 지노비예프와 카메네프 등이 '신 반대파'가 되어 스탈린을 비판하고 나섰던 것은 1917년 이후 종종 우파적 성향을 드러냈던 그들조차 "신 노선"의 사회정치적 결과에 동의할 수 없었기 때문이었다. 트로츠키의 스탈린 비판은 충분한 근거가 있었으며, 그가 자파(自派)를 "볼쉐비키-레닌파"라 칭한 것도 나름 합리적 이유가 있었다. 그러나 스탈린의 "신 노선"이 국가 재정을 안정시키며 사회주의 건설의 총노선을 구현하기 시작하면서 반대파 진영의 자중지란이 목격되었다.

　제15차 당 대회가 폐막될 즈음, 이미 당에서의 제명 결정을 받아든 카메네프와 지노비예프 및 그외 다른 반대파 인물들은 스스로의 과오를 인정하면서 자신들의 복당(復黨) 및 사회주의 건설 사업에의 참여를 관대하게 허락해 달라고 당 대회에 요청했다. 이에 그치지 않고 1928년 1월에 지노비예프와 카메네프는 자신들이 "당에 대한 완전하고 실질적인 복종의 문제와 직접 관련해 트로츠키 그룹과 결별했다"는 내용의 성명을 공개적으로 발표했다.212) 아마 그들은 트로츠키와의 결별을 과시함으로써 스탈린의 호감을 얻거나 아니면 최소한 용서를 얻을 수 있다고 생각했을 수 있다. 그것이 아니면 투쟁을 위한 전술일 수도 있었다. 그러나 자신들의 두 번째 "전향"을 통해서 그들은 스탈린의 경멸을 샀을 뿐만 아니라, 정치적으로 스스로를 청산했다. 그들에게 다른 길은 없었다.

---

212) Правда, 27 января 1928 г.

| 제5절 | 네프의 청산

    1927년 12월에 열린 제15차 당 대회에서 행한 중앙위원회 정치보고를 통해 스탈린은 최근 2년간에 성취된 급속한 공업의 발전 속도에 대해 만족감을 표시했는데, 보고자의 연설에 따르면, 이는 가까운 장래에 "선진 자본주의 국가들을 따라잡고 나아가 추월하기" 위해 반드시 필요한 호조건을 조성하는 것이었다. 그러나 그간의 농업의 발전 속도에 대해서 그는 만족할 수 없었다. 그가 인용한 자료에 의하면, 1925/26년도의 농업총생산이 그 전년도를 기준으로 해서 19.2%의 증가를 기록했다면, 1926/27년도에는 4.1%가 증가되었고, 1927/28년도에는 3.2%의 증가가 예상되었다.213) 스탈린은 농업의 발전을 지체시키는 원인으로 농업에서 사용되는 기술적 장비의 극단적 낙후, 농촌의 낮은 문화적 수준, 생산의 분산, 계획성의 결핍, 소부르주아적 생산의 광풍에 대한 굴복 등을 열거했다. 그 탈출구는 오로지 농업의 집단화에 있었다. 레닌에 의하면, 영농의 대규모화 없이는 농업에서의 소상품 생산이 지닌 발전의 한계를 극복할 수 없었다.

    스탈린은 공업이 발전함에 따라서 매년 곡물의 수요만이 아니라, 그 결과로서 곡물 수매량도 증대할 것이라고 판단했다. 그러나 지금은 농업의 발전이 정체되고, 게다가 시장에 공급되는 곡물상품의 수량이 감소하

---

213) См.: Сталин И.В. Соч., т.10, с.303.

고 있었다. 이러한 현실이 가속화된 공업 발전을 옭아매고 있었다.[214]

그는 "밖으로부터 농업을 포위한 것"이 그동안에 당이 얻은 성과라고 인정했다. 즉, 그는 농촌에 대한 소비자협동조합의 물품공급이 1924/25년도에는 전체 공급량의 25.6%를 점유하다가 1926/27년도에는 50.8%로 증가했으며, 또한 협동조합 및 국영 상업기관을 통한 농산물 판매량은 1924/25년도에 전체의 55.7%를 차지하던 것이 1926/27년에는 63%까지 증가된 사실을 주목했다. "안으로부터" 농업을 장악하는 것과 관련해서, 즉 농업 생산 그 자체에서 사회주의적 영역이 확대된 것과 관련해서 스탈린은 현재 국영농장(솝호즈)과 집단농장(콜호즈)이 농업총생산의 약 2% 남짓을 생산하고 있으며, 시장 총유통량의 약 7%를 공급하고 있다고 지적했다. 결국, "안으로부터" 농업을 장악함이 없이는 안정적인 곡물 조달은 물론, 조달 규모를 증대시키는 일 자체가 근본적으로 불가능했다.

이렇게 해서, 급속한 산업화를 위한 논리는 소위 "국영 곡물공장"을 건설해야 할 필요성에 대한 인식으로 이어졌다. 당의 '영도자'는 말했다: "탈출구는 소농과 영세농을 강제[하는 것]이 아니라 점차적으로 그러나 일관되게 보여주고 설득함으로써 농업 기계와 트랙터를 사용하고 집약 농업을 위한 과학적 방법을 사용하면서 이루어지는 사회적, 동지적, 집단적 영농에 기초하는 대규모 영농으로 통합하는 데에 있습니다. 다른 방법은 없습니다."[215] 스탈린은 집단화가 네프를 반드시 종식시킨다고

---

214) 이와 관련하여, 1927년 말에 곡물조달의 위기가 발생했음을 유념할 필요가 있다. 물론 그 원인은 만성화된 상품기근과 협상가격차를 배경으로 하고 있었다. 추곡수매를 함에 있어서 조달된 곡물의 양은 9월 말부터 급속히 감소했다. 예를 들면, 12월에 조달된 양은 10월의 그것에 비해 거의 반으로 줄어들었다. 1927년 12월 14일에, 즉 제15차 당대회 기간 중에 곡물조달에 관한 당 중앙위원회의 첫 번째 비상지시가 내려졌다. См.: Правда, 11 марта 1928 г.(1928년 3월 9일에 모스크바(시) 소비에트 총회에서 행한 리코프의 보고).

215) Сталин И.В. Соч., т.10, с.305~306.

생각하지 않았다. 공업과 농업의 결합, 그리고 노동자와 농민의 '스믜츠카'(제휴)는 그대로 유지되어야 했다. 그의 주장에 따르면, 네프의 성격을 규정했던 '누가-누구를'의 문제는 상업의 영역에서 생산의 영역으로 옮겨가고 있었으며, 따라서 이제 전혀 다른 성격을 지니게 되었다. 당연하게도 농촌에서의 투쟁은 사회주의적 요소들과 자본주의적 요소들, 즉 집단적 생산과 부농(쿨락)적 생산 사이의 투쟁이 되었다. 스탈린은 강조했다: "경제적 조치들을 통해서 그리고 소비에트 법규에 입각해 부농을 제압해야 합니다. [중략] 물론 이것은 부농에 대해 약간의 불가피한 행정적 조치를 취하는 것을 배제하지 않습니다. 그러나 행정적 조치가 반드시 경제적 차원의 방법들을 대체할 필요는 없습니다."216)

오늘날, 스탈린이 집단화를 추진하면서 레닌의 협동조합 구상을 결정적으로 왜곡했다는 학설은 소비에트학 내에서 쉽게 접할 수 있다.217) 그러나 제15차 당 대회 개막 전에 집단화 계획을 논의하는 과정에서 부하린을 비롯한 우파를 포함해 그 누구도 집단화 자체에 대해 반대하지 않았다. 또한 제15차 당 대회에서 집단화에 관한 몰로토프의 보고가 끝난 후에 벌어진 토론에서 이 문제에 관해 어떠한 이견도 제시된 바 없었다. 오히려, 소비에트 권력의 초기에 레닌의 주도하에 건설된 "국영농장들의 비참한 상황"을 지적하면서 크룹스카야는 누구보다 열렬히 집단화 계획을 지지했다.218) 실제로 볼쉐비키는 이 집단화 사업을 레닌의 구상

---

216) Там же, c.311~312.
217) 예를 들면, 다닐로프와 이브니츠키는 「전면적 집단화의 전야 및 그 과정에서의 농촌」이라는 제목의 글에서 부하린의 입장을 옹호하면서 이렇게 쓴다: "농업의 협동조합화를 사회의 사회주의적 개편을 위한 독립적 과제로서가 아니라 순수하게 경제적인 것을 포함하는 [중략] 다른 과제들을 해결하기 위한 수단으로서 해석하는 것은 레닌의 협동조합 구상에 대한 근본적인 파괴이며, 이는 계속 다른 파괴와 왜곡들을 야기한다. См.: Документы свидетельствуют. М., 1989, c.20~21.
218) См.: Пятнадцатый съезд ВКП(б). Стенографический отчёт, c.1114.

이 발전된 형태로서 간주했다. 예를 들면, 농업 집단화를 논의하는 과정인 1927년 11월, 부하린은 이렇게 썼다: "레닌은 '협동조합 상점'에의 참여, 협동조합적 유통에의 참여 등과 같이 농민 각자에게 쉽게 이해되는, 그런 간단한 것들에 관해 말했다. 집단농장에 관해서는 한마디도 없었다. 이는 물론 레닌이 자신의 계획에서 집단조합을 배제했다는 것을 결코 의미하지 않는다. 단지 그가 그것을 전면에 내세우지 않고, 그것에 대한 당의 집중적인 관심을 요구하지 않았으며, 그것을 사회주의로 이르는 기본적 방법으로 여기지 않았던 것, ─ 이 모두는 현재 가장 복잡하고 가장 어려운 협동조합의 형태가 바로 집단농장이라는 이유 때문이었다."[219] 생각해 보면, 스탈린이 레닌의 협동조합에 관한 구상을 왜곡했다는 비난은 설득력이 없어 보인다. 그는 기본적으로 레닌이 구상한 협동조합의 형식과 내용을 변경하지 않았다. 물론 그것을 실현하기 위해 어떤 방법들이 동원되었는가의 문제는 다른 차원에서의 논의 대상이다.

제15차 당 대회의 토론을 총괄하면서 스탈린은 농업을 집단화함으로써, 그리고 경제계획의 원리를 확립해 이미 "달성된 사회주의적 공업의 성장 템포"를 정착시킴으로써 "인민경제의 모든 분야에서 사회주의의 지휘고지를 확대하고 강화할 것"을 당의 과제로 부과했다. 그러나 권력의 상층부에서 5개년 계획을 최종적으로 심의하던 중에, 그때까지 주로 트로츠키즘과의 투쟁 때문에 감추어져 있던 산업화를 둘러싼 이견이 노출되었다. 당장은 이견이 완곡한 형태로 나타나고 있었다.

당 대회 개막 무렵에 볼쉐비키가 갖고 있던 인민경제 발전에 관한 5개년 계획은 하나가 아니었다. 국가계획위원회(고스플란)는 몇 개의 계획안을 만들어 놓고 있었으며, 이는 산업화에 관한 당내의 이견을 어느 정도 반영하고 있었다. 1927년 10월, 여러 경제기관의 대표들도 참석한 가

---

[219] Правда, 5 ноября 1927 г.

운데 열린 소연방 국가계획위원회 간부회의 총회에서 5개년 계획에 관한 개괄 보고를 위해 장기계획(작성)중앙위원회 위원장인 스트루밀린이 등단했다. 그는 먼저 다음과 같은 요지의 "이론"을 개진했다: "볼쉐비키의 과제는 경제를 개편하는 것이지 그것을 연구하는 것이 아닙니다. 볼쉐비키가 공략할 수 없는 요새는 없습니다. 공업 성장의 템포 문제는 인간의 의지로써 해결되는 것입니다." 보고자는 "사회주의로의 최고로 빠른 전진"이라는 목표를 위해 부단한 생산력의 발전을 가장 효과적으로 보장할 수 있도록 "나라의 생산력을 재분배하는 것"이 인민경제장기계획의 과제라고 설명했다. 그리고는 먼저, 스트루밀린의 표현을 빌리면, 가장 좋은 경제 여건을 예상하며 작성된 "최상의 계획"과는 달리 "극도의 신중함을 갖고" 만들어진 5개년 계획의 기본안(案)에 대한 총회 참가자들의 심의와 비판적 검토가 시작되었다.[220]

 제15차 당 대회에 참석한 대의원들에게는 고스플란의 위원회가 대회 개막 직전에 작성한 5개년 계획안이 배포되었는데, 거기에는 단지 경제건설의 총노선이 대강 설명되는 가운데 그 정책적 방향의 중요한 단계만이 표시되어 있었다. 그런데 단상에 오른 소연방 소브나르콤 의장 리코프는 이 계획에 반대하는 연설을 감행했으며, 이로써 산업화를 둘러싼 당 상층부에서의 갈등이 공개적으로 표출되었다. 리코프는 5개년 계획의 가장 큰 결함이 바로 "계획의 지나치게 통계적인 성격"과 "입안의 통계학적 편향"에 있다고 지적하면서, 인민경제의 위기 없는 성장을 담보하기 위해서 중공업과 경공업 사이에 "보다 합리적인 자본 배분"이 이루어져야 한다고 역설했다. 그는 소비에트 국가가 중공업 발전이라는 과제를 해결해야만 하기 때문에, 가까운 장래에 상품기근의 문제가 완전히 제거될 가능성이 없다고 생각했다. 그의 생각에 따르면, 그렇다고 해서 "경공

---

220) Правда, 25 октября 1927 г.

업이 모두 방치되어야 한다"는 결론을 유도할 수는 없으며, 오히려, 그 반대로 경공업을 어떻게는 발전시켜야 했다. 왜냐하면 소연방에서의 사회주의 건설에 대한 주된 위험은 바로 "통화체계의 위기와, 나아가 경제 전체의 위기를 초래할 수 있는 상품유통의 위기 가능성"에 있기 때문이었다. 이런 판단에 의거해서 리코프는 "5개년 계획의 과제야말로 상품유통의 상대적 균형을 유지하는 데 있다"고 역설했다.221) 물론 스탈린은 리코프의 주장에 찬성하지 않았다. 정치보고 이후 이어진 토론을 결산하면서 그는 "전력을 다해 나라의 산업화를 추진해야" 하기 때문에 향후 몇 년간 상품기근의 요인들이 존속할 것이며, "그들과 타협해야 할 것"이라고 말했다. 산업화에 관한 스탈린의 입장은 5개년 계획에 대한 추가 보고를 위해 그의 뒤를 이어 등단한 소연방 국가계획위원회(고스플란) 의장 크르쥐좌놉스키에 의해 다시 상세하게 설명되었다. 그는 먼저 가장 중요한 5개년 계획의 기본 과제를 열거했는데, 그 내용은 첫째, "인민경제의 향후 발전에 자본주의 세계가 알지 못하는, 그런 속도를 부여한다", 둘째, "향후 경제의 사회화 노선을 생산과정뿐만 아니라 분배과정에 대해서도 심도 있게 추진한다", 그리고 셋째, "군사력과 국가방위를 확보한다"는 것이었다.222) 물론 크르쥐좌놉스키는 이러한 노선에 엄청난 어려움이 있다는 것을 인정했다. 그런데 경제계획은 왜 필요하며, 어디에 그 본질이 있는가? 고스플란 의장의 대답에 의하면, "그것의 본질은 경제적 의지의 통일을 육성하는 데 있다"는 것이었다. 그렇다면 누가 경제적 의지의 통일이 최대한 빨리 실현되도록 보증할 수 있는가? 크르쥐좌놉스키의 대답에 의하면, 그것은 바로 당이었다. 오직 당이야말로 "기본적인 조직 축으로서, 정치전선뿐만 아니라 경제전선에서의 불굴의 요새"라는 것

---

221) Пятнадцатый съезд ВКП(б). Стенографический отчёт, с.776.
222) Там же, с.790.

이었다.

이어서, 공업생산과 농업생산 사이의 "매우 불쾌한 순환"을 지적한 크르쥐좌놉스키는 그러한 순환을 극복하기 위해 농민들이 기계제품뿐만 아니라 일용 소비재를 쉽게 구입할 수 있도록 보장하는 것이 당으로서는 "농민과의 계약관계"에 있어서 대단히 중요하다고 언급했다. 그러면서 보고자는 1931년까지 공업생산을 78%, 농업생산을 30% 증가시킨다는 목표를 세운 5개년 경제계획이 "반드시 살아 숨 쉬어야 하며", 그를 실현하기 위해서 모든 노동자 그룹이 최선을 다해야 한다고 역설했다. 그의 설명에 따르면, 모든 경제계획적 실행들을 결합하기 위한 확고한 거점으로서의 통계상 목표 수치는 비록 수정을 요구할 수도 있지만, 5개년 계획의 전체 구상은 전적으로 올바른 것이었다. 그 시스템, 즉 몇 개의 계획안이 존재하는 것은 소비에트 국가에게 경제정책적 조치들을 융통성 있게 운용할 수 있는 가능성을 제공하기 위함이었다. 곧 제15차 당 대회의 열기가 절정에 이르렀다. 크르쥐좌놉스키가 외쳤다: "다가오는 5년간 우리 경제 작업의 모든 전선으로 던지는 우리의 구호, 우리의 가장 중요한 구호는 이겁니다. 계획을 달라!"223) "계획을 달라!" 대회장은 우레와 같은 박수와 환호 속에 묻혀버렸다.

제15차 당 대회는 당의 총노선을 확정했다. 대회는 농업의 집단화 방침을 수립했으며, 산업화 속도를 최대로 높여야 한다는 당위성과 함께 우선적이고 가속화된 중공업 발전의 필요성을 강조했다. 이를 위해서 경제계획의 원리가 강화되어야 했으며, 그 기본적 방침은 인민경제 5개년 계획을 조속히 확정하라는 당 대회의 지시에서 확인되었다. 농업 집단화와 초고속 산업화를 기본 축으로 해서 소연방에서의 사회주의 건설 과정을 가속화하려는 스탈린의 확고한 의지는 "레닌주의와 완전히 결별한"

---

223) Там же, с.808.

소위 "이질(異質)분자들"을 당의 대열에서 대량으로 축출한 것에서 나타났다. 뿐만 아니라, "인민경제에 있어서의 자본주의적 요소들을 박멸하기 위한", "신흥 부르주아지의 고립화를 위한" 정책 노선을 강화하라는 그의 지시도 총노선에의 의지를 반영하고 있었다.[224] "정책 일반의 완전한 올바름"이 전제되어도 당에 제기된 중요한 과제들의 해결에 있어서 커다란 장애로 작용하는 것이 있는데 그것이 바로 소비에트 권력과 인민대중을 분열시키는 관료주의라고 강조하면서 당의 '영도자'는 관료주의와의 전면적 투쟁을 전개할 것을 요구했다. 또한 그는 국가기관을 체계적으로 개선하고, 권력과 인민 사이의 거리를 좁히며, 노동계급의 대의에 헌신하는 새로운 인물들로 국가기관을 새롭게 할 것을 호소했으며, "소비에트의 활성화 및 강화", "실질적인 선거임용제의 실현" 그리고 "노동자, 소비에트, 당내 민주주의의 실현"을 통해서 국가기관을 공산주의 정신으로 개조해야 할 필요성을 역설했다.[225]

한마디로 말해서, 스탈린은 "절대로 파괴해선 안 되는" 국가기관 및 그 밖에 다른 소비에트 기관들의 개선을 위한 지렛대로서 민주주의를 생각했다. 물론 그에게 민주주의란 "끝없이 떠들어대려는, 혁명과 단절된 인텔리겐치야"를 위한 자유를 의미하지 않았다. 그의 생각에 민주주의란 바로 사회주의 건설 문제를 해결하려는 "당원대중을 위한 자유"를 의미하는 것이었으며, 당원대중의 창발성이 고양되고, 그들이 당의 지도사업에 적극 참여하며, 그들이 당의 주인으로서의 느낌을 갖고 행동하게 될 때 비로소 민주주의는 발전하는 것이었다.[226] 문제는 문맹퇴치라는 의미에서 뿐만이 아니라, "무엇보다도, 국가를 운영함에 있어서 요구되는

---

224) Сталин И.В. Соч., т.10, с.299, с.319.
225) КПСС в резолюциях.., т.4, с.23.
226) Сталин И.В. Соч., т.10, с.327.

기능과 능력의 획득이라는 뜻에서"227) 이루어지는 노동자·농민 대중의 문화적 발전이 없이는 민주주의의 발전을 전혀 기대할 수 없다는 데에 있었다. 이로부터 스탈린의 두 번째 슬로건이 게양되었다. 그것은 바로 "문화혁명"이었다.

제15차 당 대회에서 스탈린은 맑스가 「루이 보나파르트의 브뤼메르 18일」을 통해 교시한 내용, 즉 프롤레타리아 혁명이 다른 혁명들과 구별되는 것은 그것이 자기 자신을 비판하며 그럼으로써 강해진다는 주장을 인용하였다. 그리고는 그에 의거하여 "자아비판"이라는 슬로건을 내걸었다. 그는 이렇게 선언했다: "볼쉐비키에게 정직성은 당연한 것인데, 우리 과업에서의 결함과 실수를 공개적으로 솔직히 밝히지 않으면서 우리는 앞으로 나아갈 길을 닫아버립니다. 우리는 정직한 그리고 혁명적인 자아비판을 자신의 가장 중요한 과제 중의 하나로서 설정해야만 합니다. 이것 없이는 전진이 없습니다. 이것 없이는 발전도 없습니다."228) 자아비판의 슬로건은 누구보다도 먼저 인민대중에 대한 책임을 지고 있는 간부들을 향해 있었다. 스탈린은 아래로부터의 비판, 하급 당원들로부터의 대량적인 비판, 그것도 자신의 지도자들이 "거드름피우지 못하게" 만드는 노동자들의 비판을 요구하는 데 전혀 인색함이 없었다. 물론 비판의 목적과 과제는 소비에트 권력을 약화시키는 데 있는 것이 아니라 오히려 그것을 강화시키는 데 있었다.229) 그렇기 때문에 바람직한 것은 모든 종류의 비판이 아니라 오직 "정직하고 혁명적인 비판"이었다. 물론 정직성과 혁명성의 기준은 당에 의해 결정되는 것이었다. 그리고 얼마 후 부하린주의자들과의 투쟁이 절정에 달했을 때, 그 기준은 오직 '영도자'만이 결정할

---

227) Там же, с.322.
228) Там же, с.331.
229) См.: Сталин И.В. Соч., т.11, с.31~34.

수 있다는 것이 사실로서 분명해졌다.

소연방에서 사회주의 건설에 있어서의 변곡점이 되었던 "위대한 전환"의 해로 향하는 길목에서 "자아비판", "문화혁명", "관료주의와의 투쟁" 등과 같은 슬로건을 게시한 스탈린은 당원들뿐만 아니라 비(非)당원 대중들의 정치생활까지 활성화할 것을 요구했다. 그의 말대로, "공포와 위협의 방법으로써 권력을 유지하거나 수많은 인민대중의 지지를 획득할 수 없다"는 것은 분명한 사실이었다.[230] 더욱이 인민대중의 열렬한 지지가 없이, 그들의 적극적인 참여가 없이 1930년대의 역사적 드라마를 완수한다는 것은 절대로 불가능했다. 스탈린이 소비에트 인민들을 지도함에 있어서 발휘했던 "설득의 방법"은 당원 대중들에게 맑시즘-레닌이즘을 학습시키는 것으로 국한될 수 없었다. 소비에트 사회는 스탈린의 이론과 슬로건, 새로운 지시나 호소에 대한 선전과 선동에 젖어들었으며, 계급적으로 각성된 인민들은 자신의 "역사적 후진성"을 거부하고 사회주의 건설에 헌신하겠다는 각오로 충만해 있었다.

신경제정책, 즉 네프는 자신에 부과된 본래의 임무, 즉 소비에트 권력의 공고화 및 사회주의 건설을 위한 조건의 창출이라는 과제를 수행하면서 자신의 역사적 존재를 과시했다. 레닌의 말대로, 네프는 분명 "진지하게 그리고 오랜 기간을" 예상하고 시작되었지만, 그러나 영원할 수는 없었다. 볼쉐비키는 시장법칙의 작용을 이용하면서 사회주의적 계획원리를 체계적으로 확대하는 가운데, 네프의 토대 위에서 네프를 극복하기 위해서 네프를 확대했다. 형식논리에 따르면, "네프체계"가 점차적으로 청산되는 것이 곧 소비에트 경제의 성공을 의미했다. 그러나 자본주의와 사회주의의 "혼합경제"를 의미했던 "네프체계"의 발전은 두 영역 사이의 모순과 대립이 심화됨과 병행하였다. 스탈린이 지적한 것처럼, 소비에트

---

[230] Сталин И.В. Соч., т.13, с.109.

체제는 경제적으로 "종류가 다른 두 개의 토대 위에", 즉 "통합된 사회주의적 공업 위에, 그리고 기본적으로 생산수단에 대한 사적 소유를 갖는 개인 소농업 위에" 지탱되게 되었다.231) 문제는 인민경제에 대한 소비에트 국가의 "사회주의적 지휘고지"를 강화하는 것이 자본주의를 자연스레 밀어내는 일과 양립할 수 있는가 하는 데 있었다. 어떠한 방법으로든 이 모순을 해결함이 없이는 소연방에서의 사회주의 건설이 불가능할 수도 있다는 것이 점차 분명해져 갔다.

아무튼, 애초에, 스탈린의 관점에서, 초고속 산업화와 농업 집단화를 위한 노선은 네프의 과격한 청산을 전제로 하지 않았다. 산업화는 곡물 조달량의 증가를 요구했으며 노동자와 농민의 '스믜츠카'를 필요로 했다. 아니 그 시점에서 정확히 말하면, 농촌에서 곡물상품의 주된 생산자인 부농(쿨락)과 볼쉐비키 정권 사이의 화해와 협력이 절실히 필요했던 것이다. 제15차 당 대회에서 5개년 계획을 둘러싸고 제기된 질문의 핵심은 바로 인민경제의 발전을 위해서 "부유한 농민들"의 경공업 제품들에 대한 유효수요를 그들이 원하는 가격에 따라 과연 어느 정도로 만족시켜야 하는가에 있었다. 그러나 논쟁은 이미 늦은 것이었다. 이미 당 대회 개막 전에, 인민경제를 마비시키는 곡물조달 위기가 급속히 심화되어 갔다. 볼쉐비키가 네프를 청산하려고 하기도 전에 네프는 소비에트 권력에 대한 봉사를 중단했다는 의미에서 스스로의 존재 의미를 상실해가고 있었다. 볼쉐비키는 딜레마에 봉착했다. 일관되게 나아갈 것인가? 아니면 "후퇴"할 것인가? "강제의 방법"으로 농촌에서 직접 곡물을 조달할 것인가? 아니면 농민들에게 양보하여, 곡물의 수매가격을 인상하고 소비재 공산품의 생산을 증대시키면서 그 가격을 인하할 것인가?

우리가 살펴본 것처럼, "후퇴"와 양보의 문제는 네프 시기에 당 최고상

---

231) Сталин И.В. Соч., т.11, с.6.

층부의 정치적 논쟁과 권력투쟁의 양상을 결정했던 가장 중요한 요인이었다. 네프를 '위로부터의 혁명'이라는 스탈린의 정책과 대립시키면서 그것을 순전히 레닌적인, 레닌의 정책으로 생각해서는 안 된다. 신경제정책, 즉 네프의 저작권은 물론 레닌의 것이지만, 그것이 심화되고 확대된 것은 바로 스탈린의 덕분이었다. 1922년 봄에 개최되었던 제11차 당 대회에서 이미 레닌은 "후퇴"의 중단을 요구했음을 간과해서는 안 된다. 후에 많은 연구자들은 1930년대의 문턱에서 스탈린이 당의 정책을 급격히 전환시켰다는 학설을 개진했다. 물론 스탈린의 정책에 전환이 있었지만, 그것은 전술적 차원의 일이었다. 일국에서의 사회주의 건설이라는 전략 목표를 위한 스탈린의 총노선에는 그 어떤 근본적 전환도 없었다. 총노선의 한 축으로서의 농업 집단화는 1928/29년 겨울 "농업위기"에 직면해 가속화되어 전면적으로 추진되었을 뿐이다. 레닌이즘과 스탈린이즘의 공통된 가장 중요한 특징은 비타협적인 이데올로기적 목적지향성에 있었으며, 이 토대 위에서 그들의 정책은 구체적인 사회경제적 조건들에 따라서 단지 전술적으로 뒤척여졌을 뿐이다.

부연하자면, 네프를 평가함에 있어 존재하는 소비에트학 내의 혼돈 내지 이견은 레닌과 스탈린에게도 일정 부분 그 책임이 있다. 10월혁명 직후 레닌은 국가자본주의론을 설교하면서 노동규율의 확립, 기업운영에 있어서의 단독책임제와 독립채산제의 도입, 부르주아 전문가의 활용, 물질적 이해관계의 원칙(개수임금제), 경쟁의 조직화 등의 조치들을 제안한 바 있었다.[232] 후에 그는 네프를 추진하면서 그것을 "혼합경제"로, 또한 국가자본주의로 설명하기도 했다. 자본주의적 요소와 사회주의적 요소의 병존이라는 뜻에서의 "혼합경제"라는 설명은 쉽게 수긍할 수 있다. 그러나 네프가 국가자본주의라는 설명은 이론적 근거가 제한적인데,

---

232) См.: Ленин В.И. Полн. собр. соч., т.36, с.174~190.

이는 레닌의 난잡한 개념 구사에 기인하는 결과인 것 같다. 앞서 언급한 바와 같이, 원래 국가자본주의란 국가의 역할이 강화된 현대 자본주의를 설명하는 부하린의 개념이었다. 그런데 레닌은 이를 무단 차용하여 그것을 '국가가 자본가 역할을 맡아 사회경제의 사회주의적 발전을 주도하는 체제'라는 뜻으로 사용했다. 문제는 네프의 도입 이후 공업 문야에는 레닌식 국가자본주의 개념의 적용이 가능했으나, 농업 분야에는 그것이 불가능했다는 것에 있었다.

스탈린도 레닌처럼 전시공산주의를 "프롤레타리아 독재에 대한 간섭과 전시상황으로 강요된 것"이라 설명하면서, "네프야말로 모든 나라에서의 사회주의 혁명의 필연적 단계"로서 나타나는 것이라고 주장했다.[233] 그러니까 스탈린의 입장에 따르면, 사회주의로의 발전에 본질적인 것은 전시공산주의가 아니라 바로 네프였으며, 네프는 단지 휴식이론이나 후퇴이론으로 합리화될 수 있는 것이 아니었다. 레닌은 네프를 추진하면서 당원들에게 자신의 국가자본주의론을 상기시킨 적이 있지만, 그래도 그는 그것의 본질이 "전술적 후퇴"임을 '누가—누구를'의 도식을 통해 분명히 했다. 반면 스탈린은 네프의 책임자로서 그것을 '스믜츠카'로 이론화했으며, 이로 인해 그는 "혼합경제"로서의 네프의 의미를 더욱 과장했다. 여기에는 또한 트로츠키와의 이념투쟁 과정에서 "신 노선"을 일국사회주의론으로 합리화한 영향도 있었을 것이다. 아무튼, 스탈린의 주장에 따르면, 1920년대 말 '위로부터의 혁명'이 시작된 이후에도 소비에트 사회에서는 네프가 유지되고 있었다. 비록 그가 전면적 집단화가 한창 진행되던 때 공개적으로 "네프를 악마에게 던져버릴 것"이라고 말했던 적은 있지만,[234] 이는 미래의 정치적 가능성을 언급한 것이었다. 당의 '영도자'

---

233) Сталин И.В. Соч., т.11, с.146.
234) Сталин И.В. Соч., т.12, с.187.

는 1930년 여름 제16차 당 대회에서 이렇게 단언했다: "네프는 자본주의적 요소들에 대한 사회주의의 승리를 위해 도입되었습니다. 모든 전선에서 공세로 전환하면서 우리는 아직 네프를 폐지하지 않습니다. 왜냐하면 개인 상업과 자본주의적 요소들이, 그리고 '자유로운' 상품유통이 아직 그대로 남아있기 때문입니다. 그러나 우리는 분명 네프의 초기 단계를 폐지하고 있습니다. 네프의 최종 단계가 되는 네프의 현 단계를 전개시키면서 말입니다."[235] 그리고 1936년 11월, 소연방의 헌법 초안에 관해 보고하는 자리에서 '인민의 영도자'는 이렇게 주장했다: "우리는 지금 네프의 마지막 시기이며 네프의 끝을, 인민경제의 모든 분야에서 자본주의를 완전히 청산하는 시기를 경험하고 있습니다."[236] 그러나 현실에서 네프의 청산은 스탈린의 의견과는 무관하게 이루어졌다. "농민과의 브레스트-리톱스크 조약"으로서의 네프는 1929년 봄 인민경제발전 5개년 계획을 손에 쥔 스탈린이 초고속 산업화 정책으로 집약되는 '위로부터의 혁명'을 과감히 추진함에 따라, 특히 볼쉐비키 정권이 농촌에 대한 통제력을 확립함에 따라 자연 청산되었던 것이다.

부연하면, 시간이 지나면서 스탈린도 네프에 관한 자신의 관점을 고집하지 않았다. 1938년 출간된 『전(全)연방볼쉐비키공산당사 단기과정』에서의 시대 구분을 보면, 1921~1925년은 인민경제의 회복기, 1926~29년은 사회주의적 산업화를 위한 투쟁기, 1930~34년은 농업 집단화를 위한 투쟁기, 1935~37년은 사회주의 사회 건설의 완수를 위한 투쟁기였다. 네프에 관해서는 1921~25년 시기에 잠시 언급되고 있을 뿐이다.[237]

---

235) Там же, с.306~307.

236) Правда, 26 ноября 1936 г.

237) См.: История ВКП(б). Краткий курс. М., 1938, с.350~351.

제4장

국가사회주의의 발전

1927년 9월, 미국에서 온 노동자 대표단과 대담하는 자리에서 스탈린은 공산 사회의 구조를 간략히 묘사했다. 그의 설명에 따르면, 그것은 "1) 생산수단과 도구에 대한 사적 소유가 없고, 대신 사회적, 집단적 소유가 있게 되는; 2) 계급과 국가권력이 없고, 대신 공업과 농업을 경제적으로 관리하는 근로애호가들이 근로자들의 자유협회로서 등장하는; 3) 계획에 따라 조직된 인민경제가 공업과 농업에서 최고의 기술적 장비에 의거하게 되는; 4) 도시와 농촌 간에, 공업과 농업 간에 대립성이 없게 되는; 5) 생산물이 과거 프랑스 공산주의자들의 원칙, 즉 '각자로부터는 능력에 따라, 각자에게는 필요에 따라'라는 원칙에 의해 분배되는; 6) 과학과 예술이 최대로 번성하기 위해 충분히 좋은 조건들을 향유하는; 7) 생계에 관한 걱정과 '힘이 센 존재'에 비위를 맞추어야 할 필요로부터 자유로워야 하는 인격이 실제로 자유로워지는" 등의 사회였다.*
물론 이러한 묘사는 스탈린의 고유한 사색의 결과가 아니었고, 거기에는 모든 맑스주의자들의 공통된 희망이 표현되어 있었다. 그리고 스탈린 자신은 볼쉐비키가 그런 사회를 실현하기까지는 아직 요원하다는 사실을 인정했다. 그러나 그는, 레닌이 그랬던 것처럼, 볼쉐비키가 이미 공산 사회의 실제적 건설을 위해 가장 주요한 예비조건을 확보했다고 생각했다. 그것은, 즉 국가권력이었다. 스탈린은 국가권력의 전능성(全能性)을 신뢰했다.

---

* Сталин И.В. Соч., т.10, с.134.

| 제1절 | 사회주의로의 진행에 따른 계급투쟁의 격화 이론

    1928년 1월 무렵, 이미 당 중앙위원회가 보다 적극적인 곡물조달을 재촉하는 두 개의 비상지시를 내렸음에도 불구하고[1] 볼쉐비키는 이 사업에 있어서 궁지에 봉착했다. 수확은 전년에 비해 나쁘지 않았다. 그러나 1927년 10월부터 곡물 조달량은 감소하기 시작했으며, 12월에 이르러 최저점에 도달했다. 곡물은 많은데 그를 조달하기가 몹시 어려운, 아주 독특한 상황이 연출되었다. 1927년 1월경에 볼쉐비키 정권이 4억 2,800만 푸드(1푸드=16.38kg)의 곡물을 조달할 수 있었다면, 1928년 1월경에 그것은 겨우 약 3억 푸드에 불과했다. 결국 소비에트 정부는 1년 전에 비교해 1억 2,800만 푸드의 부족분을 안게 되었다.[2] 곡물 비축량이 절대적 최소치에 이르렀다면, 이는 꾸준히 주민 수가 증가하고 있는 도시 및 군대에 공급해야 할 식량이 절대 부족할 수도 있다는 것을 의미했으며, 특히 봄에, 기계와 설비의 수입 대금으로 계획된 수출 곡물을 확보하는 것은 차치하고서라도 모든 경제계획과 목표 수치가 완전히 허물어질 수 있는 위험에 빠지게 된다는 것을 의미했다. 1928년 1월 6일에 당 중앙위원회는,

---

1) 첫 번째 지시는 1927년 12월 14일에, 두 번째는 그 열흘 후인 12월 24일에 내려졌다.
2) 부연하면, 1926/27년도의 곡물총생산은 47억 4,900만 푸드였으며, 볼쉐비키는 6억 3,000만 푸드의 곡물을 이 기간에 조달했다. 참고로, 전쟁 전의 곡물총생산은 약 50억 푸드에 달했다. См.: Сталин И.В. Соч., т.11, с.85.

스탈린의 표현대로, 지방의 당 조직이 "최단 기간 내에 곡물조달에 있어서의 결정적 전환을 이루어내지 못할 경우" 해당 조직의 간부들에게 엄중한 책임을 물을 것이라는 위협을 담은 "극히 이례적인" 세 번째 비상지시를 내릴 수밖에 없었다.[3]

그와 동시에 약 3만 명의 공산당원이 전국 각지로 급파되었다. 전권을 부여받은 이들의 주된 임무는 곡물조달 캠페인에 박차를 가하는 것이었다. 스탈린을 포함한 거의 모든 당 중앙위원들도 현지의 작전을 지휘하기 위해 주요 곡창지대로 향했다. 서(西)시베리아에 도착한 서기장은 내전기 곡물징발정책의 정신에 따라 활동했다. 무장한 대원들이 닥치는 대로 가택을 수색했으며 발견된 "잉여곡물"을 징발했다. 주로 부농이 잉여곡물의 소유자로 지목되었으나, 다급한 볼쉐비키는 수색의 대상을 부농에 국한시키지 않았으며 발견된 곡물을 모두 잉여곡물로 간주했다. 곡물을 내놓지 않는 농민들에게는 부농 및 투기꾼 소유 잉여곡물의 몰수에 관해 규정하고 있는 러시아소비에트연방사회주의공화국 형법 제107조가 적용되었다. 동시에 빈농들에게는 일련의 특전이 주어졌으며, 이 덕분에 그들은 몰수된 곡물의 25%를 자신들의 수중에 넣을 수 있었다. 스탈린이 시범을 보인 곡물조달 방법은 '우랄-시베리아 방식'이라는 이름을 얻었으며, 1928년 1월부터 3월까지 불과 세달 동안 볼쉐비키는 바로 그런 방식으로 2억 7,000만 푸드 이상의 곡물을 획득할 수 있었다. 그렇게 해서 1928년 4월경에 곡물조달 전선에서의 위기는 해소되었다.

스탈린은 위기의 원인을 두 가지 차원에서 진단했다. 그것은 우선 상품기근과 협상가격차로 특징지어지는 현재의 경제상황을 자신에게 유리하게 이용하고 있는 부농계급의 존재, 그리고 당 및 정부기관들의 충분치 못한 조직성과 적극성이었다. 위기의 재발을 방지하기 위해 그가 내

---

[3] Сталин И.В. Соч., т.11, с.11.

린 처방은 당원들에게 농촌에서 행해지는 당 기관의 실제적 활동을 "치료"하고, 소비에트 권력에 대한 부농계급의 위협을 명확히 인식하면서 제15차 당 대회의 구호를 실천하라고 요구하는 것이었다. 새로운 슬로건이 게양되었다: "부농계급을 향해 돌격!"

그러나 부농이 아니라, 전체적으로, 중농이 오히려 더 많은 곡물을 보유하고 있었으며, 스탈린은 그런 사실을 인정했다. 부농이 곡물의 주된 소유자로 간주될 수 없었다. 그럼에도 불구하고, 스탈린의 확신에 따르면, 부농계급은 상품화될 수 있는 잉여곡물의 실질적인 대량 보유자였다: "부농은 농촌에서의 경제적 권위 그 자체로서, 곡물을 더 비싸게 만드는 도시의 투기꾼들과 결탁되어 있으며, 곡물가격의 인상 문제와 소비에트 정부의 가격정책을 실패하게 하는 문제에 있어서 부농은 중농을 이끌 가능성을 갖고 있다."[4] 스탈린의 이런 규정은 "중농과의 확고한 동맹"이라는 슬로건과 현실에서 부농을 추종하는 중농들에 대해 비상조치를 적용하는 것 사이의 정치적인 모순을 논리적으로 해소시켰다. 물론, 농촌에서 형법을 적용해 처벌하는 것보다 오히려 곡물조달을 위한 평화적 방법들, 즉 곡물을 차입한다거나 농민의 자발적 양도를 수용한다거나 또는 세금을 기한 전에 미리 징수한다거나 하는 방법이 더 많이 동원되었다는 학설에 동의할 수도 있다. 그러나 그 구체적 방법이 무엇이었든 간에 실제에 있어서 그것들은 모두 곡물을 보유한 농민들에 대한 탄압으로 귀착될 수밖에 없었다. 농민들의 자발적인 곡물 인도를 유도하기 위한 일환으로 대량의 공업상품이 농촌으로 공급되었으나 그래도 역시 농민의 수요를 충족시키는 것과는 거리가 멀었다.

비상조치가 발동되는 것과 관련하여, 네프를 폐지한다는 풍문이 나라 전역에 확산되었다. 이와 관련해 스탈린은 1928년 2월 13일, 전연방볼쉐

---

4) Там же, с.12.

비키공산당의 전 조직을 상대로 담화문을 발표하며 당의 입장을 해명했다: "마치 우리가 네프를 폐지하고 곡물징발제도 및 부농해체정책을 도입한다는 등의 이야기는 반혁명적인 잡담에 불과하며 이에 대한 단호한 투쟁이 필요하다. 네프는 우리 경제정책의 기반이며 또 오랜 역사적 기간 동안 그러할 것이다. 네프란 국가가 프롤레타리아 독재의 관점에서 상업을 통제할 권리와 가능성을 갖는다는 전제하에 이루어지는 상품유통 및 자본주의의 허용을 의미한다."5) 스탈린은 농민에 대해 비상조치가 행사되는 것을 곡물조달의 위기라는 상황으로써 정당화하면서, 사태가 농촌에서, 오늘날의 표현에 따르면, "가장 근면하며 기업 의욕이 강한 계층"의 경제동기가 완전히 압살되는 지경으로 치닫는 것을 전혀 원치 않았다. 사회적 분위기의 급격한 변화를 고려하면서, 1928년 4월, 당 중앙위원회 전원회의는 당이 네프의 노선을 계속 견지하고 있음을 재확인했으며, 그 결의문을 통해 "부농계급에 대한 공격을 더욱 강화한다"는 제15차 당 대회의 슬로건이 단지 신경제정책의 토대 위에서 실현될 것"이라고 천명했다. 그렇기 때문에, 부농에 대한 공격은, 결의문에 따르면, "대다수의 농산물에 대한 지속적인 상품화에 의거하여", 그리고 소비에트 법체계를 엄격히 적용하면서 "부농에 대한 과세를 체계적으로 증대하고 그 착취자적 욕구를 제한하는 방법에 의거하여" 전개되어야 했다. 또한 그것을 위해서 "광범한 농민대중 및 모든 형태의 집산적 영농에 대한 협동조합화, 농촌 빈농의 조직화, 그리고 국가-계획의 시장에 대한 영향력의 [중량] 체계적 성장" 등을 가속화하는 방법도 동원되어야 함이 마땅했다.6) 이와 관련해 주목할 만한 것은 제14차 당 협의회 후에 채택된 〈토지임대법〉이나 〈농촌의 고용노동에 관한 법〉 등이 전면적인 농업 집단화

---

5) Там же, с.15.

6) См.: КПСС в резолюциях.., т.4, с.79~80.

가 시작되는 1929년 여름까지도 효력을 발휘하고 있었다는 사실이다. 그러나 네프의 생명력은 그것을 상징하는 몇몇 법규의 효력에, 또는 네프에 대한 스탈린의 우호적 태도에 의존할 수 없었다.

위기는 오직 초법적 비상조치들에 의해 극복될 수 있었다. 제15차 당 대회에서 채택된 낡은 슬로건들은 마치 아무 일도 없었던 것처럼 건물의 벽면에 붙어 있었다. 전반적인 상황은 지난 당 대회에서 결정된 방향을 따라 전개되고 있었지만, 이론적인 생각들은 실천적 결정들보다 지체되고 있었다. 즉, 볼쉐비키는 현실적인 성공을 이론으로써 정당화하지 못하고 있었다. 분명 새로운 변화가 임박해 있었으며, 이른바 곡물위기가 심화되고 이에 대해 '우랄-시베리아 방식'이 적용된 것이 그 증거로서 간주되었다. 결국 볼쉐비키에게는 현실적으로, 스탈린의 표현대로, "일꾼들에게 방향을 파악하는 힘과 명확한 전망, 과업에 대한 신념, 그리고 사회주의 건설의 [중략] 승리에 대한 믿음을 제공하는"7) 이론다운 이론, 실질적인 이론이 절실하게 요구되고 있었다.

1928년 3월, 곡물조달 캠페인이 한창 전개되고 있을 때, 우크라이나에 있는 도네츠크 탄전의 샤흐티 지구에서 이른바 부르주아 전문가 그룹이 꾸민 음모가 적발되었다는 발표가 있었다. 신문의 보도에 따르면, 그들은 해외로 도주한 예전의 탄광주 및 서유럽의 반소비에트적 자본가 조직들과 내통하면서 전부터 경제적 반혁명을 획책하고 있었다. "탄광시설을 파괴하고 사고를 조작한" 50여 명의 반(反)혁명분자들에 대한 재판이 요란한 정치적 선동과 함께 5월에서 6월까지 진행되었다. 소비에트 사회에 큰 파문을 던진 이 사건을 계기로 부르주아 전문가를 대체할 새로운 간부로서의 소위 "볼쉐비키 전문가"의 육성을 위한 캠페인이 시작되었다. 이와 함께 스탈린은 경제과업의 수행 및 경제관리체계 그 자체

---

7) См.: Сталин И.В. Соч., т.12, с.142.

에 있어서의 "불쾌하기 그지없는 결함과 과오들"이 널리 존재하고 있음을 지적하면서 "관료주의와의 가차 없는 투쟁을 전개하고 밑으로부터의 대중적 비판을 조직하라"는 슬로건을 다시 치켜들었으며, 자아비판의 구호를 "저속화"하는 행위에 대해 강하게 비판했다.

우리의 논의 주제와 관련해 특히 샤흐틔 사건이 갖는 중요한 의미는 바로 스탈린이 그 사건의 속에 담긴 계급적 내막, 즉 "전문가들과 국제 자본과의 결합 사실"을 간파했으며 이제 사회주의 건설의 문제를 새로운 관점에서 조명하기 시작했다는 사실에 있었다. 1928년 4월에 열린 당 중앙위원회 전원회의에서 그는 "농촌의 자본주의적 분자들이 네프의 조건하에서 소비에트 권력에 대해 감행한 첫 번째의 위협적인 공격을 의미했던 것"이 바로 조금 전에 경험한 곡물조달의 위기였다고 주장했다. 그리고 이와 똑같이 지금의 샤흐틔 사건은 "국제 자본과 그 국내의 앞잡이들이 소비에트 권력에 대해 감행한 새로운 위협적인 공격"을 뜻하는 것이었다.[8] 스탈린은 "만반의 경계심을 갖추자!"는 새로운 슬로건을 게시했다. 물론 반혁명분자들에 대한 대비가 구호만으로 충분할 수는 없었다.

4월의 전원회의가 끝나고, 5월에 열린 제8차 콤소몰 대회에서 스탈린은 "계급의 적(敵)에 대한 노동계급의 전투태세를 강화할 것"을 당의 새로운 과제로 설정했다. 그리고는 당내에 떠도는 소위 "방임이론"이나 "요행이론", 즉 이대로 잘될 것이라든가 또는 어떻게든 잘될 것이라는 등의 모든 낙관론을 배격하면서, 소비에트 권력이 두 개의 적대적 계급, 즉 부농계급과 노동계급에 그대로 의지할 수 있다고 생각하는 당원들에 대해 비판의 포문을 열었다.[9] 곡물위기의 해결책이 부농경제의 성장과 전개 속에서 찾아질 수 있다거나 또는 사회주의 건설의 이익을 위해 부농경제

---

8) Сталин И.В. Соч., т.11, с.63.

9) См.: Там же, с.70.

를 전면적으로 발전시켜야 할 필요가 있다는 등의 주장은, 물론, 부하린을 비롯한 우파들의 기본 관점을 표현하는 것이었다. 볼쉐비키당의 '영도자'는 자아비판이 필요한 인물을 익명으로 거론하는 아량을 발휘했지만, 당의 고위간부 대다수는 스탈린이 누구를 염두에 두고 있는지 잘 알고 있었다. 이러한 상황에서 당의 총노선을 이론적으로 보강하고 선명하게 하는 작업이 요구되었으며, 당시 재무인민위원부 부인민위원이었던 프룸킨이 정치국의 모든 위원과 후보위원들에게 보낸 1928년 6월 15일자 편지는 그런 이론화 작업을 서두르게 하는 계기가 되었다.

　프룸킨은 편지에서, 당의 정치적, 경제적 역량이 약화된 것이 소연방의 국제정치적 입지가 좁아지고 자본주의 세계의 노골적인 위협에 처하게 된 가장 기본적이고 결정적인 요인이며, 국내에서 당의 처지가 악화된 것은 무엇보다도 농촌 및 농업의 상황과 연관되어 있다고 진단했다. 특히 그는 계속 확대되고 있는 농민들의 정치적 불만이 "도시에서의 상황까지 복잡하게 하면서" 볼쉐비키에게 심각한 정치적 위협을 가하고 있다고 주장했다. 직접 표현하지는 않았지만, 이미 모든 것이 끝나 버렸다는 그의 절망감이 편지의 행간에 배여 있었다. 프룸킨은 이미 당 전체에서 농촌에 대한 새로운 정치적 방침이 제15차 당 대회의 결정들과는 거의 무관하게 받아들여지고 있으며, "중농과의 확고한 동맹"의 필요성은 뒷전으로 밀려났다고 지적했다. 현재 조성된 위기적 상황으로부터 탈출하기 위해서는 농민의 기분을 확실히 바꿔줄 필요가 있으며, 무엇보다도 당원들에게 새로운 정치적 방향을 제시해야 한다고 강조한 프룸킨은 다음과 같이 편지를 마무리했다: "근본적인 것은 제14차 및 제15차 당 대회로 돌아가게 해야 합니다. 단지 집단화에 대한 관심을 강조한다는 점에서 제15차 당 대회는 제14차 당 대회의 결정을 명확하게 한 것입니다. 우리는 제15차 당 대회의 입장에서 너무 서둘러 이탈했습니다. 오히려 그러한 입장은 더욱 강화해야 할 필요가 있습니다."[10]

이에 대해 당의 '영도자'는 즉각 대답했다. 중앙위원회의 정치국원들에게 보낸 편지 형태의 회람에서 그는 프룸킨의 요구를 조목조목 분석하면서 그의 "반당성(反黨性)"을 폭로했다. 우선 소연방의 국제정치적 입지에 대한 그의 평가가 올바르지 않았다. 왜냐하면 "소연방과 그의 자본주의적 포위 환경 사이의 모순이 격화된" 원인은, 제15차 당 대회의 결정문에서 언급되는 것처럼11) 소연방에서 사회주의적 요소들이 성장하고 모든 나라의 노동계급에 대한 그의 영향력이 증대되었기 때문이었다. 또한 더욱 올바르지 못한 것은 나라 안에서 당이 처한 상황에 대한 프룸킨의 평가였다. 왜냐하면 비록 부농이 일부 중농과 빈농에 대해 적지 않은 영향력을 가지고 있더라도 그에 근거해서 빈농과 중농 대다수가 마치 소비에트 권력에 저항하고 있다는 식의 결론을 내릴 수는 없기 때문이었다. 스탈린은 경제적 상황이 위기로 치닫게 된 것은 "새로운 정치적 방침" 때문이 아니라 1928년 4월의 당 중앙위원회 전원회의에서 지적된 원인들,12) 즉 급속한 산업화 정책을 시행함에 수반되는 어려움, 계획경제적인 지도에 있어서의 과오들, 부농과 투기꾼 등의 반소비에트적 행위와 네프적 시장관계에 있어서의 불균형 심화 등과 같은 원인들 때문이었다. 스탈린의 주장에 따르면, 제15차 당 대회의 결정으로 돌아가라는 프룸킨의 요구는 사실상 "제15차 당 대회의 결정을 거절하[라]는 것"으로서 결국 "지금까지 걸어온 길 전부를 말소"하라는 억지나 다름없었다. 프룸킨의 편지가 "부농의 부담을 경감하고 부농에 대한 규제를 폐지하라는 청원"에 불과하다고 일축하면서 스탈린은 단언했다: "중농과의 동맹을 강화하길 원하는 자는 부농계급과의 투쟁을 완화하라고 요구할 수 없

---

10) Фельштинский Ю.Г. Разговоры с Бухариным. М., 1993, с.51. (Приложение 4. Письмо М. Фрумкина)

11) О резолюции XV съезда см.: КПСС в резолюциях.., т.4, с.14.

12) См.: Там же, с.75~77.

다."13)

레닌의 "충실한 제자"는 당의 공식 문서를 인용하면서 프룸킨뿐만이 아닌 중앙위원회 내 우파세력이 가진 "반당(反黨)성"을 설명했다. 그러나 대다수의 빈농과 중농에게 소비에트 권력에 대한 반감이 없다는 그의 주장은 정권에 대한 "촌놈들"의 적대적 태도에 따라 야기된 당 간부들의 불안감을 해소시킬 수 없었다. 더욱이 스탈린의 주장은 일반 당원들에게 "명확한 전망"이나 "과업에 대한 신념", 그리고 "사회주의의 승리에 대한 믿음"을 제공하지 못했다. 그는 분명 이를 정확히 감지했다.

1928년 7월(4~12일)에 열린 당 중앙위원회 전원회의에서 스탈린은 마침내 당의 노선에 대한 이론적 합리화를 시도했다. 우선 농업에 관한 문제를 언급하면서 그는, 협상가격차의 상황하에서, 농민들이 일반 세금만을 납부하는 것이 아니라 공산품 구입을 위해서는 너무 많이 지불하고 반면 농산물 판매의 대가로는 너무 적게 수령하고 있음을 인정했다. 이것을 그는 "공물"이나 이를테면 "초(超)세금"과 흡사한 성격의 "추가세"라고 규정하면서, 이 "추가세" 없이 볼쉐비키당은 산업화를 "당분간 추진할 수 없을 것"이라고 주장했다.14)

두 번째 문제는 노동계급과 "대다수 농민대중"과의 제휴 문제였다. 스탈린은 이 제휴가 특히 농민의 개인적 소비를 만족시키는 소위 "섬유 노선"을 따라서 이루어져야 한다고 주장하는 동무들에 대해 비판을 가하기 시작했다. 그의 생각에 따르면, 제휴의 목적은 계급들, 특히 농민계급을 보존하는 데 있는 것이 아니라 사회주의 발전의 지도세력으로서의 노동계급에 대한 농민계급의 관계를 밀접하게 만들고, "서서히 농민을, 그의 심리를, 집산주의의 정신에 따라 그의 생산활동을 개조하고, 그럼으로써

---

13) Сталин И.В. Соч., т.11, с.125~126.
14) См.: Там же, с.159~160.

계급의 폐지를 위한 조건을 조성한다"는 데 있었다. 이러한 가운데 가장 중요한 것은 "금속 노선에 따르는 제휴"로서, "주로 농업의 생산적 측면과 관계되는" 그것의 목적은 "농업을 개선하고 기계화하며, 수익성을 높이고, 분산된 소농업을 대규모의 사회적 공동경영으로 통합하기 위한 토대를 조성하는 것"이었다. 결국 노동자·농민의 "제휴가 집산주의 정신에 따라 농업을 개조하고 개작(改作)하는 데 기여해야 한다"고 역설한 그는 또 하나의 새로운 구호를 제시했다: "금속노선을 따라 제휴하자!"[15]

이어 네프라는 조건하에서 이루어지는 계급투쟁의 문제를 제기한 스탈린은 "네프란 프롤레타리아 독재의 독특한 표현이며 수단"이라고 규정했다. "프롤레타리아 독재란 새로운 조건들하에서 계속되는 프롤레타리아트의 계급투쟁"이라는 레닌의 테제에 의거하면서 그는 바로 네프의 조건하에서 계급투쟁의 구호가 가장 중요한 의미를 갖는 것이며, "빈농에 의지하고 중농과 연대하며 부농과 투쟁하라"는 레닌의 구호는 지금도 농촌에서 볼쉐비키가 내건 기본적인 슬로건이라고 주장했다. 그러나 그는 당의 정책을 결국 "내전으로 이어지게 되는", "계급투쟁을 선동하는 정책으로 간주해서는 안 된다"고 단언했다. 그렇다고 해서, 스탈린의 연설에 의하면, 당의 정책에 의해 계급투쟁이 폐지될 것이라거나 또는 첨예화되지 않을 것이라는 상상은 전혀 부적절한 것이었다. 나아가 이제 계급투쟁은 더 이상 사회주의적 발전의 결정적 동력이 아니라는 주장은 더더욱 터무니없는 것이었다. 문제는 정책에 있는 것이 아니라, 계급투쟁의 격화가 부득이한 성격을 갖는다는 데 있었다: "소멸하는 계급이 저항을 조직하려 들지 않고 자발적으로 자신의 진지를 내주는 일은 과거에 없었으며, 앞으로 있을 수 없습니다. 계급사회에서, 노동계급의 사회주의로의 전진이 투쟁과 사회적 동요 없이 이루어지기란 과거에 없었으며, 앞으로

---

15) См.: Там же, с.161~164.

도 있을 수 없습니다. 반대로, 사회주의로의 진행은 이 진행에 대한 착취분자들의 저항으로 귀결되지 않을 수 없으며, 착취자들의 저항은 계급투쟁의 불가피한 격화로 귀결되지 않을 수 없는 것입니다."[16] '영도자'는 누군가의 이론, 즉 사회주의가 발전함에 따라 노동계급의 적(敵)들은 잠자코 점차 뒤로 멀리 물러설 것이며, 다음에 "전혀 예기치 않게" 부농이나 빈농, 노동자나 자본가 같은 모든 사회적 그룹이 투쟁과 저항 없이 "갑자기" 사회주의 사회의 품안에 놓일 것이라는 전망에 관한 이론을 비웃었다.[17] 그런 "꿈같은 이야기"는 있지도 않고, 아예 있을 수도 없으며, 하물며 프롤레타리아 독재라는 상황하에서는 더더욱 상상할 필요가 없다는 것이었다.

이어 네 번째 주제로서 비상조치의 문제를 선택한 레닌의 "충실한 제자"는 먼저 자신의 스승이 심지어 네프라는 상황하에서도 이른바 콤베드(빈농위원회)적 방법들을 완전히 포기할 수 있다고 전혀 생각하지 않았다는 사실을 환기시켰다. 그리고는 도대체 왜 볼쉐비키가 부농계급과의 투쟁을 전개함에 있어서 콤베드의 방법처럼 과격한 조치들과 비교하면 온건하기 짝이 없는 그런 '우랄-시베리아 방식'들을 영원히 동원하지 않겠다고 맹세해야 하냐고 반문했다.[18] 그의 신념에 따르면 볼쉐비키는 비상조치의 필요성을 무엇인가 절대적이고 영원한 것으로서 간주할 것이 아니라 "레닌에 의거해서", 또 "변증법적으로" 생각해야만 했다. 왜냐하면 모든 것은 시간적, 공간적 조건에 의존하기 때문이었다. 그러나 현실에

---

16) Там же, с.172.

17) 스탈린이 염두에 두고 있는 부하린의 이론은 1925년에 출판된 『사회주의로의 길과 노농(勞農)동맹』이라는 제목의 책자에서 제시되었다. См.: Н.И. Бухарин. Избранные произведения. М., 1988, с.146~230. 후에 스탈린은 부하린 책자의 핵심 테제를 부농계급의 사회주의로의 평화적 귀의 이론(теория о мирном врастании кулачества в социализм)이라고 불렀다.

18) Сталин И.В. Соч., т.11, с.174.

서 정책 실현을 위한 적당한 방법들이 결핍되었을 때 볼쉐비키에게 초법적 비상조치란 그냥 당연한 것이었으며, 또한 합목적적인 것이었다. 레닌이 강조한 것처럼, 그들에게 목적은 그 고매함에 있어서 수단보다 상위에 있었으며, 목적은 항상 수단을 정당화하는 것이었다.

이제 볼쉐비키에게 모든 것이 분명해졌다. 농민으로부터의 "공물"은 당분간 필요한 것이며, 사회주의 건설에 있어서의 어려움과 곡물조달 위기, 샤흐틔 사건, 그리고 소연방에 대한 자본주의 국가들의 공세, – 이 모두는 전혀 우연적인 것이거나 예상 밖의 사건이 아니었다. 계급투쟁이 격화되는 것은 사회주의로 나아가고 있다는 반증이며, 이런 상황하에서 노동계급의 적들에 대해 비상조치를 적용하는 것은 절대로 거부될 수 없는 일이었다. 이 경우 "레닌에 의거해" 행동하는 것, – 우선 이것이 필요했다. 그리고 두 번째, 비상조치라는 형태의 강제가 초래되는 빌미를 제공한 쪽은 바로 계급의 적들이었기 때문에, 강제를 적용함에 있어서 양심의 가책을 느낄 필요가 없었다. 오직 그들에 대한 전투태세를 강화하겠다는 각오만이 필요했다.

곧 밝혀진 것처럼, 스탈린의 이른바 사회주의로의 진행에 따른 계급투쟁 격화 이론은 그 무렵 발생한 사건들을 설명하는 능력이 있었을 뿐만 아니라, 실제로 볼쉐비키 거의 모두가 사회주의의 승리에 대한 신념 및 그에 이르는 구체적인 도정, 즉 당의 총노선이 갖는 올바름에 대한 확신을 강화하는 데 기여했다. 그 이론은 소위 "위대한 전환"의 시기에 게시된 선전-선동을 위한 구호들과 밀접히 관련되어 있었다. 또한 전혀 간과될 수 없는 것이 그 이론은 전혀 형이상학적인 사색의 결과가 아니라, 프룸킨의 편지가 입증하다시피, 오히려 구체적인 정치적 필요에 의해서 등장했으며, 결국 당내 우파, 즉 부하린주의자들과의 노선투쟁에 있어서 중요한 이론적 근거가 되었다는 사실이다.

1928년 여름경, 국내의 정치적 상황은 몹시 긴장되어 있었다. 곡물조달의 위기에 대응하여 스탈린이 동원했던 '우랄-시베리아 방식'은 우크라이나와 북(北)카프카즈의 농민들로 하여금 가을 파종을 단념하게 만들었다. 그 결과 봄 수확 작물들의 생산이 절대적으로 감소함으로써 볼쉐비키 정권의 곡물계획은 또다시 심각한 위기에 직면하게 되었다.[19] 위기는, 1928년 7월의 당 중앙위원회 전원회의가 채택한 결의문에 나타나는 것처럼, "곡물조달 지역에서 비상조치가 다시 적용되고 행정적 횡포가 만연하게 되는 기반을 조성"했으며, 동시에 "소비 지역에서는 식량공급계획이 대폭 축소됨에 따라 많은 곳에서 [식량 구입을 위한] '대열'이 만들어지고 1918년 말 식량배급제가 부분적으로 다시 도입되는 결과로 이어졌다."[20] 물론 각 지방에서 농민들의 저항도 빈번해졌다. 이런 상황하에서, 정치국에서의 갈등이 "레닌주의적 단결"이라는 구실로 은폐되기는 이제 불가능하다는 것이 당내의 사정에 밝은 모두에게 분명해졌다. 자칭 "볼쉐비키-레닌파", 즉 트로츠키파가 마침 개막 중이던 코민테른 제6차 대회(1928년 7월 17일~9월 1일)로 보내는 자신의 특별성명에 관해서 열심히 토론했던 것은 전혀 우연이 아니었다. 볼쉐비키당의 총노선과 관련한 성명을 통해서 그들은 당이 농촌에서 비상조치를 취하는 길로 접어들었고, 부농에 대한 공세를 강화하면서 자본을 농업에서 공업으로 "퍼 옮기기" 시작한 이상, 그들의 전연방볼쉐비키공산당에 대한 관계가 당연히 변할 수밖에 없다는 사실을 알려주고자 했다. 왜냐하면, 그들이 보기에 이제 스탈린이 추진하는 정책들은 결국 그들로부터 "횡령"한 프로그램을 실현하는 것에 불과했기 때문이었다. 그러면서 그들은 당 지도부 내의 우파가 조만간 새로운 노선의 폐지를 요구할 것이라고 판단하면서, "막강한 우파"의 음모를 분쇄하고 그들에 대해 승리할 것을 자신들의 주된

---

[19] 1928년 7~8월경 곡물조달 실적은 다시 최저수준에 도달했다. См.: Правда, 6 ноября 1928 г.

[20] См.: КПСС в резолюциях.., т.4, с.107~108.

과제로서 설정했다.[21]

리코프의 말에 따르면, 1928년 7월의 당 중앙위원회 전원회의 직전, 총노선에 대한 이해방식의 미묘한 차이로부터 야기된 정치국원들 사이의 사소한 이견들이 당 지도부에서의 본격적인 충돌로 치닫게 되었다. 세 명의 정치국원, 즉 부하린, 리코프, 톰스키는 당의 총노선을 정면으로 비판하고 나섰다. 곡물조달에 관한 문제가 언급되었을 때 대립은 정점에 다다랐으며, 이는 논쟁의 본질을 잘 표현하고 있었다. 후에, 제16차 당 대회(1930년 6월~7월)에서, 이미 권력투쟁에서 패배한 톰스키는 자신의 "과오"를 이렇게 고백했다: "본인은 그때 식량조달이라는 토대 위에서 성장한 그 어려움들을 겪으면서, 본인의 판단에, 농촌에서 조성된 긴장을 중농에 대한 양보를 통해서 완화해야 하는 것이 당의 과제로서 부여되었다고 생각했으며, 이는 그 본질에 있어서 개인 영농에 대한 양보를 의미했고 또 의미하지 않을 수 없었습니다. 그런데 그것을 당시의 객관적 정세 속에서 그리고 정치적 언어로써 옮겨 이해한다면, 상품유통의 발전이라는 방법으로 그리고 상품유통을 통해서 개인 영농에 대해 양보하는 것, 즉 실질적으로 제14차 당 대회로 돌아가는 것 말고는 아무것도 의미할 수가 없었습니다."[22] 부하린을 비롯한 우파가 그때 무엇을 위해 투쟁했는지 이해하기란 그리 어렵지 않았다.

갈등과 대립의 본질은 전진과 후퇴라는 낱말들 사이에 있었다. 스탈린의 총노선은 불가피하게 자본주의적 요소들, 특히 부농계급에 대한 공세를 예정하고 있었다. 그런데 부하린과 그의 지지자들은 농민에 대한 양보, 즉 "후퇴"를 위한 조치를 취할 것을 요구했으며, 아니면 적어도 농민들에 대해서 신중한 정책을 펼칠 것을 호소했다. 당 대회에서 톰스키는

---

21) 자세한 것은 см.: Правда, 15 июля 1928 г. (당 중앙위원회 7월의 전원회의 결산과 관련하여 1928년 7월 13일 모스크바(시)당 조직의 열성분자 집회에서 행한 리코프의 보고)
22) Шестнадцатый съезд ВКП(б). Стенографический отчёт. М., 1930, с.143.

부농에 관해서 한마디도 언급하지 않았다. 그러나 부농이야말로 당시 농촌에서 개인 영농을 구성하는 대표적인 존재였다. 그러나 부농의 경제적 상태에 대한 평가는 관점에 따라 다양할 수 있었다. 1929년 4월에 열린 당 중앙위원회 전원회의에서 부하린은 노골적으로 이렇게 말했다: "과연 우리의 부농이 부농이라고 불릴 만합니까? 그래요, 그들은 거지나 다름없지요. 우리의 중농, 과연 이들은 중농 같습니까? 확실히 이들은 반쯤 굶어가며 사는 거지입니다."[23] 부하린의 발언이 전혀 근거 없는 것은 아니었겠지만, 농민에 대한 그런 시각이야말로 볼쉐비키당의 전통과 전혀 양립할 수 없는 "근본적으로 잘못된" 것이라고 비판하는 스탈린의 입장 또한, 레닌주의적 관점에서 보았을 때, 전혀 그릇된 것이 아니었다.

의견 대립은 코민테른의 노선 문제에 대해서도 존재했다. 부하린이 코민테른 제6차 대회(1928년 여름)에 제출할 국제정세에 관한 테제의 초안를 작성했을 때, 스탈린은 불만을 표시했다. 스탈린은 당시 서유럽 국가들에서 목격되는 경제적 혼란 또는 불안정이 곧 자본주의의 일반 위기가 급격히 고조되는 결과로 이어질 것이라고 확신했다. 실제로 세계대공황의 목전에서 사태의 진행은 자본주의 국가들에서 새로운 혁명을 고양시킬 수 있는 요인들이 성숙해가고 있음을 말해주고 있었다. 이런 관점에서 그는 부하린의 초안이 "노동계급 내부의 자본주의적 지주(支柱)이자 공산주의의 주요 적(敵)으로서의 사회민주주의"에 대한 투쟁에 보다 역점을 둘 것을 요구했으며, 그럼으로써 "프롤레타리아트의 헤게모니, 그리고 다음에 프롤레타리아 독재를 보장하기 위한 예비조건으로서의" 공산당의 강화가 촉진될 것이라고 주장했다.[24] 비록 코민테른 대회에 참석한 대의원들에게 배포된 국제정세에 관한 테제에는 부하린의 서명

---

23) Сталин И.В. Соч., т.12, с.39.
24) См.: Сталин И.В. Соч., т.11, с.203~204.

이 담겨 있었지만, 이미 수정을 거친 그것은 국제적 차원에서도 사회주의로의 진행에 따른 계급투쟁의 격화 이론이 선명하게 구현되고 있음을 강조하고 있었다. 물론 부하린의 "불행"은 그가 세계무대에서의 계급적 변혁과 계급투쟁의 격화를 알아차리지 못했다는 데 있었다. 이미 제15차 당 대회에서 스탈린은 "혁명의 만조기"가 도래하고 있음을 지적했다: "유럽은 새로운 혁명적 고양의 시대로 접어들었습니다."25)

아무튼, 1928년 7월의 당 중앙위원회 전원회의는 모든 문제에 관한 공동의 합의를 담은 결의문을 채택할 수 있었다. 모든 이견이 해소된 듯 했다. 정치국 내의 갈등에 관해서 어느 편에서도 공개적으로 언급하지 않았지만, 실제로 그것은 화해가 불가능한 단계에까지 도달해 있었다.

1928년 7월 11일 당 중앙위원회 7월 전원회의가 열리고 있던 중에, 부하린은 필사적인, 그러나 매우 절망적인 행보를 감행했다. 소콜니코프의 주선으로 그는 카메네프와 비밀스런 회합을 가졌으며, 여기에서 얼마 전까지 치열하게 투쟁했던 정적(政敵)에게 스탈린을 제거하는 일에 있어서 자신을 지지해주거나 아니면 최소한 중립이라도 지켜줄 것을 요청했다.

이때 카메네프가 기록한 메모26)는 우리에게 당시 당 상층부의 내적(內的) 관계들을 엿볼 수 있게 하는 중요한 자료가 되었다. "극도로 흥분된 상태에서 지쳐 있던" 부하린은 스탈린을 칭기즈칸이라고 부르면서, 스탈린식의 "공물 이론"이란 프레오브라젠스키가 말하는 사회주의의 본원축적 이론과 전혀 구별되지 않는 것이라고 주장했다. 스탈린의 노선을 "모든 혁명에 치명적인 것"이라고 못 박은 다음에 부하린은 고백했다: "나는 스탈린과 몇 주 동안이나 대화를 나누지 않고 있습니다. 그자는 모든 것을 자신의 권력을 유지하는 데 종속시키는 무원칙적인 음모꾼이에

---

25) Сталин И.В. Соч., т.10, с.284.

26) 이 메모와 관련된 이설(異說)들은 см: Фельштинский Ю.Г. Указ. соч., с.3~29. 그리고 메모의 구체적 내용은 см: Там же, с.30~37(Приложение 1. Разговор Бухарина с Каменевым).

요. 주어진 순간에 누구를 제거해야 하는가를 위해서 이론들을 바꿉니다." 이어, 계급투쟁의 격화 이론과 관련해 부하린은 카메네프에게 그것이야말로 "백치 같은 문맹"의 소치이며 더욱이 "그 이론으로 모든 것을 파멸시킬 수 있다"고 단언했다.27)

카메네프가 부하린에게 "당신들 세력은 어느 정도요?"라고 물었을 때, 그는 반대파의 핵심에 자신을 제외하면 리코프, 톰스키, 우글라노프가 "절대적으로" 포함되어 있으며, 나아가 "페테르부르크파"뿐만 아니라 조직국의 위원들 대다수 및 심지어 야고다, 트릴리세르 등 합동국가정치보위부의 최고위 간부들로부터의 지지가 확보될 것이라고 대답했다. 그리고 안드레예프도 자신을 지지하기로 약속했으며, 비록 자신과 만났을 때엔 스탈린을 비난했지만 결국 "기사(騎士)가 아닌 것으로 판명된" 오르조니키제처럼, 보로쉴로프와 칼리닌은 마지막 순간에 자신을 배신할 것 같다고 말했다. 150건의 크고 작은 폭동들도 거론했다. 물론 중앙위원들 가운데 당 노선과 관련해 동요하는 이들이 적지 않겠지만 그것은 스탈린을 제거하는 일과 전혀 다른 문제였다. "거사"와 관련한 부하린의 낙관적 계산을 인식한 카메네프는 대꾸했다: "그러다가 그[스탈린]가 당신들을 제거할 거요."28) 부하린과 대화하면서 카메네프는 대체로 우파의 음모가 실패하게 되어 있으며, 치명적인 종말이 우파를 기다리고 있을 것이라는 예감이 확신으로써 더욱 굳어짐을 느꼈다.

부하린은 고통 받고 있었다. 스탈린의 표현에 따르면, 그는 얼마 전까지 스탈린과 함께 아무것도 아닌 존재들 위에 우뚝 선 "히말라야"였으나, 스탈린과 결별한 이제는 다른 사람들과 똑같은 존재로 전락해 있었다. 부하린은 자신에게 다모클레스의 칼이 드리워져 있다고 생각했다. 스탈

---

27) Там же, с.32.
28) См.: Там же, с.33.

린이 그에게 말한 바 있었던 소위 "달콤한 복수에 관한 이론"을 기억해야만 했다. 그럼에도 부하린은 망설임으로 뒤척일 수밖에 없었다. 먼저 본격적인 공세를 취할 것인가? 아니면 기다릴 것인가? 먼저 공격하자니 당이 단결에 관한 조항에 따라 자신을 "도륙할" 것이고, 그냥 참자니 가을에 곡물조달이 실패할 경우 스탈린은 그 책임을 전가하면서 교묘한 음모로 자신을 정치적으로 매장할 것이 분명했다. 어떻게 서기장을 제거할 것인가? 정치국은 이제 서기장이 주관하는 "단순한 협의기관"이 되어 버렸다. 스탈린을 제거하는 데 필요한 조건들은 무르익고 있었지만 아직은 때가 아니었다. 지금 당원대중은 바로 스탈린이 나라를 기아와 파멸로 이끌고 있다는 사실을 이해하지 못하고 있지 않은가. 이런 계산은 부하린에게 당분간 정치국에 머물면서 신중히 행동하면서 기회를 엿보라고 권고했다.[29]

물론 카메네프의 메모는 당내의 우파가 좌파에게 분파적인 제휴를 제안했다는 사실의 증거가 되었다. 이 메모의 사본이 여러 과정을 거쳐 트로츠키에게 입수되었고, 1929년 초에 서유럽에서 발행되던 멘쉐비키의 소식지에 그 내용에 게재됨으로써 부하린과 카메네프의 "대화"는 결국 만천하에 공개되었다.[30] 그것은 의심할 여지없이 "엄청난 위력을 지닌 폭탄"이었다. 그것이 부하린의 몰락을 재촉했다는 이유에서가 아니라, 바로 부하린이 "당과 중앙위원회에 반대하는 부하린파와 트로츠키파의 블록을 결성하기 위해 카메네프와 막후의 교섭을 벌였다"[31]는 사실을 스탈린은 결코 잊지 않았다는 이유에서 소련정치사에 커다란 파장을 남기는 것이었다.

---

29) См.: Там же, с.34~36.
30) См.: История ВКП(б). Краткий курс, с.281.
31) Сталин И.В. Соч., т.11, с.319.

아무튼 당의 노선을 둘러싼 정치국에서의 대립은 1928년 9월 말 ≪프라우다≫에 실린 부하린의 「경제학자의 수기(Заметки экономиста)」라는 논문이 계기가 되어 겉으로 드러나게 되었다. 얼핏 보기엔 트로츠키주의자들의 프로그램을 비판하는 듯 했지만, 실제로 부하린은 논문에서 당의 초고속 산업화 정책, 그리고 "부농계급에 대한 공세 강화"를 비난하고 있었다. 맑스를 인용하면서 그는 "기초적인 경제균형을 심하게 훼손하는 것"이 이행기 경제의 발전에 있어서의 절대적 법칙이 아니라는 점을 논증하려고 했다. 이에 의거해 그는 바로 생산과 소비의 여러 분야들 및 생산의 다양한 분야들 상호간의 다이내믹한 경제적 평형을 실현할 수 있는 방법을 모색하는 일이야말로, 특히 재건 시기에 볼쉐비키당의 경제 지도부가 수행해야 할 가장 중요한 과제라고 주장했다. 그러면서 "네프의 전도사"는 오직 트로츠키주의자들만이 산업 발전은 근본적으로 농업 발전에 의존하고 있다는 간단한 사실을 이해하지 못한다고 강조했다.32)

부하린의 표현에 따르면, 그의 이른바 균형이론은 "어느 정도 위기를 배제하는 사회주의의 발전"을 지향하고 있었으며, 그것은 당연히 "우익 편향자들"의 이론적 기반이 되었다. 그리고 계급투쟁의 격화 이론에 대한 유력한 대안으로서 균형이론은 소위 "부하린주의"의 이론적 근간이었다. 이와 관련해 1929년 말 전면적 농업 집단화의 정점에서 스탈린이 한 발언이 흥미롭다. 그때 부하린의 이론은 볼쉐비키 사이에 널리 알려지기 전이었다. 스탈린에 따르면, 그 이론은 각 경제 부문의 배후에 계급들이 존재하고 있으며, 이들의 운동은 '누가-누구를'의 원칙에 지배되는 격렬한 계급투쟁의 방식으로 이루어진다는 사실을 간과하고 있었다. 맑스의 생산이론에 의거하면서 스탈린은 확대재생산의 가능성이 없는 소농민경제와 같은 농업적 토대를 갖고서는 사회주의적 산업화를 빠른 템포로 계

---

32) См.: Правда, 30 сентября 1928 г.

속 추진할 수 없다고 당원들을 설득했다. 이런 논리에 근거해 그는 균형 이론이 "유토피아적이고 반(反)맑스주의적인" 것이라고 주장했다.33) 아무튼 "위대한 전환"의 문턱에서 두 개의 대립적인 이론이 등장해 경쟁했는데, 주지하다시피 하나는 "백치 같은 문맹"의 이론이며, 다른 하나는 "유토피아적이고 반(反)맑스주의적인" 것이었다.

정치국 내의 투쟁은 실제로 그 결과가 당의 권력구조에 의해 미리 결정되어 있었다는 뜻에서 완전히 일방적으로 진행되었다. 그럼에도 불구하고 부하린주의자들은 이데올로기적 차원에서도 패배를 경험할 수밖에 없었다는 사실을 간과해서는 안 된다. 부하린의 이론들은 현실을 반영하지 못했으며, 노선상의 올바름을 당원대중에게 납득시킬 수도 없었다. 실제로 그들은 비현실적이었으며 유토피아적이었다. 그러나 농민적인, 소부르주아적인 나라에서 부하린이즘은 자신의 지지자들을 발견할 수 있는 잠재력을 트로츠키즘에 비해 훨씬 더 많이 보유하고 있었다. 종종 부하린주의의 근간은 그의 생애 말년에 그렇게 몰입해 강조했다고 전해지는 소위 "프롤레타리아 휴머니즘"이라고 설명되었으며, 후에 이 개념은 많은 이들에 의해 그의 정치적 유언으로 간주되었다. 부하린이 그런 휴머니즘을 얼마나 갈망했는지, 그리고 총노선과의 투쟁 과정에서 부하린주의자들이 부하린의 이론 속에서 얼마나 휴머니즘을 발견했는지 규명하기 어렵다. 그러나 가령 휴머니즘이 부하린주의의 가장 중요한 동기였다고 하더라도 부하린주의자들은 스탈린과의 권력투쟁에서 패배하게 되어 있었다. 시대가 요구했던 것은 현실과의 타협이 아니라 바로 혁명의 지속이었다. 내전을 거치면서 일정한 "휴식" 또는 심지어 "후퇴"가 필요했지만, 1917년 10월의 혁명에 의해 시작된 사회경제적 변혁은 어떤 형태로든 마무리되어야 했다. 그것이 시대적 요구였으며, 스탈린은 그것

---

33) Сталин И.В. Соч., т.12. с.144~146.

에 부응하며 "새로운 혁명"을 설계해 놓고 있었다. 혁명은 험준한 계곡으로 흘러 들어간, 그래서 자신이 나아가는 방향에 저항하는 모든 것을 파괴하면서 순응하는 존재들만 함께 담아 가버리는 급류와도 같았다. 그런 흐름 속에서 휴머니즘에 대한 사색과 논의는 단지 사치에 불과한 것일 수 있었다.

아무튼 「경제학자의 수기」는 당 상층부에서 다시 본격적 충돌이 빚어지는 도화선이 되었다. 1928년 10월 8일에 열린 정치국 회의는 ≪프라우다≫ 편집국이 정치국의 승인 없이 부하린의 논문을 출판할 권한을 갖지 않는다고 지적했고, 그럼으로써 「경제학자의 수기」가 정치국 다수의 입장에 합치하지 않는다는 사실을 강조했다. 그러나 이에 관한 어떠한 공식적인 발표도 이어지지 않았다. 대신에 스탈린은 우글라노프를 중심으로 하는 모스크바(시)당 조직의 간부들을 우익 편향이라는 죄목으로 비판하고 나섰다. 「전연방볼쉐비키공산당 모스크바당 조직의 모든 당원들에게」라는 제목으로 발표된 10월 18일자 중앙위원회 명의의 담화문에 따르면 그 이유는, "최근 모스크바 위원회의 일부 위원들과 몇몇 지구[당] 간부들이 레닌주의 노선으로부터의 우익 편향에 대해 투쟁함에 있어서 볼쉐비키당으로서는 전혀 수용할 수 없는 타협적 태도를 그에 대해 견지하면서 일정한 망설임과 동요를 표출했기"[34] 때문이었다. 다음날, 모스크바(시)당 위원회의 총회에 참석해 "전연방볼쉐비키공산당 내 우파의 위험성에 관해" 연설하면서 스탈린은 우익 편향의 위험성이 바로 "자본주의 부활의 위험성을 보지 못하고, 프롤레타리아 독재라는 조건하에서 이루어지는 계급투쟁의 메커니즘을 이해하지 못하는" 데에 있으며, 또한 산업화의 속도를 낮추고 집단화의 문제를 천천히 논의하자는 등의 요구를 들이대면서 사회주의 건설에 있어서의 "난관들을 극복하고자 하는 투

---

34) Правда, 19 октября 1928 г.

쟁을 힘들게 하는" 데에 있다고 지적했다. 그의 주장에 따르면, 아직 소농민적인 국가에 불과한 소연방 앞에는 어마어마한 난관들이 놓여 있으며, 우익 편향은 농촌과 도시의 자본주의적 분자들뿐만 아니라 당의 하부조직에서도 자신의 단단한 기반을 발견하고 있었다. 정치국에는 좌파도 우파도, 이들에 대한 타협주의자도 없다고 청중들에게 단언하면서 당의 '영도자'는 두 편향에 대해 당이 단호한 투쟁을 벌였고 또 벌이고 있는데, 현재 볼쉐비키당에 주된 위험이 되고 있는 것은 바로 우익 편향이라고 역설했다.35)

각 신문지상에 우익 편향을 비판하는 캠페인이 시작되었으며, 이는 1년 이상 계속되었다. 그에 부응해 전국 각지에서 당 조직들도 집회를 열고 반당(反黨)적 사조에 대한 "치열한 전투"를 전개했다. 그러나 비판은 추상적이었으며, 우익 편향자가 누구인지 구체적으로 지목되지 않고 있었다. 그 이유는 매우 간단했다. 비록 모스크바에서의 경우는 달랐지만 스탈린은 우파에 대한 "조직투쟁"을 활성화하는 것이 대체로 불필요하다고 생각했다. 그가 보기에 우익 편향은 조직화된 반대파 세력으로서가 아니라 당의 "농민적 부분"에서 어쩔 수 없이 나타나는 일정한 분위기로서, 지금 모스크바(시)당 위원회를 포함해 당내에 넓게 존재하고 있었다. 따라서 현 단계에서 그것은 이념투쟁의 방법을 통해서도 충분히 해소될 수 있는 것이었다.36) 그 현실적 내면을 보자면, 과거 '좌익 반대파'의 경우에는 국방인민위원으로서 군대를 동원할 수 있는 현실적 힘을 가졌던 트로츠키를 중심으로 이념적 결속을 과시하고 있었다. 또한 그들의 주축은 대개 과거의 트로츠키파, 즉 "메쥐라이온최" 출신들로 구성되어 있었다. 하지만 우파의 운동은 전혀 조직적인 것이 아니었으며, 그 중심인물이라

---

35) См.: Сталин И.В. Соч., т.11, с.231~238.
36) См.: Там же, с.287~288.

할 수 있는 부하린은 단지 ≪프라우다≫의 편집국을 책임지고 있었다. 권력정치적 차원에서 그는 전혀 스탈린의 적수가 될 수 없었다.

그럼에도 불구하고 정치국 내에서의 의견 대립은 완화될 수 없었으며, 오히려 긴장은 더욱 증폭되어 갔다. 1928년의 당 중앙위원회 11월 전원회의의 개막을 앞두고 정치국에서 산업화 템포에 관한 격렬한 논쟁이 벌어졌다. 이 자리에서 부하린, 리코프, 그리고 톰스키는 다수파의 정책을 "농민에 대한 군사-봉건적 착취"라고 비난하면서, 그 항의 표시로서 정치국원 지위를 사임한다고 선언했다.[37] 그러나 그들은 곧 "위협"을 철회했다.

11월 전원회의에서 스탈린이 제시한 것은 바로 "자본주의 국가들을 따라잡고 추월하자(Догнать и перегнать капиталистические страны)"는 구호였으며, 이는 소연방에서 사회주의가 최종적으로 승리하기 위한 전제조건으로서 강조되었다. 서방 자본주의 국가들의 위협을 인식하면서 최대한 빨리 사회주의를 건설해야겠다는 스탈린의 비장한 각오는 그의 양자택일적 논리를 통해서 확인되었다: "우리가 그것을 달성하든가, 아니면 [자본주의 국가들이] 우리를 분쇄할 겁니다."[38] 이어 당내 우파의 위험성에 관한 문제를 언급한 그는 자신의 비판을 정치국 내의 몇몇 동무들이 아니라, 바로 이 무렵 당 중앙위원들에게 두 번째 편지를 보낸 프룸킨에게로 집중시켰다. 그는 편지에서 농업의 쇠퇴를 지적하면서 집단농

---

[37] 다수파와 우파는 타협을 시도했다. 그러나 11월 전원회의가 "공업과 농업의 균형적 발전을 지향하는 현명한 결정을 내렸다"는 일부 학자의 견해(Куманёв В.А., Куликова И.С. Противостояние. Крупская-Сталин. М., 1994, с.145)에 동의하기 어렵다. 양측은 서로의 입장만 확인했던 것 같은데, 곡물위기의 극복을 위한 노선, 예를 들면 곡물가격 인상, 비상조치 철회, 농촌에 대한 공업상품들의 공급 증대, 농번기에 농민들에 대한 인력지원 등을 위한 정책들은 이미 1928년 7월의 전원회의 때 결정되었다(См.: КПСС в резолюциях.., т.4, с.127~130). 오히려 스탈린은 전원회의의 결정에 의해 "산업발전의 [급속한] 템포가 유지되었다"고 주장했다(Сталин И.В. Соч., т.11, с.320).

[38] Сталин И.В. Соч., т.11, с.248.

장(콜호즈)과 국영농장(솝호즈)의 확대 발전을 위한 계획을 비판했는데, 프룸낀을 우파의 수괴로 지목하면서 스탈린은 "부농의 생산활동을 방해하지 말라!"는 그의 요구야말로 프랑스 자유주의자들의 낡은 구호 "레세 페르, 레세 파세"와 동일한 것이 되어 버렸다고 주장했다.39) 프룸킨이 변명하려 들었지만 스탈린은 자본주의적 발전을 도모하는 자유주의적 구호와 사회주의적 구호가 반드시 구별되어야 한다고 강조하면서, 볼쉐비키에게 역사적 과제로서 부과된 것은 농촌 자본주의의 발전이 아니라 바로 사회주의의 건설을 위한 임무라고 교시했다.

정치국 내의 균열을 감추려는 스탈린의 거듭된 노력에도 불구하고, 우익 편향을 반대하는 정치적 캠페인에 휩쓸려 있는 당원대중에게는, 당연하게도, 과연 누가 "부르주아적 자유주의자들"인지 잘 알려져 있었다. 당 중앙위원회 전원회의가 끝난 직후인 11월 30일에 열린 레닌그라드(시)당 조직의 열성분자 집회에서 릐코프는 정치국에서 작은 논쟁이 있음을 인정하면서 획일적 만장일치가 갖는 해악을 설명하고자 노력했다. 그는 물었다: "정치국의 임무는 어디에 있습니까?" 그리고 대답했다: "그것은 바로 우리가 문제를 논의하고, 그에 관해 논쟁하고, 의견 교환의 결과에 따라 결정을 내리는 데 있습니다. 만약 이러한 논쟁과 논의가 없다면, 만약 우리 모두가 한 사람처럼 찍어내듯 똑같이 생각한다면, 그것은 이해할 수 없고, 기괴하며, 이상할 것입니다. 일리치[즉, 레닌]가 살아계실 때, 그리고 그의 참여하에 또한 우리는 서로 논쟁했으며, 그러나 이로부터 좋은 것 말고는 아무 일도 생기지 않았던 것입니다."40) 물론 릐코프의 말은 거짓이 아니었다. 그러나 당의 지도자로서 절대적 권위를 누렸던 레닌조

---

39) 이를 러시아말로 옮기면 "자기 일을 하는 부르주아를 간섭하지 마시오, 자유롭게 다니는 부르주아를 간섭하지 마시오"라는 뜻이라고 스탈린은 설명했다. См.: Сталин И.В. Соч., т.11, с.274.
40) Правда, 4 декабря 1928 г.

차도 논쟁으로부터 오직 "좋은 것"만을 도출함에 있어서 항상 민주주의적 방식에 의거하지만은 않았다는 사실을 기억할 필요가 있다. 그는 반대파들과 충분히 무자비한 투쟁을 전개했다. 그러한 사실에 침묵한 채 소브나르콤 의장 릐코프는 중앙위원회 11월 전원회의를 결산하기 위한 연설을 계속했다: "여러분들은 우리를 중앙위원으로 선출했으며, 우리는 정치국원으로 뽑혔습니다. 무엇 때문에? 우리가 심의하고, 논쟁하고, 그리고 결정하도록 하기 위함이었던 것입니다. 그러나 만약 모든 토론에서 편향을 발견하려 한다면, 자! 거기에 인형이나 마네킹을 세우도록 하시오. 그러나 이런 마네킹들을 위해서 생각하는 일을 누가 대신할 겁니까?"[41] 그랬다. 그의 말처럼 강요된 만장일치의 해악은 분명히 있었다. 그러나 "레닌당"의 지도부에 도전했던 반대파들이 차례차례 근절되었을 때마다 당의 단결에 관한 레닌의 요구가 바로 당내 의사통일의 실현으로 수렴되지 않았다면, 그것도 이상할 일이었을 것이다. 그것은 당연한 귀결이었다. 정당이란 정치적 의사를 함께 하는 사람들의 자발적 동맹이며, 하물며 혁명을 지향하는 정당에 있어서는 더 말할 나위가 없었다.

 이념투쟁의 와중에서도 부하린은 결코 주눅 들지 않았다. 분명 그는 "그리 나쁘지 않은 혁명경력"을 가진 단련된 볼쉐비크였다. 1929년 1월, 레닌의 5주기 추도식 때 그는 「레닌의 정치적 유언」이라는 제목으로 연설을 하면서 재차 당의 정책을 비판했으며, 소위 "총노선"은 레닌이 그의 마지막 저작들에서 서술한 시각에 부합되지 않는다고 역설했다. 그러면서 부하린은 자신의 책자 『사회주의로의 길과 노농동맹』에서 논증하려 애썼던 주제, 즉 인구의 대부분을 차지하는 농민들에 대해 강제력을 행사하지 않으면서도 주민의 협동조합화에 관한 레닌의 구상에 기초해 사회주의에 도달할 수 있다는 생각으로 집약되는 논점을 되풀이해 주장했

---

41) Там же.

다. 그의 책자는 "노동형(勞動型)"의 농업협동조합 조직들뿐만 아니라 "부농의 협동조합적 둥지"까지도 "범국가적 조직들의 체계" 속으로 귀의할 것이며 "사회주의 경제의 단일 사슬을 구성하는 고리들"이 될 것이라고 확언하고 있었다.42) 만약 이러한 주장을 받아들인다면, 추도식에서 부하린이 내민 다음과 같은 요구는 실현되어야 할 완전한 권리를 갖고 있었다: "순수하고 협소한 의미의 공산주의적 이념을 농촌으로 단번에 주입하면 안 됩니다. 우리의 농촌에서 공산주의를 위한 물질적 토대가 결여되어 있는 동안, [중략] 말하자면 그것은 공산주의에 치명적이 될 것입니다."43) 그러나 익히 예상할 수 있었던 것처럼, 그의 요구는 식전에 참석한 사람들의 호응을 얻지 못했다.

1929년 2월 초, ≪프라우다≫에는 "농촌 [당세포의 숙청을 준비하라!" 및 "당에서 계급적 이질(異質)분자들을 제거하자!"44)는 당의 새로운 메시지가 등장했으며, 이는 우익 편향에 대한 이념투쟁이 '우익 반대파'에 대한 "조직투쟁"으로 전환되는 신호탄이 되었다. 그 원인은 "곡물전선"에서의 위기가 아니었다. 얼마 전에 정치국에서의 갈등을 심화시켰던 심각한 곡물위기는 1928/29년 겨울에 재발하지 않았다. 물론 곡물조달 캠페인이 매우 어렵게 진행되었으며, 1928년의 마지막 몇 달 동안 그 계획량은 겨우겨우 채워지고 있었다. 그럼에도 불구하고 볼쉐비키는 곡물조달량의 수치를 대체로 만족할 만한 것으로 간주했다. 1928년 말까지 볼쉐비키 정권은 "비상조치의 행사를 배제하고 정상적인 방법들로써 추곡수매 활동을 벌이는 가운데" 연간 계획량의 61.4%를 조달하고 있었다.45) "조직투

---

42) См.: Н.И. Бухарин. Избранные произведения, с.183~184.
43) Правда, 24 января 1929 г.
44) Правда, 6 февраля 1929 г.
45) 1928년에 진행된 곡물조달의 상세한 과정 및 그에 대한 당 중앙위원회의 구체적 평가에 관해서는 см.: Правда, 2 декабря 1928 г.; 5 января 1929 г.

쟁"으로 선회하는 계기가 되었던 것은 해외에서 트로츠키주의자들이 볼쉐비키당 지도부의 균열을 조장할 목적으로 카메네프의 메모를 선언의 형태로서 공표한 일이었다. 그것이 1929년 1월 20일의 일이었다.

1월 30일에 소집된 정치국 및 당 중앙통제위원회 간부회의의 합동회의에서 스탈린은, "레닌주의와 양립할 수 없는 정책"을 요구하며 "트로츠키주의자들과 함께 반당(反黨) 블록을 조직하려고"[46] 시도했던 부하린 그룹을 비난하면서 당의 규율 문제를 노골적으로 제기했다. 이에 대해 부하린은 카메네프와의 접촉을 당의 "비정상적 상황"으로 야기된 "대화"라고 변명하면서, 당에 대한 스탈린의 지도력을 그의 세 가지 정책, 즉 "농민에 대한 군사-봉건적 착취 정책", "관료주의의 보급 정책", 그리고 "코민테른의 와해 정책"을 이유로 비판하는 성명을 낭독했다.[47] 전술을 바꾼 스탈린은 타협을 요구했다. 부하린에 대한 징계처분을 면하는 대신 제시된 조건은 그가 카메네프와 접촉하면서 저지른 정치적 과오를 인정하고 당의 노선과 관련해 자신과 중앙위원회 사이에 어떠한 이견도 없다는 것을 천명하면서 그의 1월 30일자 성명을 철회하는 것이었다. 부하린은 "참회"에 동의하지 않았으며 타협을 거절했다. 더욱이 2월 9일자 합동회의에서 우파 3인방, 즉 부하린, 리코프, 톰스키는 "스탈린 노선"의 변경을 요구하는 새로운 성명을 발표하면서, 의견이 수용되지 않을 경우 자신들은 맡은 바 직책에서 사임할 것이라고 선언했다.[48]

흥미롭게도 정치국의 완전한 분열이 이루어진 시기는 바로 트로츠키를 국외로 추방하는 작전이 전개되던 바로 그 무렵이었다. "영구혁명의 화신"은 1929년 2월 12일에 일단 터키로 쫓겨났다. 트로츠키주의자들은

---

46) Сталин И.В. Соч., т.11, с.323.
47) См.: Сталин И.В. Соч., т.12, с.3~4.
48) 이 "3인 강령"은 부하린의 1월 30일자 성명과 실질적으로 동일한 내용의 것이었다. 자세한 것은 см.: КПСС в резолюциях.., т.4, с.189~197.

가능한 거의 모든 나라에서 자신들의 세포 조직을 유지했으며, 1938년 9월에는 파리에서 이른바 제4인터내셔널의 창설을 선언함으로써 "스탈린주의에 의해 왜곡된 소비에트 사회주의"로부터 스스로를 구별하면서 "진정한 혁명적 맑스주의 운동"을 발전시키고자 노력했다. 아무튼, 소연방 내에서, 1928년의 정치사회적 긴장과 위기는 거의 유일하게 조직화된 반대파 세력이었던 트로츠키파의 활동이 특히 공장이나 공업중심지에서 부활하는 데 기여했다. 그런 가운데 공장 집회나 심지어 일부 노동자들의 소요에서도 트로츠키에 대한 지지가 표명되는 경우들이 목격되기도 했는데,49) 물론 오늘날, 어느 곳에서 노동자들의 단순한 불만이 표출되었으며 어디에서 트로츠키즘 자체에 대한 지지가 발휘되었는지 판별하기란 결코 쉬운 일이 아닐 것이다.

심상치 않은 사회적 분위기에 수반해서 "반당분자들"에 대한 탄압이 이어진 것은 당연한 수순이었다. 반대파들의 내부적 붕괴를 유도하면서 스탈린은 트로츠키주의자들과의 여하한 정치적 화해도 모색하지 않았다. 1929년 1월, 그는 《프라우다》의 사설을 썼으며, 여기에서 처음으로 트로츠키주의자들이 "반당(反黨)적 지하그룹에서 반소비에트적 지하조직으로" 변화되었으며, 따라서 그들과 당 사이에는 "이미 건널 수 없는 심연이 가로놓여 있다"고 단언했다. 그는 "트로츠키즘 반혁명 집단의 파괴활동"에 대해서 오직 소비에트 권력의 무자비한 투쟁만이 요구될 뿐이라고 강조했다.50) 물론 스탈린은 분명하게 알고 있었다: "트로츠키파의 간부들을 체포하거나 당에서 제명하는 것은 그냥 하나의 일입니다. 트로츠키즘의 이데올로기를 근절하는 것은 전혀 다른 차원의 일입니다. 이것이 더 어려울 겁니다."51)

---

49) См.: Озеров Л.С. Борьба партии с троцкизмом в 1928-1930 гг. // Вопросы истории. 1968, No.3, с.48~51.
50) См.: Сталин И.В. Соч., т.11, с.314~317.

소연방의 국경 밖으로 반대파의 살아있는 "물신(物神)" 트로츠키를 추방한 스탈린은 이제 당내 우익 편향자들에 대한 "조직투쟁"을 시작하면서, 그들의 후원자가 되고 있는 '우익 반대파'에 대해 본격적인 이데올로기 비판을 시도했다. 레닌의 "충실한 제자"의 입장에서 볼 때, 좌익과 우익 "두 전선에서의 투쟁"이라는 구호는 트로츠키주의자들이 묘사했던 것처럼 결코 중도주의의 선포를 의미하는 것이 아니었다. 스탈린은 자신이 좌파와 우파 사이에서 줄타기를 했다는 반대파들의 평가를 알고 있었다. 1928년 11월의 당 중앙위원회 전원회의에서 스탈린은 단호한 어조로 말했다: "만약 트로츠키주의적 사조가 '좌익' 편향을 대표한다면, 그것은 혹시 '좌파들'이 레닌이즘보다 더 왼쪽에 서 있다는 걸 의미하는 게 아닙니까? 아닙니다. 그렇지 않습니다. 레닌이즘은 세계 노동운동 내에서 (인용 부호 없이) 가장 좌익적인 사조입니다. [중략] 우리의 당에서 우리 레닌파는 유일한 인용 부호 없는[즉, 진정한] 좌파들입니다. 그렇기 때문에 우리 레닌파는 우리의 당내에서 '더 좌익적'이거나 더 우익적이지 않습니다. 우리 당은 맑스-레닌주의자들의 당입니다. 그리고 우리는 우리의 당내에서 우리가 드러내놓고 기회주의적 편향자들이라고 부르는 자들뿐만 아니라, '좌익적'이고 공허한 문구들로 스스로의 우익적이고 기회주의적인 천성을 은폐하면서 맑시즘보다 '더 좌익적'이고 레닌이즘보다 '더 좌익적'이 되기를 원하는 자들과 투쟁하고 있습니다."52) 실제로 러시아 혁명의 역사에 있어서 중도주의란 실체가 없는 것이었을 뿐만 아니라 레닌주의적 당성(黨性)과도 양립할 수 없는 것이었다. 이른바 '좌익' 편향과 우익 편향의 "기회주의적 천성"은 과연 어디에 함축되어 있는 것일까? 스탈린의 주장에 따르면 먼저 트로츠키즘의 기회주의적 본질은 바

---

51) Там же, с.278.
52) Там же, с.280.

로 세계혁명의 승리에 관한 혁명적 수사로 자신을 위장하면서 일국에서의 사회주의 건설의 가능성에 대해서 "부르주아적 부정(否定)"으로 맞서는 데 내포되어 있었다. 그리고 우파들과 관련해, 서기장은 그들이 일국에서의 사회주의 건설 가능성을 형식적으론 인정하지만 "그것 없이는 사회주의 건설이 불가능해지는 투쟁의 수단과 방법들"을 수용하기를 원하지 않으며, 그럼으로써 "우익 편향자들은 사실상 사회주의 건설의 가능성을 부정하는 시각으로 전락한다"고 주장했다. 그가 보기에, "프티부르주아적 급진주의"로서의 트로츠키즘이 이미 "반혁명세력"으로 변질된 것에 비해, 부하린이즘(스탈린 자신은 이런 용어를 사용하지 않았다)의 기본적 해악은 바로 그것이 "계급투쟁에 관한 레닌주의적 이해와 결별하면서 프티부르주아적 자유주의의 입장으로 옮겨간다"는 데 있었다.[53] 아무튼 당 서기장의 정의에 따르면, 트로츠키즘과 부하린이즘이 사실상 프티부르주아적 기회주의이며 동시에 소연방에서의 사회주의 건설 가능성을 부정하는 패배주의를 의미하는 한, "본질적으로 그들은 서로 전혀 다를 바 없으며 '좌익' 편향은 우익 편향의 그림자일 뿐이었다."[54] 결국 "두 전선에서의 투쟁"이라는 구호가 의미하는 바는 그것이 사이비 좌파세력이건 자유주의적인 우익세력이건 간에, 당 중앙위원회의 노선을 반대하는 모든 프티부르주아적, 기회주의적 분자들에 대한 가차 없는 투쟁이라는 것을 당의 모든 일꾼들은 확실히 인식해야만 했다. 그리고 "레닌주의자"인 자신들이야말로 진정한 의미의 좌파라는 것에 자부심을 느껴야 했다.

1929년 4월에 열린 당 중앙위원회 전원회의에서 스탈린은 부하린이 "맑스주의의 정신"이라고 할 수 있는 "변증법을 아직 익히지 못한" 사이비 이론가라는 점을 폭로하기 위해 주력했다.[55] 이른바 부농계급의 사

---

53) См.: Сталин И.В. Соч., т.12, с.354~361.
54) Сталин И.В. Соч., т.11, с.278.

회주의로의 평화적 귀의 이론을 지적하면서 그는 부하린이 그동안 소비에트 러시아에서 이루어진 "그 계급적 진척을 간과했다"고 비판했으며, 이는 맑스주의적인 계급투쟁이론을 아는 "정치가라면 절대로 간과할 수 없는" 것이라고 강조했다. 물론 계급투쟁론을 설교하는 맑스주의의 사전(辭典)에 계급조화론을 위한 항목이란 있을 수 없었다. 협상가격차의 문제, 가치를 농업에서 공업으로 "길어 옮기기"의 문제, 그리고 임시조치로서의 "공물"의 문제 등을 언급하면서 스탈린은 "공물"이라는 용어가 자신이 아니라 바로 레닌이 『'좌익'소아병과 소부르주아성』에서 처음 사용했다는 사실을 해당 구절을 읽어가며 부하린에게 주입시켰다. "길어 옮기기는 필요하지만, 공물은 적절한 단어가 아니오!",56) - 이렇게 방금 전 연단의 스탈린에게 고함을 친 부하린은 머쓱해졌다. 여하한 종류의 비상조치라도 농민들에게 적용할 수 없다고 우기는 것은 "맑스주의적인 것이 아니라 바로 자유주의적인 정치"의 징표인 것이며, 그렇다면 곡물조달에 있어서의 과격성과 그 참혹함에 대한 강조야말로 총노선에 반대하는 부하린 그룹의 논거들 중에서 가장 약한 고리에 해당된다고 스탈린은 주장했다. 그리고는 부연했다: "부농들에 대한 비상조치들의 부분적 적용이란 게 도대체 뭡니까? 그것은 콤베드 정책에 비하면 그야말로 새 발의 피가 아닙니까."57)

스탈린은 당의 이론적 방침에 "트로츠키즘으로의 편향"이 있다고 발언한 "자유주의화되고 있는 공산주의자들의 위선적인 말들"을 모조리 조롱했다. 당내에 반대파가 없다는 부하린의 주장을 배척한 당의 '영도자'는 "부하린 반대파"를 당 중앙위원회에 대항해 트로츠키주의자들에게 지원

---

55) Сталин И.В. Соч., т.12, с.70.
56) Там же, с.52.
57) Там же, с.89~90.

을 얻으려 달려간, 당내에 존재하는 모든 분파적 그룹들 가운데 "가장 불쾌하고 가장 시시한" 그룹으로 낙인찍었다.58) 스탈린의 제안에 따라서 4월의 전원회의는 부하린 그룹의 시각을 "당의 총노선과 양립할 수 없는 것"으로 비난하면서 "사임 정책"을 쓴 부하린과 톰스키를 ≪프라우다≫, 코민테른, 전국노동조합중앙회의 등에서 그들이 유지했던 직책으로부터 해임할 것을 결정했다. 그리고 당 중앙위원회 및 그 기관들의 결정을 위반하려는 아주 작은 시도라도 발견될 경우 그들은 즉각 정치국에서 축출될 것임을 경고했다.59)

정치국 내의 반대파가 분쇄된 다음에 당에 대한 대대적 정화사업이 시작되었다. 1921년에 당원들에 대한 대량 숙청이 있었음을 고려하면 이번이 두 번째의 대규모 숙청작업으로, 이는 1930년대 중반까지 지속되었다. 물론 우파적인 분위기는 일반 당원들 사이에서도 널리 확산되어 있었으며, 이 사실은 숙청 기간 중에 우익 편향이라는 죄목으로 당에서 제명된 사람들의 수가 약 25만 명에 달했던 것을 통해서도 쉽게 짐작할 수 있다.60) 이와 동시에 언론이나 당 집회를 통해서 '우익 반대파'를 단죄하기 위한 이념투쟁이 전개되었으며, 특히 우파들의 이론적 토대로 간주된 (부하린의) 부농계급의 사회주의로의 평화적 귀의 이론에 대해 집중적인 공세가 퍼부어졌다. 드디어 8월 말에 이르면 언론매체에서 부하린에 대해 공개적 비판을 가하기 시작했다.61)

1929년 말에 부하린과 그의 지지자들은 정치적으로 완전히 분쇄되었다. 11월에 열린 당 중앙위원회 정례 전원회의는 부하린, 리코프, 톰스키

---

58) Там же, с.97.
59) См.: КПСС в резолюциях.., т.4, с.187.
60) 두 번째 대규모 숙청에 관해 자세한 내용은 см.: КПСС в резолюциях.., т.4, с.238~248. 그리고 또한 см.: Правда, 10 мая 1929 г. ; 2 января 1930 г.
61) См.: Правда, 24 мая 1929 г. (사설 「Об ошибках и уклоне т. Бухарина」)

가 제출한 (일종의 항복 문서와 같은, 그러나 완전한 백기를 든 것은 아닌) 11월 12일자 성명서를 "분파적 문서"라고 거부하면서[62] 그들의 행동을 "정치적 파산자의 책동"으로, "트로츠키주의자들의 책동과 유사한" 것으로 규정했다. 전원회의는 "우익 편향의 주창자이자 그들의 지도자"로서 부하린을 정치국에서 축출하기로 결정했으며, 리코프와 톰스키에 대해서는 당 중앙위원회에 대한 투쟁을 계속하려는 시도가 발각될 경우 당은 즉각 그에 상응하는 조직적 조치를 가할 것이라고 경고했다.[63] 전원회의의 폐막과 동시에 ≪프라우다≫에는 이들 "변절자" 세 명의 성명서가 게재되었다. 그들은 여기에서 자신들의 정치적 과오를 인정하고 기존의 견해를 버리면서 소위 "전향"을 선언했다.[64]

후에 확인된 바처럼, 부하린파 간부들을 체포하고 당에서 제명하는 것이 비교적 쉽게 실행될 수 있는 일이었다면, 부하린이즘이라는 이데올로기를 근절하는 것은 전혀 다른 차원의 문제였다. 그럼에도 불구하고 "부하린 반대파"의 몰락과 더불어 지금 볼쉐비키당 내에는 더 이상 논쟁이나 노선상의 대립이 있을 수 없었다. 이로써 레닌이 요구했던 "당의 단결"은 완전하게 실현되었다. 1929년 12월 21일, 스탈린의 50세 생일을 기념해 ≪프라우다≫는 "맑스와 레닌의 과업의 충실한 계승자에게, 맑시즘-레닌이즘의 순결과 전연방볼쉐비키공산당 및 코민테른 대열의 강철 같은 단결을 지키는 확고부동한 전사(戰士)에게, 소비에트 국가의 사회주의적 산업화와 집단화의 조직가이며 지도자에게, 세계의 육분의 일[즉, 영토 면적이 지구 대륙의 1/6을 차지했던 소연방에서 사회주의를 건설하는 프롤레타리아 당의 영도자에게" 헌정하는 글들로 가득 차 있었다.

---

62) Подробно см.: Итоги ноябрьского Пленума ЦК ВКП(б). Л., 1929, с.193~196.
63) См.: КПСС в резолюциях.., т.4, с.366~367.
64) См.: Правда, 26 ноября 1929 г.

이때부터 당의 유일한 '영도자'에 대한 공식적인 개인숭배가 시작되었다. 실제로 1929년은 정치적으로 당의 단결을 실현했다는 의미에서 "위대한 전환의 해"로서 기록될 만했다. 물론 스탈린은 그와 전혀 다른 사건들을 염두에 두고 1929년을 "위대한 전환의 해"라고 불렀다.

|제2절| 위대한 전환의 해

10월혁명의 승리 12주년을 기념해 쓴 글인「위대한 전환의 해」에서 스탈린은 1929년 한 해에 일구어낸 "경제전선에서의 성공"을 결산하면서, 그중 가장 주요한 것으로서 집단적 영농으로 이행하는 농업에서 실현된 "근본적 전환"을 지적했다.[65] 후에 그는 제15차 당 대회의 성격을 정확하게 짚어 냈다. 그것은 주로 농업 집단화를 위한 대회였으며, 말하자면 농업전선에 있어서의 "총공세를 위한 준비"였다. 그러나 농업에 있어서의 "위대한 전환"은 실제로 계획에 따라 이루어진 것이 아니라 계급투쟁의 논리에 의해 실현되었으며, 이는, 스탈린에게는 다행스럽게도, 이른바 사회주의로의 진행에 따른 계급투쟁의 격화 이론이 갖는 "과학성"을 검증해주고 있었다.

1928년 7월에 당 중앙위원회 전원회의는 "곡물 생산을 위한 새로운 대규모 국영농장(솝호즈)을 향후 4~5년에 걸쳐 러시아소비에트연방사회주의공화국과 우크라이나에서 조직하는 문제"에 관해 정치국이 제출한 지침을 채택했으며, 이를 통해 계획이 모두 완수될 경우 연간 1억 푸드 규모의 상품곡물의 생산이 이루어질 것을 기대했다.[66] 곡물위기의 발생은 "점증하는 농업의 세분성과 분산성" 때문이었으며,[67] 결국 집단

---

[65] См.: Сталин И.В. Соч., т.12, с.124~125.
[66] КПСС в резолюциях.., т.4, с.110.

화 이외에 곡물위기를 극복할 수 있는 다른 방도가 없었다. 전원회의는 '우랄-시베리아 방식'이 가진 임시적 성격을 "아주 단호하게" 강조했다. 부하린이 「경제학자의 수기」에서 "국영농장과 집단농장의 문제가 곡물조달의 위기를 겪고 난 후에 실질적으로 지방에서부터 제기되었다"는 사실을 지적하면서, 집단화 추진 결정을 "지체"한 스탈린적 당 지도부를 비판했던 것은 전혀 우연이 아니었다.68) 결국 "곡물공장"의 건설은 볼쉐비키 정권의 숙원사업인 셈이었다. 이어 11월에 열린 당 중앙위원회 정례 전원회의에서는 집단농장(콜호즈) 건설이 전체 경작면적의 7.2%를 차지하는 규모로 확대되는 등 농업 집단화 운동에 있어서 괄목할만한 성과를 올린 북(北)카프카즈에서의 사례가 "농업의 사회주의적 재편을 위한 특히 중요한 동인"이 될 것이라고 지적되었다.69) 그러면서 전원회의는, 결의문을 통해서도, 소규모 영농을 "신기술에 기반을 둔 자발적 통합체"로서의 대규모적이고 집단적인 영농으로 변모시키는 것이야말로 애초에 볼쉐비키당이 가졌던 계획이라는 사실을 재차 강조했다. 물론 그것은 레닌의 구상이기도 했다.

 이런 일련의 결정들은 네프를 기반으로 하면서 자본주의적 요소들에 대한 사회주의의 공세를 전개한다는 스탈린 노선의 기본 방침과 밀접히 결부되어 있었다. 스탈린은 레닌에 의거하여 당 중앙위원회의 총노선을 설명하면서 그것을 네프에 대립시키지 않았다. 물론 그는 계급투쟁이 격화될 것이라고 말했다. 그러나 그는 분명 계급투쟁이 얼마나 격화될 것인지 그리고 그것이 어떤 형태를 띠게 될 것인지에 관해서 구체화된 생각을 갖지 못했다. 그리고 그것은 전혀 놀랄 만한 일이 아니었다. 1928년

---

67) Сталин И.В. Соч., т.11, с.179.

68) См.: И.Н. Бухарин Избранные произведения, с.391~392.

69) КПСС в резолюциях.., т.4, с.154.

11월의 당 중앙위원회 전원회의에서 논의가 농업 분야에서의 사회주의 건설이라는 주제에 이르렀을 때, 스탈린은 다시 『식량세론』에서 레닌이 서술한 내용을 인용했다: "10~20년간의 농민과의 올바른 상호관계는 (성장하고 있는 프롤레타리아 혁명이 심지어 지체되는 경우에도) 전 세계적 규모에서의 승리도 보장하겠지만, 그렇지 않을 경우 20~40년간 백군의 반혁명 테러에 의한 고통이 있을 것이다."[70] 그리고 그의 스승이 "농민과의 올바른 상호관계"에 관한 문제를 어떻게 이해했는가를 설명했다: "문제는 자신의 영농을 새로운 기술적 기반으로, 현대적인 대규모 생산을 실현할 수 있는 기술적 기반으로 이전시킬 수 있도록 농민들을 도와주는 데 있는데, 왜냐하면 거기에 농민이 빈곤에서 벗어날 수 있는 기본적인 방도가 있기 때문입니다."[71]

결국 1928년 7월의 당 중앙위원회 전원회의의 결의문이나 11월 전원회의에서의 스탈린의 발언은, 소비에트 사회가 전면적 농업 집단화의 문턱에 이르는 1929년 봄까지, 스탈린이 농업의 사회주의적 개편을 10~20년이 소요되는 사업으로 간주했다고 단정할 수 있는 근거를 제공한다. 그러나 사태는 어지러울 정도로 급속히 전개되었으며, 1929년 말 볼쉐비키 공산당 서기장은 공산 농업운동원들 앞에서 공개적으로 신경제정책의 존폐 문제를 언급했다: "우리가 만약 네프를 계속 견지한다면, 그것은 네프가 사회주의에 봉사하기 때문입니다. 그것이 사회주의의 사업에 봉사하기를 중단할 때, 우리는 그것을 악마에게나 던져버릴 것입니다."[72] 스탈린에게 있어서 네프는 그 자체로서 혁명의 목적이 아니라 수단에 불과했다. 물론 종종 소비에트학 내에서 기술되는 것처럼, "위대한 전환"은

---

70) Ленин В.И. Полн. собр. соч., т.43, с.383.
71) Сталин И.В. Соч., т.11, с.256.
72) Сталин И.В. Соч., т.12, с.184.

소비에트 권력과 농민 사이의 "전쟁"을 내포하는 것이었다.

1929년 봄, 이미 고질화된 곡물조달사업에 있어서의 어려움은 당 지도부에서의 공황상태를 야기하기에 충분할 정도로 극에 달해 있었다. 네프와 더불어 폐지된 식량배급제가 1928년 12월 레닌그라드 등 일부 대도시에 도입되고, 1929년 2월 중순 전국의 도시로 확대 도입된 것은 그런 상황을 반증했다. 3월 초 ≪프라우다≫는 "곡물조달을 강화하라"고 독려하면서 이렇게 보도했다: "곡물조달 과정에 관해서 지방에서 올라오는 정보는 조달기관들의 극히 미약한 활동을 전하고 있다. 그런데 2월에 발생한 계획 미완수 부분은 3월에 반드시 보충되어야 한다. 곡물조달전선을 정비하기 위해 최대한 빨리 낙후된 기관들을 채찍질해야 한다."73) 그러나 사태는 개선되지 않았으며, 3월 말에 이미 ≪프라우다≫는 문제에 관련한 논조를 변경했다: "우리는 지금 농촌에서 계급적 저항의 분명한 광경을 목격하고 있다. 우리에게 확보된 모든 자료에 따르면, 농촌에 곡물이 있으며, 그것은 소비 지역의 필요를 완전히 충족시키고 곡물조달 계획이 정확히 이행되기에 충분하다. [중략] 현 단계에서의 계급투쟁의 격화는 - 이것은 결코 이론적 차원에서의 현상은 아닌데 - 무엇보다도 먼저 소비에트 권력의 과제와 목표에 대한 부농 분자들의 경제적, 정치적 저항에서 나타나고 있다."74) 바로 "경제계획을 수호하자!"라는 슬로건이 게양되었다.75) 그러나 본질적으로 사태는 단지 계획을 수호할 수 있는 차원을 이미 벗어나 있었다.

---

73) Правда, 9 марта 1929 г.

74) Правда, 31 марта 1929 г.

75) 1928/29년도의 한 해 곡물조달 계획량은 6억 7,500만 푸드였으며, 1928년 말까지 4억 1,500만 푸드의 곡물이 수집되었다(См.: Правда, 5 января 1829 г). 그러나 1929년에 접어들어 조달사업에서의 어려움이 가중되면서 1928/29년도의 계획은 완수되지 못했으며, 결국 조달량은 5억 5,000만 푸드에도 못 미쳤다. 자세한 내용은 см.: Правда, 17 августа 1930 г.

1929년 3월에 열린 제5차 (경제)계획관계자 대회는 5개년 계획을 편성하는 작업이 이미 막바지에 이르렀음을 확인했다. 그리고 국가계획위원회(고스플란)는 그다음 달에 개막된 제16차 당 협의회(4월 23~29일)에 두 개의 계획안을 제출했다. 하나는 최소한의 목표를 담은 소위 "출발계획"이었고, 다른 하나는 최대한의 목표가 설정된 "최상계획"이었는데, 후자는 전자에 비해 그 목표치가 약 20% 이상 높게 잡혀 있었다.[76] 당 협의회 개막 직전에 리코프는 재차 경제계획에 일정한 수정을 가하려고 했다. 그는 농업에 "특별히 좋은 여건들"을 조성하기 위한 2개년 특별계획을 수립하고, 그럼으로써 농업발전의 상대적 지체를 극복하자고 제안했다. 물론 스탈린은 리코프의 제안을 거부했으며, 터무니없이 "5개년 계획의 비현실적이고 탁상공론적 성격을 강조하려 한다"고 그를 비난했다.[77] 예상되었던 대로 당 협의회는 아주 야심찬 계획안에 대한 지지를 공식적으로 표명했다. 곧 "최상계획"은 소연방 소브나르콤에서 경제계획안으로서 채택되었고, 이어 1929년 5월에 열린 제5차 소비에트 대회에서 승인되었다.[78] 시기적으로 경제계획은 1928년 10월부터 1933년 9월까지의 기간을 포괄하고 있었다. 달리 말하면, 경제계획이 확정되는 순간에 이미 그것은 수개월 전부터 실행되어 온 것으로 간주되었다. 여기에는 전혀 이상하다고 생각될 이유가 없었다. 이미 볼쉐비키는, 매년, 인민경제의 발전을 위한 목표치를 구체적으로 작성하고 있었으며, 또한 산업화의 속도가 계획의 확정보다도 빨랐던 탓도 있었다. 아무튼 경제계획에 따르면 5개년 동안에 공업총생산은 136% 증대(이는 1933년의 공업총생산이 전쟁 전의 두 배 이상의 수준에 도달한다는 것을 의미함)되어야 했으며, 농업

---

76) Построение фундамента социалистической экономики в СССР(1926~32 гг.). М., 1960, с.12.
77) Сталин И.В. Соч., т.12, с.82.
78) См.: Правда, 9 и 25 мая 1929 г.

총생산은 55%의 증대(역시 이는 전전의 1.5배 이상의 수준에 도달함을 의미함)가 이루어져야 했다. 그러한 가운데, 또한, 103%의 국민소득 증대가 예상되었다. 볼쉐비키는 세계사에 유례가 없는 엄청나게 빠른 속도의 경제성장을 기획하고 있었다. 놀라웠던 것은 특히 중공업 생산의 3.3배 성장을 목표로 하면서 총투자자본의 78%를 생산수단의 생산 분야로 집중시키고 있었다는 사실이다.[79]

농업에 있어서의 집단화 프로그램도 현저한 진척을 예상하고 있었다. 계획에 따르면, 1933년에 국영농장과 집단농장이 점유하는 파종면적은 2,600만 헥타르, 즉 전체 면적의 17.5%까지 확대되어야 했으며, 그해까지 사회주의적 영역에서 총곡물생산의 15.5%, 상품곡물의 43%가 보장되어야만 했다. 게다가 1932년에 (기존의 것과 새로이 건설될 것 모두를 합쳐서) 국영농장은 5,000만 첸트너(=약 5억 푸드) 이상, 집단농장은 3,400만 첸트너 이상, 즉 모두 합쳐 8,400만 첸트너 이상의 상품곡물을 시장상황에 관계없이 국가에 제공해야만 했다. 이것이 농업에 관한 5개년 계획의 내용이었다.[80]

제1차 5개년 계획의 채택은 모든 것을 희생하면서 이른바 초고속 산업화를 실현하기 위해 의식적으로 내린 결정으로 평가되기도 한다. 그러나 지금 본 것처럼 그러한 주장은 정확하지 못하다. 물론 제16차 당 협의회에서 경제의 어떤 분야가 또는 누구의 수요가 다른 분야의 발전을 위한 "제물"이 되어야 하는가에 대한 문제는 전혀 제기된 바 없었다. 반대로 1929년 4월에 실제 계획된 것은 농업 분야에 있어서의 괄목할 만한 발전이었다. 인민의 경제생활 수준의 향상에 대한 필요성도 똑같이 강조되었다. 5개년 계획의 말까지 공업 노동자의 실질임금은 71% 상승

---

79) См.: КПСС в резолюциях.., т.4, с.201~202.
80) См.: Там же, с.203.

되어야 했으며, 전체 영농 주민의 소득은 67%가 증가되어야 했다. 실제로 당 협의회는 "계획 자체의 강도"나 "다수의 분산된 영농을 집단노동이라는 기반 위에서 재편하는 과제의 복잡성", 그리고 "자본주의로 포위된 나라 상황" 등에서 유래하는 "엄청난 어려움의 극복"이 이루어지지 않으면 계획이 전혀 완수될 수 없을 것이라고 인정했다.[81] 그러면서 노동자들에게 자기희생과 진정한 "노동적 영웅주의"를 요구했다.

제16차 당 협의회에서 5개년 계획과 관련해 모두 세 명의 보고자가 등단했다. 소연방 소브나르콤 의장 리코프, 고스플란 의장 크르쥐좌놉스키, 그리고 베세엔하 의장 쿠이븨쉐프가 바로 그들이었다.

당 협의회 개막 직전에 농업발전을 위한 2개년 계획 수립의 필요성을 주장했던 소브나르콤 의장은, 당의 규율에 복종하면서, 속으론 동의하지 않는 경제계획안을 옹호했다. 고스플란 의장은 "인민의 경제적 의지의 통일을 육성하기 위한 필수조건이 바로 경제계획"이라는 자신의 기존 입장을 개진하면서 그럼에도 5개년 계획이 경제적이고 과학적인 기준들에 기초해 작성되었다고 역설했다.[82] 베세엔하 의장은 이와는 조금 다른 각도에서 문제를 제기했다. 급속한 템포의 발전을 "무슨 일이 있어도"(쿠이븨쉐프는 이 말을 두 번 반복했다) 쟁취해야 한다고 역설하면서 그는 요구했다: "무슨 일이 있어도 [중략] 자본주의의 적들을 [중략] 따라잡고 추월해야 합니다."[83] 결국, 5개년 계획의 목적이 바로 어디에 있는지 이해하지 어렵지 않았다. 5개년 계획은 바로 "소연방에서의 프롤레타리아 혁명의 성격과 과제들에 관해서, 그리고 만국의 프롤레타리아트에 대한 그 혁명의 의무에 관해서"[84] 한시도 잊은 적이 없었던 스탈린이 추구했던

---

81) Там же, с.205.
82) См.: Шестнадцатая конференция ВКП(б). Стенографический отчёт. М., 1962, с.26~32.
83) Там же, с.56.
84) Сталин И.В. Соч., т.11, с.153.

소위 "계급정치"의 진수였다.

  1929년 4월, 우익 편향자들에 대한 탄압과 병행하여, 각종 공장과 건설현장 등에서 이른바 '사회주의적 경쟁'을 위한 캠페인이 대대적으로 전개되기 시작했다. '사회주의적 경쟁'은 "인민경제의 사회주의적 재편을 위한 투쟁"에 있어서의 주된 방법이 되어야 했다. 몇 달에 걸쳐 ≪프라우다≫를 필두로 모든 언론 매체뿐만 아니라 당과 노동조합 및 공산청년동맹(콤소몰)의 각 기관들은 노동자들의 발의에 의한 다양한 모범적 생산 사례들을 힘껏 선전했으며, 일부의 "노동창발성"은 많은 노동자들에게 계승되었다. 그러면서 경제적 고지의 선점을 위한 돌격대 운동, 제시된 계획에 대해 더 높은 목표치를 담은 계획을 경쟁적으로 내놓는 소위 "대응계획"의 채택 운동, 연중무휴제, 생산량과 생산성 등에서 자본주의 국가들을 따라잡고 추월하자는 운동 등과 같은 '사회주의적 경쟁'의 여러 형태들이 급속히 확산되었다. '사회주의적 경쟁'은 "5개년 계획의 완수를 위해 노동자 대중들을 각성시키고 그들의 창발성을 조직화하는 강력한 수단"이 되었다.[85] '사회주의적 경쟁'은 작업현장에서 노동자 대중들의 혁명주의적이고 낭만주의적인 기분을 소생시켰으며, "돌격", "기습", "돌파"를 통해서 모든 것을 완수할 수 있다는 믿음을 강화시켰다. "무슨 일이 있어도", "볼쉐비키적으로" 등의 말들이 유행어가 되었다. 물론 그러한 사회적, 문화적 방침은 이른바 경제적 현실주의에 보다 의지하는 네프의 전통과 대립되는 것이었다. 그러나 바로 거기에 오직 두 시대 사이의 모순과 대립, 나아가 단절이 존재한다고 생각할 필요는 없다. 레닌의 표현처럼, 오히려 바로 거기에서 소비에트 사회가 "국가자본주의적인 것에서 사회주의적인 것으로" 변화하고 있는 징후를 읽어야 한다. 아무튼, 위대한 사회주의적 건설의 시대는 그렇게 시작되고 있었다.

---

85) КПСС в резолюциях.., т.4, с.252.

산업화 과정에 수반한 도시 거주민의 급속한 증가는 결국 식량배급제를 통해 국가가 직접 부양해야 할 인구의 급증을 의미했다. 제16차 당 대회에서 스탈린이 활용한 통계에 따르면, 1926/27년에 (농업 노동자를 포함한) 고용 노동자의 수가 1,099만 명이었다면, 1927/28년에 그 수는 1,145만 명을 상회했다.[86] 그리고 1930년 3월에 ≪프라우다≫는 고용 노동자 수의 급속한 증가 과정을 이렇게 전했다: "1928년 12월에 우리가 인민경제 내에서 1,020만 명의 취업자(피보험자)를 보유했다면, 1929년 12월에 우리는 벌써 1,147만 5천 명의 피보험자를 보유한다. 이와 더불어, 1929년 1월부터 1930년 1월까지 등록 공업[즉, 대기업들]에서 일하는 노동자들의 수는 277만 5천 명에서 303만 1천 명으로 증가했다."[87] 이런 상황하에서 1929년 봄의 곡물조달은 극히 어렵게 진행되었다. 문제는 조달계획을 완수하는 데에만 있지 않았으며, 상황은 계획의 목표치를 최대한 상향 조정할 것을 절대적으로 요구했다. 그러나 유명한 트로츠키주의자로서 1929년 6월에 "유배지"에서 모스크바로 돌아온 라데크의 증언에 따르면, 이 무렵 심지어 모스크바에조차 식량이 없었다.

1929년 전반기에 볼쉐비키 정권이 겪었던 곡물조달의 어려움을 분석하면서 우리는, 바로 식량위기의 해결이라는 절박한 과제에 직면하게 된 볼쉐비키가 안정적인 사회주의적 농업생산 기반 수립의 필요성 문제를 본격적으로 제기하게 되었다는 결론에 도달하게 된다. 상업인민위원 미코얀은 1929년 6월에 모스크바(시)당 위원회에서 연설하던 중에 그와 관련한 주제를 조심스럽게 언급했다: "나는 내 발언이 이단적으로 들릴까 봐 두렵습니다. 그러나 확신하건대, 만약 곡물의 어려움이 없었더라면 강력한 집단농장 및 기계·트랙터관리창의 [설립 필요성에] 관한 문제는

---

86) См.: Сталин И.В. Соч., т.12, с.291.
87) Правда, 6 марта 1930 г.

바로 지금 이렇게 강력하고 대대적으로 폭넓게 제기되지는 않았을 것입니다. 물론 언젠가 우리는 그런 과제에 반드시 도달하겠지만 시간의 문제가 있습니다. 만약 곡물이 풍부했더라면 우리는 지금처럼 폭넓게 우리 앞에 집단농장과 국영농장의 건설문제를 제기하지 않았을 겁니다."[88] 그러나, 미코얀도 잠깐 지적했지만, "농업의 재편이라는 거대한 과제"가 제기되게 된 근본적인 이유는 바로 공업의 강력한 성장과 이를 위한 정책 때문이었다는 사실을 간과해서는 안 된다. 심각한 식량위기에 직면해서도 스탈린은 "볼쉐비키적으로" 곡물의 수출 계획을 수정하려 들지 않았다.

집단농장의 건설을 속히 확대하려는 전연방볼쉐비키공산당 지도부의 생각은 제16차 당 협의회의 결의문 속에서도 확인되었다. 그들은 최단기간에 곡물조달 사업에 있어서의 결정적 전환을 성취하려는 강한 지향과 함께 농촌에서 집단농장 건설을 위한 '사회주의적 경쟁'을 전개시키려는 의욕을 과시했다. 그것은 곧 현실에서 어마어마한 추진력을 얻기 시작했다. 카가노비치의 증언에 따르면, 1928년에 전국적으로 모두 3만 3,200개의 집단농장이 있었다.[89] 그러다가 1929년 봄의 파종기에만 1만 3,000개의 집단농장이 새로 건설되었다.[90] 그러나 협동조합운동의 급격한 성장에도 불구하고 농업에 있어서 "사회주의 부문"의 비중은 당분간 낮을 수밖에 없었다. 1929년 5월 말에 열린 제5차 소연방 소비에트 대회에서 집단농장에 관한 보고를 위해 등단한 칼리닌의 연설에 따르면, 그 무렵 "집단농장에 의해 전체 농가의 2% 이상이 포괄되었으며 전체 경작 면적의 약 2%가 점유되고 있었다."[91] 물론 이것은 단지 시작일 뿐이었

---

88) Правда, 27 июня 1929 г.
89) Правда, 26 ноября 1929 г.
90) Правда, 1 октября 1929 г.
91) Правда, 2 июня 1929 г.

다.

 농촌에서 "부정적이고 추한 현상들"이 부활함과 더불어,[92] 이미 1929년 여름에는, 곡물조달 캠페인 속에서 완전히 새로운 개념들, 즉 "거대 국영농장", "엠테에스"(기계·트랙터관리창), "전면적 집단화 지구", "예약수매" 등의 용어들이 급속히 일상화되기 시작했다. 이들은 1920년대 후반에 등장한 신조어들 가운데 일부에 지나지 않았다. 그러나 이들 용어 속에는 농촌의 생활에서 이루어진 엄청난 정치적, 경제적, 그리고 기술적인 진보가 함축되어 있었다. 각 낱말은 실제적인 삶의 변화를 반영하고 있었으며, 낡은 기술, 낡은 경제양식과 계급관계들, 낡은 생활조건들이나 전통 등 오래되고 영원할 것 같았던 농촌에서의 기반이 전부 급진적으로 타파되고 있음을 나타내었다. 특히 집단농장들에서 사용되는 트랙터 및 각종 농업기계의 배급과 관리를 집중적으로 담당하는 엠테에스(MTC)라는 축약어 하나가 상징했던 것은 바로 경제, 정치, 사회, 문화 모든 면에서 시작된 농촌혁명이었다.

 1929년 11월경, 집단농장으로 편입된 농가의 총수는 (5개년 계획에 따르면 56만 4천 호가 되어야 했지만) 벌써 104만 호를 넘고 있었으며, 동시에 국영농장과 기계·트랙터관리창의 건설에 있어서도 커다란 성공이 목격되었다.[93] 집단화 계획에 의해 설정된 목표를 초과 달성한 볼쉐비키는 1933년에 가서 전체 상품곡물의 43%를 집단농장과 국영농장이 생산하게 한다는 5개년 계획의 원래 내용을 수정하면서, "1930년도에 농촌 밖에서 유통되는 상품곡물의 50% 이상을 사회화된 영역에서 획득

---

[92] Правда, 8 августа 1929 г. 부연하자면, 이런 현상들에 대한 ≪프라우다≫의 논조는 9월부터 180도로 바뀌었다. 신문은 곡물조달에 있어서 "부농들의 저항을 분쇄할 것"과 그들이 집단농장으로 가입하는 것을 차단하라고 주문하기 시작했다. См.: Правда, 19 сентября 1929 г.

[93] См.: КПСС в резолюциях.., т.4, с.323.

한다"는 자신감을 과시했다.94) 이것은 볼쉐비키에게 곡물조달의 어려움 해소 및 나아가 곡물 문제의 완전한 해결까지 약속하는 근본적 전환을 의미할 수 있었다. 이런 근거에서 스탈린은 논문 「위대한 전환의 해」에서 "우익 기회주의자들"이 개진하는 주장들, 즉 "1) 농민은 협동조합에 참가하지 않을 것이며, 2) 협동조합의 발전과 부농에 대한 공격은 농민과 노동자 사이의 '절연'을 초래하고 나라를 곡물 없는 상태로 만들 것이며, 3) 사회주의적 발전의 '왕도'는 집단농장이 아니라 협동조합이다"라는 등의 주장 모두가 "와해되어 수포로 돌아갔다"고 단언했다. 그는 "집단농장과 협동조합을 대립시키는 것이야말로 레닌주의를 우롱하고 자신의 무지를 스스로 인정하는 것을 의미한다"고 강조하는 것을 잊지 않았다.95)

1929년 12월 말, 전국 맑스주의자-농학자 협의회에 참석한 스탈린은 「소련 농업정책의 문제들(К вопросам аграрной политики в СССР)」이라는 제목의 연설을 통해서, 소비에트 경제에 관한 다양한 "부르주아적인, 프티부르주아적인 이론들", 즉 부하린의 균형이론 및 방임론, "차야노프류의 소비에트 경제학자들이 설교하는" 소위 "소농민적 영농의 안정성"에 관한 이론, 그리고 "10월혁명은 농민에게 아무것도 준 게 없다는 그로만의 이론" 등이 세간에 횡행하고 있는 데 대한 책임이 바로 협의회 참가자들에게 있다고 질책했다. 그는 왜 많은 이론가들이 맑스-엥겔스-레닌의 천재적인 저작들을 활용하지 않는 것인지에 관해 의문을 제기했다. 그리고 "맑스와 레닌의 과업의 충실한 계승자"는 청중을 힐난했다: "맑스와 레닌의 이론에 의거해 전개되는 부르주아적 이론들과의 치열한 투쟁이 없이는 계급의 적들에 대한 완전한 승리를 얻는 것이 불가능하다는 것을 이해하기가 그리 어렵습니까?"96)

---

94) Там же, с.329.
95) Сталин И.В. Соч., т.12, с.130~131.

그를 계기로, 전연방볼세비키공산당의 '영도자'는 농업 분야에서의 "위대한 전환"에 대한 이론적 합리화를 시도했다. 농민들을 집산주의의 궤도로 오르게 함에 있어 요구되는 조심성과 신중함에 관해 엥겔스가「프랑스와 독일에서의 농민문제」에서 서술한 내용을 인용하면서 스탈린은 엥겔스가 소농민을 지지했던 이유는 바로 토지에 대한 사적 소유를 전제로 했기 때문이었다고 주장했다. 그러나 소연방에는 사적 소유권이 존재하지 않으며 대신 토지의 사회화가 실현되어 있었다: "바로 여기[즉, 사회화]에 최근 우리나라에서 협동조합운동이 상대적 용이함과 더불어 빠른 속도로 전개될 수 있는 하나의 원인이 있는 것입니다."[97] 그는 서유럽과 소연방에서 각각 농민들이 처한 상황의 분명한 차이를 보자 못하는 소위 "농업이론가들"을 짜증스럽게 생각했다. 그리고 또 하나 그를 화나게 했던 것은 경제조직으로서의 집단농장이 사회주의적 경제형태와 전혀 부합되지 않는다는 소위 "좌익 선동가들"의 무식한 주장이었다. 결국 스탈린은 다시 레닌의「협동조합론」을 인용하면서, 프롤레타리아 국가에 속하는 토지와 생산수단을 토대로 수립된 모든 종류의 협동조합은 계급적 적대가 배제된 사회주의적 경제의 한 형태가 되며, 소연방에서 "협동조합의 최고 형태로서의 집단농장"의 건설은 바로 사회주의의 성장을 의미하는 것이라고 차근차근 설명했다. 그러면서 그는 "집단농장이 주어지면 사회주의의 건설을 위해 필요한 모든 것이 확보되는 것"이라는 생각이 그릇된 것임을 지적했다. 콜호즈는 형식이었다. 사회주의의 승리를 위해서는 콜호즈 농민들을 개조하고, 그들이 가졌던 개인주의적 심리를 교정해 사회주의 사회의 진정한 일꾼으로 만들어야 했다.[98] 공산주의적

---

96) Там же, с.142.
97) Там же, с.153.
98) См.: Там же, с.161~165.

인간형의 실현을 위해서 농민을 대상으로 하는 문화혁명이 부단히 추진되어야 했다.

집단화에 대한 이론적 합리화는 곧 볼쉐비키당의 정책이 결정적으로 변화했다는 고백이었다. 스탈린이 그를 확인했다: "우리는 부농들의 착취자적 경향을 억제하는 정책으로부터 계급으로서의 부농을 박멸하는 정책으로 이행했습니다."99) 1929년 가을부터 곡물조달은 노골적인 부농해체정책과 병행했다. 말이 부농해체이지 실제로는, 스탈린의 말대로, 부농의 박멸이 추구되었다. 스탈린에 의하면 총체적인 부농해체가 추진될 수 있었던 주된 논거는 부농계급에 의한 생산이 집단농장과 국영농장으로 대체될 수 있기 위한 물질적 토대가 이미 갖추어졌다는 인식에 있었다. 실제로, 1930년도에 집단농장과 국영농장에서 생산될 곡물의 총량은 9억 푸드 이상, 그리고 그곳에서 나올 상품곡물은 모두 4억 푸드 이상이 될 것임을 예상했다. 볼쉐비키당의 '영도자'는 농민의 정치적 각성과 운동의 대중성을 "농업이론가들" 앞에서 자랑했다: "지금 부농해체는 전면적 집단화를 실현하고 있는 빈농과 중농들 자신에 의해서 행해지고 있습니다."100) 그리고 1930년 1월 5일 당 중앙위원회는 〈집단화의 템포 및 협동조합 건설에 대한 국가 지원책에 관한 결정〉을 채택하면서 "필사적으로 부농계급에 대해 선전포고를 하고, 최종적으로 그들을 완전히 소탕하라"는 명령을 각급 당 조직에 내려 보냈다.101)

부농해체정책은 집단농장 건설 사업의 발전을 위한 생각뿐만 아니라 계급투쟁의 논리에 의해서도 추진되었음을 간과해서는 안 된다. 노골적인 폭력과 대량 체포, 농가 파괴 등을 수반한 강제적 곡물조달에 대해서

---

99) Там же, с.166.
100) Там же, с.170.
101) См.: Правда, 6 и 11 января 1930 г.

"부농계급"은 반소비에트적 "혁명"으로써 답했다. 다닐로프와 이브니츠키의 공동연구에 따르면, 1929년 한 해 동안에만 1,300여 건의 농민 반란이 발생했다.102) 자신의 재산을 집단농장에 그냥 양도하기를 거부하면서, 또한 비교적 부유한 농민들을 덮친 탄압을 피하려 하면서 농민들은 가축을 도살했고 파종 면적을 줄여버렸다. 1929년 12월에 ≪프라우다≫는 이렇게 보도했다: "부농은 '집단농장에 가입하지 마시오'라는 슬로건을 '집단농장에 생산수단 없이 가입하시오'라는 구호로 대체했으며, 농촌의 자본주의적 분자들은 농사용, 축산용 가축 모두를 팔아 없애버리고 먹어치우라며 선동함에 있어서 각별한 적극성을 발휘하고 있다. [중략] 집단농장들은 현 시점에서 아직 집단농장에 가입하지 않는 빈농·중농 계층이 보유한 가축의 보존이나 축산 진흥을 위해서도 조력해야 한다."103) "역축(役畜)과 축산용 가축을 최대한 사회화하자!"라는 슬로건 아래서 "부농들의 새로운 책동"에 대한 투쟁이 거의 전국을 뒤엎었다. "계급투쟁이 격화"되고 있는 농촌에서 당의 "공격"이 중도에 멈춰질 수는 없었다. 더욱이 볼쉐비키는 정해진 고지를 이미 점령했다. 볼쉐비키는 이미 그때, 연말에, 1929/30년도 전체의 곡물조달 목표치의 103.3%에 해당되는 양을 확보하고 있었다.104)

1930년 1월 16일에 소브나르콤과 소비에트 중앙집행위원회가 공동으로 채택한 〈가축의 약탈적 도살에 관한 법〉은 각 지역의 소비에트 집행위원회 앞으로 "스스로 가축을 약탈적으로 도살하거나 다른 자들에게 이를 선동하는 부농들로부터 토지이용권을 박탈하고 또한 그들의 가축과 농기구를 압수할 수 있는" 전권을 부여하는 동시에 그들을 형사재판에

---

102) Документы свидетельствуют. Из истории деревни накануне и в ходе коллективизации 1927~32 гг. (под редакцией В.П. Данилова и Н.А. Ивницкого). М., 1989, с.23.
103) Правда, 17 декабря 1929 г.
104) См.: Правда, 22 декабря 1929 г.

회부하도록 규정했다.105) 이어서 정권에게는 아주 생산적인 법령들이 등장했다. 예를 들면, 1월 30일에 정치국은 중앙위원회가 채택한 〈전면적 집단화 지역에서의 부농 박멸을 위한 조치들에 관한 결정〉을 승인했다. 그에 따라 집단화 지역들에서는 토지 임대가 폐지되고 고용 노동의 사용이 금지되었을 뿐만 아니라, 부농들로부터 모든 재산을 몰수할 수 있게 되었다. 이와 더불어 부농계급의 "반혁명 활동분자", 즉 소비에트 권력에 대한 테러를 조직한 자들은 정치사범으로서 체포되고 진압되어야 했으며, 그들의 가족은 제1범주로 분류되어 북극 지역이나 오지로 추방되었다. 또한 집단화에 적극적으로 반대한 큰 부농들과 과거의 "반(半)지주들"은 가족과 함께 제2범주에 해당되어 모두 시베리아 등의 변방으로 쫓겨나는 신세가 되었다. 나머지 대다수의 부농들은 "해체"된 다음에 제3범주로서 집단농장의 경계 밖에 그들을 위해 특별히 할당된 지역 내에 거처를 마련해야만 했다.106)

이러한 법령을 "볼쉐비키적으로" 이행하는 것이야말로 곧 부농에 반대하는 빈농과 머슴들의 정치적 적극성을 고양하는 중요한 기반을 마련하는 것이라고 설명되었다. 2만 5천 명의 노동자들이 집단농장 건설 사업을 조직하기 위한 "원정"에 참여했으며,107) 이들은 농촌으로 보내졌다. 1930년 1월 20일에 총 2,500만 농가 중에서 약 17%에 해당하는 430만 농가가 집단화되었으며, 2월 20일에는 1,400만 농가, 즉 약 59%가 집단농장에 포섭되었다. 모두 한 달 만에 970만 농가가 콜호즈로 편입된 것이었다. 물론 자발적일 수 없었다. 당연하게도 이런 집중적 집단화 과정은 "집중화된 계급투쟁"을 수반했으며, 이는 농촌에서 대량의 폭동이 발

---

105) См.: Правда, 17 января 1930 г.
106) СМ.: Правда, 16 сентября 1988 г.
107) См.: Правда, 24 января 1930 г.

생하고 지방의 지도자들이 부지기수로 살해되는 현상으로 반영되었다. 다닐로프와 이브니츠키의 계산에 따르면, 1930년 1월에서 3월까지 발생한 농민반란은 최소 2,200건으로 거의 80만 명이 그에 적극 가담했는데, 이는 1929년도의 전체 건수에 비해 1.7배나 많은 것이었다.[108]

그러나 "전면적 부농해체"의 열광 속에서, 1930년 2월 20일, 당 중앙위원회는 〈경제적으로 낙후된 민족[자치] 지역에서의 집단화 및 부농계급과의 투쟁에 관한 결정〉을 채택하였고, 그럼으로써 해당 지역의 지도자들에게 집단화의 범위를 제한하고 모든 활동의 중심을 대중적 집단화가 원만하게 실현되기 위한 정치적, 경제적 전제들을 조성하는 방향으로 전환시키라고 요구했다. 3월 2일자 ≪프라우다≫에는 스탈린의 글「성공에의 도취(Головокружение от успехов)」가 게재되었으며, 여기에서 그는 지방의 일꾼들이 "반(反)레닌적인 기분"에 젖어 있다고 비난했다. 그의 생각에 따르면, "힘으로 콜호즈를 이식한다"는 것은 불가한 일일 뿐 아니라, 집단농장 운동의 자발성 및 각 지역의 상이한 조건들에 대한 배려의 필요성을 망각하는 것은 "어리석고 또 반동적인" 행위였다. 집단농장의 형태에 관해 언급하면서 그는 농업회사, 또는 농업코뮌이 아니라 바로 농업조합(아르텔)이야말로 콜호즈 운동의 "기본 고리"라고 주장했다.[109] 왜냐하면 토지를 공동으로 경작하는 영리 목적의 농업회사는 이미 경과된 자본주의적 단계의 산물인 것이며, 반면 생산과 분배 모두가 사회화된 농업코뮌을 위한 여건은 아직 성숙하지 않았기 때문이었다. 이런 판단에 의거해 스탈린은 "농업조합의 틀을 넘어서 농업코뮌으로 즉시

---

108) См.: Документы свидетельствуют, с.32.
109) 스탈린의 정의에 따르면, 농업조합, 즉 아르텔 내에서는 노동, 토지이용, 기계 및 기타의 도구 등 주로 곡물생산을 위한 기본적 생산수단들이 사회화되었다. 그러나 집 주변의 개인용 토지(작은 텃밭, 뜰), 주거용 건축물, 낙농 가축의 일부, 돼지나 양 같은 소(小)가축, 가금 등은 사회화의 대상이 아니었다. См.: Сталин И.В. Соч., т.12, с.196.

도약하려는" 시도를 "용감무식(勇敢無識)"이라고 평했다. 콜호즈 농민을 "용감무식한 사회화"로써 화나게 할 수는 없었다.110)

'영도자'가 쓴 글의 뒤를 이어 당 중앙위원회는, 1930년 3월 14일, 〈콜호즈 운동에 있어서의 당 노선을 왜곡하는 행위와의 투쟁에 관한 결정〉을 채택했으며, 이로써 당 조직들에게 "강제적인 집단화 방법의 실시"를 중단할 것을 지시했다.111) 당연히 이 모두는 콜호즈 운동을 주도하는 당 일꾼들의 좌절감과 불만을 자아내었다. 실제로 집단농장의 건설에 있어서 자행된 왜곡과 과도함을 비판할 때 오직 현장의 하급 당원들만 "욕보이고" 또 "혈뜯는" 것은 공정한 일이 아니었다. 양이나 돼지 등의 작은 축산 동물을 포함한 모든 가축을 사회화하고 집단화의 템포를 가속하라는 무수한 지령이 콜호즈 운동본부나 농업인민위원부로부터 날아들었으며, ≪프라우다≫, ≪이즈베스치야≫, 기타 주요 신문들은 예외 없이 똑같은 목소리로 당 일꾼들을 선동했다. 아무튼 집단농장 건설에 있어서 가해지던 강제적 방법들이 조금 이완되자마자 곧 콜호즈로부터의 농민 이탈이 봇물처럼 시작되었다. 결국 1930년 여름경에는 전체 농가의 23.6%에 해당되는 600만의 농가만이 콜호즈에 잔류하고 있었다. 1930년 2월 하순에 비하면, 약 800만의 농가가 집단농장에서 이탈한 셈이었으며 콜호즈 농민의 수는 반 이상으로 줄어버렸다. 그럼에도 불구하고 스탈린은 "농민의 일부"가 빠져나갔다고 해서 그것이 결코 "혁명의 퇴조"나 "공격의 중지"를 의미하지는 않는다고 주장했다.112) 그의 말에 따르면, 콜호즈에서 이탈한 것은 단지 "죽은 영혼들"과 동요분자들, 사회주의의 과업에 노골적으로 적대적인 이질적 분자들뿐이었으며, 이는 집단

---

110) См.: Сталин И.В. Соч., т.12, с.191~199.

111) КПСС в резолюциях.., т.4, с.396.

112) Шестнадцатый съезд ВКП(б). Стенографический отчёт, с.38.

농장을 건강하고 튼튼하게 만드는 바람직한 과정을 의미했다.

1930년 4월 3일자 ≪프라우다≫에 게재된 「집단농장원 동무들에의 답변」이라는 제목의 서한에서 스탈린은 바로 "중농들과의 경제관계 영역에서 강제력을 사용한 것"에 콜호즈 운동의 근본적 과오가 함축되어 있다고 밝혔다.113) 진정 볼쉐비키에게 "사회주의 건설의 분야에서의 탄압책은 공격의 필수적 요소이지만, 이는 주된 것이 아니라 보조적인 것"114)이었음을 우리는 인정해야 한다. 그러나 "당 노선의 왜곡에 대한 투쟁"이 농촌에서 자행되는 폭력사태에 대한 우려 때문에, 특히 집단농장 건설에 있어서의 "레닌의 자발성 원칙"을 위반하면서 당원들이 중농들에게 가하는 물리적 강제력에 대한 '영도자'의 우려 때문에 시작되었다고 생각하는 것은 역시 순진한 발상일 것이다. 스탈린은 집단농장이 아니라, 이를테면, 농민을 위한 강제수용소가 전국에서 만들어지고 있음을 제대로 인식했을 뿐이었다. 그에게 중요했던 것은 휴머니즘적 가치가 아니라 바로 사회주의 건설이라는 혁명적 목표였다.

1929년 가을, 계획에 따른 모든 예상치보다 훨씬 급속히 성장한 집단화 운동은 협동조합 건설에 있어서의 새로운 어려움과 결함을 노출시켰다. 1929년 11월에 열린 당 중앙위원회 전원회의는 그 중요한 원인으로서 콜호즈의 낮은 기술적 기반 수준, 조직성의 결핍과 낮은 노동생산성, 농장 간부요원의 부족 및 필요한 농업전문가의 완벽한 부재 등을 지목하였다.115) 물론 가장 근본적인 어려움은 기술적 기반의 낙후성에 있었다. 콜호즈의 넓은 토지를 호미와 쟁기로 경작할 수는 없는 일이었다. 그런 이유에서 11월의 전원회의가 트랙터 및 각종 농업기계의 생산계획을 확

---

113) Сталин И.В. Соч., т.12, с.203.
114) Там же, с.309.
115) См.: КПСС в резолюциях.., т.4, с.346.

대하면서, 즉시 콤바인 생산 공장 두 곳을 착공함과 더불어 연간 5만 대의 생산능력을 갖는 새로운 트랙터 공장 두 개를 더 짓기로 한 정치국의 결정을 승인한 것은 전혀 우연이 아니었다. 또한 전원회의는 트랙터와 기타 농업기계 등의 수입을 확대하기 위한 특별 펀드를 설립하기로 결의했다. 그러나 "혁명적 규모"로 전개된 콜호즈 건설 사업이 트랙터 및 다른 농기계들의 부족 문제만을 첨예화시킨 것은 아니었다.

사회주의 건설과 관련해 스탈린이 가졌던 강박관념과 함께, 대다수 농가의 집단화라는 엄청난 과제를 볼쉐비키가 최단 기간에 해결해야 하며 또 해결할 수 있다는 그의 확고한 신념은, 아마도, 그로 하여금 집단화 과정 중에 일어날 수 있는 부정적인 문제들을 등한시하게 만들었을 것이다. 중요한 것은 과정상의 혼란이 아니라 바로 목표의 달성이었다.[116] 물론 그의 신념은 하늘에서 그냥 떨어진 것이 아니었다. 그 자신의 주장에 따르면 신념은 "거대 곡물공장" 건설의 실천 과정에 의거하고 있었는데, 그 과정은 "실천이 '과학'에서 배워야 한다는 것뿐만 아니라, 사회주의하에서는 '과학'이 실천에서 배우는 것을 방해할 수 없다는 것을 충분히 입증하고는 '과학'의 항의를 일축했다."[117] 즉, 소비에트 인민들의 성공은 기존의 과학으로 설명될 수 있는 성질의 것이 아니었으며, 그들의 실천 또는 성공에 의해 과학의 내용이 수정되어야 했다. 콜호즈의 기계화 문제와 관련해 1930년 1월 5일에 당 중앙위원회가 채택한 〈집단화의 템포 및 협동조합 건설에 대한 국가의 지원책에 관한 결정〉에는 다음과 같이 규정되어 있었다: "견인 수단으로서의 말(馬)을 기계로써 완전히 교체하는 과제의 해결은 짧은 기간에 완수될 수 없고 몇 년을 필요

---

[116] 1930년 1월 5일에 당 중앙위원회가 채택한 결정문에는 모든 곡물지대에서의 집단화가 "1931년 가을까지 또는 늦어도 1932년 봄까지는 기본적으로 완수되어야 한다"라고 규정되었다. См.: КПСС в резолюциях.., т.4, с.384.
[117] Сталин И.В. Соч., т.12, с.129.

로 하기 때문에 볼쉐비키당 중앙위원회는 콜호즈 운동의 현 단계에서 마력(馬力)의 역할을 과소평가하는 경향과 말을 마구 투매하도록 하는 경향에 대해서 단호한 반격을 가할 것을 요구한다. 볼쉐비키당 중앙위원회는 현재의 조건하에서 과도기적 조치로 말·기계 기지(基地)와 더불어, 트랙터와 말의 견인력을 결합하는 트랙터·말 기지의 혼합형을 콜호즈 내에 설치하는 것에 대해 특별한 중요성을 강조한다."118)

그러나, 널리 알려진 바와 같이, 당 중앙위원회의 결정은 전면적 집단화를 위한 투쟁에서 일궈진 현실적 성공을 따라갈 수 없었다. 농업 집단화 운동의 초기에 트랙터는 말할 것도 없고 말(馬)조차 귀했다.119) 이미 1930년 2월에 볼쉐비키당의 '영도자'는 만약 "높은 퍼센티지의 집단화를 추구하는 '좌익' 편향자들의 경쟁"을 중단시키지 않는다면, 이는 농업 기반을 파괴할 뿐만 아니라 소비에트 권력을 파멸시키는 위험을 초래할 수도 있다는 사실을 분명히 인식했다. 튼튼한 물질적, 기술적 기반과 충분한 수준의 노동 조직화가 결여된 상태에서 콜호즈는 분명 높은 생산성을 가진 "거대 곡물공장"이 되기는커녕 "엔진 없는 거대한 비행기"에 불과한 존재가 될 수밖에 없었다.

전면적 집단화를 위한 투쟁이 전개되는 와중에 "자유화"의 시간이 시작되었다. 그럼에도 부농해체는 중단 없이 계속되었다. 쿨락(부농)은 소비에트 권력의 적이었다. 소연방에서 쿨락계급과의 화해는 있을 수 없었다. 「집단농장원 동무들에의 답변」에서 스탈린은 명쾌한 지시를 내렸다:

---

118) КПСС в резолюциях.., т.4, с.384.
119) 잘 알려져 있는 것처럼, 1929/30년도에 전국적으로 말의 수는 약 3,210만 마리에서 약 1,490만 마리로 감소했으며, 소는 약 6,010만 마리에서 3,350만 마리로, 또 돼지는 약 2,200만 마리에서 990만 마리로, 그리고 양은 약 9,730만 마리에서 3,220만 마리로 감소했다. 집단농장에 들어가면 어차피 내 것이 아니라는 생각에 따라 농민들이 가능한대로 팔아버리고 또 도살해 먹어치운 것이 그 주된 원인이었다. См.: Правда, 16 сентября 1988 г.

"계급으로서의 부농에 대한 근절정책은 볼쉐비키만이 가질 수 있는 집요성과 일관성을 모두 동원해 이행되어야 한다."[120] 다닐로프와 이브니츠키의 연구에 따르면, 1930년 1월 30일자 당 중앙위원회 결정에 의해 제1범주 또는 제2범주로 분류되어 결국 오지나 변방으로 추방된 부농계급의 규모는 1930년도에는 11만 5,231가구, 1931년에는 26만 5,795가구를 기록했다. 결국 2년 동안에 38만여 부농 가구가 거의 모든 재산과 지위를 잃고 고향에서 쫓겨나는 처지로 전락했다. 약 20~25만 정도의 부농 가구는 스스로 해체하여, 즉 자신의 재산을 팔거나 버리고 몰래 도시나 건설현장으로 숨어들었다. 또한 40~50만의 부농 가구는 제3범주로 삶의 터전을 떠나 지정된 장소로 이주해야 했다. 이들 가운데 많은 사람들이 고난과 역경을 거친 다음에 역시 농촌을 떠나, 노동력이 절대 부족했던 새로운 건설현장이나 도시로 합류했다.[121] 부농해체는 이후 1932년에도 계속되었다. 그러나 이미 그것은 곡물조달사업에 대한 비협조, 콜호즈 생산물의 절취 등의 행위에 대한 처벌의 결과인 경우가 보다 많았다.

그러다가 1930년 가을부터 전면적 집단화의 커다란 파도가 새로 일기 시작했다. 볼쉐비키는 개인농으로부터 7억 8천 푸드, 그리고 콜호즈로부터 최대 1억 2천 푸드, 즉 모두 합해 겨우 9억 푸드의 곡물을 그것도 "아주 어렵게" 조달했던 1929/30년도의 경험을 반복할 수는 없었다.[122] 물론 이 기간의 곡물조달 목표치는 1929년 말에 모두 달성될 수 있었지만, 그것은 농민에 대해 비상조치들을 적용하며 전개한 치열한 "계급투쟁"의

---

120) Сталин И.В. Соч., т.12, с.225.

121) См.: Документы свидетельствуют, с.46~47. 1980년대 후반에 정치국 산하기관으로 설치되어 스탈린 정권의 탄압에 관한 자료들을 연구한 특별위원회의 보고에 의하면, 1930~1931년의 기간에 총 168만 명에 달하는 35만 6,500농민가구가 시베리아와 북극 지대로 추방되어 합동국가정치보위부의 수용소나 이른바 노동부락으로 편입되었다(См.: Источник. 1995, No.1, с.124).

122) См.: Там же, с.324.

결과였다. 또한 더욱 심각한 문제가 있었다. 앞에서 언급했던 것처럼, 1930년도에 "곡물공장"에서 4억 푸드 이상의 상품곡물이 제공될 것이라고 예상했지만 현실은 전혀 그와 부합되지 못했다. 더욱 경악스러운 것은 "자유화"의 바람을 타고 "곡물공장"이 모래성처럼 급속히 무너지고 있었다는 사실이었다. 딜레마였다. 스탈린은 자신의 정치적 과오를 분명히 인식했다. 콜호즈의 많은 문제는 해결될 수도 있는 것들이었지만, "곡물공장" 자체가 와해되면 소비에트 권력의 사회주의 건설 계획은 뿌리 채 흔들릴 수밖에 없었다. 진격할 것인가 아니면 후퇴할 것인가, ─ 그것이 문제였다. 결정은 "볼쉐비키적으로" 이루어졌다: 진격하라! 다시 콜호즈 운동에 박차가 가해졌으며, 1931년 여름에 이르면 전체 농가의 52.7%가 집단농장으로 포섭되었다. 그렇지만 이번 단계의 협동조합 건설 사업에서는 실제로 기계의 역할이 현저히 증대되었으며,123) 또한 당 및 소비에트 기관들의 활동은 보다 체계적으로, 목적 합리적으로 전개되었다. 1932년 가을에 전면적 집단화는 사실상 완료되었다. 이에 따라 볼쉐비키가 확보한 가장 중요한 것은 매년 12~14억 푸드의 곡물을 안정적으로 조달할 수 있는 가능성이었으며, 이는 물론 5개년 계획의 완수를 위해서 절대적으로 필요한 것이었다. 그러나 그를 위해서는 일정한 "비용"을 지불해야만 했다. 1933년 봄, 소비에트 러시아는 급속한 농업 재편의 직접적 결과로써 강요된 엄청난 시련을 겪어야만 했다.

집단화와 부농해체는 이를테면 동전의 양면이었다. 양자는 분리될 수 없었다. 바로 여기에 사회주의로의 진행에 따른 계급투쟁의 격화 이론이

---

123) 1931년 여름경에 약 1,200개소의 기계·트랙터관리창(MTC)이 모두 6만 2,000여 대의 트랙터를 운용하며 집단농장을 지원하고 있었다. 공식자료에 의하면, 1929년에 소비에트 러시아가 보유한 트랙터는 약 3만대 정도였으며, 그 1년 전에는 모두 2,400대에 불과했었다. 대략, 1929년에서 1933년까지 농업의 기술적 기반의 발전에 관해서는 특히 см.: Сталин И.В. Соч., т.13, с.325~327.

완벽하게 반영되었다. 동시에 당원 대중들에게 스탈린 이론의 정확성이 증명되었다. 바로 이 이론이 다수의 소비에트 인민들이 그 당시 발휘했던 혁명적이고 낭만적이었던 정치적 열정과 밀접히 결부되어 있음을 간과해서는 안 된다. 1932년 가을, 볼쉐비키는 전체 농가의 61.5%, 농지로는 전체의 70% 정도를 집단농장으로 통합했으며, 이로써 사회주의 건설사업에 있어서의 고르디우스 매듭을 한 칼에 잘라버렸다. 농업의 집단화는 이제 돌이킬 수 없는 사실이 되었다. 그들은 "농업의 사회화"에 관한 5개년 계획의 목표를 겨우 3년 동안에 세 배나 초과달성했다. 1929년 11월에 등장한 "5개년 계획을 4년에!"라는 슬로건은 결코 환상이 아니었음이 판명되었다. 사회주의 건설 사업에 있어서 단지 위협이나 협박을 통해서, 강제된 노동의 동원을 통해서 그토록 급속한 발전을 이룩한다는 것은 전혀 불가능한 일이었다. 반드시 주목해야 할 것은, 바로 사회주의의 건설현장에 계급의식으로 무장한 소비에트 인민들의 적극적인 참여와 당에 대한 지지, 그리고 과업에 대한 열정이 존재했다는 사실이다.

1930년 여름에 열린 제16차 당 대회에서 스탈린은 "사회주의 건설의 모든 전선에서 거둔 대성공"에 관해 상세히 보고하면서 당의 총노선이야말로 "유일무이하게 올바른 노선"이라고 엄숙히 선언했다. 스탈린의 주장에 따르면, "있는 그대로의 사실들"만이 아니라 소연방의 "계급의 적들", 즉 "자본가들과 그의 신문들, 교황과 각급 주교들, 사회민주주의자들과 아브라모비치나 단(Дан) 같은 '러시아' 멘쉐비키" 등이 볼쉐비키공산당의 정책에 반대해서 토해내고 있는 "저 광란의 절규들"이 그것을 입증하고 있었다. 그리고 또 자기들 시각의 오류를 인정하고는 지금 난처한 지경에 처해 있는 "우익 편향자들의 운명"이나 "트로츠키즘의 와해"도 역시 총노선의 올바름을 증명하는 것이었다.[124] 확실히 자본가들과 그

---

124) Сталин И.В. Соч., т.12, с.343~344.

"앞잡이들"은 볼쉐비키당이 추진하는 계급정책의 성공을 인정할 수 없었다. 그러나 트로츠키파의 경우는 조금 달랐다. 스탈린은 그들을 사이비 좌파라는 뜻으로 항상 인용부호를 붙여 불렀지만("좌파"), 분명히 그들도 이른바 혁명적 사회주의의 한 흐름을 형성하고 있었다. 스탈린은 1929년 여름에 라데크, 프레오브라젠스키, 스밀가 등 일부 유명 트로츠키주의자들이 제출했던 "전향서"에도 불구하고, 트로츠키즘이 공산당원들 사이에 일정한 영향력을 유지하고 있음을 이해하고 있었다. 그럼에도 불구하고 그는 트로츠키의 논문 「사회주의로인가 아니면 자본주의로인가?」에서 도출한 소위 "하강곡선이론"을 트로츠키즘의 이론적 파산을 의미하는 증표로 제시하면서 "트로츠키즘의 와해"를 선고하는 용기를 보였다.

실제로, 당시 트로츠키주의자들을 초고속 산업화론자로서 평가하는 의견이 정설이었다. 그러나 스탈린의 주장에 따르면, 그러한 의견은 단지 1920년대 전반의 "회복기"를 전제로 했을 때 옳다고 할 수 있다. 그러나 산업화가 추진되는 "건설기"와 관련해서 트로츠키주의자들은, 속도의 관점에서 보았을 때, "가장 극단적인 최소주의자들이며 가장 더러운 항복론자들"이었다. 트로츠키는 1925년 말에 쓴 「사회주의로인가 아니면 자본주의로인가?」를 통해서 "현재 [공업의] 확대가 주로 낡은 공장들의 이용과 낡은 설비의 집중적 가동에 의해 이루어지고 있으며", "회복 과정이 종료됨과 더불어 공업성장률은 상당히 저하되어야 할 것이다"라고 진단했다. 나아가 그는 "가까운 장래에 공업성장률을 전전(戰前)의 6%대보다 두 배나 세 배 높게, 아마 잘 하면 그 이상으로도 올리는 것이 가능하다"고 주장했다.[125] 이런 구절들을 인용하면서 스탈린은 1925년에 트

---

125) См.: Троцкий Л.Д. К социализму или к капитализму? (Анализ советского хозяйства и тенденций его развития). М., 1926, с.44~46.

로츠키가 연간 공업성장률의 상한으로 설정했던 18%를 최근 3년 동안의 실질 공업성장률과 비교했다. 1927/28년에 26.3%, 1928/29년에는 24.3%, 그리고 1929/30년에는 32%라는 수치를 차례차례 열거하고서 그는 고스플란이 설정한 1930/31년의 공업성장률 목표치가 바로 47%에 달한다고 강조했다. 그리고 그는 당 대회장의 청중들을 다시 둘러보았다: "동무들은 트로츠키주의의 '하강곡선이론'이 갖는 완전한 반동적 성격과, 트로츠키주의자들이 재건 시기의 가능성에 대해 갖는 불신의 심연을 이해합니까? 트로츠키주의자들이 지금 공업과 농업의 볼쉐비키적 발전 속도의 '비상성(非常性)'에 관해 떠드는 이유가 대체 어디에 있는 겁니까? 지금 트로츠키주의자들이 우리의 우익 편향자들과 구별되지 않는 이유가 어디에 있는 겁니까?"126) 스탈린에게 동의하지 않을 수 없었다. 그가 이해하기에 레닌이즘이란 세계 노동운동에 있어서 "가장 (인용부호 없이) 좌익적인" 그리고 "완전히 유일한 혁명사조"였다.127)

제16차 당 대회에서 연설하면서 스탈린은 "모든 전선에서 사회주의의 공세"가 전개될 때, "생명이 끝난 계급들의 저항"은 결코 외부 세계와 단절된 상태에서 이루어지지 않는다고 경고하면서 당원들의 주의를 환기시켰다: "소연방의 주위에는 우리나라 안의 계급의 적들을 정신적으로나 물질적으로 그리고 금융 봉쇄의 방법으로, 또 경우가 되면 직접 군사적 간섭의 방법으로 지원할 준비를 갖춘 적대계급의 세력이 존재합니다. 우리 전문가들의 방해공작, 부농계급의 반(反)소비에트 공세, 우리의 기업과 건조물에 대한 방화 및 폭파가 모두 밖으로부터 자금이 지원되고 고무되었음이 입증되었습니다."128) 사회주의 건설 사업에 있어서의 어려

---

126) Сталин И.В. Соч., т.12, с.351~352.
127) См.: Сталин И.В. Соч., т.13, с.43~44.
128) Сталин И.В. Соч., т.12, с.303.

움을 증폭시키는 "자본주의의 포위"라는 조건 속에서 스탈린이 발견한 유일한 탈출구는 모든 "전선"에 걸쳐 자본주의적 요소들에 대한 공세를 강화하는 것이었다. 스탈린은 옳았다. 그가 한 말은 진실이었다: "우리나라의 발전은 부하린의 정식이 아니라, [중략] 레닌의 '누가-누구를'이라는 정식에 따라 이루어졌으며 또 이루어지고 있습니다."129)

이른바 계급정책을 활성화하고자 했던 스탈린의 의도는 제16차 당 대회의 종료 직후에 그대로 확인되었다. "소부르주아적 기회주의자들"에 대한 반대 캠페인이 두 개의 "전선"에서 전개되기 시작했다. 좌파와 우파에 대한 비판은 "쉬르초프-로미나제 그룹의 분파 활동"130)이 적발된 후에 통합되어 "무원칙적인 '좌'-우파 블록"에 대한 비판으로 전환되었다. 이어 가을에는 전면적 집단화 사업이 다시 본격화됨과 동시에 소연방에 대한 무력간섭을 노리는 서방의 제국주의적 들과 결탁한 "전문가들의 반혁명 조직들이 폭로되는" 센세이션이 일었다. 그로써 사회주의로의 진행에 따른 계급투쟁의 격화 이론은 그 "과학성"을 다시 한 번 당원들에게 과시했다.

1920년대에 당시 "스페츠"(전문꾼)라고 불리는 제정시대의 많은 엔지니어, 전문가, 학자 등이 작은 공장에서 큰 기업에 이르기까지, 그리고 인민위원부를 비롯한 여러 기관들에서 일하고 있었으며, 이는 불가피한 것이기도 했다. 그들 중 많은 사람들이 좋은 교양을 지닌 인텔리겐치야로서의 분명한 정치적 의식과 지향을 갖고 있었으며, 또 정당에 가입해 활동하는 등의 정치 이력을 지닌 이들도 적지 않았다. 과거에 그들의 정치적 성향은 그 출신계급과 시대상황을 고려하면 당연한 것이었지만, 대체로 부르주아적인 입헌민주당 쪽으로 쏠려 있었다. 물론 사회혁명당이

---

129) Там же, с.305.
130) 상세한 것은 см.: Правда, 11 и 13 ноября 1930 г.

나 러시아사회민주노동당을 비롯한 사회주의적 정당들에 대한 지지자들도 적지 않았겠지만, 특히 사회민주노동당 내의 볼쉐비즘(볼쉐비키당)은 오히려 트로츠키즘("메쥐라이온츠")보다도 그들에게 생소했다. 결국 당내에 스스로의 간부급 전문 인력을 확보하지 못했던 볼쉐비키는 10월혁명 이후에, 특히 경제뿐만 아니라 그밖에 많은 분야에서 옛 인텔리겐치야 출신의 경험 많은 "스페츠(спец)"들과의 협력에 의존하지 않을 수 없었다. 역으로 많은 전문가들은 볼쉐비키와의 정치적 입장 차이에도 불구하고 신경제정책(네프)에 희망을 걸었으며, 누구보다도 우익 편향자들에 대해 정치적 호의를 표시했다. 그러나 주지하다시피 1928년 봄의 샤흐틔 사건은 "스페츠"들이 총노선의 실현을 위해 바쳐졌던 많은 제물 가운데 하나로 선택되는 계기였으며, 이후 곧 반(反)"스페츠" 캠페인이 전개되기 시작했다. 과거 인텔리겐치야 출신의 많은 사람들에 대해 정치적, 법률적 박해가 가해졌다. 볼쉐비키당 지도부는 그들에게 사회주의 건설 사업에 있어서의 결함이나 실패에 대한 책임을 전가했을 뿐만 아니라, 이들 "위해(危害)분자들"의 비호세력으로, 특히 우익 편향자들을 지목하고 비판했다.

1930년 여름, 합동국가정치보위부는 중앙 경제부처들에서 일하고 있던 주요 "스페츠"들을 본격적으로 체포하기 시작했다. 대부분 그들은 네프 시기에 주요한 역할을 했던 유명한 학자나 경제전문가들이었다. 예를 들면, 사회혁명당원(에세르) 출신으로 1917년의 임시정부 때 식량부 차관을 역임한 다음 소비에트 정부의 농업기관에 근무하다가 재정인민위원부 산하 경기(景氣)연구소 소장을 지낸 콘드라티예프, 러시아공화국 농업인민위원부의 고위직에 있던 차야노프, 과거에 '인민의 자유당' 중앙위원 출신으로 소연방 중앙은행의 이사회에서 일하던 사듸린, 유능한 경제통계학자로서 1921년까지 멘쉐비크였다가 이후 소연방 국가계획위원회(고스플란)와 중앙통계청(ЦСУ)에서 일하던 그로만, 이와 비슷한 정치적 경력을 가졌지만 고스플란의 고문이자 플레하노프경제연구소 교수로서 5개년 계획의 작성에 커다란 공헌을 한 긴즈부르그, 특히 1917년의 기록을 담은 유명한 저작『혁명의 수기(Записки о революции)』저자로서 에세르와 멘쉐비크의 이력을 갖고서 1920년대에 여러 경제기관들 및 베를린, 파리 주재 소연방통상대표부에서 근무했던 수하노프 등이 그들이었다. 묘한 우연이었지만, 1917년 10월 10일 바로 수하노프의 아파트에서 볼쉐비키였던 그의 아내의 주선으로 볼쉐비키당 중앙위원회 회의가 열렸으며, 여기에서 그들은 무장혁명 계획의 실행을 최종적으로 결정했다.

스탈린이 예의 주시하는 가운데 합동국가정치보위부는 많은 국가기관들 내에 상호 연결된 반소비에트 조직들이 폭넓게 존재하고 있음을 나타내는 자료들의 수집을 완료했다. 결국 콘트라티예프를 우두머리로 하는 소위 "근로농민당"이 적발되었으며, 또한 수하노프와 그로만이 주도하는 반혁명그룹의 존재도 발각되었다. 특히 정치보위부의 보고에 따르면 "근로농민당"은 밀류코프와 케렌스키 등 "백군계열"의 망명자들이 중심이 된 "공화-민주연합"과 긴밀한 관계를 유지했으며, 동시에 람진 교수와 고스플란 고위간부인 라리쵸프 등이 가담한 이른바 엔지니어공업센터("공업당")와 일정한 "정보협력관계"를 갖고 있었다. 제16차 당 대회에서 스탈린은 "소멸하는 계급의 저항형태"로서 주요한 세 가지를 규정했는데, 이는 전혀 우연이 아니었다. 그것은, 첫째, 인텔리겐치야 수뇌가 공업의 전 영역에서 저지르는 "악의적 위해 행위", 둘째, 집단화에 반대하는 부농계급의 "야만적 투쟁", 그리고 "계급의 적(敵)의 앞잡이인 일부 관료주의적 분자들"이 소비에트 권력에 대해 행하는 사보타주였다.[131] 결국 스탈린은 당의 총노선에 대한 저항 세력으로서 전문가들과 부농계급 그리고 당

---

[131] См.: Сталин И.В. Соч., т.12, с.302.

과 국가의 요직에 앉아 있는 "불순분자"로서의 공산당 간부들을 지목하고 있었으며, 역사과정은 그런 사실을 "입증"했다.

1930년 여름, 피의자 신분의 "스페츠"들에 대한 심문과정에서 그들이 소비에트 권력의 전복을 도모했던 사실 및 그들의 "자본주의적 주변"들과의 관계에 관한 자백과 함께 리코프, 칼리닌과도 접촉이 있었다는 증언이 도출되었다. 스탈린은 우파들과 "위해분자들" 사이의 직접적 관계가 분명히 드러날 것이라고 기대했다. 남쪽 휴양지에서 휴가 중이던 그는 1930년 8월 초 몰로토프에게 편지를 보냈다: "나는 콘드라티예프-그로만-사듸린 사건의 심리는 서두르지 말고 극히 신중하게 진행되어야 한다고 생각함. 이 사건은 매우 중요함. [중략] (소콜니코프와 테오도로비치를 매개로 한) 이 신사들과 우파들(부하[린], 리코프, 톰스키) 사이의 직접적 관계가 드러날 것을 의심하지 않음. 콘드라티예프, 그로만, 그리고 다른 파렴치한 둘을 반드시 총살시켜야 함."132). 그들과 정치국원 칼리닌과의 관계는 전혀 예상치 않았던, 문자 그대로 사건이었다. 이에 관해 스탈린은 몰로토프에게 보낸 8월 23일자 편지에서 단언했다: "칼리닌이 유죄라는 것, - 여기에는 의심의 여지가 없음."133) 이어 자신의 심복에게 보낸 9월 2일자 편지에서 스탈린은 칼리닌 문제를 다시 언급했다: "그로만-콘드라티예프 일당을 도와준 당원들에게 그 책임을 묻는 것에 대해 동의함. 그러나 (당연히 그들을 도와준) 리코프와 (비열한 테오도로비치가 이 '사건'에 개입시킨) 칼리닌을 어떻게 처리할 것인지에 대해서는 심사숙고할 필요가 있음."134)

아마 칼리닌은 사건에 자신이 연루되었음을 알고 경악하여 자신이 "위

---

132) Письма И.В. Сталина В.М. Молотову. 1925~1936 гг.(Сост. В. Лельчук и др.) М., 1995, c.194.
133) Там же, c.198.
134) Там же, c.211.

해분자들"과 접촉한 구체적 상황을 적극 해명했으며, 그럼으로써 자신의 무고함을 증명할 수 있었을 것이다.[135] 분명히 순결성은 "순수하게 프롤레타리아적인 레닌당"의 지도자로서 갖추어야 할 중요한 덕목 중의 하나였다. 그러나 스탈린이 누구보다도 먼저 예의주시하고 있던 존재는 칼리닌이 아니었다. 리코프에 대해서, 아니 우파들 모두에 대해 "근본적인 조치"를 취하고자 했던 그는 노동방위회의, 소브나르콤, 차관회의 등 소비에트 정부의 중앙상층부에서 "위해분자들"을 제거하기로 결정했다. 실제로 당과 국가를 구분하는 것은 이미 불가능했다. 몰로토프에게 보낸 편지에서 스탈린은 당과 국가의 권력 상층부의 완전한 단결이 볼쉐비키의 "힘을 확실히 배가시킨다"고 강조했다.[136] 소비에트 정부 상층부를 정화하는 것에 관한 최종적 결정은 1930년 12월의 당 중앙위원회 전원회의에서 내려졌으며, 몰로토프가 리코프를 대신해 정부 수반, 즉 소연방 소브나르콤 의장이 되었다.

그러던 사이에, 1930년 여름, 합동국가정치보위부의 사찰은 제정시대 군 장교 출신자들에 대해서도 대대적으로 전개되었다. 보위부 요원들은 프룬제군사아카데미의 교수 카쿠린과 트로이츠키에 대한 취조를 통해서 놀라운 자백을 얻어낼 수 있었다. 우파들과 결탁한 레닌그라드군관구 사령관 투하쳅스키가 스탈린 정권의 전복과 군사독재의 확립을 위해 호시탐탐 기회를 노리고 있으며, 이미 군대에 많은 지지자를 확보하고 있다는 정보가 그것이었다. 이 문제에 관해 스탈린은 오르조니키제에게 보낸 편지에서 이렇게 말했다: "아마 우파들은 당 중앙위원회로부터, 콜호즈와 솝호즈, 그리고 산업발전의 볼쉐비키적 템포로부터 벗어나기 위해 심지어 군사독재까지 준비한 모양인데, [중략] 이 신사들은 콘드라티예프-그

---

135) 자세한 내용은 см.: Там же, с.199.
136) См.: Там же, с.222.

로만-수하노프에게 분명 군인들을 공급하려 했을 거야. 콘드라티예프-수하노프-부하린의 당, - 제법 균형이 맞는군."137) 투하쳅스키에 대해서는 신중하게 대처했다. 스탈린은 증언을 세심하게 검토했으며, 피의자들을 투하쳅스키와 대질 심문하도록 지시했다. 그리고는 "사건"을 말소하기로 결정했다. 그러나 "위해분자들의 범죄행위"에 대한 부하린의 정치적 책임이 면해질 수 없었다. 스탈린은 부하린이야말로 "가장 주된 반당(反黨) 선동자이며 도발자"138)라는 사실을 전혀 의심하지 않았다. 이런 사정은 부하린으로 하여금 자신의 입장을 공개적으로 표명하도록 했는데, 1930년 11월 ≪프라우다≫에 게재된 성명을 통해 그는 모든 분파적 활동 및 당 지도부에 대한 은폐된 투쟁을 비난하면서 "'좌'-우파 블록"에 대한 당의 조치가 지극히 올바른 것이었음을 인정하고 지지했다.139) 물론 당 중앙위원회는 부하린의 행위에 대해 만족을 표시했다.

부르주아 전문가 문제와 관련해서 스탈린은 처음, 1930년 여름에 몰로토프에게 보낸 편지들을 근거로 판단하면, 체포된 "스페츠"들을 신속하고 엄하게 처벌해야 한다고 주장했다. 콘드라티예프 등을 총살시켜야 한다고 요구하기도 했다.140) 그러나 시간이 지나면서 그의 생각은 변했다. 물론 그들의 범죄사실에 의구심을 갖게 되었던 것은 아니었다. 아니 땐 굴뚝에 연기 날 리 없었다. 스탈린은 피의자들을 법적 절차에 따라 확실하게 처벌하는 것과 더불어, 그들이 "스스로의 과오를 인정하고", "정치적으로 스스로를 확실하게 모욕하고", 그럼으로써 소비에트 권력에 대한 그들의 충성심을 입증하면서 인민들이 보는 앞에서 총노선의 올바름을 적극 확인해주기를 원했다. 9월 말, "콘드라티예프파"의 증언이 자신

---

137) Военные архивы России. М., 1993, вып.1, с.104.
138) Письма И.В. Сталина В.М. Молотову, с.220.
139) См.: Правда, 20 ноября 1930 г.
140) См.: Письма И.В. Сталина В.М. Молотову, с.194.

의 예상에 부합되지 않는 것을 확인한 그는 몰로토프에게 지시를 내렸다: "콘드라티예프 '사건'을 재판에 회부하는 일을 조금 유예하시오. 이건 전혀 안심할 수 없소. 이 문제의 해결을 가을까지 미룹시다. 이 문제를 10월 중순에 같이 결정합시다. 나에게는 그럴 만한 이유가 있소."141)

그러나 스탈린이 기대했던 "콘드라티예프-차야노프의 부농-에세르 그룹" 사건은 실현되지 않았으며, 결국 "근로농민당"에 대한 재판은 비공개로 진행되었다. 그러나 소위 "공업당" 사건과 멘쉐비키의 "연방사무국" 사건은 성공적으로 준비되었으며, 화제가 된 이들에 대한 재판이 공개리에 진행되었다. 사건 관련자들에 대한 기소장에서 밝혀진 바에 따르면, 모든 공업 분야에서의 위해 행위를 지휘하는 조직적 중심이었던 "공업당"은 소연방에 대한 자본주의 국가들의 군사적 간섭의 실현을 1차적 목표로 삼고 있었으며, 해외에서 결성된 제정시대 러시아 기업주들의 협회인 러시아무역공업금융연맹의 지시에 따라 행동했다.142) 더욱이 1930년 말에 시작된 "프랑스 제국주의와 러시아무역공업금융연맹의 요원들"에 대한 재판은, 그 심리 과정을 통해서, 소련에 대한 외국 원정부대의 군사적 간섭이 백군 잔당들의 참여하에 이미 1930년도에 준비되었던 사실과, 주로 "간섭의 실현을 위해 바람직한 조건들이 소연방 내에 결여"되어 있다는 이유 때문에 간섭의 시기가 변경되었다는 사실을 입증했다.143) 1931년 2월 말에는, 옛 멘쉐비키 그룹, 즉 그로만, 수하노프, 긴즈부르그 등에 대한 재판이 시작되었다. 검찰의 기소장에 따르면, 러시아멘쉐비키사회민주노동당 중앙위원회가 소연방 내에 설치한 "연방사무국"은 유럽에 있는 "망명 멘쉐비키 센터(즉, 단-아브라모비치-가르비 그룹)"와의 예전 관계를

---

141) Там же, с.224.
142) См.: Правда, 11 ноября 1930 г.
143) Правда, 8 декабря 1930 г.

복원하고, 차야노프-콘드라티예프 그룹이 그랬던 것처럼, 소연방에 대한 군사적 간섭이라는 공동 목표의 실현을 위해 "공업당"과 직접적인 블록을 결성했다.144) 물론, 이 모두는 스탈린의 "이론적 관점"에서 보면 지극히 쉽게 예상할 수 있는 사안들이었다.

반혁명적 "전문꾼"들에 대한 재판이 야기한 사회적 소동에도 불구하고 피고인들은 보기에 따라 장기(長期)라고 할 수 없는 징역형을 선고받았다.145) 이들 중 대다수는 채 몇 년도 지나지 않아서 곧 사면, 석방되었으며, 물론 사면의 가장 중요한 전제는 소비에트 권력 또는 스탈린 정권에 대한 충성심이었다(이들 중 대다수는 30년대 후반 대숙청의 시기에 다시 찾아온 정치적 시련을 극복하지 못하고 처형되었다). 어쨌든, 당내의 우파 지도자들이 가담했을 것이라고 예상되었던 "반(反)혁명조직" 사건들은 1935년에서 1938년까지 이어진 정치재판을 위한 일종의 리허설이었다. 그때 체포된 스탈린의 정적(政敵)들은 법정에서 공개적으로 자신의 과오를 참회한 후에 "소비에트 사회주의 만세!"를 외치고 결국 모두 처형되는 비운(悲運)을 감당해야 했지만, 지금 1930년대 초에는 모두 "평화롭게" 갇혀 있으면서 독서할 수도 있었다. 이를 스탈린의 변덕 때문이라고 생각할 필요는 없다. 이런 사태의 전개 속에는 나름 객관적 논리가 작용하고 있었다.

1930년 7월 초, 제16차 당 대회에서 중앙위원회 정치보고 다음에 이어진 토론을 총괄해 매듭짓기 위해 등단한 스탈린은 사회주의로의 진입에 관한 테제를 제기했다: "우리는 벌써 사회주의 시대로 진입하고 있습

---

144) См.: Правда, 27 февраля 1931 г.
145) "공업당" 사건에 연루된 8명의 피고인 가운데 람진을 포함한 5명에게 총살형이 선고되기는 했지만, 형벌은 곧 10년 징역형으로 감형되었다. 그리고 "연방사무국" 사건 관련자 14명에 대해서는 각각 5년에서 10년 사이의 징역형이 선고되었다. См.: Правда, 8 декабря 1930 г., 10 марта 1931 г.

니다. 왜냐하면 비록 사회주의 사회의 건설과 계급적 차이의 철폐까지는 아직도 멀었지만, 사회주의적 부문이 지금 인민경제 전체의 모든 경제적 지렛대를 장악하고 있기 때문입니다."[146] 실제로, 농촌에서 "계급투쟁"이 계속되고 있었지만, "위대한 전환"은 이미 실현되었다. "위대한 전환"의 시기를 사로잡았던 계급투쟁의 격화 이론은 특히 공업 분야의 "활동가들"에게는 그들의 과업에 대한 전망과 확신을 심어주기에 충분치 못한 것으로 판명되었다. 스탈린이 발언한 바와 같이, 나라는 이미 새로운 시대로 접어들고 있었으며, 현실정치적 측면에서뿐만 아니라 이론적 차원에서도 새로운 비전을 요구했다. 결국 "연방사무국" 사건에 대한 재판이 진행되던 1931년 2~3월에 이르면, 특히 공업 분야에서 사태의 전개는 새로운 이론적 토대에 의해 규정되고 있었다. 여기에 볼쉐비키당의 정치적 지령과 방침의 응축물이라고 할 수 있는 새로운 구호들이 수반되었다. 이는 물론 계급투쟁의 격화 이론이 소멸되었음을 의미하지 않았다. 이 이론은 소연방에서 사회주의의 완전한 승리가 선언될 때까지 그 정치적 위력을 유지했다.

사회주의로의 진입에 관한 테제는 1924년에 제기된 일국사회주의론과 1936년에 등장한 소연방에서의 사회주의의 승리에 관한 이론 사이의 과도기적 형태였다. 1930년도에 제시된 스탈린의 테제에 대해 러시아 혁명의 지도자 트로츠키는 "노동계급과 혁명의 배신자"로 낙인찍힌 몸으로 이렇게 썼다: "기괴하지 않은가? 나라는 상품기근과 [물자공급 부족에서 벗어나지 못하고 아이들에겐 우유도 부족한데, 속물 관료들은 나라가 사회주의 시대로 진입했다고 선포한다. 과연 이보다 더 악의적으로 사회주의를 모독할 수 있을까? [중략] 거의 굶은 상태에서 벽돌과 시멘트를 갖고 발판을 따라 기어오르다가 종종 아래로 떨어지는 건설 노동자들에

---

146) Сталин И.В. Соч., т.13, с.6.

게 벌써 건물에서 살 수 있다고, 즉 '사회주의로 진입했다!'고 말하는 것, – 이것은 건설 노동자와 사회주의에 대한 우롱이다."147) 그렇다. 진정한 맑스주의자라면, 원칙적으로, 선진 자본주의 국가들에서의 경우보다 더 높은 노동생산성과 더 높은 수준의 물질적, 문화적 삶이 달성되었을 때 비로소 사회주의의 승리를 말할 수 있을 것이었다. 그렇다 하더라도 트로츠키가 사회민주주의적 관점에서 행한 스탈린의 테제에 대한 비판은 어색하기 짝이 없다. 1917년 당시에 다수의 러시아사회민주노동당원들, 즉 멘쉐비키는 레닌의 4월테제를 "잠꼬대"라고 비판하면서 사회주의 혁명이 아니라 민주주의 혁명이야말로 러시아의 물질적 토대가 요구하는 것이라며 레닌과 트로츠키를 비판했다. 주지하다시피 트로츠키는 1905년 러시아 혁명 때부터 노동자 정부의 수립을, 즉 프롤레타리아 독재정권의 수립을 주장했다. 트로츠키의 입장에서, 사회주의 혁명이 러시아에서 가능한 근거는 그에 상응하는 충분한 경제적 발전 수준이 아니라 바로 노동계급, 그것도 인구의 소수에 불과한 노동계급의 존재였다. 세계적 규모의 자본주의 발전에 주목한 트로츠키는 사회주의 혁명도 세계적 차원에서 실현되어야 한다고 생각했다. 따라서 자본주의의 발전이 미약한 러시아 같은 나라에서 수립된 노동자 정권(-프롤레타리아 독재론)은 그 정치적 기반이 견고하지 못하고, 결국 선진 제국에서 실현된 사회주의 권력의 지원이 반드시 필요하다는 이론(-영구혁명론)을 전개했다. 사회민주주의가 주로 자본주의의 발전 수준을 통해서 사회주의 혁명의 전망을 평가하는 경향을 갖는 데 반해, 이에 대립하는 이른바 혁명적 맑스주의는 역사과정에서 주로 계급 및 계급투쟁의 측면을 주목했다. 사회민주주의자들이 맑스의 저작 가운데 특히 『자본론』을 "과학적 사회주의"의 진수로 간주하면서 부단히 발전하는 자본주의(생산력)에 좌절하고 그에

---

147) Бюллетень оппозиции. 1931, No.17-18, c.5~6.

타협했다면, 혁명적 맑스주의자들은 『공산당 선언』 같은 저작들에서 표현된 계급투쟁이론으로부터 노동계급의 해방을 위한 영감을 얻었다. 아무튼, 자신이야말로 혁명적 사회주의의 전통을 계승한 진정한 맑스주의자라고 자부했던 트로츠키가 사회민주주의적 입장에서 사회주의로의 진입 이론을 비판한 것은 오히려 자신을 배신자라고 비난하는 스탈린의 논거를 더욱 강화시키는 결과가 되어 버렸다. 물론 사회주의로의 진입에 관한 테제는 스탈린주의적 선전이 만들어낸 순수한 공상이 아니었다. 사회주의의 건설 사업에 매진하는 노동자들에게 확실한 전망과 자신감을 제공하기 위한 것만도 아니었다. 그것은 소연방의 노동계급이 적대적 계급들에 대한 사회경제적 헤게모니를 확립했다는 선언이었으며, 사회주의적 경제가 자본주의적 경제는 물론이며 특히 소부르주아적 경제까지 완전히 압도하고 있다는 선언이었다. 이런 선언이 가능했던 것은 물론 전능한 위력을 발휘하는 프롤레타리아 국가권력이 있었기 때문이다.

10월혁명 이후에 모든 볼쉐비키는 "사회주의의 과제란 계급의 철폐에 있다"고 이해했다.148) 그러나 착취적 계급관계의 청산을 위해 생산수단의 국유화를 우선으로 했던 조치들은 그 자체로서 사회주의의 실현이 아니라, 단지 사회주의적 경제로의 이행을 위한 전제 조건을 의미하는 것이었다. 1918년에 쓴 『'좌익' 소아병과 소부르주아성』에서 레닌은 "사회주의 소비에트 공화국이라는 표현은 사회주의로의 이행을 실현한다는 소비에트 권력의 각오를 의미하는 것이지 결코 새로운 경제질서를 사회주의적이라고 인정하는 것을 의미하지 않는다"고 강조했다.149) 국가권력이 가장 중요한 것이었다. 이와 관련해 우리는 1929년 말에 열렸던 전국 맑스주의자-농학자 협의회에서 "농업의 사회화된 영역은 그 자체로서 사회

---

148) Ленин В.И. Полн. собр. соч., т.44, с.39.
149) Ленин В.И. Полн. собр. соч., т.36, с.295.

주의적 경제형태가 아니라 단지 소연방에서의 프롤레타리아 국가의 존재와 관련해 사회주의적이 된다"고 한 스탈린의 발언을 기억할 필요가 있다.150) 국영공업에 대해서도 똑같이 말해질 수 있다. 국영공업이 사회주의적일 수 있는 이유는 오직 사회주의의 실현을 위해 노력하고 있는 볼쉐비키당이 국가를 운영하고 있다는 것 단 하나였다. 국영공업과 집단농장은 의심할 바 없이 10월혁명의 가장 위대한 성과물이었다. 설령 내부적으로 착취적 계급관계를 배제하고 있다는 뜻에서 그것들을 사회주의적이라고 부를 수 있다손 치더라도, 스탈린이 보기에 그것들은 단지 형식으로서의 조직형태에 불과했다. 이런 이론적 입장에 근거해 스탈린은 사회주의 건설 사업에 있어서의 핵심문제는 조직형태로서의 "사회주의적 우클라드", 즉 사회주의적 생산양식의 발전이 아니라, 무엇보다도 먼저 그 형식에 어떤 내용이 채워지는가에, 즉 누가 국영공업과 집단농장을 장악하고 지도하는가에 있다고 강조했다. 정말로 "레닌주의적 관점에서 보았을 때, 조직의 한 형태로서 취급된 소비에트처럼, 집단농장은 도구였으며, 단지 도구였다."151) 확실히, 사회주의로의 진입 테제를 제시하면서 스탈린은 인민경제에 있어서 사회주의적 영역의 형식적 우위만을 고려한 것이 아니라 무엇보다도 기본적 경제부문들에 대한 국가의 내용적 장악에 의거했다.

소연방이 등장하는 최초의 순간부터 "소비에트 권력의 결단성"이야말로 사회주의의 실현을 위한 거의 유일한 현실적 보장이었으며, "혁명적 국가권력"은 사회주의 실현을 위한 위력적인 수단으로 간주되었다. 그리고 인민대중의 삶이 영위되는 모든 영역에서 국가가 행사하는 권한은 사회주의 발전의 척도가 되었다. 바로 여기에 국가사회주의로 정의되는 것

---

150) См.: Сталин И.В. Соч., т.12, с.161~163.
151) Сталин И.В. Соч., т.13, с.228.

이 가장 적당한 소비에트 사회주의의 본질이 있었다. 그러나 주지하다시피 사회주의에서의 국가 소멸에 관한 가설은 맑스주의의 기본 이론 중의 하나였다. 이러한 이론과 혁명적 실천 사이의 모순에 대해서 볼쉐비키의 '영도자'는 제16차 당 대회에서 다음과 같이 해명했다: "우리는 국가의 소멸을 지지합니다. 이와 더불어 우리는 여태까지 존재한 국가권력들 중에서 가장 강력하고 위력적인 프롤레타리아 독재의 강화를 지지합니다. 국가권력의 소멸을 위한 조건들의 준비를 목적으로 하는 국가권력의 최고의 발전, – 이것이 맑스주의적 공식입니다. 이것이 '모순적'입니까? 그렇습니다. '모순적'입니다. 그러나 이것은 살아있는 모순이며, 이것은 통째로 맑스적 변증법을 반영하고 있습니다."152) 국가사회주의적 관점에서 보았을 때, 서유럽 국가들에 비해 사회경제적인 모든 면에서 낙후되어 있던 소련에서 1930년도에 등장한 사회주의로의 진입에 관한 스탈린의 테제는 공상일 수 없었다. 전연방볼쉐비키공산당 제16차 대회가 열리던 시기에 이미 소비에트 국가는 사회 전체를 완전히 지배하고 통제할 수 있는 위력적인 "빅 브라더"가 되어 있었다.

---

152) Сталин И.В. Соч., 12, с.369~370.

| 제3절 | 볼쉐비키 - 승리자

　1930년대 소련정치사와 관련하여, 대숙청의 시작 전까지 정치국에는 두 개의 분파, 즉 강경파와 온건파가 서로 대립하고 있었다는 의견이 소비에트학 연구자들의 문헌에 자주 등장했다.[153] 그러한 서술방식의 기원은 이미 1930년대로 거슬러 올라간다. 멘쉐비키 그룹이 서유럽의 망명지에서 발행하던 ≪사회주의 통보≫에는 1936년 말,「모스크바 재판이 어떻게 준비되었나(고참 볼쉐비크의 편지)」라는 글이 개재되었다.[154] 이를 계기로 볼쉐비키공산당 중앙위원회 정치국 내에서의 투쟁에 관한 소식이 유럽으로 처음 전해지게 되었다. 글의 저자는 익명으로 처리되었는데, 자료가 국외에서 만들어진 것이 아니라 소연방에서 직접 전달되었음을 시사하는 대목들이 글에 포함되어 있었다. 그러나 실제로 글을 쓴 사람은 러시아의 멘쉐비크 망명객인 니콜라옙스키였으며, 1936년 봄에 그는 정치국의 결정에 따라 맑스 관련 자료들을 구입하기 위해 유럽으로 출장 온 부하린과 파리에서 만나 대화를 나눈 적이 있었다. 등장인물들이 거의 모두 역사 속으로 사라지고 난 한참 후에 니콜라옙스키는 "편지"의 저자로서 자신은 부하린의 몇몇 이야기만이 아니라 다른 사람들로부터 얻은 정보도 활용했으며, 정치국의 상황에 대한 판단과 설명이 전적

---

153) 예를 들면 см.: Волков Ф.Д. Взлёт и падение Сталина. М., 1992, с.102~104.
154) См.: Фельштинский Ю.Г. Указ. соч., с.106~141(Приложение 7).

으로 자신의 몫이었음을 고백했다.155)

　니콜라옙스키의 글에는 정치국 내의 상황과 1936년 8월에 진행된 지노비예프와 카메네프에 대한 재판의 준비상황에 대한 자세한 정보가 인용되어 있었다. "편지"는 또한 1930년대 전반에 정치국에는 정책적으로 스탈린을 설득하고 그의 마음을 사로잡기 위한 두 개의 그룹, 즉 당과 사회에 대한 "테러"를 점차적으로 완화해야 한다는 온건정책의 지지자들과 이에 대한 반대자들이 경쟁하고 있었다고 증언했다. 전자의 리더가 바로 키로프였으며, 유명 작가인 막심 고리키가 그를 적극 지지했다. "편지"에 의하면, 이른바 강경파의 중심인물로는 키로프의 죽음 이후에 "실세"로 부상한 카가노비치와 예조프 등이 있었다.

　물론 연구자들 모두가 니콜라옙스키가 제공한 설명을 신뢰했던 것은 아니었다. 특히, 1980년대 후반에 부하린의 미망인 라리나는 자신의 회고록을 출판하면서 니콜라옙스키와 부하린의 대화 사실 자체를 의심했으며,156) 이를 반박하기 위해 일련의 학자들은 두 사람 사이에 있었던 정치국의 사정에 관한 노골적인 대화가 분명한 사실이었음을 입증하는 자료들을 동원하기도 했다.157) 그러나 이런 논쟁의 결말에 관계없이, 정치국 내에 두 개의 분파가 대립했다는 아이디어는 문헌들 속에서 다양한 모습으로 등장하고 있었다. 특히 스탈린 사후에 그를 계승해 소련공산당 제1서기가 된 니키타 흐루쇼프가 소위 "비밀연설"을 통해서 스탈린의 사주에 의해 키로프가 살해되었음을 노골적으로 암시한 제20차 당 대회(1956년) 이후에,158) 많은 연구자들이 두 개의 분파에 관한 가설을 입

---

155) См.: Там же, с.29.
156) См.: Ларина (Бухарина) А.М. Незабываемое. М., 1989, с.243~286.
157) См.: Фельштинский Ю.Г. Указ. соч., с.16~20.
158) См.: Реабилитация. Политические процессы 30−50−х годов. М., 1991, с.29~30. 「개인숭배와 그 결과들(О культе личности и его последствиях)」이라는 제목으로 흐루쇼

증하기 위해 스탈린과 키로프의 정치적 관계를 검토하기 시작했다. 키로프가 고유한 정치적 노선을 견지하고 있었으며 동시에 정치국 내 온건파의 리더였다는 사실을 부각시키는 방향으로 암살의 정황이 설명되고 그에 관한 증언들이 제시되었다.[159] 그런데 이런 신화에 반대하면서 키로프를 자주적인 정치인이 아니라 단지 스탈린의 심복 정도로 간주하는 연구자들도 역시 두 분파에 관한 가설을 부정하지 않는 경우가 흔하다. 이들은 온건파의 리더로서 다른 정치국원, 예를 들면 오르조니키제나 즈다노프 같은 인물들을 제시하고 있다.[160]

이런 문제와 관련해, 다양한 문서보관소의 풍성한 자료들에 기초해 1930년대 정치국의 정책결정 메커니즘을 분석한 흘리에브뉵은 최근에 출간된 저서에서 이렇게 주장하고 있다: "전체적으로, 현재까지 밝혀진 문서보관소 자료들은 1930년대 정치국에 온건파와 급진파 사이의 대립이 발생했다는 것을 입증하지 않는다. 한 명의 정치국원이 다양한 시기에 (혹은 한 시기의 다양한 단계에서) 온건하기도 하고 때론 과격하기도 한 다양한 입장을 나타냈다."[161] 1930년대에, 혹은 그 이전의 시기에도 마찬가지였지만, 당 노선의 큰 방향을 결정하는 다양한 정치적 행위의 주창자는 물론 스탈린이었다. 그의 제안에 따라서(대부분의 경우에 그의

프가 행한 비밀연설은 см.: Там же, c.19~67. 부연하자면, 흐루쇼프는 스탈린의 키로프 암살을 사실로 확신하고 있었지만, 사건에 대한 특별조사를 실시했음에도 불구하고 자신의 주장을 뒷받침하는 확실한 증거를 확보하지는 못했다. 키로프의 암살 정황에 관한 자료들의 가장 충실한 분석은 см.: Кирилина А. Рикошет, или сколько человек было убито выстрелом в Смольном. СПб., 1993.

159) 이런 시각에서 저술된 가장 대표적인 책은 см.: Conquest R. Stalin and Kirov Murder. New York, 1989.

160) 대표적인 예로 см.: Getty J.A. Origins of the Great Purges. The Soviet Communist Party Reconsidered, 1933~1938. Cambridge University Press, 1985.

161) Хлевнюк О.В. Политбюро. Механизмы политической власти в 1930-е годы. М., 1996, c.8.

지시에 따라서) 탄압이 가해지거나 또는 개혁이 시행되기도 했다. 의심할 여지없이 스탈린은 소비에트 사회주의 체제의 상징이었을 뿐만 아니라 그 정치적 중심이기도 했다. 이 체제의 설계 원칙을 이해함에 있어서나 또는 그 생명력을 유지하는 능력에 있어서 스탈린은 동료 정치국원들 가운데 그 누구와도 비교될 수 없는 탁월함을 갖고 있었다. 오르조니키제가 말한 것처럼, 스탈린은 "다른 사람들보다 더 멀리 보았다." 권력투쟁에서의 스탈린의 승리, 그리고 트로츠키, 지노비예프, 카메네프, 부하린 등 걸출한 볼쉐비키당 지도자들이 혁명운동의 중심에서 멀어져 간 것은 단순한 우연의 소산이 아니었다. 이른바 스탈린파 내부에 '영도자'에 버금가는 혁명운동의 이론과 실천을 겸비하고 정치적 권위와 역량을 지닌 인물은 없었으며, 이는 부정할 수 없는 사실이었다.

주목해야 할 것은 두 개의 분파가 존재했다는 가설이 1930년대의 총노선에 상당한 동요가 있었다는 견해와 종종 결부된다는 사실이다. 물론 그 시기에는 산업의 비약적 발전을 요구하는 목소리에서 공업발전 계획을 완화해야 한다는 주장까지 있었으며, 집단화와 부농해체가 급속히 추진되는 가운데 개인적인 텃밭 재배가 장려되기도 했다. 또 상업을 중지시키고 직접적 상품 교환을 도입하려는 시도가 있었는가 하면 동시에 이른바 사회주의적 상품화폐관계가 선언되기도 했으며, "혁명적 금욕주의"에 대한 설교와 더불어 "부유한 삶"의 실현을 요구하는 슬로건이 나부끼기도 했다. 모순적으로 평가될 수도 있는 그 모든 현상은 정치국 내에 다양한 노선의 지지자들이 존재했다는 추측이 확산될 수 있는 근거를 제공하기도 했다. 그러나 1930년대의 사건들을 면밀하게 살펴본다면, 총노선이 볼쉐비키의 정치적 목적지향성만큼이나 일관되게 추구되었음을 분명하게 이해할 수 있게 된다.

1931년 2월, 모스크바에서 열린 전국사회주의공업일꾼총회에서 스탈린은 「기업인의 임무」라는 제목으로 연설하면서 볼쉐비키가 쓰디쓴 경험을 맛보았다고 자인했다. 원래의 계획에 따르면 32%의 증가가 이루어졌어야 할 1930년도의 공산품 생산이 단지 25% 증가에 그치고 말았던 것이다. 스탈린은 1931년도의 목표로 설정된 45%의 공업성장을 완수할 것과, 기간공업 분야에서 5개년 계획을 이제 4년이 아니라 단 3년 만에 실현할 것을 요구하면서 단도직입적으로 사회주의 경제 건설 사업에 있어서의 "볼쉐비키적 템포"의 문제를 제기했다: "우리는 선진 국가들에 비해 50~100년을 뒤져 있습니다. 우리는 이 간격을 10년 만에 뛰어 넘어야 합니다. 우리가 이것을 해내지 않으면, [그들은] 우리를 분쇄할 것입니다."162) 그랬다. 독일 민족사회주의자(나치)들이 소연방을 침공하게 되는 1941년이 그리 멀지 않은 시점이었다. 그러나 산업화 속도에 관한 문제를 제기함에 있어서 스탈린에게 결정적으로 작용했던 것은 국제정세에 대한 구체적 분석보다 오히려 "자본주의적 포위"에서 오는 위협에 대한 이론적 인식과 최대한 빨리 "모국 루시[러시아의 옛 이름]의 궁핍과 무력함"을 청산하기 위해 "짧은 휴식기"를 활용하고자 하는 실천적 갈망이었다. 이 모두가 소연방의 노동자·농민들에게 볼쉐비키당이 부과한 "사회주의적 의무"의 기본 내용을 구성했다. 동시에 스탈린은 당원들에게 자국의 프롤레타리아트에 대한 의무보다 세계 프롤레타리아 계급에 대한 의무가 더 심각하고 더 중대한 것임을 강조했다. 확실히 소연방의 노동자들은 세계 노동계급의 한 부분을 구성하는 존재였다. 스탈린은 단 한 순간도 사회주의 혁명의 승리가 소연방에 국한되어야 한다고 생각한 적이 없었다는 사실을 간과해서는 안 된다. 분명한 것은 스탈린주의가 아니라 바로 부하린주의에 사회주의를 민족주의로써 제한할 수 있는 요인들이 내재되어 있었다는 사실이다. 스탈린의 일국사회주의론은 "농민과의 브레스트-리톱스크 조약"이 강요된 상황에서 이론적 적실성을 상실한

---

162) Сталин И.В. Соч., т.13, с.39.

영구혁명론에 대한 역사적 대안이었을 뿐이었다. 지극히 당연하게도 이 두 이론은 세계 사회주의 혁명의 실현을 자신의 목적으로 설정하고 있었다.

사회주의공업일꾼총회에서 스탈린이 행한 연설이 갖는 의미는 그의 선견지명에 있었던 것이 아니라, 그가 제16차 당 대회 이후에 볼쉐비키 당의 정책적 방향을 결정하는 새 슬로건을 제시했다는 데 있었다: "볼쉐비키는 당연히 기술을 습득해야 합니다. 볼쉐비키 자신이 전문가가 되어야 할 때인 것입니다. [지금의] 건설시기에는 기술이 모든 것을 결정합니다!"163) 본질적으로 첫 번째 5개년 계획은 새로운 건설을 위한 계획이었다. 소연방의 광활한 국토 위에 수백 개의 거대한 공장과 탄광, 광산, 발전소들이 건설되었다. 새로운 도시와 노동자 정착촌이 속속 등장했다. 간선 철도가 쭉쭉 뻗어나갔으며, 거미줄처럼 전국을 이어나갔다. 농촌에서는 대규모 농장들이 건설되었으며, 이를 위해 엠테에스, 즉 기계·트랙터관리창이 급속히 확산되었다. 공업이 양적으로 성장하는 것과 함께 그 질적 성장이 더욱 요구되었다. 기술의 발전과 노동의 조직화 수준 향상, 나아가 경제의 합리화 없이는 불가능한 초고속 산업화의 필요성은 자연스럽게 산업화 문제에의 보다 새로운 합리적 접근을 요구했다. 그 결과, 1931년 초에 이르면 일반 당원들에게 개혁에 관한 논의를 허용하는 방향으로 당의 정책이 발휘되기 시작했다. 그러나 경제개혁 논의가 급물살을 타게 되었던 것은 1931년 6월에 스탈린이 당 중앙위원회 산하 기업운영자협의회에서 「새로운 상황 - 경제 건설의 새로운 과제」라는 제목의 연설을 한 다음이었다. 이 연설을 통해 그는 "스탈린 동무의 6개 항의 지시"라는 이름으로 유명해졌던 새로운 경제프로그램을 제시했다.

스탈린은 더 높은 차원에서의 공업발전을 이루기 위해서는 작업방식

---

163) Там же, с.41.

과 지도방식을 모두 새롭게 바꿀 것이 요구된다고 주장했다. 무엇보다도 먼저, 그는 지속적인 공업발전을 위한 필수조건으로 기업에 노동력을 보장하는 문제를 제기했다. 볼쉐비키는 이미 1920년대 후반에 건설현장에서의 노동력 부족 문제에 부딪히기 시작했다. 이런 맥락에서 정치국은 1929년 6월 〈형사범들의 노동력 활용에 관한 결정〉을 채택했으며, 이에 따라 합동국가정치보위부가 관리하는 집중수용소(곧 정치국의 결정에 의해 교정노동수용소로 개칭되었다)로 3년 이상의 형의 선고를 받은 모든 형사범들이 인도되었다. 그 "많은 인원"을 감당하기 위해서 기존의 수용소들이 확장되었으며, 동시에 "자유를 박탈당한 자들의 노동력을 투입하여 천연자원"을 채굴하기 위해서, 국토의 개척을 위해서, 또는 인구가 희소한 지역을 식민화할 목적으로 주로 벽지에 새로운 수용소들이 건립되었다. 3년 미만의 형을 선고받은 자들은 각 공화국의 내무인민위원부(엔카베데)가 관리했는데, 이들은 특별히 조성된 공업단지나 농업단지에서 노동해야만 했다.[164] 스탈린이 자인한 바와 같이, 1931년경에는 "농촌에서 촌놈들이 도시로 도주하는 현상"도 이미 소멸해 있었으며, 결국 노동력의 자연적 유입을 기대할 수 없게 되어 버렸다. 이와 관련해 내려진 스탈린의 지시는 콜호즈 농민들과의 합의를 통해 농촌에서 노동력을 체계적으로 모집하고, 동시에 가장 어려운 노동과정에 대한 기계화를 조속히 실현하라는 것이었다.[165]

스탈린은 기업운영자들 모두에게 노동력 부족으로 인한 어려움을 제거하는 데 특별한 노력을 경주할 것을 당부했다. 이미 몇몇 기업들은 농촌에서 젊은 노동력을 모집하는 일을 실천에 옮기고 있었다. 노동과정의 기계화와 관련해서, 통상적으로 그것은 공업의 발전수준 자체에 의해 규

---

164) РЦХИДНИ, ф.17, оп.3, д.746, л.2, 11.
165) См.: Сталин И.В. Соч., т.13, с.53~54.

정되는 것이었다. 따라서 만약 농업 집단화가 추진되지 않았더라면, 산업화 과정의 불가피한 산물인 도시 노동력 부족사태가 스탈린이 지적한 것과 같은 평화로운 방법으로는 전혀 해결될 수 없었을 것이다. 잘 알려진 것처럼, 경제적 측면에서 보았을 때 19세기 중반 미국 남북전쟁의 주된 원인은 급속한 성장에 따라 만성적인 노동력 부족에 시달리는 북부의 공업과 노예해방이 이루어지면 붕괴될 수밖에 없는 남부의 농업 사이의 모순에 있었다. 1930년대 전반, 소연방에서 도시 주민의 양적 성장은 매우 급격한 것이었다. 1934년 11월에 열린 당 중앙위원회 전원회의에서 몰로토프가 인용한 통계자료에 따르면, 1930년도에 식량배급수첩을 기준으로 계산한 전체 도시민 수는 2,600만 명 정도였는데, 그 후 4년이 지난 1934년에 도시민의 수는 모두 4,030만 명으로 증가했다.166) 요약해서 말할 수 있는 사실은 바로 농업 집단화가 볼쉐비키에게 곡물 문제뿐만 아니라 공업 노동력의 부족을 해결할 수 있는 가능성을 제공했다는 것이다.

아무튼, 노동력 문제에 이어 스탈린은 반 년 동안에, 또는 심지어 한 분기에 30~40%에 이르기도 하는 간부노동자들의 직장 이동이 공업발전에 커다란 저해 요인이라고 지적하면서, 무엇보다도 임금제도에 있어서의 "극좌적 균등주의"가 그런 현상의 근본 원인이 되고 있다고 강조했다. 그는 숙련 노동과 비숙련 노동 사이의 차이는 사회주의에서도 존재하는 것이며, 단지 공산주의에서나 그 차이가 사라질 것이라고 주장했다. 따라서 소연방에서 임금은 필요에 따라서가 아니라 노동에 따라 지급되어야 하며, 그렇기 때문에 노동의 질을 고려하지 않고 균등의 원칙에만 집착하는 것은, 스탈린의 연설에 따르면, "범죄를 저지르는 것이며, 사회주의적 산업화의 이익에 역행하는 것"을 의미했다.167) 이로부터 스탈린의

---

166) См.: Правда, 30 ноября 1934 г.

두 번째 지시가 내려졌다: "노동자를 기업에 확실히 정주시킬 것", 그리고 "균등화 원칙을 청산하고 올바른 임금제도를 수립할 것."

물론 그것으로 문제가 다 끝난 것은 아니었다. 스탈린은 많은 기업에서 "작업에 대한 책임의식의 결여, 기계장치의 취급 부주의, 공작기계의 대량 파손 그리고 노동생산성 향상을 위한 자극의 부재"[168] 등이 목격되고 있다고 지적했다. 생산에 대한 무책임성 및 경영개념의 부재를 최대한 빨리 근절할 것을 요구하면서 그는 기업운영자들에게 또 하나의 과제로서 "노동의 볼쉐비키적 조직화와 올바른 인력 배치를 위한" 투쟁에 나설 것을 요구했다.

화제를 공업의 지도부 구성에 관한 문제로 옮긴 볼쉐비키당의 '영도자'는 이제 소연방의 "노동계급이 생산에서의 자신의 이익을 지배계급의 이익으로 지킬 능력이 있는, 자신의 고유한 생산적-기술적 인텔리겐치야를 만들어내야만 하는"[169] 그런 단계에 진입했음을 지적했다. 거의 예외 없이 모든 지배계급은 자신에게 봉사하는 지식인들의 존재를 통해서 정치적 헤게모니를 유지했으며, 물론 볼쉐비키도 소비에트 사회에 봉사하는 소위 "소비에트 인텔리겐치야"의 육성이라는 과제의 해결을 위해 부단히 노력했다. 그러나 10월혁명 이후 소비에트 사회의 지배계급으로 선포된 노동자·농민들에게 필요했던 것은 문맹 퇴치를 주된 목적으로 한 이른바 문화혁명이었으며, 결국 부르주아 전문가의 기용은 소비에트 체제의 효율적 운영을 위한 불가피한 선택이었던 셈이다. 그런데 지금 스탈린은 바로 노동자·농민 출신들로 구성된 새로운 인텔리겐치야를 만들어 낼 것을 네 번째 지시로서 당원들에게 요구하고 있었다. 언젠가 J. P. 사르

---

167) Сталин И.В. Соч., т.13, с.58.
168) Там же, с.62.
169) Там же, с.66.

트르는 지식인을 위해 "변명"하면서, 지식인의 사회비판적 기능을 "기생적 존재"로서의 그의 사회적 본질을 상쇄할 수 있는 덕목으로서 강조한 바 있었다. 물론 이른바 소비에트 인텔리겐치야에게 사회비판적 기능이란 전혀 생소한 것이었다. 공업이 빠른 템포로 발전하고 생산규모가 급격하게 신장됨으로써 볼쉐비키 정권은 특히 공학적 기술 인력의 부족을 절실히 느끼고 있었다. 따라서 필요한 존재는 말 그대로 생산적-기술적 인텔리겐치야였다. 아무튼 이제까지 계급투쟁이 격화되는 상황하에서 볼쉐비키당은 구시대의 인텔리겐치야에 대해 오직 한 방향의 정책, 즉 "적극적 위해분자들의 괴멸, 중립적 인사들의 분해, 그리고 충성파의 수용 정책"170)을 시행할 수밖에 없었으며, 이는 혁명을 위해 불가피한 일이었다. 그러나 이런 단계는 이미 과거지사가 되었다. 나라는 이제 사회주의로 진입했으며, 이제 남아있는 부르주아 전문가 대부분은 소비에트 권력을 적극 지지하고 있었다. 이런 변화를 지적하며 스탈린은 주장했다: "새로운, 변화된 조건하에서 자신의 낡은 정책을 시행하는 것은 옳지 않으며 비(非)변증법적인 것입니다. 이제 구(舊)학파의 각 전문가와 엔지니어를 체포되지 않은 범죄자나 위해분자 비슷하게 간주하는 것은 어리석고 현명하지 못한 일일 것입니다. 우리에게 '전문꾼 박해'는 항상 유해하고 치욕적 현상으로 간주되었으며, 지금도 그러합니다."171) 당의 '영도자'가 내린 다섯 번째 지시는 근본적으로 부르주아 전문가들에 대한 태도를 바꾸고, 그들에 대해 "보다 많은 관심과 배려를 발휘"하면서 그들을 사회주의 건설 사업에 적극적으로 끌어들이라는 것이었다.

그리고 마지막으로, 축적의 문제를 언급한 스탈린은 만약 이전에 경제재건을 위해서 경공업과 농업 그리고 국가재정 등의 분야에서 마련되고

---

170) Там же, с.70.
171) Там же, с.72~73.

축적되는 자본으로 충분했다면, 이제 산업화의 "볼쉐비키적 템포"의 유지와 발전을 위해 기존의 축적 원천을 강화하고 새로운 것들을 발견하는 것이 필수적이라고 주장했다. 이러면서 그는 기업이나 경제기관 모두에 있어서 독립채산의 원칙이 완전히 파괴되어 있으며, 그 결과 원가를 10% 이상 절감한다는 과제가 완수되기는커녕 오히려 원가가 상승했음을 지적했다.172) 원가 인하가 공업뿐만 아니라 인민경제 전반에 있어서 자본축적의 증대를 위한 가능성을 제공한다는 것은 주지의 사실이며, 맑스는 그것을 상대적 잉여가치의 생산이라는 개념과 결부시켰다. 잉여노동시간 혹은 노동일의 연장 없이도 자본주의가 이윤율의 경향적 저하 법칙을 극복하며 계속 발전할 수 있었던 것은 원가 인하를 가능케 하는 현실적 요인들 때문이었다. 스탈린의 설명에 따르면, 의심할 여지없이 경공업은 사회주의적 축적의 원천으로서 무한한 것이 아니었다. 농업은 그 자체가 정부로부터의 재정지원을 필요로 하고 있었고, 또한 흑자재정의 편성을 통한 자본 마련 역시 분명한 한계를 갖고 있었다. 따라서 사회주의적 축적을 위한 새로운 원천이 되어야 하는 것은 바로 중공업이라고 강조하면서 스탈린은 사회주의적 축적의 새로운 원천이 될 수 있도록 중공업, 특히 기계공업 분야를 발전시키라고 요구했다. "독립채산제를 도입, 강화하고 공업 내적인 축적을 증대시킬 것",173) — 이것이 그의 여섯 번째 지시였다.

결국, 1931년 6월에 스탈린은 경제개혁과 관련한 6개 항의 지시를 통해 생산의 발전을 위한 경제적 자극을 활성화하는 동시에, 공업 운영에 있어서의 전시공산주의적 방법들을 극복하려고 시도하고 있었다. 소비에트 경제의 발전을 위해 보다 융통성 있고 합리적인 방안들이 모색되는

---

172) 1931년에는 공산품 원가의 11% 인하를 계획했지만, 실제로는 오히려 6.8% 인상되었다.
173) Сталин И.В. Соч., т.13, с.76.

가운데 모든 종류의 사회적 차이를 부정하는, 그리고 "개인주의적, 농민적 사고방식"174)에 뿌리를 둔 "균등주의적 공산주의" 이론이 공식적으로 단죄되었다. 레닌의 경우에도 그러했지만, 스탈린의 정치에서의 특징은 바로 철저한 목적지향성에 있었다. 스탈린의 구체적 정책들은 사회주의 건설이라는 전략 목표의 실현을 위한 전술들이었으며, 그런 의미에서 실용적이었으며 결코 교조적일 수 없었다. 개혁은 "단독책임제의 강화"라는 구호 아래 국가가 기업운영자들의 권위를 전폭적으로 지지하고 나선 데에서 가장 분명하고 뚜렷하게 발휘되었다. 이 문제와 관련해 기억할 필요가 있는 것은 이미 1929년 9월에 당 중앙위원회가 생산관리기관(기업책임자)의 실무 경영활동에 대한 당이나 노동조합의 간섭을 금지하면서 기업에서의 단독책임제의 구현이라는 노선을 확립했다는 사실이다.175) 그러나 특히 "공업당" 사건으로 야기된 소위 "위해분자-전문꾼"들에 대한 대규모 탄압은 기업이나 경제기관들에서 "전문꾼 박해"의 분위기를 고조시켰으며, 생산과정에 있어서 전문가들의 "확고한 권력"을 강화시킨다는 노선이 실현되는 것에 제동을 걸었다. 이제 스탈린은 자신의 "지시들"을 통해 예전에 당 중앙위원회가 택했던 노선의 "무오류성"을 재확인했다.

  아무튼, 그러던 중에 현실에서의 사회경제적 위기는 더욱 깊어져만 갔다. 계급투쟁의 논리에 따라 진행된 전면적 집단화의 결과 농업 생산이 급감했으며, 중공업에 대한 집중적 투자의 결과 공산품 소비재의 생산은 등한시되었다. 중공업 생산의 분출과 더불어 웅장한 건설사업들이 계획에 따라 진행되어 갔으며, 동시에 농업을 인위적으로 개조하기 위한 운동이 열성적으로 전개되는 가운데 전반적인 경제 활력은 고양되고 있었

---

174) Там же, с.119.

175) См.: КПСС в резолюциях.., т.4, с.310~317.

지만, 인민들의 경제생활 조건은 개선되기는커녕 오히려 급속히 악화되었다. 급격한 경제적 "구조조정"의 결과, 이를테면 노동의 투입은 있지만 산출이 없는 불균형적인 과도기적 상황이 그대로 위기로 이어지고 있었다. 볼쉐비키가 자신들의 주된 정치적 기반으로 간주하며 우선적으로 식량을 공급하던 대도시에서조차 주민들은 배급권을 갖고도 식품을 제대로 공급받지 못했다. 거액의 재정적자를 메우기 위해 특히 당원들에게 국채 구입이 강제되었으며, 또한 공산품의 가격이 인상되었다. 적자재정의 해소를 위해 동원된 주된 수단은 화폐증발이었다. 화폐가치가 급속히 하락했으며, 그 결과 자유시장에서 거래되는 상품들은 대다수의 주민들에겐 접근할 수 없는 귀중품이 되었다. 소비생활에서의 극심한 궁핍이 일상화되면서 당원들은 물론이고 일반 노동자들 사이에서도 금욕주의야말로 미래의 공산주의를 위해 감내해야 할 덕목이라는 의식이 확산되었다. 그러나 1932년도에 곡물조달의 위기와 병행한 엄청난 기근은 특히 농촌에서 "수백만"의 인명이 스러지는 결과로 이어졌으며, 이런 사실에 대해서는 침묵이 강요되었다.

1931년 가을, "스탈린 동무의 6개 항의 지시를 실현하자!"는 구호에 더하여, "가뭄과의 투쟁은 풍작을 위한 투쟁이다!"라는 새로운 슬로건이 등장했다. 1930년도에는 51억 푸드에 달했던 곡물총생산이 1931년도에는 모두 42억 4천만 푸드에 불과했다.[176] 그러나 1931년도에 정부가 행한 곡물조달의 총량은 13억 9천만 푸드로, 1930년의 13억 4천만 푸드에 비해 오히려 5천만 푸드가 증가했다.[177] 결국 곡물 생산량은 감소했음에도 불구하고 정부는 더 많은 곡물을 조달한 셈이었다. 계획이 그러했기 때문이었다. 특히 산업화에 필요한 기계설비를 더 많이 수입하기 위해서

---

176) Сталин И.В. Соч., т.13, с.320.
177) Правда, 19 июля 1934 г.

는 곡물수출의 증대가 필수적이었다. "곡물전선"에서의 상황은 필사적이고 극단적이었지만, 1932년 봄에 이르면 특히 1인당 식량배급분이 감소하면서 많은 도시들에서 반정부적 소요가 목격되었다. 1931년 5월 6일에 소연방 소브나르콤과 볼쉐비키당 중앙위원회가 채택한 〈집단농장과 개인농의 의무적 곡물 납부에 관한 결정〉에 따라 그때까지 존속했던 곡물조달에 있어서의 합의(계약)시스템이 폐지되었다.[178] 모든 농민은 일방적으로 결정된 정부가격에 따라 곡물을 의무적으로 국가에 양도해야만 했다. 동시에, 의무를 이행한 다음에는 곡물에 대한 "콜호즈 상업"의 자유가 보장된다는 것을 고시하면서 위의 〈결정〉은, 농민의 이윤동기를 자극할 목적으로, 정부가격보다 훨씬 비싼 곡물의 시장가격을 합법화했다. 그러나 현실은 볼쉐비키가 의도한대로 전개되지 않았다. 모든 식량을 "약탈"당하고 더 이상 잃을 것이라고는 아무것도 없게 된 굶주린 농민들은 정권에 저항했으며, 국가의 곡물 보관시설을 습격하기도 했다. 1932년 8월 7일에 제정된 〈사회주의적 소유의 보호에 관한 법률〉은 곡물 탈취자들을 '인민의 적'으로 규정했으며, 이들을 "준엄한 혁명적 책임"을 묻는 법정에 세울 것을 약속했다.[179] "가축, 재산, 농기구를 분해"하며 콜호즈가 자체적으로 해산하는 일이 빈번해졌다. "작물을 개인적으로 수확하는 경향이 강화"되었으며, "토지와 파종지를 무단으로 접수해 개인적 목적으로 이용"하는 일도 자주 목격되었다. 농촌 각지에서 대중적 봉기가 일었으며, "프롤레타리아 권력"은 그들을 무력으로 진압했다.[180]

1932년 8월 말, ≪프라우다≫의 사설은 경고했다: "우크라이나에서 곡물조달과 관련된 모든 지수는 최대로 중요한 이 캠페인의 실행에 있어서

---

178) Правда, 20 января 1933 г.
179) Правда, 21 августа 1932 г.
180) Зеленин И.Е. Был ли "колхозный неонэп"? // Отечественная история. 1994, No.2, с.110.

의 범죄적 지체에 관해 증언하고 있다. [중략] 도대체 무엇이 곡물조달사업의 성공적 실행을 방해하는가? 가장 기본적 원인은 곡물조달이 조직화되지 못한 것이다. 이런 사정은 콜호즈와 솝호즈 그리고 엠테에스의 지도부뿐만 아니라, 직접 사업을 위해 설치된 곡물조달본부의 경우에도 그대로 해당된다."181) "곡물을 위한 투쟁은 사회주의를 위한 투쟁이다"라는 슬로건이 등장했으며, 또한 ≪프라우다≫에는 지난해의 곡물조달 과정에서 특히 개인농들에게 자행되었던 "'극좌적'인 월권이 우크라이나에서 재현되고 있음"이 보도되기도 했다.182) 곡물조달이 계획대로 실행되지 못하고 있는 상황은 우크라이나뿐만 아니라 볼가 강 하류 등 다른 많은 곡물지역에 공통된 것이었다. 이는 산업화 계획에 집착하고 있던 당 지도부를 몹시 긴장시켰다. 1932년 10월 말, 당 중앙위원회 정치국은 몰로토프가 인솔하는 전권위원회를 우크라이나로, 카가노비치 일행을 북카프카즈 지역으로 파견했다. 두 지역에서 조달되는 곡물의 양만도 전체 조달량의 절반을 차지하고 있었다. 우크라이나에서도, 북카프카즈에서도 한 톨의 곡물이라도 더 짜내기 위해 농민들에게 대규모의 탄압이 가해졌으며, 콜호즈 수뇌부의 "범죄분자들"에 대한 가혹한 문책이 이어졌다. 곡창지대에서 곡물이 모두 사라졌으며, 종자까지 빼앗긴 농민들은 굶주림에 그대로 방치되었다. 산업화 계획의 "볼쉐비키적 완수"를 위해 수백만 명의 농민들이 사지로 내몰렸다. 위대한 미래를 위해 참혹한 야만이 자행되었다.

물론 소련의 드넓은 공간 내에서 곡물조달 캠페인이 똑같은 양상으로 전개될 수는 없었다. 1932년 12월 초, 소연방 소브나르콤과 볼쉐비키당 중앙위원회는 다음과 같이 결정했다: "타타르소비에트사회주의자치공화

---

181) Правда, 23 августа 1932 г.
182) Правда, 15 ноября 1932 г.

국과 모스크바주(州)가 소연방 소브나르콤과 볼쉐비키당 중앙위원회에 의해 수립된 곡물조달 연차계획에 따라 자신에게 배정된 계획을 전체적으로 또 개별 작물별로 모두 기한 전에 완수하고 나아가 봄철 파종을 위해 필요한 종자를 확보한 것과 관련해서, 지금부터 타타르자치공화국과 모스크바주의 집단농장과 집단농장원 및 개인농들에게 국가기관과 협동조합 조직에, 그리고 시장이나 역에서 자신의 곡물을 무제한적으로 판매할 수 있음을 허가한다."[183] 자신에게 할당된 계획을 이행하지 못한 나머지 모두에게는 자기 지역 내에서 이루어지는 곡물의 매매를 계획이 완수될 때까지 투기행위로서 단속할 것임을 경고했다. 그런 가운데 곡물의 자유로운 매매가 허용되는 지역이 점차적으로 확대되었다. 그러나 우크라니아에서는 곡물조달 계획이 세 번씩이나 축소, 변경되었음에도 불구하고 최종 순간, 즉 1933년 봄까지 계획이 완수되지 못했다.[184]

1932년에 볼쉐비키 정권은 모두 11억 2천만 푸드에 달하는 곡물을 조달했으며, 이는 연차계획의 80% 정도에 해당되는 양이었다.[185] 이 해의 연간 곡물총생산은 42억 6,500만 푸드였는데, 이는 1931년의 생산고와 거의 비슷한 수준이었다.[186] 전면적 집단화가 사실상 완료된 1932년에 볼쉐비키 정권이 곡물조달에 있어서 어려움을 겪었던 이유는 무엇이었을까? 1929년에 집단화율은 전체 농가의 3.9%에 불과했지만, 1932년에는 전농가의 60% 이상, 전경작지의 70% 정도가 집단농장에 포섭되었다. 이때 또한 국영농장은 전체 농지의 약 10%를 점유하고 있었다. 제17차 당 대회 (1934년 초)에서 스탈린이 밝힌 것처럼, "농업 재편의 최고 절정"이었던 1931년과 1932년은 1920년대 중반 이래 농작물 생산이 최대로 감소했던

---

183) Правда, 3 декабря 1932 г.
184) Правда, 15 февраля 1933 г.
185) Правда, 19 июля 1934 г. и 16 декабря 1933 г.
186) Сталин И.В. Соч., т.13, с.320.

시기였던 것이다. 결국 급작스러운 농업의 "구조조정"에 따라 곡물생산이 최저점에 있었음에도 불구하고, 볼쉐비키는 5개년 계획의 목표를 달성하기 위해 농민을 최대로 압박하였던 것이다.

이 무렵의 볼쉐비키당 기관지 및 문서보관소의 자료들을 면밀히 검토하면 1932년 가을경에 엄청난 기근이 시작되었고, 1933년 봄에 절정에 달했다는 사실을 알게 된다. 수많은 인민들이 굶주리는 가운데, 1933년 3월 15일, 당시 전연방볼쉐비키공산당 중앙위원회 정치국원이자 우크라이나볼쉐비키공산당 중앙위원회 서기였던 코시오르는 스탈린에게 보낸 편지에서 이렇게 보고했다: "국가정치보위부의 기록에 따르면 우크라이나에서 모두 103개 지역에 기근이 덮쳤습니다. 지역의 수가 실태를 정확하게 나타내지는 못할 것입니다." 합동국가정치보위부의 키예프 지역 책임자이기도 했던 코시오르는 굶주림으로 죽어가고 있는 수천 명의 사람들에 관해 보고하면서 지적했다: "위의 수치는 상당히 축소되어 있습니다. 국가정치보위부의 각 지구대는 기아선상 및 아사 직전에 있는 사람들의 수를 고려하지 않았습니다. 또한 실제 아사자의 규모는 흔히 농촌소비에트에도 파악되지 않는 경우가 많습니다."[187] 결국 당시 기근에 따른 희생자의 규모가 다양한 자료들에 서로 다르게 평가되고 있는 것은 지극히 자연스러운 일일 것이다. 지금, 아사자의 총수는 600만 명이나 1,000만 명, 심지어 1,600만 명까지 말해지기도 한다. 물론 그에 관해 정확한 공식적 통계는 아직 존재하지 않지만, 간접적 자료들은 1930년대 전반에 굶주림으로 죽어간 무고한 사람들의 수를 대체로 추측할 수 있게 한다. 이 문제와 관련해 현재 비교적 객관적이라고 승인되고 있는 것은 우크라이나에서의 기근을 조사하기 위해 구성되어 1988~90년에 걸쳐 활동했던 위원회의 결론이다. 스탈린 시대에 관한 서방 전문가들과

---

[187] Известия ЦК КПСС. 1990, No.9, c.131.

협력해 기근의 실태 및 그 원인과 결과를 연구했던 위원회가 작성한 보고서에 따르면, "1932~33년의 기근에 의한 희생자의 총수는 최소한 750만 명"이었다.188)

이런 인간적 비극이 일어난 지 거의 40년이 지난 후에 있었던 추예프와 몰로토프 사이의 대화가 흥미롭다. "1933년에 기근으로 거의 1,200만 명이 숨졌지요?"라는 추예프의 "추궁"에 몰로토프가 대답했다: "내가 생각하기에 그런 사실은 입증되지 않았소. [중략] 아니야, 절대로 그럴 리 없소. 그 시절 나는 곡물조달을 위해 여러 곳을 두루 다녔는데, 그래서 그런 일들을 내가 그냥 지나칠 리 없습니다. 그때 나는 곡물조달 때문에 우크라이나에 두 번 다녀왔고, 싀체보, 우랄, 시베리아에도 갔었는데, 어떻게 내가 아무것도 안 볼 수 있겠소? 말이 안 되는 소리요! 볼가 강 연안에도 가보았는데, 거긴, 그래, 아주 나빴어요. 물론 곡물을 조달할 수 있을 만한 곳으로 나를 보냈지. 아냐, 그래도 그건 지나친 과장이요. 하지만 물론 몇몇 지역에서 그런 일은 있었소. 정말 어려운 시절이었소."189) 이렇듯 우크라이나 위원회의 결론과 몰로토프의 주장 사이에는 엄청난 간극이 존재한다. 아무튼, 1940년 9월 "삶의 법칙(Закон жизни)"이라는 영화의 심의를 위한 자리에서 스탈린이 행한 발언은 전혀 그 사실성이 의심되지 않는다: "우리나라에서 대략 2,500~3,000만 명이 굶주림에 시달렸습니다. 곡물이 부족했습니다. 그런데 지금은 이렇게 잘 살게 됐습니다."190)

---

188) Голод 1932~1933 годов(Сб. статей). М., 1995, с.8. 이 문제에 정통한 이브니츠키 역시 위원회의 결론에 동의하고 있다. 그의 추정에 따르면, "우크라이나에서의 아사자 총수는 400만 이상이며, 카자흐스탄에서는 1~2백만 명이, 그리고 북카프카즈, 볼가 강 연안, 중앙 흑토지대, 서(西)시베리아 및 우랄지방 등에서 2~3백만 명이 희생되었다. 이렇게 해서 1932~1933년의 대기근을 겪으면서 7~8백만 명의 인명이 희생되었다고 생각할 수 있다." 자세한 것은 см.: Там же, с.64.
189) Чуев Ф.И. Указ. соч., с.378~379.

물론 비극의 발생은 1931~32년의 낮은 수확량 때문이었는데, 이는 전면적 집단화와 직접적으로 연계된 경제적, 정치적, 그리고 사회적 차원의 여러 원인들이 작용한 결과였다. 특히 1932년의 흉작은 그렇지 않아도 어려웠던 식량 사정을 극도로 악화시켰으며, 이제 소비에트 정부는 도시 노동자들과 병사들을 부양하고 나아가 수출을 위해 필요한 최소한의 곡물도 확보할 수 없는 상황에 직면했다. 볼쉐비키는 모든 항목에서 곡물지출을 삭감했다. 그러면서 농민들의 생활은 거의 고려되지 않았다. 전시공산주의 시대에 전혀 뒤지지 않는 총력적 곡물조달을 통해서 "약탈된" 식량은 부족하나마 도시에 근근이 공급되었으며, 이에 따라 참혹한 기근이 볼쉐비키 정권의 주된 계급적 기반인 노동자들을 덮치는 상황은 미연에 방지될 수 있었다. 더욱이, "대략 2,500~3,000만 명이 굶주림에" 시달리고 있을 때, 볼쉐비키는 부족한 식량의 수입을 고려했던 것이 아니라 거꾸로 식량을 수출했다. 이는 산업화에 요구되는 기계설비의 수입에 필요한 외화를 마련하기 위함이었다. 5개년 계획이 근본적으로 파산하는 것을 막기 위해 1932년에만 1억 1,000만 푸드의 곡물이 해외로 수출되었다. 이는 수많은 농촌 주민들을 죽음으로부터 구할 수도 있었던 생명과도 같은 식량이었다. 사회주의 국가의 필요를 위해서 볼쉐비키 중앙권력은 전혀 지역적 상황에 대한 고려 없이 일방적으로 할당된 곡물조달의 목표량을 "어떠한 일이 있어도" 완수할 것을 전국의 당 및 소비에트 기관들에게 요구했다. 기근은 철저하게 은폐되었다. 이 무렵, 듣기에 따라 감격스러운 새로운 슬로건이 등장한 것은 전혀 우연이 아니었다: "볼쉐비키가 공략할 수 없는, 그런 요새는 없다!" 바로 이런 슬로건 속에, 그리고 5개년 계획의 "긴장성(緊張性)"과 절대성 속에 2년간의 흉작이 농민들에게 엄청난 희생을 강요할 수밖에 없었던 이유가 내재되어 있었다.

---

190) РЦХИДНИ, ф.558, оп.1, д.5324, л.66. (Цит по. Голод 1932~1933 годов, с.43)

특히 농촌을 덮친 전대미문의 기근을 배경으로 하여 1933년 1월에 전연방볼쉐비키공산당 중앙위원회 전원회의가 개최되었다. 여기에서 스탈린은「제1차 5개년 계획의 총괄」이라는 제목으로 연설하면서 5개년 계획이 성공적으로 완수되었음을 엄숙히 선언했다. 그의 말에 의하면, 노동자 및 집단농장원 대중들의 자기희생과 열정, 당의 확고한 지도력, 그리고 거대한 발전 가능성을 내포하고 있는 소비에트 체제의 특수한 장점과 우월성이야말로 볼쉐비키에게 "역사적 승리"를 보장한 주된 원동력이었다. 그리고 그해 1월, 즉 1933년 1월부터 시작된 제2차 5개년 계획의 과제로 화제를 옮긴 스탈린은 제1차 5개년 계획 기간 중에 연간 공업성장률이 22%를 기록했지만, 이번에는 조금 낮은 13~14%의 공업성장률이 계획되었다고 설명했다. 그는 새로운 건설사업보다도 이미 조성된 것들을 제대로 활용하고 새로운 설비와 기술을 제대로 체득하는 것이야말로 제2차 5개년 계획의 성패를 결정하는 주된 요인이 될 것이라고 강조했다. 노동자와 엔지니어기술 인력의 작업능력을 강화하고 새로운 설비를 완전히 구사할 수 있는 기술을 습득하는 것, - 이 모두는 건설보다도 많은 시간을 요하는 것이었으며, 이로 인해 산업화 템포가 조금 지체되는 것은 불가피한 일이었다.[191] 1931년 2월에 등장했던 슬로건이 다시 강조되었다: "기술이 모든 것을 결정한다!" 이어, 농업의 상황을 언급하기 시작한 스탈린은 기본적으로 집단화가 종료되었음을 선언하면서 3년이라는 기간에 걸쳐 20만 단위 이상의 집단농장(콜호즈)이 조직되었으며, 동시에 곡물생산과 축산을 위한 약 5천 개의 국영농장(솝호즈)이 건설되었음을 자랑했다. 전체적인 규모 면에서 집단농장은 총 농가의 60% 이상을 통합했으며, 총 경작지의 70% 정도를 포괄하고 있었다. 결국 농업에 있어서도 집단농장의 건설이나 가속화 문제는 근본적으로 제기될 필요가 없었다.

---

191) См.: Сталин И.В. Соч., т.13, с.185~186.

볼쉐비키당의 '영도자'는 강조했다: "이제 [우리의] 과제는 집단농장을 조직적으로 강화하고, 여기에서 위해분자들을 몰아내고, 나아가 참되고 신뢰할 수 있는 콜호즈 간부요원들을 선발하는 데에 있습니다."192)

그러나 논의가 전원회의에 상정된 두 번째 의제로 넘어가자 회의장의 분위기는 완전히 달라졌다. 우선 카가노비치가 등단해 문제에 관한 보고를 시작했다. 이틀에 걸친 토론이 이어졌다. 대부분의 당 간부들이 농촌에서의 당의 활동에서 나타난 가장 중요한 결함을 제대로 이해하지 못하고 있다고 생각한 스탈린은 그들을 "지도하기 위해" 다시 등단했다. 곡물조달의 어려움을 지적하면서 '영도자'는 직접 당원들에 대해 그들이 "콜호즈를 새로운 경영형태로서 과대평가하고 또 과대평가하면서 그것을 성물화하고 있음"을 비난했다. 그는 콜호즈란 일정한 조건하에서 "각종 반혁명 행위의 엄폐물"로 전환될 수도 있는 조직형태에 불과한 것이고, 그렇기 때문에 문제는 일차적으로 콜호즈의 활동 내용에 있는 것이며, 공산당원이 없는 콜호즈란 아무 의미를 갖지 못한다고 강조했다.193) 그의 결론은 항상 간결했다: "본인은 엠테에스와 숍호즈의 정치부야말로 최단기간에 그런 결함들을 제거하는 데 기여할 수 있는 결정적 수단들 중의 하나라고 생각합니다."194) 집단농장에서의 당의 활동은 스탈린의 요구대로 전개되었고, 결국 '정치부'는 집단농장원들의 모든 생활을 통제하면서 농촌에서 무소불위의 권력으로 군림하기 시작했다.

1933년 1월의 당 중앙위원회 전원회의의 주된 성과는 모든 기계·트랙터관리창(엠테에스) 및 국영농장에 이른바 '정치부'를 창설한 것이었다. 농촌에서 프롤레타리아 독재를 시행하는 기관으로서의 '정치부'에 부여

---

192) Там же, с.195.
193) См.: Там же, с.225~228.
194) Там же, с.233.

된 가장 중요한 과제는 "콜호즈와 집단농장원 및 솝호즈가 국가에 대한 자신들의 의무를 무조건적으로 적시에 이행하도록 보장하는 것"이었다.195) 그리고 1934년 말, "비상(非常)조직형태"로서의 '정치부'는 완전히 자신의 임무를 이행했으며, 따라서 당 중앙위원회는 기계·트랙터관리창 내의 '정치부'를 지구당위원회에 합류시키는 가운데 통상적인 당 기관으로 재편하는 결정을 채택했다.196)

1933년 1월의 전원회의에서 스탈린은 "계급의 폐지, 무계급사회의 건설 그리고 국가 소멸에 관한 테제"가 "국가권력의 약화를 지향하는 반혁명적 이론"을 정당화하는 것으로 이해되어서는 안 된다고 재차 강조했다. 그는 "국가의 소멸이 국가권력의 약화를 통해서가 아니라, 죽어가고 있는 계급의 잔재를 완전히 일소하고 동시에 아직 청산되지도 않았으며 가까운 장래에 곧 청산될 것 같지도 않은 자본주의적 포위에 대한 방위를 조직하기 위해 반드시 필요한 국가권력이 최대한 강화되는 과정을 통해서 이루어질 것"이기 때문에 "강하고 위력적인 프롤레타리아 독재"가 볼쉐비키에게 필요하다고 주장했다.197) 이렇게 해서 스탈린의 사회주의 국가 이론이 최종적 형태는 아니었지만, 제16차 당 대회 때 제시된 바에 비하면 보다 실제적인 모습을 갖추게 되었다. 스탈린에게 국가는 소연방에서 사회주의를 실현하기 위한 지렛대이자 수단이었을 뿐만 아니라 그 기준이기도 했다. 이에 더해 소비에트 국가는 자본주의적 포위로부터 사회주의를 수호하기 위한 필수조건이기도 했다.

1월의 전원회의에 있었던 주목할 만한 또 하나의 일화는 우파 3인방, 즉 부하린, 리코프, 톰스키가 회의에 참석한 것으로부터 시작되었다. 연

---

195) КПСС в резолюциях.., т.5, с.81~82.
196) См.: Там же, с.201~203.
197) Сталин И.В. Соч., т.13, с.211.

단에 선 그들은 약 4년 전 정치적 위험을 감수하며 그토록 집착했던 자신들의 이론적 입장에 대해, 그야말로 극적으로, 완전한 파문을 선고했으며, 스스로의 과오를 자아비판하면서 총노선의 역사적 정당성을 인정했다. 그들은 약 3년 반에 걸친 제1차 5개년 계획 기간 중에 달성된 산업화 및 농업 집단화의 결과들을 높이 평가했으며, 그 영광을 모두 스탈린에게 돌렸다. 먼저 부하린이 말했다: "역사적으로 형성된, 이토록 정력적이고 강철 같은 인물인 스탈린 동무를 필두로 하는 우리 당의 지도부는 향후의 모든 과정을 지도할 수 있는 권리를 모두 획득했습니다. 이는 단일한, 결속된, 굳게 결합된 지도부인 것입니다. 그리고 이 지도부와 함께 우리는 전사(戰士)로서, 무기를 나눈 형제로서, 공산주의의 영광스러운 철의 군단에 속한 병사로서 앞으로 나아갈 것입니다."198) 이어 등단한 릐코프는 5개년 계획 기간을 "지도부에 대해, 그리고 당의 영도자 스탈린 동무에 대해 부여된 역사적 의미의 경력증명"이라고 규정했다.199) 스탈린의 지도력은 제1차 5개년 계획의 성과를 통해서 완전히 검증되었다는 것이었다. '영도자'에 대한 찬사와 존경을 표현하는 데 있어서 또한 톰스키도 뒤질 수 없었다: "이 위대한 승리들 속에는 [중략] 스탈린 동무의 전적으로 영예로운 역할과 탁월한 공적이 존재하는데, 왜냐하면 그 모든 승리가 [중략] 전 세계 프롤레타리아트의 영도자인 그의 매일 계속되는 지도에 의해 쟁취되었기 때문입니다."200) 이들의 연설에 배여 있는 감동적인 어조가 과연 충심에서 우러난 것이었는가에 대해서는 속단하기 어렵다. 그러나 이들이 완전히 날조된 거짓을 말하고 있지 않았다는 것만은 분명한 사실이었다.

---

198) Правда, 14 января 1933 г.
199) Там же.
200) Правда, 16 января 1933 г.

중공업과 건설 분야에서의 성공과 농업에서의 "실패"가 교차하는 이중적 상황하에서 1933년 1월에 열린 당 중앙위원회 전원회의는 당의 "단일성"과 스탈린의 확고한 권위를 과시하며 종료되었다. 그러나 예상되었던 것처럼 식량위기와 농촌에서 빚어진 참상은 '영도자'에 대한 반대파 진영의 비판이 더욱 거세지는 계기가 되었다. 1932년 봄, 나라 밖에서 반(反)스탈린 투쟁을 도모하던 트로츠키는 당과 소비에트의 지도자들에게 보내는 메시지를 통해서 이렇게 호소했다: "스탈린은 여러분을 궁지로 몰아넣었습니다. 스탈린의 폭정을 청산하지 않고는 [정상적인] 길로 빠져나올 수가 없습니다. [중략] 결국 레닌의 집요했던 마지막 충고, 즉 스탈린을 제거하라는 충고를 실행해야 합니다."[201] 스탈린의 운명이 된 것은 현대 트로츠키즘에 대해 동조하는 국내의 "부패한 자유주의"와 대결하는 일만이 아니었다. 그는, "레닌의 정치국"이 부활해야만 하는 역사적 당위성을 선전하며 다시금 활성화되었던 반대파 그룹들의 노골적인 도전을 제압해야만 했다. 이 무렵에 일부 반대파들은 서로의 통합을 도모했으며, 볼쉐비키당 내부에서 선명한 반(反)스탈린 운동을 전개하려 시도했다. 확실히 그들은 제1급의 이름을 가진 당내 이론가나 지도자가 아니었다. 그럼에도 그들의 투쟁은 매우 선명한 것이었으며, 그중에서도 가장 두드러졌던 것은 류틴이 주도한 소위 "맑스주의자-레닌파 동맹"의 활동이었다.

모스크바의 한 지구당위원회에서 서기로 일하다가, 1930년도에 우익편향의 혐의로 중앙통제위원회에 의해 당에서 제명된 류틴은, 1932년 봄, 「스탈린과 프롤레타리아 독재의 위기」라는 제목의 팸플릿을 작성했으며,[202] 같은 해 여름 류틴과 그 일당은 본격적으로 반정부 조직인 "맑스

---

201) Бюллетень оппозиции. 1932, No.27, c.6.
202) См.: Реабилитация. Политические процессы 30~50-х годов. М., 1991, c.334~443.

주의자-레닌파 동맹"을 결성하면서 조직의 강령과 더불어 「전연방볼쉐비키공산당의 모든 당원들에게」라는 호소문을 발표했다. 이들은 자신들의 정치적 목적과 프로그램을 개인적 접촉이나 우편물 발송 등의 방법을 통해서 당원들에게 적극 홍보해 나아가기로 결정했다. 특히 "동맹"의 호소문은 이렇게 주장했다: "당과 프롤레타리아 독재는 스탈린과 그의 도당에 의해서 궁지에 봉착하게 되었으며, 치명적인 위기상황을 겪고 있다. 당원들을 기만하고 중상, 우롱함으로써, 볼쉐비즘 원칙의 순결과 당의 단결을 위한 투쟁이라는 미명하에 가해지는 믿어지지 않는 폭력과 테러를 통해서 [중략] 스탈린은 최근 5년간 가장 훌륭하고 진실로 볼쉐비키다운 간부들을 당 지도부에서 잘라내고 제거했으며, 전연방볼쉐비키공산당과 전국에 자신의 개인적 독재체제를 확립했으며, 레닌이즘과 결별했으며, 전혀 통제되지 않는 모험주의와 야만스러운 개인적 전횡을 휘두르는 가운데 소연방을 벼랑 끝에 세워버렸다." 따라서 "진정한 레닌주의"에 기초한 프롤레타리아 독재가 부활하기 위해서는 스탈린을 서기장의 자리에서 제거하는 것이 반드시 필요하다고 강조되었으며, 스탈린은 "위대한 첩자, 염탐꾼, 당의 파괴자"로, "러시아 혁명의 무덤을 파는 자로 규정되었다."[203]

지노비예프와 카메네프는 곧 "동맹"의 문건들을 접하게 되었다. 이는 "류틴 일당"이 그 두 사람을 새로 구성될 소위 "레닌의 정치국"의 핵심적 지도자로 상정하고 있었던 사실을 고려하면 자연스러운 과정으로 간주될 수 있다. 1932년 9월, 합동국가정치보위부는 류틴을 비롯한 "동맹"의 주요 멤버들을 체포했으며, 이 사건은 1932년 12월에 당 중앙위원회가 "1933년 내내 당원 및 후보 당원들에 대한 숙청을 전개한다"는 결정을 내리게 되는 직접적 계기가 되었다.[204] 지노비예프와 카메네프는 "동맹"

---

203) Там же, с.94~95.

의 존재 및 그 강령에 관해 알고 있으면서도 이 사실을 당 중앙위원회나 중앙통제위원회에 알리지 않았다고 비판을 당하며 당에서 전격 제명되었다. 1932년 10월에 지노비예프와 카메네프를 포함한 "류틴 일당"에게는 합동국가정치보위부 협의단의 결정에 따라 다양한 형기의 금고 및 유형이 선고되었다. 가장 무거운 형량을 받은 류틴은 10년 징역형에 처해졌다. 1932년에서 1933년에 걸쳐 "맑스주의자-레닌파 동맹"과 관련해 재판에 처해지거나 당의 징계를 받은 사람은 모두 30명이었다.[205]

1932년 가을에 합동국가정치보위부는 "맑스주의자-레닌파 동맹"의 강령을 작성하는 데 가담하고 또 그를 유포시켰다는 혐의로 일련의 인사들을 체포했다. 이들 가운데는 부하린의 "제자"인 슬리에프코프, 마례츠키 등이 포함되어 있었다. 수사가 재개되었다. 1933년 4월까지 모두 38명의 "이단자"들이 검거되었으며, 이는 "슬리에프코프 등('부하린 학파')의 우파 반당적 반혁명 그룹" 사건이라고 명명되었다. 피의자들 대다수는 부하린의 영향이 컸던 적색교수원 출신들로서 당시 당의 이데올로기 담당부서나 정부의 경제계획기관, 교육기관 등에서 지도적 지위에 있던 당원들이었다. 또한 이들과 함께 우글라노프도 체포되었는데, 모스크바(시)당 위원회의 비서였던 그는 우파의 지도자급 인물이었다. 그는 1928년 가을에 스탈린이 작성한 각본에 따라 부하린 대신 우파 편향의 "속죄양"이 되어 모스크바(시)당의 책임자 자리에서 해임된 바 있었다. 아무튼 이들 모두는 부하린과 같은 이데올로기적, 이론적 입장을 유지했으며, 1920년대 후반의 권력투쟁 과정에서 총노선에 대한 비판을 적극적으로 개진했던 이력을 가지고 있었다. 1928년 말부터 부하린을 비롯한 우파 인사들이 정치적으로 배제되기 시작하자 "부하린 학파"에 대한 탄압도 자연스럽게

---

204) Правда, 11 декабря 1932 г.
205) 자세한 것은 см.: Реабилитация. Политические процессы 30~50-х годов, с.96~104.

점차 가중되었다. 물론 이들에 대한 박해는 이데올로기적 차원에서만 이루어진 것이 아니었다. 조직적 차원에서도 많은 제재가 가해졌는데, 그들 대다수는 맡은 직책에서 해임, 경질되었으며 지방으로 좌천되었다. "위대한 전환"의 시기에 그들은 스승인 부하린이 공개적으로 행하는 자아비판적 연설에 낙담했으며, 정치적으로 소외된 상태에서 드라마틱한 공업의 발전과 웅장하게 전개되는 건설사업을 목격하면서 자신들이 개진했던 이론적 입장의 정당성에 대한 회의로 고통을 받기도 했었다. 그러나 그들이 보기에 점차 심화되어간 사회경제적 위기, 특히 전면적 집단화 이후에 농촌에서 빚어진 참상은 스탈린의 완벽한 정치적 파산을 입증하는 것이었다. 젊은 부하린주의자들은 비밀리에 '영도자'에 대한 저항을 선동하기 시작했다. 스탈린에 대한 주된 비난은 레닌 사후에 정통성을 가진 당 지도부가 제거되었고 그것이 서기장의 개인 독재로 대체되었다는 것으로 집중되었다.[206] 그들이 자기 스승의 정치적 명예회복을 시도하고 스탈린과의 투쟁을 위한 새로운 세력을 규합하려 했던 것은 당연한 일이었다. 그러나 부하린은 자기 "제자들"의 주장을 비난했을 뿐만 아니라 그들과의 개인적 접촉을 어떻게든 피하려고 노력했다.[207] 아무튼, 1933년 4월 "반당(反黨)적 협의회를 개최"하고 "당과 정부 지도자들에 대한 테러활동을 준비"했다는 혐의를 근거로 성립된 "슬리에프코프 그룹" 사건은 합동국가정치보위부의 합의부(법정)에서 심의되었으며, 그 결정에 의해 피고인들에게는 최고 8년의 금고형이 각각 선고되었다.[208] 그러나 이것은, 후에 밝혀진 것처럼, 우파들에 대한 탄압의 첫 번째 파도에

---

206) См.: Там же, с.272.
207) 부하린의 "제자" 자이체프는 1934년에 당 통제위원회에 제출한 석명서에서 부하린이 "제자들"을 비난하면서 그들에 대한 자신의 책임을 전혀 언급하지 않은 것에 대한 "깊은 분노"를 표현했다. См.: Там же, с.274.
208) См.: Там же, с.277~279.

지나지 않았다.

그런 사건들과 더불어 또 다른 음모가 적발되었다. 1933년 1월에 열린 당 중앙위원회 전원회의는 "본질적으로 나라의 산업화 정책 거부 및 자본주의, 특히 부농계급의 부활"을 기본과제로 설정한 소위 "에이스몬트, 탈마쵸프, A.P. 스미르노프 등의 반당(反黨) 그룹"을 규탄했다.[209] 고참 볼쉐비키 당원들 사이의 부주의한 대화, 즉 스탈린의 정책이 파멸을 초래하고 있으며, 중앙위원회는 권력을 악용하고 있는 스탈린을 마땅히 서기장의 직책에서 해임해야 하고, 나아가 자신들의 생각이 리코프나 톰스키 같은 사람들로부터 정신적 지지를 받을 것이라는 등의 대화는 합동국가정치보위부에 의해 "비합법적 분파 그룹"의 존재를 입증하는 증거로 채택되었다. 결국 에이스몬트와 탈마쵸프는 당에서 제명되었고, A.P. 스미르노프에게는 그가 앞으로도 당의 신임을 받지 못하게 되면 두 사람에게 내려진 것과 똑같은 처분이 기다리고 있음을 경고했다. 당 중앙위원회는 결정문을 통해서 리코프와 톰스키에게 "반당분자들과의 투쟁 문제에 있어서 보다 근본적인 태도의 변화"를 촉구했으며, 그렇지 않을 경우에 "그들에게는 당의 준엄한 제재가 가해질 것임"을 경고했다.[210]

지적되어야 할 것은 "음모 집단들"의 시각이 단지 반대파들의 좁은 서클 내에서 제한되었던 것이 아니라, 특히 지방의 고참 당원들에게서 일정한 지지를 받았다는 사실이다. 류틴 사건과 관련해 당의 중앙통제위원회에 제출한 석명서에서 지노비예프는 "최근 후퇴에 관한 막연한, 위험한 사상이 당원들의 상당수를 지배하고 있다"고 주장했다. 또한 1933년 1월의 당 중앙위원회 전원회의에서 제2차 5개년 계획의 과제에 관한 보고를 행하던 중에 몰로토프는 지노비예프의 주장을 인용하며 그의 태도

---

209) КПСС в резолюциях.., т.5, с.90.
210) Там же.

를 "전형적인 우익 기회주의적 성향"의 발현이라고 비판하고선, 그럼에도 역시 "위험한 사상"이 "당의 일각에 실제로 존재하고 있음"을 인정했다.211) 1933년 4월에 정례적인 당의 숙청작업이 시작되었다. 그해 말, 10개 주(州)에서 "볼쉐비키당의 자아비판의 표현"이 종료되었을 때, "당 대열에 대한 전투적 점검"이 특히 농촌에서 철저하게 이루어졌음이 판명되었다. 전체 당원수의 평균 13.4%가 제명되었다(1933년 초에 당원 총수는 약 320만 명에 달했다).212) 레닌그라드 주에서 제명된 당원들의 비율은 전체의 12% 미만이었으며, 모스크바 주에서는 약 15% 정도에 달했다. 물론 나머지 지역들은 대부분 수치상으로 두 곳을 훨씬 상회했다. 우랄 22.3%, 오데사 24.2%, 동시베리아 지역은 26.3%, 그리고 원동(극동)지방이 23.5% 등이었다.213) 이런 동향은 "부농계급이 조직한 곡물조달에 대한 사보타주가 호주머니에 당원증을 가진 변절자들에 의해 지도되고 있는 사실들"이 속속 드러나고 있었음을 고려한다면214) 충분히 이해될 수 있는 일이었다.

농업 집단화는 농촌을 "국영 곡물공장"으로 변환시키려 했던 소비에트 권력의 농민탄압정책의 결과라고 평가되어 이해될 수만은 없다. 비록 볼쉐비키 스스로가 정책의 그런 측면을 감추려들지 않았더라도, 그것이 전부일 수는 없었다. 오히려 볼쉐비키에게 집단화는 레닌에 의해 처음 시작된 프로젝트로서 농촌의 사회주의적 변혁을 위한 작업의 시작이었다. 그렇기 때문에 1933년 2월에 열린 제1차 전국 집단농장원-돌격대원 대회에서 스탈린이 "모든 집단농장원을 부유하게 하자!"는 새로운 슬로건을 제시하면서 집단농장(콜호즈) 건설 도상에 있어서의 "두 번째 걸음"을 내

---

211) Правда, 12 января 1933 г.
212) КПСС в резолюции.., т.5, с.98.
213) Правда, 11 января 1934 г.
214) Правда, 12 декабря 1933 г.

딛자고 요구한 것은 전혀 놀랄 만한 일이 아니었다.[215]

만약 농업 집단화를 농민에게 겨누어졌던 "집단학살"이라는 개념에 중점을 두어 정의하려고 시도한다면 소비에트 권력의 대(對)농촌 정책의 본질을 이해하는 것은 불가능해진다. 부농해체가 종료될 때까지 볼쉐비키는 농민을 공통의 이해관계를 가진 단일한 사회적 세력으로서 인정하지 않았다. 즉, 계급관계는 볼쉐비키가 농촌을 포함해 모든 인간 사회를 이해하는 기본 개념이었다. 소위 "계급적 접근"을 사회분석의 기본 방법으로 삼았던 그들이 보기에 농촌에는 세 개의 경제적 범주가 분명하게 존재하고 있었다. 1933년 1월의 당 중앙위원회 전원회의에서 농민을 전체적으로 압박하라고 요구했던 스탈린이 불과 몇 주일도 지나지 않아서 농민들의 "부유한 삶"에 관해 말하기 시작했다는 것은 얼핏 모순처럼 보인다. 그러나 스탈린의 정책에 있어서 그런 근거 없는 변덕은 존재하지 않았다. 1월의 전원회의에서 스탈린은 모든 집단농장을 "볼쉐비키적"으로 만들라고 요구했던 것이며, 그런 전망을 토대로 콜호즈의 대표들 앞에서 "부유한 삶"의 실현을 호소했던 것이다. 기근으로 인해 인민들의 고통이 최고조에 달했을 때, 이에 대한 스탈린의 정책적 구상은 물론 논리적으로 종합될 수 있었다: 모든 콜호즈를 볼쉐비키적으로 만들고, 모든 집단농장원을 부유하게 만들라!

간과해서는 안 될 사실은 계획된 "부유한 삶"의 실현이 결코 농촌과 도시 사이의 직접적인 물물교환에 기초해서 이루어지지 않았다는 것이다. 오히려 그것은 소연방 소브나르콤 및 당 중앙위원회가 공동으로 채택한 1932년 5월 6일자 결정에 의해 일정한 범위 내에서 허용된 곡물의 자유매매에 의거해 발전되었다. 국가의 농산물 수매와 관련된 기준 및 조건들이 각 주(州)의 사정에 적합하게 결정되어 사전에 고지되었으며, 이어

---

[215] См.: Сталин И.В. Соч., т.13, с.247.

각 지역, 나아가 각 협동조합에 상이한 구체적 기준들이 통고되었다. 물론 그 기준들은 전처럼 농민들에게 가혹한 것이었다. 그러나 전체적으로 그 시스템 자체는 형식적으론 계약에 의한 것이라고 하면서 사실상 농촌에 있는 모든 것을 수탈했던 과거의 곡물조달 방식에 비하면 나름대로 진보적이라고 평가될 수 있었다. 이제 콜호즈와 농민들은 적어도 자신들의 국가에 대한 의무가 어떠한지를, 따라서 의무의 이행 후에 어떤 작물들을 얼마만큼 자신들이 임의로 처분할 수 있는지를 알게 되었다. 이른바 콜호즈 상업은 실제로 집단농장원들에게 적지 않은 부수입을 약속했으며, 파종기나 수확기에 있어서의 생산성을 획기적으로 향상시키는 계기가 되었다. 콜호즈 상업의 경제적 위력이 전혀 미미했던 시기는 곡물 생산량이 절대적으로 부족했던 1932년도 한 해뿐이었다.

1933년 2월, 전국 집단농장원-돌격대원 대회에서 스탈린은 이렇게 말했다: "만약 우리가 정직하게 일한다면, 우리 자신을 위해서 일한다면, 자신의 집단농장을 위해 일한다면, 우리는 2~3년 내에 모든 집단농장원을, 과거의 빈농들을, 그리고 과거의 중농들을 부유한 삶의 수준까지, 물질적 풍요를 누리고 문화적 생활을 충분히 영위하는 사람들의 수준까지 높일 수가 있습니다."216) 물론 "부유한 삶"의 기준을 객관적으로 설정한다는 것이 용이한 일은 아니겠지만, 아무튼 스탈린의 예측은 전혀 헛된 것이 아니었다. 1933년의 기후적 조건은 농업에 매우 유리했으며, 이에 더해 농촌에서의 정치적 조직성이 강화되고, 또한 트랙터 등 농업기계의 급속한 보급과 더불어 집단농장과 국영농장에서의 경제적 생산성이 높아지면서 볼쉐비키 정권은 완전한 풍작을 경험하게 되었다. 농업의 사회주의적 재편이 완료된 이후 맞이한 첫해였던 1933년은 곡류 및 공예 농작물 생산에 있어서의 도약이 이루어지는 전환점이었다.217) 곡물조달의

---

216) Там же, с.249.

연차 계획은 그해 12월 초에 완수되었다. 1933년에 볼쉐비키는 모두 14억 푸드의 곡물, 즉 1932년에 비해 2억 7천만 푸드가 더 많은 양의 곡물을 확보했다.[218]

1933년에 공업생산은 스탈린이 요구했던 13~14%의 성장률을 기록하지 못했다. 그러나 전년도의 위기적 상황을 고려할 경우 공업의 "저조한" 성장은 경제적 정체를 반영한다기보다는 오히려 조정과 균형을 의미할 수 있었다. 실제로 사회경제적 역량은 생산의 확대가 아니라 주로 건설 프로젝트를 완성하고 기업을 효율적으로 가동하며 나아가 경제의 기본이 되는 석탄광업 및 제철공업 분야에서 나타난 결함을 제거하는 데 집중되었다.

1933년 중반 이후부터 경제적 상황의 호전이 뚜렷이 감지되었으며, 이는 사회에 드리워져 있던 무거운 분위기를 신속히 제거함과 동시에, 특히 스탈린의 노선과 관련해 당의 일각에 존재하던 의구심과 불안감, 정치적 긴장감을 순식간에 해소시켰다. 고통을 인내하던 소비에트 사회가 농업 문제가 해결되면서 순식간에 환한 세상으로 변모했다. 경제의 사회주의적 재편이 완료되었을 뿐만 아니라, 그 감격적인 결과가 바로 눈앞에 있었다. 신문지상에는 과거 반대파에 속했던 인사들이 노래하는 스탈린 찬가가 자주 등장했다. 또한 자신들이 한 번 더 사회주의를 위해 헌신할 수 있는 기회를 달라고 스탈린에게 요청했던 지노비예프나 카메네프 같은 인물들이 속속 "유배지"에서 돌아와 당에 복귀했다. 연말에는 공공연하게 "볼쉐비키의 승리"가 선언되었으며,[219] 이와 더불어 '영도자'에 대한 숭배 분위기도 급속히 고조되었다. 여기에 더해, 1933년 11월에 이루

---

217) 1933년의 곡물총생산은 1932년에 비해 12억 푸드 이상 증가한 54억 8천만 푸드에 달했으며, 이는 10월혁명 이후 최대치였다. См.: Там же, с.320.
218) См.: Правда, 16 декабря 1933 г., 19 июля 1934 г.
219) 그 예는 См.: Правда, 25 октября 1933 г.

어진 미국과의 외교관계 수립은 스탈린이 지도하는 총노선의 승리를 재차 확인해 주었다. 드디어 1934년 초, "당의 영도자이며, 국제 프롤레타리아 혁명의 강철 같은 지휘관이며, 세계에서 첫 번째 사회주의 사회의 위대한 건축가인 스탈린 동무에 대한" 인민들의 "열화와 같은 경배" 속에서 전연방볼쉐비키공산당 제17차 대회, 즉 "승리자 대회"가 개최되었다.[220]

제17차 당 대회는 볼쉐비키당의 역사상 이전에 열린 대회들과는 완전히 구별되었다. 1920년대의 치열한 정치적 논쟁들은 이미 먼 과거의 일이었다. 선행한 대회들에서 집요하게 반복되었던 반대파에 대한 광적인 비판도 옛 일이 되었다. 제15차 당 대회 때는 트로츠키주의자들과 지노비예프파에 대해, 제16차 당 대회에서는 부하린주의자들에 대해 "가차 없는 투쟁"이 전개되었다. 당의 최고 제전은 이번에 투쟁의 장이 될 수 없었다. 또한 그것은 정치적 토론을 위한 무대도 아니었다. 당원들을 대표한 대의원들에게 당 중앙위원회의 활동에 관한 총괄보고를 행하는 일은 역시 스탈린의 몫이었다. 보고가 끝난 다음에 토론이 이어졌으나, 보고에 담긴 테제들을 기본으로 토론자들의 아이디어를 더해 압축된 형태로 대회의 결의문을 채택하던 관례적 대회진행 절차가 생략되었다. 대신에 키로프의 제안에 따라 스탈린의 보고에 담긴 "모든 명제와 결론들을 당의 법률처럼 수용하여 실행하자"는 결의가 이루어졌다.[221] 키로프가 말한 것처럼, 만약 '영도자'의 보고 후에 이어지는 토론에서 볼쉐비키당의 정책문제에 관한 당원들의 의견이 완전하게 일치한다면 "스탈린 동무의 보고에 따라 어떤 결정을 채택해야 하는지, 어떤 결의를 채택해야 하는지에 관한 문제를 괜히 궁리할 필요가 없었다."[222] 스탈린의 보고 그

---

220) Правда, 26 января 1934 г.
221) Семнадцатый съезд ВКП(б). Стенографический отчёт. М., 1934, c.252. 당 대회의 결의는 см.: КПСС в резолюциях.., т.5, c.128~129.
222) Семнадцатый съезд ВКП(б). Стенографический отчёт, c.252.

자체가 바로 당 대회의 결정이나 다름없었다. 스탈린은 토론이 진행된 후에 관례적으로 행해졌던 총괄적인 마무리 연설마저도 생략했는데, 그의 표현을 빌리면, "총괄보고에 대한 어떠한 반론도 없었으며" 결국 볼쉐비키당의 대열에 "이례적인 사상적, 정치적 그리고 조직적 일치단결이 발휘되었기" 때문이었다.223)

제17차 당 대회는 "승리자"의 잔치였다. 스탈린의 당내 지위나 정치적 비중, 그리고 그의 개인적 권위가 예전에는 이렇게 높았던 적이 없었다. 당 대회는 요시프 비사리오노비치 스탈린에 의해 추진된 총노선의 승리를 기념하는 화려한 축제였으며, "현명한 스승이며 영도자"인 그에 대한 존경을 표하고 찬사를 바치는 장엄한 무대였다. 여기에는 얼마 전까지 '영도자'의 정치적 경쟁자였으며 이념상의 적수였던 지노비예프, 카메네프, 라데크, 프레오브라젠스키, 부하린, 리코프, 톰스키 등을 비롯한 인물들도 적극 참여했다. 그들 모두는 당원들 앞에서 재차 자신의 과오를 참회했으며, '영도자'의 정치적 무오류성에 대한 확신을 발언했다. 이제 스탈린은 완전히 당 위에 올라서게 되었으며, 당내에 스탈린 개인숭배가 완전히 자리 잡게 되었다. 그 이유가 무엇이었을까?

그런 질문에 우리 시대의 트로츠키주의자 로고빈은 이렇게 대답한다: "총체적인 정보 조작의 상황 속에서 스탈린은 자신에 대한 반대파 세력들을 자본주의 체제의 부활에 관한 구상을 키워가고 있는 음모꾼들로 묘사하는 데 성공했다. 공식적 선전은 당의 단결을 '영도자'의 의지에 대한 절대적 복종과 더욱더 동일하게 취급했으며, 대중들의 의식에 스탈린 숭배의 정신을 집요하게 각인시켰다. 이러한 종류의 이데올로기적 조작이 성공을 거둘 수 있었던 데에는 대중들의 낮은 정치문화가 크게 작용했으며, 그들의 사회적 의식은 수세기에 걸친 문화적 후진성의 유산에 의해

---

223) См.: Сталин И.В. Соч., т.13, с.381.

짓눌려져 있었다."224) 물론 민주주의적으로 발전하지 못한 정치의식과 성공적인 대중조작은 권위주의 체제가 유지되고 나아가 정치지도자에 대한 숭배현상이 나타남에 있어서 중요한 원인이 될 수도 있다. 그러나 소연방에서 '영도자'에 대한 개인숭배가 확립되게 된 것이 단지 스탈린의 성공적인 선전-선동이나 소비에트 인민들의 정치적 후진성 때문이었다고 하기에는 상당한 미진함을 느끼게 된다. 생각건대, 앞의 두 요인들은 스탈린 개인숭배의 확립에 작용했던 근본 원인은 아니었으며, 단지 개인숭배의 발전을 조장했던 상황적 배경이었을 뿐이었다. 소비에트 사회주의 체제와는 사회주의라는 단어뿐만 아니라 지도자에 대한 개인숭배까지 포함하여, 특히 현상학적 차원에서 보았을 때, 많은 공통성을 나누었던 독일 민족사회주의 체제의 등장을 이데올로기적으로 쉽게 조작될 수 있는 인민들의 이성적 취약성과 비문화성으로써 과연 충분하게 설명할 수 있을까? 바로 그러한 공통성 때문에 두 체제는 사회구성에 있어서의 본질적 차이에도 불구하고 전체주의라는 카테고리에 묶여 비슷한 부류로 취급되기도 했었다. 서로 다른 체제적 목적을 가진 소비에트 사회주의와 민족사회주의라는 두 대상을 이해함에 있어서 전체주의의 개념이 갖는 한계는 분명한 것이었다. 모든 사회현상에 대한 과학적 이해를 위해서는 그에 대한 역사적이고 구체적인 분석이 요구된다.

 소연방을 포함하여 과거에 사회주의 국가들에서 나타났던 지도자에 대한 개인숭배의 문제는 독특한 연구 주제이다. 스탈린 개인숭배의 발전과정에 대한 상세한 분석이 우리의 과제는 아니다. 다만 강조하고 싶은 것은, 스탈린이 '인민의 영도자'로서의 영광과 찬사를 누릴 만한 자격을 충분히 갖고 있었다는 사실이다. 10월혁명 이후에, 특히 세계혁명의 환상이 완전히 깨졌을 때, 볼쉐비키 정권은 소비에트 러시아에 사회주의를

---

224) Роговин В.З. Сталинский неонэп. М., 1994, с.10.

건설하는 것 말고는 자신의 존재를 정당화할 수 있는 방법을 찾을 수 없었다. 일국에서의 사회주의 건설 가능성에 관해 치열한 논쟁이 일었을 뿐만 아니라 사회주의 건설의 방법과 속도에 관해서도 대립이 발생했다. 역사가 지난 후에 사태의 전개과정에서 나타난 법칙성이나 객관성을 발견하기란 비교적 용이할 수도 있었다. 그러나 누구도 지나지 않았던 완전히 새로운 길을 갈 수밖에 없었던 볼쉐비키는 앞으로 한 걸음을 내딛을 때마다 자신들에게 어떤 일이 닥칠지를 전혀 알 수 없었다. 스탈린은 레닌이즘에 관해 완전히 통달했던 것만이 아니라 이론적 혁신을 통해서 볼쉐비즘의 무기고를 풍성하게 했다. 그는 그 이론들의 실천을 통해서 자신의 정치적 정당성을 강화시켰다. 이제, 1934년 초, 모든 당원들은 스탈린주의적 이론과 실천을 통해서 당이 어떠한 성공을 거두었는지를 자신의 삶을 통해서, 자신의 눈으로써 분명히 확인하고 있었다. 농촌에서의 참상은 이미 지나간 과거지사에 불과했다.

제17차 당 대회에서 부하린은 스탈린의 업적과 관련해 바로 위와 같은 측면을 조명했다. 스탈린이 "기막히게 정확한 총노선과 그 이론적 전제들을 만들어낸 것"과 "그 노선을 실용적이고 과감하게 실행한 것"은 "당이 승리를 거둘 수 있었던 대전제"였다는 점을 강조하고는 연단에서 옛 우파 지도자는 이렇게 발언했다: "분명한 것은 스탈린 동무가 맑스-레닌의 변증법을 절묘하게 원용하면서 주로 본인에 의해 정식화된 우익 편향의 모든 이론적 전제들을 분쇄했을 때, 그가 전적으로 옳았다는 것입니다. 여기서 본인이 기본적으로 그러한 종류의 이론적 구성을 예로 열거하자면, 그들은 이른바 균형이론, 조직자본주의론, 자본주의적 요소들의 사회주의로의 귀의 이론, 계급투쟁 쇠퇴론, 농업 개조를 위한 결정적이고 기본적인 수단으로서의 상품유통과 시장에 관한 이론 등인데, 이러한 이론적 정향으로부터 유래하고 그에 부합하는 [중략] 익히 유명한 분파주의적 시도를 분쇄하는 동시에 우익 반대파를 철저하게 교살했을 때, 분명한 것은 스탈린 동무가 전적으로 옳았다는 것입니다."225) 부하린은 "반당적 사조의 잔재들"뿐만 아니라 자신의 "처벌받아 마땅한 옛 제자들"과도 분명하게 선을 그었으며, 그들이 "더 빠르게 더 철저하게 반혁명으로 전락했다"고 주장했다. 그러면서 그는 "당의 지혜와 의지의 화신이며, 당의 지도자이며, 당의 이론적, 실천적 영도자인 스탈린 동무를 중심으로 결속하는 것"이야말로 모든 당원의 의무라고 역설했다.226)

또한 프레오브라젠스키는 단상에 올라 트로츠키즘의 "프티부르주아성" 및 "레닌주의와의 비(非)양립성"을 폭로했다. 과거에 명성을 떨쳤던 반대파 인사는 자인했다: "본인은 트로츠키즘의 이론가들 가운데 하나로 간주되었습니다. 여러분들은 반당 투쟁의 이론적 무기로 이용되었던 『새로운 경제』를 포함한 본인의 이론적 저작들을 알고 있습니다. 여러분들은 본인이 순전히 기계적으로 우리 경제와 자본주의를 비교하면서 사회주의적 본원축적의 기본 법칙을 구상한 것에 가장 큰 과오가 있었음을 알고 있습니다. 본인은 그 구상에 트로츠키즘의 특징적 측면이었던 농민에 대한 불신, 농민에 대한 멸시를 옮겨 담았습니다. [중략] 본인은 농업에 대한 수탈을 통해서, 농업자원을 국가의 수중에 집중시킴으로써 사회주의적 공업을 건설할 수 있으며 산업화를 진전시킬 수 있다고 생각했습니다. 그런데 그것은 자본주의의 본원축적 시기로부터의 조잡한 유추였습니다. [중략] 현실은 본인이 말한 것들을 깡그리 뭉개버렸으며, 레닌이 제시하고 다음에 스탈린 동무의 지도하에 당이 실현한 예측들이 완전히 승리했습니다. 집단화, — 여기에 정말 모든 게 담겨있습니다! 본인에게 집단화에 관한 예측이 과연 있었던가? 전혀 없었습니다. 당은 집단화라는 형태 속에서 수백만 농가의 재편이라는 거대한 과제를 완수했으며, 우리

---

225) Семнадцатый съезд ВКП(б). Стенографический отчёт, с.124~125.
226) Там же, с.125.

공산품의 공급, 엄청난 자금의 융자, 소비에트 기관과 당으로부터의 조직적 원조 제공이라는 방식으로 농촌에 어마어마한 가치를 투입하면서 농가에 대한 원조를 실현했습니다."227)

프레오브라젠스키는 복잡한 이론적 문제들을 해결함에 있어서 "프롤레타리아적 현명성"을 발휘할 것을 호소하면서 자신의 연설을 이렇게 마감했다: "[정책을 결정할 때] 스탈린 동무와 똑같이 투표하시오. 그러면 실수하지 않습니다!" 물론 이런 호소가 스탈린에 대한 프레오브라젠스키의 개인적 충성을 표현한 것이라고 생각할 필요는 없다. '영도자'에 대한 옛 반대파들의 이중적 감정을 추측하기란 그리 어려운 일이 아닐 것이다. 개인적 차원에서 그들은 스탈린에 대한 적대감을 완전히 해소할 수 없었을 것이다. 그러나 정치적 차원에서 그들은 이제 스탈린을 지지하지 않을 수 없었다. 물론 그것은 강요에 의한 결과가 아니었다. 프레오브라젠스키의 연설은 바로 그러한 점을 잘 보여주고 있다: "동무들! 당이 선언한 제2차 5개년 계획의 위대한 과제들에 관한 몰로토프 동무의 테제, 즉 우리 사회 계급구조의 근절과 생산수단에 대한 사적 소유의 철폐에 관한 테제를 읽을 때, 작은 지하노동자 서클에서부터 시작해 그를 위해 투쟁했던 본인으로서는 지난 5개년 계획을 돌아보면서 이 가장 중요한 시기에 자신이 당의 활동에 전혀 도움이 되지 못했다는 씁쓸한 생각을 가질 수밖에 없다는 것을 여러분들은 잘 이해할 것입니다."228) 다른 많은 혁명가들에게도 해당되는 이야기겠지만, 프레오브라젠스키는 "세속적" 이해관계에 따라 행위 했던 것만이 아니라, 특히 스스로 매우 성스럽

---

227) Там же, с.238. 참고로, 1926년에 "소비에트 경제의 이론적 분석 경험"이라는 부제를 달고 출간된 프레오브라젠스키의 저작 『새로운 경제(Новая экономика)』는 1924년에 발표된 그의 대표적 논문 「사회주의적 축적의 기본 법칙」을 기본적 내용으로 삼고 있었다.

228) Там же, с.239.

게 여기는 "이념의 왕국"에 살고 있었다는 사실을 기억할 필요가 있다.

아무튼 제17차 당 대회는, 본질적으로 트로츠키즘과 부하린이즘에 대한 스탈린이즘의 완전한 승리를 과시했다. 이제 당 노선의 올바름에 관해 시비하는 자가 아무도 없었으며, 따라서 스탈린에게는 "증명해야 할 것이 없었으며, 아마 비판해야 할 자도 없었다."229) 대신에 그는 1930년대 초에 이미 그 윤곽이 드러나기 시작한 소비에트 사회의 발전 방향에 관해서 나름대로 합리적인 이론적 근거를 당원들에게 제시해야만 했다.

제17차 당 대회에서의 총괄보고를 통해서 스탈린은 "사회주의적 우클라드가 인민경제 전체에 있어서 무제한으로 지배적인, 그리고 유일하게 지도적인 힘"이라고 주장했다. 확실히 자본가 계급과 지주 계급은 박멸되었다. 스탈린에 의하면, "착취자들에 대한 이런 역사적 승리"는 공업 분야에서뿐만 아니라 농업의 기본 분야에 있어서도 강력한 생산 증대로 이어질 수밖에 없지만, 공업과 농업이 앞으로의 생산 확대를 위한 자극을 계속 유지하도록 하기 위해서 볼쉐비키는 전면적 상품유통이라는 또 하나의 조건을 충족시켜야만 했다. 물론 소연방에서 상품유통은 단지 소비에트 상업, 즉 "자본가와 투기꾼이 없는 상업체계"의 조직화를 통해서만 실현되어야 한다고 스탈린은 강조했다.

1934년 1월에 열린 당 중앙위원회 전원회의에서 행한 보고에서 몰로토프가 인용한 자료에 따르면, 1928년에 12만 3천 개소를 헤아렸던 국영 상점과 협동조합 상점의 수는 이후 계속 증가하여 1934년에 이르면 총 28만 3천 개소에 달하게 되었다. 즉, 6년 동안에 국가와 협동조합이 구성한 상업망은 2배 이상 성장했다. 물론 중요한 것은 그와 더불어 사적 상업이 급속히 쇠퇴한 사실이었다. 1928년도에 전체 유통망의 약 63%를 포괄하는 21만 5천 개소의 크고 작은 개인 상점들이 존재했고, 이

---

229) Сталин И.В. Соч., т.13, с.347.

를 통해 소매로 거래되는 상품들의 비중이 전체 유통량의 약 22.5%를 차지했다면, 1934년에 이르러 사적 상업은 전혀 존재하지 않게 되었다. 물론 이런 과정에 병행해 국가 상업망의 발전이 급속히 이루어졌으며, 1934년에 그것은 나라 전체 유통망의 약 36%를 점유하게 되었다. 국가 상업망에 의한 유통이 전체 상품유통량에서 차지하는 비중은 36%를 훨씬 상회하고 있었는데, 그 이유는 일반적으로 국영 상점이 협동조합 상점에 비해 그 규모가 컸기 때문이었다.[230] 이렇게 해서, 1934년 무렵에 볼쉐비키 정권은 영세한 소상인들까지 시장에서 완전히 퇴출시켰으며, 스스로 "거대한 상인"이 되어서 상품유통에 대한 직접적인 통제를 확립했다. 1920년대에 커다란 경제적 위력을 발휘했던 상인들, 즉 네프만에 관한 이야기는 인민들의 의식 속에서 이미 오래된 전설이 되어 있었다.

이른바 소비에트 상업에 있어서 특별한 의미를 가졌던 것은 흔히 자본주의적 상품유통의 기본 방식으로서 나타난다고 알려진 상품화폐관계의 발전이었다. "생명에 대한 본능적 감각"을 신뢰하면서 스탈린은 상품화폐관계의 청산을 시도했던 것이 아니라 오히려 전시공산주의하에서조차 청산되지 않았던 그 관계를 확대시켜 활용하고자 했다. 여기에는 농산물의 광범한 상업적 거래를 발전시킨 보급인민위원부뿐만이 아니라, 거의 모든 인민위원부가 참여했다. 스탈린의 말에 따르면, 이는 "한편으로는 경쟁이 이루어짐으로써 협동조합 상업을 개선시켰으며, 다른 한편으로는 시장가격의 인하 및 시장의 건전화를 가져왔다."[231] 각 인민위원부가 자신의 소관 물품들을 상업적 목적으로 거래하기 시작하면서, 결과적으로 1930년대 전반에 상품의 소매유통 전체에서 국가 상업이 차지하는 비중은 급속히 높아져 갔다. 몰로토프가 제시한 자료에 따르면, 1931년에

---

230) См.: Правда, 30 ноября 1934 г.
231) Сталин И.В. Соч., т.13, с.344.

전체 상품유통에서 그것이 차지한 비중은 3%에 불과했지만, 1932년에는 11%, 1933년에는 15%, 그리고 1934년에는 24%로 확대되었다. 결국 1934년에 국가 상업이 전체의 상품유통에서 차지하는 몫이 1/4 정도가 되었고 특히 공업상품의 유통에서 그것이 점유한 비중은 약 1/3 정도에 달했다.232) 이렇게 해서, 제17차 당 대회가 열린 즈음에 국가 상업은 소비에트 정부에게 상당한 이윤을 보장하고 있었으며, 정부로 하여금 인민들에 대한 농산물과 공산품의 공급을 증대시킬 수 있게 하는 안정적인 재정수단으로 자리 잡고 있었다. 그런데 간과되어서는 안 되는 점은 볼쉐비키가 국가-협동조합 상업을 발전시키는 가운데 온갖 수단을 다해 상업적 거래의 성장을 뒷받침하고, 또한 콜호즈 상업을 육성하면서 지향했던 것은 결코 경제의 자유화가 아니었다는 사실이다. 몰로토프가 강조한 바처럼, 그들이 시도했던 것은 "상품유통 분야에 대한 국가 관리가 단지 약화되지 않도록 하는 것이 아니라, 오히려 최대로 강해지도록 하는 것"이었다.233)

    제17차 당 대회에서 보고를 통해 소비에트 상업의 문제를 언급하면서 스탈린이 왜 화폐를 폐지하고 직접적 물품교환을 실현해야 한다는 "극좌적 잡담"을 가차 없이 비판했는지를 이해하는 것은 그리 어렵지 않다. 볼쉐비키의 '영도자'는 그러한 "잡담"을 나누는 자들을 "돈키호테"라고 부르면서 말했다: "하늘에서 땅 차이만큼 맑스주의로부터 떨어져 있는 이 사람들은 분명히 우리 사회에서 화폐가 공산주의의 첫 번째 단계, 즉 사회주의적 발전 단계가 종료될 때까지 꽤 오랫동안 존속할 것이라는 사실을 이해하지 못합니다. 그들은 화폐가 소비에트 상업을 최대로 확대시키고 그럼으로써 직접적 물물교환을 실현할 수 있는 조건을 마련하기 위해

---

232) См.: Правда, 30 ноября 1934 г.
233) Там же.

서, 소비에트 권력이 수중에 장악하고 사회주의의 이익에 적응시킨 부르주아적 경제도구라는 것을 이해하지 못합니다. 그들은 이상적으로 조직된 소비에트 상업의 결과로서, 그리고 그를 대신해 물품교환이 도래할 수 있다는 것을 이해하지 못합니다. 그런데 우리나라에 그런 소비에트 상업은 전혀 없으며, 가까운 장래에 우리나라에서 실현될 수도 없습니다."234)

스탈린의 논리에 따르면, 소련에서 화폐, 상업 및 상품화폐관계의 사회주의성은 바로 이 모든 "도구"들이 프롤레타리아 국가에 의해 사회주의의 이익에 부합되도록 사용되거나 사용될 수 있음으로써 보장되었다. 스탈린은 그와 똑같은 기준을 소비 분야의 평등 문제에 대해서도 적용했다. 이미 1931년 여름 그는 경제개혁과 관련한 6개 항의 지시를 통해 "'좌파' 먹통들의 균등주의적-소아(小兒)적 운영방식"이 사회주의적 공업에 얼마나 많은 해악을 끼쳤는지 설명하면서 임금제도에 있어서의 "'극좌적' 균등주의"를 반대한 바 있었다. 그러나 제17차 당 대회에서 '영도자'는 "대다수 당원들의 그리 높지 않은 이론적 수준과 당 기관들의 미약한 이데올로기적 선전활동"을 고려하면서 다시금 평등의 문제에 대한 이론적 해명을 시도했다.235) 소비 분야에서의 균등주의를 "금욕수행자들의 원시적인 교파에게나 어울리는 반동적인 부르주아적 난센스"라고 정의하고서 그는 맑시즘이 이해하는 평등이란 균등주의가 아니라 바로 계급의 폐지라고 단언했다. 그의 말에 의하면, "인간에 대한 인간의 착취가 철폐된" 사회주의 사회에 있어서 진정한 맑스주의적 평등은 "모두가 자신의 능력에 따라 일할 공평한 의무와, 모든 근로자가 그들의 노동에 따라 그 대가를 받는 공평한 권리"라는 원칙에 기초해 실현되며, 공산주의 사회에서

---

234) Сталин И.В. Соч., т.13, с.343.
235) Там же, с.349.

는 "모두가 자신의 능력에 따라 일할 공평한 의무와, 모든 근로자가 그들의 필요에 따라 그 대가를 받는 공평한 권리"라는 원칙에 의거하여 실현되는 것이었다.236)

스탈린은, 당이 농촌에서 집산운동의 최고 형태(코뮌)에서 최저 형태(아르텔)로 후퇴했다고 비난하는 자들을 질책했으며, "코뮌을 이상화하는 구태"를 버리지 않은 채 각 공장에 "코뮌을 이식하려고 시도하는" 자들을 비판했다. 생산수단뿐만 아니라 구성원들의 생활까지도 사회화되었던 기존의 농촌 코뮌들은 발전된 영농기술과 장비를 전혀 갖추지 못한 가운데 등장했으며, 그 결과 생산물 결핍에 시달리는 가운데 발전 전망을 전혀 갖지 못하고 겨우 소수에 의해서나 유지되어 왔던 것들이었다. 그러나 콜호즈에서 구현되어 있는 형태로서, 기본적 생산수단을 사회화하면서 공동의 이익과 사적 이익을 조화시키는 아르텔, 즉 농업조합은 현재 농촌의 발전단계에 가장 적합한 것임을 이제까지의 성과와 그 발전 전망으로써 입증하고 있었다. 볼쉐비키가 궁극적 목표로 삼는 농업 코뮌은 단지 미래에, 발전되고 풍요로운 아르텔을 기반으로 생성될 수 있을 뿐이었다. 결국 객관적인 사회경제적 여건에 대한 고려 없이 농촌에서 즉시 농업 코뮌을 건설하려고 하는 시도는 완전한 무지의 소치로서 운동을 망치고자 하는 노력에 불과했다. 또한 그는 "모든 집단농장원을 부유하게 하자!"는 구호와 예전에 부하린이 내걸었던 "부자가 되시오!"라는 슬로건 사이의 본질적 차이를 보지 않는 자들을 비판했다. 그의 말에 따르면, 후자는 "본질적으로 자본주의를 부흥시키라는 호소"를 의미했지만, 전자는 "콜호즈의 경제적 힘을 강화하고 모든 집단농장원을 부유한 근로자로 전환시킴으로써 자본주의의 마지막 잔재들을 분쇄하라는 호소"를 담고 있었다.237) 어떤 경우에도 "사회주의는 단지 사회적 생산력의 급속

---

236) См.: Там же, с.354~355.

한 성장에 기초해, 생산물과 상품의 풍요에 기초해, 근로자의 부유한 삶에 기초해, 문화적 수준의 급속한 발전에 기초해 건설될 수 있는데", 왜냐하면 사회주의 자체는 개인 소비의 삭감이 아니라, "문화적으로 진보된 일하는 사람들의 모든 필요에 대한 전면적이고 완전한 충족"238)을 의미하는 것이기 때문이라는 스탈린의 주장을 완전히 틀렸다고 부인할 수는 없다.

스탈린은 "당의 이론 수준을 마땅한 높이로 향상"시킴으로써 당의 "이념적-정치적 지도력"을 강화하라고 요구하면서 제17차 당 대회에서의 보고를 마쳤다. 이에 대한 응답으로서 당의 모든 구성 고리들에서 정치학습이 활성화되고 "레닌이즘"에 대한 끊임없는 선전이 이루어졌을 뿐만 아니라, 중앙권력의 강화를 목적으로 하는 당 및 소비에트 기관들의 조직 개편이 이루어졌다. 당 대회의 결의와 맥락을 같이하여, 통합 사정기관인 중앙통제위원회-노농감독부가 폐지되었다. 대신 소연방 소브나르콤 산하에 소비에트 통제위원회가 설립되고 당 중앙위원회 부속 당 통제위원회가 설치되었는데, 이들의 권한은 단순한 사정업무보다는 지방권력을 효과적으로 통제하고 이들이 중앙의 결정사항을 제대로 이행하는지 여부를 감사하는 데 집중되어 있었다. 당의 단결을 한층 더 강화하고자 하는 목적이 내포된 그런 조치들이 취해진 것은 전혀 우연한 일이 아니었다. 비록 "당 대회가 레닌주의의 완전한 승리라는 기치하에 진행"되었지만 볼쉐비키는 "인민들의 의식과 경제에 남아있는 모든 자본주의적 잔재들"로부터 유래하는 "불온한 기운"을 고려해야 했다. 뿐만 아니라, 특히, 독일에서 민족사회주의 정권이 등장하면서 소연방의 안전에 더 큰 위협을 가하고 있는 "자본주의적 포위망"의 존재를 주목하지 않을 수 없었

---

237) Там же, с.359.
238) Там же, с.360.

다.239)

1922년에 이탈리아에서 파시스트 정권이 등장하고, 특히, 1933년 초 독일에서 정권을 잡는 데 성공한 히틀러가 신속히 독재체제를 구축하면서 유럽은 국제적 질서의 변화를 강요받게 되었다. 독일 민족사회주의의 경전이 된 『나의 투쟁(Mein Kampf)』 등에서 히틀러는 베르사유 조약이 파기되어야 하며 모든 독일인이 민족자결권에 입각해 "대독일"로 통일되어야 한다고 주장했다. 그는 오스트리아와의 통합은 물론 덴마크, 폴란드, 체코슬로바키아 그리고 이탈리아의 독일인 거주 지역에 대한 영토 병합을 요구했다. 또한 그는 독일의 대외정책이 인구 규모와 영토 면적 사이에 양적으로나 질적으로나 "건전하고 자연적인 균형"을 이루게 함으로써 민족의 생존권을 보장하는 데 그 목표를 두어야 한다고 역설하면서, 궁극적으로 러시아를 포함한 동유럽을 정복하고 게르만 민족의 생활공간(리벤스라움)을 동쪽으로 확장하겠다는 "동방정책"을 구상했다. 영토 확장으로 귀결될 수밖에 없는 나치당의 정책 구상과 더불어 유럽뿐만 아니라 세계가 전쟁으로 나아가고 있었지만, 이러한 상황을 모두가 이해하지는 못했다. 서방의 자본주의 열강들이 드러냈던 파시즘에 대한 정책적 "근시성(近視性)"과는 대조적으로 볼쉐비키는 역사적 혜안을 과시했다. 제17차 당 대회에서의 총괄보고를 통해 스탈린은 "사태가 새로운 제국주의 전쟁으로 치닫고 있다"고 주장하면서 예상 가능한 경우들을 열거했다. 우선, 열강들이 "타자의 희생을 통해 자신의 문제"를 개선하기 위해 열강 중의 하나를 상대로 전개하는 전쟁이 가능한데, 독일이 그에 해당될 수 있으며, 둘째, 중국처럼 "군사적으로는 약하지만 시장이라는 의미에서는 광대한 나라"를 대상으로 하는 전쟁도 예상될 수 있으며, 셋째, 슬라브인들을 상대로 삼아 나치즘의 이론가들이 선전하는 것과 같은 일

---

239) См.: Там же, с.348~349.

종의 "인종전쟁"과 마지막으로, 소연방에 대한 제국주의의 연합 공격도 그 실현 가능성이 농후하다는 것이었다. 스탈린은 그런 여러 경우들 중에서 어느 것이 가장 현실성이 높은지에 관해 언급하지 않았다. 단지 그는 맨 마지막 경우가 부르주아 계급에게 가장 위험한 전쟁이 될 것이며, 어떠한 상황에도 그런 전쟁은 제국주의가 내부적 모순의 압박으로부터 벗어나는 데 전혀 도움이 되지 않을 뿐만 아니라, 오히려 반대로 "점점 부르주아 계급이 전쟁터에서 헤매게 되는 것보다" 더 빨리 자국에서 혁명적 위기가 증대될 것이라고 경고했다. 그러면서 그는 소연방의 독일에 대한 불신이 증폭되고 있는데, 그 이유는 독일이 파시즘을 선택했다는 것뿐만이 아니라 오히려 독일의 새 지도부가 공공연히 밝히고 있는 동유럽에 대한 침략계획 때문이라고 강조했다. 물론 히틀러의 민족사회주의와 그의 "동방정책"은 분리될 수 없는 것이었지만, 스탈린은 파시즘과의 국가적 관계나 거래 자체를 거부하진 않았다. 실제로 소연방이 1933년 9월에 이탈리아와 우호불가침조약을 체결함에 있어서 그 국가이념은 전혀 장애요인으로 작용하지 않았다. 스탈린은 천명했다: "만약 소연방의 국익이 평화를 훼손할 의사가 없는 모든 나라와의 선린우호관계의 수립을 요구한다면, 우리는 주저 없이 그리할 것입니다."[240] 그는 되도록 속히 전쟁에 대비해야 한다는 사실을 분명히 이해하고 있었지만, 그럼에도 소연방이 전쟁에 휩말려드는 상황은 배제하고 싶었다. 제국주의 국가들 사이에 존재하는 화해될 수 없는, 따라서 적대적일 수 있는 모순들을 잘 이용한다면, 다가오는 전쟁을 제국주의 진영 내부의 전쟁으로 국한시킬 수도 있었다. 훗날(1952년)에 발표한 「소련에서의 사회주의의 경제문제들 (Экономические проблемы социализма в СССР)」이라는 글에서 스탈린은 자신의 생각을 명료하게 기술했다: "자본주의와 사회주의간의 모순이

---

240) Там же, с.302~303.

제국주의 국가들 사이의 모순들보다 더 강력하다고 다들 말한다. 물론 이론적으로 그것은 옳다. 그것은 현재에도 옳고, 또한 제2차 대전 이전의 시기에도 옳았다. [중략] 그러나 시장을 둘러싼 자본주의 국가들 사이의 투쟁과 자신의 경쟁자들을 파멸시키고자 하는 갈망은, 실제에 있어서, 자본주의 진영과 사회주의 진영 사이의 모순보다도 더 강력한 것으로 판명되었다."241)

부하린도 제17차 당 대회에서의 연설을 통해 전쟁 문제를 언급했는데, 그의 어조는 스탈린의 그것과는 조금 달랐다. 히틀러의 『나의 투쟁』에서, 그리고 다른 나치스트들 및 일본 군국주의자들의 저술에서 발췌한 여러 구절을 직접 읽어가면서 부하린은 그들이 1억 6천만 명에 달하는 소연방 인민들을, 그들 중 한편(―독일)은 시베리아로, 다른 편(―일본)은 시베리아에서 몰아낸다는 계획을 공개적으로 선포하고 있음을 강조했다. 이어 슈펭글러 같은 나치즘 이론가가 서술한 인종주의적인 몇몇 역겨운 구절들을 인용한 다음, 부하린은 격앙된 어조로 말했다: "바로 이것이야말로 계급의 적이 지닌 야수의 얼굴입니다! 이들이 우리 앞에 서 있습니다. 동무들! 이들이야말로 역사가 우리에게 맡긴 사상 최대의 역사적 전투에서 우리가 반드시 대적해야 할 자들인 것입니다. [중략] 우리는 역사의 진보적 세력이 구현한 유일한 나라이며, 그리고 우리 당과 개인적으로 스탈린 동무는 우리 지구상의 경제적 발전뿐만 아니라 기술적, 과학적 진보의 강력한 선포자인 것입니다. 우리는 인류의 운명을 위해 전쟁터로 나아갈 것입니다. 이 전투를 위해 단결이 필요하며, 또 다시 단결, 그리고 단결이 필요합니다. 모든 파괴분자들은 물러가라!"242) 요란한 박수 소리가 대회장에 울려 퍼졌다.

---

241) Правда, 3 октября 1952 г.
242) Семнадцатый съезд ВКП(б). Стенографический отчёт, с.129.

"본인의 생각에, 이런 당이라면, 이런 노동계급이라면 앞에 놓인 과제들은 해결될 뿐만 아니라 그것도 멋지게, 압도적으로 해결될 것이며, 더욱이 기본적인 어려움은 이미 모두 극복되었습니다."[243] – 이런 말로써 키로프는 당 대회에서의 연설을 마쳤다. 물론 연단 아래 앉은 대의원들은 연사의 말에 전적으로 동감하며 전의(戰意)를 다지고 있었다. 일국에서의 사회주의 건설을 위한 투쟁에서 승리하자마자 볼쉐비키는 "사회주의의 최종적 승리"를 쟁취하기 위해 어차피 부딪칠 수밖에 없는 다음 단계의 문제를 해결하는 데 착수해야 했다. 그러나 그 문제의 해결을 위해서는, 후에 판명된 바와 같이, 일국에서의 사회주의 승리를 위해 인내해야 했던 고통들과는 전혀 다른 차원의 "피와 땀"을 흘려야만 했다.

---

243) Там же, с.259.

|제4절| 간부이론: 간부가 모든 것을 결정한다!

　　제17차 당 대회가 끝난 이후 국내의 정치적 상황은 대회에서 나타났던 승리 분위기가 단순한 정치적 과시가 아니었음을 입증했다. "위대한 영도자이며, 근로 청년의 스승이자 가장 좋은 친구인 요시프 비사리오노비치 스탈린 동무"에 대한 송가가 사회 도처에서 더욱 소리 높여 불려졌다. "소연방은 평화의 요새"라는 구호가 등장했으며, 모든 당원들에게 "공산주의적 도덕성으로 자신을 무장할 것"과 "국가 앞에 수정처럼 정직할 것"이 정치적 의무로서 요구되었다. 막심 고리키는 "진실로 전(全)인류적이고 프롤레타리아적인 맑스-레닌-스탈린의 휴머니즘"이라는 개념을 누구보다도 적극적으로 선전했다. 그의 설교에 따르면, 볼쉐비키는 부르주아들이 "휴머니즘이라는 미명하에 저지르고 있는 모든 악(惡)"으로부터 단호하게 절연했으며 볼쉐비키의 휴머니즘은 부르주아 계급의 그것과는 전혀 다른 것이었다. 그것은 "강철 같은 자본의 압제로부터 모든 인종과 민족의 근로 인민들의 완전한 해방"을 위해 싸우는 진정한 휴머니즘, 즉 프롤레타리아 휴머니즘이었다.[244]

　　제17차 당 대회가 끝난 후에도 옛 반대파 지도자들에 대한 복권 조치가 계속되었다. 1934년 2월에는 스탈린의 제안에 따라 부하린이 정부 기관지 ≪이즈베스치야≫의 편집장으로 임명되었다. 이어 3월에 정치국

---

244) См.: Правда, 23 мая 1933 г.

은 "부하린 학파" 사건과 관련해 1년 반쯤 전에 체포되어 유죄 판결을 받았던 전직 모스크바(시)당 위원회 비서 우글라노프에 대해서 당 통제위원회가 내린 복당(復黨) 결정을 승인했다. 또한, 바로 이 무렵에 누구보다도 오랫동안 항복하기를 거부하던 라콥스키가, 유형지에서, "반혁명적인 트로츠키즘과의 무조건적 결별"을 공개적으로 선언할 용의가 있음을 표명했다. 4월 말 ≪프라우다≫에는 트로츠키파의 지도자급 인물이었던 그의 "전향서"가 게재되었으며, 이와 동시에 그를 볼쉐비키당에 복귀시키는 절차가 개시되었다. 계속해서 정치국은 지노비예프와 카메네프의 취업 문제를 논의했는데, 지노비예프는 당에서 발행하는 잡지 ≪볼쉐비크≫의 편집위원이 되었으며, 카메네프는 고리키세계문학연구소 소장이 되었다. 물론 옛 반대파들에게 스스로의 과오를 인정하고 참회하는 마음을 표하는 절차 자체는 매우 굴욕적이었다. 당연한 것이겠지만 "용서받은 자"들은 자신이 과거에 누렸던 혁명가 또는 정치지도자로서의 명성을 다시는 획득할 수 없었다. 더욱이 지노비예프와 카메네프는 취업 후 불과 몇 달이 지나지 않아서 다시 체포되는 운명을 맞이했지만, 그럼에도 불구하고 옛 반대파 지도자들을 유형지나 감옥으로부터 방면하고 또한 그들을 "용서"한 것은 '영도자'의 입장에서는 분명히 반대파들과의 화해를 위한 몸짓이었다. 그럼으로써 그는 레닌당의 단결과 화합을 과시하고자 했다.

제17차 당 대회 이후에 이루어진 획기적인 변화는 특히 경제 분야에서 목격되었다. 상품화폐관계를 점진적으로 폐지해야 한다는 주장은 최종적으로 "극좌적 아이디어"라는 낙인이 찍혔으며, 대신에 소비에트 경제에 있어서의 상품화폐관계가 갖는 사회주의성에 관한 다양한 설명들이 범람했다. 그러면서 "부유한 삶을 맞이하자!"라는 슬로건이 1934년의 정치적 화두가 되었다. 1934년 11월 말 당 중앙위원회 전원회의는 정치적으로 매우 의미 있는 결정을 내렸는데, 그것은 바로 1935년 1월부터 식량배급제, 정확히 말해서 양곡배급제를 폐지한다는 것이었다. 또한 그에 못지않은 정치적 중요성을 갖는 것으로서, 11월 전원회의는 엠테에스(기계·트랙터관리창)와 솝호즈(국영농장)에 설치된 '정치부'를 해체한다는 결정을 채택했다.245) 농촌에서 농민들을 직접 지배하는 "프롤레타리아 독재 기관"인 '정치부'를 없앤다는 것은 농업의 안정이 없이는 도저히 생각할 수 없는 일이었다.

주지하다시피 볼쉐비키 정권이 소위 "급식정량제", 즉 양곡배급제를 도입하게 된 것은 1928년 말경의 일이었다. 처음에 모스크바, 레닌그라드 및 기타 소비지역들에서 도입된 양곡배급제가 소연방 전역에서, 양곡뿐만 아니라 다른 주요 식료품을 대상으로 하여 전면적으로 실시되기까지는 전혀 긴 시간이 필요하지 않았다. 거의 모든 식료품들을 대상으로 삼았던 식량배급제는 결국 1930년을 전후한 6년간의 고난의 시기를 상징하고 있었다. 이제 배고픔의 문제를 완전히 해결한 볼쉐비키는 인민들의 "부유한 삶"이 시작되고 있음을 선언했다. 단지 집단농장에서 이루어진 곡물생산의 안정 때문에 식량배급제가 폐지될 수 있었던 것은 아니었다. 곡물의 분배과정에 대해서 국가의 완전한 통제가 확립되었다는 것, - 이것이 배급제 폐지를 가능하게 했던 보다 중요한 요인이었다. 바로 첫 번째 문제, 즉 생산의 안정 문제와 결부되었던 것이 엠테에스와 솝호즈에 존재했던 '정치부'를 해체한 일이었다. 미증유의 기근과 전면적 곡물징발의 압박 아래서 콜호즈가 문자 그대로 붕괴되고 있던 1933년 초에 등장했던 '정치부'는 스탈린주의적인 "통제적-억압적 지도체제"의 상징으로서, 그동안 엠테에스에 3,368개소, 솝호즈에 2,021개소 등 전국적으로 총 5,389개소가 창설되었으며, 여기에 대략 2만 5천 명의 열성당원이 분산, 배치되었다.246) "콜호즈의 볼쉐비키화"라는 구호 아래 '정치부'의 일

---

245) См.: КПСС в резолюциях.., т.5, с.194~204.

꾼들은 2년 동안 철권으로 농촌의 "질서를 확립"했으며, 이제 곡물이 "정상적으로" 생산되기 시작하면서 독재 기관의 존재 필요성이 사라지게 되었다. 두 번째 문제는 이른바 소비에트 상업의 발전과 결부되어 있었다. 이미 살펴본 것처럼 1934년 말경, 국가 상업과 협동조합 상업에 대립하는 경제적 범주로서의 사적 상업은 이미 존재하지 않고 있었다. 비록 상품유통에 있어서 콜호즈 농민들에게 제한적으로 허용된 자유거래, 즉 콜호즈 상업이 차지하는 비중이 점차 증대되고 있었지만, 상업적 거래의 영역인 시장에서 가장 주된 행위자로서 기능했던 것은 바로 국가 기관들이었다. 1934년 11월에 열린 당 중앙위원회 전원회의에서 몰로토프는 양곡배급제 폐지에 관한 보고를 통해 강조했다: "국가는 그 어느 때보다도 더 시장을 장악하고 있으며, 이제 도시와 농촌에서 소비자들의 수요에 상응하여 상품유통을 급속히 발전시킬 수 있는 모든 가능성을 가지고 있다는 것이 실제로 입증되었습니다."247) 한마디로 말해서, "급식정량제"의 폐지는 기본적 경제 문제들이 국가에 의해 해결되는 소비에트 인민경제 체계가 정상적으로 작동하기 시작했음을 의미하는 것이었다.

양곡배급제의 폐지에 관한 중앙위원회 결정에 대해서 당시 서유럽의 신문이나 러시아 망명객들의 간행물들이 "소비에트의 봄의 도래" 혹은 "붉은 러시아의 탈색"을 알리는 중요한 징후들 가운데 하나라고 지적했던 것이나, 로고빈이 1934~1936년의 시기를 스탈린에 의한 "신 네프"라고 규정하는 것은248) 물론 나름대로의 충분한 근거를 갖는다. 적색의 소비에트 사회가 분홍으로 "탈색"되었다는 주장은 경제운영의 방식이 "통제적-억압적"인 것으로부터 여기에 의사(疑似)시장적 원리가 혼합된 방

---

246) Там же, с.199.
247) Правда, 30 ноября 1934 г.
248) См.: Роговин В.З. Сталинский неонэп, с.16~30.

식으로 전환된 것에 의해서만 뒷받침될 수 있었던 것이 아니었다. 기업에서는 개수임금제가 정착되었고, 당원들에게 의무로 부과되었던 급료상한제가 폐지되었을 뿐만 아니라, 인민들이 사용하는 소비재 상품의 종류가 보다 다양화되었다. 심지어 테니스, 재즈, 폭스트롯이라는 사교춤 등 이전에는 부르주아적인 것이라고 해서 배척되었던 풍조들이 당원들 사이에서 유행하기도 했다. 그럼에도, 그 시기를 상징했던 가장 중요한 징표는 바로 사회적 긴장의 완화였다.

물론, "소비에트의 봄"이 도래하게 된 것은 볼쉐비키당의 이데올로기적 지향이 본질적으로 변화하고, 그에 따라 경제, 사회, 징벌 등 각 분야에서 정책상의 방향 전환이 이루어졌기 때문이라고 생각될 수 없다. 반대로 소연방의 경제적 발전과 사회적 안정이 볼쉐비키에게 일정 수준의 정책적 전환을 실현할 수 있는 가능성을 열어주었던 것이며, 그 전환이란 당이 자신의 강령을 실현함에 있어서 강제보다는 "설득의 방법"에 더 의지하게 되었음을 핵심적 내용으로 하는 것이었다. 즉, 볼쉐비키당이 정책을 결정함에 있어서 기본으로 삼았던 "계급적 접근"은 계속 유효했지만, 청산 대상으로서의 부르주아 및 지주 계급이 더 이상 존재하지 않고 있었으며, 특히 농업의 안정과 더불어 "강제의 방법"에 대한 정치적 필요성이 점차 감소되었다. 사회경제적 안정과 더불어 인민들을 설득하고 그들의 노력에 일정한 물적 보상을 제공하는 것이, 특히 경제적 의미에서, 체제의 발전을 위해 보다 적실성을 갖게 되었다. "소비에트의 봄"의 도래 및 정책상의 부분적 변화는 그 본질에 있어서 소비에트 사회의 발전에 따라 나타난 현상이었을 뿐이다.

특히 인민들의 물질적 복지수준이 현저하게 상승함에 따라서 혁명적 낭만주의가 대중들 사이에서 고조되었을 뿐만 아니라 부유한 삶에 대한 희구가 사회적으로 보편화되어 갔다. 제2차 5개년 계획의 성공은 바로 그러한 사회적 분위기를 배경으로 하고 있었다. "신 네프"라고 규정될 정도로, 얼핏 총노선과 모순되어 보이기도 했던 1930년대 중반은 전쟁 전의 기간 동안에 생산성의 가장 높은 성장을 기록한 때이기도 했다.[249] 성공은 경제에만 국한되지 않았다. "부유한 삶"이라는 테마와 더불어 문화, 과학, 예술, 기술, 항공, 탐험, 제 민족의 화합 등의 주제에도 인민들의 관심과 노력이 기울여졌으며, 각 분야에서의 비약적 발전이 목격되었다. 각 주제의 앞에 "소비에트의"라는 형용어를 붙인 것은 "부르주아적인" 서방의 그것과 구별하기 위함이었으며, 이는 소연방의 공민, 즉 소비에트 인민들의 정치적 자부심을 표현하는 것이기도 했다. 소비에트 사회의 그러한 발전 경향은 매우 급진적인 것이었으며, 키로프의 암살을 계기로 시작된 이른바 정치재판도 공산주의라는 미래를 건설함에 있어서 발휘되고 있는 인민대중의 열정과 헌신 그리고 그에 따른 감격을 식힐 수 없었다. 소비에트 사회는 미래에 대한 확신으로 거의 일체가 되어 있었다. 1939년 3월에 열린 제18차 당 대회에서의 연설을 통해 스탈린이 소연방에게 지난 기간은 "성장과 개화의 시간이었으며, 앞으로 있을 경제적, 문화적 발전과 정치력, 군사력의 신장을 위한 시간이었다"[250]고 말했던 것은 물론 나름대로 확실한 근거를 갖고 있었다.

그랬지만, 1934년 12월 1일에 발생한 키로프 암살에 대한 스탈린의 반응은 옛 반대파 인물들을 긴장시키기에 충분한 것이었다. 지노비예프의 후임으로 레닌그라드 지역의 당 조직을 책임지고 있던 인물의 대한 테러 소식을 접한 스탈린은 사건의 내막을 파악하면서 곧 '소연방 소비에트 중앙집행위원회' 명의의 〈현행 소연방 형사소송법의 변경에 관한

---

249) 1939년 3월 16일자 ≪프라우다≫ 사설은 이렇게 보도했다: "첫 번째 5개년 계획은 4년 동안 공업생산물을 두 배, 즉 202% 증가시켰으며, 두 번째 5개년 계획은 2.2배, 즉 221%, 그리고 세 번째 5개년 계획은 1.9배의 생산량 증가를 가져왔다. 이것은 앞으로 나아가는 확고 부단한 운동이었으며, 공산주의의 불굴의 힘을 극명하게 보여주는 것이다." См.: Правда, 16 марта 1939 г.

250) Восемнадцатый съезд ВКП(б). Стенографический отчёт. М., 1939, с.9.

결정)을 직접 자기 손으로 작성하기 시작했다. 이렇게 해서 '영도자' 한 사람의 의지에 따라 제정된 "특별법"은 당시 국내에서 효력을 발하던 형사소송법과 근본적으로 모순되었다. 후에 "12월 1일자 법"이라고 불리게 된 〈결정〉의 규정에 따르면 우선, 소비에트 권력에 도전하는 테러조직 및 그 행위와 관련된 사건은 수사 시작 후 10일 이내에 소추되어야 했으며, 피고인은 법원에서 심리가 시작되기 24시간 전에 비로소 기소 내용을 접할 수 있었다. 또한 재판은 제3자의 방청 없이 진행되어야 했고, 판결에 불복해 항소하거나 사면을 청원하는 것도 허용되지 않았다. 뿐만 아니라, 특이하게도, 총살형이 선고된 경우에는 형이 즉각 집행되어야만 했다.251) 소위 "12월 1일자 법"은 "테러리스트들"을 철저히 응징하겠다는 스탈린의 비장한 각오를 표현하고 있었다. 그는 이미 몇 해 전에 독일 작가 에밀 루드비히와의 대담을 통해서도 자신의 그런 생각을 피력한 바 있었다: "노동계급의 적들에 대해 관대한 것은 단지 소비에트 권력의 강고함을 파괴할 뿐입니다."252) 그러나 문제는 테러리스트의 범주에 있었다. 옛 반대파 인사들이 테러와 관련되어 있음이 의심될 경우 응징의 대상이 걷잡을 수없이 확산될 수 있었다.253)

---

251) См.: Правда, 5 декабря 1934 г.
252) Сталин И.В Соч., т.13, с.108.
253) 이미 살펴본 바와 같이, 1956년 2월 소련공산당 제20차 대회에서 흐루쇼프가 비밀연설을 통해 키로프 암살에 대한 의혹을 제기한 이후, 서방의 소비에트학 내에서 키로프 암살은 정적(政敵)의 등장을 꺼려한 스탈린의 기획에 의한 것이라는 주장이 정설로 굳어졌다. 그러나 그것은 아직까지 문서를 통해 사실로 입증된 바 없으며, 오히려 키로프의 정치적 성장과정이나 스탈린과의 관계, 당 대회 등에서의 연설, 당시 정치국 내의 상황 등을 고려할 때, 스탈린에게서 키로프의 암살 동기를 발견하기는 어렵다. 1917년부터 40년 이상을 스탈린 곁에서 일했으며, 그 시대의 내밀한 이야기를 우리에게 전하고 있는 몰로토프는 "키로프의 전설"을 전혀 터무니없는 것으로 일축하고 있다(См.: Чуев Ф.И. Указ. соч., с.304~312). 스탈린은 12월 1일 저녁에 레닌그라드로 가서 직접 범인을 심문했으며, 약 1년 전쯤 당에서 제명되었던 범인은 "혁명적 전통을 배신하고 있는 당에 대해 경종을 울리기 위해서" 공산주의자로서 부적절한 이성관계를 가진 키

혁명투쟁의 과정에서 헤아릴 수 없을 만큼의 음모와 배신을 목격했고, 한때 그 자신이 유명한 첩자 말리놉스키의 공작에 희생되기도 했으며, 1928년 여름에는 그래도 호감을 가졌던 부하린으로부터 배신을 당하기도 했던 스탈린은 음모론의 지지자였다. 따라서 그는 이론적으로나 실천적으로 철저하게 검증된 대상이 아니고서는 그 누구도 정치적으로 신뢰하지 않았다. 계급, 분파, 그리고 투쟁의 논리에 따라 개념적으로 사고했으며, 자신의 추론이 현실에서 그대로 입증되리라고 확신했다. 특히 1930년도에 "근로농민당", "공업당", 그리고 "연방사무국" 사건 등이 적발될 수 있었던 것은 주로 스탈린의 편집증에 가까운 음모론에 대한 믿음 덕분이기도 했다. 이번에도 그의 편집증은 유감없이 발휘되었다. "분파 투쟁의 논리가 지노비예프파(派)로 하여금 표리부동과 기만의 길로, 은밀하고 집요한 반당(反黨)투쟁의 길로 나서게 했다"254)고 지적하면서 스탈린은 내무인민위원부(엔카베데)의 요원들에게 키로프의 암살현장에 남겨진 "지노비예프의 족적"을 찾도록 지시했다.255) 역사과정이 보여주었던 것처럼, 스탈린의 지시는 엄청난 비극의 시작이 되었다. 며칠 후에 옛 지노비예프파 인물들에 대한 검거가 이루어졌으며, 1934년 12월 16일에는 지노비예프와 카메네프도 체포되었다. 12월 28일과 29일 이틀간, 레닌그라드에서 소위 "레닌그라드 센터" 사건을 재판하기 위해 소연방 최고법원 군법회의 출장법정이 열렸으며, 여기에서 키로프 암살범 레오니드 니콜라예프와 테러 가담 혐의자 14명 전원에 대해 총살형이 선고되었다. "12월 1일

로프를 부패의 표본으로 삼아 살해했다고 범행 동기를 밝혔다는 설(說)도 있다(예를 들면 см.: Радзинский Э.С. Сталин. М., 1997, с.344). 중요한 문제는 키로프 암살이 니콜라예프 개인의 단독 범행인지 아니면 조직적으로 계획된 범행에 의한 것인지 판별하는 일이었는데, 물론 스탈린은 그것이 후자임을 확신했다.

254) Правда, 18 декабря 1934 г.
255) 제르진스키 후임으로 1926년부터 멘쥔스키가 이끌던 합동국가정치보위부(오게페우)는 1934년 내무인민위원부로 통합되었으며 야고다가 그 수장으로 임명되었다.

자 법"이 위력을 발휘하기 시작한 순간이었다. 1935년 1월 초에 내무인민위원부 내 특별심의회는 위의 사안을 수사하는 과정에서 불거져 나와 별도로 "사파로프, 잘루츠키 등 레닌그라드 반혁명 지노비예프 그룹 사건"이라고 명명된 사안에 대한 심사를 진행했다. "지노비예프 그룹"에는 모두 77명이 연루되었으며, 대부분 당원이었던 그들은 특별심의회의 결정에 맞춰 짧게는 2년, 길게는 5년형을 선고받고 수용소나 유형지로 보내졌다. 1934년 12월 1일 이후 두 달 반 동안에 과거 지노비예프의 성채나 다름없었던 레닌그라드 지역에서만 800명 이상이 체포되었다.[256] 또한 1935년 1월 16일에는 소위 "모스크바 센터" 사건에 대한 재판이 열렸으며, 지노비예프와 카메네프를 비롯한 모두 19명의 피고인에게 5년에서 10년 사이의 징역형이 선고되었다.[257]

지노비예프, 카메네프 등에 대한 재판이 끝난 직후, 스탈린은 당 중앙위원회 명의로 작성된 「키로프 동무 암살 사태의 교훈」이라는 제목의 서한을 대외비(對外秘)로 하여 전국의 각급 당 조직에 발송했다. 그 서한에는 "레닌그라드 센터"를 자칭하는 지노비예프파 그룹에 의해 암살이 자행되었으며, 그의 이념적, 정치적 지주는 바로 지노비예프파의 "모스크바 센터"였다고 강한 어조로 적혀 있었다. 그리고 서한에 의하면, 그 두 "센터"는 "그 구성원들을 백위대원과 동일하게 취급하도록 하기에 충분한, 본질적으로 백위대 조직의 위장 형태"에 다름 아니었다.[258]

이어서, 당 중앙위원회의 서한에는 여러 의문들이 제기되었다: "노동계급 출신이며 1913년에 볼쉐비키분파 소속 두마의원을 지낸 말리놉스키는 결국 첩자가 아니었던가? [중략] 예전에 레닌의 가까운 제자이며 동지

---

256) См.: Реабилитация. Политические процессы 30~50−х годов, с.123~147.
257) См.: Там же, с. 147~170.
258) Там же, с.195.

였던 지노비예프와 카메네프는 1917년 10월에 봉기를 앞두고 스스로 우리 당에 대한 배신자처럼, 변종처럼 굴지 않았던가? 그리고 봉기 이후에도 부르주아의 면전에서 공공연히 그리고 노골적으로 자신들의 스승인 레닌과 그의 당에 대항하지 않았던가?" 그러면서 서한은 당원들에게 "기회주의적인 관용"을, 그리고 "적들이 조금씩 사회주의로 기어들 것이라고 마구 우겨대는 무방비의 우익 편향주의"를 청산하라고 요구했다. 그리고 지노비예프와 카메네프만이 "당의 적(敵)이며 변종이라는 칭호"를 받을 유일한 존재가 아니라고 강조하면서, 당 중앙위원회는 서한의 말미에서 "과연 당이 어떻게 입헌민주당, 사회혁명당, 멘쉐비키, 무정부주의자들과 투쟁했으며, 또 그들을 어떻게 이겨나갔는지를, 뿐만 아니라 트로츠키주의자들, 민주집중파, '노동자 반대파', 지노비예프파, 우익 편향자, 그리고 우익-극좌적 변종들 등과도 당이 어떻게 투쟁했으며, 또 어떻게 그들을 극복했는지를 모든 당원들이 숙지할 것"을 지시했다.[259] 물론 그런 방침들은 단지 공허한 구호에 그치지 않았으며, 누구보다도 내무인민위원부 요원들에 의해 적극적으로 실행되기 시작했다.

예상할 수 있었던 것처럼, 먼저 옛 지노비예프파의 지지자들에게 가해졌던 타격은 곧 다른 반대파 그룹의 인물들에게로 확산되었다. 1935년 3월에서 4월에 걸쳐 내무인민위원부 내의 특별심의회는 소위 "모스크바 반혁명 조직-'노동자 반대파' 그룹" 사건에 대한 심사를 진행했다. 이 사건과 관련해 쉴랴프니코프, 메드베제프, 마슬렌니코프 등 모두 18명이 기소되었으며, 이들에게 징역 5년 또는 같은 기간의 유배형이 선고되었다.[260] 그렇지만 이 사건은 언론에 전혀 보도되지 않았다. 더욱 흥미로운 사실은 1935년 초부터 ≪프라우다≫를 비롯한 각 신문의 지면에서 지노비예

---

[259] Там же, с.192~195.
[260] См.: Там же, с.104~122.

프파에 대한 비판 기사마저 완전히 사라져버린 것이었다. 다만 "노동계급의 적들과 사회주의 조국의 배신자들은 마땅한 처벌을 받았다"는 사실을 전한 1월 18일자 ≪프라우다≫의 사설이 예외적이었다. "조국의 반역자들에게 용서는 없다"라는 슬로건 대신에 "근로자들의 복지를 더 한층 향상시키자!"라는 호소가 전국에 울려 퍼졌다.[261]

그런 상황을 배경으로 1935년 5월 4일, 스탈린은 군사아카데미 졸업생들 앞에서 당 정책의 주된 방향을 규정했다: "전에 우리는 '기술이 모든 것을 결정한다'고 말했습니다. [중략] 그러나 그것은 너무도, 너무도 부족합니다. [중략] 기술을 지배하는 사람이 없으면, 기술은 죽은 것입니다. 기술을 지배하는 사람이 선두에 있는, 그런 기술이 기적을 가져올 수 있으며, 당연히 가져올 것입니다. [중략] 바로 그 때문에 믿고 의지해야 할 대상은 바로 사람이고, 간부이며, 기술을 구사하는 노동자들인 것입니다. 바로 그 때문에 우리가 기술 분야에서 궁핍했던 이미 지난 시절을 반영하는 '기술이 모든 것을 결정한다'는 낡은 구호는 이제 마땅히 새로운 구호로써, '간부가 모든 것을 결정한다!'는 것에 관한 구호로써 교체되어야 합니다. 현재 가장 중요한 것이 거기에 있습니다."[262]

그렇게 해서, 기술을 관리하는 간부진의 조속한 육성 및 새로운 기술의 급속한 습득이 볼쉐비키당의 제1차적 과제로 선언되었다. 그러나 그것으로써 새로운 구호의 의미가 제한되지 않았다. 처음에 기술로 무장한 간부의 육성 필요성을 강조했던 "간부가 모든 것을 결정한다!"는 구호는 스탈린의 대숙청 정책의 출발점이 되었다. 당 기구는 "불순분자들"을 제거해 스스로를 정화함으로써 성분이 충분히 검증되고 볼쉐비즘으로 완전무장한 새로운 간부들을 유입시킴으로써 강화되어야 했다. 1935년 5월

---

[261] См.: Правда, 19 января 1935 г.
[262] Правда, 6 мая 1935 г.

13일에 전국의 각급 당 조직으로 발송된 당 중앙위원회 명의의 서한에서 스탈린은 "각자의 당 조직에 볼쉐비키적 질서를 확립할 것"을 요구했다.[263] 형식적으로 권고되었던 조치는 당원증의 점검이었다. 그러나 5월에서 10월까지 실질적으로 진행되었던 것은 본격적인 숙청작업이었으며, 문제가 발견되면 당적에서 제명하는 것에 그치지 않고 형사상의 책임을 묻기도 했다. 볼쉐비키당의 정치에 있어서 숙청은, 예전에도, 혁명적 맑스주의의 정통성 유지 및 정치적 자기 단련을 위한 기본적 수단이었음을 기억할 필요가 있다. 그러나 이제 숙청은 전혀 다른 차원에서 진행되었다. 당원들의 신상 파일을 일일이 점검하면서 당 기관은 내무인민위원부 요원들과 함께 노동계급과 볼쉐비키당의 적(敵)을 색출하고자 노력했다. 1935년 12월 말에 당시 당 통제위원회 의장이었던 예조프가 당 중앙위원회 전원회의에서 보고를 통해 밝힌 통계자료에 의하면, 동년 11월 말까지 1만 5천 명 이상의 '인민의 적'이 당에서 제명됨과 아울러 체포되었으며, 100개 이상의 반혁명 조직과 그룹이 적발되었다.[264]

그러나 1935년의 "점검"과 관련된 조치들은 2년 후에 실시된 대숙청과 그 규모 면에서나 정치적 파괴력에 있어서나 전혀 비교될 수 없었다. 징벌이 가해졌던 대상은, 한동안, 대개 당원들 중에서 특히 옛 반대파 인

---

263) КПСС в резолюциях.., т.5, с.244.
264) РЦХИДНИ, ф.17, оп.120, д.177, л.22. 흥미롭게도, 1937년 3월 5일, 볼쉐비키당 중앙위원회 전원회의에서 스탈린은 소위 "숙청정책"을 올바르게 시행하자고 강한 어조로 요구했다: "[보시오!] 우리가 그 [트로츠키주의자들과의 투쟁] 기간 중에 수만, 수십만의 당원들을 제명시킨 것, 우리가 일부 당원들의 운명과 관련해 많은 비(非)인간성과 관료주의적 비정함을 발휘한 것, 근 2년간 진행된 숙청과 그 다음에 있었던 당원증 교환을 통해서 결국 30만 명을 제명한 것. 그래서 1922년부터 우리 당에서 제명된 자들을 합하면 모두 150만 명을 헤아립니다. 일부 공장에서, 예를 들어 [약 3만 명의 노동자들이 일하고 있는] 콜로멘스키 공장을 보면, [중략] 현재 1,400명의 당원이 있는데, 전(前) 당원들과 이 공장에서 쫓겨나거나 제명된 자들을 합하면 2,000명이나 됩니다, 한 공장에서! [중략] 보시오! 이 모든 난장판은 동무들이 허용한 것입니다." См.: Вопросы истории, 1995, No.11~12, с.21.

사들이나 또 그들과 연관되어 있다고 의심된 사람들에 국한되었다. 인민대중과 관련해서 볼쉐비키는 소비에트 체제의 역사적 진보성과 우월성을 선전하고 또 입증하면서, 온 정책수단들을 동원해 그들의 모든 역량과 에너지를 사회주의 건설 현장으로 집중시키는 데 주력했다. 이미 1935년 1월 말에 당 정치국은 스탈린의 제안에 따라 그때까지 각급 소비에트 내에서 유지되었던 불평등선거를 평등선거로, 여러 단계의 간접선거를 직접선거로, 공개선거를 비밀선거 방식으로 교체하는 〈헌법의 근본적 개정에 관한 결정〉을 채택했다. ≪프라우다≫는 정치국 결정에 관해 즉각 보도했다. 그리고 그 문제는 1935년 2월에 열렸던 제7차 소비에트 대회에서 논의되었고, 이어 1936년 여름과 가을 내내 소비에트 사회는 헌법 개정 캠페인과 기본법에 관한 열띤 토론으로 덮여 있었다.

1935년 9월 25일에 소연방 소브나르콤과 볼쉐비키당 중앙위원회가 채택한 〈곡물가격 인하 및 육류, 생선, 설탕, 기름, 감자 등에 대한 배급제 폐지에 관한 결정〉은 "근로자들의 복지가 더 한층 향상되는" 도상에 있어서 중요한 이정표가 되었다.[265] 이때부터 1936년에서 1937년의 기간 동안 소비에트 권력은 식료품에서 공산품에 이르기까지 각종 일용소비재 상품들에 대한 소매가격을 추가로 계속 인하했다. 물론 그런 조치들은 직접적으로 인민들의 물질적 복지를 향상시키는 것이었다. 이와 더불어 사회적 구매력이 제법 빠르게 증대되고 있던 현실도 인민대중이 "부유한 삶"으로 접근하고 있음을 입증하는 중요한 지표가 되었다. 1937년 6월 2일자 ≪프라우다≫에 인용된 통계자료에 의하면, 1932년에서 1936년의 기간 동안에 소매상품의 총거래액은 355억 루블에서 1,060억 루블로, 약 3배가 증가했다.[266]

---

265) Подробно см., Правда, 26 сентября 1935 г.
266) 부연하면, 1935년에 이루어진 가격인하에 따라 인민들이 얻은 실질소득의 증대효과는 50억 루블에 달했으며, 1936년의 경우에는 콜호즈 시장에서의 가격인하를 배제하고 단

노동자들의 물질적인 복지상태가 개선됨과 동시에 각 산업현장에서는 이른바 '사회주의적 경쟁'이 본격적으로 전개되었으며, 스타하노프는 그 운동의 살아있는 표상이 되었다. 돈바스(도네츠크 탄전) 중앙탄광의 막장에서 일하는 모범 광부였던 그는, 1935년 8월 30/31일 밤, 5시간 45분의 근로시간 동안 102톤의 석탄을 채굴했다. 그 시간에 보통 12~15톤이 생산되었던 것을 고려하면 정말 경이적인 일이었다. 1935년 9월 24일자 ≪프라우다≫는 "스타하노프 동무의 기록이 작성된 후 20일 동안에 그의 작업 방법은 돈바스에서의 '사회주의적 경쟁'이 더 한층 고양됨에 있어서 기치가 되었다"고 보도했다. 즉각, 인접 분야뿐만 아니라 전체 산업부문에서 유사한 모범을 수립하기 위한 캠페인이 전국적으로 전개되었다. 스타하노프 운동은 그렇게 시작되었다.

　　앞에서 언급한 것처럼, 제2차 5개년 계획은 많은 어려움 속에서도 노동의 질적 향상의 측면에서 획기적인 성공을 거두었다. 노동생산성은 82% 향상되었으며, 이는 제1차 5개년 계획 기간의 그것에 비하면 두 배 이상의 수치였다. 물론 이러한 성공은 생산과정에의 노동력 투입이 양적으로 증가한 덕분이라기보다는 오히려 중공업에 대한 집중적 투자의 결과 생산의 기계화가 급속히 실현되었으며, 여기에 더해 신기술 이용에 있어서의 효율성과 경제성이 극대화될 수 있었기 때문이었다. 이를 가능케 했던 주된 요인들 가운데 하나가 바로 스타하노프 운동이었다. 흔히 말하듯 경제적 효율성이 이윤동기의 충족을 전제로 해야만 보장되는 것은 아니었다. 1930년대의 소비에트 경제는, 이를테면, 사회주의적 자본과 정치화된 노동이 결합됨으로써 성장의 활력으로 용솟음치고 있었다. 소비에트 경제가 "찬란하게" 발전할 수 있었던 원인을 19세기 후반부터

지 국가 및 협동조합 상업에서 얻어진 효과만 고려하더라도 30억 루블 이상이었다. Cм.: Правда, 2 июня 1937 г.

급속한 자본주의적 발전을 경험했던 제정 러시아의 유산 속에서만 찾는다거나 또는 인민들의 혁명적 볼룬터리즘(voluntarism)에서만 찾을 수는 없을 것이다. 양자(兩者)의 유기적 결합이 경제발전의 동력이 되었으며, 바로 거기에 스탈린의 정치가 가졌던 중요한 의미가 있다. 아무튼 1935년 10월경부터 각 신문의 지면은 '사회주의적 경쟁'을 조직하라는 격문과 더불어, 각 기업들에서 세워진 새로운 기록을 공시하는 기사들로 가득 차게 되었다. 1935년 11월, 제1차 전국 스타하노프운동원 협의회가 모스크바에서 개최되었다. 여기에서 단상에 오른 스탈린은 더 이상 현실에 부합되지 않는 낡은 전통과 기술수준을 파괴하고, 선진 자본주의 국가들의 노동생산성을 능가하고, 그리하여 소연방이 더욱 부유한 나라가 되는 "새로운 시대"가 공산주의 사상으로 무장한 "새로운 사람들"에 의해 "돌파되고 있다"고 말하면서, 스타하노프 운동이야말로 새로운 시대의 장을 여는 획기적인 사건이라고 규정했다. 그러나 그것으로 충분할 수 없었다. 스탈린이 강조한 바에 따르면, 스타하노프 운동이 갖는 역사적 의미는, 주로 그것이 "사회주의에서 공산주의로 나아가기 위한 조건들을 마련하고 있다"는 데 있었다.[267] 물론 그 조건들이란 생산력의 고도한 발전과 공산주의적 인간형의 실현으로 귀결되는 것이었다.

볼쉐비키당 지도부는 혁명적인 "위대한 도약"을 구현하기 위해 사회의 각 분야에서 '사회주의적 경쟁'을 확산시켰다. 모든 기업들에서 "스타하노프 정신"이 뿌리를 내려갔으며, 각 노동영웅의 기록은 전체 종업원의 작업기준량이 되었다. 그렇다고 해서 운동이 순 강제적으로 전개되었던 것은 아니었다. 1935년 10월부터 1936년 5월까지 크렘린 대궁전은 사실상 '사회주의적 경쟁' 운동의 선전 본부가 되었으며, 이곳에서 "소비에트 인민의 지도자들은 탁월한 스타하노프 운동원들 수천 명과 함께 나라

---

[267] См.: Правда, 22 ноября 1935 г.

가 사회주의로 더 전진하기 위한 계획을 논의했다."268) "미천한" 노동자들이었던 운동원들은 레닌 훈장이나 노동적기(勞動赤旗) 훈장 등 최고 등급의 표창을 받았으며 전국적 유명인사가 되었다. 그리고 그들 중 많은 사람들은 각 기업에서 지도적인 지위에 임명되었다. 운동에 대한 많은 노동자들의 적극적인 참여는 "공산주의적 헌신"의 발로이기도 했지만 동시에 개인의 현실적인 동기도 많이 작용했을 것이다.

스타하노프 운동은 사회적으로 매우 폭넓게 전개되었다. 그 운동은 이데올로기적 차원이나 물질적 차원에서 자신의 과업에 대한 주체적 관심을 각성시킴으로써 소비에트 인민들의 나라 발전에 대한 열의를 크게 고양시켰다. 그러한 가운데, 영웅적인 노동 공적(功績)에의 호소와 더불어, 운동에 저항하면서 노동자들의 헌신적 노동을 방해하고 있는 소위 "태업꾼"들에 대한 경계의 목소리가 점차 고조되기 시작했다.269) 적(敵)은 노동자들 속에도, 특히 "기업 운영진 및 엔지니어-기술 일꾼들 중의 보수적인 부분" 속에 은신할 수 있다고 강조되었다. 1935년 11월에 열린 스타하노프운동원 협의회 석상에서 스탈린이 "운동은 어느 정도 기업운영자들의 의지에 반해, 심지어 그들과의 투쟁 속에서 발생했고 전개되었다"고 말했던 것은270) 우연한 일이 아니었다. 물론 스타하노프 운동 자체가 이른바 숙청정책과 밀접히 결부되어 있었다고 단정할 이유는 없다. 오히려, 새로운 사회를 건설함에 있어서 이룩한 뚜렷한 성과에 의해 고무된 인민들의 각오와 열의를 배경으로 하여, 다른 차원에서 자신과 주변을 정화하려는 당의 의지가 구현되고 있었다.

앞에서 언급한 바와 같이, 숙청정책은 레닌에게서 계승된 볼쉐비키당

---

268) Правда, 26 марта 1936 г.
269) См.: КПСС в резолюциях.., т.5, с.233~234.
270) Правда, 22 ноября 1935 г.

의 고유한 전통이었다. 러시아사회민주노동당이 1903년 제2차 당 대회를 계기로 볼쉐비키와 멘쉐비키로 분열된 이후, 유럽의 러시아 사회민주주의자들 사이에서 분열주의나 교란책동의 뜻을 가진 용어로서의 레닌이즘이라는 낱말이 널리 유포되었던 것은 레닌의 정치적 배타성과 비타협성 때문이었다. 레닌파는 명목상 볼쉐비키, 즉 다수파였지 실제는 소수자 그룹에 불과했다. 1905년 첫 번째 러시아 혁명이 실패하면서 레닌은, 오랫동안 동지적 관계를 유지했던 보그다노프, 루나차르스키 등과도 마히즘(마하주의)에 관한 "철학논쟁"을 벌이면서 결별했다. 1908년에서 1909년을 경과하면서 레닌은 러시아 혁명가 그룹에서 "혁명적 순수성"을 유지한 채 거의 고립되어 있었다. 결국 1912년 1월에 프라하에서 그는 자신을 지지하는 무명의 젊은 "혁명가"들을 규합해 일방적으로 러시아사회민주노동당 중앙위원회를 구성했으며, 사실상 그것이 순수 레닌당으로서의 볼쉐비키당의 시작이었다. 특히 10월혁명 이후에 다양한 "혁명적 인자들"을 흡수하며 결국 유일적 대중정당으로 발전하기 시작한 볼쉐비키당 내에서 "이질분자들"의 제거를 위한 정책과 치열한 분파 투쟁은 한편으론 자연스러운 현상이었다. 1921년 봄에 열린 제10차 당 대회에서 "당의 이념적-전투적 결속"을 위해 어떠한 분파의 형성도 금지하는 결정이 채택된 이후, 사실상 레닌파는 반혁명분자들뿐만 아니라 노선을 달리하는 당내의 반대파에 대해서도 일정한 제재를 가할 수 있는 공식적 근거를 갖게 되었다. 그랬음에도 치열하게 계속된 분파 투쟁의 결과로, 또한 권력의 논리에 따라 당내의 반대파가 점차 반혁명분자들과 동일시되면서 숙청은 일정한 형벌을 수반하기 시작했다. 물론 처음부터 숙청정책이 곧 징벌정책을 의미하지는 않았다. 그러나 단지 시작이 어려웠을 뿐이었다. 스스로의 정화를 추구하는 당의 전통이 발전해 갔던 당시의 추세를 고려하면, 그것이 과연 어떤 규모로까지 확대될지가 문제였을 뿐, 두 정책이 동일화되는 것은 단지 시간의 문제였다. 이제, 당의 숙청정책이 그 절정에 도달하기까지 그리 오랜 기다림이 필요하지 않았다.

1936년 8월 1일 ≪프라우다≫는 「파시즘은 전쟁! 사회주의는 평화!」라는 제목의 사설을 통해 알렸다: "극히 심각한 불안감이 점점 더 인류의 근로자들을 사로잡고 있다. 세상에 전쟁의 먹구름이 감돌고 있다." 그랬음에도 1936년 8월 언론에서 다루어졌던 주된 주제는 파시즘이 아니고, 스페인에서의 내전도 아니었으며, 바로 막 작성된 신헌법 초안도, 이제 1주년을 맞이하는 스타하노프 운동도 아니었다. 그것은 8월 19일에서 24일까지 공개리에 진행되었던 "트로츠키-지노비예프파 연합 반소비에트 센터" 사건에 대한 재판이었다.

1936년 1월, 고리키(현재 니즈니-노브고로드)시에서 반년 전쯤 독일에서 소연방으로 영구 이주한 올베르크가 체포되었다. 그로부터 한 달 후, 올베르크는 자신이 입국한 이유가 트로츠키의 특별한 지시에 따른 것으로서 소연방에서 반혁명 활동을 수행하고 스탈린에 대한 테러를 조직하기 위함이었다고 "자백"했다. 그리고 사건은 소위 "인민의 적-테러리스트 센터"의 존재가 적발되는 사태로까지 확대되었다. "센터"는 지노비예프와 카메네프 및 그 지지자들, 트로츠키파 "간부" 출신인 I.N. 스미르노프와 테르-바가냔, 그리고 과거 독일공산당원이었던 5명의 인물 등 모두 16명으로 구성되어 있었다.271) 판결문에 따르면, 그들은 모두 "반소비에트 활동, 간첩활동, 유해활동, 테러활동을 실행했을 뿐만 아니라, 키로프 암살에 관여했으며 당과 정부 지도자들에 대한 테러행위를 준비했다"는 명목으로 기소되었다. 피고인들은 모두 자신들이 유죄임을 인정했으며, 이들에게 법정 최고형인 총살형이 선고되었다. 형은 재판의 종료 다음날인 1936년 8월 25일에 집행되었다.

당 중앙위원회 기관지인 ≪프라우다≫뿐만 아니라 모든 당 조직, 그리

---

271) См.: Реабилитация. Политические процессы 30~50-х годов, с.171~190.

고 당 세포 내의 모든 당원들은 '인민의 적'들을 규탄했으며, "억제할 수 없는 분노"를 나타내면서 "비열한 살인자 도당"을 준엄하게 처벌할 것을 요구했다. 그와 더불어, 반(反)"트로츠키-지노비예프-카메네프-게슈타포" 캠페인이 전개되는 과정에서 "강철 같은 규율과 혁명적 경계심"이 "볼쉐비즘의 법"으로 선포되었다. 적(敵)들의 면전에서 당의 단결과 그 통일성이 강화되어야 했다. 그것을 호소했던 사람은 16인에 대한 재판이 진행되고 있을 때 "경애하는 우리의 영도자 스탈린 동무에 대한 암살을 기도한 자들과 독일 게슈타포 요원들"에 대한 총살형을 공개적으로 요구하는 글을 발표한 옛 트로츠키파의 간부 라콥스키뿐만이 아니었다. 전에 레닌이 「유언」을 통해 당의 젊은 지도자로 거론했던 퍄타코프는 「총살하라!」라는 제목의 글을 발표하면서 "비열한 살인자와 배신자들을 가차 없이 박멸할 것"을 요구했다.272) 아마 스탈린의 말이 옳은 것 같다. 그는 이렇게 썼다: "우리 공산주의자들은 특별한 기질의 사람들이다. 우리는 특수한 재료로 만들어졌다."273)

1936년 8월 22일, ≪프라우다≫는 사설을 통해 "톰스키-부하린-리코프 및 퍄타코프-라데크와 트로츠키-지노비예프파 도당과의 관계를 조사하라"고 요구했다.274) 물론 나름대로의 이유가 있었다. 1936년 4월, 내전 때 트로츠키의 휘하에서 큰 무공을 남겼으며 그 후 주로 농업관련 분야에 종사하던 무랄로프가 체포되었다. 당시 서(西)시베리아의 쿠즈바스(쿠즈네츠 탄전)의 한 기업에서 일했던 그는 1935년 12월과 1936년 1월 두 번에 걸쳐 스탈린 앞으로 편지를 보내 트로츠키즘과의 결별을 맹세하면서 자신의 복당을 요청한 바 있었다. 그러나 올베르크의 체포 이후 적발된 사

---

272) См.: Правда, 21 августа 1936 г.
273) И.В. Сталин - Краткая биография. М., 1947, с.93.
274) См.: Правда, 22 августа 1936 г.

건 관련 피의자들에 대한 취조과정에서 무랄로프가 소연방 내 트로츠키파 지하세력의 핵심 지도부에 속해 있다는 자백이 나왔고, 그것이 그의 구속 사유가 되었다. 곧, 그와 가까이 지냈던 다른 "트로츠키주의자"들에 대한 체포가 이어졌다. 16인의 재판이 진행되고 있던 8월 21일에 이미 ≪프라우다≫는 지노비예프와 카메네프에 대한 심문 조서를 게재했는데, 거기에는 그들이 옛 우파 지도자들과의 협력관계를 참회하는 진술이 담겨 있었다. 또한 신문에는 소연방 검찰 책임자인 븨쉰스키의 성명도 실려 있었다. 븨쉰스키는 자신이 이미 우파 지도자들뿐만 아니라 라데크와 퍄타코프에 대해서도 수사를 개시하라는 명령을 내렸다는 사실을 공지했다. 다음날인 8월 22일, 톰스키는 스스로 목숨을 끊어 55세의 혁명가로서의 생애를 마감했다. 부하린과 릐코프에 대한 공공연한 추적과 핍박이 그때부터 시작되었다. 결국, 1936년 1월에 체포된 올베르크의 "자백"은 과거의 반대파 지도자들이 하나의 밧줄에 묶여 '인민의 적'으로 몰리면서 차례로 형장의 이슬로 사라지게 되는 계기가 되었다. 물론 사태의 발전에 엔카베데 취조요원들의 역할이 크게 작용했겠지만, 그것은 한편으론 전혀 놀랄 만한 일도 아니었다. 과거에 반대파 지도자로서 그들은 스탈린에게 대항했다는 공통의 경험을 갖고 있었으며, 스탈린을 제거하려고 모의한 적도 있었다. 이제 스탈린이 '인민의 영도자'로서 사회주의 혁명 및 소비에트 국가를 상징하고 있는 지금, 그를 반대한다는 것은 곧 반혁명적, 반인민적, 반국가적 범죄가 되기에 부족함이 없었다.

쿠즈바스의 케메로프 광산에서 암약하던 "반혁명 트로츠키파 유해 그룹"에 대한 1936년 11월의 공개 재판은 1928년 3월에 돈바스에서 발생한 샤흐틔 사건을 연상시키며 사회적으로 큰 파문을 불러일으켰다. 9명의 피고인 모두에게 총살형이 선고되었다. 공판 과정에서 퍄타코프와 무랄로프의 이름이 거론되었지만,275) 이번 재판의 피고인들과 정치적 비중이 달랐던 그들을 위한 법정은 따로 준비되었다. 이윽고 1937년 1월

23일, 모스크바에서 열린 소연방 최고법원 군법회의는 새로 적발된 소위 "트로츠키파 반소비에트 병립 센터" 관련 사건에 대한 공개 재판을 시작했다. 1월 30일까지 진행된 재판의 피고석에는 퍄타코프, 소콜니코프, 라데크, 세레브랴코프, 무랄로프 등을 비롯해 쿠즈바스에 있는 기업체 간부들 및 기타 다른 경제일꾼 등 모두 17명이 앉아 있었다. 이 사건의 판결을 통해서 트로츠키파 "반혁명분자"들의 반소비에트 활동 전모가 "폭로"되었다. 판결문에 의하면, 1933년에 '인민의 적'인 트로츠키의 직접적인 지시에 따라 "트로츠키-지노비예프파 연합 반소비에트 센터"와는 별도로, 그것과 병립해 "트로츠키파 반소비에트 센터"가 창설되었으며, 그 멤버들이 바로 퍄타코프, 소콜니코프, 라데크 등의 인물들이었다. 이 "병립 센터"의 존재 목적은 바로 소연방에서 소비에트 권력을 타도하는 것이었으며, 목적의 실현을 위해 "센터"는 치밀한 계획을 세우고 유해교란 활동과 간첩 및 테러활동을 주도적으로 전개했다. 그리고 그들은 지방에서의 반소비에트 활동을 직접 지도하기 위해서 국내의 주요 대도시 중 몇몇 곳에 지방 센터를 설립했다. 특히 쿠즈바스의 중심 도시인 노보시비르스크에는 퍄타코프의 지시에 따라 "서(西)시베리아 센터"가 조직되었던 것이었다. 판결문에 따르면 "병립 센터" 가담자들의 활동은 생산계획의 실현을 저지하기 위해서 공장, 광산 등 생산시설을 방화하고 폭발시키는 것으로 집중되었다. 그밖에 피고인들은 독일과 일본의 첩보기관을 위해 스파이 활동을 했으며, 또한 당과 정부의 지도자들을 암살할 목적으로 몇몇 테러조직을 구성하기도 했다.[276]

"병립 센터" 사건 피의자 전원은 자신에게 부과된 혐의들이 모두 사실임을 인정했다. 17명의 피고인 가운데 4명을 제외하고는 모두 총살형이

---

275) См.: Правда, 20~23 ноября 1936 г.
276) См.: Правда, 24~30 января 1937 г.

선고되었다. 라데크, 소콜니코프, 그리고 쿠즈바스의 광산 간부였던 아르놀드에게는 10년형이 선고되었으며, 노보시비르스크의 한 기업에서 고위 간부로 일했던 스트로일로프는 8년의 징역형을 선고받았다. 그러나 그것으로 비극이 끝나지는 않았다. 소콜니코프와 라데크는 1939년 5월 감옥에서 동료 죄수에게 살해되었으며, 1941년에 아르놀드와 스트로일로프에게는 궐석재판을 통해 사형이 선고되었고, 즉각 집행되었다.277)

톰스키의 자살 이후에도 부하린과 리코프의 운명은 즉시 결정되지 않았다. "트로츠키-지노비예프파 연합 센터"와 우파가 제휴하고 있었다는 소콜니코프의 "자백"과 관련하여, 부하린과 리코프의 신상에 관한 처리 문제가 1936년 12월 초에 열린 당 중앙위원회 전원회의에서 논의되었지만 결론은 일단 유보되었다. 혐의 내용의 불확실성이 그 이유였지만, 점차 "병립 센터" 사건의 수사과정에서 그들의 간첩활동과 유해행위를 비난하는 증언이 누적되면서 상황이 달라져 갔다. 곧, 그들은 다음에 열릴 당 중앙위원회 전원회의 의제에 두 사람의 혐의에 관한 심의가 포함되어 있으며, 그에 대한 소명을 준비하라는 통지서를 받았다. 속기록을 보면, 1937년 2월 23일에 시작된 당 중앙위원회 전원회의의 분위기는 몹시 심각했다. 참석자들은 모욕적인 표현과 낙인을 동원해가며 부하린과 리코프가 저지른 "중죄"를 비난했다. 부하린과 리코프는 전원회의에서의 발언을 통해 자신들의 "양면(兩面)주의"에 대해 가해지는 비난들, 즉 1929년에 정치적 과오를 인정한 것이 순전히 쇼에 불과했다는 것, 당연히 그 후에도 비밀리에 반당(反黨) 투쟁을 계속했다는 것, 그리고 "류틴의 팸플릿"을 강령으로 채택한 "우파 센터"가 1932년부터 본격적으로 반소비에트 활동을 전개했다는 것, 트로츠키주의자들 및 지노비예프파와 긴밀한 협력관계를 유지했다는 것 등의 비난들이 얼마나 터무니없고 황당무계한 것

---

277) Реабилитация. Политические процессы 30~50-х годов, с.215~216.

인지를 설명하려고 애썼다. 물론 그들은 자신들이 테러활동에 종사했다는 비난도 전혀 근거 없는 것이라고 부인했다. 그러나 옛 우파 지도자들이 자신들에게 치명적인 "자백"을 무더기로 확보하고 있는 당 중앙위원들 앞에서 당이 자신들을 신뢰하지 않고 자신들의 말을 믿지 않는 것이 답답할 뿐이라고 외쳤던 것은 이제 아무 소용없는 절규일 수밖에 없었다. 지금 문제는 전혀 다른 차원에 있었다: "말로 변명만 하지 말고 자신의 결백을 실제 증명해 봐! 만약 할 수 없다면, 정직하게 자신의 죄를 인정해!" 결국 스탈린은 이렇게 발언했다: "부하린과 리코프의 반당, 반소비에트 활동뿐만 아니라, 자신들에 관한 문제를 심의하고 있는 여기 전원회의에서 보인 그들의 태도 또한 큰 적개심을 유발했습니다."[278] 아무튼, 1937년 2월 27일, 당 중앙위원회 전원회의는 두 사람을 재판에 회부하고 총살시켜 버리라는 예조프 등 일부 중앙위원의 요구를 배격하고는, 부하린과 리코프를 중앙위원회 후보위원 및 당원 명부에서 제명하는 동시에 그들의 관련 사안을 내무인민위원부로 이첩하기로 결정했다.[279] 두 사람은 그날 바로 체포되었다.

    1937년 2월 23일에 열린 당 중앙위원회 전원회의는 3월 5일까지 이례적으로 열흘 이상 계속되었다. 그리고 다루어진 의제의 양에 있어서나 회의에서 발언한 사람들의 수에 있어서나 거의 여느 당 대회에 뒤지지 않았다. 볼쉐비키당의 역사에 있어서 2월의 전원회의가 가졌던 정치적 의미는 다른 어떤 전원회의나 또는 당 대회에 비해서도 큰 것이었다고 말할 수 있다. 1937년 2월의 전원회의는 바로 볼쉐비키당에 대한 대숙청의 "이론적 근거"를 제공했으며, 당의 이름으로 소비에트 사회에 대한 소위 "대(大)테러"를 정당화했다. 또한 숙청의 규모와 방법에 관한 기초적 방

---

[278] См.: Вопросы истории. 1994, No.1, с.12.
[279] См.: Там же. 참고로, 엔카베데의 수장이었던 야고다는 1936년 7월 우파와의 연루 혐의를 받고 해임되었으며, 니콜라이 예조프가 그 자리를 계승했다.

짐을 확정했으며, 끝으로 당시 전원회의에 참여했던 당 중앙위원 71명 중 48명이 형장의 이슬로 사라지게 되는 비극을 준비했다.

2월의 전원회의에서 「당 활동의 결함과 트로츠키파 및 기타 양면주의자들의 박멸 방법에 관하여」라는 제목의 보고문을 들고 단상에 오른 스탈린은, 먼저, "당원 동무들이 경제 캠페인과 경제건설전선에서의 거대한 성공에 몰두한 나머지 매우 중요한 몇 가지 사실들을 망각하고 있다"고 질책했다. 그의 말에 따르면, 볼쉐비키에게는, 첫째, 자본주의적 포위가 존재하는 동안 국내에는 "외국의 요원들이 소연방의 후방으로 잠입시킨 유해분자, 스파이, 교란분자 및 암살자들"이 반드시 존재할 것이라는 사실, 둘째, "유해분자, 스파이, 교란분자, 암살자들의 흉폭하며 무원칙한 도당으로 변한 트로츠키즘"이 현재 외국 첩보기관들의 명령에 따라 활동하고 있다는 사실, 마지막으로, 소비에트 권력의 적(敵) 트로츠키주의자들이 가진 힘은 그들이 당원증을 갖고서 신뢰를 악용하며, "사람들을 정치적으로 기만하며", 소연방의 적들에게 국가적 기밀을 제공하는 데에 있다는 사실을 잊을 수 있는 권리가 없었다.[280] "간부가 모든 것을 결정한다!"라는 슬로건을 강조하면서 '인민의 영도자'는 "경제적 성공의 그늘 진 측면"과의 투쟁 전망을 분명하게 예측하고 있었다. "당 지휘 간부들의 이데올로기적 수준과 정치적 단련도를 높이고, 이들에게로 등용을 기다리는 신선한 세력들을 합류시킬 것"을 요구하면서 스탈린은 말을 이어나갔다: "여기에 우리의 길이 있으며, 그를 통해서 우리는 진정 레닌주의적으로 우리 간부들을 양성하고 또 양성해야만 합니다. 당의 말단조직에 있는 10만 2천 명의 제1서기, 3천5백 명의 지구당 서기, 2백여 명의 시당 서기, 1백 명이 넘는 주당 및 민족공산당 중앙위원회 서기들, - 이들이 재교육되고 완전무결하게 되어야 할 지도적 간부들인 것입니다."[281]

---

280) См.: Правда, 29 марта 1937 г.

1937년 2월의 당 중앙위원회 전원회의는 맨 아래에서 맨 위까지의 모든 당 서기에게 자신을 대신할 수 있는 유능한 부(副)서기 두 명을 선발해야 할 의무를 부과했다. 그리고 그들을 차례차례 "학교로, 재교육장으로, 강습소로, 이른바 레닌강습소"로 파견할 것을 명령했다. 또한 1936년 말에 열린 제8차 전국 소비에트 대회에서 채택된 소연방 신헌법의 규정에 의거하여 전원회의는 1937년 5월 20일까지 "모든 당 조직에서 당 기관원 선거를 실시할 것"을 의결했다.282) 스탈린은 당내에 "약간의 교체"가 이루어지기를 희망했다. 그러한 가운데 전원회의는 내무인민위원부(엔카베데)가 사악한 '인민의 적'을 색출함에 있어서 최소 4년을 지체했다고 지적하면서, 앞으로 "소연방 내무인민위원부는 트로츠키파 및 그밖에 파시즘 요원들을 적발하고 분쇄하기 위한 과업을 끝까지 수행함으로써 그들의 반(反)소비에트 활동을 가장 사소한 것이라도 철저히 진압할 것"이라고 예고했다.283)

그렇게 기존 간부진을 숙정함으로써, 당의 지도적 구성 부분에 소비에트 사회주의의 토양 위에서 자라난 "새롭고 신선한 소비에트적 간부들"을 유입시킴으로써 실질적으로 권력기구 전체의 근본적 쇄신을 지향하는 "간부혁명"을 위한 계획이 수립되었다. 물론 이것은 키로프의 암살 이후에 나타난 숙청정책의 틀을 완전히 깨버리는 전혀 다른 차원의 정책이었다. 옛 반대파 출신들 가운데 어떤 방식으로든 형사상의 혐의가 인정된 인물들을 주로 숙청의 대상으로 삼았던 것이 지금까지의 정책적 방향이었다면, 이제는 당과 소비에트의 간부들 전체를 그 검증 대상으로 놓고 있었다. 그들은 적극적으로 당원으로서의 자신의 사상과 당성(黨性)

---

281) Вопросы истории. 1995, No.11~12, c.18.

282) КПСС в резолюциях.., т.5, с.289.

283) Вопросы истории. 1995, No.2. c.25.

을 입증해야 했으며, 그렇지 못할 경우 정치적으로 도태될 수밖에 없었다. 그와 관련해 스탈린은 전원회의에서 직설적으로 말했다: "수만 명의 유능한 사람들, 재능 있는 사람들이 우리 당에 있습니다. 그들이 기존 부서에서 너무 오래 있어 썩기 시작하지 않도록 그들을 발굴하고 적시에 등용해야만 합니다. 찾아보고 또 찾아내시오."[284] 스탈린이 제기한 기존 간부들과 "젊은 피" 간의 대립 구도는 물론 역사상 전혀 새로운 것이 아니었다. 어떠한 사회운동에 있어서도 급진주의는 통상 보수주의적 경향의 기성세대에 비해 신선한 힘을 가진 청년층에 주로 의존했다. 1937년에 스탈린은 당과 국가기관 내에서 지도적 지위를 차지하고 있는 고참 당원들과 그 정신이 혁명적 에너지로 충만해 있는 젊은 세대 간의 격차 내지 모순을 해소하는 것을 자본주의적 포위, 특히 독일 파시즘의 위협에 대비하여 당의 전투태세를 더욱 확고히 할 수 있는 방법 중의 하나라고 생각했다. 소연방에서 그러한 모순의 의미에 대해서는 1923년에 이미 트로츠키가 먼저 지적한 바 있었다. 「신 노선」이라는 제목의 글을 통해서 트로츠키는 자신을 "노인"으로 칭하면서 "늙은 전위(前衛)대원들"의 관료주의적 변질을 지적하고, "관리(官吏)화되고 관료화된 자들을 신선한 요소들로 교체"함으로써 당 조직을 완전히 변혁할 것을 요구했다.[285] 1937년 3월 초 당 중앙위원회 전원회의에서 스탈린은 누구도 반박할 수 없는 발언을 했다: "우리 노인들은, 정치국원들은 곧 무대에서 떠날 것입니다. 그것은 자연의 섭리입니다."[286] 그러나 간과해서 안 될 것은 스스로를 "노인"이라고 칭하면서 트로츠키도 스탈린도 나름대로의 분명한 정치적 목적을 추구하고 있었다는 사실이다. 그때 트로츠키가 사

---

[284] Правда, 29 марта 1937 г.
[285] См.: Троцкий Л.Д. К истории русской революции, с.201~203.
[286] Вопросы истории, 1995, No.11~12, c.18.

실상 스탈린을 비판하면서 나름대로 세계혁명이라는 목표를 추구하고 있었다면, 지금 스탈린은 자신의 방식으로 자본주의 국가들과의 전쟁에 대비하고 있었다.

1937년 3월 "볼쉐비즘을 숙지하자!"는 슬로건과 더불어 "볼쉐비키적 점검", "간부의 단련"을 위한 캠페인이 시작되었다. ≪프라우다≫는 이렇게 썼다: "우리에겐 검증된, 투쟁 속에서 단련된 간부, 적에 대한 볼쉐비키적 형안과 불굴의 투쟁정신으로 무장한 간부들이 필요하다. 그러한 간부들의 존재는 앞으로의 승리를 위한 필수조건인데, 왜냐하면 적들과의 투쟁이 아직 결코 끝나지 않았기 때문이다."287) 캠페인은 처음부터 성공적이었다. 1937년 5월 말, 비밀투표 방식으로 치러진 당 기관 선거가 종료되었을 때 집계된 "간부들에 대한 밑으로부터의 점검" 결과는 60%에서 70%대의 재선률로 나타났다. 이는 "당 간부들의 근간이 어려운 시험을 통과"한 것으로 평가되는 가운데 결국 선거가 "볼쉐비즘의 위대한 힘"을 입증했다고 선전되었다.288) 그 무렵 스탈린은 "적들과 투쟁함에 있어 볼쉐비키를 위한 이론적 무기"로서 『전(全)연방볼쉐비키공산당사 단기과정』을 편찬하기 위한 준비를 서두르고 있었다. 바로 6월에 "현행범으로 체포된 8명의 스파이, 비열한 매국노들", 즉 투하쳅스키, 야키르 등을 비롯한 군 최고수뇌부의 일부 장성들을 재판에 회부한다는 연방검찰의 발표는 커다란 사회적 센세이션을 불러일으켰다. 1937년 6월 11일, 모스크바에서 소연방 최고법원 특별배심법정은 비공개 재판을 열고 "12월 1일자 법"이 설정한 질서에 입각해 "군대 내의 트로츠키파 반소비에트 군사조직" 사건을 심리했으며, 투하쳅스키를 비롯한 피고인 전원에게 사형을 선고했다.289) 그와 관련해 1937년 6월 12일자 ≪프라우다≫는 "이 판결이

---

287) Правда, 1 апреля 1937 г.

288) См.: Правда, 14, 17, 18 мая 1937 г.

야말로 소비에트 인민의 목소리"라고 논평했다.

당 간부들의 "점검"을 성공적으로 마친 스탈린은 곧 사회 내 "불순분자들"의 제거를 위한 작업에 착수했다. 1937년 7월 2일 당 중앙위원회 정치국은 "반(反)소비에트 분자들에 관한" 결정을 채택하고 그것을 각 민족공화국 및 주(州)의 당 서기들에게 전문으로 보냈다. 그것의 내용은 첫째, 각 유형지에서 형기 만료로 자기 고향으로 돌아온 예전 부농 출신자 및 형사범들이야말로 각지에서 자행되는 각종 반소비에트 범죄 행각의 주모자들이며, 둘째, 그들 중 소비에트 권력에 아주 적대적인 자들은 즉각 체포 총살하고 덜 적대적인 자들은 체포 추방할 수 있도록 각 서기들은 자기 관할구역 내에 있는 그들의 실태를 파악할 것이며, 셋째, 반소비에트 분자들을 심사할 기구로 '3인회'를 구성하는데, 각 서기들은 이 '3인회'에 들어갈 인물의 명단 및 총살되거나 추방되어야 할 반소비에트 분자들의 인원수를 파악 집계하여 5일 내에 중앙위원회로 보내야 한다는 것이었다.290) 여기에서는 당 고위 간부들이나 일반 당원에 관해선 일언반구 없었다. 아무튼, 정치국의 지시는 곧 이행되었고, 위 전문에 의거하여 1937년 7월 30일자 내무인민위원부 명령 제00447호 〈예전 부농 출신

---

289) См.: Реабилитация. Политические процессы 30~50-х годов, с.280~304.

290) См.: АПРФ, ф.3, оп.58, д.212, л.32. 이 문서는 "반(反)소비에트 활동"을 하고 있는 탄압 대상을 9개 범주로 나누어 구체적으로 열거하고 있다. 그들은 ① 형기가 끝난 부농 출신자, ② 수용소나 노동부락에서 탈주하거나 신분을 위장했던 부농 출신자, ③ 테러나 강도 등의 행위로 처벌받거나 했던 사회적 위험분자, ④ 사회혁명당 등 과거의 반(反)소비에트 정당원, 백군 출신, 제정시대 헌병과 관리 및 진압대원, 귀환한 역(逆)이주자, ⑤ 현재 근절되고 있는 카자크-백위대 폭동조직 등에의 적극 가담자들, ⑥ 현재 감옥, 수용소, 노동부락 등에 수용되어 있는 예전 부농 출신, 전(前) 진압대원, 강도, 백군 출신, 분리파 주모자, 교회 종사자들 중에서 가장 적극적인 반소비에트 분자들, ⑦ 범죄활동을 하고 있거나 범죄 집단과 연계된 형사 전과자들, ⑧ 수용소나 노동부락에 수용되어 있거나 그 안에서 범죄활동을 하는 범죄분자들, ⑨ 현재 콜호즈, 솝호즈, 농업기업, 공업기업, 무역기업, 교통, 각종 소비에트 기관, 건설현장에 있는 상기 모든 종류의 반소비에트 분자들이었다.

자와 형사범 및 그밖에 다른 반(反)소비에트 분자들에 대한 탄압 작전에 관하여〉가 발령되면서 '인민의 적'과의 투쟁은 본격적 국면으로 진입했다. 명령 제00447호는 탄압 대상을 두 범주로 구분하여 소비에트 권력에 아주 적대적인 첫 번째 범주는 '3인회'의 심의를 거쳐 즉시 총살케 했으며, 두 번째 범주는 8~10년 동안 교정노동수용소 또는 감옥에 가두게 했다. 또한 거기에는 각 지역별로 탄압 대상 인원수가 두 범주로 나뉘어 구체적으로 명기되었으며, 각 민족공화국과 자치공화국 및 주(州)에 설치될 '3인회'의 명단도 포함되었다. 작전은 8월부터 시작되었다.[291] 통상적으로 '3인회'는 민족공화국, 자치공화국, 자치주, 주 등 내무인민위원부의 각 단위지역 책임자, 해당 지역의 당 서기 및 해당 검사로 구성되었다. 이들 3인은 아무런 제한 없이 "판결"을 내렸으며 형의 집행을 명령했다.

사회주의의 업적에 자부심을 가진 많은 소비에트 인민들은 권력의 선전에 부응하여 '인민의 적'을 색출하는 데 열중했다. 각 지역의 '3인회'들은 탄압 대상 인원을 늘리겠다고 경쟁적으로 요청했다. "색출 작전"에 이른바 '사회주의적 경쟁'이 확대되면서 체포자 수가 급속히 증가되었다.[292] 인민들의 열성적인 밀고, 그리고 고문을 합법화한 당 중앙위원회의 결정 덕분에 대숙청은 고도의 생산성을 과시하며 전개될 수 있었다. 탄압은 정치국의 〈결정〉이 규정한 "반소비에트 분자들"에 그치지 않았다. 탄압은 최근 정비된 당으로까지 확대되었으며, '3인회'의 구성 인물들도, 당 중앙위원들도 체포되어 자신의 확고부동한 당성(黨性)을 입증해야 했다. ≪프라우다≫가 1937년을 "볼쉐비즘의 전(全)세계적, 역사적 승리의 해"로 규정했던 것은 전혀 근거 없는 일이 아니었다.[293]

---

291) См.: АПРФ, Ф.3, оп.58, д.212, лл.59~78.
292) 내무인민위원부(엔카베데) 명령 제00447호에 규정된 체포 대상은 총 268,950명으로, 첫 번째 범주(총살)에 75,950명, 두 번째 범주에 193,000명이 속해 있었다. См.: Там же.

그러나 1938년 1월, 당 중앙위원회는 전원회의를 열고 "공산당원을 제명함에 있어서의 당 조직의 과오 및 당에서 제명된 자들의 청원에 대한 형식적, 관료주의적 태도 그리고 이런 결함들을 제거하기 위한 조치들에 관해" 심각하게 논의하였고, "주(당)위원회들과 각 민족공화국의 공산당 중앙위원회 및 모든 당 조직에 대해 근거 없는 대대적 제명행위를 단호히 종식시킬 것"을 명령했다.294) 그리하여 의심할 여지없이, 1938년 벽두에 대숙청의 전개방식에 대한 수정이 모색되었지만 새로운 젊은 간부들을 과감히 등용하라는 정치적 메시지는 약화되지 않았다. 1938년 1월 말 ≪프라우다≫는 다음과 같이 보도했다: "최근 한 해 동안에 10만 명 이상의 사람들이 지구(地區)와 주(州)에서 연방 및 공화국 인민위원부의 지도적 업무로 발탁되었다. 그야말로 10만 명 이상이! 이미 이 수치 하나가 우리나라에서의 위대한 도약과 위대한 스탈린적 승리의 표현인 것이다. 인민들의 한복판에서 당원, 비당원 선구자들을 발탁해 지도적 업무로 중단 없이 등용하는 것은 레닌-스탈린 당의 정책적 기본 원칙들 가운데 하나이다."295)

1938년 2월 말, ≪프라우다≫는 오는 3월 2일에 "'우파-트로츠키파 블록'이라는 음모 그룹의 범죄활동에 관한" 사건의 심리가 소연방 최고법원 군법회의 공개법정에서 진행될 것이라는 소연방 검찰의 공고문을 게재했다. 이윽고 부하린과 리코프를 비롯해 전(前) 내무인민위원 야고다, 트로츠키 측근이었던 라콥스키와 크레스틴스키, 그리고 전 농업장관 체르노프 등 모두 21명이 "스파이 활동, 유해행위, 교란행위 및 테러활동"을 한 혐의로 법정에 섰다. 1938년 3월 13일자 판결문에서 지적되었던 것처

---

293) См.: Правда, 31 декабря 1937 г.
294) КПСС в резолюциях.., т.5, с.311.
295) Правда, 27 января 1938 г.

럼, 이번에는 앞서 진행된 이른바 정치재판에서 피고인들에게 제기된 기소장의 혐의 내용들이 모두 총괄되었다. 간첩 활동이나 사회주의의 적들과의 공모에서부터 자본주의의 부활을 위한 시도까지, 키로프의 암살 및 최근에 사망한 쿠이브쉐프, 고리키, 멘쥔스키에 대한 살해 의혹으로부터 때와 장소를 가리지 않는 위해 행위의 조직까지, 그리고 쿨락의 폭동을 조직하려는 시도로부터 공업의 전 분야에 치명타를 가하려는 음모까지 모든 것을 망라했다. 이번에도 피고인 모두는 대체로 자신이 유죄임을 인정했다.296) 부하린을 포함한 18명은 법정 최고형을 선고받았으며, 즉각 총살형이 집행되었다.

1938년의 사태가 보여준 것처럼, "근거 없는 대대적 제명행위"의 금지명령은 "반소비에트 분자들"과의 투쟁 금지를 의미하는 것이 전혀 아니었다. 탄압에 희생된 많은 사람들의 운명은 무엇보다도 개인의 신상기록 자료에 의해 결정되었다. 혁명 이전의 멘쉐비즘, 사회혁명당, 나아가 제정시대와 관련된 과거의 정치적 이력, 내전 시기의 활동사항, 트로츠키주의적 경력이나 지노비예프파와 '노동자 반대파' 등 "좌파"에의 가담 정도, 우파에 대한 지지 여부, 당에서의 제명 사실의 유무, 계급적 출신성분, 전과 기록, 그리고 혐의 대상자와의 친인척 관계나 친분 관계 혹은 단순한 사업상의 관계 등의 기준들이 총살형에 처해지거나 감옥 및 교정노동수용소로 보내지는 근거로서 엔카베데와 '3인회'에 의해 활용되었다. 혐의가 나타난 경우에 피의자는 스스로 무죄임을 입증해야만 했으며, 그렇게 하지 못할 경우 대개 유죄가 확정되었다. 확실히 스탈린은 "사회주의 사회의 도덕적-정치적 단결"의 실현이라는 구체적인 목표를 추구하고 있었다.297) 게다가 모든 '인민의 적'을 적발하고 절멸시킴에 있어서

---

296) См.: Правда, 3~14 марта 1938 г.
297) См.: Правда, 10 ноября 1937 г.

"전(全)인민의 적극적인 도움"이 적지 않은 역할을 했다. 미코얀이 제시한 "소연방 공민이 곧 엔카베데 요원"이라는 공식은 근거 없이 만들어진 말이 아니었다.[298]

대숙청 정책에 있어서의 변화는 연방 소브나르콤과 당 중앙위원회가 공동으로 "집단농장원을 콜호즈로부터 추방하는 것을 금지"하는 결정을 채택한 1938년 4월 말부터 감지되기 시작했다. 이제 "어떤 구실을 동원하더라도" 콜호즈에 대한 숙청 작업은 더 이상 불가능해졌다.[299] 5월 말에는 모스크바와 레닌그라드의 (시)당 협의회가 개최되었으며, 주된 테마는 대규모로 새로운 간부들을 발굴하고 그 토대 위에서 당 조직의 모든 경제활동과 정치활동이 약진할 수 있는 조건을 창출하는 것이었다. 바로 그러한 맥락에서, 1938년 8월 7일자 ≪프라우다≫는 「당 중앙위원회 1월 전원회의의 결정을 볼쉐비키답게 수행하자」라는 제목의 사설을 통해, 당원 제명 시 저지른 "과오"들을 시정함에 있어서 드러난 지방 당 조직들의 태만을 비판하고 있었다: "당 중앙위원회 1월의 전원회의 때까지 당에서 제명된 자들에 의해 53,700건의 소원이 여러 조직으로 제출되었다. 1월의 전원회의 후인 6월 1일에 101,700건의 소원이 추가적으로 제출되었다. [중략] 지금까지 소원 심사에 대한 냉담하고 관료주의적인 태도가 전혀 근절되지 않고 있다."[300] 그러나 다음날 ≪프라우다≫는 "7월 29일부터 시작해 일본군이 하산 호수 지역의 소비에트 영토에 대해 일련의 도발적인 공격을 감행했다"고 보도하면서 시급히 전쟁 테마를 논의하기 시작했다.[301] 스탈린이 우려하던 파시즘의 군사적 위협이 현실

---

298) См.: Правда, 21 декабря 1937 г.
299) См.: КПСС в резолюциях.., т.5, с.315.
300) Правда, 7 августа 1938 г.
301) Правда, 8 августа 1938 г. 참고로, 1937년 7월에 시작된 중일전쟁은 당시 스탈린이 일본의 군사적 위협을 실감하는 계기였으며, 독일과 일본을 상대로 두 개의 전선에서 동

화된 상태에서 대숙청 정책은 어떠한 형태로든 속히 매듭지어질 필요가 있었다. 물론 스탈린의 입장에서는 문제도 많았지만 기대했던 성과가 전혀 없었던 것도 아니었다.

1938년 8월에 베리야를 엔카베데의 부(副)인민위원의 자리에 앉힌 것은 인민위원 예조프의 "만행"를 제어하기 위한 조치였으며, 이로써 대숙청은 막바지에 다다르게 되었다. 1938년 11월 17일에 연방 소브나르콤과 당 중앙위원회의 공동 명의로 〈체포, 검찰 감독 및 심리 진행에 관한 결정〉을 채택케 한 스탈린은 그것을 통해 "엔카베데 및 검찰기관에 대해 대량의 체포와 추방을 수반하는 어떠한 작전도 실행할 수 없도록 금지"했으며 동시에 모든 "사법(司法) 3인회"를 폐지했다. 그에 따라 소연방 헌법에 부합하는 형사소송의 정상적 절차가 회복되었다. 더욱이 11월 17일자 결정문에는, 특히 "엔카베데 및 검찰기관의 활동에 있어서의 중대한 결함과 왜곡"이 있었다는 사실이 지적되기도 했다.302) 11월 말 베리야가 소연방 엔카베데의 책임자로 임명되었으며, 그것으로써 소위 "예좁쉬나"가 완전 청산되었다.303)

1937~38년 대숙청 기간에 볼쉐비키당은 나누어질 수 없는, 동시에 개별적이기도 한 세 가지의 작전을 전개했음을 간과하면 안 된다. 그것

시에 전쟁을 수행하는 상황을 피하고자 했던 그는 일본의 군사 행동을 주시하며 만일의 사태에 대비해, 1937년 가을, "일본을 위한 간첩활동"을 차단할 목적으로 연해주에 거주하던 고려인들을 중앙아시아로 강제 이주시켰다. 그 후 빚어진 양국의 충돌은 1938년 여름 두만강 하류 지역에서 발생한 하산(장고봉)전투, 그리고 1939년 5~9월 만주와 몽골 접경지역에서 빚어진 할힌골(노몬한)전투가 기록되어 있다. 하산 전투의 자세한 내용은 см.: Правда, 28 августа 1938 г.

302) См.: Исторический архив. 1992, No.1, с.125~128.
303) "예좁쉬나(ежовщина)"는 과거 소련 역사학에서 사용됐던 대숙청의 공식 명칭으로, 예조프의 폭정 내지 압제 정도로 해석된다. 대숙청 작업을 지휘했던 예조프는 국가전복을 기도한 혐의로 1939년 4월 체포되어 1940년 2월 소연방 최고법원 군법회의에서 사형 선고를 받고 다음 날 총살되었다. 예조프 몰락의 실제 원인은 대숙청의 규모를 원래 계획보다 크게 확대한 그의 "과오"에 대한 스탈린의 분노가 아닌가 생각된다.

은 우선, 과거의 반대파들을 완전히 척결하기 위한, 그리고 새로운 소비에트 간부들을 등용하기 위한, 끝으로 사회 내 "반소비에트 분자들"이나 "불순분자들"을 제거하기 위한 작전이었다. 대숙청의 물결은, 이미 널리 알려진 사실들이 증언하는 바처럼, 전쟁의 문턱에서 잠재적인 "제5열"을 근절하고 그에 상응하여 당-국가 기구 및 인민들의 단결과 동원 태세를 강화함을 기본 목적으로 삼고 있었다. 국가사회주의의 체제하에서 단결이 당과 국가에 국한된 목표일 수 없었다. 단결은 인민 전체를 포섭해야 했다. 스탈린은 "소비에트 인민들의 도덕적-정치적 단결"을 구현함에 있어서 레닌의 성스러운 투쟁 원칙, 즉 "우리를 지지하지 않는 자는 곧 우리의 적"이며 "목적은 수단을 정당화 한다"는 사상으로 철저히 무장했다.

로버트 콘퀘스트의 용어인 "대(大)테러"에 의해 희생된 사람들의 수적 규모 문제와 관련해 지금껏 연구자들 사이에 일치된 의견은 없으며, 지금 여기서 그 문제를 상세히 궁리하는 것은 별로 의미가 없다고 생각된다. 분명한 것은, 어떤 경우에도 희생자 및 그 가족을 포함해 수백만 명의 운명이 직간접적으로 대숙청과 관계되었다는 사실일 것이다. 스탈린의 계승자 니키타 흐루쇼프가 1957년 7월에 열린 당 중앙위원회 전원회의에서 행한 증언에 의하면, "1937년과 1938년 두 해 동안에 150만 명 이상이 체포되었으며, 그들 중에서 68만 1,692명이 총살되었다."[304] 이 문제에 관한 스탈린 자신의 생각이 흥미롭다. 1939년 3월에 개최된 제18차 당대회에서 그는 이렇게 말했다: "숙청이 심각한 과오 없이 실행되었다고는 말할 수 없습니다. 유감스럽게도 과오는 예상보다 더 많았습니다. 분명한 것은 더 이상 대량 숙청의 방법을 사용할 필요가 없어졌다는 것입

---

304) Исторический архив. 1994, No.2, c.41. 스탈린의 만행을 조사하기 위해 당 중앙위원회 간부회 산하에 설립되었던 위원회(위원장 Н.М. Шверник)가 1963년 초에 발표한 조사 결과에 따르면, 1937~1938년에 137만 2,392명이 체포되었고, 그들 가운데 68만 1,692명이 총살되었다. См.: Источник. 1995, No.1, c.120.

니다."305) 그러면서 스탈린은 "위대한 숙청"이 불가피한 것이었으며 긍정적인 결과를 가져왔다고 주장했다. 그의 생각은 분명한 것이었다. 레닌의 장례가 치러지던 1924년 1월 말, 제2차 전국 소비에트 대회 석상에서 스탈린은 레닌의 유훈을 기필코 실현할 것을 "위대한 맹세"로써 다짐했다: "우리는 프롤레타리아트의 위대한 전략가의 군대를, 레닌 동무의 군대를 구성하는 사람들입니다. 이 군대의 일원으로서 복무하는 것보다 더 높은 명예는 없습니다. 당원이라는 신분보다 더 숭고한 것은 없습니다."306)

'인민의 영도자'가 개진한 논리에 따르면, 숙청의 긍정적 결과는 우선 국가를 지도하는 "간부의 단련장"으로서의 당이 "유해하고 적대적인 분자들"로부터 스스로를 정화함으로써 더욱 강인해졌으며, 소비에트 사회의 "균질성과 내부적 단결"이 실현된 덕분에 전쟁이 발생할 경우 군대의 후방과 전선은 그 어떤 나라에 있어서보다 더욱 강고해 질 것이라는 데 있었다. 실제로 볼쉐비키당은 "새롭고 젊은 간부들"을 등용함으로써 완전한 인적 쇄신을 이루었으며, 말하자면 새롭게 탈바꿈했다. 이 문제와 관련해 흐루쇼프는 1957년 7월의 당 중앙위원회 전원회의에서 분노를 토로했다: "제17차 당 대회에서 선출된 중앙위원회 위원 및 후보위원 가운데 [대숙청 기간 동안에] 98명이 제거되었습니다. 살아남은 사람은 고작 41명에 불과합니다. 당 대회에 참석한 대의원들의 대다수도 제거되었습니다. 1,966명의 대의원 중에서 반혁명적 범죄를 저질렀다는 혐의로 1,108명이 체포되었으며, 그 가운데 848명이 총살되었습니다."307) 물론 그 문제에 대한 스탈린의 입장은 달랐다. 제18차 당 대회에서 그는 항상 그랬듯이 차분한 어조로 말했다: "지금 제18차 대회에는 약 160만 명의

---

305) Восемнадцатый съезд ВКП(б). Стенографический отчёт, с.28.
306) И.В. Сталин — Краткая биография, с.93.
307) Исторический архив. 1994, No.2, с.40.

당원이 대표되어 있으며, 이는 제17차 대회 때보다 27만 명이 적은 숫자입니다. 여기에 아무것도 나쁜 것이 없습니다. 반대로, 그것은 더 좋아진 것입니다. 왜냐하면 당이 추악한 것들로부터 자신을 정화함으로써 더욱 강해졌기 때문입니다."[308]

물론 스탈린은 지노비예프나 카메네프, 부하린, 리코프, 퍄타코프, 투하쳅스키 등과 같은 "유해분자"들에게 "스파이", "암살자" 등의 낙인을 찍는 데 있어 주저하는 기색을 보이지 않았다. 하지만 그가 마음속으로도 진정 그러한 혐의를 믿었을까? 그는 숙청 과정에 과오가 있었음을 인정했다. 그렇지만 혐의를 받고 있는 사람에 대해서는 무죄가 입증될 때까지 그 누구도 믿지 않았다. 혁명가적 경험이 작용했을 것이다. 언젠가 그는 "위대한 선동가" 말리놉스키와 단순한 동지적 관계 이상의 개인적 친분을 나눈 적이 있었다.[309] 그러나 돌아온 것은 배신과 절망뿐이었다. 더욱이 피고인들 모두가 공개리에 진행된 재판에서 자신의 유죄를 인정했을 뿐만 아니라, 엔카베데의 책임자였던 야고다가 법정에서 자신이야말로 반(反)소비에트 활동을 한 그 어떤 스파이보다도 전혀 나을 바가 없는 존재라고 고백했던 것처럼, 그들 가운데 일부는 자신의 죄를 "진심으로 참회"하지 않았던가! 그러나 세월이 지나면서 스탈린에게는 자신이 결제했던 문서에 적힌 범죄 내용에 대한 의구심이 스치기도 했을 것이다. 그는 볼쉐비키당이 건설한 소비에트 사회의 체제적 목표에서, 그리고 그것이 처한 외부로부터의 군사적 위협에서 한시도 눈을 뗄 수 없었다. 소연방에서 사회주의는 승리했지만 더욱 어려운 목표가 남아있었다. 바로 사회주의의 "완전한 승리"를 구현하고 나아가 세계혁명을 실현하는 일이었다. 스탈린이 확신했던 바에 따르면, 역사는 프롤레타리아 세계혁명을

---

308) Восемнадцатый съезд ВКП(б). Стенографический отчёт, c.28.
309) 스탈린이 말리놉스키에게 보낸 1914년 4월 10일자 편지가 그런 사실을 말해주고 있다. См.: Большевистское руководство. Переписка 1912~1927. М., 1996, c.18~20.

향해 나아가고 있으며, 그 역사과정은 인류의 것이었다. 그에 비하면 개인은 너무나도 사소한 존재였으며, 그런 존재에 연연하는 것은 감상일 뿐이었다. 혁명 과업을 수행함에 있어서 개인적 감상은 독(毒)이었다.

    도대체 무슨 일이 일어났던 것일까? 이른바 정치재판 과정에서 피의자들이 전혀 터무니없는 범죄사실을 인정한 것은 그 이유에 관한 다양한 "학설"들이 등장할 정도로 전혀 믿기 어려운 일이었다. 피고석에는 당사자가 앉았던 것이 아니라 분장한 배우가 대역을 맡았다는 주장은 여러 학설들 가운데 하나였을 뿐이다. 이런 주장은 부하린의 처(妻) 라리나가 자신의 회상록에서 전파했다. 그리고 자백은 화학 약물이 사용되었거나 물리적 고문이 가해진 결과였다는 설명도 있으며, 재판이 사전에 각본에 따라 철저히 연습, 준비되었다는 주장도 있었다. 또한 부하린이 막 역사 속으로 사라진 직후인 1940년에 서방에서 출판된 소설 『눈부신 암흑(Darkness at Noon)』의 작가 아더 쾨슬러(Arthur Koestler)가 소설에서 정교하게 전개한 "이론"도 존재한다. 그에 의하면, 피고인들이 의거했던 것은 공산주의자로서 당당하게 자백에 동의해야 할 필요성에 대한 인식과, 그럼으로써 마지막으로 당을 돕겠다는 궤변적인 판단이었다.310) 아무튼, 취조실에서 사회주의와 소비에트 국가 그리고 역사적 진보를 빙자한 엄청난 야만적 행위가 소위 "반(反)소비에트 분자들"에게 자행되었을 것이라는 우리의 상식적인 확신과 무관하게, 개별적 상황에 대한 분석은 이 책의 주제 밖의 일이다. 다만 분명한 것은 당시 피고인들이 소비에트 권력 혹은 스탈린 정권에 대한 저항을 거의 포기하고 있었다는 사실이었다. 재판정에는 대체로 두 부류의 피고인들이 섞여 있었다. 한 부류에는 유명한 혁명가들이 포함되었고, 다른 부류는 거의 우연히 반(反)혁명분자가 되어 기소된 사람들이었다. 비록 재판의 결과는 대개 동일했지만,

---

310) Cм.: Нева. 1988, No.7-8.

피고인들이 자신의 유죄를 인정하게 된 동기조차 동일할 수는 없어 보인다. 경험할 수 없는 세계는 과학적 인식의 대상이 아니라고 말한 이가 칸트였던가? 알 수 없는 사실을 이해하려고 애쓸 필요는 없을 것이다. 다만 분명하게 알려진 것은 부하린의 "감상"이었는데, 그것은 그가 어두움 속에서 한 사색에 관해 법정에서 진술한 덕분이었다: "본인은 거의 석 달 동안 [혐의를] 부인했습니다. 다음에 자백하기 시작했습니다. 왜? 그 이유는 감옥에서 본인이 나 자신의 과거 전부를 재평가했다는 데 있었습니다. 왜냐하면, 만약 네가 죽어야 한다면 무엇을 위해 죽을 것인가를 자문했을 때였습니다. 그때 갑자기 완전히 어두운 공허함이 놀랍도록 선명하게 떠올랐습니다. 회개하지 않은 채 죽고자 하니까, 죽음과 바꿀 만한 귀중한 것이 아무것도 없었습니다. 반대로, 소련에서 반짝이고 있는 긍정적인 것 모두는 인간의 의식 속에서 전혀 다른 규모의 의미를 획득합니다. 이것이 결국 본인을 완전히 무장 해제시켰으며, 당과 국가 앞에 무릎을 꿇도록 자극했습니다. [중략] 이런 생각으로 본인은 판결을 기다립니다. 문제는 참회한 적(敵)의 개인적인 심적 갈등에 있는 것이 아니라, 소련의 번영에, 소련이 갖는 국제적 의미에 있습니다."311) 부하린에겐 역사에 저항하고 싶은 생각이 없었던 것 같다.

"더욱 과감히 맑시즘-레닌이즘의 이론을 숙지하자!", "소비에트 인민들은 전투태세로!", "소연방에서의 노동은 명예스럽고 헌신적이며 영웅적인 일이다", ― 이런 슬로건들이 1938~39년의 겨울에 소비에트 인민들의 일상과 함께했다. 그때 마침, 인민들은 두 권의 책자를 수령했다. 하나는 드디어 출간된 『전(全)연방볼쉐비키공산당사 단기과정』이었으며, 다른 하나는 노동수첩이었다. 사회보험에 가입된 모든 근로자들에게 일괄적으로 지급된 노동수첩에는 성명, 생년월일, 교육, 직업, 전문분야 뿐만 아

---

311) Правда, 13 марта 1938 г.

니라 직장, 전직, 면직 및 훈장, 포상에 관련된 경력 등 개인의 신상정보를 기록하게 되어 있었다. 인민들에게 노동수첩은 단순한 신분증이 아니었다. 『전(全)연방볼쉐비키공산당사 단기과정』을 통달한 수준과 함께, 그것은 사회주의를 건설하는 소비에트 인민으로서의 자격을 나타내는 자랑스러운 상징이었다. 그런 시절이었다.

1939년 3월, 제18차 당 대회가 개최되었다. 대회 석상에서 '인민의 영도자'는 공업과 농업의 부단한 성장을 자랑스럽게 보고했다. 물론 소연방의 성공을 부정할 수 없다. 당시 집계된 공식적 통계에 따르면, 소연방의 공업은 제1차 대전 직전의 수준에 비해서, 그러니까 약 25년 동안에 908.8%, 즉 10배 이상의 성장을 기록하고 있었는데, 이에 반해 주요 자본주의 국가들에서는 같은 기간 동안에 공업이 20~30% 정도 성장함에 그치고 있었다.312) 대회장에 앉아 있는 대의원들에게 나라가 앞으로의 전쟁을 피해가지 못할 것이라고 시사하면서 스탈린은 소연방의 대외정책이 의지하고 있는 바를 열거했다. 그것은, 우선 성장이 계속되고 있는 소연방의 경제적, 정치적, 문화적 역량이었으며, 둘째, 한층 강화된 소비에트 사회의 도덕적-정치적 단결, 셋째, 소연방 내 제 민족의 화합, 넷째, 군대 및 해군 함대, 다섯째, 소연방 자신이 추구하는 평화정책, 그리고 여섯째, 평화의 유지에 관심 있는 모든 나라 근로자들의 소연방에 대한 도덕적 지원 등이었다.313) 그런 조건들이 존재하는 한 소연방은 "평화의 요새"로서 어떠한 전쟁 위협도 극복할 수 있을 것이라고 강조되었다. 유럽에서는 이미 히틀러의 전쟁 도발이 시작되어 있었다. 그리고 1939년 8월 말, 모스크바에서 소연방과 독일 사이의 불가침조약이 체결되고 있을 때, 만주와 몽골과 소연방의 국경이 접하는 할힌골 부근에서는 붉은 군대와 일

---

312) См.: Восемнадцатый съезд ВКП(б). Стенографический отчёт, с.16~23.
313) См.: Там же, с.15.

본 관동군이 벌이는 치열한 전투가 끝나가고 있었다.[314]

    대숙청으로부터 30여 년이 경과한 후에 몰로토프는 노인다운 "현명함과 신중성"을 갖고 그 시절을 회고했다. 그는 당시 과오가 있었음을 인정했으며, 탄압의 희생자들이 "스파이"가 아니었다고 증언했다. 그러면서도 그는 자신의 생각을 고집했다: "1937년은 불가피했소. 혁명 후에 우리가 왼쪽과 오른쪽을 잘라내었고 승리를 움켜쥐었지만, 그래도 여러 방향에서 적의 잔당들이 존재하고 파시즘의 침략 위험이 바로 앞에 닥쳐 있던 상황에서 그들이 연합할 수 있었다는 사실을 고려한다면 말이오. 우리는 전쟁이 났을 때 우리나라에 제5열이 없었다는 사실로써 1937년에 감사해야 합니다. 확실히 볼쉐비키 중에서도 만사가 좋을 때는, 위험이 나라와 당을 위협하지 않을 때는 훌륭하고 충성스럽지만, 만약 무엇이라도 [위험이] 시작되면 공포에 떨면서, 결국 배반하고 상대편에 가담할, 그런 사람들이 있었으며 또 지금도 있소. 나는 1937년에 탄압 받은 많은 군인들을 복권시키는 것이 옳다고 생각하지 않습니다. [중략] 그 사람들이 스파이는 아니었을지라도 [외국] 첩보기관과 연결되어 있었으며, 가장 중요한 것은 결정적인 순간에 그들을 신뢰할 수 없었다는 것이오."[315] 긴 세월에도 불구하고 몰로토프가 가졌던 생각의 일관성은 무엇 때문이었을까? 누구도 스탈린이즘에 고유한 극단적 래디칼리즘을 의심할 수는 없다. 그러나 스탈린 비판이 목적이 아니라 그 시대의 정신과 더불어 역사를 이해하고자 한다면, 스탈린이즘을, 콘퀘스트, 호스킹, 볼코

---

314) 5월에 시작된 할힌골 전투에서 일본은 관동군 주력을 동원하며 공세를 폈으나 소련군에 참패했으며, 동년 9월에 양국 간 정전협정이 체결되었다. 그리고 1941년 4월에는 일소중립조약이 체결되었는데, 그랬음에도 곧 독소전이 시작되자 일본군은 만주에서 특별훈련("관동군 특별연습")을 행함으로써 소연방에 위협을 가하기도 했다. 몰로토프의 회고에 따르면, 당시 볼쉐비키당 지도부는 일본으로 하여금 시베리아 침공계획을 포기하게 만든 계기가 바로 할힌골에서의 승리였다고 평가했다.
315) Чуев Ф.И. Указ. соч., с.390.

고노프 등을 비롯한 많은 연구자들이 그리했던 것처럼, 단지 순전한 테러리즘으로 규정해버릴 수는 없을 것이다.

  물론 "테러리즘"은 스탈린주의에 본질적인 이론적, 실천적 부분이다. 10월혁명 후 볼쉐비키당은 이른바 프롤레타리아 독재 권력을 통해 자본가, 지주 등 유산계급에 대한 전면적 "테러"를 자행했으며, 결국 "수탈자"들을 모두 절멸시켰다. 나아가 그들은 레닌의 "순결하고 단일한 혁명가 정당"이라는 개념에 의거하여 부단한 자기정화 내지 숙청 작업을 지속했으며, "간부가 모든 것을 결정한다!"는 볼룬터리즘적 이론을 갖게 되면서 간부들에게 혁명적 맑스-레닌주의로 철저히 무장하여 항상 하나가 될 것을 요구하는 가운데, 당의 지도노선에 동의하지 않는 당내 반대파들 및 사회 내 반(反)소비에트 분자들과 "불순분자들"에 대한 야만적 탄압을 일상화했다. 간부들에 대해서도 직위 수행에 "과오"가 있을 그들이 누렸던 지위와 권한에 비할 수 없는, 생명까지 포함하는 가혹한 책임을 물었다. 그럼에도 불구하고, 소비에트 인민들의 의식을 지배하고 그들의 정치적 열정을 도출하면서 이른바 소비에트 사회주의 사회를 건설해갔던 스탈린주의를 이해하기 위해서는 그것의 이론적 내용이 과연 무엇이었는지, 스탈린의 정책이 어떠한 이론적 토대 위에 근거하고 있었는지, 또한 그것이 과연 어떠한 사회를 지향하고 있었는지를 객관적으로 분석해야 한다.

| 제5절 | 스탈린의 국가사회주의론

　1936년 11월 말, 제8차 전국 소비에트 대회에서 소연방의 헌법안에 관해 보고하면서 스탈린은 신문에서 새 헌법을 "소연방에서 사회주의가 승리했다는 사실과 소연방 근로자들이 자본주의적 예속으로부터의 해방되었다는 사실, 그리고 소연방에서 민주주의가 완전하고 끝까지 철저하게 승리했다는 사실"을 증명하는 역사적 문서로 규정했다.316) 주지하다시피 1934년 1월에 열린 제17차 당 대회에서 이미 볼쉐비키당은 "사회주의 경제체계의 최종적 승리"와 "착취자들에 대한 근로자의 역사적 승리"를 선언했었다. 그리고 그 후 거의 2년이라는 기간 동안 계속된 소비에트 사회의 발전과 "무계급 사회로의 진행"은 이제 스탈린이 "소연방에서는 이미 공산주의의 초기 단계, 즉 사회주의가 실현되었다"고 공언할 수 있게 하는 충분한 근거가 되었다.

　그러면서 스탈린은, 민주주의 문제와 관련하여, 볼쉐비키가 부르주아 민주주의자들과는 "조금 다른 시각"을 갖고 있다고 분명하게 말했다. 그의 테제에 따르면, 당은 "계급의 전위적 부분"이었다. 서로의 이해관계가 대립적이며 화해될 수 없는 적대적 계급들이 더불어 있는 사회에서는 몇 개의 정당이 존재하는 것이 자연스러운 일이다. 그러나 자본가, 지주, 부농 등과 같은 계급들이 완전히 청산된 소연방에는 이제 노동자와 농민이

---

316) См.: Правда, 26 ноября 1936 г.

라는 단지 두 계급만 존재하고 있으며, "이들의 이해관계는 적대적이지 않을 뿐만 아니라 그 반대로 오히려 우호적"이었다. 따라서 소연방에는 복수정당제를 위한 사회경제적 기반이 없으며, "노동자·농민의 이익을 과감하고 철저하게 수호하는" 단지 하나의 정당, 즉 전연방볼쉐비키공산당만을 위한 조건이 형성되어 있다는 것이 그의 주장이었다.[317] 그럼으로써 결국 볼쉐비키가 추구하는 "사회주의적 민주주의"는 이른바 정치적 다원주의와 양립할 수 없다는 사실이 확인되었다. 그것의 정치적 목표는 사회적 또는 계급적 다양성에서 타협과 조화를 도출하는 것이 아니라 사회 전체의 일체성을 구현하는 것이었으며, "소비에트 사회의 도덕적-정치적 단결"이라는 슬로건은 그것을 집약적으로 표현하고 있었다.

그러한 볼쉐비키의 정치적 지향은 인간의 완전한 자유 실현을 가장 본질적인 가치 기준으로 내세우고 있는 공산주의 그 자체에 모순되었던 것이 아닐까? 스탈린은 인간 소외에서 출발하는 자유에 관한 맑스의 개념과 사회 전체적 일체성을 확립하려는 소비에트적 실천 사이의 (모순이라기보다는) 거리를 보았을 것이다. 자유는 공산주의적 목표인 것이며, 이제 공산주의의 초기 단계, 즉 사회주의를 구현한 소연방에서 완전한 자유를 구현하기 위한 실천이 있어야 하는 것은 지극히 당연한 일이었다. 그는 이론과 실제 사이의 괴리가 소비에트 사회주의, 즉 국가사회주의의 발전에 따라 맑스적 변증법에 의해 자연스레 해결될 것이라고 확신했다. 1930년 6월, 제16차 당 대회에서 그는 "통합을 위한 분할"이라는 공식의 형태로 민족자결에 관한 테제를 제시하면서 이렇게 말했다: "이 '모순적'인 공식은 볼쉐비키에게 민족문제의 분야에서 난공불락의 요새를 함락할 수 있는 가능성을 제공하는 맑스적 변증법이 갖는 생명의 진실을 반영하고 있습니다. [중략] 우리가 겪는 이 과도기의 독특함과 '모순성'을

---

317) См.: Там же.

이해하지 못하는 사람은 맑스주의에게는 죽은 자입니다."318) 사회적으로 인격의 자유를 완전히 구현하기 위해 정치적 일체성을 최대로 발전시키는 것, – 여기에서 그는 소위 "사회주의적 민주주의"의 역사적 의미를 발견했다.

이른바 스탈린 헌법은, 그 주창자의 말에 의하면, 소연방에서의 사회주의 승리를 "입법적으로 강화"하는 것이었다. 그러나 사회주의의 승리에 관한 선언은 소연방의 생산력 수준을 지적하며 그 허구성을 지적한 트로츠키 등 반(反)스탈린주의자들의 냉소적인 비판을 초래했다. 뿐만 아니라 이론가를 자처하는 볼쉐비키 당원들 사이에서는 세계혁명과 관련해 그 선언이 갖는 의미에 관해 적지 않은 논쟁이 유발되었다. 세계혁명에 관해 언급하는 사람은 곧 비판의 대상이 되었으며, 즉시 "트로츠키주의자"라는 낙인이 찍혔다. 이 문제와 관련하여 스탈린은, 1938년 2월, ≪프라우다≫에 자신의 일국사회주의론을 해명하는 글을 게재했다. 그가 내린 규정에 의하면, 일국에서의 사회주의의 승리 문제는 두 개의 상이한 문제를 포괄하는 것이었다. 그것은 "국내적 관계의 문제, 즉 계급관계의 극복 및 완전한 사회주의의 건설 문제"와 "국외적 관계의 문제, 즉 군사적 개입과 구(舊)체제로의 복고 위험성으로부터 나라의 안전을 완전히 보장하는 문제"였다. 따라서 소연방에서 사회주의의 승리는 "최종적"이고 "완전한" 것이 아니었다. 왜냐하면 두 번째 문제, 즉 국제적 관계의 문제가 아직 해결되지 않았으며, 그것을 이제 해결해야만 하기 때문이었다. '인민의 영도자'는 "부르주아적 관계의 복고로부터의 완전한 보장이라는 의미에서의 사회주의의 최종적 승리가 오직 국제적 규모에서만 가능하다"는 사실을 재차 강조했다.319) 실제로, 국내적 문제와는 달리 국제

---

318) Сталин И.В. Соч., т.12, с.370.
319) Правда, 12 феврале 1938 г.

적 문제는 소비에트 인민들만의 노력과 투쟁을 동원해서는 해결될 수 없는 것이었다. 결국 문제의 해결을 위해서는 부르주아 국가들의 노동계급과 소비에트 인민들 사이에 프롤레타리아적 유대관계를 더욱 강화시켜야 할 필요가 있었다. 그럼에도 불구하고 소연방에서 "사회주의의 완전한 승리"를 실현하는 과업은 결국 소비에트 인민들 스스로의 몫이었다. 그들의 '영도자'는 단호히 요구했다: "우리의 붉은 군대와 붉은 함대, 붉은 항공대, 국방항공화학건설후원회를 전력을 다해 강하고 튼튼하게 만들어야 합니다. 우리 인민 모두는 군사적 침공 위험에 직면하여 어떠한 '우연성'도, 외부의 우리 적들이 부리는 어떠한 간책도 우리를 불의에 습격할 수 없도록 전투태세를 항상 갖추고 있어야 합니다."320)

 1938년에 스탈린이 설명한 일국사회주의론에 담긴 기본 명제가 1926년의 『레닌주의의 문제』에서 제기한 그것과 기본적으로 동일하다는 것은 의심이 여지가 없다. 예나 지금이나 스탈린은 소연방의 존재 의미를 단지 세계혁명에 종속시키지는 않고 있었다. 그의 이론은, 심지어 유럽에서의 사회주의 운동이 "세계혁명의 기지(基地)인 소연방"에서 사회주의가 "최종적"으로 승리할 수 있게 봉사해야 한다는 것을 가정하기까지 했다. 물론 그것은 스탈린이 자신의 활동 영역을 자기 나라에 국한시키려 했다는 것을 의미하지 않는다. 그는 레닌이 왜 러시아의 색채를 배제하는 소비에트사회주의공화국연방(CCCP) 체계를 고집했는지 분명히 이해하고 있었다. 새로 등장한 노동자 정권을 민족적 자존심에 대한 훼손 없이 "사회주의의 조국"으로 편입시키기에 편리한 국가 체계를 레닌이 구상했던 것은 결국 세계혁명을 예상한 위한 일종의 대책이었다. 1926년의 경우와 비교할 때 일국사회주의론에는 단지 하나의 변화가 있었다. 1938년에 이제 스탈린은 "승리한 사회주의"에 대한 현실적 위협을 정확히 인식

---

320) Там же.

하게 해주는 "자본주의적 포위"라는 새로운 개념을 도입하면서 자신이 제기한 이론의 "전능성"을 최종적으로 확인했다. 소비에트 인민들에게 부여된 과제는 분명한 것이었다. 세계혁명을 위해서든, 혹은 소연방에서 "사회주의의 최종적이고 완전한 승리"를 위해서든 그들은 파시즘에 대한 투쟁에 있어서 유럽의 노동계급보다 "더욱 진지한 노력"을 기울여야만 했다.

1920년대 후반부터 시작하여 "자본주의적 포위"라는 개념이 스탈린의 이론 구성에 있어서 뿐만 아니라 그의 정치를 위한 본질적 전제였다는 것은 분명하다. 그러던 사이에 볼쉐비키 이론가들 사이에서는 사회주의 국가 문제와 관련해 맑스주의적 이론과 소비에트적 실천 사이에 근본적인 모순이 존재한다는 주장이 부단히 제기되었다. 이제 볼쉐비키 정권은 국가권력과 인민 사이의 대립에 있어서 "완충기"의 역할을 할 수 있는 사회적 지배관계들을 청산해버림으로써 인민 생활의 전 영역을, 그것도 직접적 형태로 포섭했다. 더욱이 스탈린주의의 기본 개념에 의하면, 소비에트 사회의 사회주의성을 규정하는 최종적 심급이 바로 사회주의적인 국가였으며, 따라서 국가의 완전한 발전은 자연적으로 사회주의의 완전한 발전으로 나타나게 되었다. 그런데 발생한 심각한 문제는 그것이 근대 공산주의 창시자의 교의와 근본적으로 모순된다는 사실에 있었다. 당시 이론가를 자처하는 거의 모든 당원들은 엥겔스가 『반(反)듀링론』에서 제시한 국가의 ("폐지"가 아닌) "소멸"에 관한 테제를 확실히 이해하고 있었다. 더욱이, 당시의 당 간부들 가운데는 레닌이 제7차 당 대회 때 가까운 시일 안에 국가가 소멸할 필연성에 관해 볼쉐비키당의 강령에 적어 넣자는 부하린의 제안을 거부했다는 사실을 아는 사람들이 적었을지는 몰라도, 10월혁명 직전에 레닌이 그 유명한 『국가와 혁명』을 통해서 국가의 소멸을 설교했다는 사실을 모르는 사람은 없었다.[321]

널리 알려진 바와 같이, 스탈린은 국가 소멸에 관한 예민한 문제를 이미 건드린 적이 있었다. 제16차 당 대회에서, 그리고 1933년 1월의 당 중앙위원회 전원회의에서 그는 국가 발전의 "변증법적 공식", 즉 국가의 소멸을 위한 프롤레타리아 독재의 최대 발전이라는 공식을 제기한 바 있었다. 그리고 제17차 당 대회 때 그는 국가 소멸에 관해 당의 일각에 번져 있던 주장을 그냥 "머릿속의 혼란"이라고 비웃은 적이 있었다.322) 이제 제18차 당 대회 석상에서, 본격적으로 그 문제의 해결을 위해 나선 '인민의 영도자'는 사회주의 국가에 관한 맑스주의적 교의가 불완전하며 불충분하다고 선언해버렸다. "엥겔스의 명제가 과연 옳습니까?" — 이렇게 대의원들을 향해 질문을 던진 다음, 그는 스스로 답했다: "예, 옳습니다. 그러나 두 가지 조건 중 하나가 충족될 경우에만 옳습니다. 첫째, 만약 미리 국제적 요인들을 배제하고서, 연구의 편의를 위해 국제적 환경으로부터 국가를 고립시킨 상태에서 사회주의 국가를 단지 국내적 발전의 관점에서만 고찰한다면, 또는 둘째, 만약 사회주의가 모든 나라들에서 혹은 대다수의 나라들에서 이미 승리했고, 자본주의적 포위 대신에 사회주의적 포위가 존재하고 있으며, 더 이상 외부로부터의 침공 위협이 없고, 더 이상 군대와 국가를 강화해야 할 필요가 없다는 것을 가정하는 경우에는 옳습니다."323) 그렇게 해서 스탈린은 국가 소멸에 관한 소모적인 논쟁에 종지부를 찍었다. 프롤레타리아 국가의 운명에 관한 엥겔스의 공식이 일반적으로는 옳지만, 그렇다고 그것을 자본주의의 포위 상태에 있는, 한 나라에서 겨우 승리한 사회주의라는 구체적 사례에까지 확장해 함부로 적용할 수 없다는 결론이 제시되었다.

맑스주의의 교의에 따르면, 국가 그 자체는 사회가 적대적 계급들로

---

321) См.: Ленин В.И. Полн. собр. соч., т.33, с.94~95.
322) См.: Сталин И.В. Соч., т.13, с.350~351.
323) Восемнадцатый съезд ВКП(б). Стенографический отчёт, с.33.

분열하면서 등장했다. 모든 계급사회에서 국가 활동은 두 가지의 기본적 기능, 즉 소수의 착취계급의 이해관계를 관철하기 위해 다수의 피착취계급을 제압하는 대내적 기능과, 지배적 소수의 계급적 이해관계를 유지 실현하기 위해서 자신의 영토를 수호 또는 확장하는 대외적 기능에 의해 규정된다. 스탈린은 자본주의 국가에 비해 그 역사적 의미를 전혀 달리 하는 사회주의 국가가 갖는 완전히 새로운 기능에 대해서 대의원들의 주의를 환기시켰다. 그의 연설에 의하면, "사회주의의 승리" 이후에 소연방에서 국내 주민들에 대한 국가의 강제적 억압 기능은 없어졌다. 왜냐하면 소연방에서는 국가와 인민 사이의 적대적 관계가 더 이상 존재하지 않을 뿐만 아니라 모든 종류의 착취가 폐지되었기 때문이었다. 이제 소비에트 국가의 국내적 기본 과제는 "평화적인 경제적 조직활동과 문화적 교육활동"에 있었다. 군대, 징벌기관 및 보안기관 등의 존재와 관련해서 스탈린은 "그들이 자신의 칼날을 이미 나라 안이 아니라 외부의 적을 겨냥해 나라 밖으로 돌리고 있음"을 강조했다.324) '인민의 영도자'가 보기엔 소비에트 권력과 인민들 사이에는 어떠한 적대나 대립도 없으며 또 있을 수도 없었다. 왜냐하면 다른 모든 국가들은 계급국가였지만, 사회주의 국가는 진정 "인민의 국가"이기 때문이었다.

공산주의하에서도 국가는 존속할 것인가? 스탈린은 분명하게 대답했다: "그렇습니다. 만약 자본주의적 포위가 근절되지 않을 경우, 외부로부터의 군사적 침공 위험이 청산되지 않을 경우에 국가는 유지될 것입니다."325) 예상할 수 있었던 것처럼 스탈린의 아이디어는 제18차 당 대회에서 많은 연시들에 의해 반복, 강조되었으며, 맑스주의 이론의 "천재적 발전"이라고 칭송되었다. 심지어 베리야는 "노동계급 국가의 소멸"에 관

---

324) Там же, с.35.
325) Там же, с.36.

한 개념을 레닌의 극복이라는 뜻에서 "반(反)레닌적 이론"이라고 규정하는 과감성을 발휘하기도 했다.326) 그렇게 해서 볼쉐비키는 최종적으로 엥겔스가 제시한 국가에 관한 "반(反)혁명적" 명제를 거부할 수 있었다. 바로 "경애하는 인민의 영도자"의 이론적 공헌 덕분이었다.

1939년 8월 23일, 독일 외상 요하킴 폰 리벤트로프가 모스크바에 도착했다. 그날 저녁 늦게 리벤트로프와 소연방 외무인민위원 몰로토프는 두 개의 문서에 조인했다. 하나는 〈독소간의 불가침에 관한 조약〉으로서 즉시 공표되었다. 그러나 다른 하나는 극비리에 체결된 것으로서,327) 그것에 담긴 동유럽에서의 영향권 분할에 관한 양국의 합의는 은폐되었다. 얼마 후, 1939년 9월 17일, 군대는 폴란드 국경을 넘었으며, "서(西)우크라니아와 서(西)벨로루시 주민들의 생명과 재산을 자신의 엄호하에" 두기 시작했다. 1939년 11월 말 붉은 군대는 핀란드를 공격하기 시작했으며, 겨우내 지속된 전쟁은 1940년 3월에 가서야 종료되었다. 그해 6월에는 루마니아를 압박해 베사라비야(몰다비야)를 획득했으며, 이어 7월에는 발트 연안의 에스토니아, 라트비아, 리투아니아가 각각 민족공화국의 지위를 갖고 소연방에 편입되었다. 이에 따라 소연방은 15개의 민족공화국으로 구성된 국가로 발전했다.

1941년 6월 22일 새벽, 러시아 측 공식 자료에 따르면, 최소 3천5백 대의 탱크, 5천 대 정도의 전투항공기, 4만 7천 기 이상의 대포와 박격포 등으로 무장한 550만 명 규모의 독일연합군 190개 사단이 '바르바로사'라고 명명된 작전계획에 따라 소연방을 공격하기 전까지도, 그리고 2천 7백만 이상의 인명 피해와 국가적 부(富)의 약 30%가 파괴되는 등의 엄청난 희생을 치르고 결국 파시즘에 대해 승리한 후에도, 스탈린은 전쟁을 전후

---

326) См.: Там же, с.144~145.
327) "비밀의사록"의 내용은 см.: Вопросы истории. 1993, No.1, с.3~11.

한 시기에 전개된 자신의 정책을 이론적으로 보강하려는 노력을 기울이지 않았다. 아마 그것은 우선 레닌이즘의 "무기고"에서 그리고 스탈린이즘의 기존 이론들 중에서 자신의 정치행위를 합리화할 수 있는 근거를 찾을 수 있었기 때문일 것이다.[328] 분명한 것은 그가 전쟁 직전이나 전후에도 소연방의 국경선을 모스크바에서 최대한 서쪽으로 넓히려고 시도했으며, 그것은 "국가가 된 사회주의"를 방어하기 위한 스탈린 나름의 최선의 정치적, 군사적 노력이었다. 지금 대조국전쟁이라고 불리는 독일과의 전쟁은 소비에트 국가를 위한 전쟁이었으며, 동시에 소비에트 사회주의를 위한 전쟁이었다. 우리가 스탈린주의라고 부르는 이데올로기는, 물론 냉전의 시작과 함께 이론적으로 일부 보강되었지만, 국가사회주의론의 확립과 더불어 거의 완전하고 최종적인 모습을 획득했다.

---

[328] 제2차 대전 및 냉전 시기에 소연방의 대외정책이 의거했던 스탈린주의적 이론에 관한 연구의 한 예는 см.: Ли Ван-Чон(이완종). Сталинская теория "двух лагерей" и "холодная война": Современные оценки. // Россия в XX веке. Судьбы исторической науки. М., 1996, с.524~551.

맺음말

현재 러시아에서 스탈린주의의 재현이 과연 가능할까? 결코 가능하지 않을 것이다. 만약 소연방이 붕괴하지 않았다고 하더라도 스탈린이즘의 부활 가능성은 현실적으로 거의 존재하지 않는다. 스탈린이즘은 종교가 아니라, 러시아 역사의 특정한 시기에 형성되었던 구체적인 사회경제적, 정치적 조건하에서 등장한 이데올로기였다. 그의 주된 역사적 근원은 10월혁명이었으며, 그의 발전에 있어서 이론적 토대가 되었던 것은 바로 레닌이즘이었다.

10월혁명 이후부터 1920년대 초반에 이르기까지 레닌의 국가자본주의론과 전시공산주의론, 그리고 "후퇴" 이론 속에 반영되었던 볼쉐비키의 정책적 전환들은 레닌주의의 분명한 목적지향성 내지 목적합리성을 확인해주었다. "권력을 절대로 유지한다", – 이것이야말로 볼쉐비키의 주된 정치적 목적이었으며, 이를 위해서라면 그들은 그 무엇에도 망설이지 않았다. 이 경우, 정치적 실천의 이론적 근거로서 그들이 주로 의지했던 것은 바로 영구혁명론이었다. 레닌이즘과 트로츠키즘은 1917년 여름에 공식적으로 합류했다. 10월혁명의 최고지도자는 레닌이었지만, 트로츠키는 자신이야말로 러시아 혁명의 "대부"라고 자부했다. 트로츠키는 스스로 영구혁명론을 신봉했으며 그 역사적 정당성을 설교했다. 10월혁명뿐만 아니라 특히 전시공산주의적 정책은 그 이론을 완전하게 정당화하는 것이었다고 주장했다. 그리고 단지 "제 조건의 독특한 조합"으로 인해 서유럽에서 "임박한" 사회주의 혁명이 당분간 무산되었다는 사실이 분명해졌을 때, 볼쉐비키는 "후퇴"하기로 결정했다.

신경제정책, 즉 네프와 더불어 "후퇴"하면서 볼쉐비키당 지도부 내에서는 "후퇴"의 범위와 규모를 둘러싼 논쟁이 전개되었다. 이러한 시기에 등장한 스탈린의 일국사회주의론은 "후퇴"의 지속, 즉 네프의 확대를 이론적으로 정당화하는 것이었으며, 볼쉐비키는 스탈린의 이론에서 영구혁명론으로 궁지에 몰린 레닌이즘으로부터의 출구를 발견했다. 스탈린은 "원칙적으로 새로운 이론적인 것을 생각해내지 못했다"고 하는 볼코고노프의 주장에는 동의하기 어렵다. 스탈린은 단지 "프롤레타리아 독재, 계급투쟁, 혁명적 테러, 공산당 유일 독재, 총체적 수색, '전시공산주의'에서 명확화된 단조로운 정신적 양식, 그리고 세계혁명 등에 관한 레닌의 가정과 생각들을 단지 '창조적으로', 악의적으로 교묘하게 적용하고 발전시켰다"[1]는 그의 확신이야말로 일국사회주의론의 정치적 의미를 제대로 파악하지 못한 소치였을 뿐이다. 스탈린이즘이 갖는 레닌주의로부터의 계승성은 분명한 것이지만, 양자(兩者)는 역사적으로 상이한 개념이다. 이와 관련해, 1917년 이후 레닌과 트로츠키의 이념적 일치성을 주장하는 일부 연구자들의 입장은, 의심할 여지없이, 지극히 충분한 사실적 근거를 갖는다. 그들은 그러한 일치성을 트로츠키즘이 스탈린주의에 대한 역사적 대안이었음을 주장하는 논거로 삼는다.[2] 그러나 1920년대에 트로츠키의 이론은, 본인의 의지와는 달리, 소비에트 러시아에서 이미 정치적 적실성을 상실하고 있었다. 물론 볼쉐비키당 중앙위원회 서기장이 항상 레닌의 제자임을 자처했다는 사실로써 스탈린이즘의 레닌주의로부터의 계승성이 승인될 수 있는 것은 아니다. 그러한 계승성은 스탈린의 일국사회주의론이 레닌의 지도하에 10월혁명에서 승리한 "하층 노동자·농

---

1) Волкогонов Д.А. Семь вождей. М., 1996, кн.1, с.175.
2) 그 예로서 см.: Роговин В.З. Власть и оппозиции. М., 1993.

민들"의 혁명적 에너지의 보존을 입증하면서 그것의 발전을 위한 장기적 전망을 제공하고 또한 그것을 실현시켰다는 데에서 확인된다.

현대 러시아에서뿐만 아니라 서방의 소비에트학에서 일반적인 연구 경향, 즉 '위로부터의 혁명' 시기에 네프를 대립시키는 연구자적 타성은, 생각건대, 스탈린이즘의 원시적(原始的) 이해를 조장하는 데 중요한 역할을 했다. 네프, 즉 신경제정책은 순수한 레닌의 정책으로서 간주될 수 없다. 네프의 저작권은 물론 레닌에게 있었지만, 그가 사망한 이후 네프가 확대 심화될 수 있었던 것은 바로 스탈린의 정치적 의지 덕분이었으며, 그것은 지노비예프와 카메네프를 중심으로 하는 '신 반대파'가 형성되는 주요 원인 중의 하나가 되었다(레닌의 아내 크룹스카야도 그에 가세했다). 실질적으로 네프는 볼쉐비키에게 그토록 필요했던 일국에서의 사회주의 건설 가능성을 열어주었다. 초고속 산업화 정책의 강행 및 그와 관련해 나타난 식량위기는 볼쉐비키가 농업 집단화 사업을 더욱 재촉하는 계기가 되었다. 농민에 대해 물리적 강제를 행사하지 않고서도("거북이걸음"으로라도) 사회주의에 도달할 수 있는 가능성에 대한 설교와 더불어, 농업과 공업의 균형적 발전론을 이론적 근간으로 삼았던 부하린주의는, S. 코헨의 확신과는 달리, 스탈린주의의 대안이 될 수 없었다. 부하린주의는 "조직투쟁"의 측면에서뿐만 아니라 이념투쟁의 차원에서도 패배할 수밖에 없었다. 스탈린이 내세운 사회주의로의 진행에 따른 계급투쟁의 격화 이론은 볼쉐비키 당원들에게 "분명한 혁명적 전망"과 "과업에의 확신", "공산주의의 승리에 대한 믿음"을 제공하는 길잡이가 되었다. 패배한 부하린은 사태의 경과 자체가 스탈린 이론의 "전능성"을 확인해주었다고 공개적으로 인정했다. 1917년에 시작된 "하층 인민들"의 혁명은 도중에 중단될 수 없었다.

소연방에서의 사회주의의 승리가 선언된 이후, 볼쉐비키당의 정책은 "소비에트 인민의 도덕적-정치적 단결"을 실현하고, 점차로 더욱 위험해지는 국제적 환경 속에서 당과 국가의 지도적 간부들을 "단련"하기 위한 방향으로 집중되었다. 자본주의적 포위 개념과 "간부가 모든 것을 결정한다!"는 슬로건은 1930년대 중반에 전개된 스탈린 정책의 있어서의 키워드가 되었다. '인민의 영도자'는 10월혁명 이후 볼쉐비키에 의해 건설된 국가사회주의 체제의 화신이었을 뿐만 아니라, 일반 인민들의 사고방식과 행동양식을 지배한 정치적 상징이었다. 문서적 자료들이 증언하는 바에 의하면, 대숙청이 진행되고 있을 때 소비에트 사회의 분위기는 전혀 암울한 것이 아니었으며, 오히려 인민들이 희망의 노래를 구가하고 있었다는 사실은 시대적 패러독스로서 이해될 수밖에 없다. 소비에트 인민들은 볼쉐비즘 내지 맑스-레닌주의 이데올로기에 의해 고취되는 바를 믿었다. "억압과 설움"에서 해방된 인민들은 엄청난 결핍을 강요받았고 미증유의 고난을 감당했지만, 그들 중 대다수는 공산주의라는 행복한 미래를 위해 기꺼이 자신을 희생할 용의를 갖추고 있었으며, 자신들의 지도자에 대한 전폭적인 지지와 신뢰를 표현했다. 제2차 대전 중에 소연방 공군 원수를 지냈던 골로바노프의 회고에 따르면, 테헤란 회담 직후인 1943년 12월 스탈린이 그에게 말했다: "지금 인민들은 좋은 것 모두를 스탈린이라는 이름과 결부시키고, 억압받았던 자들은 그 이름에서 자유의 횃불과 아주 오래된 예속의 사슬을 끊어버릴 가능성을 보고 있지요. 물론 그런 마법사들은 단지 동화 속에서나 있습니다. [중략] 그러나 사람들에게 스탈린이 그들을 속박과 노예 상태로부터 구출할 수 있다고 하는 믿음이 있다면, 그런 믿음은 지지될 필요가 있습니다. 왜냐하면 그것이 인민들에게 자신의 미래를 위해 적극적으로 투쟁할 수 있는 힘을 주기 때문입니다."3) 이러한 증언의 진실성과는 무관하게, 그 시대에 스탈린은 '인민의 영도자'라는 이름에 걸맞게 실제로 거의 신앙에 가까운 신뢰를 소비

---

3) Чуев Ф.И. Несписочный маршал. М., 1995, с.44.

에트 인민들로부터 획득하고 있었다. 물론 그러한 믿음의 기원은 10월혁명의 최고지도자이며 "하층 인민들"의 해방자였던 레닌에 대한 사회적 숭배에서 찾아져야 한다.

"스탈린은 단 하나의 사실을 제외하고는, 즉 그가 레닌에 의해 창출된 권력을 배반하지 않았다는 사실을 제외하고는 모든 면에서 비난될 수 있다",[4] — 이것이 조시프 티토와 함께 옛 유고슬라비아공산당을 이끌었던 밀로반 질라스가 긴 사색을 통해 도달한 결론이었다. 우리는 그것에 동의하지 않을 수 없다. 스탈린을 레닌으로부터 분리하는 것은 스탈린주의에 대해 객관적으로 접근할 수 없거나 또는 그것을 원치 않을 때, 특히 1917년부터 제2차 대전 전까지 형성되었던 소비에트 러시아의 실제적 상황을 이해하고 올바르게 평가하기를 거절할 때 한해서나 가능하다. 스탈린은 자신의 정치활동으로써 20세기 전체의 역사과정에 엄청난 영향을 미쳤다. 소비에트 국가사회주의 체제하에서 그는 자체로 국가이며 사회주의였다. 오늘날 우리는, 이미 21세기를 살아가면서, 그 시대에 등장해 그 시대를 규정했던 이념들의 역할을 보다 담담한 마음으로 평가할 수 있을 것이다. 레닌주의도, 트로츠키주의도 아직 망각의 강으로 흘러가 버리지 않았으며 또 그럴 수도 없다. 그들의 추종자와 신봉자들을 우리는 서유럽에서, 한국에서, 그리고 중남미 국가들 등에서 발견하고 있다. 그렇다면 오늘날 스탈린주의의 전도사가 사회적 세력으로서 존재하고 있는가? 그렇지 않다. 비록 러시아에서나, 혹은 넓혀서 구소련에 속했던 나라들에서 자신을 스탈린주의자라고 칭하는 소수의 사람들이 비록 존재하고 있지만, 그들은 주로 스탈린 시대에 좋았던 청춘의 기억을 간직하고 있는 노인들이거나 또는 소연방이 붕괴된 후에 남은 "폐허" 위에서 과거에 "찬란했던" 국가적 위신과 영광에 대해 진한 향수를 느끼는 국가

---

[4] Джилас М. Беседы со Стлиным. // Лицо тоталитаризма. М., 1992, с.147.

주의자들일 뿐이다. 물론 그들은 스탈린주의로부터 유래하는 강령을 실현하고자 하는 정치운동에 참여하고 있지 않으며, 사실 스탈린주의적 운동조차 존재하고 있지 않다. 이는, 음모론적으로 해석하면, 세계화된 "자본"에 대해 극도로 심각한 정치적, 군사적 위협을 가했으며, 결국 그 존재가 끝난 후에 "자본" 쪽에서 생산한 엄청난 비난과 중상을 뒤집어쓴 스탈린 및 스탈린주의에 대해 일률적으로 이루어지고 있는 부정적 평가 때문이 아니다. "넓게는 프롤레타리아 혁명의 이론과 전술이며, 좁게는 프롤레타리아 독재의 이론과 전술"이라고 규정되었던 레닌이즘과 더불어, 영구혁명론을 근간으로 하는 트로츠키즘은 모두 노동운동의 일정한 단계에서 운동의 이론적, 실천적 발전을 위해 보편적으로 적용될 수도 있다. 그러나 스탈린이즘은 프롤레타리아 혁명이 아니라 이미 프롤레타리아 독재가 지배하고 있는 나라에서의 국가사회주의 건설 및 발전을 위한 이론이자 전략과 전술이었다. 제2차 대전이 끝난 후에 스탈린주의가 이른바 인민민주주의 국가들에서 지배적인 이데올로기가 되었던 것은 그 나라들의 공산당에게 스탈린의 이론이 사회주의 건설을 위한 이론과 전술을 제공할 수 있었기 때문이었다. 결국 현재 자본주의적 발전을 실현하고 있는 러시아를 포함한 구(舊)사회주의 진영의 지역에서 스탈린주의의 재현 가능성은 존재하지 않는다.

일국사회주의론, 사회주의로의 진행에 따른 계급투쟁의 격화 이론, 간부 이론, 자본주의적 포위 이론, 국가사회주의론 등은 스탈린이즘의 기본적인 구성 부분들이었다. 바로 그 이론들은 대내적으론 국가에 의한 사회주의 건설을 지향하고 대외적으론 프롤레타리아 세계혁명을 추구하는 이데올로기인 스탈린주의에 본질적인 분명한 계급성과 목적지향성 및 급진성을 표현하고 있었다.

1950년대에 접어들면서 스탈린이즘의 "노쇠화" 현상이 뚜렷하게 나타나기 시작했다. 대조국전쟁이 끝나고 실시되는 소비에트 인민대의원 선거를 위해서, 1946년 2월, 모스크바에서 행한 유세를 통해 스탈린은 전전(戰前)의 정책들 갖는 올바름과 역사적 정당성을 역설하면서 앞으로도 똑같은 정책이 추진될 것이라고 강조했다.5) 물론 그 정책은 "사회주의의 완전한 승리"라는 전략 목표에 종속되는 것이었다. 대내적으로는 중공업 위주의 경제발전 5개년 계획이 정책의 기본이 되었으며, 대외 정책적 목표는 이른바 자본주의적 포위에서 벗어나는 것이었다. 그것은 소비에트 군대가 엄청난 희생을 치르며 해방시킨 동유럽 국가들이 예전과 같은 "반(反)공산주의적 방역선"이 아니라, 소련에 우호적인 국가들의 지대(地帶)로서 수립되어야 함을 의미했다. 소련공산당의 군사적 교리는 사회주의와 "죽어가는 자본주의-제국주의" 사이의 마지막 접전의 불가피성을 선전하고 있었으며, 스탈린 치하의 소비에트 사회는 전투적 분위기로 충만해 있었다. 스탈린이 보기에 미국의 군사적 위협이 현실이 된 상황에서 그러한 분위기는 "인민들이 자신의 미래를 위해 투쟁하는 데" 유익한 것이었다. 실제로 소비에트 사회는 전쟁으로 인한 피해를 매우 빠르게 복구했다. 1947년 12월에 소연방은 전쟁에 참여했던 유럽 국가들 가운데 가장 먼저 식량 등에 대한 배급제를 폐지했다. 과거와 같은 정책, 과거와 같은 인민들의 혁명적 열정을 통해서 경제적 안정이 신속히 실현되었다. 그러나 인민들에게 혁명운동의 "목표를 인식하는 힘과 미래에 대한 확신, 일에 대한 신념, 그리고 과업의 승리에 대한 믿음"을 제공하는 이론은 더 이상 제시되지 않았다. 대신, 전후에 일부 지식인들 사이에서 목격된 세계시민주의에 대한 반대 캠페인, "퇴폐적 모더니즘"(-조쉔코)과 "부르주아 귀족주의적 미학"(-아흐마토바)에 대한 비판, 그리고 민족주의적 혐의에 대한 가혹한 처벌(-레닌그라드 사건 등) 및 유태인들의 시온주의적 경향에 대한 탄압 등에서 알 수 있듯이, 절대화된 국가권력은 도그마

---

5) Сталин И.В. Сочинения. т.16, с.1~22.

틱한 이념적 원칙에 대한 훼손을 용납하지 않았다. 세계혁명의 문제와 관련해서도 뚜렷한 진전이 없기는 마찬가지였다. 해리 트루먼의 '봉쇄정책'에 직면하여 스탈린은 자신의 영향력하에 있는 인민민주주의 국가들에 대한 통제를 강화하면서 미국과의 불필요한 대결을 피하기 위한 정치적 조심성을 발휘할 수밖에 없었다. 물론 그는 결코 "제국주의자"들에게 일방적으로 양보하거나 굴복하려 하지 않았으며, 소모적인 대립도 마다하지 않았다.6)

1953년 3월 5일 스탈린이 사망하자마자 그의 후계자들은 개혁을 논의하기 시작했다. 베리야, 흐루쇼프, 말렌코프 등을 비롯한 당내 최고위 간부들은 대부분 10월혁명 이후 세대에 속하는 인물들이었으며, 그들이 도모했던 개혁의 내용은 소비에트 사회를 "억압"하는 스탈린주의적인 도그마를 합리적으로 해체하는 것이었다. 이제 "이념의 제국"에서 새로운 시대가 열리고 있었다. 위대한 '인민의 영도자'를 잃었다는 슬픔과 상실감 속에서 소비에트 인민들은 새 지도자들의 개혁정치를 공허한 마음으로 바라보고 있었다.

---

6) 예를 들면, 한국전쟁 중에 1951년 여름 시작된 휴전 논의가 정전협정이 체결되기까지 약 2년을 끌었던 주된 원인은 바로 "지금 종전은 적에게 유리할 뿐"이라며 "제국주의자들에게 결코 유익한 일을 해서는 안 된다"는 스탈린의 독선 때문이었다는 주장도 있다. См.: Торкунов А.В. Загадочная война. корейский конфликт 1950~53 годов. М., 2000, с.238~271.

후기

1953년 3월 5일 스탈린이 사망하자마자 그의 후계자들은 개혁을 논의하기 시작했다. 개혁의 내용은 소비에트 사회를 "억압"하고 있던 스탈린주의적인 도그마를 합리적으로 해체하는 것이었다. 중공업과 경공업의 균형적 발전을 위한 방안이 모색되었으며, 그때까지 공민으로서의 정당한 권리가 적잖이 제한되었던 농민들의 생활과 권익을 개선하기 위한 논의도 이루어졌다. 또한 특히 문화예술 분야에 가해지던 이데올로기적 통제가 느슨해졌으며, "강제수용소"의 형사범들이 대규모로 사면, 석방되기도 했다. 이러한 과정은 "해빙"이라는 말로 표현되기에 이르렀는데, 그러한 추세는 대외정치 분야에서도 뚜렷하게 목격되었다. 특히 베리야는, 1953년 5월, 동베를린에서 격화되어간 반(反)소비에트 시위를 계기로 동독 주둔 소련군의 철수를 요구하기도 했으며, 스탈린에 의해 "파문" 당한 유고슬라비아공산당과의 관계 개선에 누구보다도 적극적이었다.[1] 1953년 7월 말 한반도에서 휴전협정이 체결되었으며, 1955년 5월에는 모스크바의 양보에 따라 소련, 미국, 영국, 프랑스, 오스트리아 등 5개국 대표가 오스트리아의 주권회복에 관한 조약에 서명함으로써 오스트리아 문제는 영세중립이라는 방법으로 해결되었다.[2] 그리고 당 중앙위원회

---

1) См.: Старков Б. Сто дней "Лубянского Маршала". // Источник. 1993, No.4, c.86~87.
2) 이미 1945년부터 빈에 단일정부가 구성되어 있던 오스트리아는 전승국들의 분할점령으로 말미암아 국제법적으로 완전한 주권국의 지위를 인정받지 못하고 있었다. 1954년 3월에 소연방이 동독을 국가로 승인할 때까지 오스트리아 문제는 독일 문제의 중요성으로 말

제1서기 흐루쇼프는 제20차 당 대회에서의 총괄보고를 통해 동맹국들에게 "사회주의로의 다양한 길"을 승인하는 동시에 이른바 평화공존론과 전쟁가피(可避)론을 제기하면서 미국에 대해 "평화스러운 공존"을 적극 요구함으로써 국제정세의 새로운 변화를 주도했다.

또한 흐루쇼프가 추진했던 이른바 탈(脫)스탈린화 정책은 사회적 "해방" 분위기가 인민들 사이의 정치적 허무주의와 결부되고 이것이 결국 소비에트 사회의 탈(脫)이데올로기화 경향으로 발전하는 데 중요한 계기가 되었다. 베리야를 제거한 다음에 흐루쇼프가 말렌코프, 몰로토프 등의 정적(政敵)들을 제압하기 위한 포석으로 기획한 스탈린 비판은 제20차 당 대회의 비밀연설을 통해 본격화되면서 국내외적으로 엄청난 파장을 초래했다. 누리는 지위와 권한 이상의 책임을 스탈린에게서 요구받았던 당 간부들은 자신들에게 드리워져 있던 다모클레스의 칼을 제거해준 흐루쇼프의 정책에서 안도감을 느꼈을 수 있지만, 스탈린 비판으로부터 인민들이 받은 충격은 엄청난 것이었다. 물론 흐루쇼프는 탈스탈린화 정책을 통해서 사회의 민주성과 창발성을 제고하며 세계혁명을 위한 도약을 실현코자 했다. 새로운 발전 단계에 접어든 소비에트 사회의 역량을 토대로 스탈린주의는 극복되어야 했으며, 물론 그것은 스탈린주의의 이론적 발전이 중단된 이상 지극히 당연한 일이었다.

1959년 초에 개막된 소련공산당 제21차 대회는 스탈린 시대의 전략 목표였던 "사회주의의 완전한, 최종적 승리"가 달성되었음을 선언했다. 이어 1961년 10월에 열린 제22차 당 대회는 소연방이 "전(全)인민의 국

미암아 부차적인 것으로 취급되고 있었으며, 독일 문제의 해결 방식이 오스트리아 문제의 해결에 있어서 모범이 될 수밖에 없었다. 그러나 흐루쇼프는 모스크바의 입장 변화를 주도하면서 서방 측에 대해 오스트리아의 영세중립이라는 조건하에서 오스트리아의 독립을 승인할 수 있음을 암시했다. 그때부터 오스트리아 문제를 둘러싼 서방과 소련 및 오스트리아의 대화가 급진전되었다.

가"로 전환되었다고 선언하면서, 동시에 '1980년도까지 능력에 따른 생산과 필요에 따른 분배가 실현되는 공산주의 사회를 건설한다'는 새로운 전략 목표를 설정했다. 계획의 무모함을 차치한다면, "사회주의의 완전한 승리" 이후에 공산주의 건설이 다음 단계의 목표로서 설정된 것은 자연스러운 논리적 귀결이었다. 이제 소련공산당의 정책적 과제는 미국과의 냉전에서 밀리지 않는다는 소극적인 것이 아니라, 적극적으로 공산주의의 실현을 위해 노력하는 것이었다. 그들의 눈에는 자본주의의 일반적 위기가 분명 심화되고 있었으며, 공산주의라는 인류의 목표가 실현되는 순간이 그리 멀지 않아 보였다. 새로운 목표를 위해 소비에트 인민들에게 또다시 "땀과 피"를 요구하는 흐루쇼프의 선동과 재촉이 시작되었다. 때론 즉흥적이고, 때론 무모한 사업이 추진되기도 했다.

1964년 10월, 소련공산당 중앙위원회 전원회의는 "노령 및 건강 악화로 말미암아" 자신에게 부여된 모든 공직으로부터 사임하겠다는 "흐루쇼프 동무의 요청을 승인했다." 전원회의에서 수슬로프가 보고자로 나섰다. 그가 흐루쇼프에게 가한 비판의 요지는 협동성과 집단적 지도 원칙의 훼손, 동료들의 의견 무시, 개인숭배 풍조의 부활, 그리고 경솔한 개혁과 빈번한 간부진의 교체로 인한 사회적 불안정 조장 등이었다.3) 물론 마지막 비판이 흐루쇼프 실각의 가장 주요한 이유였다. 흐루쇼프가 당내 "노멘클라투라"에게 치명적일 수도 있는 새로운 헌법안을 논의하려 했던 1964년 11월의 전원회의에서는 당의 기본 구조를 훼손한 흐루쇼프의 개혁, 즉 당 조직을 생산원칙에 따라 공업위원회와 농업위원회로 개편한 흐루쇼프의 조치에 대해 취소 결정이 내려졌으며, 당이 단일한 조직으로 복원되었다.4) 흐루쇼프가 추진했던 다른 개혁적 조치들이 계속 폐기되

---

3) См.: Бовин А.Е. Курс на стабильность породил застой. // Л.И. Брежнев. материалы к биографии. (Сбор.) М., 1991, с.92.

4) КПСС в резолюциях и решениях съездовб конференций и пленумов ЦК. М., 1972,

었으며, 1966년 봄에 개최된 제23차 당 대회에서는 제22차 대회에서 채택된 당 규약이 정하고 있는 모든 당직의 선거 원칙과 임기 제한에 관한 규정이 폐지되었다. 당 간부들은 공산주의를 위해 흐루쇼프가 내린 "동원령"을 거부했다.

스탈린을 비판하기 시작한 순간에 흐루쇼프는 이미 소련 인민들의 지지를 상실했다고 생각한 마오쩌둥의 입장에서 보면 그의 실각은 당연한 귀결이었다. 이에 대한 동의 여부와 관계없이, '인간의 얼굴을 한 사회주의'라는 개념의 선구자로서 흐루쇼프의 국내 정치적 개혁은 소위 "자유화"라는 측면에서 소비에트 사회의 분위기를 일신하는 데 크게 기여했다. 그럼에도 불구하고 소련 인민들은 흐루쇼프의 실각에 대해 전혀 항의를 표시하지 않았다. 10월혁명 이후 계속된 사회주의 건설과 대조국전쟁 그리고 "미국을 따라 잡고 추월하자!"는 캠페인 과정 속에서 자의였든 타의였든 일상화된 동원에 지치고 피곤했던 소비에트 인민들은 1980년까지 공산사회를 건설한다는 선전·선동에 감격하기보다도 우선은 편안한 삶을 희구했다. 1962년경부터 현저하게 드러난 흐루쇼프의 정책적 한계, 그리고 인민들에 대해 부단히 제기되는 정치적, 경제적, 이데올로기적 동원령은 "피곤에 지친" 인민들의 정치적 지지를 상실하는 주된 요인이 되었다. 스탈린의 견해를 인용할 필요도 없이, 맑시즘의 정치적 토대는 자본주의적 착취의 대상이 되는 프롤레타리아 계급이었다. 계급적 속박이라는 멍에로부터 해방되어 비(非)계급적인 "전(全)인민의 국가" 구성원이 된 소비에트 인민들에게는 이제 계급투쟁과 세계혁명이 아니라 차라리 소시민적이고 평화로운 개인적 삶을 영위하는 것이 주요 관심의 대상이 되었다. 이러한 점에서 스탈린주의 나아가 맑스-레닌주의는 실제적인 사회경제적 토대를 상실하면서 소비에트 사회 내에서 점차 형식화, 허구

т.8, с.495~496.

화되었다.

사회적 탈이데올로기화라는 배경하에서 '안정'을 정치적 슬로건으로 내걸었던 브레즈네프 정권의 새로운 노선은 소비에트 인민들의 일반적인 요구와 부합되고 있었다. 소위 "노멘클라투라의 지배"로 특징지어진 '발전된 사회주의' 시대의 전개는 경제성장력의 쇠퇴와 그 맥락을 같이 했다. 물론 소련공산당 자체도 탈이데올로기화 과정과 무관할 수 없었다. 그럼에도 불구하고 당의 최고위 수준에서 내려지는 결정들, 특히 대외정책적 결정은 항상 소비에트 이데올로기로부터 도출된 공리들에 입각해 있었다. 그것은 세계 사회주의 혁명의 승리에 대한 당 지도부의 확고한 신념보다는 오히려 과거로부터 이어진 정치적인 관성과 타성 때문이었다. 소비에트 사회는 내적으로 이념적 목표를 거의 상실하고 표류하고 있었지만, 그래도 세계혁명은 소비에트 체제의 존재목적이었다.

1960년대 중반부터 시작된 인권운동, 넓게 말해서 이교도 운동이라고 불렸던 민주화 운동은 먼저 흐루쇼프의 스탈린 비판 정책과의 관련하에서, 그리고, 본질적으로, 소비에트 사회의 발전 및 안정과 병행된 사회적 탈이데올로기화 과정의 결과로 등장했다. 운동이 주로 소수의 지식인들에 의해 전개되었고 또한 사회에 대한 영향이 생각보다 미약했다고 하더라도, 그것은 소비에트 사회의 발전에 있어서 결정적 중요성을 가졌던 "이데올로기적 단결성"이 훼손되었음을 의미했다. 1961년에 개최된 제22차 당 대회 이후 특히 문화와 예술 분야에서의 "해빙"은 두드러진 현상이었다. 1962년 말경부터 흐루쇼프는 "자본주의로부터의 오염"을 방지하고 "소비에트 예술의 최고 가치인 사회주의적 사실주의"를 수호할 것이라는 의지를 과시했다. 그에 따라 당성(黨性), 사상성, 인민성이 창작활동의 기초로 재차 강조되면서 예술가 및 지식인들에 대한 이념적 통제가 강화되어 갔지만, 사회적 추세를 진압할 수는 없었다. 당의 검열과 통제를 피하는 방법으로 궁리된 자기출판(самиздат)과 저기출판(тамиздат)은 정권에 대

한 "이교도"들의 주요한 항의수단으로서 신속히 확산되었다.5)

흐루쇼프의 실각 이후 당 지도부는 문화예술계에서의 사상적 기강을 확립하려 들었다. 이러한 맥락에서, 1965년 가을, 서방에서 가명으로 소설을 출판한 시냡스키와 다니엘이 반(反)소비에트 선전죄, 즉 소련 형법 제70조 위반 혐의로 체포되었다. 그러나 사건은 당의 의도대로 쉽게 처리되지 않았다. 제헌절이었던 12월 5일 모스크바 중심에 위치한 푸쉬킨 광장에서는 약 200명의 시위대가 "헌법을 준수하자!"는 구호를 내걸고 시냡스키와 다니엘에 대한 공개 재판을 요구했다. 예세닌-볼핀이 주도한 이 사건은 인권운동의 시작을 알리는 최초의 대중시위로서의 의미를 갖는다. 이는 자기출판 이외에, 당국에 대해 "사회주의적 사법성"을 준수하라고 요구하는 새로운 투쟁방법이 확산되는 계기가 되었다. 아무튼 1966년 2월에 열린 공개재판에서 시냡스키와 다니엘은 실형을 선고받았고, 이 재판을 둘러싼 지식인들의 논쟁은 점차 당의 검열과 "재(再)스탈린화"를 비판하는 방향으로 발전했다. 1966년 4월에는, 시냡스키 등을 규탄하는 글을 쓴 노벨문학상 수상자 숄로호프에 대한 추콥스카야의 반박 서한이 발표되어 논쟁이 야기되었다. 솔제니친은 당의 검열정책을 비판하는 서한을 많은 작가들의 서명을 모아 1967년 5월에 열린 제4차 전국작가대회에 보내기도 했다. 특히 솔제니친은, 그 후, 소비에트 체제의 민주화를 촉구하면서, 또한 양심과 표현의 자유를 제한하는 데 악용될 수 있는 형법 조항들에 대한 이의를 제기하는 한편, "스탈린의 복권"을 비판하는 서한을 서기장 브레즈네프를 비롯한 국가기관들에 발송하는 등의 항의를 계속했다. 그를 지지하는 "협력단"에는 안드레이 사하로프, 발렌친 투르친, 로이 메드베제프, 드미트리 쇼스타코비치 등 당시 학계 및 문화예술

---

5) 자기출판은 국내에서, 저기출판은 국외에서의 인쇄물 간행을 뜻한다. 1957년 11월 이탈리아에서 보리스 파스테르낙(Б.Л. Пастернак)의 소설 『닥터 지바고』가 출판된 것이 저기출판의 전형이었다.

계를 대표하는 저명인사들이 망라되어 있었다.

정치적 탄압에 대한 지식인들의 항의는 주로 공개적인 서한을 통한 이의 제기, 또는 탄원서를 제출하는 방법 등으로 표시되었다. 문서적 방법을 통해 당국의 결정에 대해 이의를 제기하는 것은 스탈린 시대에도 유지되었던 전통이었다. 그러나 문제는 1965~68년 사이의 사건들을 통해 사회 내에서 소위 "운동권"이 형성되었다는 사실에 있었다. 스탈린주의적 현상에 대한 비판의식을 바탕으로 운동권의 이념에 동조했던 사람들은 개인적으로 특히 1930년대 후반 대숙청 기간에 직간접적인 화(禍)를 경험한 사람들이 다수였다. 하지만 이런 배경 없이도 단지 비민주적인 "전체주의적 체제"에 대한 비판의식으로부터 운동을 시작한 지식인들의 수도 상당했다. 1968년 여름에 있었던 바르샤바 조약군의 체코슬로바키아 침공에 대해서, 정부 당국의 표현에 따르면, "부패한 지식인들"이 거세게 항의한 이후 운동권에 대한 탄압이 강화되고 체제에 대한 공개적 비판행위는 억제되었으나, 대신 운동이 지하로 들어가면서 자기출판이 활성화, 체계화되었다.

1968년 4월 소련 인권운동의 상징물인 ≪시사연보≫가 발행되기 시작했다. 창간호는 UN 인권선언 제19조, 즉 "모든 사람은 자신의 의견을 자유로이 표현할 권리를 가진다"로 시작되는 구절을 지적하면서, 주로 법치주의와 양심의 자유에 대한 지지를 표현하고 있었다. 익명의 편집자에게 수집된 불법적 인권탄압 사례들을 논평 없이 게재하는 것으로부터 출발한 ≪시사연보≫는 혁명의 조직화가 아니라, 공개되지 않은 당국의 불법성에 대한 고발을 통해서 민주주의를 회복한다는 소박한 목적을 가졌다. 처음에 고르바넵스카야, 다음에 야콥손이 편집을 맡았던 이 절묘한 인쇄물은 대략 두 달에 한 번 정도씩 발행되었다. 체포에 따른 편집자의 잦은 교체에도 불구하고 1972년 10월부터 1974년 사이의 공백을 제외하고는 약 15년 동안 존속하면서 특히 도시지역 청년층에서 소비에트

체제에 대한 비판의식이 고양되는 데 나름의 역할을 했다.6)

1970년 11월에는 안드레이 사하로프, 찰리제 등의 주도하에 소련에서의 인권보장을 위한 자문과 조력, 사회주의 사회의 인권문제에 대한 이론적 측면의 규명, 그리고 인권 계몽 등을 목적으로 하는, 소연방 최초의 시민운동단체이자 후에 국제인권연맹의 지부가 된 소련인권위원회가 조직되었다. 또한 여기에 예세닌-볼핀, 솔제니친, 사파레비치, 갈리치 등이 가담함으로써 이 단체는 지도적인 운동권 인사들을 아우르는 대표적인 인권기구가 되었다. 그러나 당국의 탄압에 따라 1972년 말 지도부가 와해됨으로써, 결국, 여러 도시에 근거를 확보했던 소련인권위원회의 활동은 종식되었다.

그랬음에도 불구하고 운동권은 1974년 여름에 이르러 ≪시사연보≫를 다시 발행하기 시작했다. 또한, 투르친 등의 주도하에 국제앰네스티 소련지부를 결성했으며, 고립무원의 상태에 놓인 양심수 자녀들을 돕기 위한 시민단체인 "73인 그룹"을 결성하는 등 위기 극복을 위해 전열을 재정비하는 모습을 보여주었다. 데탕트 시대의 산물로서, 1975년 여름에 미국, 캐나다 및 당시 33개 유럽 국가들의 대표자들이 참여한 가운데 헬싱키에서 개최되었던 유럽안보협력회의(CSCE)에서 채택된 최종 결의안은 민간 교류의 활성화 및 문화 교류의 강화를 위한 규정과 더불어 사상, 양심, 종교, 신념의 자유를 포함한 기본적 자유 및 인간의 제 권리에 대한 존중 등의 규정을 담고 있었다. 특히 1976년 5월 안드레이 사하로프와 오를로프 등의 주도로 헬싱키협정문에 담긴 인도주의적 항목의 이행을 감시 촉진함을 목적으로 하는 단체인 "헬싱키그룹"이 결성됨으로써, 침체되어 있던 인권운동은 이제 서방 국가들의 전폭적 지지에 부응하면서 새로운 발전의 장(章)을 여는 듯했다. 그러나 1979년 말부터 이른바 신

---

6) См.: Алексеева Л.М. История инакомыслия в СССР. М., 1992, с.208~213.

(新)냉전이 도래하면서 소련 정부는 인권운동을 더욱 철저하게 억압하기 시작했다. 1982년 9월, 안드레이 사하로프의 부인이자 역시 저명한 운동가였던 옐레나 본네르가 형식만 남은 "헬싱키그룹"의 해체를 선언해야 했을 때, 인권운동은 종말을 고한 셈이었다. 1983년에는 그나마 명목을 이어왔던 ≪시사연보≫의 발행도 중단되었다. 공산당의 정치독점은 더욱 강화되었으며, 개혁 요구는 거부되었다.

운동권에 대한 소련공산당의 대응 방식은 우선 실정법 위반 혐의로 형사 처벌을 가하는 것 이외에, 혐의자들을 정신병원에 감금하는 방법도 있었다. 소위 "반체제 인사들"을 정신병원에 수용하는 것은 외부의 주목을 쉽게 피할 수 있었기 자주 이용되었다. 차츰 소련에서 운동권에 대한 억압은 공개적인 방법이 아니라 오히려 은밀하고 탈법적으로 진행되었다. 또한 1970년대 들어와 서방과의 데탕트가 이루어지면서 소련 당국은 "반체제 지식인들"의 해외 이주를 종용 또는 허용함으로써 운동권을 와해시키려 했다. 1971~74년의 기간 중에 운동권 인사들을 포함한 약 20만 명의 공민들(이들 중 절반이 유태인)이 자발적으로 또는 반강제적으로 서방 국가들이나 이스라엘로 이주했다. 예를 들면, 1972년에 찰리제는 미국 여행 중 소련공민권이 박탈되어 입국이 거부되었고, 1990년에야 국적이 회복되었다. 특수한 경우에는 강제 추방이나 연금(軟禁) 조치가 취해졌다. 자신의 경험을 담은 『수용소 군도』를 1973년 서방에서 출판한 솔제니친은 1974년 2월에 국경 밖으로 강제 추방되었으며, 1994년에야 귀국할 수 있었다. 그 "황금의 두뇌"로 인해 외국행이 미리 차단된 유명 핵물리학자 안드레이 사하로프는 1980년 1월 고리키(현재 니즈니-노브고로드)시에 유폐됨으로써 운동으로부터 격리되었다.

운동에 이론이 없을 수 없었다. 처음에는 정부 당국에 대해 헌법을 준수하라고 요구하는 수준에 머물렀으나, 1970년대 이후 소비에트 체제의 결함을 한 목소리로 비판하기 시작한 "이교도"들은 문제의 본질과, 특히 그 해결 방법을 둘러싸고 점차 이견을 드러냈다. 결국, 입장에 따라 운동의 목표를 달리 이론화하며 나름대로의 정치적 강령을 마련하기도 했다. 우선 1975년도 노벨평화상을 수상한 안드레이 사하로프는 1968년 여름 자기출판을 통해 발표한 「진보와 평화공존 그리고 지적 자유에 관한 숙고」라는 제목의 글을 통해서 인류가 핵전쟁의 위험뿐만 아니라 기아, 환경오염 문제, 그리고 인종주의, 민족주의, 군국주의, 독재체제 등으로부터의 위협, 지적(知的) 자유에 대한 위협 등으로 인해 위기를 겪고 있음을 강조하고는 1960년대에 들어서 구미에서 논의되기 시작한 체제수렴론적 입장에서 문제의 해결을 역설했다. 그의 주장에 의하면, 자신의 문제들을 나름대로 해결하며 발전하고 있는 자본주의와 "도덕적 우월성으로 특징지어지는 사회주의"의 발전은 서로 대립적인 것이 아니라 상호보완적인 것이며 그 발전의 목표는 서로 동일했다. 그것은 바로 "인도주의적 민주주의"로 귀결된다는 것이다. 이러한 맥락에서 안드레이 사하로프는 소련공산당에 대해, 우선 서방과의 평화공존 및 협력을 위한 전략을 더욱 심화시킬 것, 기아(饑餓)와의 투쟁을 위한 프로그램을 마련할 것, 이데올로기적 검열을 폐지하고 지식의 실질적인 창달을 촉진할 수 있는 출판과 지식에 관한 법을 제정할 것, 인권을 침해하는 모든 위헌적 법률들을 폐지할 것, 정치범들에 대한 기소를 중지하고 석방과 복권을 시킬 것, 완전한 탈스탈린화를 실현할 것, 경제 개혁을 촉진하고 오염방지를 위해 환경에 관한 법률을 제정할 것 등을 요구했다.[7]

   1973년에 가진 외국 기자와의 인터뷰에서 안드레이 사하로프는 소비에트 체제를 국가자본주의로 규정했고, 이후에는 또 전체주의적 사회주의라고 정의하는 등 체제에 대해 그는 점차 더욱 비우호적 태도를 보였다. 아마 그런 이유에서, 또는 다원주의와 민주주의에 대한 자신의 신념

---

7) См.: Сахаров А.Д. Тревога и надежда. М., 1991, c.11~46.

을 자주 피력했다는 이유에서 안드레이 사하로프가 운동권 최초의 서구주의자 또는 서구주의적 자유주의자로 묘사되는 경우가 많은데, 실제 그는 체제수렴론적 입장을 끝까지 고수했다. 평화와 진보 그리고 인권이야말로 분리할 수 없는 인류의 목표라고 규정했던 그는 생애 말년에도 "자신은 자본주의 체제와 사회주의 체제의 다원주의적 접근 또는 수렴 없이는 인류의 생존을 위협하는 문제들의 해결이 불가능하다는 점을 확신하고 있다"고 강조하면서, 실제 역사 발전이 수렴의 방향으로 나아가고 있음을 지적했다.[8)]

그러나 그의 이론은 일단 자본주의의 발전을 긍정하고 있다는 점에서 "이교도"적인 것이었다. 계몽적 차원에서 보면, 현대 러시아에서 자유주의적 이념이 확산 발전함에 있어서 체제수렴론이 일정한 단초를 제공한 것 또한 사실이다. 페레스트로이카에서 사회주의의 희망을 보았던 안드레이 사하로프는 생전에 소연방의 해체 문제를 전혀 궁리할 필요가 없었다. 하지만 1989년 12월에 그가 사망한 이후 더욱 가속화된 정치적 격변이 소비에트 사회주의의 몰락으로 귀결되면서, 체제수렴론은 개념적 근거를 모두 상실했으며 이후 그의 동료들은 대부분 서구주의적 자유주의의 지지자들로 변모했다. 물론 이는 러시아의 정치적 상황에 의해 강요된 불가피한 선택이었다고 설명될 수도 있겠지만, 여러 사실들을 고려하는 경우 체제수렴론과 서구주의적 자유주의간의 일정한 이론적 친화성은 인정되어야 한다.

소련에서 안드레이 사하로프의 체제수렴론이 주로 자연과학자들에 의해 지지되고 있었다면, 1970년대에 들어와 특히 문인들에 의해 슬라브주의적 혹은 대지(大地)주의적 이념이 운동권 내의 한 조류로 자리 잡게 되었다. 러시아의 발전을 위해서는 "비(非)러시아적 요소인 맑시즘-레닌

---

8) См.: Алексеева Л.М. Там же, с.303.

이즘에 의해 왜곡되고 파괴된 러시아의 민족적 전통"을 부활시켜야 한다는 것이 그들이 주장하는 핵심 내용이었다. 그 기본적 구상은 솔제니친이 1973년 9월에 집필했고, 그가 추방된 후 자기출판을 통해 널리 알려진 「소련 영도자들에게의 서한(Письмо вождям Советского Союза)」에 잘 요약되어 있다. 솔제니친의 주장에 따르면, 볼쉐비키에 의한 급속한 산업화와 농업 집단화, 러시아 정교회에 대한 탄압, 국제 문제에 대한 과잉 간섭 등은 민족적, 문화적 및 정신적 측면에서 러시아 민족에게 엄청난 희생과 고통을 강요했다. 따라서 러시아의 부흥을 위해서는 우선 세계혁명을 지향하는 공산주의적 지배를 청산해야 하며, 비(非)슬라브적 민족들을 분리, 독립시키는 가운데 모든 힘을 러시아의 민족적 부흥에 집중해야 한다는 것이었다. 기본적으로 미개발 상태인 시베리아의 풍부한 자원을 확고한 기반으로 삼는 민족적 부흥과 번영을 위한 역량은, 농업을 사영(私營)이나 조합 중심적 경영으로 전환시키고 공업 분야에서는 최신 기술들을 바탕으로 중소 규모의 제조업을 육성함으로써 축적 강화될 수 있다는 것이 그의 생각이었다. 나아가 러시아 민족의 정신적 가치는 정교회에서 찾아야 한다고 강조한 솔제니친은 자유주의적 또는 의회주의적 국가 형태가 과연 러시아에 적합한 것인가에 대해서 회의적 태도를 취했다. 그에 대해 안드레이 사하로프는 이렇게 비판했다: "솔제니친은 우리나라가 필경 민주주의 제도를 운영할 만큼 성숙하지 않았으며, 법치주의와 러시아 정교를 전제로 하면 권위주의적 통치가 그리 나쁜 것이 아니며 마침 러시아는 그런 제도하에서 20세기까지 민족적 건강함을 유지했다고 쓰고 있으나, 이러한 의견에 나는 동의할 수 없다. 민주주의적인 발전의 길이야말로 모든 나라에게 해당되는 유일하게 바람직한 것이다."[9]

---

[9] Сахаров А.Д. Там же, с.69.

소련의 미래에 관한 개념 차이가 곧 운동권의 분열로 이어지지는 않았다. 그것은 일단 슬라브주의적 이념에 내포된 민족주의적, 정교회적 요소들이 인권이라는 중립적 개념과 모순되지 않았기 때문이다. 그러나 1978년 이후 솔제니친은 미래에 러시아의 국가 형태는 법치주의적인 것이 아니라 권위주의적인 것이 되어야 한다고 역설하고는 정치적 입장의 차이를 내세워 인권운동가들과의 협력을 거부했다. 이로써 "이교도"들 사이의 분열은 더 이상 피할 수 없게 되었다. '정교회-전제(專制)-인민'이라는 도식은 제정 러시아의 국가주의적 이데올로기를 상징하는 것이었다. 인권운동으로부터 각성된 러시아 민족주의적 이념이 정교회와 인민이라는 요소와 더불어 이제 전제적 권력을 승인하게 되자, 그것은 곧 러시아 국가주의로의 발전을 의미하는 것이었고, 이제 국가주의자들과 인권론자들의 협력은 당연히 불가능하게 되었다. 민족주의적 이론이 국가주의로 발전하는 것은 역사적으로 흔한 현상이었다. 솔제니친의 경우, 그의 이론은 권위주의적 중앙 권력뿐만 아니라 지방적 자치제도의 존재 당위성까지 역설함으로써 일반적인 국가주의와 차별을 시도하고 있었다. 그러나 문제는 통치체제에 관한 그의 생각이 소위 "민주집중제"라는 볼쉐비키적 구상과 흡사한 논리적 모순을 내포하고 있다는 데에 그치지 않는다. 농민적 정서를 대변했던 그는 철저한 반(反)공산주의적 입장에서 러시아의 전통과 역사를 찬양했으며, 결국 제정 러시아라는 과거에서 현대 러시아의 미래를 발견했던 것이다. 지방적 자치에 대한 강조와 무관하게, '짜리 체제는 반(反)인민적'이라는 테제를 거부하는 솔제니친을 비롯한 러시아 민족주의자들의 이론적 결론은 바로 러시아 국가주의였다.

그리고 운동권 내 또 하나의 사조로서 사회민주주의적 경향을 들 수 있다. "스탈린이즘에 의해 왜곡된 이후 다시 찾지 못한 레닌 시대의 민주적 제 가치들을 회복할 것"을 주장하는 일련의 사람들에 의해 대표되었던 이 "레닌주의적" 이념은, 엄밀히 말하면 소련공산당 제20차 대회 이후 당내에 확산된 하나의 조류였다. 이를 대표한 로이 메드베제프는 1972년에 파리에서 출판한 『사회민주주의론』이라는 책에서 자신을 당내 민주화 세력으로 규정하면서 자신의 입장과 당시 이탈리아 등에서 등장한 유로공산주의 강령과의 유사성을 지적했다.10) 아무튼 부하린주의적 입장에서 소련 체제의 "재(再)스탈린화"를 비판했던 메드베제프는 당내에 다양한 의견을 가진 분파의 존재와 그 활동을 승인하고, 이들이 각급 소비에트 선거에 후보자를 낼 수 있도록 허용하는 등 당이 정치활동에 있어서의 진정한 경쟁을 보장할 수 있는 원칙들을 확립해야 한다고 주장했다. 이러한 정치적 민주화를 위해서는 언론, 출판, 집회, 결사의 자유가 필수적임을 지적하고, 국가, 조합, 민간의 세 부문으로 구성되는 "혼합경제"를 궁리했다. 또한 민족문제와 관련해 "소수민족들에게 광범한 자치권을 인정했던 레닌 시대의 민족정책"으로 회귀할 것을 역설했다.11)

제20차 당 대회의 산물인 자칭 "레닌주의적" 이념은 체제를 부정하는 것이 아니라 "탈스탈린화를 통한 소비에트 체제의 강화"를 요구하면서 초기 민주화 운동의 중심에 위치해 있었다. 1950~60년대 소련의 많은 지식인들은 메드베제프의 과감한 민주화 요구에 주목했으며, 특히 안드레이 사하로프, 투르친, 솔제니친 등의 인사들에게 메드베제프와의 교류는 민주주의에 관한 자신의 이론을 보다 깊게 발전시키는 데 있어서 중요한 계기가 되었다. 그러나 안드레이 사하로프가 체제수렴론적 개념들로 인권운동을 뒷받침하고, 솔제니친이 노골적인 반공산주의적 입장에서 소비에트 체제를 비판하는 등 나름대로의 이론적 정립을 모색했지만, 정작 메드베제프는 당내 민주화에 관한 신념에만 집착했다. 자신에 대한 "이교도"들의 지지가 계속 감소하던 1972년에 쓴 글에서 메드베제프는

---

10) См.: Медведев Р. Книга о социалистической демократии. Астд – Париж, 1972, с.63~66.
11) См.: Там же.

당내 민주화를 요구하는 분위기가 청년학생들의 지지에 힘입어 사회적 대중운동으로 신속히 발전해 갈 것으로 확신했다. 그렇게 되어 자신의 개혁적 프로그램이 실현되는 경우 소련에서 진정한 '발전된 사회주의' 사회가 조성될 것이며, 결국 20세기 말이나 혹은 21세기 초에는 무계급적 공산사회가 비로소 등장하게 된다는 것이었다.12) 흐루쇼프의 공산주의론과 흡사함은 우연이 아니었다.

실제로 사회민주주의적 이념에 상당히 부합되는 베드베제프의 자칭 "레닌주의적" 이념은 일부 지식인들 및 자유주의적 노멘클라투라 사이에 퍼져 있던 반(反)스탈린적인 레닌숭배 경향을 반영하는 것이었다. 그것은 진지한 반소비에트적 이론이 아니었다. 오히려 몰역사적이고 역사왜곡적인 스탈린 비판을 통해 인민들에게 정치적 카타르시스를 제공함으로써 국부(國父)적 존재로서의 레닌에 대한 숭배를 더욱 강화하고, 결국 체제비판을 오히려 순화시키는 기능을 수행하기도 했다. 특히 메드베제프의 활동이 자주 정부 당국에 의해 승인되고 있었다는 사실이 이런 평가를 뒷받침한다.

물론 그러한 이념들은 운동권이라는 소비에트 사회의 아주 제한된 부분에서 대두되었으며 그나마 1980년대 초에 이르면 사회적으로 완전히 격리되기에 이른다. 그럼에도 불구하고 페레스트로이카의 시작과 더불어 "이교도"들에 대한 통제가 해제되었을 때, 특히 소련공산당이 정치독점을 포기했을 때, 그 이념들은 탈이데올로기화된 인민들의 의식에 부응하게 되면서 소비에트 사회의 정치를 결정짓는 계기가 되었다. 페레스트로이카와 더불어 새로운 이념의 시대가 전개되었으며, 그들 중에서 특히 막강한 위력을 발휘했던 것은 프티부르주아적인, 서구주의적 자유주의였다.

---

12) См.: Там же, с.369~400.

1985년 봄, 소련공산당 서기장으로 선출된 고르바초프는 침체의 시대 극복을 위한 "사회경제적 발전의 가속화"를 정치적 목표로 설정하고, 그를 위해 "사회주의 발전에 위해가 되는 모든 요인들을 제거"하기 위한 총체적 제도개혁(-페레스트로이카)과, 사회주의에 대한 확신과 소비에트 권력에 대한 신뢰를 회복시키고 인민들의 창발성을 제고하기 위해서 모든 사실의 공개성 및 정책결정의 투명성을 인정 실현할 것(-글라스노스치)을 선언했다. 보다 실제적인 정책적 변화는 국제정치적 영역에서 목격되었다. 고르바초프는 1986년 2월에 개최된 소련공산당 제27차 대회에서 보고를 통해, 현대 세계를 규정하는 모순으로서 자본주의와 사회주의 체제간의 모순, 자본주의 세계 내부의 모순, 제국주의와 개발도상국들 사이의 모순, 문명의 존립기반 자체를 위협하고 있는 문명의 진보와 그 결과들(환경오염, 자원 고갈, 핵 위기 등) 사이의 모순 네 가지를 지적하고는, 이런 문제들의 해결을 위해서 온 인류의 협력이 불가피함을 강조했다. 그러면서 "확고한 평화의 조건하에서 경쟁할 것"을 "자본주의 체제"에 제안했다. 여기서 그는 "과거에 전혀 불변적인 것으로 보였던 대외정책상의 몇 가지 공리들을 거부하면서",[13] 근본적인 개념 전환을 시도했다: "나라의 사회적, 경제적 발전을 위한 과제들이 소련공산당의 국제 전략을 규정합니다. 소련의 국제 전략적 목표는 극히 분명합니다. 그것은 바로 소련 인민들에게 견고한 평화와 자유라는 조건하에서 일할 수 있는 가능성을 보장하는 것입니다. 이것이 본질적으로 우리의 대외정치에 대한 당의 최우선적인 강령적 요구입니다. 오늘날의 상황하에서 그것을 실행한다는 것은 우선 핵전쟁에의 준비를 중단하는 것을 의미합니다."[14] 이어 고르바초프는 핵 위기와 군비경쟁에 반대하는, "평화의 강화"를 위

---

13) Горбачёв М.С. Перестройка и новое мышление. М., 1988, с.148.
14) Материалы 27-ого съезда КПСС. М., 1987, с.62~63.

한 투쟁의 필요성을 강조하면서 사회주의와 자본주의 체제 간에 오직 협력과 평화적 경쟁 이외에 다른 선택이 없다는 점을 역설했다.

후에 '신사고 외교'로 개념화된 이러한 정책적 방향은 기존 외교정책적 기본 원칙들에 대한 근본적 수정을 의미하는 것이었으며, 또한 1917년 10월혁명 이후 계속 견지되어온, 세계혁명이라는 소련의 궁극적 목표를 부정하는 것이었다. 먼저 제27차 당 대회에서 채택된 새로운 당 강령은 이제 평화공존을, 흐루쇼프 시대에 규정되었던 것처럼, "국제적 수준에서의 계급투쟁의 특수한 형태"가 아니라 "소련이 확고하게 지향하는 정치적 노선으로서, 모든 인민들에게 이익이 될 수 있는, 선린과 협력이 지배적인 두 체제간의 평화적 경쟁형태"라고 규정했다.15) "제국주의자들을 파묻어버리겠다"고 공언했던 흐루쇼프와는 달리 고르바초프는 평화공존에 관한 새로운 개념의 토대 위에서 완전히 새로운 외교정책적 원칙을 정립했다.16)

그러나 국내 정치의 경우 그 이데올로기적 규정성이 즉각 해소된 것은 아니었다. '발전의 가속화'라는 전략적 목표는 소비에트 사회주의 체제의 강화를 목적으로 하는 것이었다. 특히 고르바초프의 초기 정책, 즉 기계공업 분야에 대한 집중적 투자 및 반(反)알콜리즘 캠페인으로 상징되는 사회적 기강 확립을 위한 정책이 실패로 끝나면서 이데올로기적 선동이

---

15) См.: Там же, с.136~137.
16) 그것은 다음과 같이 요약될 수 있었다: (1) 핵전쟁을 거부하고 군비경쟁을 지양하며 국제위기와 지역적 갈등들을 상호신뢰의 토대 위에서 공정하게 규제하기 위한, 미국과의 새로운 협력 형태의 모색과 강화; (2) 유럽의 안전보장과 동서 유럽 공동의 발전을 실현하기 위한, 그리고 국제정치와 세계 발전에 있어서의 건설적인 유럽의 역할 확대를 위한 "공동체로서의 유럽"이라는 개념의 확립; (3) 각 공산당의 완전한 자율 및 주체적으로 자국의 문제를 해결할 수 있는 권리에 입각한 사회주의 국가들 간의 정치적 관계의 재정립; (4) 국제적 테러리즘의 근절과 개발도상국 인민들의 자결권 보장을 위해서, 이해 당사국들이 아니라 UN에 의해 합리적으로 주도되는 제3세계에서의 위기와 갈등의 해결. 보다 상세한 내용은 см.: Горбачёв М.С. Там же. с.166~267.

더욱 강화되었다. 1987년 1월, 고르바초프는 그간의 개혁적 노력들의 성과가 전혀 없었음을 시인하면서, 그 원인으로 스탈린주의에 의한 사회주의의 왜곡을 지적했다. "레닌에게로 돌아가자!"는 새로운 구호가 등장했고, 예전처럼 '사회주의적 경쟁'을 위한 선전이 강화되었다. "레닌은 사회주의를 곧 민주주의로 이해했다"고 해석되었으며, 그에 따라 사회주의의 강화를 위한 "더 많은 사회주의"는 곧 "더 많은 민주주의"를 의미하는 것으로 강조되었다. 민주화와 관련해, 1986년 말에 당시 고리키에 유폐되어 있던 안드레이 사하로프에게 모스크바로의 귀환 및 자유로운 활동을 허용하는 조치가 취해짐과 동시에 정치체제의 개혁을 위한 가닥이 잡혔다. 곧 1987년 2월에는 약 100여 명에 달하는 운동가들의 석방이 이루어졌다. 이어 그 해 11월에는, 10월혁명 70주년 기념제를 계기로 역사의 전면적 재평가를 위한 시도가 이루어지면서 스탈린주의에 대한 본격적인 비판이 시작되었다. 1988년 6월에 열린 제19차 당 대표자 협의회에서 "기형적인 현상들의 깊이와 폭을 과소평가했다"고 자인한 고르바초프는 "지금은 새로운 정치적 자유, 양심의 자유, 당과 국가의 분리, 합법적 개혁, 그리고 다원주의를 도입할 때"라고 역설하면서, 결국 맑스-레닌주의의 교의들을 실질적으로 거부했다.

고르바초프가 소비에트 사회주의의 대안으로써 "인도주의적-민주주의적 사회주의"라는 개념을 제시하면서 설득과 강제라는 스탈린주의적 지도방식을 거부하고 사회에 가해졌던 여러 정치적 제재들을 해제했던 것은 자신의 개혁정치에 대한 인민들의 지지가 "강제 없는 설득"을 통해서 보다 견고하게 확보될 수 있다는 믿음 때문이었다. 복수정당제의 수용과 더불어 공산당의 정치독점이 포기되면서 수많은 사회세력들과 다양한 이데올로기들이 정치의 장(場)으로 진입했다. 1988년 말에 개정된 헌법에 따라 "경제 및 사회경제적 생활의 근본 문제들에 대한 결정권"을 갖는 새로운 최고기관으로 구성된 인민대의원 대회는 다양한 정치세력들 간의 대결이 전개되는 제도적 무대가 되었다. 단순화시켜 말하면, 그곳에서 고르바초프에 의해 대표되었던 메드베제프류(類)의 사회민주주의적 이념은 소위 "보수-공산세력"과 "개혁-민주세력"에 의해 협공을 당했으며, 자유주의적 이념과 민족주의적-국가주의적 이념의 지지자들로 뒤섞여 있던 "개혁-민주세력"은 곧 소비에트 인민들의 광범한 지지를 받으며 주도적 정치세력으로 부상했다.

소련 사회 내에서 맑스-레닌주의에 대한 진지한 도전은 인권운동가들에 의해 혁명적으로 주도되었다기보다는 사회 내적으로 서서히 준비되었다. 탈이데올로기화 과정은 스탈린주의에 대한 정치적 관심을 상실하는 데 그치지 않았다. 어차피 스탈린주의는 사회주의 건설을 위한 실천적인 이론과 전술이었다. 따라서 그것은 시대의 발전과 더불어 극복될 수밖에 없는 것이었고 또 이미 극복되었다. 나아가, 탈이데올로기화 과정은 스탈린주의의 토대였던 맑스-레닌주의적 이론들이 허위의식으로 쉽게 취급되어 버리는 정도에서 멈추지 않았다. 의식의 존재구속성은 소비에트 사회에서도 뚜렷한 것이었다. 소위 "신 계급" 또는 "정치계급"으로서의 노멘클라투라는 지도적 간부로서 누리는 자유로운 삶 속에서도 최고 권력의 간섭을 혐오하면서 점차 서구의 자유주의에 친화(親和)되어 갔다. 그러한 사정은 일반 공민들 사이에서도 마찬가지였다. 전혀 프롤레타리아적이지 않은 삶의 조건들을 누리고 있던 소련 인민들은 자신들의 상대적인 사회경제적 결핍이 지배적인 당 간부들 탓이라고 믿었다. 그리고 사회가 침체해 갈수록 물질적으로 풍요롭고 자유로워 보이는 서구 문명을 동경의 눈으로 바라보았다. 그러한 자본 없는 자유주의, 즉 인민들의 소시민적 삶에 기초한 프티부르주아적 자유주의, 혹은 소위 "낭만적 자유주의"는 소비에트 사회 내에서 집요하게 확산되었다. 이런 배경하에서, 고르바초프에 의해 추진된 개혁정책은 당내의 "자유주의적 노멘클라투라"를 정치적 기반으로 하면서 사회적으로 인민대중의 광범한 지지를 획득했다.17) 그러나 개혁정치의 성과 부재에 비례해서 페레스트로이카에 대한 사회적 지지는 급격히 감소했으며, 대신 옐친을 위시한 자유주의적 급진개혁파의 세력이 크게 신장되는 동시에 러시아공화국을 비롯한 여러 민족공화국에서 분리주의적인 민족주의 열기가 급속히 고양되었다.

1991년 8월 보수주의적 "공산세력"의 대표들이 국가비상위원회를 구성하고 정권 장악을 시도한 소위 "8월의 쿠데타"가 실패한 이후, 러시아공화국 정부에로의 급격한 권력집중이 진행되는 가운데 옐친을 위시한 급진개혁세력의 정치적 실천은 우선 형식만 남은 중앙권력으로서의 소연방을 해체하고, 다음에 자신들이 지지하는 자유주의적 시장경제 체제로의 개혁을 추진하는 것으로 귀결되었다. 그 과정에서 소연방의 해체와 더불어 발생하게 될 문제들이나 또는 상실될 수도 있는 것들에 대한 고려는 개혁 주체들에게 불필요한 것이었다. 단지 비문명적인 "비러시아적 요소들"로부터 해방되어 부담 없이 러시아만의 "서구화의 길"을 재촉할 수 있다는 것이 커다란 행운이라고 생각되었다. 그 순간 러시아 민족주의는 서구주의적 자유주의와 모순될 수 없었다.

1991년 11월 초, 러시아공화국 대통령 옐친은 소련공산당 및 러시아공산당을 모두 불법화하고, 이어 독립국가연합(СНГ)을 구성함을 골자로 하는 러시아, 우크라이나, 벨로루시 3국간의 논의를 주도했다. 결국 12월 8일에는 그에 관한 합의를 담은 벨로베스크 협정이 체결되었으며, 12월 21일에는 그루지야와 발트해 연안의 3국을 제외한 11개 공화국의 지도자들이 카자흐스탄 알마티에 모여 "어떠한 입법, 사법, 행정기능도 갖지 않고 주로 조정기능만 부여된 국가연합"의 창설을 다시 선언함으로써 소

---

17) 체제 변화에 대한 요구가 모두 개혁주의를 의미하는 것은 아니다. 개혁주의의 내용은 역사적으로 민주화와 결부되어 있으며, 민주화는 곧 권력의 상대화 및 비인격화를 의미했다.

연방은 내용 없는 형식으로만 남게 되었다. 결국 1991년 12월 25일자로 고르바초프는 소연방 대통령직의 사임을 공식 선언했고, 그에 따라 소비에트사회주의공화국연방(CCCP)은 해체되었다.

소비에트 이데올로기가 정치결정론을 설교했다면, 소연방의 해체를 결정한 자유주의적 급진개혁파의 신조는 경제결정론에 기초해 있었다. 그들은 경제적 자유가 정치적 민주주의의 토대라는 신념을 널리 확산시켰다. 급진개혁세력은 시장에 대한 신념과 더불어 복수정당제, 법치국가, 권력분립, 정치적 의사표시에 있어서의 만인 평등 등을 포함하는 정치적 민주주의에 대한 자신의 믿음을 강조했으며, 심지어 경제개혁의 이행기에 있어서도 "독재의 유령"이 출현할 수 없다는 것을 민주주의의 이름으로 약속했다. 그러나 곧 확인되었던 것처럼, 그들에게는 자유주의적 신념만 있었지 소비에트 경제와 사회의 민주주의적 변혁을 위한 체계적이고 적실성 있는 프로그램이 결여되어 있었다. 단지 그들은 국가에 의해 통제되지 않는 자유스러운 시장경제의 마력(魔力)에 사로잡혀 있었다. 1991년경에는 온건 개혁주의를 주장하는 사람들조차도 경제에 대한 국가의 통제를 배척하면서 "규제되는 시장"이라는 개념을 거부하고 있었다. 오직 시장에 의한 재화와 용역의 자유교환이 러시아 경제를 개혁하고 선진국에로의 진입을 가능케 할 것이라고 강조되었다. 결국 1992년 1월부터 가격 자유화, 상업의 자유화, 그리고 주택 및 국영기업 등에 대한 사유화 조치 등의 순서로 진행된 러시아연방 정부의 급진적 경제개혁은 폴란드에서 이미 권고되었던 "충격요법" 모델에 부합하는 것이었다. 통화주의 이론으로 무장했던 예고르 가이다르의 의해 주도된 경제개혁은 사회주의와 자본주의의 장점의 결합을 지지하는 갈브레이드(J.K Galbraith)의 이론이 아니라, 사회주의 및 사회주의 경제에 대한 철저한 비판가인 하이에크(F.A. Hayek)나 프리드만(M. Friedman) 등의 시장경제에 관한 신자유주의적 신념에 기초한 것이었다.

1992년에 2~3배의 물가상승을 예상하면서, 70% 정도의 임금, 연금, 가계에 대한 각종 정부 보조금의 인상이 계획되었다. 그러나 즉각적으로 그 해의 1/4분기에 최소 약 10~12배, 최대 약 17배의 물가상승이 초래되었으며, 전체적으로 1992년 한 해 동안 약 2,600%의 인플레이션이 기록되는 등 시민들의 실질소득은 급격히 감소하기 시작했다. 경제의 "해체"와 더불어 자본주의 혁명이 "충격"적으로 시작되었으며, 그에 따르는 고통은 고스란히 시민들에게 전가되었다. 아무튼 분리주의적 자유주의로 치달은 민족주의적 이념과 더불어 서구주의적 자유주의 이념은 현대 러시아의 급진적 개혁정치를 규정한 근본 요인들이었으며, 결국 소연방의 해체는 맑스-레닌주의 및 사회민주주의적 이념에 대한 서구주의적 자유주의와 러시아 민족주의의 승리를 의미하는 것이었다. 그러나 "자유주의의 독재"가 본격적으로 시작되기도 전에 옐친 정부의 각종 개혁정책들에서 "낭만적 자유주의"의 화(禍)를 목격한 러시아 민족주의 세력은 곧 자신의 정치적 과오를 자각하게 되었다.

"자유주의"에 대한 조직적인 저항이 확산되었다. 과거 옐친의 정치적 기반이었던 러시아공화국 인민대의원 대회와 그 상설기관인 최고회의는 이제 "보수-공산세력"의 보루가 되어 정권과 대립하게 되었다. 최고회의는 입법권을 통해서 정부의 정책적 과오의 교정과 부패 척결을 요구하는 등 적극적으로 "구국(救國)"을 위한 행동에 나섰으며, 옐친을 중심으로 한 "개혁-민주세력"은 헌법 개정을 통해 입법권력을 새로 구성함으로써 구시대적인 국가최고기관의 굴레로부터 벗어나고자 했다. 행정권력과 입법권력 사이의 공방이 지루하게 거듭되다가, 1993년을 경과하면서 특히 신헌법 제정 및 의회선거의 조기실시 문제를 둘러싸고 두 권력 사이에 치열한 투쟁이 전개되었다. 타협은 불가능했다. 1993년 9월 21일 밤, 옐친은 TV 담화를 통해 대통령령 제1400호, 즉 〈러시아연방에서의 단계적 헌법 개혁에 관한 명령〉을 공포하면서 헌정 중단 조치를 단행했다.

인민대의원 대회와 최고회의가 해산되었으며, 동시에 헌법협의회(헌법 개정안 심의를 위해 옐친이 설치한 기구로서 각계 대표 750명이 참여한 가운데 1993년 6월 5일에 처음 개최되었음)와 헌법위원회에 대해 12월 12일까지 단일한 헌법 개정안 초안을 작성할 것이 요구되었다. 또한 양원제로 연방의회를 구성할 것이며 그 하원에 해당하는 국가두마 의원선거를 1993년 12월 11~12일에 실시한다는 것, 그리고 신헌법 채택 및 새 의회의 구성 시까지 대통령의 명령과 정부의 결정에 의해서만 국가가 운영될 것이라는 정치계획이 일방적으로 포고되었다.

최고회의는 즉각 옐친의 조치를 국가전복행위로 규정하면서 헌법 121조 6항에 의거해 옐친을 대통령직에서 파면하고 부통령 루츠코이를 대통령 권한대행으로 지명하는 동시에 국방, 내무, 보안 장관 등 핵심 각료 3인을 새로 임명했다. 9월 23일에 소집, 개최된 제10차 인민대의원 대회는 최고회의의 정치적 노선을 승인했다. 그러나 9월 21일 당일부터 대부분의 언론매체에 의해 최고의회의 주장은 배제된 채 정부의 입장만이 일방적으로 시민들에게 전달되었다. 25일부터 단전(斷電), 단수(斷水)된 상태에서 외부와 차단된 '벨릐 돔'이 28일에는 내무부 소속 병력으로 완전 봉쇄되었으며, 그 다음날 옐친 정부는 최고회의 지도자들에게 10월 4일 0시까지 '벨릐 돔'에서 철수하고 스스로 무장해제하라는 최후통첩을 보냈다. 1991년 "8월의 쿠데타" 시기에 옐친을 중심으로 하는 급진개혁세력들이 결집했던 '벨릐 돔'은 러시아공화국 정부청사로서 민주주의의 상징이 되었다. 그러나 행정권력이 크렘린궁으로 이전하고 이제 입법권력만 남은 그 건물은 반동적인 "보수공산세력"의 소굴로 취급되고 있었다.

소위 "이중권력"이 겪고 있던 극단적 대치 국면을 청산하기 위한 옐친의 헌정중단 조치는 미국을 비롯한 서방 국가들에 의해 적극 지지되었다. 특히 방송언론의 지원을 받는 옐친이 군(軍) 등의 무력기관에 대한 통제력을 정상적으로 유지하는 상황에서 최고회의가 대세를 역전시키기에는 역부족이었다. 중재를 위한 몇 가지 노력이 무산된 후 1993년 10월 3일 저녁, 반(反)옐친 세력은 약 1만여 명의 무장시위대를 동원해 모스크바 시청과 아스탄키노 방송국 등에 대한 점거를 기도했으며, 그것을 계기로 옐친은 수도에 비상사태를 선포하고 대규모 병력을 모스크바 시내로 진입시켰다. 10월 4일, 정부군(軍)은 '벨리 돔'을 포위하고 탱크로 그를 향해 정면 포격을 가하는 등 반대파 세력에 대한 공격을 감행했으며, 부통령 루츠코이와 최고회의 의장 하스불라토프를 비롯한 약 1,500명의 반정부세력을 체포, 구속함으로써 조직적인 반(反)자유주의적 저항을 완전히 근절시켰다.

결국, 자유주의적 경제개혁이 시작되는 순간부터 최고회의를 중심으로 강화되었던 대(對)정부비판과 그에 따른 정치적 위기는 1993년 가을 약 150명의 인명이 희생된 "10월 사태"를 계기로 물리적으로 해결되었다. 많은 러시아 시민들은 모스크바 강변의 웅장한 흰색 건물에 탱크가 포격을 가하는 순간에도 자유주의적 개혁정책의 무오류성을 믿고 있었다. 그러나 옐친 정부가 추진하는 급진적 개혁이 "국가 해체"와 "경제 해체"를 통해서 지속적으로 사회의 빈민화를 초래하고 급속한 계급적 양극화를 조장하는 한, 개혁에 대한 사회적 비판이 그런 억압적 방법으로 근절될 수 없었다. 이러한 사실은 신헌법 채택의 가부를 묻는 국민투표와 함께 (어이없게도) 1993년 12월 12일에 동시에 치러진 제5대 국가두마 의원 선거 결과에 의해서 확인되었다(제정 러시아 때 국가두마가 제4대까지 소집되었다). 대대적인 정치선전에도 불구하고, '러시아의 선택'이나 '야블로코' 등 친(親)정권적이고 시장경제적 개혁을 지지하는 정당들이 모두 합해 전체 의석의 38.5%를 차지했으며, 자유민주당, 농업당, 공산당 등 "반(反)개혁적" 세력들이 전체의 39.9%를 점유했다. 나아가 러시아의 "빈민화"가 진행될수록 자유주의적 개혁정책은 퇴조하고 더불어 공산당의 위세가 개선되었다.

이렇듯, 1917년의 10월혁명을 계기로 러시아에서 개막된 "위대한 이념의 시대"는 점진적으로, 자연스럽게 종료되지 않았다. 그것은 맑스-레닌주의에 대한 새로운 이데올로기적 반동을 요구했는데, 1990년대 러시아의 정치는 바로 그러한 반동에 의해 규정되었다. 물론 반동의 이념적 방향은 사회의 탈이데올로기화 과정을 거치면서 1960~70년대에 소련에서 전개된 인권운동의 이론적 동향들 속에서 이미 시사되었으며, 그 가운데 특히 위력적이었던 "자유주의적 반동"은 소비에트 인민들의 비(非)노동자적 삶의 조건들 속에서 잉태된 것이었다. 결국, 현대 러시아의 이른바 보통국가화는 옐친 정권의 "시장(市場)독재"를 거치면서 가능할 수 있었다.

맑스-레닌주의가 국가사회주의 체제의 운영원리로써 기능하게 되었을 때 사회 내적으로 그것은, 이미 세계혁명이라는 스스로의 존재 목적에 관계없이, "혁명적 전체주의"를 유지하고 강화하기 위한 이데올로기로서 작용하고 있음을 의미했다. 결국 소련에서 공산당에 의해 독점된 정치와 그를 뒷받침했던 이론들은 사회 내적으로 항상 보수주의적이었으며, 공산당 독재체제를 비판했던 인권운동 내의 사조들은 보다 개혁적이고 민주주의적인 것으로서 평가될 수 있었다. 그러함에도 불구하고 1917년에서 1991년까지 70여 년을 국제적 차원에서의 자본주의 체제에 대한 안티테제로서 존속했던 소연방은 세계화된 자본에 대항하는 노동으로서의 상징적 의미를 지니고 있었다. 특히 사회경제적 발전 수준이 상이한 국가나 민족들 간에 존재하는 경제적, 정치적, 문화적 다양성이나 모순을 계급적 범주로 포괄하고 통합하기가 결코 용이한 일은 아니었지만, 1961년 10월에 개최된 소련공산당 제22차 대회에서 평화공존정책이 "국제적 수준에서의 계급투쟁의 특수한 형태"라고 규정되었던 사실에서 확인된 것처럼, 소련공산당 지도부는 소연방의 계급적 대표성을 충분히 인식하고 있었으며 동시에 소비에트 체제의 역사적 진보성을 확신했다.

소비에트 체제의 비민주성은 "선험적"으로 규정되었다. 프롤레타리아 독재론과 영구혁명론으로 무장한 볼쉐비키가 10월혁명을 통해서 수립했던 것은 바로 계급독재체제였으며, '인민의 적'에 대한 가차 없는 탄압을 토대로 결국 "사회주의의 승리"를 이루어냈던 스탈린주의는 혁명의 시대에 러시아에서 노동자 독재를 확립하고 그를 강화하기 위한 자코뱅적 의식의 표현이었다. "전(全)인민의 국가"라는 개념을 통해 사회경제적으로 적대적 계급모순이 완전히 해소되었음을 선전했던 '발전된 사회주의' 시대에도 공산당의 정치독점은 전혀 의심될 수 없는 사항이었으며, 반정부적 또는 반체제적 운동세력들에 대한 당의 "지도"는 계속되었다. 그럼에도 불구하고 소비에트 체제는 국제적 차원에서 자본주의 체제에 대한 비판체로서 존재하면서 자본주의 사회의 민주화를 촉구하고 있었다. 국내적으로 소련에서는 맑스-레닌주의가 허위의식화되는 가운데 체제비판이 확산되고 있었지만, 소련공산당의 경험과 세계혁명에의 의지는 자본주의적 지배에 도전하는 지구상의 노동운동 세력들에게 이론적, 실천적 모범을 제공하면서 그들을 고무시켰으며, 동시에 자본주의 국가를 압박해 사회정책적 진보를 이루도록 강요하기도 했다. 소연방의 몰락은 냉전에서의 패배나 또는 체제적 비효율성에 기인한다기보다는, 유물론적 인관관이 지적하는 인간 감성의 문제에 의해 주로 설명될 수 있는 것이었다. 결국 소비에트 사회주의가 "국제적 차원의 계급투쟁"에서 승리하지 못했다고 해서 그것으로 자본주의 체제의 역사적 완결성이 반증되지는 않는다. 무릇 거의 모든 정치적 이념들은 대개 계급적, 사회경제적 기반을 가지고 있으며, 자본주의 사회에 노동계급과 계급적 "착취"가 존재하는 한 노동의 이데올로기로서의 사회주의 혹은 맑스주의는 소멸되지 않는다. 자본주의적 물신숭배의 지배 경향 속에서 오히려 사회주의적 가치는 보존되어야 한다. 왜냐하면, 안드레이 사하로프가 말한 바처럼, 자신의 문제들을 나름대로 해결하며 발전하고 있는 자본주의와 "도덕적 우월성으로 특징지어지는 사회주의"는 서로 대립적인 것이 아니라 상호 보완적인 것이기 때문이다. 민주주의는 계급간의 조화이다.

인용자료, 참고문헌

1. 문서보관소 자료

РЦХИДНИ, ф.2, оп.2, д.348.
РЦХИДНИ, ф.17, оп.1, д.384.
РЦХИДНИ, ф.17, оп.3, д.746.
РЦХИДНИ, ф.17, оп.120, д.177.
РЦХИДНИ, ф.558, оп.1, д.5324.
АПРФ, ф.3, оп.58, д.212, л.32.
АПРФ, ф.3, оп.58, д.212, лл.59~78.

2. 공간(公刊) 자료

1) 당 대회, 당 협의회, 중앙위원회 전원회의 의사록(프로토콜)

Шестой съезд РКП(б): протоколы. М. 1958.
Восьмой съезд РКП(б): протоколы. М. 1959.
Девятый съезд РКП(б): протоколы. М. 1960.
Десятый съезд РКП(б). Стенографический отчёт. М. 1963.
Одиннадцатый съезд РКП(б). Стенографический отчёт. М. 1961.
Двенадцатый съезд РКП(б). Стенографический отчёт. М. 1968.
Тринадцатый съезд РКП(б). Стенографический отчёт. М. 1963.
Четырнадцатый съезд ВКП(б). Стенографический отчёт. М. 1926.
Пятнадцатый съезд ВКП(б). Стенографический отчёт. М. 1928.
Шестнадцатый съезд ВКП(б). Стенографический отчёт. М. 1930.
Семнадцатый съезд ВКП(б). Стенографический отчёт. М. 1934.
Восемнадцатый съезд ВКП(б). Стенографический отчёт. М. 1939.
XX съезда КПСС. Стенографический отчёт. М. 1956.
Материалы 27-ого съезда КПСС. М. 1987.

Седьмая(Апрельская) Всероссийская конференция РСДРП(б): протоколы. 1958.
Шестнадцатая конференция ВКП(б). Стенографический отчёт. М. 1962.

Протоколы ЦК РСДРП(б): август 1917~февраль 1918. М. 1958.
Материалы февральско—мартовского пленума ЦК ВКП(б) 1937 года. // Вопросы истории. 1992, No.2~12; 1993, No.2, No.5~10; 1994, No.1~2, No.6, No.8, No.10, No.12; 1995, No.1~9, No.11~12.

2) 문서 및 자료집

Архив Троцкого. Коммунистическая оппозиция в СССР 1923~1927. М. 1990.
Большевистское руководство. Переписка 1912~1927. М. 1996.
Великая Октярьская социалистическая революция - хроника событий. М. 1957.
Военные архивы России. М. 1993. (вып.1)
Второй всероссийский съезд Советов. Сборник документов. М. 1957.
Декреты Советской власти. М. (Т.1~Т.6)
Директивы командования фронтов Красной Армии (1917~1922 гг.). М. 1972. (Т.2)
Документы внешней политики СССР. М. (Т.2; Т.3)
Документы свидетельствуют. Из истории деревни накануне и в ходе коллективизации 1927~32 гг. (Под редакцией В.П. Данилова и Н.А. Ивницкого) М. 1989.
Из истории ВЧК. 1917~1921 гг. Сборник документов. М. 1958.
Итоги ноябрьского Пленума ЦК ВКП(б). Л. 1929.
КПСС в резолюциях и решениях съездов, конференций и пленумов ЦК. М. (Т.1~Т.5)
Ленинский сборник. М. (IV; XI; XXXVII).
Материалы 27-ого съезда КПСС. М. 1987.
Письма И.В. Сталина В.М. Молотову. 1925~1936 гг. (Сост. Л. Кошелова, В. Лельчука и др.) М. 1995.
Построение фундамента социалистической экономики в СССР (1926~1932 гг.). М. 1960.
Программы и уставы КПСС. М. 1969.

Реабилитация. Политические процессы 30~50-х годов. (Сб. материалов) М. 1991.
Революционное движение в России после свержения самодержавия. М. 1957.
Сборник статистических сведений по Союзу ССР. 1918~1923. М. 1924. (Т.XVIII)
Собрание узаконений и распоряжений рабоче-крестьянского правительства РСФСР.
　　М. (1920 г.; 1921 г.; 1922 г.; 1923 г.; 1924 г.; 1925 г.)
Съезды Советов в документах. М. 1959. (Т.1; Т.2)
Труды ЦСУ. М. 1926. (Т.III, вып.8; Т.XXVI, вып.1)
Экономическая жизнь СССР. Хроника событий и фактов. М. 1967.

3. 신문, 잡지 등 정기간행 자료

Известия. 1917~1920 гг.
Правда. 1917~1939 гг.
Экономическая жизнь. 1920~1925 гг.

Бюллетень оппозиции. 1932. No.27.
Коммунист. Орган Московского Областного Бюро РКП(б). М. 1918.

Вестник труда. 1922, No.2(17).
Вопросы истории. 1962, No.3; 1992, No.2~12; 1993, No.1~10; 1994, No.1~12;
　　1995, No.1~12.
Известия ЦК КПСС. 1989, No.6; 1990, No.9.
Исторический архив. 1992, No.1; 1994, No.2.
Источник. 1995, No.1.
Нева. 1988, No.7~8.

4. 문헌 자료 및 연구물

1) 1차 문헌

Ленин В.И. Полное собрание сочинений. (Издание пятое)

Маркс К., Энгельс Ф. Сочинения. (Издание второе)

Сталин И.В. Сочинения.

Биография В.И. Ленина. М. 1987.

И.В. Сталин — Краткая биография. М. 1947.

История ВКП(б). Краткий курс. М. 1938.

История КПСС. М. 1959.

История КПСС. М. 1968. (Т.3, кн.2)

Аллилуева А.С. Воспоминания. М. 1946.

Богданов А.А. Вопросы социализма. М. 1918.

Бухарин Н.И. Избранные произведения. М. 1988.

_____. Мирное хозяйство и империализм. (Экономический очерк) М. 1923.

_____. Цезаризм под маской революция. М. 1925.

_____. Экономика переходного периода. М. 1920.

Горбачёв М.С. Перестройка и новое мышление. М. 1988.

Красин Л.Б. Годы подполья. Сборник воспоминаний, статей и документов. М. 1928.

Крупская Н.К. Воспоминания о Ленине. М. 1989.

Ларина(Бухарина) А.М. Незабываемое. М. 1989.

Медведев Р. Книга о социалистической демократии. Амстердам—Париж. 1972.

Преображенский Е.А. "Новая экономика" — опыт теоретического анализа советского хозяйства. М. 1926.

Сахаров А.Д. Тревога и надежда. М. 1991.

Свердлов Я.М. Избранные произведения. М. 1960. (Т.3)

Сталин И.В. О Ленине и ленинизме. М. 1924.

Троцкий Л.Д. Дневники и письма. М. 1994.

_____. К истории русской революции. (Сб. статей) М. 1990.

_____. К социализму или к капитализму? (Анализ советского хозяйства и тенденцийего развития) М. 1926.

_____. Моя жизнь. М. 1990.

_____. О Ленине. М. 1924.

_____. Сталин. М. 1990.

_____. Сталинская школа фальсификаций. М. 1990.

Чичерин Г.В. Статьи и речи по вопросам международной политики. 1961.

Чуев Ф.И. Сто сорок бесед с Молотовым. М. 1991.

_____. Так говорит Каганович. М. 1992.

Шляпников А.Г. Семнадцатый год. М. 1925.

2) 2차 문헌(연구서 및 논문집)

Авторханов А. Загадка смерти Сталина. М. 1992.

Алексеева Л.М. История инакомыслия в СССР. М. 1992.

Багиров М.Д. Из истории большевистской организации в Баку и Азербайджане. М. 1946.

Борьян Б.А. Армения, международная дипломатия и СССР. М. 1929.

Боффа Дж. История Советского Союза. М. 1990.

Венедиктов А.В. Организация государственной промышленности в СССР. Л. 1957. (Т.1)

Верт Н. История советского государства 1900~1991. М. 1992.

Волков Ф.Д. Взлёт и падение Сталина. М. 1992.

Волкогонов Д.А. Ленин. Политический портрет. М. 1994.

_____. Семь вождей. М. 1996.

_____. Триумф и трагедия. Политический портрет И.В. Сталина. М. 1989.

_____. Троцкий. Политический портрет. М. 1992.

Гимпельсон Е.Г. "Военный коммунизм": политика, практика и идеология. М. 1973.

_____. Советы в годы иностранной интервенции и гражданской войны. М. 1968.

_____. Формирование советской политической системы. М. 1995.

Горелов И.Е. Бухарин. М. 1988.

Гусев К.В. Крах партии левых эсеров. М. 1963.

Джилас М. Лицо тоталитаризма. М. 1992.

Дойчер И. Троцкий в изгнании. М. 1991.

Дробижев В.З. Главный штаб социалистической промышленности. М. 1966.

Дубинский-Мухадзе И.М. Орджоникидзе. М. 1963.

Зиновьев А.А. Коммунизм как реальность. М. 1994.

Карр Э. История Советской России. Большевистская революция 1917~1923. М. 1990.

Кирилина А. Рикошет, или сколько человек было убито выстрелом в Смольном. СПб. 1993.

Коэн С. Бухарин. Политическая биография. 1888~1938. М. 1988.

Куманёв В.А., Куликова И.С. Противостояние: Кпупская-Сталин. М. 1994.

Манхейм К. Идеология и утопия. М. 1989.

Мерцалов А.Н., Мерцалова Л.А. Сталинизма и война. М. 1994.

Москалёв М.А. Русское бюро ЦК большевистской партии 1912 г.~март 1917 г. М. 1947.

Пайпс Р. Русская революция. М. 1994.

Рабинович А. Большевики приходят к власти. М. 1989.

Радзинский Э.С. Сталин. М. 1997.

Роговин В.З. Власть и оппозиции. М. 1993.

_____. Сталинский неонэп. М. 1994.

Симонов К.М. Глазами человека моего поколения. М. 1989.

Слассер Р. Сталин в 1917 году. Человек, оставшийся вне революции. М. 1989.

Соколов А.К. Лекции по советской истории 1917~1940. М. 1995.

Суханов Н.Н. Записки о революции. М. 1990.

Такер Р. Сталин. Путь к власти 1879~1929. М. 1990.

Токарев Ю.С. Петроградский Совет рабочих и солдатских депутатов. Л. 1976.

Торкунов А.В. Загадочная война: корейский конфликт 1950~53 годов. М. 2000.

Трукан Г.А. Путь к тоталитаризму. 1917~1929 гг. М. 1994.

Харамандарян С.В. Ленин и становление Закавказской федерации. Ереван. 1969.

Хлевнюк О.В. Политбюро. Механизмы политической власти в 1930-е годы. М. 1996.

Хоскинг Дж. История Советского Союза 1917~1991. М. 1994.

Фельштинский Ю.Г. Разговоры с Бухариным. М. 1993.

Bell D. The End of Ideology. New York, 1960.

Conquest R. The Harvest of sorrow. Soviet collectivization and the terror famine. London, 1986.

―――――. Stalin and Kirov Murder. New York, 1989.

Getty J.A. Origins of the Great Purges. The Soviet Communist Party Reconsidered, 1933~1938. Cambridge University Press, 1985.

Gill G. The Origins of the Stalinist Political System. Cambridge, 1990.

Schapiro L. The Communist Party of the Soviet Union. London, 1970.

Tucker R.C. Stalin in Power. The Revolution from Above, 1928~1941. New York, 1992.

Вождь. Хозаин. Диктатор. (Сб. статей) М. 1990.

Голод 1932~1933 годов. (Сб. статей) М. 1995.

Иного не дано. (Сб. статей) М. 1988.

Историки спорят. Тринадцать бесед. М. 1989. (Под общ. ред. В.С. Лельчука)

Россия в XX веке. Историки мира спорят. (Сб. статей) М. 1994.

Россия в XX веке. Судьбы исторической науки. (Сб. статей) М. 1996.

Советская историография. (Сб. статей) М. 1996.

3) 논문

Бовин А.Е. Курс на стабильность породил застой. // Л.И. Брежнев: материалы к биографии. (Сбор.) М. 1991.

Зеленин И.Е. Был ли "колхозный неонэп"? // Отечественная история. 1994, No.2.

Квиринг Э. Социальная структура промышленности СССР. // Плановое хозяйство. 1928, No.3.

Маслов Н.Н. "Краткий курс истории ВКП(б)" ― энциклопедия и идеология сталинизма и постсталинизма: 1938~1988 гг. // Советская историография. М. 1996.

Озеров Л.С. Борьба партии с троцкизмом в 1928~1930 гг. // Вопросы истории. 1968, No.3.

Сахаров А.Н. Революционный тоталитаризм в нашей стране. // Коммунист. 1991, No.5.

_____. Отечественная историография: Западные оценки и наша реальность. // Россия в XX веке. Историки мира спорят. М. 1994.

_____. Новая политизация истории или научный плюрализм? // Россия в XX веке. Судьбы исторической науки. М. 1996.

Стариков Н.В. Эпоха "оттепели" и этапы эволюции сталинизма: вопросы историографии. // Советская историография. М. 1996.

Старков Б. Сто дней "Лубянского Маршала". // Источник. 1993, No.4.

Стрижков Ю.К. Из истории введения продовольственной развёрстки. // Исторические заметки. М. 1962. (Т.71)

찾아보기

[ㄱ]

가르비(П.А. Гарви) 515
가이다르(Е.Т. Гайдар) 649
갈리치(А.А. Галич) 636
고르바넵스카야(Н.Е. Горбаневская) 635
고르바쵸프(М.С. Горбачев) 644~647, 649
고리키 막심(М. Горький) 118, 200, 251, 523, 570, 600
고스플란(Госплан) 335, 336, 340, 352, 435~437, 487, 489, 508, 510, 511
고엘로(ГОЭЛРО) 312, 329, 342
골로바노프(А.Е. Голованов) 624
공업독재론(теория о диктатуре промышленности) 429, 430
공화-민주연합(Республиканско-демократическое объединение) 511
공화국 혁명군사회의(РВСР) 261, 263~266, 271, 354, 380
국가두마(Государственная дума) 182, 183, 214~216, 223, 651, 652
국가사회주의론(теория государственной социализма) 619, 626
국가자본주의론(теория государственной капитализма) 75, 78, 169, 314, 352, 364, 443, 444, 621
국가정치보위부(게페우) 142, 421, 422, 427, 465, 504, 510~513, 528, 538, 546~549, 577
군사혁명본부(Военно-революционный центр) 251
군사혁명위원회(Военно-ревлюционный комитет) 65, 251, 253, 263
그로만(В.Г. Громан) 494, 510~512, 515
글라스노스치(гласность) 43, 644
긴즈부르그(А.М. Гинзбург) 511, 515
김펠손(Е.Г. Гимпельсон) 45, 110, 141

[ㄴ]

나르코마트(наркомат) 66, 100
네프만 327, 392, 417, 561
노긴(В.П. Ногин) 62
노농감독부(РКИ) 171, 173, 341, 565
노농방위회의(Совет рабоче-крестьянской обороны) 106, 111, 265~267, 300
노동군(трудовая армия) 119, 271, 272
노동방위회의(Совет труда и обороны) 300, 313, 326, 345, 355, 415, 513
노동수첩(Трудовая книжка) 116, 607, 608
노동의 군사화(милитаризация труда) 117, 119, 120, 271

노동자 반대파(рабочая оппозиция) 156, 158~162, 248, 323, 427, 579, 600
노동자·농민의 혁명적 민주독재(Революционно-демократическая диктатура пролетариата и крестьянства) 202, 206, 228, 233, 236, 366
노동자화(орабочение) 160, 358
노동탈영(трудовое дезиртирство) 119
노멘클라투라(номенклатура) 631, 633, 643, 647
농민선언(Крестьянские наказы) 61, 62
누가-누구를(кто-кого) 320, 392, 434, 444, 467, 509
니콜라예프 레오니드(Л. Николаев) 577
니콜라옙스키(Б.И. Николаевский) 522, 523

[ㄷ]
다니엘(Ю.М. Даниэль) 634
다닐로프(В.П. Данилов) 44, 45, 434, 497, 499, 504
다쉬나키(дашнаки) 288, 292, 293
단(Ф.И. Дан) 506
데니킨(А.И. Деникин) 132, 269, 270, 277, 282, 286, 288
도이처(I. Deutscher) 46

[ㄹ]
라데크(К.Б. Радек) 491, 507, 555, 588, 589, 590, 591

라리나(А.М. Ларина) 523, 606
라리쵸프(В.А. Ларичев) 511
라린(Ю. Ларин) 156, 384, 391
라비노비치(A. Rabinowitch) 46
라콥스키(Х.Г. Раковский) 219, 571, 588, 599
람진(Л.К. Рамзин) 511, 516
랍크린(=РКИ) 279
랴자노프(Д.Б. Рязанов) 219
러시아소비에트연방사회주의공화국 (РСФСР) 67, 92, 95, 97~100, 142, 282~284, 291, 300~302, 450, 483
렐축(Лельчук В.С.) 44
로고빈(В.З. Роговин) 555, 573
로구노프(А.П. Логунов) 45
로모프(Г.И. Ломов) 68
로미나제(В.В. Ломинадзе) 509
루나차르스키(А.В. Луначарский) 62, 187, 219, 355, 586
루주탁(Я.Э. Руздутак) 133, 156
루츠코이(А.В. Руцкой) 651, 652
류틴(М.Н. Рютин) 545, 546, 547, 549, 591
리코프(А.И. Рыков) 63, 67, 154, 155, 240, 254, 280, 332, 382~384, 407, 433~437, 462, 465, 471~475, 481, 487, 489, 512, 513, 544, 549, 555, 588~592, 599, 605
리벤트로프(J. Ribbentrop) 618
리보프(Г.Е. Львов) 242

[ㅁ]

마레츠키(Д.М. Марецкий) 547
마르토프(Ю.О. Мартов) 60, 219
마슬렌니코프(С.И. Масленников) 579
마슬로프(Н.Н. Маслов) 42, 45
마흐노(Н.И. Махно) 135, 270
막시몹스키(В.Н. Максимовский) 156
만하임 칼(K. Mannheim) 51, 52, 365
말렌코프(Г.М. Маленков) 628, 630
말리놉스키(Р.В. Малиновский) 191, 201, 577, 578, 605
맑스주의자-레닌파 동맹(Союз марксистов-ленинцев) 545, 547
먀스니코프(А.Ф. Мясников) 282
메드베제프 로이(Рой А. Медведев) 634, 642, 643, 647
메드베제프(С.П. Медведев) 323, 579
메르찰로프(А.Н. Мерцелов) 48, 49
메쥐라이온취(межрайонцы) 219, 221, 241, 246, 331, 470, 510
멘쉐비키-국제주의자(меньшевики-интернационалисты) 60, 221
멘쥔스키(В.Р. Менжинский) 577, 600
몰로토프(В.М. Молотов) 150, 173, 174, 188, 201, 218, 220, 224, 253, 270, 277, 280, 362, 383, 434, 512~515, 529, 536, 539, 549, 559~562, 573, 576, 609, 618, 630
무라노프(М.К. Муранов) 223, 224
무랄로프(Н.И. Муралов) 588, 589, 590
문화적-민족적 자치(культурно-национальная автономия) 193, 195, 196, 200

므디바니(П.Г. Мдивани) 301, 305, 306, 307
미르바흐(W. Mirbach) 259
미코얀(А.И. Микоян) 287, 491, 492, 601
미하일로프(В.М. Михайлов) 174
민족분리주의(национальный сепаратизм) 193
민족사회주의(national socialism) 53, 526, 556, 565, 567
민주집중제(демократический централизм) 77, 78, 101, 104, 112, 113, 140, 148, 152, 153, 159, 167, 201, 257, 341, 349, 357, 641
민주집중파(группа демократического централизма) 112, 113, 152, 153, 156~159, 162, 345, 421, 422, 579
밀류코프(П.Н. Милюков) 511
밀류틴(В.П. Милютин) 62, 136

[ㅂ]

바구솁스키(В.С. Богушевский) 387, 391
바그다티예프(С.Я. Багдатьев) 240
바우어 오토(Otto Bauer) 195, 196
바쿠닌(М.А. Бакунин) 196
베드냐 93, 381
베르트(N. Werth) 46, 47
베리야(Л.П. Берия) 602, 617, 628, 629, 630
베세엔하(ВСНХ) 64, 88, 89, 100, 109,

111, 113~115, 154, 157, 304, 313, 384, 405, 406, 426, 489
베체카(ВЧК) 65, 142, 267, 295
벨 다니엘(D. Bell) 51
벨리 돔(the White House) 651, 652
보그다노프(А.А. Богданов) 137, 138, 184, 185, 187, 189, 190, 586
보로쉴로프(К.Е. Ворошилов) 261, 465
보파(G. Boffa) 46, 48
본네르(Е.Г. Боннэр) 637
볼로부예프(П.В. Волобуев) 45
볼코고노프(Д.А. Волкогонов) 44, 244, 610, 622
볼코프(Волков Ф.Д.) 44
부농해체(раскулачивание) 425, 429, 452, 496, 499, 503~505, 525, 551
부브노프(А.С. Бубнов) 250, 251
부하린이즘 35, 46, 55, 392, 468, 478, 560
분트 195, 197, 201
브란겔(П.Н. Врангель) 272, 273, 275, 277, 290
브레스트-리톱스크(Брест-Литовск) 68, 70, 96, 255, 274, 281, 310, 313, 445, 526
브레즈네프(Л.И. Брежнев) 29, 42, 290, 633, 634
브칙(ВЦИК) 59, 62~64, 89, 90, 96, 100, 103, 105, 106, 117, 119, 127, 142, 145, 148, 157, 158, 254, 256, 260, 265, 288, 300
븨쉰스키(А.Я. Вышинский) 589
비테(С.Ю. Витте) 182

[ㅅ]
사듸린(П.А. Садырин) 510, 512
사파레비치(И.Р. Шафаревич) 636
사프로노프(Т.В. Сапронов) 110, 112, 148, 152, 156, 345, 421, 423, 427
사하로프 안드레이(А.Д. Сахаров) 634, 636~639, 642, 646, 654
사하로프 A.N.(А.Н. Сахаров) 44, 45
사회주의 통보(Социалистический вестник) 522
사회주의공업일꾼총회 525, 527
상디칼리즘 63, 156, 157, 160, 161, 169, 397
샤닌(Л.Г. Шанин) 387, 388, 390, 413
샤흐틔 사건(шахтинское дело) 454, 460, 510, 589
서기국(Секретариат) 150, 174, 254, 326, 353, 355, 388, 389, 394
세레드냐 93, 381
세레브랴코프(Л.П. Серебряков) 150, 590
소련인권위원회(Комитет права человека в СССР) 636
소브나르콤(СНК) 62, 65, 67, 84, 96, 100, 103, 105~107, 113, 174, 256, 300, 302, 323, 353, 407, 513, 601, 602
소비에트혁명위원회(революционный советский комитет) 251
소콜니코프(Г.Я. Сокольников) 71, 219, 250, 389, 464, 512, 590, 591
소콜로프(А.К. Соколов) 45
소환주의(отзовизм) 187, 189

솔제니친(А.И. Солженицын) 634, 636, 637, 640, 641, 642
솝호즈(совхоз) 82, 414, 416, 433, 472, 483, 513, 536, 541, 542, 572, 597
쇼스타코비치(Д.Д. Шостакович) 634
숄로호프(М.А. Шолохов) 634
수슬로프(М.А. Суслов) 631
수하노프(Н.Н. Суханов) 60, 247, 511, 514, 515
수하료프카(Сухарёвка) 129, 130
쉴랴프니코프(А.Г. Шляпников) 62, 155, 156, 158, 160~162, 169, 215, 217, 218, 220, 223, 224, 228, 231, 248, 323, 426, 427, 579
슈펭글러(O. Spengler) 568
스몰늬(Смольный) 59, 252, 254
스믜츠카(смычка) 315, 337, 434, 442, 444
스미르노프 А.Р.(А.П. Смирнов) 549
스미르노프 I.N.(И.Н. Смирнов) 587
스미르노프 V.М.(В.М. Смирнов) 152, 421
스미르노프 V.S.(В.С. Смирнов) 374
스밀가(И.Т. Смилга) 507
스베르들로프(Я.М. Свердлов) 71, 141, 148, 191, 218, 241, 248, 251, 254, 260, 370
스코벨료프(М.И. Скобелёв) 195, 214~215, 231, 242
스클랸스키(Э.М. Склянский) 355, 356
스타리코프(Н.В. Стариков) 45
스타하노프(А.Г. Стаханов) 583~585, 587

스톨리핀(П.А. Столыпин) 190
스트로일로프(М.С. Строилов) 591
스트루밀린(С.Г. Струмилин) 129, 436
스페츠 509, 510, 512, 514
슬러서(R. Slusser) 46, 47
슬리에프코프(А.Н. Слепков) 547, 548
싀르초프(С.И. Сырцов) 509
시냡스키(А.Д. Синявский) 634
시모노프(К.М. Симонов) 44
시사연보(Хроника текущих событий) 635~637
식량분배제(продразвёрстка) 123
식량징발대(продовольственный отряд) 90, 92, 121, 124
신 네프(Неонэп) 573, 574
신 반대파(новая оппозиция) 389, 390, 397, 430, 623

[ㅇ]

아르놀드(В.В. Арнольд) 591
아르텔(артель) 499, 564
아브라모비치(Р.А. Абрамович) 506, 515
아파나시예프(Ю.Н. Афанасьев) 43
아프토르하노프(А.Г. Авторханов) 44
아흐마토바(А.А. Ахматова) 627
안드레예프(А.А. Андреев) 465
안토노프-오브세옌코(В.А. Антонов-Овсеенко) 219
안토노프(А.С. Антонов) 135
야고다(Г.Г. Ягода) 465, 577, 599, 605
야로슬랍스키(Е.М. Ярославский) 174

야콥손(А.А. Якобсон) 635
야키르(И.Э. Якир) 596
에밀 루드비히(Emil Ludwig) 187, 576
에이스몬트(Н.Б. Эйсмонт) 549
엑스(экс) 185, 186, 187
엔카베데(내무인민위원부) 142, 528, 577, 592, 594, 598, 600~602
엠테에스(МТС, 기계·트랙터관리창) 493, 527, 536, 542, 572
연속혁명론(теория непрерывной революции) 75, 87, 180, 208, 221, 228, 233, 234, 237, 364, 366
영구혁명론(теория перманентной революции) 75, 207, 233~237, 365, 372, 373, 377, 378, 394, 403, 518, 527, 621, 622, 626, 654
예비의회(Предпарламент) 249
예조프(Н.И. Ежов) 523, 581, 592, 602
예좁쉬나 602
옐친(Б.Н. Ельцин) 648, 650~653
오게페우(ОГПУ) 142, 421, 577
오르조니키제(Г.К. Оржоникидзе) 190, 191, 218, 286, 287, 290, 293~295, 305~307, 465, 513, 524, 525
오솝스키(Я. Оссовский) 422
오스트로-맑시즘 197
오신스키(Н. Осинский) 68, 78, 79, 112, 147, 148, 152, 153, 156, 170, 323, 345
올베르크(В.П. Ольберг) 587, 589
요페(А.А. Иоффе) 71, 172, 219
우글라노프(Н.А. Угланов) 465, 469, 547, 571

우랄-시베리아 방식 450, 453, 459, 461, 484
우리츠키(М.С. Урицкий) 68, 219, 251
우스트랼로프(Н.В. Устрялов) 387
우클라드(уклад) 81~83, 520, 560
울리야노바 마리야(М.И. Ульянова) 231, 361
원동공화국(ДВР) 285
유데니치(Н.Н. Юденич) 268
유언(Завещание) 184, 352, 357~360, 362, 423, 425, 468, 588
이교도(диссиденты) 633, 634, 637, 639, 641, 643
이그나토프(Е.Н. Игнатов) 148, 156, 157
이브니츠키(Н.А. Ивницкий) 44, 434, 497, 499, 504, 539
이스크라 177, 178, 185
이즈베스치야 117, 214~216, 222, 226, 500, 570
인민의 영도자(Вождь наордов) 445, 556, 589, 593, 604, 608, 613, 616~618, 624, 628
임시혁명정부 180, 206, 220, 228, 235, 236

[ㅈ]
자이체프(А.Д. Зайцев) 548
잘루츠키(П.А. Залуцкий) 215, 218, 578
적색교수단(Школа красных профессоров) 355, 393
적색교수원(Институт красной профес-

суры) 355, 547
전국노동조합중앙회의(ВЦСПС) 133, 154, 156, 157, 371, 405, 417, 480
전연방볼쉐비키공산당사 단기과정(Краткий курс истории ВКП(б)) 39, 40~43, 47, 445, 596, 607, 608
정치국(Политбюро) 45, 150, 155, 170, 171, 174, 250, 261, 268, 307, 324, 326, 331, 353, 399, 466, 471, 480, 512, 528, 570, 571, 582, 595, 597, 598
정치부(Политотдел) 542, 543, 572
제10차 당 대회 136, 158, 159, 163, 164, 166, 169, 173, 174, 310, 319, 343, 347~350, 396, 421, 586
제11차 당 대회 158, 159, 170, 171, 173, 279, 321, 323, 324, 326, 335, 339, 379, 430, 443
제12차 당 대회 316, 317, 325, 328~330, 332, 333, 335~337, 339, 340, 342, 347, 358, 359
제13차 당 대회 359, 360, 368
제14차 당 대회 304, 389, 390, 394, 395, 405, 422, 455
제15차 당 대회 406, 410, 421, 427, 428, 430, 432~436, 438, 440, 442, 451~453, 455, 456, 464, 483
제16차 당 대회 445, 462, 491, 506, 508, 509, 511, 516, 521, 527, 543, 554, 612, 616
제17차 당 대회 537, 554, 555, 557, 560, 562, 563, 565, 566, 568, 570, 571, 604, 605, 611, 616

제18차 당 대회 575, 603, 604, 608, 616, 617
제20차 당 대회 40, 41, 42, 73, 404, 523, 576, 630, 642
제2차 당 대회 178, 586
제3차 당 대회 178, 180
제4차 당 대회 180, 183, 185, 393
제5차 당 대회 182, 183, 186
제6차 당 대회 245, 246
제7차 당 대회 615
제8차 당 대회 108, 125, 146, 147, 149, 151, 174, 250
제9차 당 대회 112, 118, 152, 155, 161
제르진스키(Ф.Э. Дзержинский) 71, 240, 251, 266, 305, 306, 307, 405, 406, 407, 411, 577
제헌의회(Учредительное собрание) 59, 62, 67, 96, 106, 144, 216, 222, 225, 227, 230, 239, 249
조르다니야(Н.Н. Жордания) 286, 295
조쉔코(М.М. Зощенко) 627
조직국(Оргбюро) 150, 171, 174, 295, 300, 324, 353, 355, 465
좌익 공산주의자들(левые коммунисты) 68, 71, 72, 78~81, 84, 85, 86, 94, 97, 142, 145, 149, 345
좌익 반대파(левая оппозиция) 344, 346, 350, 351, 397, 427, 470
좌파 에세르(левые эсеры) 59, 60, 62, 72, 96, 97, 145, 243, 254, 259, 423
중앙 라다(Центральная Рада) 282
중앙관리국(центр) 111, 114, 157

중앙위원회 러시아사무국(Русское бюро ЦК) 192, 218, 223
중앙위원회 사무국(Бюро ЦК) 218, 220, 221, 223~226
중앙통제위원회(ЦКК) 341, 344, 347, 423, 427, 475, 545, 547, 549, 565
즈다노프(А.А. Жданов) 524
지노비예프(Г.Е. Зиновьев) 67, 71, 155, 184, 191, 209, 241, 245, 246, 250, 251, 252, 274, 307, 325, 329, 332, 333, 344, 355, 360, 371, 389, 391, 395, 397, 399, 420, 423, 546, 549, 555, 571, 577, 578, 623
지역 자치(областная автономия) 198
진보블록(прогрессивный блок) 215
질라스 밀로반(М. Джилас) 46, 200, 625

[ㅊ]

차야노프(А.В. Чаянов) 494, 510, 515, 516
찰리제(В.Н. Чалидзе) 636, 637
철도수상운송노조중앙위원회(Цектран) 133
청산주의(ликвидаторство) 189, 390
체레텔리(И.Г. Церетели) 143, 231, 242, 243
체르노프(М.А. Чернов) 242, 599
체키스트(Цекист) 162
총관리위원회(главк) 107, 111, 113, 134, 157, 314, 326
총노선(генеральная линия) 394, 404, 438, 439, 443, 455, 460~462, 468, 473, 479, 480, 506, 514, 525, 544, 555, 557
최후통첩주의(ультиматизм) 187, 189
추예프(Ф.И. Чуев) 44, 188, 539
추콥스카야(Л.К. Чувковская) 634
츠헤이제(Н.С. Чхеидзе) 214, 215, 229, 231
치체린(Г.В. Чичерин) 284, 288

[ㅋ]

카(Е.Н. Carr) 46
카가노비치(Л.М. Каганович) 148, 492, 523, 536, 542
카데트(кадет) 102, 183
카메네프(Л.Б. Каменев) 59, 67, 156, 158, 173, 200, 202, 223, 224, 227, 236, 240, 245, 250~252, 278, 301, 334~336, 339, 340, 355, 360, 361, 370, 389, 390, 394, 396, 397, 408, 430, 464, 465, 466, 546, 547, 555, 571, 577, 578, 623
카모(Камо) 186
카쿠린(Н.Е. Какурин) 513
카플란(Ф.Е. Каплан) 260
칼리닌(М.И. Калинин) 156, 219, 268, 465, 492, 512, 513
케렌스키(А.Ф. Керенский) 214~216, 225, 229, 242, 244, 249, 511
코르닐로프(Л.Г. Корнилов) 143, 249
코미사르(комиссар) 80, 81
코민테른(Коминтерн) 274, 311, 323,

355, 399, 401, 419, 461, 463, 475, 480, 481
코시오르(С.В. Косиор) 323, 538
코켄(Ф.-К. Кокен) 48
코헨(S. Cohen) 46, 47, 367, 623
콘드라티예프(Н.Д. Кондратьев) 510, 512~516
콘퀘스트(R. Conquest) 47, 603
콜론타이(А.М. Коллонтай) 162, 229, 231, 323
콜차크(А.В. Колчак) 266
콜호즈(колхоз) 82, 414, 433, 472, 484, 495, 498~505, 528, 535, 536, 542, 550~552, 564, 572, 573, 601
콤베드(комбед) 90~96, 121, 124, 145, 385, 425, 459, 479
콤소몰(Комсомол) 418, 454, 490
쿠이비쉐프(В.В. Куйбышев) 150, 489, 600
쿨락(부농) 93, 258, 338, 339, 381, 386, 387, 391, 392, 442
쿨리쉬(В.М. Кулиш) 45
크라신(Л.Б. Красин) 185, 187
크레스틴스키(Н.Н. Крестинский) 71, 150, 599
크론쉬타트(Кронштадт) 136, 159, 160, 162
크룹스카야(Н.А. Крувская) 186, 191, 192, 276, 336, 358~362, 370, 377, 386, 389, 393, 397, 434, 623
크르쥐좌놉스키(Г.М. Кржижановский) 335, 437, 438, 489
크비링(Э.И. Квиринг) 110

키로프(С.М. Киров) 287, 523, 524, 554, 569, 575~578, 594

[ㅌ]

타브리다궁(Таврический дворец) 59, 214, 215, 243
타협주의(примиренчество) 189, 207, 342
탈마쵸프(В.Н. Толмачёв) 549
터커(R.C. Tucker) 46, 47
테르-바가냔(В.А. Тер-Ваганян) 587
테르-페트로샨(С.А. Тер-Петросян) 186
테르미도르적 반동(термидорианство) 356, 387, 420, 427, 430
테오도로비치(И.А. Теодорович) 512
토착화(коренизация) 290, 304
톰스키(М.П. Томский) 133, 154, 155, 156, 332, 462, 465, 471, 475, 480, 481, 512, 543, 544, 549, 555, 588, 589
통제위원단(Контрольная комиссия) 167, 319
통합 반대파(объединённая оппзиция) 360, 361, 397, 399~401, 423, 428
투르친(В.Ф. Турчин) 634, 636, 642
투하쳅스키(М.Н. Тухачевский) 136, 273, 276, 513, 514, 596, 605
트로이츠키(Троицкий) 513
트릴리세르(Трилиссер) 465

[ㅍ]
파르부스(А.Л. Парвус) 180, 233, 234
파이프스(R. Pipes) 46
퍄타코프(Г.Л. Пятаков) 147, 184, 207, 208, 240, 282, 345, 358, 397, 588, 589, 590, 605
페레스트로이카(перестройка) 43, 304, 639, 643, 644, 648
페트롭스키(Г.И. Петровский) 191
포크롭스키(М.Н. Покровский) 187, 355
폴랴코프(Ю.А. Поляков) 45
프레오브라젠스키(Е.А. Преображенский) 150, 156, 171, 246, 323, 324, 345, 346, 351, 368, 374, 375, 376, 413, 464, 507, 555, 558, 559
프룸킨(М.И. Фрумкин) 455, 456, 457, 460, 472
플레하노프(Г.В. Плеханов) 189, 203, 238
피우수트스키(Ю. Пилсудский) 272

흘리에브뉵(О.В. Хлевнюк) 45, 524

[기타]
10월 선언 182, 214
3인회(Тройка) 597, 598, 600, 602
4월 테제(Апрельские тезисы) 231, 232, 236, 246
5개년 계획(Пятилетка) 428, 429, 435~438, 442, 445, 487~490, 493, 505, 506, 511, 526, 527, 538, 540, 541, 544, 549, 559, 574, 575, 583, 627

[ㅎ]
하스불라토프(Р.И. Хасбулатов) 652
하쟈인(Хозяин) 350, 352
혁명비용(издержки революции) 131
협상가격차(ножницы) 330, 337, 339, 343, 345, 433, 450, 457, 479
호스킹(G. Hosking) 46, 47, 609
흐루쇼프(Н.С. Хрущёв) 40~42, 73, 523, 524, 603, 604, 628. 630~634, 643, 645